Struktur der Materie

Wie verändert sich die Struktur des Ausgangsstoffes Holz durch die Verbrennung?

…ie, die beim
…rei wird?

Warum sind Basiskonzepte hilfreich?

Basiskonzepte helfen dir dabei, chemischen Fragen auf die Spur zu kommen. Indem du Neues gezielt aus den typischen Blickwinkeln betrachtest, findest du etwas wieder, was du so ähnlich schon von wo anders her kennst. So verbindest du Neues mit dem, was du schon weißt, kannst es leichter verstehen und behalten.

Hans Tegen

Chemie
Gesamtband

7.–10. Klasse

Ein Lehr- und Arbeitsbuch

 7.–10. Klasse

Herausgeber:
Hans Tegen

Autoren:
Wolfgang Asselborn, Prof. Hans-Dieter Barke, Joachim Blum, Bernd Braun, H. Michael Carl, Michael Dahl, Eva Döhring, Dr. Bernd Dreßel, Dieter Frühauf, Dr. Erwin Graf, Thomas Günkel, Thomas Heppel, Jürgen Hietel, Manfred Jäckel, Horst-Dietmar Kirks, Jens Kloppenburg, Friederike Krämer-Brand, Sandra Kranz, Michael Kratz, Erhard Mathias, Angelika Meinhold, Rainer Mennenga, Wolfgang Münzinger, Elisabeth Olff, Elke Radau, Dr. Karl T. Risch, Ursula Schmidt, Mariola Schröer, Herbert Schuh, Dr. Rolf Schult-Coerne, Siegfried Schulz, Bernhard Sieve, Bernd Schumacher, Katrin Simper, Albert Steinkamp, Heide Suk, Hans Tegen, Reiner Wagner, Erwin Werthebach

Berater:
Dieter Cieplik
Horst-Dietmar Kirks

Redaktion:
Iliane Kleine-Boymann
Heidi Witte-Gaedecke

Illustrationen:
Atelier *tigercolor* Tom Menzel, Birgitt Biermann-Schickling, Franz-Josef Domke, Brigitte Karnath, Heike Keis, Liselotte Lüddecke, Karin Mall, Pustlaukdesign GmbH - Thilo Pustlauk, Volkmar Rinke, Birgit und Olaf Schlierf, Ingrid Schobel, Sperling Info Design GmbH, Judith Viertel, Werner Wildermuth, Dr. Winfried Zemann

Fotos:
Michael Fabian
Hans Tegen

Grundlayout:
Atelier *tigercolor* Tom Menzel

Umschlaggestaltung:
SINNSALON,
Büro für Konzept und Gestaltung

westermann GRUPPE

© 2011 Bildungshaus Schulbuchverlage
Westermann Schroedel Diesterweg Schöningh Winklers GmbH, Braunschweig
www.westermann.de

Das Werk und seine Teile sind urheberrechtlich geschützt. Jede Nutzung in anderen als den gesetzlich zugelassenen bzw. vertraglich zugestandenen Fällen bedarf der vorherigen schriftlichen Einwilligung des Verlages. Nähere Informationen zur vertraglich gestatteten Anzahl von Kopien finden Sie auf www.schulbuchkopie.de.
Für Verweise (Links) auf Internet-Adressen gilt folgender Haftungshinweis: Trotz sorgfältiger inhaltlicher Kontrolle wird die Haftung für die Inhalte der externen Seiten ausgeschlossen. Für den Inhalt dieser externen Seiten sind ausschließlich deren Betreiber verantwortlich. Sollten Sie daher auf kostenpflichtige, illegale oder anstößige Inhalte treffen, so bedauern wir dies ausdrücklich und bitten Sie, uns umgehend per E-Mail davon in Kenntnis zu setzen, damit beim Nachdruck der Verweis gelöscht wird.

Druck A^6 / Jahr 2020
Alle Drucke der Serie A sind inhaltlich unverändert.

Satz: media service schmidt, Hildesheim
Druck und Bindung: Westermann Druck GmbH, Braunschweig

ISBN 978-3-507-**77540**-4

Inhaltsverzeichnis

Die vier Kompetenzbereiche. 8
Methode: Sicheres Experimentieren 10
Praktikum: Führerschein für den Gasbrenner . . 12
Pinnwand: Verschiedene Wärmequellen. 13
Praktikum: Stoffe werden erhitzt 14
Methode: Gruppen- und Partnerarbeit
beim Experimentieren 15

Stoffe und Stoffeigenschaften 16

Körper und Stoffe 18
Eigenschaften mit den Sinnesorganen
feststellen 19
Stoffeigenschaften untersuchen. 20
Methode: Steckbriefe erstellen. 23
Stoffgemische und Reinstoffe im Haushalt 24
☺ **Streifzug:** Die Jagd nach dem reinen Stoff . . 25
Herstellen von Stoffgemischen. 26
Praktikum: Emulsionen selbst gemacht:
Majonäse und Handcreme 27
Es gibt viele Gemische 28
Methode: Teamarbeit präsentieren. 29
Wasser – fest, flüssig, gasförmig 30
Schmelzen und Erstarren 31
Verdampfen und Kondensieren 32
Methode: Einen Versuch protokollieren 33
Stoffe bestehen aus kleinsten Teilchen 34
Auflösen von Zucker im Teilchenmodell 35
Aggregatzustände und Teilchenmodell. 36
Methode: Modelle helfen weiter 37
Auf direktem Wege von fest zu gasförmig 38
Pinnwand: Von fest zu gasförmig und zurück . 39
Praktikum: Bestimmen der Dichte eines Stoffes 40
Die Dichte von Gasen 41
Wasser als Lösungsmittel 42
Wasser wird satt 43
Alles verteilt sich gleichmäßig – Diffusion 44
Gase lösen sich in Wasser. 45
Pinnwand: Stoffgemische 46
Methode: Die Fachsprache hilft
bei der Verständigung 47
Methode: Messwerte darstellen und
interpretieren 48
Praktikum: Siedetemperaturen von
Reinstoffen und Gemischen 49
Trennen von Stoffgemischen 50
Extrahieren – ein besonderes Trennverfahren . . 52
Gelöste Stoffe zurückgewinnen 53
Destillation – reines Wasser aus Lösungen 54
Papierchromatographie 56
Pinnwand: Anwendungen der Trennverfahren . 57
Praktikum: Kristalle züchten. 58
Pinnwand: Kristalle, Kristalle 59
Müll trennen und verwerten 60

Ordnung für die Vielfalt der Stoffe. 62
Vielseitiges Glas 64
Kunststoffe – modern und vielfältig 65
Einmal hart, einmal biegsam:
Holz und Metall. 66
Praktikum: Gebrauchsgegenstände
werden hergestellt 67
Pinnwand: Besondere Stoffe 68
Pinnwand: Besondere Berufe 69
Stoffumwandlungen in der Umwelt 70
Praktikum: Herstellen von Stoffen mit
gewünschten Eigenschaften. 72
Stoffe werden erhitzt 74
☺ Gesunde Ernährung 75
☺ Was so alles in der Flasche ist! 76
Methode: Lernen im Team 78
Lernen im Team: Was so alles auf dem
Teller ist! 80
Praktikum: Lebensmittel herstellen. 82
☺ Lebensmittel haltbar machen 84
Auf einen Blick 86
Zeig, was du kannst 87

**Basiskonzepte: Stoffe und
Stoffeigenschaften** 88

Energieumsätze bei Stoffveränderungen 90

Voraussetzungen für Verbrennungen 92
☺ **Streifzug:** Belüftung ist wichtig 94
Pinnwand: Verbrennungen bringen Energie . . . 95
Stoffe verbrennen, neue Stoffe entstehen 96
Methode: Arbeiten mit Texten 98
Gewünschte Verbrennungen –
unerwünschte Folgen. 99
Brandursachen 100
Löschen von Bränden. 101
Pinnwand: Löschen von Feuer 102
Verhalten bei Feuer 104
Methode: So viele Ideen – wohin damit? 105
Methode: Interview – Experten wissen mehr . . 106
Lernen im Team: Brandschutz 107
Metalle können brennen 108
Der Sauerstoff 110
Leichter oder schwerer? 111
Der Schwefel 112
Der Stickstoff. 113
Der Kohlenstoff 114
Oxide des Kohlenstoffs 115
Streifzug: Umweltprobleme durch
gasförmige Oxide 116
Streifzug: Gefahren durch gasförmige Oxide . . 117
Edel oder nicht? 118
Pinnwand: Heiß und heftig! 119

Elemente und Verbindungen	120
🙂 **Streifzug:** Lässt sich Blei in Gold umwandeln?	121
DALTONS Atommodell	122
DALTONS Atommodell und die Anordnung der Atome	123
Die Masse bleibt erhalten	124
Elementsymbole	125
Einfache Reaktionsgleichungen	126
Methode: Chemische Reaktionen darstellen	127
Methode: Das Sachbuch hilft weiter	128
Streifzug: Ein Irrweg der Chemie – die Phlogiston-Theorie	129
Reaktionen und Energie	130
🙂 **Streifzug:** Das Wärmekissen	132
🙂 **Streifzug:** Fotosynthese und Atmung	132
🙂 Der technische Kreislauf des Kalkes	133
Auf einen Blick	134
Zeig, was du kannst	135
Basiskonzepte: Energieumsätze bei Stoffveränderungen	136

Metalle und Metallgewinnung 138

Ötzi – ein Steinzeitmensch?	140
Metalle und Metallzeitalter	141
Metalle aus Oxiden gewinnen	142
Praktikum: Metalle als Reduktionsmittel	144
Pinnwand: Anwendung von Kupfer	145
Streifzug: Kupfergewinnung – früher und heute	146
Kupferlegierungen	147
Eisen aus dem Hochofen	148
Aus Roheisen wird Stahl	150
Stahl ist nicht nur Eisen	151
Pinnwand: Stahllegierungen	152
🙂 **Streifzug:** Thermitschweißen von Schienen	153
Fest oder blättrig?	154
Korrosion und Korrosionsschutz	155
Praktikum: Ein besonderes Korrosionsschutzverfahren	156
🙂 **Streifzug:** Rostschutz beim Auto	156
Ein wichtiges Leichtmetall	157
Streifzug: Metallabfälle sind Rohstoffe	158
Streifzug: Schwermetalle und Leichtmetalle	159
Methode: Internetrecherche – gewusst wie	160
Energie bei chemischen Reaktionen	161
Edelmetalle – nicht nur für Schmuck	162
Streifzug: Der Goldrausch und seine Folgen	163
Auf einen Blick	164
Zeig, was du kannst	165
Basiskonzepte: Metalle und Metallgewinnung	166

Luft und Wasser 168

Wasser – eine alltägliche, ganz normale Flüssigkeit	170
Der Wasserkreislauf der Natur	172
Trinkwasser – Brauchwasser	174
Streifzug: Tiere verraten die Wasserqualität in Bächen, Flüssen und Seen	175
Ursachen der Verschmutzung von Gewässern	176
Kläranlage – verschmutztes Wasser wird gereinigt	178
Ohne Wasser kein Leben	180
Trinkwasser – Gewinnung und Schutz	181
Die Ausdehnung von Wasser	182
Pinnwand: Auswirkungen der Anomalie	183
Wasser als Lebensraum	184
Praktikum: Bestimmung des Sauerstoffgehalts von Gewässern	185
Bestandteile der Luft	186
Bestimmung des Sauerstoffgehalts von Luft	187
Es wird wärmer – leider!	188
Pinnwand: Weniger Kohlenstoffdioxid!	189
Belastungen der Luft und des Wassers	190
Aus Wasser entstehen zwei Gase	192
Wasserstoff verbrennt zu Wasser	193
Brennstoffzellen liefern elektrische Energie und Wärme	194
Streifzug: Energie in Reaktionen	195
Auf einen Blick	196
Zeig, was du kannst	197
Basiskonzepte: Luft und Wasser	198

Elemente und ihre Ordnung 200

Alkalimetalle – unscheinbar und sehr reaktionsfreudig	202
🙂 Erdalkalimetalle – gesteinsbildend und reaktiv	204
Pinnwand: Alkali- und Erdalkalimetalle im Alltag	205
Halogene	206
🙂 **Streifzug:** Wie funktionieren Halogenlampen?	207
Edelgase – beziehungslos und träge	208
🙂 **Streifzug:** Tauchen mit Edelgasen	209
🙂 **Streifzug:** Schutzgas zum Schweißen	209
Eine Ordnung für die Elemente	210
Atome enthalten elektrische Ladungen	211
Streifzug: Atome – unvorstellbar klein	212
Mit der Waage zählen	213
Streifzug: RUTHERFORD entdeckt das Kern-Hülle-Modell	214
Der Aufbau der Atomkerne	215
Das Schalenmodell der Atomhülle	216

Inhaltsverzeichnis

Das Periodensystem 218
Streifzug: Licht verrät den Bau der
Elektronenhülle 219
Streifzug: Energiestufen und
Schalenmodell des Lithium-Atoms 219
Methode: PSE-Training 220
Streifzug: MENDELEJEW und das
Periodensystem 221
Atommodelle im Überblick 222
Streifzug: Feuer, Wasser, Luft und Erde 223
Atome bilden Ionen 224
Die Ionenbindung 225
Atome bilden Moleküle 226
Streifzug: Der räumliche Bau der Moleküle . . . 227
☺ Kohlenstoff – sehr variabel 228
☺ Die Metallbindung 230
☺ **Streifzug:** Reine Metalle und Legierungen . . 231
☺ **Streifzug:** Nobelpreis für ein
Supermikroskop 231
Wasser – ein besonderer Stoff? 232
Streifzug: Wasserstoffbrücken
verursachen Anomalie 233
Streifzug: Zwischenmolekulare Kräfte 234
Streifzug: Moleküle als Dipole 234
Bindungen im Überblick 235
Die Wertigkeit 236
Methode: Aufstellen von Formeln
mithilfe der Wertigkeit 237
Auf einen Blick 238
Zeig, was du kannst 239

 **Basiskonzepte: Elemente
 und ihre Ordnung** 240

Säuren und Basen 242

Saure und alkalische Lösungen 244
Streifzug: Die Bestimmung des pH-Wertes . . . 245
So können Säuren entstehen 246
Achtung Säure: echt ätzend! 247
Säuren reagieren nicht nur mit Metallen 248
Herstellung von Salzsäure 249
Säuren, chemisch betrachtet 250
Pinnwand: Überall Säuren 252
☺ **Streifzug:** Säuren schädigen Bäume
und Bauwerke 252
Methode: Ein Problem diskutieren 253
Laugen im Haushalt 254
Laugen und Hydroxide 255
Seltsame Metalle 256
Laugen, chemisch betrachtet 257
Ammoniak und Ammoniaklösung 258
☺ **Streifzug:** Haber-Bosch-Verfahren 259
Pinnwand: Laugen, Laugen, Laugen 260

Übersicht: Säuren und Laugen 261
Praktikum: Ätzen von Metallen 262
☺ **Streifzug:** Ätzradierung 263
Streifzug: Säure-Base-Begriff 264
Protonen werden übertragen 265
☺ Salzgewinnung – mit und ohne Wasser . . . 266
Salz in Küche und Haushalt 268
Wer braucht das viele Salz? 270
Ohne Salz läuft es nicht 272
Salz – ein Name für viele Stoffe 273
Der direkte Weg zum Kochsalz 274
Pinnwand: Chlor und seine giftige
Verwandtschaft 274
Salzbildung durch Neutralisation 275
Pinnwand: Anwendungen der Neutralisation . . 276
Pinnwand: Vielfältige Möglichkeiten
der Salzbildung 277
☺ Die Konzentration von Lösungen 278
☺ **Praktikum:** Titration einer Natronlauge . . . 279
☺ Wie Salznamen gebildet werden 280
☺ Welches Salz ist das? 281
Salze in der Erde – Mineralien 282
☺ Pflanzen brauchen mehr als Licht, Luft,
Wärme und Wasser 283
☺ Salze in Pflanzen und im Boden –
Mineraldünger 284
☺ Der Stickstoffkreislauf 285
Lernen im Team: Nährsalze aus
Mineraldüngern 286
Auf einen Blick 288
Zeig, was du kannst 289

 Basiskonzepte: Säuren und Basen 290

Elektronenübertragung bei chemischen
Reaktionen 292

Elektrolyse 294
☺ Oberflächen schützen und veredeln 296
☺ Versilbern und Vergolden 297
☺ **Streifzug:** Vom Schrott zum Edelteil 297
Chemische Energiequellen 298
Fällungsreihe 300
Wiederaufladbare Stromquellen 301
Die Brennstoffzelle 302
Streifzug: Funktionsweise einer
Brennstoffzelle 303
Pinnwand: Anwendung der
Wasserstofftechnologie 304
Pinnwand: Die Geschichte der
Brennstoffzelle 305
Streifzug: Oxidation ohne Sauerstoff? 306
Galvanisieren – eine Redoxreaktion 307
☺ Lokalelemente 308

Pinnwand: Batterien, Akkus und Umwelt 309
Pinnwand: Chemieberufe 310
Auf einen Blick 311
Zeig, was du kannst 311

🔘 **Basiskonzepte: Elektronenübertragung bei chemischen Reaktionen** 312

Stoffe als Energieträger 314

Die Entstehung von Erdöl, Erdgas und Kohle .. 316
Förderung von Braun- und Steinkohle 317
Verarbeitung von Braun- und Steinkohle 318
Pinnwand: Steinkohlenteer –
Abfall und Rohstoff 319
🙂 Lagerstätten von Erdgas und Erdöl 320
🙂 Fördermengen als Wirtschaftsfaktor 321
🙂 Die Förderung von Erdöl und Erdgas 322
🙂 Die Transportwege des Erdöls 323
🙂 Suche nach weiteren Erdölvorkommen 324
🙂 Streifzug: Ein merkwürdiger Stoff
verändert ein Dorf 325
Die Verarbeitung von Erdgas und Erdöl 326
Destillation bei Unterdruck 328
Eigenschaften von Erdölfraktionen 329
Ein Gas mit vielen Namen 330
Methan – der einfachste Kohlenwasserstoff ... 331
Die Reihe der Alkane 332
🙂 Alkene – Kohlenwasserstoffe
mit einer Doppelbindung 334
🙂 Das Cracken – Teilen langer Molekülketten . 335
🙂 Streifzug: Alkine – sehr reaktiv
durch Dreifachbindung 336
🙂 Vielfalt durch Verzweigung 337
🙂 Den verzweigten Alkanen Namen geben ... 338
Verbrennen von Alkanen 339
Zum Verbrennen zu schade 340
Brennstoffe, die nachwachsen 341
Lernen im Team: Luftverschmutzung 342
Streifzug: Autoabgas-Katalysator 343
Streifzug: Feinstaubfilter 343
🙂 Der Kreislauf des Kohlenstoffs 344
Lernen im Team: Eine neue Heizungsanlage .. 346
Alkoholische Gärung 348
Alkohol destillieren 350
Lernen im Team: Alkohol ist schädlich
und macht süchtig 351
Ethanol 352
Verwandte des Ethanols 353
Auf einen Blick 354
Zeig, was du kannst 355

🔘 **Basiskonzepte: Stoffe als Energieträger** . 356

Produkte der Chemie 358

Vom Wein zum Essig 360
Praktikum: Saures aus der Küche 361
Pinnwand: Carbonsäuren sind
lebensnotwendig 362
Lernen im Team: Chemische
Konservierungsmethoden 363
Ester 364
🙂 Pinnwand: Weitere Ester 365
Lernen im Team: Duft- und Aromastoffe 366
Pinnwand: Waschcreme & Co. 369
Seife und ihre Herstellung 370
🙂 Streifzug: Industrielle Seifenherstellung 371
Wie reinigen Tenside? 372
Streifzug: Tenside aus nachwachsenden
Rohstoffen 374
Praktikum: Herstellung von Seifenblasen ... 374
🙂 Streifzug: Entwicklung der Seifenherstellung 375
🙂 Bestandteile der Vollwaschmittel 376
Praktikum: Wirkungen der
Waschmittelbestandteile 377
Lernen im Team: Waschmittel – Waschen
ohne Seife 378
Kunststoffe – Werkstoffe nach Maß 380
Kunststoffeigenschaften 381
Kunststoffe – weich, hart oder elastisch . 382
🙂 Die Polymerisation 383
🙂 Die Polyaddition 384
Die Polykondensation 385
Lernen im Team: Kunststoffe 386
Pinnwand: Kunststoffabfälle und ihre
Verwertung 390
Müllverbrennung – Beseitigung von Abfällen .. 391
Praktikum: Bestimmung von Kunststoffen 392
Nanoteilchen 393
Pinnwand: Nanoteilchen im Einsatz 393
Lernen im Team: Warum klebt Klebstoff? ... 394
Auf einen Blick 398
Zeig, was du kannst 399

🔘 **Basiskonzepte: Produkte der Chemie** ... 400

Lösungen zu „Zeig, was du kannst" 402
Stichwortverzeichnis 408
Namensverzeichnis 413
Übersicht: Methoden/Lernen im Team 413
Stoffliste 414
Bildquellenverzeichnis 416
Gefahrstoffsymbole – neu und alt
Tabellen zur Chemie
Periodensystem der Elemente

Inhaltsverzeichnis

Methode — Hier findest du Methoden, die dir helfen, naturwissenschaftliche Themen zu verstehen und zu bearbeiten.

Pinnwand — Hier findest du zusätzlich Bilder und Informationen zum jeweiligen Thema und Aufgaben, die du selbstständig bearbeiten und lösen kannst.

Streifzug — Hier findest du Informationen zu Themen, die auch in anderen Bereichen von großer Bedeutung sind. Zusätzliche Inhalte sind mit einem Smiley 😊 gekennzeichnet.

Praktikum — Hier findest du Versuche, Aufträge und Bastelanleitungen, die du selbstständig oder mit deinen Mitschülerinnen und Mitschülern ausführen kannst.

Lernen im Team — Hier findest du Themenvorschläge für die Arbeit in Gruppen. Eine Gruppe bearbeitet jeweils einen Vorschlag. Am Ende stellt jede Gruppe ihre Ergebnisse vor.

Auf einen Blick — Hier findest du die Inhalte des Kapitels in kurzer und übersichtlicher Form dargestellt.

Zeig, was du kannst — Hier findest du vielfältige Aufgaben zum Wiederholen und Vertiefen der Inhalte des Kapitels. Die Lösungen stehen am Ende des Buches.

- Wichtige Inhalte werden durch Merksätze hervorgehoben.

 Diese Seiten enthalten zusätzliche Pflichtinhalte für den Erweiterungskurs (E-Kurs).

 Inhalte dieser Seiten stellen Zusatzangebote zum Unterricht dar.

 Dieses Symbol führt dich zu den Basiskonzept-Seiten am Ende jedes großen Themenfeldes.

Kennzeichnung der Aufgaben:

📖 Diese Aufgabe kannst du mit deinem Vorwissen oder mit den Informationen aus dem Buch beantworten.

🔍 Dieses Symbol kennzeichnet eine Aufgabe, bei der du beobachten, untersuchen oder experimentieren musst.

📝 Um diese Aufgabe zu lösen, nutze weitere Informationsquellen wie Fachbücher, Lexika oder das Internet. Manchmal beinhalten diese Aufgaben auch Arbeitsaufträge, die außerhalb des Klassenzimmers zu erfüllen sind.

1. Diese Kennzeichnung gilt für anspruchsvollere Aufgaben oder Teilaufgaben, bei denen du vorhandenes mit neuem Wissen vernetzen musst.

Die vier Kompetenzbereiche

Dieses Buch soll dir nicht nur chemisch-naturwissenschaftliches Fachwissen, sondern auch darüber hinausgehende Fertigkeiten und Fähigkeiten, die Kompetenzen, vermitteln. Welche das sind, steht auf dieser Seite. Hier findest du auch Beispiele für Seiten im Buch, auf denen dir eine bestimmte Kompetenz vermittelt wird (f. = die folgende Seite, ff. = die folgenden Seiten).

Du kannst Aufgaben und Probleme fachbezogen lösen.
(Umgang mit Fachwissen)

1. Du kannst Grundgedanken und -prinzipien der Chemie auf Beispiele anwenden, um Erklärungen zu finden. → S. 34
2. Du kannst dein Fachwissen nutzen, um chemische Fragen zu beantworten. → S. 232
3. Du kannst aus Informationen zu einzelnen Beispielen Grundregeln ableiten und diese dann auf andere Beispiele anwenden. → S. 44
4. Du kannst Beobachtungen aus dem Alltag mit deinem Fachwissen verbinden und sie so erklären. → S. 92 f.

Du kannst Informationen austauschen.
(Kommunikation)

1. Du kannst chemische Inhalte schriftlich darstellen. → S. 33
2. Du kannst Informationen aus Texten, Tabellen oder Grafiken entnehmen und auswerten. → S. 48
3. Du kannst dir zu Untersuchungen Aufzeichnungen machen und damit später detailliert berichten. → S. 15
4. Du kannst Daten in Form von Tabellen und Diagrammen aufzeichnen und dazu auch den PC benutzen. → S. 33
5. Du kannst Informationen recherchieren, diese einschätzen, zusammenfassen und auswerten. → S. 106
6. Du kannst aus allgemeinen Informationen Rückschlüsse darauf ziehen, wie man sich in konkreten Situationen verhalten sollte. → S. 104
7. Du kannst naturwissenschaftliche Sachverhalte beschreiben, präsentieren und begründen. → S. 127
8. Du kannst dich bei Diskussionen in andere Standpunkte versetzen und diese mit deinen eigenen Ansichten vergleichen. → S. 253
9. Du kannst bei Arbeiten im Team sinnvolle Teilaufgaben festlegen und diese zuverlässig ausführen. → S. 78

Inhaltsverzeichnis

Du kannst naturwissenschaftliche Fragen stellen, mit Experimenten nach Antworten suchen und diese deuten. (Erkenntnisgewinnung)

Erkenntnisgewinnung

Bewertung

1. Du kannst chemische Fragen stellen und diese in Teilfragen zerlegen. → S. 111
2. Du kannst Beobachtungen so beschreiben, dass sie noch nicht bewertet oder gedeutet werden. → S. 34 f.
3. Du kannst Vermutungen formulieren und Möglichkeiten angeben, wie man diese Vermutungen überprüfen könnte. → S. 35
4. Du kannst Bedingungen erkennen, die ein Versuchsergebnis beeinflussen und sie im Experiment verändern oder konstant halten. → S. 124
5. Du kannst Untersuchungen und Experimente selbstständig durchführen und mögliche Fehlerquellen angeben. → S. 49
6. Du kannst aus Informationen zu Beobachtungen und Messwerten auf Zusammenhänge und Gesetzmäßigkeiten schließen. → S. 108 f.
7. Du kannst etwas erklären, indem du passende Modelle aussuchst, nutzt und deren Grenzen beachtest. → S. 122
8. Du kannst Modelle verwenden, um Sachverhalte zu beschreiben und Untersuchungsergebnisse zu erklären oder vorherzusagen. → S. 37
9. Du kannst anhand historischer Beispiele zeigen, dass Regeln oder Vorstellungen mit der Zeit weiterentwickelt werden. → S. 129

Du kannst überlegt und begründet urteilen. (Bewertung)

1. Du kannst eigene Bewertungen begründen, indem du Kriterien festlegst und nachvollziehbar gewichtest. → S. 252 f.
2. Wenn es in einer Situation mehrere Entscheidungssituationen gibt, kannst du Kriterien und Argumente nutzen und abwägen und so zu einer gut begründeten Entscheidung kommen. → S. 393
3. Du kannst bei schwierigen Entscheidungen auch das „Große Ganze" im Blick behalten und entscheidest begründet und überlegt. → S. 194 f.

Sicheres Experimentieren

Gefahrensymbole
Manche Behältnisse im Haushalt, zum Beispiel die Verpackungen von Reinigungsmitteln oder Klebstoffen sowie Behälter und Gefäße für Chemikalien tragen orangefarbene Symbole. Es sind die bisher verwendeten **Gefahrensymbole**.
Gefahrensymbole zeigen an, welche Gefahren von Stoffen ausgehen. Ein Stoff kann beispielsweise ätzend, reizend oder leicht entzündlich sein. Einige Symbole haben zwei Bedeutungen. Deshalb wird zur genauen Bezeichnung noch ein Kennbuchstabe hinzugefügt (Tabelle 1).

Neue Gefahrensymbole
Seit 2010 werden nach und nach neue Gefahrenzeichen eingeführt.
9 Symbole mit rotem Rand ersetzen die alten, orangefarbenen Symbole. Das neue **G**lobal **H**armonisierte **S**ystem (GHS) wird weltweit gelten. Auch hier gibt es Zusätze, die Gefahren genauer kennzeichnen. Eine Tabelle zu den neuen GHS-Symbolen findest du am Ende des Buches.

1. Worauf musst du beim Umgang mit Stoffen aus dem Haushalt achten, die folgende Symbole tragen?
a) b) c) d)

Symbol	Kennbuchstabe und Bedeutung	Gefahrenmerkmale
	T+ Sehr giftig	Bereits die Aufnahme sehr geringer Mengen kann zu sehr schweren Gesundheitsschäden führen.
	T Giftig	Bereits die Aufnahme geringer Mengen kann zu sehr schweren Gesundheitsschäden führen.
	Xn Gesundheitsschädlich	Die Aufnahme solcher Stoffe kann zu Gesundheitsschäden führen.
	C Ätzend	Solche Stoffe können das Hautgewebe innerhalb weniger Minuten zerstören.
	Xi Reizend	Diese Stoffe reizen Haut, Augen und Atmungsorgane und können nach mehrstündiger Einwirkung zu Entzündungen führen.
	F+ Hoch entzündlich	Hoch entzündliche Stoffe lassen sich bereits unter 0 °C entzünden.
	F Leicht entzündlich	Leicht entzündliche Stoffe lassen sich unter 21 °C entzünden oder entzünden sich selbst.
	N Umwelt gefährlich	Schädlich für die Umwelt (Boden, Gewässer, Luft, Lebewesen).
	E Explosionsgefährlich	Diese Stoffe können unter bestimmten Bedingungen explodieren.
	O Brandfördernd	Stoffe, die brennbare Materialien entzünden oder ausgebrochene Brände fördern können.

1 Bedeutung der Gefahrensymbole

Umgang mit Chemikalien
1. Chemikalien dürfen nicht mit den Fingern angefasst werden.
2. Chemikalien dürfen niemals in Lebensmittelbehältern aufbewahrt werden.
3. Die Versuche werden mit möglichst wenig Chemikalien durchgeführt, weil nur so die Abfallmenge gering bleibt.
4. Chemikalienreste werden nicht in die Vorratsgefäße zurückgegeben. Sie werden in besonderen Abfallbehältern gesammelt.
5. Gefährliche Abfälle werden grundsätzlich extra gesammelt.

Sicherheit

  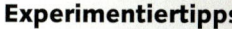

Verhalten
1. In naturwissenschaftlichen Fachräumen darf nicht getrunken und gegessen werden.
2. Bei allen Experimenten muss grundsätzlich eine Schutzbrille getragen werden.
3. Geschmacksproben dürfen nicht durchgeführt werden. Den Geruch stellst du durch vorsichtiges Zufächeln fest.
4. Dein Arbeitsplatz soll sauber und aufgeräumt sein. Alle Geräte werden nach der Beendigung des Versuchs wieder gereinigt und weggeräumt.

Experimentiertipps
1. Lies oder besprich die Versuchsanleitung vor Beginn eines Versuchs ausführlich. Befolge sie genau.
2. Stelle alle benötigten Geräte und Chemikalien vor Versuchsbeginn bereit. Benutze sie erst nach ausdrücklicher Erlaubnis.
3. Baue alle Geräte standfest und standsicher auf. Sorge dafür, dass die Vorratsgefäße für Chemikalien sicher stehen.
4. Beachte die vorgeschriebenen Sicherheitshinweise.

Abfallentsorgung

 **B1** — Säuren, Laugen
Beispiele: Salzsäure, Natronlauge

 **B2** — giftige, anorganische Stoffe
Beispiele: Kupfersulfat, Silbernitrat

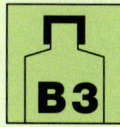 **B3** — organische Stoffe ohne Halogene
Beispiele: Benzin, Methanol

 **B4** — organische Stoffe mit Halogenen
Beispiele: Chlorpropan, Bromhexan

 **B5** — feste, organische Stoffe
Beispiele: Schwefel

 wasserlösliche, nicht schädliche Stoffe
Beispiele: Zucker, Kochsalz

 feste, nicht schädliche Stoffe
Beispiele: Kohle, Eisenwolle

Entsorgung von Chemikalien
Chemikalienreste sind oft gefährliche Stoffe und müssen ordnungsgemäß entsorgt werden. Das gilt besonders für Stoffe, die bei chemischen Experimenten anfallen.
Zu den wichtigsten Regeln für einen verantwortungsbewussten Umgang mit Stoffen gehört es, unnötige Abfälle zu vermeiden. Die experimentelle Arbeit muss also im Voraus gut geplant werden – vor allem was die Art und die Menge der verwendeten Stoffe betrifft. Viele Stoffe dürfen nicht einfach in den Abfluss oder zum Hausmüll gegeben werden. Sie werden in verschiedenen Behältern gesammelt und von Entsorgungsunternehmen abgeholt. Durch das Sammeln in getrennten Behältern wird die endgültige Beseitigung erleichtert oder es wird eine Wiederaufbereitung ermöglicht. Säuren und Laugen werden in gemeinsamen Behältern gesammelt.

 2. In welche Behälter werden Reste von
a) Essigsäure,
b) Kochsalz,
c) Benzin,
d) Holzkohle gegeben?

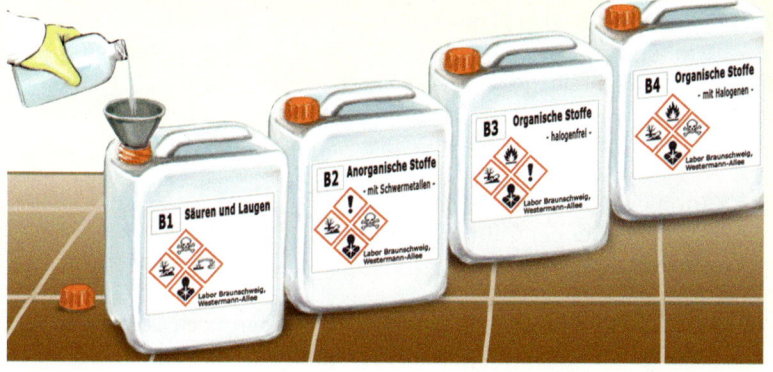

Führerschein für den Gasbrenner

Im naturwissenschaftlichen Unterricht wirst du häufig Versuche durchführen, bei denen Stoffe erhitzt werden. Für diese Versuche werden **Gasbrenner** für Erdgas oder Propangas verwendet. Damit du mit den Gasbrennern gefahrlos umgehen kannst, musst du bestimmte Regeln beachten:

Vorbereitung
– Stelle den Gasbrenner standsicher auf eine feuerfeste Unterlage.
– Schließe den Gasschlauch des Brenners an die Gaszuleitung am Tisch an. Kontrolliere die Standsicherheit.
– Schließe die Gas- und Luftzufuhr des Brenners.

Achtung: Binde lange Haare immer zusammen und trage beim Arbeiten mit dem Gasbrenner eine Schutzbrille.

Inbetriebnahme und Einstellung des Brenners
– Öffne als erstes die Gaszufuhr am Brenner und dann das Gasventil an der Gaszuleitung. Entzünde das ausströmende Gas. Arbeite zügig, aber ohne Hektik.
– Lass das Gas nie unangezündet ausströmen.
– Stelle die Höhe der Gasflamme mit der Gasregulierungsschraube am Brenner ein.
– Öffne danach die Luftzufuhr, bis die blaue Flamme sichtbar wird.
– Öffne die Luftzufuhr weiter, bis die rauschende Brennerflamme zu hören ist.
– Verringere die Luftzufuhr wieder, bis die Höhe der Flamme etwa der Breite deiner Hand entspricht.
– Arbeite mit der blauen, aber noch nicht rauschenden Brennerflamme.

Achtung: Der Gasbrenner darf während des Experimentierens nicht unbeaufsichtigt bleiben. Stelle das Gas nach Beendigung der Arbeit an der Gaszufuhr ab.

Untersuchung der Brennerflamme
Die blaue Brennerflamme besteht aus einem kleineren Innenkegel und einem Außenkegel.
a) Untersuche mithilfe eines feuchten Holzstabes die beiden Flammenkegel. Halte dazu den Stab kurz in den Innenkegel. Bewege ihn dann von unten nach oben in den Außenkegel. Beschreibe jeweils, was mit dem Holzstab passiert. Achte besonders auf die Ränder der Flamme und auf den Übergang vom inneren zum äußeren Flammenkegel.
b) Schneide dir aus etwa 2 mm starkem Karton ein 15 cm mal 10 cm großes Rechteck aus. Halte es für kurze Zeit direkt über der Öffnung des Brenners senkrecht in die Flamme. Was beobachtest du?

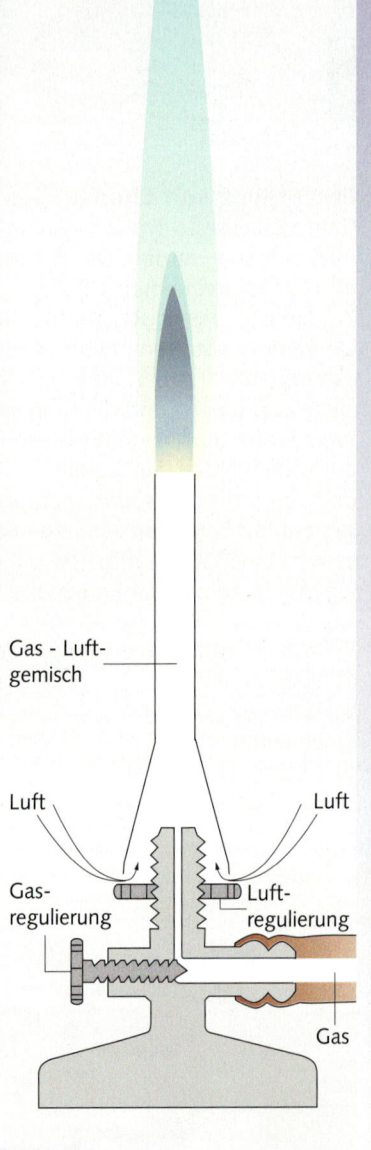

1 Schnitt durch den Gasbrenner für Erdgas oder Propangas

Sicherheit

Verschiedene Wärmequellen

Der Gasbrenner für Erdgas und Propangas

Der Kartuschenbrenner
Ein weiterer Gasbrenner, der im naturwissenschaftlichen Unterricht verwendet wird, ist der **Kartuschenbrenner.** Er wird mit Butangas betrieben. In einem Metallbehälter, der Kartusche, befindet sich der Brennstoff in flüssiger Form. Wenn das Gasventil geöffnet wird, tritt dieser Brennstoff als Gas aus.
Beim Kartuschenbrenner muss besonders gut darauf geachtet werden, dass er senkrecht und standsicher auf einer feuerfesten Unterlage steht. Vor dem Anzünden des Gases wird beim Kartuschenbrenner die Luftzufuhr leicht geöffnet.

Achtung: Nicht verwenden bei Experimenten mit brennbaren Materialien

Erst danach wird das Gasventil geöffnet. Das ausströmende Gas-Luft-Gemisch muss sofort entzündet werden. Da Butangas schwerer ist als Luft, fließt es beim Ausströmen nach unten. Wird das Gas nicht sofort entzündet, sammelt es sich auf der Tischplatte. Beim Anzünden des Gases kann es dann zu einer Stichflamme kommen.
Auch hier gilt: Arbeite zügig, aber ohne Hektik!

1. Wo werden Kartuschenbrenner noch als Wärmequelle verwendet?

Die Heizplatte
Nicht alle Stoffe kannst du mit dem Gasbrenner erhitzen. Vor allem, wenn brennbare Flüssigkeiten erhitzt werden müssen, kann es passieren, dass sich die brennbaren Dämpfe an der Brennerflamme entzünden.
Zum Erhitzen brennbarer Flüssigkeiten ist deshalb eine **elektrische Heizplatte** viel besser geeignet, da sich die brennbaren Dämpfe an der elektrisch beheizten Platte nicht so leicht entzünden können.

Stoffe werden erhitzt

Erhitzen von Stoffen im Reagenzglas
– Fülle das Reagenzglas immer nur zu einem Drittel.
– Gib bei Flüssigkeiten Siedesteinchen hinzu.
– Halte das Reagenzglas mit der Reagenzglasklammer am oberen Ende fest.
– Halte das Reagenzglas immer schräg in die blaue Brennerflamme.
– Beginne mit dem Erhitzen in Höhe des Flüssigkeitsspiegels. Schüttle das Reagenzglas leicht hin und her.
– Richte die Reagenzglasöffnung nicht auf dich selbst oder auf andere Personen.

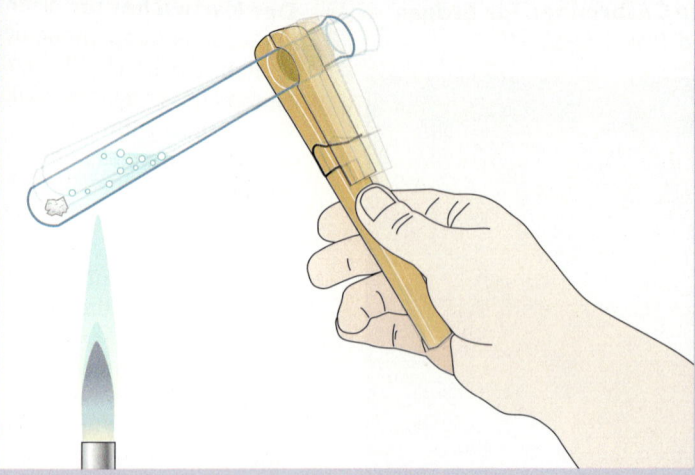

1 So erhitzt du richtig.

Erhitzen von Wasser
Erhitze Wasser im Reagenzglas. Beachte dabei die Regeln zum Erhitzen von Stoffen im Reagenzglas. Beende den Versuch, sobald das Wasser siedet.

Achtung: Gib ein bis zwei Siedesteinchen in das Reagenzglas. So kannst du verhindern, dass heißes Wasser beim Sieden aus dem Reagenzglas spritzt.

Schmelzen von Kerzenwachs
Fülle in ein Becherglas so viel Kerzenwachs, dass der Boden etwa fingerbreit damit bedeckt ist. Stelle das Becherglas auf den Dreifuß mit Drahtnetz und erhitze das Wachs. Beende den Versuch, sobald alles Wachs geschmolzen ist. Du kannst eine Kerze daraus gießen, indem du das Wachs in eine leere Teelichthülle mit Docht gießt.

Schmelzen von Glas
a) Halte ein etwa 30 cm langes Glasrohr an den Enden fest. Erhitze die Mitte des Glasrohres oberhalb des inneren Flammenkegels. Drehe das Glasrohr dabei ständig. Ist das Rohr weich geworden, nimm es aus der Flamme und ziehe beide Enden zügig auseinander.
b) Schmilz ein neues Glasrohr an einem Ende zu. Drehe es dabei in der Flamme und erhitze das Ende so lange, bis es rotglühend ist. Nimm es aus der Flamme und blase sofort am anderen Ende hinein, solange es noch sehr heiß ist. Du kannst das Glas zwischendurch wieder erhitzen, wenn es sich zu sehr abgekühlt hat.

Achtung: Achte darauf, dass sich niemand am heißen Glas verbrennen kann.

Erhitzen von Spiritus
Fülle ein Reagenzglas zu einem Drittel mit Spiritus und gib ein Siedesteinchen hinein. Stelle das Reagenzglas in ein Becherglas mit Wasser. Stelle dann das Becherglas auf eine Heizplatte und erhitze das Wasser.
Beende den Versuch, sobald der Spiritus siedet.

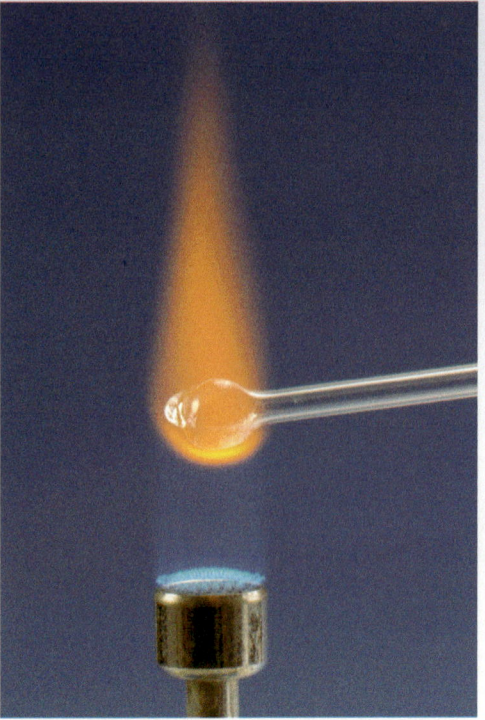

2 Schmelzen von Glas

Sicherheit

Gruppen- und Partnerarbeit beim Experimentieren

Methode

Im Fachunterricht ist es wichtig, dass ihr Experimente selbstständig plant und durchführt. Dazu wird in einer größeren Gruppe oder zu zweit gearbeitet.

Die **Gruppenarbeit** hat viele Vorteile. So kann jedes Gruppenmitglied Ideen einbringen, die ihr gemeinsam diskutieren könnt. Zudem ist es möglich, Aufgaben untereinander aufzuteilen.

Bei der **Partnerarbeit** experimentiert ihr zu zweit. Dabei kann der Einzelne beim gleichen Versuch mehr tun als bei der Gruppenarbeit. Darüber hinaus ist es oft einfacher, sich zu zweit auf eine Vorgehensweise zu einigen als in einer größeren Gruppe.

🔍 **1. a)** Führt den folgenden Versuch in Gruppenarbeit durch. Erhitzt 2 g Schwefel im Reagenzglas vorsichtig über einer Brennerflamme bis zum Schmelzen. Erhitzt dann bis zum Sieden. Lasst das Reagenzglas danach abkühlen. Beobachtet dabei die Vorgänge im Reagenzglas.
b) Tragt eure Beobachtungen in eine Tabelle ein.

Aggregatzustand	Farbe

c) Besprecht das Ergebnis des Experimentes in der Gruppe.
d) Vergleicht euer Ergebnis mit dem Ergebnis anderer Gruppen.

Wichtige Regeln für die Gruppenarbeit

Plant den Versuch gemeinsam. Jeder in der Gruppe soll verstehen, wie der Versuch durchzuführen ist.

Es redet immer nur ein Gruppenmitglied. Die anderen hören aufmerksam zu.

Habt ihr innerhalb der Gruppe unterschiedliche Vorschläge und Meinungen, diskutiert sie in Ruhe und einigt euch auf eine Vorgehensweise.

Ein Gruppenmitglied holt die Versuchsmaterialien, ohne dabei zu rennen.

Teilt euch die Arbeit während des Experiments auf. Ein oder zwei Gruppenmitglieder führen den Versuch durch, ein oder zwei weitere Mitglieder beobachten und halten die Ergebnisse im Versuchsprotokoll fest.

Experimentiert in Ruhe, sodass die anderen Gruppen nicht gestört werden.

Haltet Ordnung auf dem Experimentiertisch eurer Gruppe.

Wechselt euch bei den Aufgaben ab. Jeder muss beim nächsten Versuch eine andere Aufgabe übernehmen.

Erstellt das Versuchsprotokoll gemeinsam. Jeder in der Gruppe sollte zum Schluss das gleiche Versuchsprotokoll vorliegen haben.

Seid ihr euch nicht einig oder treten in eurer Gruppe beim Experimentieren Konflikte auf, versucht sie zunächst selbst zu lösen.

Holt erst dann eure Lehrerin oder euren Lehrer zu Hilfe, wenn ihr nicht mehr weiterkommt.

Säubert nach dem Versuch die benutzten Geräte nach Anleitung.

Räumt alles ordentlich in die dafür vorgesehenen Behälter und Schränke zurück.

Warum erhalten Speisen erst dann ihren guten Geschmack, wenn mehrere Stoffe miteinander vermischt wurden?

Was unterscheidet einen Reinstoff wie Zucker von einem Stoffgemisch wie Brausepulver?

Was geschieht, wenn Stoffe erhitzt werden? Wie verändern sie sich dabei?

Stoffe und Stoffeigenschaften

Körper und Stoffe

1. Bringe unterschiedliche Gegenstände mit, die alle aus dem gleichen Stoff bestehen.

2. Nenne gleichartige Gegenstände, die aus verschiedenen Stoffen bestehen können.

3. Welche verschiedenen Bedeutungen kann der Begriff Stoff haben?

4. Für welche unterschiedlichen Dinge wird der Begriff Körper in der Alltagssprache benutzt?

5. a) Erstelle eine Tabelle mit Körpern und Stoffen. Ordne folgende Begriffe ein: Ball, Zink, Flasche, Eisen, Wasser, Fahrrad, Sauerstoff, Geodreieck.
b) Ergänze um fünf eigene Beispiele.

Alle Materialien sind Stoffe
Ob zu Hause, in der Schule oder beim Sport: Überall findest du Gegenstände aus vielen verschiedenen Materialien. Diese Materialien werden in den Naturwissenschaften **Stoffe** genannt. Damit sind grundsätzlich alle Materialien gemeint, die es gibt.

Gleiche Körper
Gegenstände werden in der Physik und Chemie als **Körper** bezeichnet. Körper können aus verschiedenen Stoffen bestehen. So kann eine Kugel aus Porzellan, Keramik, Glas, Holz, Metall oder Kunststoff bestehen. Der Stoff, aus dem ein Stuhl hergestellt wird, kann Holz, Kunststoff oder Metall sein.

Gleiche Stoffe
Umgekehrt können aus dem gleichen Stoff unterschiedliche Körper hergestellt werden. Blumenvasen, Milchflaschen, Spiegel, Fensterscheiben oder Glühlampen bestehen häufig aus dem gleichen Stoff, aus Glas. Aus dem Stoff Holz können Buntstifte, Bilderrahmen, Möbel, Gartenzäune oder Fußböden gefertigt werden.

Stoffe können fest, flüssig oder gasförmig sein
Im Chemielabor finden sich Behälter mit verschiedenen Stoffen: feste Stoffe wie Schwefel, Kochsalz, Zucker oder Holzkohle, Flüssigkeiten wie Säuren, Laugen, Alkohol, destilliertes Wasser und Gase wie Sauerstoff oder Kohlenstoffdioxid.

■ Körper bestehen aus Stoffen.

1 Körper aus unterschiedlichen Stoffen

2 Körper aus gleichen Stoffen

Stoffe und Stoffeigenschaften

Eigenschaften mit den Sinnesorganen feststellen

1. Welche Sinnesorgane kennst du?

2. Nenne die Farben der Stoffe, aus denen die Körper in Bild 1 bestehen. Ergänze weitere Beispiele.

3. Bringe Lebensmittel mit besonderem Geschmack in die Schule. Lass eine Mitschülerin oder einen Mitschüler mit verbundenen Augen kosten und die Stoffe erraten.
Achtung: Diesen Versuch müsst ihr in der Schulküche durchführen!

4. Bringe typisch riechende Lebensmittel mit in die Schule. Lass deine Nachbarin oder deinen Nachbarn die Stoffe mit verbundenen Augen erraten.

5. Schreibe je einen Steckbrief für drei verschiedene Stoffe dieser Seite. Orientiere dich dabei an Bild 4.

1 Stoffe haben verschiedene Farben.

2 Stoffe haben unterschiedlichen Geruch.

Mit den Sinnen erkennen
Um Stoffe unterscheiden zu können, musst du ihre Eigenschaften beschreiben. Das ist in vielen Fällen möglich, wenn du Augen, Nase oder Zunge, also deine **Sinnesorgane,** einsetzt. So kannst du einen einfachen **Steckbrief** für einen Stoff erstellen (Bild 4).

Achtung: Bei Stoffen aus dem Chemielabor darfst du den Geruch nur durch Zufächeln feststellen.

Farbe, Geruch und Geschmack
Die Eigenschaft Farbe ist einfach zu erkennen. Eine Zitrone ist gelb, Ruß ist schwarz, Schnee weiß, Blut rot und Gras grün. Einige Stoffe kannst du auch sofort an ihrem Geruch erkennen. Andere, ähnlich riechende Stoffe sind jedoch kaum voneinander zu unterscheiden. Außerdem gibt es Stoffe, an denen du nicht riechen darfst, weil sie gesundheitsschädlich oder gar giftig sind. Stoffe aus der Chemie dürfen nicht auf ihren Geschmack geprüft werden. Ungefährlicher ist das bei Lebensmitteln. Dort sind Geschmacksproben sogar sehr wichtig.

■ Wichtige Eigenschaften von Stoffen lassen sich mit den Sinnesorganen feststellen. Sie können in einfachen Steckbriefen zusammengefasst werden.

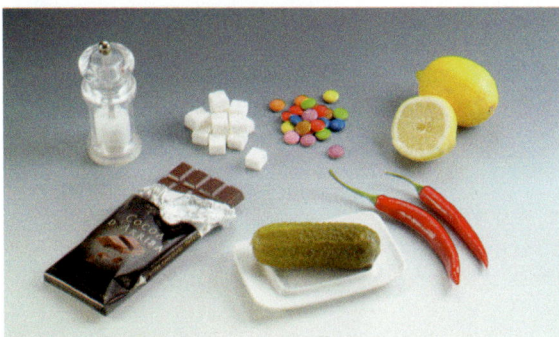

3 Stoffe haben unterschiedlichen Geschmack.

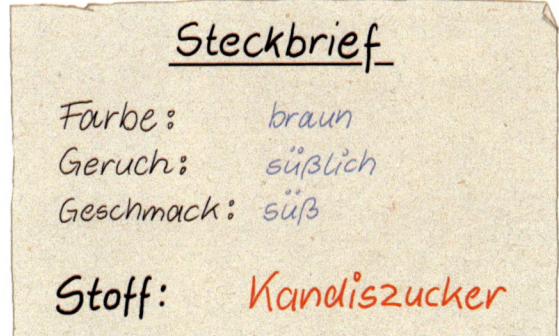

4 Einfacher Steckbrief

Stoffeigenschaften untersuchen

🔍 **1.** Vergleiche gleich große Stücke Aluminiumblech und Zinkblech. Lege für beide Stoffe Steckbriefe an. Beschreibe die Eigenschaften, die du mithilfe deiner Sinnesorgane feststellen kannst.

🔍 **2. a)** Ritze jedes Blech aus Versuch 1 mit dem anderen. Was schließt du aus deiner Beobachtung?
b) Ritze das Aluminiumblech und das Zinkblech jeweils mit einem Bleistift, einem Eisennagel und einem Stahlnagel. Vergleiche die Ergebnisse.

🔍 **3.** Finde heraus, welche der folgenden Stoffe sich in Wasser lösen: Kochsalz, Öl, Zucker, Natron, Aluminium, Zink.

🔍 **4.** Halte 15 cm lange Stäbe von Aluminium, Zink und Glas sowie ein Magnesiastäbchen mit der Hand 20 s in die Brennerflamme. Beschreibe die Unterschiede.

📖 **5.** Erweitere die Steckbriefe für Aluminium und Zink aus Versuch 1 mit den Ergebnissen aus den Versuchen 2 bis 4.

1 Erweiterter Steckbrief Aluminium

Sinnesorgane reichen nicht aus

In unserem Alltag begegnen uns immer wieder Stoffe, die sich sehr ähnlich sind. In der Küche und im Labor kann es Probleme geben, wenn Stoffe gleich aussehen und die Aufbewahrungsgefäße nicht mehr richtig beschriftet sind.
Es gibt verschiedene Verfahren, mit denen die Eigenschaften von Stoffen genauer untersucht werden können. Sie lassen sich in einem erweiterten Steckbrief zusammenfassen.

Härte

Durch Ritzen ermittelst du, wie hart ein Stoff ist. Willst du Stoffe miteinander vergleichen, kannst du sie wechselseitig ritzen. Du kannst auch mit einem Bleistift oder einem Nagel Ritzversuche durchführen. An der Ritztiefe kannst du die Härte der Stoffe unterscheiden.

Löslichkeit

Eine weitere wichtige Eigenschaft von Stoffen ist die Löslichkeit in Wasser. Kochsalz, Alkohol oder Süßstoff lösen sich beispielsweise in Wasser. Öl, Eisen oder Schwefel lösen sich darin nicht. Neben Wasser gibt es noch andere Lösungsmittel wie Alkohol oder Benzin.

Wärmeleitfähigkeit

Hältst du Metalle mit der Hand in eine Brennerflamme, so stellst du fest, dass das Material sehr schnell heiß wird. Bei einem Kochtopf werden daher die Griffe oft aus Kunststoff gefertigt. Dieser wird nicht so heiß. An ihrer Fähigkeit, Wärme weiterzuleiten, unterscheidest du verschiedene Stoffe.

■ Härte, Löslichkeit und Wärmeleitfähigkeit sind wichtige Eigenschaften von Stoffen.

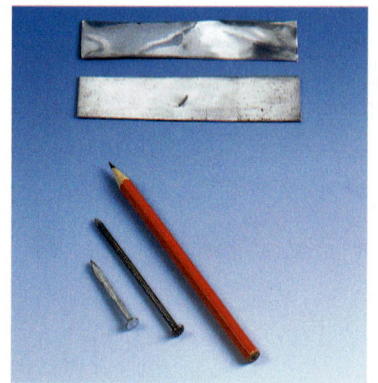
2 Härte

3 Löslichkeit

4 Wärmeleitfähigkeit

Stoffe und Stoffeigenschaften

🔍 **6.** Teste mithilfe einer Prüfstrecke wie in Bild 6 die elektrische Leitfähigkeit von Aluminium, Zink, Holz und Kunststoff. Berichte über die Ergebnisse.

🔍 **7.** a) Erhitze nacheinander ein Stück Aluminium und ein Stück Zink auf einem Verbrennungslöffel in der blauen Brennerflamme. Was beobachtest du?
b) Suche im Internet, in einem Sachbuch oder in einem Lexikon die Schmelztemperaturen von Aluminium und Zink heraus. Vervollständige die Steckbriefe aus Aufgabe 5.

🔍 **8.** Bestimme die Schmelztemperatur von Schwefel. Fülle dazu ein Reagenzglas zu einem Drittel mit Schwefel. Erhitze den Schwefel vorsichtig mit kleiner Flamme und miss alle 30 s die Temperatur, bis der Schwefel geschmolzen ist.

🔍 **9.** Fülle 100 ml Wasser in einen 250 ml-Erlenmeyerkolben und erhitze es bis zum Sieden. Miss dabei alle 30 s die Temperatur. Was fällt auf? Welche Siedetemperatur hat Wasser?

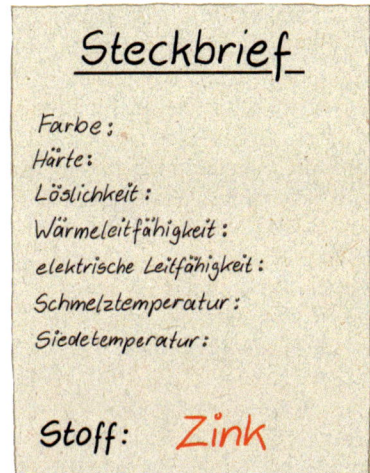

Steckbrief

Farbe:
Härte:
Löslichkeit:
Wärmeleitfähigkeit:
elektrische Leitfähigkeit:
Schmelztemperatur:
Siedetemperatur:

Stoff: Zink

5 Erweiterter Steckbrief Zink

Elektrische Leitfähigkeit
Mit einer Prüfstrecke wie in Bild 6 stellst du fest, ob ein Stoff den elektrischen Strom leitet oder nicht. Metalle leiten den Strom. Sie sind elektrische Leiter. Steine, Porzellan und die meisten Kunststoffe leiten den elektrischen Strom nicht. Sie sind Nichtleiter.

Schmelztemperatur
Wenn feste Stoffe erwärmt werden, können sie schmelzen. Sie werden flüssig. Du kannst die dazu notwendigen Temperaturen in Versuchen bestimmen. Dazu musst du einen festen Stoff langsam erwärmen, bis er vollständig geschmolzen ist. Die bei diesem Vorgang gemessene Temperatur ist die **Schmelztemperatur** des Stoffes.
Die Schmelztemperatur von Gold beträgt 1063 °C, die von Eisen ist 1535 °C. Diese Werte kannst du nicht im Experiment bestimmen. Du musst sie Tabellen entnehmen.

Siedetemperatur
Werden flüssige Stoffe erhitzt, fangen sie an zu sieden. Dies erkennst du daran, dass Gasblasen aus der Flüssigkeit heraussprudeln. Wenn die Temperatur beim weiteren Erhitzen nicht mehr ansteigt, hat die Flüssigkeit ihre **Siedetemperatur** erreicht. Das kannst du gut bei Wasser beobachten.
Die Siedetemperatur von Spiritus beträgt 78 °C, die von Glycerin beträgt 290 °C.

■ Die elektrische Leitfähigkeit, die Schmelz- und die Siedetemperaturen sind weitere wichtige Eigenschaften von Stoffen.

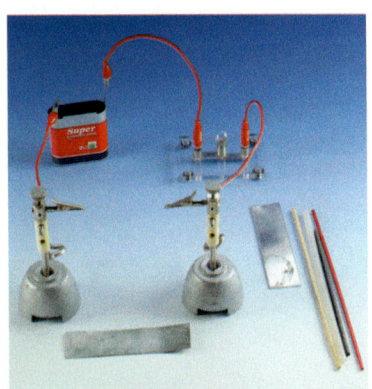

6 Elektrische Leitfähigkeit

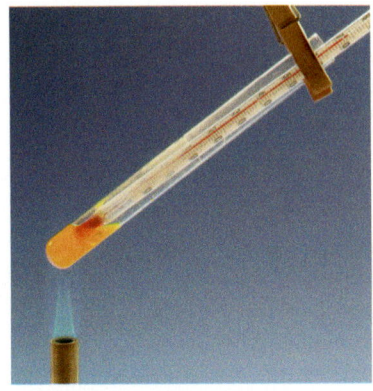

7 Schmelztemperatur

8 Siedetemperatur

Stoffe und Stoffeigenschaften → S. 88/89

🔍 **10. a)** Prüfe mit einem Magneten, ob Körper aus Aluminium, Zink, Eisen, Glas, Kunststoff und Schwefel magnetisch sind.
b) Prüfe mit einem Magneten, ob sich Körper aus Aluminium, Zink, Eisen, Glas, Kunststoff und Schwefel magnetisieren lassen. Bestreiche dazu die Stoffe mit einem Magneten mehrmals in der gleichen Richtung.

🔍 **11.** Halte nacheinander kleine Stücke von Aluminium, Zink, Holz und Papier mithilfe einer Tiegelzange in die Brennerflamme. Prüfe, ob sich die Stoffe entzünden.

🔍 **12.** Fülle eine Glaswanne zu drei Vierteln mit Wasser. Prüfe, ob ein Zinkblech, ein Aluminiumblech, ein Glasstab, Stücke von Holz, Kunststoff und Schwefel im Wasser schwimmen oder ob sie untergehen.

📝 **13.** Bild 9 zeigt einen vollständigen Steckbrief. Finde heraus, um welchen Stoff es sich handelt. Suche dir dazu Informationen aus einem Sachbuch oder Lexikon.

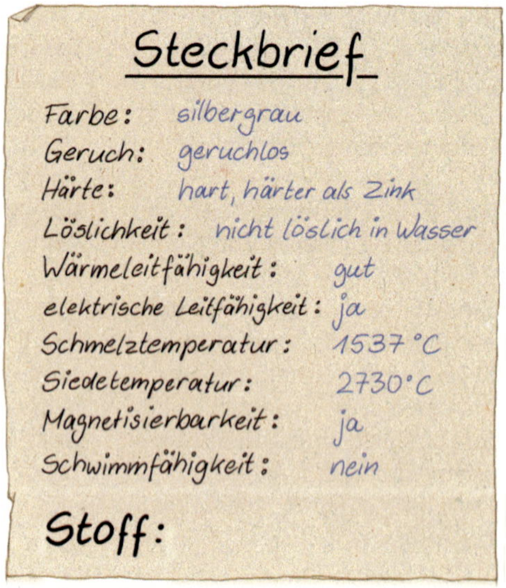

Steckbrief

Farbe:	silbergrau
Geruch:	geruchlos
Härte:	hart, härter als Zink
Löslichkeit:	nicht löslich in Wasser
Wärmeleitfähigkeit:	gut
elektrische Leitfähigkeit:	ja
Schmelztemperatur:	1537 °C
Siedetemperatur:	2730 °C
Magnetisierbarkeit:	ja
Schwimmfähigkeit:	nein

Stoff:

9 Vollständiger Steckbrief

Magnetische Wirkung
Mit einem Magneten kannst du überprüfen, ob ein Körper magnetisch ist oder ob er sich magnetisieren lässt. Körper, die Eisen, Nickel oder Cobalt enthalten, zeigen diese Eigenschaft. Für alle anderen Metalle trifft dies nicht zu. Magnetisierbare Körper bleiben an einem Magneten hängen. An ihnen lässt sich die Magnetisierbarkeit auch dadurch überprüfen, dass sie durch Bestreichen mit einem Magneten selbst zum Magneten werden.

Brennbarkeit
Zur Prüfung, ob Körper **brennbar** sind, musst du sie in eine Brennerflamme halten. Glas und Gold sind **nicht brennbar**, Holz, Benzin und Alkohol hingegen schon. Bei den meisten Metallen hängt die Brennbarkeit davon ab, wie fein verteilt die Stoffe sind. Eisenwolle brennt. Ein kompaktes Stück Eisen brennt nicht. Deshalb bietet es sich nicht an, die Brennbarkeit als Stoffeigenschaft im Steckbrief aufzuführen.

Schwimmfähigkeit in Wasser
Um die **Schwimmfähigkeit** eines Körpers in Wasser zu bestimmen, musst du ihn auf eine Wasseroberfläche legen. Da die Schwimmfähigkeit auch von der Form der Körper abhängt, solltest du beim Vergleich verschiedener Stoffe stets gleich geformte Körper verwenden. Neben Holz gibt es eine ganze Reihe von weiteren Stoffen, die auf Wasser schwimmen. Dazu gehören die meisten Kunststoffe, Pflanzen, Öl und Kork. Steine und Körper aus Porzellan, Glas und Eisen gehen unter. Sie sind nicht schwimmfähig.

■ Magnetisierbarkeit, Brennbarkeit und Schwimmfähigkeit in Wasser sind weitere wesentliche Stoffeigenschaften. Alle Eigenschaften zusammen ergeben einen vollständigen Steckbrief.

10 Magnetisierbarkeit

11 Brennbarkeit

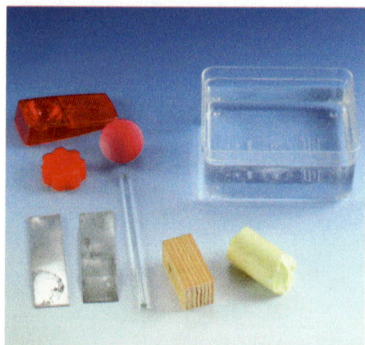

12 Schwimmfähigkeit

Stoffe und Stoffeigenschaften

Steckbriefe erstellen

Methode

Verbrecher gesucht
Mit einem Steckbrief wie in Bild 1 wurden früher Verbrecher gesucht. An den Rathäusern oder Polizeistationen hingen Plakate, die ein Bild des gesuchten Verbrechers zeigten. Darüber hinaus gaben sie auch Auskunft über wichtige Erkennungsmerkmale wie Größe, Augen- und Haarfarbe oder besondere Kennzeichen. Bei Jack the Robber ist dies seine große Narbe.

Verbrechersuche heute
Heute werden solche Steckbriefe im Fernsehen oder in Zeitungen veröffentlicht. Dabei helfen der Polizei Zeichner und Computer, um ein möglichst genaues Bild des Gesuchten herzustellen.
Wie früher wird auch heute noch die Bevölkerung dazu aufgefordert, bei der Fahndung nach den steckbrieflich gesuchten Personen mitzuhelfen.

1 Steckbrief von Jack the Robber

1. a) Erstelle Steckbriefe zu den Stoffen Wasser, Sauerstoff und Eisen. Nutze hierzu ein Fachbuch, Lexikon oder das Internet. Stelle jeden Steckbrief wie in Bild 2 zusammen. Nutze die dort angegebenen Stichwörter, soweit sie sinnvoll sind. Nenne, wenn nötig, weitere Eigenschaften.
b) Gestalte die Steckbriefe auf einem DIN A3-Papier. Suche auch passende Bilder und klebe sie auf. Hänge sie im Unterrichtsraum aus.

2. Wähle selbst einen Stoff und gestalte wie in Aufgabe 1 a) einen Steckbrief zu diesem Stoff, ohne ihn auf dem Steckbrief zu nennen. Tausche dein Blatt mit deiner Nachbarin oder mit deinem Nachbarn. Versucht beide, den beschriebenen Stoff zu erraten.

Stoffe gesucht
Auch in den Naturwissenschaften werden Steckbriefe benutzt. In der Chemie kannst du in Steckbriefen mit wenigen Worten Stoffe wie Wasser, Kochsalz oder Helium genau beschreiben. In der Biologie dienen Steckbriefe zur näheren Beschreibung eines Tieres oder einer Pflanze.

Steckbriefe
In einem **einfachen Steckbrief** finden sich die Eigenschaften, die du mit deinen Sinnesorganen erfassen kannst. In einem **erweiterten Steckbrief** notierst du zusätzlich messbare Eigenschaften. So können Stoffe kurz und genau beschrieben werden. Sie lassen sich dann eindeutig bestimmen.

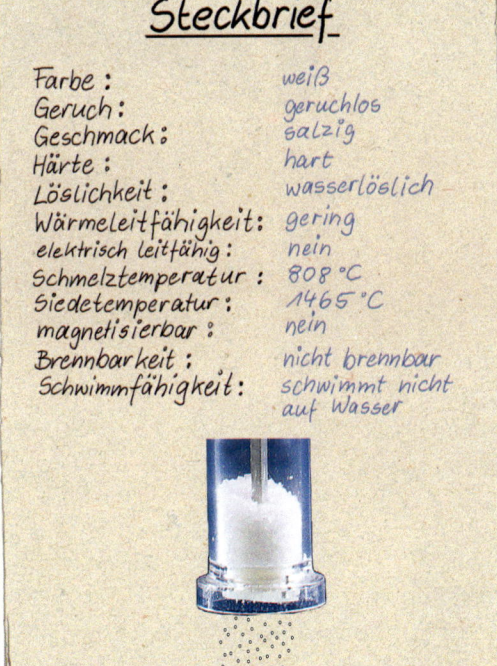

2 Steckbrief aus der Chemie

Tipp
Steckbriefe sind eine gute Hilfe, wenn du die Eigenschaften eines Stoffes lernen möchtest.

Stoffgemische und Reinstoffe im Haushalt

1. a) Schütte etwas Kräutersalz auf einen Bogen Papier, streiche es glatt und betrachte es mit einer Lupe. Wie viele unterschiedliche Bestandteile kannst du erkennen?
b) Sortiere mit einem Spatel oder einer Pinzette die Einzelteile zu kleinen Haufen. Benenne, woraus die einzelnen Haufen bestehen.

2. a) Lies die Inhaltsangaben auf den Verpackungen von Müsli, Kakaogetränkepulver, Jodsalz, Backmischungen, Fertigsuppen und Reinigungsmitteln. Aus wie vielen Bestandteilen bestehen diese Mischungen jeweils?
b) Lies die Inhaltsangaben von Getränken wie Mineralwasser, Cola und Fitnessgetränken. Gib jeweils an, ob es sich um Stoffgemische oder um einen einzelnen Stoff handelt.

3. a) Schütte auf ein Blatt Papier Häufchen mit Salz, Zucker, Vollkornmehl, Weizenmehl, Backpulver, Weinstein, Citronensäure und Waschpulver. Wie sehen diese Stoffe aus?
b) Betrachte die Stoffe mit einer Lupe. Welche Unterschiede kannst du erkennen? Entscheide, ob es sich um ein Stoffgemisch oder um einen einzelnen Stoff handelt.
c) Fasse die Ergebnisse in einer Tabelle zusammen.

Stoff	Einzelstoff oder Stoffgemisch?
Salz	

1 Mineralwasser

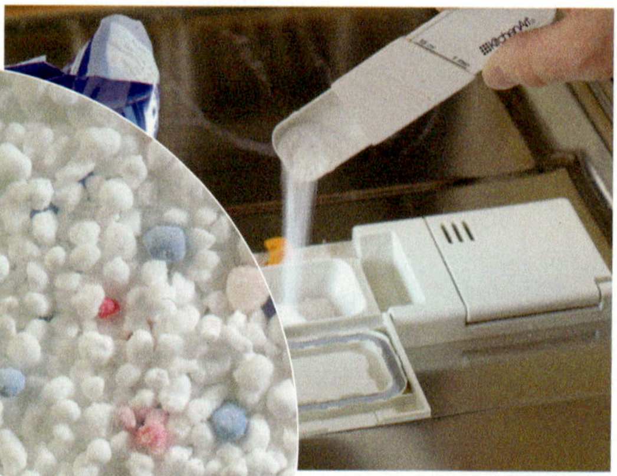

3 Geschirrspül-Pulver

2 Kräutersalz

Stoffe und Stoffeigenschaften

Stoffgemische
In der Küche findest du viele **Stoffgemische.** Die Backmischung für den Nusskuchen beispielsweise besteht aus verschiedenen festen Bestandteilen. Einige davon, wie die Nüsse, kannst du leicht erkennen. Reinigungsmittel wie das Pulver für die Geschirrspülmaschine sind ebenfalls aus mehreren festen Stoffen zusammengesetzt.

Im Orangensaft sind feste und flüssige Bestandteile gemischt. Im Fensterreiniger bilden Alkohol und Wasser mit weiteren Stoffen ein flüssiges Stoffgemisch. Mineralwasser ist ein Stoffgemisch aus der Flüssigkeit Wasser und dem Gas Kohlenstoffdioxid.

■ Ein Stoffgemisch besteht aus mindestens zwei verschiedenen Stoffen.

4 Zucker ist ein Reinstoff.

Reinstoffe
Sind Stoffe einheitlich aufgebaut, werden sie als **Reinstoffe** bezeichnet. Sie haben überall die gleichen Eigenschaften. In der Natur enthalten Reinstoffe immer Verunreinigungen, die je nach Verwendung entfernt werden müssen.

Zucker ist ein typischer Reinstoff. Seine einzelnen Kristalle haben die gleiche Farbe und Härte. Sie unterscheiden sich nur geringfügig in ihrer Form und Größe. Reiner Alkohol und destilliertes Wasser sind flüssige Reinstoffe. Gasförmige Reinstoffe wie Sauerstoff oder Kohlenstoffdioxid sind oft in Stahlflaschen abgefüllt.

■ Ein Stoff, der einheitlich zusammengesetzt ist und an allen Stellen die gleichen Eigenschaften hat, heißt Reinstoff.

 Die Jagd nach dem reinen Stoff

Streifzug

Einen vollkommen reinen Stoff herzustellen ist fast unmöglich. Doch bestimmte Stoffe, die in der Industrie verwendet werden, dürfen nur sehr gering verunreinigt sein.

Besonders viel Aufwand wird zur Gewinnung von reinstem **Silicium** betrieben. Dieser Stoff spielt bei der Herstellung von Solarzellen und von Computer-Chips die entscheidende Rolle. Silicium kommt im Rohstoff Quarzsand in großen Mengen vor.

Das Silicium wird aus dem Quarzsand gewonnen. Danach muss es noch aufwändig gereinigt werden. Es wird geschmolzen und kristallisiert zu einem großen, zylinderförmigen Kristall. Er wird zur Weiterverarbeitung in hauchdünne Scheiben geschnitten.

Dieses reine Silicium enthält nur noch geringe Verunreinigungen – etwa so viel, als wäre auf einem Fußballfeld, das mit weißen Reiskörnern bedeckt ist, nur noch ein einziges schwarzes Korn zu finden.

5 Quarzsand als Rohstoff

6 Silicium-Kristall

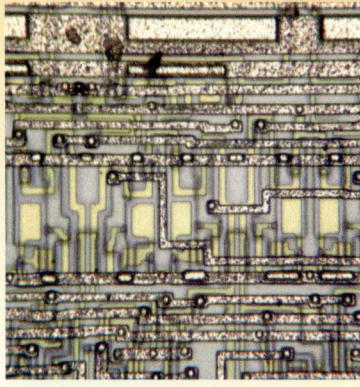
7 Endprodukt Computer-Chip

Herstellen von Stoffgemischen

🔍 **1. a)** Probiere in der Schulküche kleine Mengen Zucker, Citronensäure, Natron und Vanillinzucker. Wie schmecken diese Stoffe?
b) Stelle ein schmackhaftes Brausepulver her. Gib zwei Teelöffel Zucker in eine kleine Schüssel. Mische die anderen Bestandteile in kleinen Mengen hinzu. Notiere die zugegebenen Mengen. Rühre gut um. Probiere zwischendurch die Mischung.
c) Vergleiche deine Mischung mit fertigem Brausepulver. Fehlt noch etwas?
d) Fasse dein Ergebnis zusammen. Schreibe dein Rezept für Brausepulver auf.
e) Vergleiche dein Rezept mit denen deiner Mitschülerinnen und Mitschüler.

🔍 **2. a)** Orangensaft kannst du auch selbst herstellen. Presse dazu zwei bis drei Orangen aus. Achte darauf, dass du auch Fruchtfleisch erhältst.
b) Was geschieht, wenn du den Orangensaft eine Weile stehen lässt?
c) Verdünne den Saft mit Wasser und wiederhole Versuch b). Vergleiche die Beobachtungen.

🔍 **3. a)** Gib etwas Speiseöl in ein schmales Reagenzglas und füge Zitronensaft hinzu. Beschreibe das Aussehen des Gemisches. Verschließe die Öffnung mit dem Daumen und schüttle kräftig. Beschreibe nun das Gemisch. Lass es einige Minuten stehen und vergleiche.
b) Wiederhole Versuch a) und gib Eigelb dazu. Schüttle kräftig. Beschreibe das Gemisch. Lass es einige Minuten stehen.
c) Wiederhole Versuch b), füge aber Spülmittel statt Eigelb hinzu.
d) Fasse deine Ergebnisse zusammen.

1 Ein Milchshake ist ein Gemisch.

2 In der Salatsoße sind Öl und Essig klar getrennt.

Verrühren und Mischen
Speisen erhalten fast immer erst ihren typischen Geschmack, wenn mehrere Stoffe miteinander vermischt und verarbeitet werden. Aus Obst, Zucker und Milch lässt sich ein leckerer Milchshake herstellen. Die einzelnen Bestandteile müssen erst zerkleinert und dann gut verrührt werden.

Suspension
Bevor du dir Orangensaft in dein Glas schüttest, solltest du die Flasche gut schütteln. Das Fruchtfleisch hat sich nämlich nach längerem Stehen auf dem Boden abgesetzt. Saft und Fruchtfleisch zusammen ergeben eine **Suspension**.

■ Eine Suspension besteht aus einer Flüssigkeit und den darin verteilten festen Stoffen.

Emulsion
Es gibt Flüssigkeiten, die sich nicht mischen lassen. Die Fettaugen auf der Hühnerbrühe verschwinden nur kurzzeitig, wenn du die Brühe umrührst. Nach einer Weile schwimmt das Fett wieder oben.
Wenn du Geschirr nur mit Wasser spülst, löst sich das Fett erst gar nicht richtig vom Geschirr ab. Hier hilft das Spülmittel. Es ist ein Stoff, mit dem sich Fett oder Öl mit Wasser dauerhaft mischen lassen. Er sorgt für die feine Verteilung der sonst nicht mischbaren Flüssigkeiten. Es entsteht eine **Emulsion**. Das Spülmittel ist der **Emulgator**.

■ Flüssigkeiten wie Öl und Wasser sind eigentlich nicht mischbar. Sie lassen sich nur durch einen Emulgator dauerhaft zu einer Emulsion vermischen.

Stoffe und Stoffeigenschaften

Emulsionen selbst gemacht: Majonäse und Handcreme

Praktikum

Majonäse
Nicht nur auf Pommes frites schmeckt die Majonäse gut, sondern auch mit frischen Salaten und in Kartoffel- und Nudelsalat.

Zutaten
1	frisches Ei
1 Esslöffel	Zitronensaft
1 Teelöffel	Senf
¼ Teelöffel	Salz
¼ l	Pflanzenöl
1 Prise	Pfeffer
1 Prise	Zucker

Verrühre alle Zutaten bis auf das Öl mit einem Schneebesen zu einer glatten Masse. Gib das Öl unter ständigem und gleichmäßigem Rühren erst tropfenweise, dann esslöffelweise hinzu.

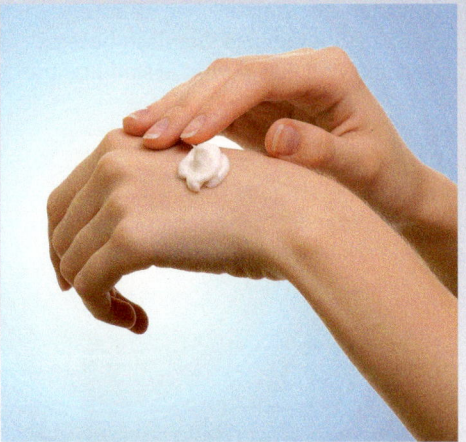

Handcreme
In der Kosmetik spielen Emulsionen eine große Rolle. Cremes sind meist Gemische aus Wasser und Öl, denn die Haut benötigt beides.
So lassen sich auch pflegende Stoffe auf die Haut und in die Haut übertragen.

Zutaten
6 g	Sesam- oder Sojaöl
1,5 g	Bienenwachs
30 ml	destilliertes Wasser
2,5 g	Tegomuls 90S (Emulgator)
1 g	Cetylalkohol

mögliche Zusätze
2 Tropfen	Parfümöl
20 Tropfen	Euxyl

Die Zutaten erhältst du in Apotheken. Gib Öl und Wachs zusammen mit dem Emulgator Tegomuls und dem Cetylalkohol in ein Becherglas. Erwärme es auf etwa 70 °C. Erhitze in einem zweiten Becherglas das destillierte Wasser auf die gleiche Temperatur. Gib nun unter ständigem Rühren in kleinen Portionen das Wasser in das Öl-Wachs-Gemisch.
Um den Alkohol hineinzurühren, muss die gut verrührte Emulsion auf 30 °C abgekühlt sein, sonst verfliegen die Stoffe zu schnell. Dies gilt auch für Parfümöl, falls dies gewünscht ist.

Ohne Konservierungsstoffe ist die Creme höchstens drei Monate haltbar. Deshalb solltest du unbedingt das Herstellungsdatum auf die Dose schreiben.
Du kannst auch 20 Tropfen Euxyl als Konservierungsstoff hinzufügen, um die Haltbarkeit zu verlängern.

Es gibt viele Gemische

🔍 **1.** Gib in ein Reagenzglas die gleichen Mengen Wasser und Spiritus. Verschließe das Reagenzglas mit einem Stopfen und schüttle es. Was kannst du beobachten?

🔍 **2.** Mische in einem Reagenzglas eine Spatelspitze blaues Kupfersulfat mit Wasser. Verschließe das Reagenzglas mit einem Stopfen. Schüttle gut. Protokolliere deine Beobachtungen.

🔍 **3.** Fülle ein Reagenzglas zur Hälfte mit Wasser. Gib etwas Lehm hinzu und schüttle. Welche Beobachtungen kannst du machen?

📖 **4.** Wie kannst du einen Reinstoff und ein homogenes Stoffgemisch voneinander unterscheiden?

📝 **5.** Nenne jeweils drei Beispiele für homogene und heterogene Gemische in eurem Haushalt.

📖 **6.** Sind die folgenden Gemische homogen oder heterogen: Luft, Meerwasser, Vogelfutter, Mineralwasser, Müsli, Fensterreiniger, Milch und Traubensaft? Fertige eine Tabelle an. Nenne, wenn möglich, auch die Art des Gemisches.

Überall Gemische!
Im Alltag hast du es mit verschiedenen Stoffgemischen zu tun. So besteht ein Frühstücksbüfett mit Saft, Müsli und Jogurt aus einer Fülle von Gemischen.
Die Bestandteile eines Gemisches lassen sich oft leicht erkennen. Das Fruchtfleisch im Orangensaft und die Gasbläschen im Mineralwasser erkennst du sofort. Die feinen Schwebstoffe im Apfelsaft lassen sich aber erst mit einer Lupe erkennen. Schwieriger wird es bei der Milch. Erst unter dem Mikroskop erkennst du die kleinen Fetttröpfchen in der Milch.

Heterogene Gemische
Gemische, deren Bestandteile mit dem Auge oder unter dem Mikroskop erkennbar sind, werden als **heterogene Gemische** bezeichnet. Gemenge, Suspensionen und Emulsionen sind heterogene Gemische.

Homogene Gemische
Salzwasser sieht auf den ersten Blick wie ein Reinstoff aus. Auch mit stärkster Vergrößerung des Mikroskops gelingt es nicht, die im Wasser gelösten Kochsalzteilchen zu erkennen. Ein solches Gemisch wird als **homogenes Gemisch** bezeichnet. Homogene Flüssigkeits- und Gasgemische sind klar und durchsichtig.

■ Stoffgemische werden in heterogene und homogene Gemische eingeteilt. In heterogenen Gemischen lassen sich die einzelnen Bestandteile erkennen, in homogenen Gemischen nicht.

Stoff	Art des Gemisches
Salzwasser	homogenes Gemisch (Lösung)

1 Ein leckeres Frühstück

Stoffe und Stoffeigenschaften

Teamarbeit präsentieren

Methode

Mit einer Präsentation könnt ihr die Ergebnisse eurer Arbeit der eigenen Klasse, anderen Klassen, den Lehrerinnen und Lehrern, den Eltern oder anderen Gästen vortragen.
Schaut beim Vortrag in die Klasse und zeigt dabei auf die Informationen, auf die es gerade ankommt. In der Mitte findet ihr eine Vorlage, wie eure Präsentation ablaufen sollte und was dabei gesprochen werden könnte.

Tipps
Klärt in eurer Gruppe,
– was bei eurer Arbeit interessant und wichtig war.
– was alle wissen und behalten sollten.
– wie ihr eure Arbeit veranschaulicht (Info-Plakat, Versuche, Gegenstände zum Vorzeigen).
– wer die Zwischentexte spricht, also die Moderation übernimmt.
– wer welchen Teil eurer Arbeit demonstriert.
– was und wie bei der Demonstration jeweils gesprochen werden könnte.
– welche Fragen ihr der Klasse am Ende stellen wollt.

Präsentation der Ergebnisse mit Moderation

1. Besprecht, welchen Auftrag ihr hattet.
„Wir wollten Vorschläge sammeln, wie der Ausstoß von Kohlenstoffdioxid verringert werden kann."
2. Kündigt an, wer jeweils vorstellt und worüber er oder sie sprechen wird.
„Lisa berichtet zuerst darüber, wie wir vorgegangen sind."
3. Führt vor und sprecht über euer Vorgehen.
„Wir zeigen euch jetzt den Aufbau und führen euch dann unseren Versuch vor."
4. Beschreibt, was ihr dabei beobachtet oder erkannt oder gelernt habt.
„Lana sagt euch jetzt, was wir dabei erkannt haben."
5. Tragt vor und veranschaulicht, was ihr für wichtig haltet.
„Wir haben euch aufgeschrieben, was ihr euch merken sollt. Wir tragen es euch jetzt der Reihe nach vor."
6. Ermuntert die Klasse, Rückfragen zu stellen und Tipps zu geben.
„Welche Fragen habt ihr an uns?"

1 Absprachen treffen
2 Einen Versuch demonstrieren
3 Fragen an die Klasse stellen
4 Rückfragen der Klasse beantworten, Tipps annehmen

Wasser – fest, flüssig, gasförmig

🔍 **1.** Gib einen Eiswürfel in ein 100 ml-Becherglas. Stelle das Becherglas auf eine Ceranplatte oder auf ein Keramik-Drahtnetz mit einem Gasbrenner darunter. Erhitze mit kleiner blauer Flamme, bis das Becherglas leer ist. Beobachte alle Vorgänge und notiere sie.

📖 **2.** Woraus schließt du, dass bei Versuch 1 Wasserdampf entstanden ist?
Bedenke, Wasserdampf ist unsichtbar.

📝 **3.** Zähle Nahrungsmittel auf, die mit siedendem Wasser zubereitet werden.

📝 **4. a)** Flüssiges Wasser hat andere Eigenschaften als festes Wasser. Nenne die Unterschiede.
b) Gasförmiges Wasser hat andere Eigenschaften als flüssiges Wasser. Nenne auch hier die Unterschiede.

📝 **5.** Nenne Beispiele aus dem Alltag, wo Wasser in seinen verschiedenen Aggregatzuständen genutzt wird.

📝 **6.** Gib die Alltagsnamen für festes und gasförmiges Wasser an.

2 Heißes Wasser tropft auf Eis.

1 Wasserdampf ist unsichtbar.

Aggregatzustände
Heißes Wasser tropft auf einen Eisblock und höhlt ihn aus. Wasser fließt heraus, Wasserdampf steigt auf. Den kannst du nicht sehen, denn Wasserdampf ist unsichtbar. Du siehst nur den feinen Nebel, der daraus entsteht. Hier zeigt sich das Wasser in seinen drei verschiedenen Zustandsformen: **fest, flüssig** und **gasförmig.** Diese drei Zustandsformen sind die **Aggregatzustände** des Wassers.

Schmelztemperatur
Ob ein Stoff fest, flüssig oder gasförmig ist, hängt von seiner Temperatur ab. Du weißt, dass Wasser unter 0 °C Eis bildet. Beim Erwärmen des Eises schmilzt es bei 0 °C. Es wird flüssig. 0 °C ist die **Schmelztemperatur** des Wassers. Bei dieser Temperatur geht Wasser vom festen in den flüssigen Zustand über.

■ Ein Stoff kann fest, flüssig oder gasförmig sein. Diese Zustände heißen Aggregatzustände. Bei der Schmelztemperatur wird ein Körper flüssig, bei der Siedetemperatur wird er gasförmig. Für Wasser betragen diese Temperaturen 0 °C und 100 °C.

Siedetemperatur
Beim weiteren Erwärmen siedet das Wasser bei 100 °C und verdampft.
100 °C ist die **Siedetemperatur** des Wassers. Bei dieser Temperatur geht das Wasser vom flüssigen in den gasförmigen Aggregatzustand über.

Stoffe und Stoffeigenschaften

Schmelzen und Erstarren

🔍 **1.** Fülle ein Reagenzglas zur Hälfte mit klein geschnittenem Kerzenwachs. Stelle das Reagenzglas in ein Becherglas mit etwa 60 °C warmem Wasser. Miss die Temperatur des Wachses im Abstand von 20 s, bis es vollständig geschmolzen ist (Bild 2A). Notiere die Messwerte in einer Wertetabelle.

🔍 **2.** Nimm das Reagenzglas mit dem geschmolzenen Wachs aus dem Wasserbad. Lass es an der Luft abkühlen. Miss die Temperatur des Kerzenwachses im Abstand von 20 s. Notiere die Messwerte. Bewege das Thermometer vorsichtig, damit es nicht im Wachs festklebt (Bild 2B).

📖 **3.** Zeichne mit den Messwerten aus den Versuchen 1 und 2 ein Zeit-Temperatur-Diagramm. Vergleiche die Versuchsergebnisse.

📝 **4.** Elektrische Anschlüsse werden häufig gelötet. Nenne Vorteile solcher Lötverbindungen.

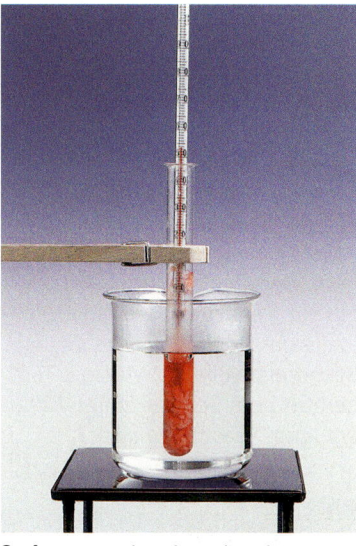

2 A *So werden die Schmelztemperatur …*

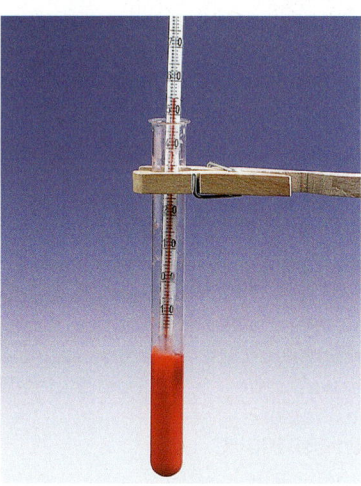

2 B *… und die Erstarrungstemperatur von Kerzenwachs bestimmt.*

Die Erstarrungstemperatur

„Temperatur um 0 °C – Glatteisgefahr." Bei dieser Meldung im Verkehrsfunk weiß jeder Verkehrsteilnehmer, was ihn auf der Straße erwartet.
Du weißt, dass Wasser bei 0 °C zu Eis erstarrt. 0 °C ist die **Erstarrungstemperatur** von Wasser. Sie ist gleich der Schmelztemperatur. Beim Wasser wird meistens vom Gefrieren statt vom Erstarren gesprochen. Deshalb wird die Temperatur 0 °C auch **Gefrierpunkt** des Wassers genannt.

Schmelz- und Erstarrungsvorgänge kannst du nicht nur beim Wasser beobachten. In der Küche wird Fett in der Fritteuse geschmolzen. Es erstarrt wieder beim Abkühlen.
Aus geschmolzener Schokolade kannst du eine Tortenglasur oder mit kleinen Förmchen sogar Pralinen gießen.
Schmelz- und Erstarrungstemperaturen lassen sich für viele Stoffe sehr genau messen. Dadurch können die Stoffe voneinander unterschieden werden.

■ Jeder Stoff hat seine eigene Schmelztemperatur. Sie ist eine wichtige messbare Stoffeigenschaft. Die Schmelztemperatur eines Stoffes ist gleich seiner Erstarrungstemperatur.

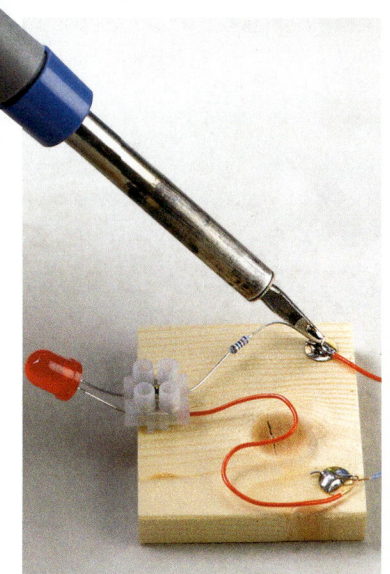

1 An der Lötstelle erstarrt geschmolzenes Lötzinn.

3 Aus flüssiger Schokolade werden Pralinen.

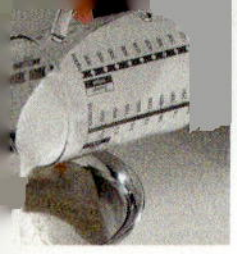

Verdampfen und Kondensieren

1. a) Gib Wasser und ein Siedesteinchen in ein Becherglas. Erhitze bis zum Sieden. Beobachte alle Veränderungen im Wasser.
b) Miss die Temperatur des Wassers während des Siedens einige Male. Was stellst du fest?

2. Gib 100 ml Wasser und ein Siedesteinchen in einen Erlenmeyerkolben. Verschließe den Erlenmeyerkolben mit einem durchbohrten Stopfen, in dem ein etwa 40 cm langes Glasrohr steckt (Bild 1). Bringe das Wasser zum Sieden und beobachte die Vorgänge im Glasrohr.

3. Halte einen kalten Gegenstand in Wasserdampf. Vorsicht! Der Gegenstand wird sehr heiß. Was beobachtest du?

4. Erhitze Wasser in einem Becherglas auf etwa 90 °C. Lösche die Brennerflamme. Fülle ein Reagenzglas zu einem Viertel mit Spiritus und gib ein Siedesteinchen hinzu. Stelle das Reagenzglas in das Becherglas (Bild 3). Miss die Temperatur vom Spiritus einige Minuten lang. Was fällt dir auf?

5. In der Tabelle 2 sind die Schmelz- und Siedetemperaturen einiger Stoffe zusammengestellt. Welchen Aggregatzustand haben diese Stoffe jeweils bei Raumtemperatur (20 °C)?

6. Gib für jeden Stoff aus der Tabelle 2 an, zwischen welchen Temperaturen er den flüssigen Aggregatzustand hat.

7. Warum werden die Glühfäden in Glühlampen aus dem Metall Wolfram hergestellt?

Siedesteinchen verhindern, dass siedendes Wasser aus dem Gefäß herausspritzt.

Wasser verdampft
Wenn du auf dem Küchenherd Wasser erhitzt, kannst du leicht feststellen, ob es siedet. Das Wasser bewegt sich dann heftig und verdampft. Der Wasserdampf bildet am Boden des Topfes große Blasen. Diese steigen an die Oberfläche.

Wasserdampf kondensiert
Hältst du ein kaltes Becherglas in Wasserdampf, so bilden sich schnell Wassertropfen. Der Wasserdampf wird am Glas abgekühlt und wird dabei zu flüssigem Wasser, er kondensiert. Das Becherglas wird sehr heiß, denn Wasser kondensiert bei 100 °C.

Die **Kondensationstemperatur** des Wassers ist gleich der Siedetemperatur, die ebenfalls 100 °C beträgt. Bei jedem Stoff stimmen Siedetemperatur und Kondensationstemperatur überein. Jedoch haben unterschiedliche Stoffe auch unterschiedliche Kondensations- und Siedetemperaturen. Spiritus hat eine tiefere Siedetemperatur als Wasser, die von Eisen liegt bedeutend höher.

■ Jeder Stoff hat seine eigene Siedetemperatur. Sie ist eine wichtige Stoffeigenschaft. Die Kondensationstemperatur eines Stoffes ist gleich seiner Siedetemperatur.

1 Verdampfen und Kondensieren von Wasser

Stoff	Schmelz-temperatur	Siede-temperatur
Sauerstoff	−218 °C	−183 °C
Methan (Erdgas)	−182 °C	−161 °C
Alkohol (Spiritus)	−114 °C	78 °C
Wasser	0 °C	100 °C
Schwefel	119 °C	444 °C
Kochsalz	801 °C	1440 °C
Quecksilber	−39 °C	357 °C
Zinn	232 °C	2270 °C
Gold	1064 °C	3080 °C
Eisen	1537 °C	2730 °C
Wolfram	3400 °C	5900 °C

2 Schmelz- und Siedetemperaturen einiger Stoffe

3 Bestimmung der Siedetemperatur von Spiritus

Stoffe und Stoffeigenschaften

Einen Versuch protokollieren

Methode

Wenn du eine brennende Kerze betrachtest, kannst du sehen, dass die Flamme das Wachs zum Schmelzen bringt.
An der Flamme kannst du dir die Finger verbrennen, mit dem flüssigen Kerzenwachs kannst du dagegen in Berührung kommen, ohne dich gleich zu verbrennen.
An sehr warmen Tagen kann eine auf dem Fensterbrett stehende Kerze weich werden und sich verbiegen.

Bei welcher Temperatur schmilzt Kerzenwachs? Diese und viele weitere Fragen aus dem Alltag lassen sich mit einem Versuch beantworten.
Zu einem Versuch gehört ein **Versuchsprotokoll,** damit die Beobachtung und das Ergebnis jederzeit nachgeprüft oder nachgeschlagen werden können.

Tipps zum Anfertigen eines Versuchsprotokolls

1. Schreibe auf jedes Protokoll oben das **Datum,** deinen **Namen** und das **Thema des Versuches.**
2. Schreibe eine **Vermutung** auf und begründe sie.
3. Notiere alle **Geräte und Stoffe,** die du benötigst.
4. Fertige eine **Zeichnung** des Versuchsaufbaus an, zeichne dabei nur die wesentlichen Teile.
5. Beschreibe den Versuch genau. Schreibe alle Beobachtungen auf, die du während der **Versuchsdurchführung** machst. Messwerte werden in einer Tabelle oder zusätzlich in einem Diagramm festgehalten.
6. Die Beobachtungen und Messergebnisse sind die Grundlage für dein **Ergebnis.** An dieser Stelle solltest du auch überprüfen, ob deine Vermutung vom Anfang sich bestätigt hat oder nicht.

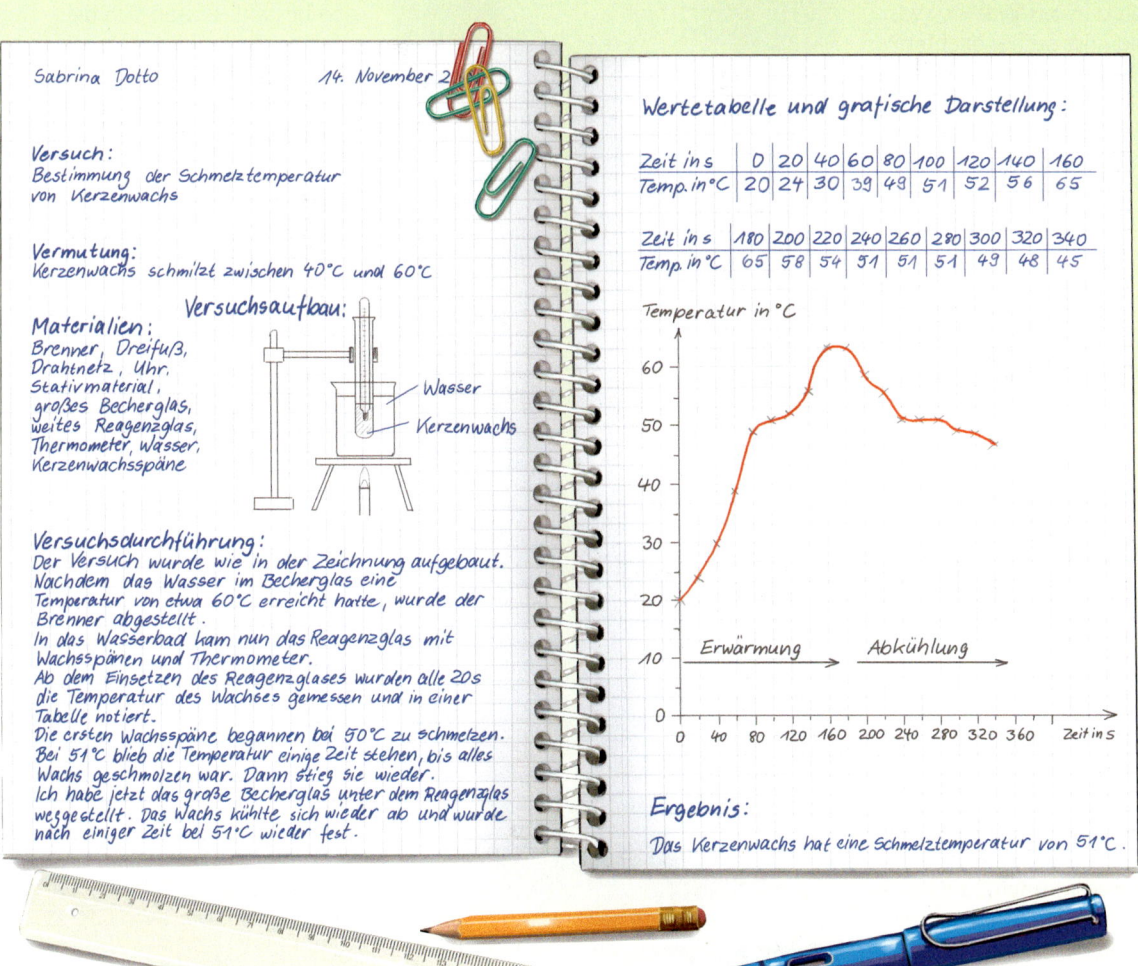

Stoffe bestehen aus kleinsten Teilchen

🔍 **1.** Nimm ein Stück grobes Steinsalz und betrachte es durch die Lupe. Zerkleinere das Salz schrittweise im Mörser in immer kleinere Stücke. Betrachte das Salz nach jeder Zerkleinerung durch eine Lupe oder durch ein Mikroskop. Welche Beobachtungen kannst du jeweils machen?

🔍 **2. a)** Fülle ein 100 ml-Becherglas etwa zur Hälfte mit Wasser. Gib einen Spatel Kochsalz in das Wasser. Was kannst du beobachten?
b) Gib die Lösung aus a) in eine Petrischale. Stelle sie für einige Zeit an einen ruhigen und warmen Platz. Protokolliere deine Beobachtungen.

🔍 **3.** Wiederhole Versuch 2 erst mit Würfelzucker und danach mit Kandiszucker. Vergleiche deine Beobachtungen mit denen aus Versuch 2.

📖 **4.** Welche Zuckersorten kannst du zu Hause finden?

📖 **5.** Erkläre, warum sich Salz aus einer Salzlösung wiedergewinnen lässt.

📖 **6.** Wie kannst du feststellen, dass in Salzwasser unsichtbare Salzteilchen vorhanden sind?

1 Zucker in verschiedenen Formen. **A** *Grober Kandiszucker;* **B** *feiner Kandiszucker;* **C** *Haushaltszucker;* **D** *Puderzucker*

Zucker in der Küche
Neben Kandiszucker für den Tee benutzt du im Haushalt noch anderen Zucker. Es gibt Hagelzucker, groben und feinen Haushaltszucker sowie ganz feinen Puderzucker (Bild 1).

Zerkleinern
Betrachtest du zerkleinerte Kandiszuckerstücke mit der Lupe, so kannst du erkennen, dass sie aus ähnlich aussehenden Kristallen aufgebaut sind. Dies ist auch bei den anderen Zuckersorten der Fall. Unter dem Mikroskop erkennst du, dass sogar der Puderzucker aus kleinen Zuckerkristallen besteht. Lassen sich die kleinen Zuckerkristalle noch weiter zerkleinern?

Lösen
Wenn du den Puderzucker in Wasser löst, wird der Zucker noch feiner verteilt. Die Zuckerteilchen sind jetzt so klein, dass du sie auch mit dem besten Mikroskop nicht mehr sehen kannst. Der Zucker ist aber noch vorhanden. Das zeigt der süße Geschmack der Lösung.
Durch Zerkleinern und Lösen lässt sich der Zucker in seine kleinsten Teilchen zerteilen.

Zurückgewinnen
Lässt du das Wasser der Zuckerlösung verdunsten, kristallisiert der Zucker wieder aus. Es bildet sich ein Bodensatz aus Zucker. Der Zucker war also nicht verschwunden, sondern hat sich in Form von unsichtbaren, kleinsten Teilchen im Wasser gelöst. Sobald das Wasser verdunstet, ordnen sich diese Zuckerteilchen wieder regelmäßig an.

■ Alle Stoffe bestehen aus kleinsten Teilchen.

Stoffe und Stoffeigenschaften

Auflösen von Zucker im Teilchenmodell

📖 **1.** Übertrage die Zeichnungen in dein Heft und ergänze auch zu Bild 3 die Zeichnung der Teilchen.

📖 **2.** Erkläre den Lösungsvorgang von Kochsalz mithilfe des Teilchenmodells.

📖 **3.** Beschreibe das Mischen von zwei Flüssigkeiten mit dem Teilchenmodell. Fertige auch dazu eine Zeichnung an.

📖 **4.** Beschreibe die Rückgewinnung von Zucker mithilfe des Teilchenmodells.

Teilchenmodell

Kandiszucker wird in Tee gegeben. Nach und nach löst sich der Kandis auf. Es bilden sich Schlieren. Mit der Zeit wird das Zuckerstück immer kleiner. Das Auflösen des Kandis kann noch beschleunigt werden, indem der Tee umgerührt wird.
Sobald das Teewasser den Kandiszucker vollständig aufgelöst hat, ist vom Kandis nichts mehr zu sehen. Eine süß schmeckende Zuckerlösung ist entstanden.

Die Vorgänge beim Lösen von Zucker in Wasser lassen sich mit dem **Teilchenmodell** erklären. Nach dieser Modellvorstellung bestehen alle Stoffe, also auch der Zucker, aus kleinsten Teilchen. Die Teilchen werden vereinfacht als kleine Kugeln dargestellt. Sie sind so klein, dass du sie auch mit dem Mikroskop nicht mehr sehen kannst.

■ Im Teilchenmodell werden die Stoffe als kleine, kugelförmige Teilchen dargestellt. Damit lassen sich Lösungsvorgänge beschreiben.

1 Fester Zuckerkristall vor dem Lösen

2 Der Zuckerkristall löst sich auf.

3 Der Zucker hat sich vollständig aufgelöst.

Vor dem Lösen

Im festen Zuckerkristall liegen die Zuckerteilchen dicht nebeneinander und sind fest an ihre Plätze gebunden (Bild 1). Die Wasserteilchen sind nicht an feste Plätze gebunden. Sie können sich frei bewegen.

Auflösen

Die Wasserteilchen drängen sich nach und nach zwischen die Zuckerteilchen im Kristall (Bild 2). So werden die Zuckerteilchen aus dem Kristall herausgelöst und können sich zwischen den Wasserteilchen frei bewegen. Immer weiter dringen die Wasserteilchen in den Zuckerkristall hinein und lösen die Zuckerteilchen heraus, bis alle gelöst sind.

Alles ist gelöst

Sobald die Wasserteilchen alle Zuckerteilchen aus dem Kristall herausgelöst haben, ist vom Zucker nichts mehr zu sehen (Bild 3).
Weil sich die Wasserteilchen ständig bewegen, verteilen sich die Zuckerteilchen im Laufe der Zeit gleichmäßig in der Lösung.

Stoffe und Stoffeigenschaften → S. 88/89

Aggregatzustände und Teilchenmodell

📖 **1.** Erkläre die Aggregatzustände und ihre Übergänge am Beispiel der brennenden Kerze.

📖 **2.** Welchen Aggregatzustand hat das Wachs im weißen Rauch der ausgeblasenen Kerze? Beachte, dass Wachsdampf unsichtbar ist.

📖 **3.** Erkläre mit dem Teilchenmodell, warum Flüssigkeiten keine feste Form haben, sondern sich jedem beliebigen Gefäß anpassen.

📖 **4.** Lässt du eine Parfümflasche offen stehen, so breitet sich der Duft des Parfüms im ganzen Raum aus. Erkläre diesen Vorgang mithilfe des Teilchenmodells.

Im **festen** Wachs der Kerze sind die Teilchen regelmäßig angeordnet. Sie liegen so dicht nebeneinander, dass sie sich nicht frei bewegen können. Sie können aber an ihren Plätzen ein wenig hin und her schwingen.

Im **flüssigen** Kerzenwachs werden die Wachsteilchen nicht mehr so fest zusammengehalten. Sie sind nicht mehr regelmäßig angeordnet. Im flüssigen Kerzenwachs sind die Teilchen in ständiger Bewegung. Sie können jetzt jeden beliebigen Platz in der Flüssigkeit einnehmen. Je heißer das Kerzenwachs ist, umso heftiger bewegen sich die Teilchen.

Wird das Wachs noch heißer, verdampft es, das Wachs wird **gasförmig.** Durch die Wärmezufuhr hat die Bewegung der Wachsteilchen stark zugenommen. Durch diese schnelle Bewegung entfernen sie sich weit voneinander. Jeder Zusammenhalt zwischen den Wachsteilchen ist verlorengegangen. Sie verteilen sich in der Luft.

Der Aggregatzustand lässt sich mit dem Teilchenmodell erklären

Stoffe bestehen aus kleinen unsichtbaren Teilchen. Mithilfe dieser Modellvorstellung lässt sich das Verhalten eines Stoffes im festen, flüssigen und gasförmigen Zustand erklären.

1 Die drei Zustandsformen von Kerzenwachs im Teilchenmodell

Am Beispiel einer Wachskerze soll dies erklärt werden. Die Kerze hat längere Zeit gebrannt und wurde gerade ausgeblasen.

■ Die drei Aggregatzustände lassen sich im Teilchenmodell erklären.

← erstarren   ← kondensieren

A fest → schmelzen → B flüssig → verdampfen → C gasförmig

2 Die Aggregatzustände und die Zustandsänderungen bei Kerzenwachs.

Stoffe und Stoffeigenschaften

Modelle helfen weiter

Methode

🔍 **1. a)** Fülle zwei 50 ml-Messzylinder jeweils mit 25 ml Wasser. Gieße beide Flüssigkeiten zusammen und miss das Gesamtvolumen.
b) Wiederhole den Versuch mit Spiritus.

🔍 **2.** Fülle einen 50 ml-Messzylinder mit 25 ml Wasser und einen zweiten 50 ml-Messzylinder mit 25 ml Spiritus. Gieße beide Flüssigkeiten zusammen, mische gründlich und stelle das Gesamtvolumen fest.

📖 **3.** Vergleiche die Ergebnisse aus den Versuchen 1 a) und 1 b) mit dem Ergebnis aus Versuch 2. Was fällt dabei auf?

🔍 **4. a)** Fülle zwei Messzylinder jeweils mit 25 ml Senfkörnern als Modell für das Wasser. Gieße beides zusammen. Wie groß ist das Gesamtvolumen der Senfkörner?
b) Wiederhole den Versuch a) mit Erbsen als Modell für Spiritus.

🔍 **5.** Gib in einen Messzylinder 25 ml Senfkörner und in einen zweiten Messzylinder 25 ml Erbsen. Vermische beides zunächst gründlich in einem Becherglas und miss dann das Volumen der Mischung in einem Messzylinder.

📖 **6.** Vergleiche und erkläre die Ergebnisse aus den Versuchen 4 a) und 4 b) mit dem Ergebnis aus Versuch 5.

📖 **7.** Übertrage die Erklärung aus dem Modellversuch mit den Erbsen und Senfkörnern auf das Ergebnis des Versuchs mit Wasser und Spiritus.

📖 **8.** Zeichne das Ergebnis von Versuch 2 im Teilchenmodell.

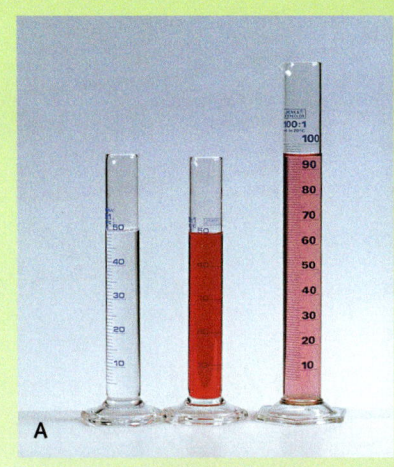

1 Mischversuche. A *mit Wasser und Spiritus;* **B** *mit Erbsen und Senfkörnern als Modellversuch*

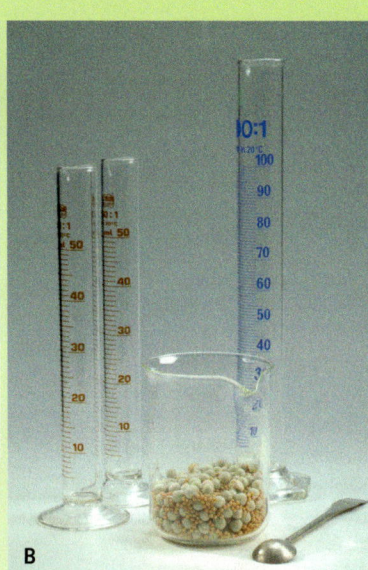

Ein unerwartetes Ergebnis
Zwei Flüssigkeiten, Spiritus und Wasser, werden gemischt. Das Ergebnis ist überraschend: es verschwindet etwas. Das Volumen des Gemisches ist kleiner als die Summe der zuvor genau abgemessenen Einzelvolumen. Wie lässt sich dieser Schwund erklären?

Modelle helfen erklären
In den Naturwissenschaften lassen sich Probleme oft nur mithilfe von Modellen lösen. So ist es auch in diesem Fall.

Modell der kugelförmigen Teilchen
Nach dem Teilchenmodell sind die kleinsten Teilchen der Stoffe winzige Kugeln. Diese Kugeln sind bei unterschiedliche Stoffen unterschiedlich groß. Mit diesem einfachen Modell lässt sich die Verringerung des Volumens beim Mischen von Wasser und Spiritus erklären. Im Beispiel in Versuch 5 sind die Senfkörner die stark vergrößerten Modelle für die Wasserteilchen. Die Erbsen stellen die Spiritusteilchen dar. Werden Wasser und Spiritus vermischt, so füllen die kleineren Wasserteilchen die Hohlräume zwischen den größeren Spiritusteilchen aus. Deshalb wird das Gesamtvolumen geringer. Das lässt sich am Modellversuch mit Erbsen und Senfkörnern leicht erkennen.

Modelle haben Grenzen
Modelle können helfen, bestimmte Beobachtungen zu verstehen. Sie haben aber ihre Grenzen. Das Modell vom Aufbau der Stoffe aus unterschiedlich großen Teilchen ist kein genaues Abbild der Wirklichkeit. Es ist nur eine vereinfachte Darstellung, die die Verringerung des Volumens verständlich macht. So lässt sich mit diesem Teilchenmodell nicht erklären, warum manche Stoffe bei einer bestimmten Temperatur fest, andere flüssig oder gasförmig sind.

Auf direktem Wege von fest zu gasförmig

🔍 **1.** Gib in ein großes Reagenzglas etwas Indigo. Spanne das Reagenzglas am Stativ ein. Erhitze den Boden mit der Brennerflamme. Protokolliere deine Beobachtungen.

📖 **2.** Erkläre, warum du den Geruch eines Duftspenders wahrnehmen kannst, obwohl es sich um einen Feststoff handelt.

📖 **3.** Beschreibe die Sublimation von Trockeneis mithilfe des Teilchenmodells.

📖 **4.** Beschreibe und erkläre die Vorgänge auf Bild 1.

Reagenzglas mit Eiswürfeln
resublimiertes Iod
Ioddampf

1 Iod sublimiert und resublimiert.

Von fest zu gasförmig
An der Eisoberfläche haben sich die fest miteinander verbundenen Wasserteilchen im Eis von den anderen Wasserteilchen getrennt. Sie sind als Wasserdampf in die Luft entwichen. In der Luft haben sie sich dann verteilt. Das gefrorene Wasser hat den Aggregatzustand flüssig übersprungen. Dieser direkte Übergang vom festen in den gasförmigen Zustand heißt **Sublimation**. Eis sublimiert zu Wasserdampf.
Auch Iod sublimiert. Wird festes Iod erhitzt, entsteht unmittelbar violetter Ioddampf (Bild 1).

Es geht auch umgekehrt
Bei Frost bildet sich oft Reif. Oberflächen überziehen sich mit einer Schicht aus glitzernden Eiskristallen. Diese Eiskristalle sind direkt aus dem Wasserdampf in der Luft entstanden. Der Übergang von gasförmig zu fest heißt **Resublimation**. Auch Ioddampf resublimiert an einer gekühlten Oberfläche (Bild 1).

■ Der direkte Übergang von fest zu gasförmig wird Sublimation genannt. Der umgekehrte Vorgang heißt Resublimation.

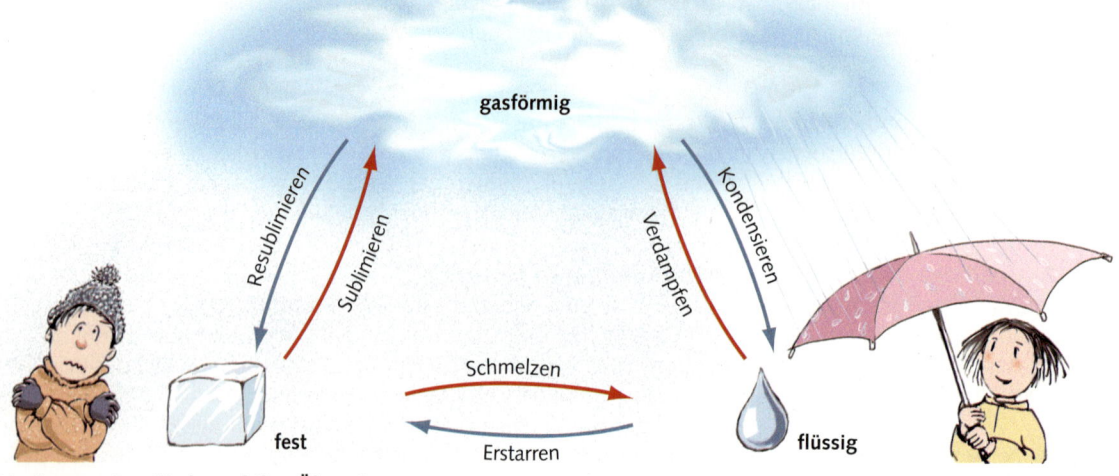

Wo ist das Eis geblieben?
Vielleicht hast du es schon einmal beobachtet: Eine kleine Wasserpfütze ist über Nacht zu Eis gefroren. Doch nach einigen Tagen ist das Eis verschwunden. Es kann nicht geschmolzen sein, denn die Temperatur lag immer unter 0 °C. Nach und nach ist das Eis an der Oberfläche zu Wasserdampf geworden.

2 Die Aggregatzustände und ihre Übergänge

Stoffe und Stoffeigenschaften → S. 88/89

Stoffe und Stoffeigenschaften

Von fest zu gasförmig und zurück

Pinnwand

In der Kälte des Weltraums hat der Komet keinen Schweif. Es gibt nur einen festen Kern aus Staub, Eis und anderen Stoffen. Nähert sich der Komet der Sonne, erwärmt er sich. Es bildet sich Wasserdampf durch die Sublimation von Eis, dabei werden auch große Mengen Staub frei. Das ist dann der Staubschweif des Kometen.

Durch Gefriertrocknung lassen sich viele Stoffe wie Lebensmittel, Kaffee und auch Blutplasma schonend haltbar machen.
Für löslichen Kaffee wird trinkfertiger Kaffee tiefgefroren. Der gefrorene Kaffee kommt in eine Apparatur, die luftleer gepumpt wird. Das gefrorene Wasser sublimiert und der Kaffee bleibt in Form von goldbraunen Körnchen zurück.

Wird feuchte Luft durch einen Kälteeinbruch stark abgekühlt, bilden sich Eiskristalle auf Ästen, Grashalmen, Hochspannungsleitungen und vielen anderen Gegenständen. Es entsteht Raureif.

Wird das gasförmige Kohlenstoffdioxid auf etwa −80 °C abgekühlt, geht es in den festen Aggregatzustand über, es resublimiert. Festes Kohlenstoffdioxid wird Trockeneis genannt. Es wird zum Kühlen, aber auch in Nebelmaschinen eingesetzt. Zusammen mit Wasser lässt sich ein Nebel erzeugen, der besonders fein und dicht ist. Er ist bei gleichem Volumen schwerer als Luft und breitet sich deshalb dicht über dem Boden aus.

📖 **1.** Wie kommt der lange Staubschweif eines Kometen zustande?

📖 **2.** Auf welche Weise würdest du Früchtemüsli herstellen?

📖 **3.** Warum wird festes Kohlenstoffdioxid als Trockeneis bezeichnet?

📖 **4.** Warum vereist der Kühlschrank?

Praktikum

Bestimmen der Dichte eines Stoffes

Bestimmen von Masse und Volumen eines Körpers

Jeder Körper hat eine Masse m und ein Volumen V. Diese beiden Größen kannst du mit geeigneten Verfahren bestimmen.

1. a) Suche fünf Körper aus unterschiedlichen Stoffen aus. Die Körper sollen nicht breiter als 3 cm sein.
b) Übertrage die Tabelle 3 in dein Heft und fülle die Spalten 1 und 2 aus.
c) Bestimme jeweils die Masse der Körper und trage die betreffenden Werte in Spalte 3 ein.
d) Bestimme das Volumen der Körper nach der Differenzmethode oder nach der Überlaufmethode.
Hinweis: Gib einen Tropfen Spülmittel ins Wasser.
Trage die gemessenen Werte jeweils in Spalte 4 ein.
Hinweis: 1 ml ≙ 1 cm³
e) Berechne die Werte für die Spalte 5.

Bestimmen der Dichte eines Stoffes

Der Quotient aus der Masse m eines Körpers in g und seines Volumens V in cm³ heißt **Dichte**.

$$\rho = \frac{m}{V}$$

Einheit: $\frac{g}{cm^3}$

Die Dichte hat für jeden Stoff einen bestimmten Wert. Sie wird mit ρ (griechischer Buchstabe: rho) bezeichnet.

2. a) Nimm zwei Körper aus jeweils dem gleichen Stoff, zum Beispiel aus Kupfer oder aus Knetmasse. Bestimme ihre Dichte. Verfahre dabei wie in den Versuchen 1 b) bis e).
b) Was fällt dir bei den Werten in Spalte 5 auf?

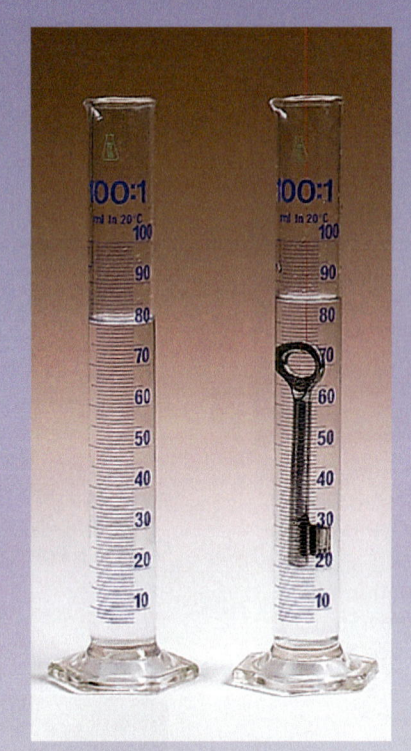

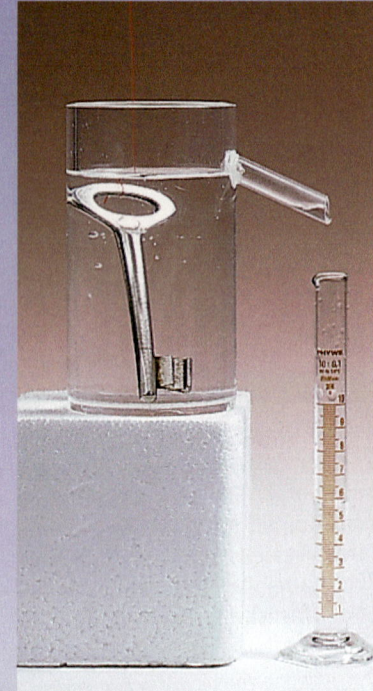

1 Differenzmethode

2 Überlaufmethode

Körper	Stoff	Masse m in g	Volumen V in cm³	Dichte $\rho = \frac{m}{V}$ in $\frac{g}{cm^3}$
Ring	Silber	8,4	0,8	8,4 : 0,8 = 10,5

3 Tabelle zur Bestimmung der Dichte einiger Stoffe

Stoffe mit unterschiedlichen Dichten

Wie sich zwei Flüssigkeiten zueinander verhalten oder eine Flüssigkeit sich zu einem festen Stoff verhält, hängt immer von der Dichte der Stoffe ab.

3. a) Bestimme die Dichte von Wasser und die Dichte von Olivenöl.
b) Schütte anschließend beide Flüssigkeiten zusammen und erkläre das Verhalten der beiden Flüssigkeiten.

4. a) Begründe mit der Dichte der Stoffe, welche Stoffe auf Wasser schwimmen und welche Stoffe untergehen.
b) Welche Körper aus Versuch 1 schwimmen auf Wasser?

5. In der Technik wird die Dichte auch in $\frac{kg}{dm^3}$ angegeben. Begründe, warum der Wert zahlengleich dem Wert in $\frac{g}{cm^3}$ ist.

Die Dichte von Gasen

1. a) Pumpe einen Spielball mit Ventil möglichst fest auf. Bestimme seine Masse.
b) Lasse wieder Luft aus dem Ball ab, deren Menge du mit einer pneumatischen Wanne bestimmst. Wiege den Ball erneut.
c) Bestimme die Dichte der Luft.

2. In einem verschlossenen Kolbenprober befinden sich 80 ml Luft. Spanne ihn vorsichtig ein und erwärme ihn.
a) Wie ändern sich die Masse und Volumen der Luft?
b) Wie ändert sich dabei die Dichte der Luft?
c) Was hat zu der Veränderung der Dichte geführt?

3. Drücke den Kolben des verschlossenen Kolbenprobers aus Versuch 2 um ein Viertel ein.
a) Wie ändert sich die Masse der Luft?
b) Wie ändert sich das Volumen der Luft?
c) Wie ändert sich die Dichte der Luft?
d) Erkläre, was zu der Dichteveränderung geführt hat.

4. Zeichne eine Grafik wie in Bild 1, bei der nicht der Druck, sondern die Temperatur geändert wird.

Wird eine bestimmte Menge Luft erwärmt, so wird ihr Energie zugeführt. Sie dehnt sich aus, obwohl sich die Anzahl der Luftteilchen nicht vermehrt hat. Die Teilchen bewegen sich aufgrund der Energiezufuhr stärker und brauchen jetzt mehr Platz. Umgekehrt bewegen sich die Teilchen bei Energieentzug langsamer. Sie rücken enger zusammen. Das Volumen der Luft wird geringer.

Die Dichte hängt von der Temperatur ab

Da sich die Anzahl der Teilchen beim Erwärmen oder beim Abkühlen in einer festgelegten Gasportion nicht ändert, bleibt auch die Masse des Gases gleich. Das Volumen der Gasportion verändert sich aber. Daher ist die Dichte eines Gases, das sich wegen der höheren Temperaturen ausgedehnt hat, geringer als die Dichte des gleichen Gases bei niedrigeren Temperaturen.

Die Dichte eines Gases hängt auch vom Druck ab

Wird eine Gasportion zusammengepresst, ändert sich die Anzahl der Gasteilchen nicht. Die Masse des Gases bleibt konstant. Der Druck, unter dem das Gas steht, wird größer und sein Volumen kleiner. Damit ändert sich die Dichte des Gases. Sie wird größer.

Aus diesen Gründen muss bei der Angabe der Dichte eines Gases immer angegeben werden, auf welche Temperatur in °C und welchen Druck in hPa (Hektopascal) sich die Angabe bezieht.

Gas	Dichte in $\frac{g}{l}$ bei 0 °C und 1013 hPa
Sauerstoff	1,429
Wasserstoff	0,0899
Stickstoff	1,251

2 Die Dichte einiger Gase

■ Die Dichte eines Gases hängt von seiner Temperatur und von dem Druck ab, unter dem das Gas steht.

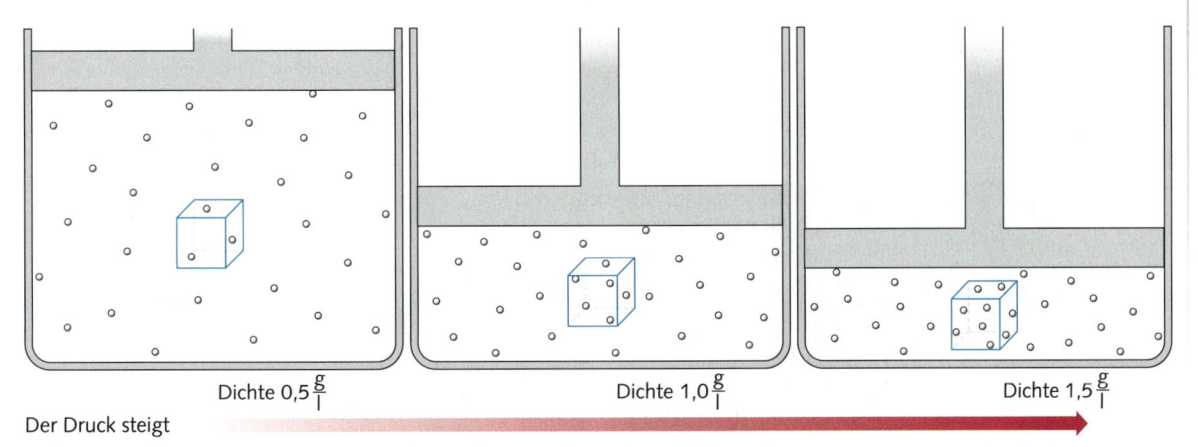

Dichte 0,5 $\frac{g}{l}$ Dichte 1,0 $\frac{g}{l}$ Dichte 1,5 $\frac{g}{l}$

Der Druck steigt →

1 Ändert sich bei gleicher Temperatur der Druck, so ändert sich auch die Dichte.

Wasser als Lösungsmittel

🔍 **1.** Gib einige Kristalle Kaliumpermanganat in einen Standzylinder, der mit Wasser gefüllt ist. Beschreibe, was im Zylinder geschieht.

📖 **2.** Warum lassen sich Lösungvorgänge bei Salz und Zucker nicht so gut beobachten wie beim Kaliumpermanganat?

📖 **3.** Wie kannst du beweisen, dass Salz oder Zucker nicht verschwunden sind, nachdem sie sich in Wasser aufgelöst haben?

📝 **4.** Finde möglichst viele Stoffe oder Stoffgemische, die sich in Wasser lösen. Stelle sie in einer Übersicht zusammen.

📝 **5.** Warum müssen alle Lebewesen Wasser aufnehmen?

📝 **6. a)** Wie nehmen Pflanzen Nährsalze aus dem Boden auf? **b)** Welche Rolle spielt das Wasser dabei?

📝 **7.** Informiere dich über den Wasserbedarf eines großen Getränkeherstellers.

📝 **8.** Welche Rolle spielt das Wasser bei der Körperpflege, zum Beispiel beim Händewaschen?

📝 **9.** Wozu dient das Wasser bei der Reinigung unserer Wohnungen?

2 Kaliumpermanganat in Wasser

Lösungen
Wasser löst Salz und Zucker und viele andere Stoffe. Es ist das wichtigste **Lösungsmittel** in der Natur, also für Menschen, Tiere und Pflanzen, und ebenso in der Technik.
Salz als **gelöster Stoff** und Wasser als Lösungsmittel bilden zusammen eine **Lösung.** Eine Lösung ist klar und durchsichtig.

Wasser in Industrie und Haushalt
In der Industrie werden bei der Herstellung von Getränken große Mengen Wasser gebraucht. Auch die Reinigung von Mehrwegflaschen erfordert viel Wasser. Es löst die Verschmutzungen und transportiert sie ab.
Auch in der chemischen Industrie, zum Beispiel bei der Herstellung von Wasch- und Spülmitteln, dient Wasser als Lösungsmittel. In der Kosmetikindustrie und bei der Herstellung von Arzneimitteln wird ebenfalls Wasser eingesetzt.

Beim Geschirrspülen und bei der Reinigung der Wohnung wird ebenfalls Wasser in großen Mengen als Lösungsmittel benötigt.

■ Eine Lösung besteht aus einem Lösungsmittel und dem darin gelösten Stoff. Eine Lösung ist klar und durchsichtig. Das wichtigste Lösungsmittel ist Wasser.

1 Reinigung von Mehrwegflaschen

3 Reinigung im Haushalt

Wasser wird satt

1 Kupfersulfat wird gelöst. (A, B, C, D)

🔍 **1.** Löse in 100 ml destilliertem Wasser möglichst viel Kochsalz. Gib portionsweise jeweils 5 g Salz zum Wasser, bis sich trotz gründlichen Umrührens nichts mehr löst. Notiere die gelöste Salzmenge.

🔍 **2.** Wiederhole Versuch 1 mit
a) Kupfersulfat,
b) Natriumcarbonat
in 50 ml Wasser. Notiere auch hier die gelösten Mengen. Rechne auf 100 ml um und vergleiche mit Versuch 1.

📖 **3.** Woran erkennst du eine gesättigte Lösung?

🔍 **4.** Stelle mit 50 g Wasser und Kaliumnitrat eine gesättigte Lösung her. Erwärme die Lösung langsam bis auf 50 °C. Rühre dabei um und gib nochmals 10 g des Salzes hinzu. Beschreibe und formuliere einen Je-desto-Satz zur Temperatur und der gelösten Salzmenge.

📖 **5.** Vergleiche in Bild 2 die gelösten Mengen bei 50 °C.

📝 **6.** Nenne zwei Möglichkeiten, wie du den Bodensatz einer gesättigten Lösung lösen kannst.

Kochsalz, Kupfersulfat, Natriumcarbonat und viele andere feste Stoffe lösen sich in Wasser auf. Aber es lassen sich nicht beliebig große Mengen auflösen. In 100 ml Wasser lösen sich höchstens 36 g Kochsalz. Gibst du weiteres Salz hinzu, bleibt es als Bodensatz liegen und löst sich nicht mehr auf. Die Lösung ist dann mit Kochsalz gesättigt. Von jedem Stoff löst sich also nur eine bestimmte Menge, bis eine gesättigte Lösung entsteht.
Beim Erwärmen verschwindet der Bodensatz oft wieder. Er löst sich zusätzlich in der bereits vorhandenen Lösung auf. Die Löslichkeit von festen Stoffen ist also von der Temperatur abhängig. In der Regel löst sich umso mehr, je höher die Temperatur des Lösungsmittels ist.
Die Zunahme der Löslichkeit ist allerdings unterschiedlich. Beim Kochsalz bleibt die Löslichkeit fast gleich, beim Kaliumnitrat ändert sie sich stark.

■ Lösungen sind gesättigt, wenn sich ein Bodensatz gebildet hat. Bei den meisten Stoffen steigt die Löslichkeit mit der Temperatur.

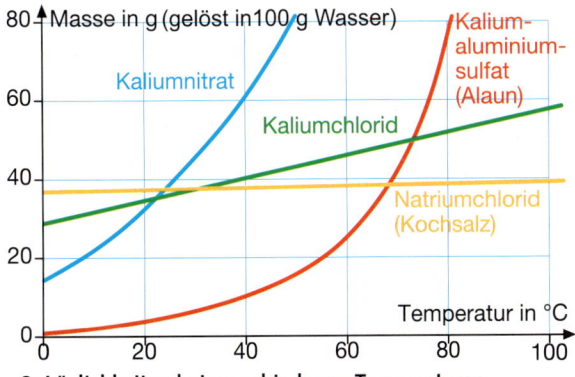

2 Löslichkeiten bei verschiedenen Temperaturen

Alles verteilt sich gleichmäßig – Diffusion

🔍 **1. a)** Gib fünf Tropfen eines kräftigen Parfüms auf ein Uhrglas vorn im Fachraum auf dem Lehrertisch.
b) Jeder aus der Klasse notiert die Zeit, nach der er das Parfüm zum ersten Mal an seinem Platz wahrgenommen hat.
c) Wie lässt sich das Ergebnis erklären?

🔍 **2. a) Demonstrationsversuch:** Unter dem Abzug wird ein Tropfen Brom auf eine Glasplatte gegeben. Darüber wird sofort ein leerer Standzylinder gestülpt.
b) Beschreibe deine Beobachtungen nach etwa 5 min und erkläre sie mithilfe des Teilchenmodells.

🔍 **3. a)** Gib eine kleine Menge flüssiger, blauer Tinte mithilfe einer Pipette oder eines Glasröhrchens auf den Boden eines mit Wasser gefüllten Standzylinders. Nicht umrühren! Lass das Gefäß mindestens 1 h stehen.
b) Beschreibe deine Beobachtungen und erkläre sie mithilfe des Teilchenmodells.

📖 **4. a)** Warum schmeckt Tee, in den Zucker gegeben wurde und der nicht umgerührt wurde, erst einmal nicht süß?
b) Warum schmeckt die gleiche Mischung etwa 10 min später süß?

1 Nur mit einem Tropfen …

Süß – auch ohne Umrühren

Wenn du eine Tasse Tee süßen willst, so gibst du Zucker hinein und rührst anschließend um. Die gelösten Zuckerteilchen sollen sich gleichmäßig verteilen. Rührst du nicht um, ist der Tee im oberen Teil weniger süß als am Boden. Wartest du jedoch lange genug, so ist der Tee auch ohne Umrühren überall gleich süß. Die Zuckerteilchen haben sich von selbst gleichmäßig im ganzen Tee verteilt.

Auch Gase verhalten sich ähnlich. Ein stark riechender Stoff, etwa ein Parfüm, das in einem offenen Gefäß steht, ist nach kurzer Zeit überall im Raum wahrzunehmen. Die Geruchsstoffe verdunsten und bewegen sich selbstständig im Raum. Dadurch verteilen sie sich gleichmäßig.

Diese selbstständige Verteilung kleinster Teilchen in einen Raum hinein heißt **Diffusion**.

Teilchenmodell

Nach dem Teilchenmodell bestehen alle Stoffe aus kleinen Teilchen. Die Diffusion lässt sich damit erklären, dass alle Teilchen sich ständig bewegen: in Gasen schnell, in Flüssigkeiten langsamer, in Festkörpern bewegen sie sich kaum noch von der Stelle.

Wird eine gefärbte Flüssigkeit vorsichtig auf den Boden eines mit Wasser gefüllten Zylinders gegeben (Bild 2), so befinden sich zunächst alle Farbteilchen am Boden des Gefäßes. Da sie in ständiger Bewegung sind, verteilen sie sich im Laufe der Zeit gleichmäßig und durchmischen sich mit den Wasserteilchen. Nach einiger Zeit sind alle Teilchen gleichmäßig verteilt. Die gesamte Flüssigkeit ist gefärbt.

■ Durch Diffusion vermischen sich Stoffe, da ihre Teilchen in ständiger Bewegung sind.

2 Tinte verteilt sich in Wasser. **A–B** Versuch; **C–D** Modell

Stoffe und Stoffeigenschaften

Gase lösen sich in Wasser

🔍 **1. a)** Öffne eine Flasche mit einem kohlensäurehaltigen Erfrischungsgetränk. Welches Gas entweicht dabei?
b) Wie verändert sich das Getränk, wenn die Flasche längere Zeit unverschlossen bleibt?
c) Welche Unterschiede stellst du fest beim Öffnen einer warmen und einer kalten Getränkeflasche?
d) Welche Unterschiede stellst du fest beim Öffnen einer geschüttelten und einer nicht geschüttelten Getränkeflasche?

✍ **2.** Wo wird das Gerät in Bild 2 eingesetzt und welche Funktion erfüllt es?

🔍 **3. a)** Fülle einen Standzylinder mit Wasser und decke ihn mit einem Deckglas ab. Stelle ihn wie in Bild 1 mit der Öffnung nach unten in eine mit Wasser gefüllte Wanne. Entferne das Deckglas unter Wasser. Gib eine Brausetablette unter den Standzylinder, sodass das entstehende Gas in den Zylinder gelangt. Markiere die aufgefangene Gasmenge mit einem Stift am Zylinder.
b) Gib dann eine zweite Tablette unter den Standzylinder. Wie viel Wasser verdrängt die zweite Tablette im Vergleich zur ersten? Erkläre dein Ergebnis.
c) Wiederhole den Versuch mit einer dritten Tablette. Was beobachtest du? Notiere und erkläre deine Ergebnisse.

1 Wie viel Wasser wird verdrängt?

Gelöste Gase sind lebensnotwendig
Leben im Wasser wäre ohne gelöste Gase nicht möglich. In der Natur sorgen Hindernisse in Bächen und Flüssen für die notwendige Vermischung des Wassers mit Luft. In Aquarien erfüllen Luftausströmer diese Aufgabe.

Druck und Wärme beeinflussen die Löslichkeit von Gasen
Aus einer unverschlossenen Flasche mit einem Erfrischungsgetränk, in dem Kohlenstoffdioxid (CO_2) gelöst ist, entweicht das Gas nach und nach vollständig. Bei Erwärmung oder Bewegung läuft dieser Vorgang deutlich schneller ab. Nur der Druck in einer geschlossenen Flasche hält das CO_2 in der Flüssigkeit.

■ In Wasser lösen sich viele Gase. Die gelösten Mengen sind abhängig von der Temperatur und vom Druck.

Sättigung
Eine bestimmte Wassermenge kann nur eine bestimmte Gasmenge aufnehmen. So löst sich das CO_2 aus einer Brausetablette zum großen Teil im Wasser, das in einem Gefäß steht. Wenn weitere Brausetabletten in das Wasser gegeben werden, löst sich kein weiteres CO_2 mehr im Wasser. Das Wasser ist mit Kohlenstoffdioxid **gesättigt.**

2 Luft löst sich in Wasser.

3 Gelöstes CO_2 entweicht.

45

Pinnwand

Stoffgemische

Milch – kein Reinstoff

Mineralstoffe 0,7 %
Eiweiß 3,5 %
Fett 3,7 %
Milchzucker 4,7 %

Wasser 87,4 %

Milch sieht aus wie ein Reinstoff. Tatsächlich ist die Milch von Natur aus ein Gemisch aus Wasser, Fett, Milchzucker, Eiweiß und Mineralstoffen wie Calcium. Die Bestandteile bilden eine Emulsion. Die Milchsorten unterscheiden sich vor allem in ihrem Fettgehalt.

Staubige Luft

Beim Hervorholen alter Bücher oder Ausschütteln von Decken, die lange gelegen haben, staubt es sehr. Der Staub besteht vor allem aus Hautschuppen und Blütenstaub. Er mischt sich mit der Luft. Besonders gut ist der Staub im Sonnenlicht zu sehen. In der Technik spielt der Schutz vor Stäuben eine große Rolle. Sie können gesundheitsgefährdend sein.

Schaum

Mit Seife und Wasser kannst du Schaum herstellen. In dieser Mischung schließt die Flüssigkeit Luftblasen ein.

Rezept für haltbare Seifenblasen:
Verrühre 1 g Tapetenkleister in 40 ml warmem Wasser, bis du keine Klümpchen mehr siehst. Löse 40 g Neutralseife und 20 g Zucker in 360 ml Wasser auf. Gib die beiden Lösungen zusammen und verrühre sie gut. Lass das Gemisch anschließend einen Tag ruhen. Mit einem kleinen Drahtring kannst du Seifenblasen machen.

Granit

Feldspat
rosa und weiße Flächen;
mit Stahlnagel ritzbar

Quarz
graue Flächen;
mit Stahlnagel nicht ritzbar

Glimmer
silbrige oder schwarze Flächen, glitzernd;
in dünne Blättchen spaltbar

Granit ist ein Gemisch aus verschiedenen Gesteinsarten. Ein solches Gemisch wird **Gemenge** genannt. Granit bildet ganze Gebirgsmassive. Die Farben reichen von hellem Grau bis Blau, Rot und Gelb. Verwendet wird Granit unter anderem für Arbeitsplatten in der Küche.

Die Bestandteile des Granit kannst du dir gut durch folgenden Reim merken:
„Feldspat, Quarz und Glimmer –
die vergess' ich nimmer!"

📖 **1.** Überlege bei jedem der vier Beispiele, ob es sich um Gemische aus Feststoffen, Gasen oder Flüssigkeiten handelt.

📖 **2.** Recherchiere die Anteile der Stoffe, die in den verschiedenen Milchsorten enthalten sind.

Stoffe und Stoffeigenschaften

Die Fachsprache hilft bei der Verständigung

Methode

📖 **1. a)** Welches Problem wird in dem Comic dargestellt?
b) Beschreibe ähnliche Situationen auch im Alltag. Spiele sie mit deinen Mitschülerinnen und Mitschülern nach.

📖 **2.** Schreibe auf, wie du die Unterhaltung im Comic ändern kannst, sodass es kein Missverständnis gibt.

📖 **3.** Schreibe vier Fachbegriffe aus der Chemie und die dazu gehörenden kurzen Erklärungen heraus. Bastele mit den Begriffspaaren Karten. Sammelt die Karten für ein Memory-Spiel für die ganze Klasse.

Fachsprache – wozu?

Du hast im Chemieunterricht und bei der Benutzung dieses Buches schon einige Fachbegriffe gelernt. Manchmal wirst du dich gefragt haben, ob denn die Alltagssprache dafür nicht ausreicht. Wenn du dir aber die Bildergeschichte oben anschaust, siehst du, dass es sehr sinnvoll sein kann, sich mit einem Fachwort genau ausdrücken zu können.

Ein Wort statt vieler Sätze

Oft sparen Fachwörter auch Zeit, weil sie einen Vorgang in einem Wort benennen: Statt einfach Sedimentation zu sagen, müsstest du erklären, dass ein Stoff, der sich im Wasser nicht löst, mit der Zeit auf den Boden sinkt. Wenn also alle wissen, was mit bestimmten Fachwörtern gemeint ist, können sie sich viel einfacher und ohne Missverständnisse unterhalten. So haben zum Beispiel die Stoffe in der Chemie festgelegte Symbole, die überall auf der Welt gleich sind. Sieht ein Chemiker in Japan die Abkürzung H_2O, weiß er sofort, dass es um den Stoff Wasser geht.

Fachwort	Bedeutung
Suspension	Stoffgemisch aus einer Flüssigkeit und einem Feststoff, der sich darin nicht löst
100 ml-Erlenmeyerkolben	rundes Glasgefäß, das nach oben hin schmaler wird und mit einem geraden Hals abschließt
Siedesteinchen	kleine, raue Steinchen, die beim Erhitzen einer Flüssigkeit verhindern, dass diese plötzlich herausschießt
Al	Symbol für Aluminium: ein silbrig glänzendes Leichtmetall

1 Beispiele für Fachbegriffe

2 Gläser in der Chemie (Stehkolben, Erlenmeyerkolben, Rundkolben)

Messwerte darstellen und interpretieren

1. a) Zeichne mithilfe der Messwerte aus Bild 1 ein Zeit-Temperatur-Diagramm für die Messungen mit Wasser, Brennspiritus und mit dem Brennspiritus-Wasser-Gemisch.
b) Übertrage die drei Tabellen in dein Heft und ergänze mithilfe des Diagramms auch diejenigen Werte, die nicht gemessen wurden.

A

Zeit t in min	0	1	1,5	2	2,5	3	4	5	6
Temperatur T in °C	18	21		31		41	53	64	74
Zeit t in min	6,5	7	8	8,5	9	10	11	12	13
Temperatur T in °C		82	90		95	96,5	97,5	98	98

B

Zeit t in min	0	0,5	1	1,5	2	3	4	4,5	5
Temperatur T in °C	22	53	75		78,5	78,5	78,5		78,5

C

Zeit t in min	0	1	1,5	2	3	3,5	4	4,5	5
Temperatur T in °C	19	29		42	55		66		78
Zeit t in min	6	7	8	9	10	10,5	11	12	13
Temperatur T in °C	84	87	88	89	90		91	92	93

1 Temperatur-Messungen. **A** *Wasser*; **B** *Brennspiritus*; **C** *Brennspiritus-Wasser-Gemisch*

2. Lies aus dem Zeit-Temperatur-Diagramm die Siedetemperaturen für die drei Flüssigkeiten ab.

3. Erkläre, warum die Kurve für das Gemisch anders verläuft als die beiden anderen Kurven.

Zeit-Temperatur-Diagramm
Eine übersichtliche Darstellung für Temperaturmessungen ist ein **Zeit-Temperatur-Diagramm**. Darin sind die Temperaturen gezeichnet, die zu bestimmten Zeitpunkten gemessen wurden.

Hast du verschiedene Flüssigkeiten unter gleichen Versuchsbedingungen untersucht, kannst du die Kurven wie in Bild 2 in dasselbe Diagramm zeichnen. Das erleichtert den Vergleich und die Auswertung.

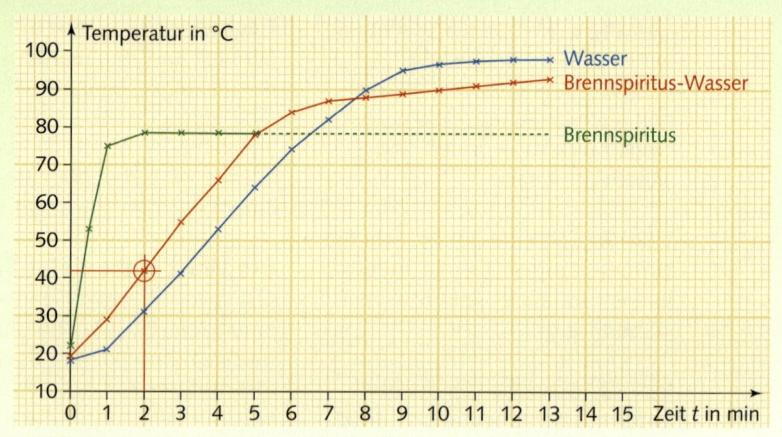

2 Zeit-Temperatur-Diagramm für die Erwärmung dreier Flüssigkeiten

So wird es gemacht!
Für die Einteilung der Achsen musst du den jeweils niedrigsten und den höchsten Temperaturwert aller Versuche heraussuchen.

Für das Wertepaar (2 min | 42 °C), das du eintragen willst, suchst du zuerst den Zeitwert 2 min auf der Rechtsachse. Dort ziehst du dünn eine Linie senkrecht nach oben. Am Temperaturwert 42 °C auf der Hochachse zeichnest du eine Linie waagerecht nach rechts, bis du auf die senkrechte Linie triffst. Hier markierst du den Schnittpunkt.

Die gemessenen Werte eintragen und verbinden
Ebenso verfährst du mit allen anderen Paaren von Messwerten. Dann verbindest du immer zwei benachbarte Punkte mit einem Lineal. Es entsteht das Zeit-Temperatur-Diagramm für die untersuchte Flüssigkeit. Dies wiederholst du mit den anderen Flüssigkeiten.

Interpretieren von Zeit-Temperatur-Diagrammen
Wird ein flüssiger Stoff erhitzt und erreicht seine Siedetemperatur, so verdampft er. Die Temperatur bleibt dabei solange konstant, bis die Flüssigkeit vollständig verdampft ist, weil die zugeführte Energie zum Verdampfen benötigt wird. Erst danach steigt die Temperatur wieder. Das Entsprechende passiert, wenn ein fester Stoff durch Erhitzen seine Schmelztemperatur erreicht.
Aus einem Zeit-Temperatur-Diagramm lassen sich daher die Schmelz- oder die Siedetemperatur von Reinstoffen ablesen. Für Stoffgemische lässt sich nur ein Schmelzbereich oder ein Siedebereich angeben.

Stoffe und Stoffeigenschaften

Siedetemperaturen von Reinstoffen und Gemischen

Praktikum

Brennspiritus und Wasser sehen gleich aus. Beide Flüssigkeiten sind farblos. Nur durch Betrachten kannst du den Stoff nicht bestimmen. Dein Auge kann dir also nicht helfen. Stellst du weitere Eigenschaften im Steckbrief zusammen, wirst du feststellen, dass der Geruch auf unterschiedliche Flüssigkeiten hinweist.
Um Wasser und Brennspiritus eindeutig unterscheiden zu können, kannst du die Siedetemperatur bestimmen. Die Siedetemperatur ist eine messbare Eigenschaft von Stoffen.

Material
- Schutzbrille, feuerfeste Unterlage, Gasbrenner
- Bechergläser (150 ml, 400 ml), Reagenzglas
- Siedesteinchen, Thermometer, Rührstab
- Wasser, Brennspiritus

1 Brennspiritus oder Wasser?

1. Bestimmung der Siedetemperatur von Wasser
Gib 100 ml Wasser und zwei Siedesteinchen in ein 150 ml-Becherglas. Halte in die Mitte des Becherglases ein Thermometer und lies die Ausgangstemperatur ab. Erhitze das Wasser bis zum Sieden. Miss dabei ständig die Temperatur und trage die Werte in einem Abstand von 30 s in eine Tabelle ein. Beende den Versuch, wenn sich keine Veränderung mehr zeigt. Übertrage die Werte aus der Tabelle in ein Zeit-Temperatur-Diagramm.

2. Bestimmung der Siedetemperatur von Brennspiritus
Fülle ein 400 ml-Becherglas zur Hälfte mit Wasser und erhitze es auf 90 °C. Stelle die Brennerflamme ab. Gib in ein Reagenzglas 10 ml Brennspiritus und ein Siedesteinchen. Halte es in das heiße Wasser. Miss die Temperatur im Abstand von 30 s, bis der Brennspiritus siedet. Beobachte die Temperatur noch weitere 2 min. Trage die Werte in eine Tabelle ein. Übertrage die Werte anschließend in das Zeit-Temperatur-Diagramm von Versuch 1.

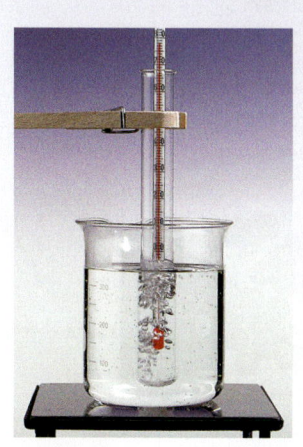

3. Bestimmung der Siedetemperatur eines Gemisches
Gib 20 ml Brennspiritus und zwei Siedesteinchen in ein 150 ml-Becherglas. Fülle 80 ml Wasser hinzu und mische beide Flüssigkeiten mit einem Rührstab. Halte in die Mitte des Becherglases ein Thermometer und lies die Ausgangstemperatur ab.
Erhitze das Gemisch und miss dabei im Abstand von 30 s die Temperatur. Setze den Versuch noch weitere 3 min fort, auch nachdem das Gemisch zu sieden begonnen hat. Trage die gemessenen Werte in eine Tabelle ein. Übertrage die Werte aus der Tabelle in das Zeit-Temperatur-Diagramm von Versuch 1 und Versuch 2.

2 Bestimmung der Siedetemperatur von Wasser

3 Bestimmung der Siedetemperatur von Brennspiritus

📖 **1. a)** Vergleiche die Temperaturkurven aus den Versuchen 1 bis 3 und stelle Unterschiede fest.
b) Woran erkennst du, dass es sich beim untersuchten Stoff um einen Reinstoff handelt?

49

Trennen von Stoffgemischen

🔍 **1.** Stelle dreimal das gleiche Gemisch her. Fülle dazu in drei Bechergläser je 100 ml Wasser und gib je einen Teelöffel Sand und Gartenerde dazu. Wie wird ein solches Gemisch genannt? Beschreibe das Aussehen des Gemisches.

🔍 **2.** Versuche die drei Gemische aus Aufgabe 1 auf unterschiedliche Weise zu trennen.
a) Verwende dazu nur ein zweites Becherglas.
b) Verwende dazu ein Teesieb.
c) Verwende dazu einen Trichter, einen Filter und einen 250 ml-Erlenmeyerkolben. Bereite den Filter wie in Bild 1 vor. Warum läuft die Flüssigkeit erst schnell und dann immer langsamer durch den Filter?
d) Beschreibe für alle Versuche, wie du vorgegangen bist.

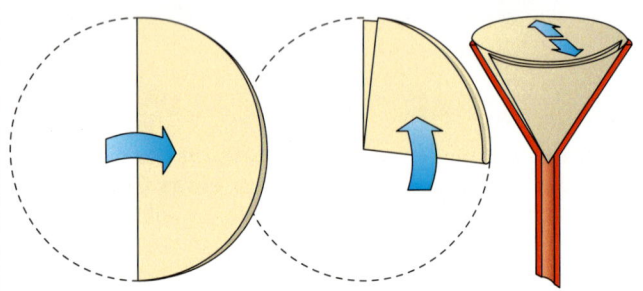

1 So wird das Filterpapier gefaltet.

📖 **3.** Vergleiche die Ergebnisse von Versuch 2 a), b) und c) miteinander und lege eine Tabelle an.

Art der Stofftrennung	Beobachtung

📝 **4.** Bei welchen Teezubereitungsarten wendest du die drei Methoden zur Stofftrennung aus Versuch 2 an?

🔍 **5.** Wasche für einen Salat die Salatblätter und trockne sie. Überlege dir dazu zwei einfache Methoden. Verwende auch ein sauberes Geschirrhandtuch.

📝 **6.** Überlege, wie eine Wäscheschleuder funktioniert.

🔍 **7.** Fülle in die Gläser einer Handzentrifuge jeweils trüben Apfelsaft, Orangensaft, Kokosmilch und eine Emulsion aus Wasser, Öl und Eigelb. Drehe nun kräftig an der Kurbel. Beschreibe, wie die Flüssigkeiten nach dem Zentrifugieren aussehen.
Achtung! Du darfst während des Drehens auf keinen Fall in den Drehbereich der Gläser kommen!

🔍 **8.** Mische in einer Schale Eisennägel mit Messing- oder Kupfernägeln. Wie kannst du dieses Gemisch trennen? Plane einen Versuch und führe ihn durch.

2 A–D Suspension und Filtrieren im Teilchenmodell

3 Zum Entsaften wird zerkleinertes Gemüse geschleudert.

Stoffe und Stoffeigenschaften

Sedimentieren und Dekantieren
Viele Suspensionen lassen sich sehr einfach trennen. Du lässt das Gemisch ruhig stehen, sodass die Feststoffe auf den Grund sinken. Dieses Absetzen heißt **Sedimentieren**.
In großen Mengen findet dies in den Meeren statt, auf deren Grund sich verschiedene Feststoffe wie Sand ablagern. Diese Ablagerungen heißen **Sedimente**. In langen Zeiträumen verfestigen sie sich zu Sedimentgesteinen.
In manchen Ländern wird zur Zubereitung von Kaffee das Kaffeepulver direkt mit heißem Wasser übergossen. Das Pulver sinkt mit der Zeit nach unten und setzt sich als Sediment ab. Die Flüssigkeit, die darüber steht, wird getrunken. Du könntest sie auch vorsichtig abgießen. Dieser Vorgang heißt **Dekantieren**.

Sieben und Filtrieren
Sinken die Feststoffe in der Suspension nicht auf den Grund oder sind sie sehr fein verteilt, musst du das Gemisch **sieben** oder **filtrieren**.
Ein **Sieb** eignet sich nur bei groben Feststoffteilchen. In der Küche werden Siebe zum Waschen von Salat oder zum Abgießen von Nudeln verwendet.
Um kleine Feststoffteilchen von Flüssigkeiten zu trennen, ist **Filterpapier** notwendig. Der Kaffeefilter hält das Kaffeemehl zurück, es bildet den **Rückstand**. Die filtrierte Flüssigkeit, der trinkfertige Kaffee, ist das **Filtrat**.
Mit Papierfiltern werden auch Feststoffteilchen aus der Luft gefiltert. Du findest sie im Staubsauger oder im Motorraum des Autos als Luftfilter. Heimwerker sollten beim Abschleifen von Holz oder von Lackfarben wegen der Gesundheitsgefahren Staubmasken tragen.

Schleudern
Bestimmte Gemische lassen sich dadurch trennen, dass sie im Kreis **geschleudert** werden. Eine Wäscheschleuder erreicht etwa 2000 Umdrehungen in der Minute. Das Wasser und die Wäsche werden an den Rand gedrückt. Dort fließt das Wasser durch kleine Löcher nach draußen. Auch beim Obstentsaften wie in Bild 3 wird diese Methode verwendet.

Zentrifugieren
Wird der Behälter mit dem Gemisch sehr schnell gedreht, teilt sich das Gemisch darin auf. Dieser Vorgang heißt **Zentrifugieren**. Auf diese Weise wird in der Molkerei die leichtere Sahne von der Milch getrennt. Sie schwimmt oben.
Für medizinische oder chemische Zwecke gibt es Laborzentrifugen, die sich hunderttausendmal in der Minute drehen können. Darin sind Gläser aufgehängt. Durch die hohe Geschwindigkeit werden die schwereren Teilchen an den Boden des Gefäßes gedrückt.

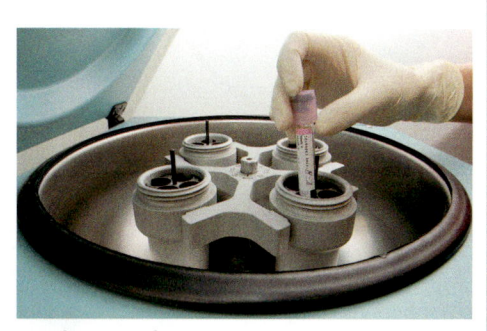

4 Laborzentrifuge

Magnetscheiden
Eisen ist ein häufig verwendeter Werkstoff. Seine Wiederverwertung spart Kosten. Auf einem Schrottplatz fallen bei der Verwertung von Altautos außer Eisen noch Metalle wie Aluminium und Kupfer an. Deshalb läuft der zerkleinerte Metallschrott über eine **Magnetscheidetrommel**. Die Eisenteile bleiben an der Trommel haften, während die anderen Metalle weiter transportiert werden.

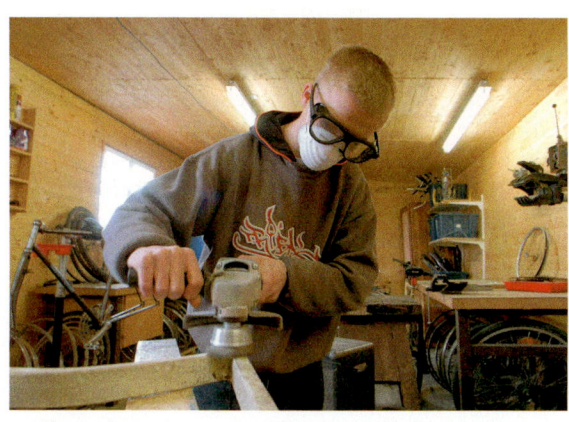

5 Filter schützen vor gesundheitsschädlichen Stoffen.

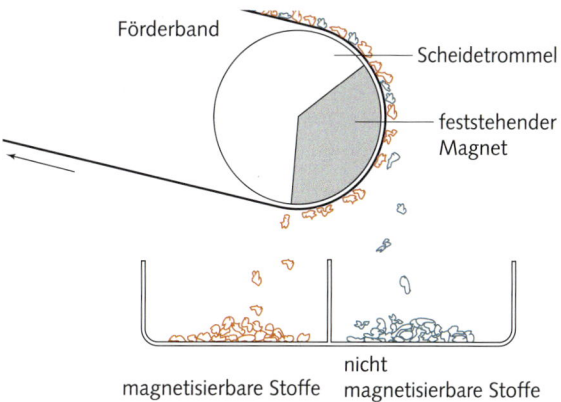

6 Magnetscheider in der Müllsortieranlage

Extrahieren – ein besonderes Trennverfahren

1 Blattzellen

🔍 **1. a)** Zerschneide mit einer Schere einige frische grüne Laubblätter. Gib sie zusammen mit etwas Sand in einen Mörser und zerreibe sie mit einem Pistill. Übergieße das Blättermus mit 3 ml bis 5 ml Spiritus und reibe nochmals eine Minute. Dekantiere die Lösung und filtriere sie in einen Erlenmeyerkolben. Beschreibe das Filtrat. Wozu könnte es verwendet werden?
b) Fülle ein Reagenzglas etwa fingerbreit mit dem Filtrat aus a). Gib einige Tropfen Wasser und 6 ml Benzin dazu. Verschließe das Reagenzglas mit einem Stopfen und schüttele kräftig. Lass das Gemisch kurze Zeit ruhig stehen. Beschreibe das Ergebnis.

🔍 **2. a)** Plane einen Versuch zur Herstellung eines blauvioletten Gemüsesaftes.
b) Besprecht eure Planungen und führt den Versuch durch.

🔍 **3.** Hänge einen Teebeutel für roten Früchtetee in kaltes Wasser. Beobachte etwa 10 min und fertige eine Zeichnung an.

2 Herstellen einer Blattgrünlösung

Stoffe werden herausgelöst
Tee und Kaffee sind zwei Flüssigkeiten, die durch Herauslösen von Duft-, Farb- und Aromastoffen hergestellt werden. Das heiße Wasser löst diese Stoffe aus den trockenen Teeblättern oder aus den gemahlenen Kaffeebohnen heraus. Auch aus einigen Gemüsesorten kannst du mit Wasser Farbstoffe herauslösen. Dieser Vorgang heißt **Extraktion**.
Die Flüssigkeit, die die Stoffe herauslöst, ist das **Extraktionsmittel**.

Auf das Extraktionsmittel kommt es an
Manche Stoffe lösen sich nur in bestimmten Extraktionsmitteln. Mithilfe von Spiritus kannst du den grünen Farbstoff aus Blättern herauslösen. Die gelben Blattfarbstoffe dagegen lösen sich in Benzin. Dadurch lassen sie sich voneinander trennen.

■ Bei der Extraktion werden mithilfe eines Extraktionsmittels Bestandteile aus einem Stoff herausgelöst.

Gelöste Stoffe zurückgewinnen

🔍 **1. a)** Stelle eine Salzlösung her und dampfe sie in einer Abdampfschale ein.
Vorsicht: Beim Erwärmen kann Salz herausspritzen!
Stelle den Brenner ab, bevor das letzte Wasser verdampft ist. Notiere die Beobachtungen, die du während des Versuchs gemacht hast.
b) Betrachte den weißen Stoff auf dem Boden mit einer Lupe. Vergleiche ihn mit Kristallen von Speisesalz.

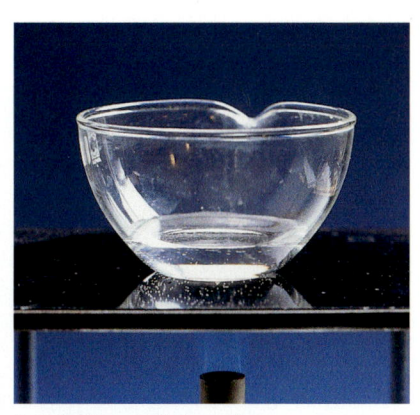

2 Salzlösungen einige Tage stehen lassen

1 Salzlösung eindampfen

🔍 **2.** Löse je einen Spatel Kochsalz, Alaun, Kupfersulfat und gelbes Blutlaugensalz unter leichtem Erwärmen in jeweils 5 ml destilliertem Wasser. Gieße die Salzlösungen in Uhrgläser und lass sie einige Tage ruhig stehen. Beschreibe deine Beobachtungen und fertige Zeichnungen an.

📖 **3.** Beschreibe das Eindampfen einer Salzlösung im Teilchenmodell.

📖 **4.** Eindampfen ist ein Trennverfahren. Welche Art von Gemischen kann damit getrennt werden?

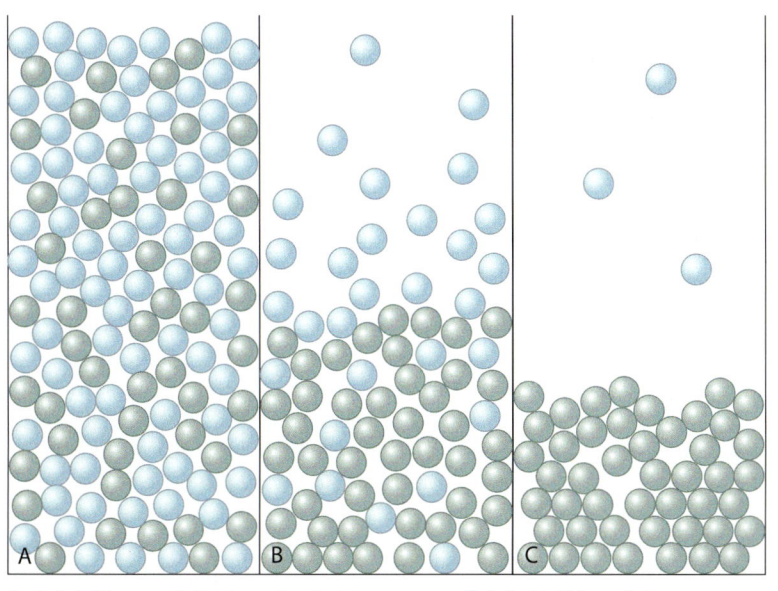

Salz zurückgewinnen
Bleibt eine Salzlösung längere Zeit stehen, so verdunstet das Wasser. Salz bleibt zurück.
Das Verdunsten des Wassers dauert recht lange.
Schneller geht es durch **Eindampfen**. Dabei entstehen aber nur sehr kleine Kristalle. Das salzhaltige Wasser wird erhitzt. Das Wasser verdampft und zurück bleibt das weiße Salz.
Bild 3 zeigt das Verdunsten und das Eindampfen im Teilchenmodell. Aus der Salzlösung entweicht immer mehr Wasser. Der zuvor gelöste Stoff bleibt zurück und ordnet sich wieder zu regelmäßigen Kristallen an.

■ Aus einer Salzlösung lässt sich durch Verdampfen des Wassers Salz gewinnen. Dieses Verfahren heißt Eindampfen.

3 A Salzlösung; B Eindampfen hat begonnen; C Salz bleibt zurück.

Destillation – reines Wasser aus Lösungen

1 Wasser verdampft.

2 Noch geht viel Wasser verloren.

🔍 **1. a)** Stelle eine Lösung aus 100 ml Wasser, einigen Tropfen blauer Tinte und zwei Spateln Salz her. Erhitze dieses Gemisch in einem Stehkolben bis zum Sieden. Beobachte dabei besonders den Hals des Kolbens (Bild 1). Fertige eine Zeichnung zu deinen Beobachtungen an.
b) Erhitze erneut und versuche den austretenden Wasserdampf mithilfe einer Glasscheibe aufzufangen (Bild 2).
Vorsicht: Der Wasserdampf ist heiß! Auch die Scheibe darf nur am Rand angefasst werden.
c) Wie gut ist dieses Verfahren geeignet, Wasser aus einer Lösung zurückzugewinnen?
d) Wie kannst du erkennen, dass das aufgefangene Wasser kein Salz mehr enthält? Plane dazu einen Versuch und führe ihn durch.

🔍 **2. a)** Verschließe den Kolben aus Versuch 1 mit einem Gummistopfen, in dem ein langes, gebogenes Glasrohr steckt (Bild 3). Stelle ein kleines Becherglas unter die Öffnung des Glasrohres. Erhitze erneut und beobachte die Vorgänge im Kolben sowie im Glasrohr.
b) Befeuchte Papierhandtücher oder anderes saugfähiges Papier. Umwickle damit das Glasrohr (Bild 4). Erhitze erneut bis zum Sieden. Beende den Versuch, wenn das feuchte Papier zu dampfen beginnt.
c) Zeige, dass das aufgefangene Wasser reines Wasser ist.
d) Vergleiche die Ergebnisse der Versuche 1 und 2.

📖 **3. a)** Beschreibe die Destillation mit dem Liebigkühler (Bild 5).
b) Was passiert mit dem Kühlwasser, während es durch den Liebigkühler strömt?

📖 **4.** Wodurch wird das Verfahren zur Gewinnung von destilliertem Wasser in den Bildern von 1 bis 5 verbessert?

Die Destillation
Beim **Destillieren** wird aus einer Lösung eine Flüssigkeit verdampft und anschließend abgekühlt. Der Dampf kondensiert und wird als Flüssigkeit wieder aufgefangen.

Auf die Kühlung kommt es an
Je besser bei der Destillation gekühlt wird, desto größer ist die aufgefangene Flüssigkeitsmenge, das **Destillat.** Hierfür wird der Liebig-Kühler benutzt.
Wasser, das durch Destillation gewonnen wurde, heißt **destilliertes Wasser.** Es ist reines Wasser und enthält weder Salze noch andere Verunreinigungen.

Andere Lösungen trennen
Die Destillation ist eines der wichtigsten und ältesten Trennverfahren der Chemie. Außer Salzwasser lassen sich auch andere Lösungen durch Destillieren trennen. In großen Industrieanlagen, den Erdöl-Raffinerien, wird Erdöl destilliert, um Benzin, Dieselkraftstoff und weitere Produkte zu erhalten.

■ Mithilfe der Destillation lassen sich Lösungen durch Verdampfen und Kondensieren trennen.

Stoffe und Stoffeigenschaften

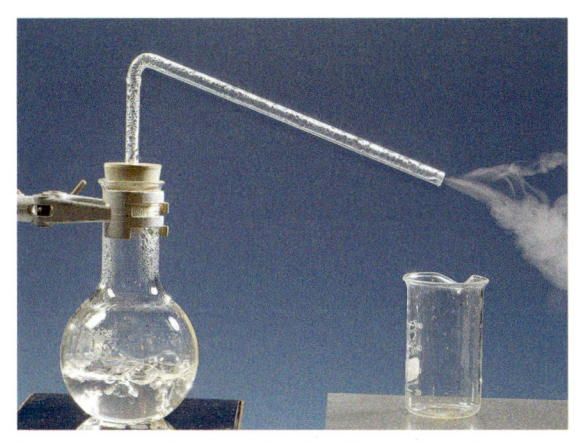

3 Bringt das gebogene Rohr eine Verbesserung?

4 Ein gekühltes Rohr erhöht die Wassermenge.

Innen warm und außen kalt

Der **Liebig-Kühler** ist ein wichtiges Glasgerät im Chemielabor. Das kalte Wasser im äußeren Rohr kühlt den Dampf im inneren Rohr ab. Im Innenrohr strömt der Dampf dem Kühlwasser im äußeren Rohr entgegen. Der Dampf kondensiert und wird als Destillat aufgefangen. Das Kühlwasser erwärmt sich dabei. Der Liebig-Kühler ist ein **Gegenstromkühler**.

Information

JUSTUS FREIHERR VON LIEBIG (1803–1873) war schon mit 19 Jahren Professor für Chemie in Gießen. Er entdeckte viele neue Stoffe, zum Beispiel Chloroform. Viele seiner Entdeckungen fanden eine industrielle Anwendung, unter anderem der von ihm entwickelte Liebig-Kühler. LIEBIG gilt außerdem als Begründer der modernen Düngelehre.

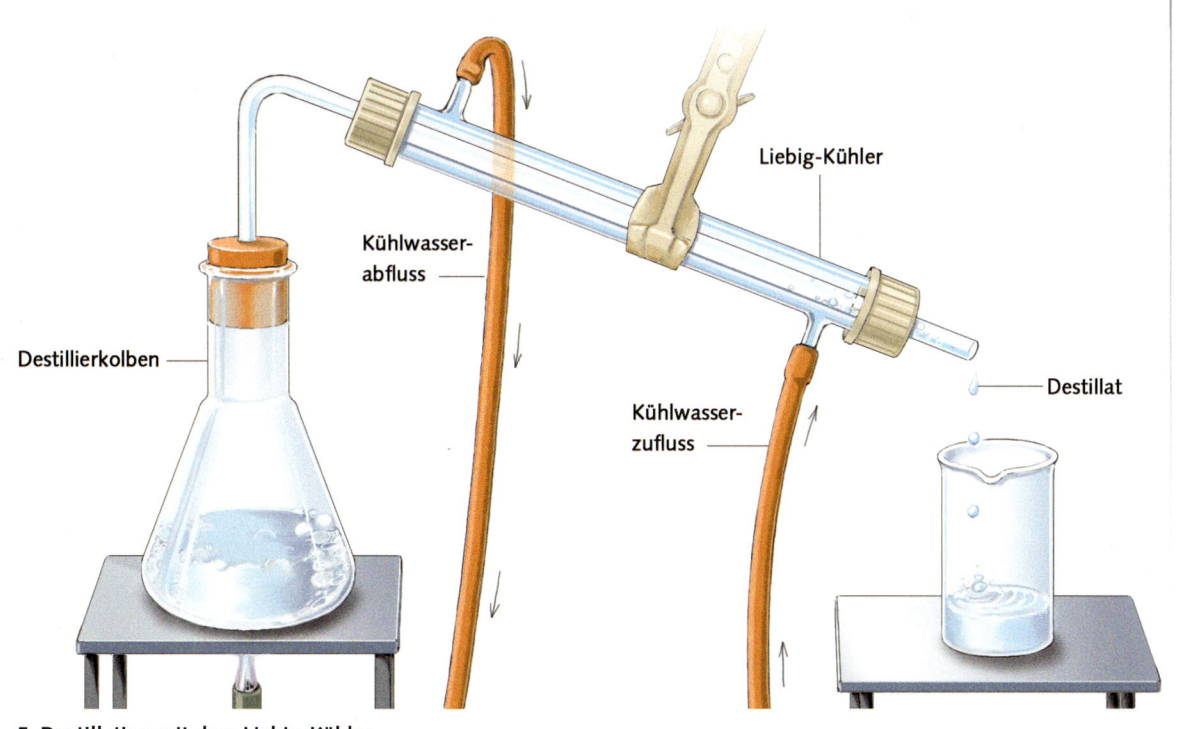

5 Destillation mit dem Liebig-Kühler

Papierchromatographie

Schwarz ist nicht gleich schwarz. Schwarze Stifte schreiben unterschiedlich. Durch ein einfaches Trennverfahren, die **Papierchromatographie,** kannst du herausfinden, woran das liegt.

Dabei wird ein Farbfleck auf Filterpapier mithilfe einer Flüssigkeit in seine Bestandteile getrennt. Du erkennst danach auf dem Filterpapier deutlich, dass der schwarze Farbstoff aus verschiedenen anderen Farbstoffen zusammengesetzt ist.

Die Trennung beruht darauf, dass sich einige Farbstoffe gut in Wasser oder einer anderen Flüssigkeit lösen. Sie wandern mit dem Wasser als **Fließmittel** schnell und weit. Andere Farbstoffe haften besser am Papier und sind deshalb langsamer. Das so entstandene Bild heißt **Chromatogramm**.

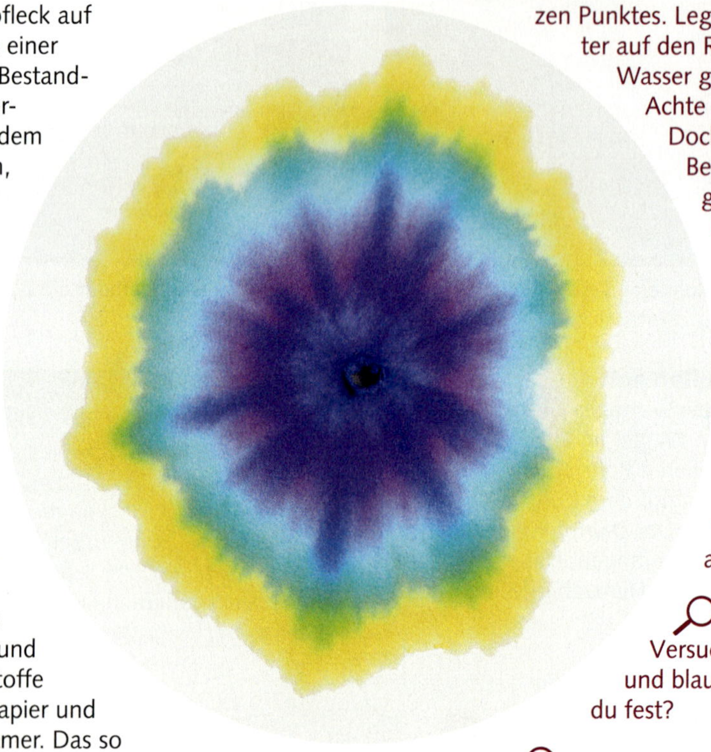

🔍 **1. a)** Male mit einem schwarzen wasserlöslichen Filzstift einen dicken Punkt in die Mitte eines runden Filterpapiers. Teile ein weiteres Filterpapier in vier Teile. Drehe aus einem der Viertel einen Docht und stecke ihn durch die Mitte des schwarzen Punktes. Lege dann den Rundfilter auf den Rand einer halb mit Wasser gefüllten Petrischale. Achte darauf, dass nur der Docht ins Wasser taucht. Beobachte, was geschieht. Beende den Versuch, wenn das Wasser kurz vor dem Rand des Rundfilters angekommen ist.
b) Vergleiche deinen Rundfilter mit anderen. Was stellst du fest?
c) Wiederhole Versuch a) mit anderen Filzstiften.

🔍 **2.** Wiederhole Versuch 1 a) mit schwarzer und blauer Tinte. Was stellst du fest?

1 Chromatogramm einer schwarzen Farbe

🔍 **3.** Vergleiche die Chromatogramme verschiedener Filzstiftfarben. Welche Farben sind Reinstoffe?

📝 **4.** Wie lässt sich ein Chromatogramm von den Farben eines „Permanent"-Filzstiftes herstellen?

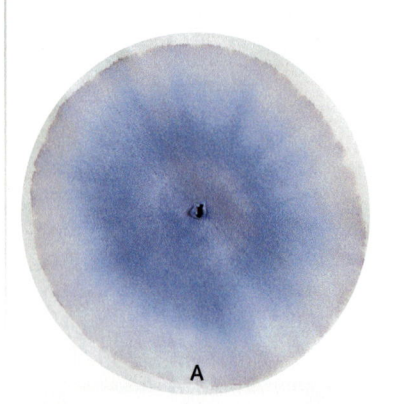

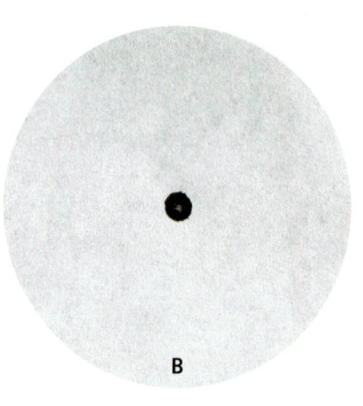

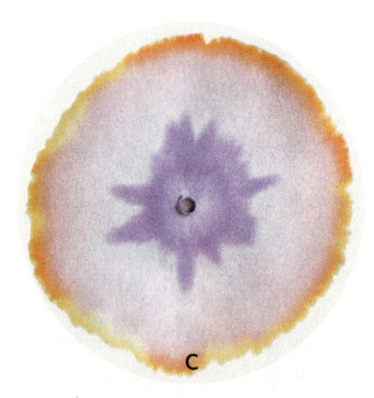

■ Bei der Papierchromatographie werden Farbstoffgemische mithilfe eines Fließmittels getrennt.

2 Weitere Chromatogramme. A *Tinte;* **B** *schwarze Farbe „permanent";* **C** *braune Filzstiftfarbe*

Stoffe und Stoffeigenschaften

Anwendungen der Trennverfahren

Pinnwand

Sedimentieren und Dekantieren

Schleudern und Zentrifugieren

Magnetscheiden

Filtrieren

📖 **1.** Welche Stoffeigenschaften werden bei den Trennverfahren jeweils genutzt? Lege dazu eine Tabelle an.

Eindampfen

Destillieren

Chromatographieren

Extrahieren

57

Praktikum

Kristalle züchten

Kristalle
Kristalle, die du als Mineralien findest, sind in sehr langen Zeiträumen entstanden. Aus gesättigten Salzlösungen kannst du schneller schöne Kristalle züchten.

Materialien
Glasgefäße (Gurkengläser oder hohe Bechergläser), Holzstäbe, Wollfaden, mit einem kleinen Metallstück beschwert, Zwirnsfaden, Pappdeckel, Kochsalz, Alaun (Kaliumaluminiumsulfat) ⚠, destilliertes Wasser, Natronwasserglas-Lösung (Natriumsilikat) ⚠, Eisen (III)-chlorid ⚠, Kupfer(II)-chlorid ⚠, Eisensulfat und Calciumchlorid ⚠.

1. Kristalle am Wollfaden
Gieße eine Lösung aus 35 g Kochsalz und 100 ml Wasser in ein Glasgefäß. Befestige den Wollfaden am Holzstab und hänge ihn in das Glas (Bild 1). Beobachte einige Tage.

1 Kristalle am Wollfaden

2. Ein Alaun-Kristall wächst
Löse Alaun (16 g pro 100 ml) in destilliertem Wasser von 50 °C. Filtriere die Lösung und gieße einen Teil davon in eine flache Schale, den Rest in ein Vorratsgefäß. Beim Abkühlen kristallisieren am Boden der Schale Alaun-Kristalle aus. Binde einen dünnen Faden um den schönsten Kristall.

2 Alaun-Kristall

Gieße nun Alaunlösung in ein Becherglas und hänge den Kristall in die Lösung (Bild 2). Stelle das Gefäß an einen Platz mit gleichbleibender Temperatur. Beobachte das Wachsen des Kristalls über einige Wochen. Entferne zwischendurch die kleinen Kristalle, die sich am Faden bilden. Gieße bei Bedarf Alaunlösung von gleicher Temperatur nach.

3. Zuschauen beim Wachsen
Lege einen Objektträger unter das Mikroskop. Gib einen Tropfen Alaunlösung auf den Träger, beleuchte ihn von unten. Betrachte die Veränderungen.

3 „Chemischer Garten"

4. Ein chemischer Garten unter Wasser
Mische Natronwasserglas (Natriumsilikat) und Wasser im Verhältnis 1:1 und fülle damit ein großes Glasgefäß. Lass nun Kristalle der Eisensalze, des Kupferchlorids und des Calciumchlorids mit einem Spatel an unterschiedlichen Stellen in das Glasgefäß gleiten. Die Kristalle sollten einen Durchmesser von etwa 1 mm bis 2 mm haben. Beobachte die Vorgänge im Glasgefäß etwa 5 min.

Du kannst auch die Reaktion weiterer Salze in einem neuen Versuch ausprobieren. Beachte jedoch dabei immer die Sicherheits- und Entsorgungshinweise. Als Salze eignen sich noch: Chrom(III)-chlorid ⚠, Kupfersulfat ⚠, Mangansulfat ⚠ und Calciumnitrat ⚠.

Entsorgungshinweis
Gieße das Gemisch aus Natronwasserglas und Wasser vorsichtig in den Ausguss ab und spüle mit viel Wasser nach. Die „Pflanzen" musst du in den Behälter B2 als Schwermetallabfall entsorgen.

Stoffe und Stoffeigenschaften → S. 88/89

Stoffe und Stoffeigenschaften

Kristalle, Kristalle

Pinnwand

Kochsalz (chemischer Name **Natriumchlorid**) bildet würfelförmige Kristalle unterschiedlicher Größe. Kleinere Kristalle kannst du auch mit einer Lupe beim Kochsalz in der Küche entdecken. Die kleinsten Teilchen des Kochsalzes ordnen sich wie auch die kleinsten Teilchen anderer Kristalle in ganz bestimmten Formationen an. Diese Formation heißt **Kristallgitterstruktur.** Sie ist beim Kochsalz würfelförmig.

Gips (chemischer Name **Calciumsulfat**) bildet nadelförmige Kristalle. Du kennst Gips von der Behandlung eines Arm- oder Beinbruches oder von Reparaturen an Wänden im Hause.

Der Kristall des Marmors (chemischer Name **Calciumcarbonat**) sieht aus wie eine Doppelpyramide. Diese Kristalle können beim Marmor farblich verschieden sein.

1. a) Plane zusammen mit deinen Mitschülerinnen und Mitschülern einen Versuch, bei dem ihr mit dem Auge sichtbare Salzkristalle erhalten könnt.
b) Führt den Versuch anschließend durch.

2. Rühre Gipspulver in einem sauberen Jogurtbecher mit etwas Wasser an. Streiche eine ganz dünne Schicht des angerührten Gipses auf einen Objektträger und betrachte den noch weichen Gips unter dem Mikroskop.

3. a) Finde heraus, wo in Deutschland Marmor abgebaut wird.
b) Wozu wird Marmor heute verwendet?

Müll trennen und verwerten

📖 **1.** In welche Müllsorten kann unser Abfall bereits zu Hause getrennt werden?

📝 **2.** Wie ist das Sammeln von Biomüll, Altpapier, Altglas, Textilien und Sperrmüll in deiner Gemeinde organisiert?

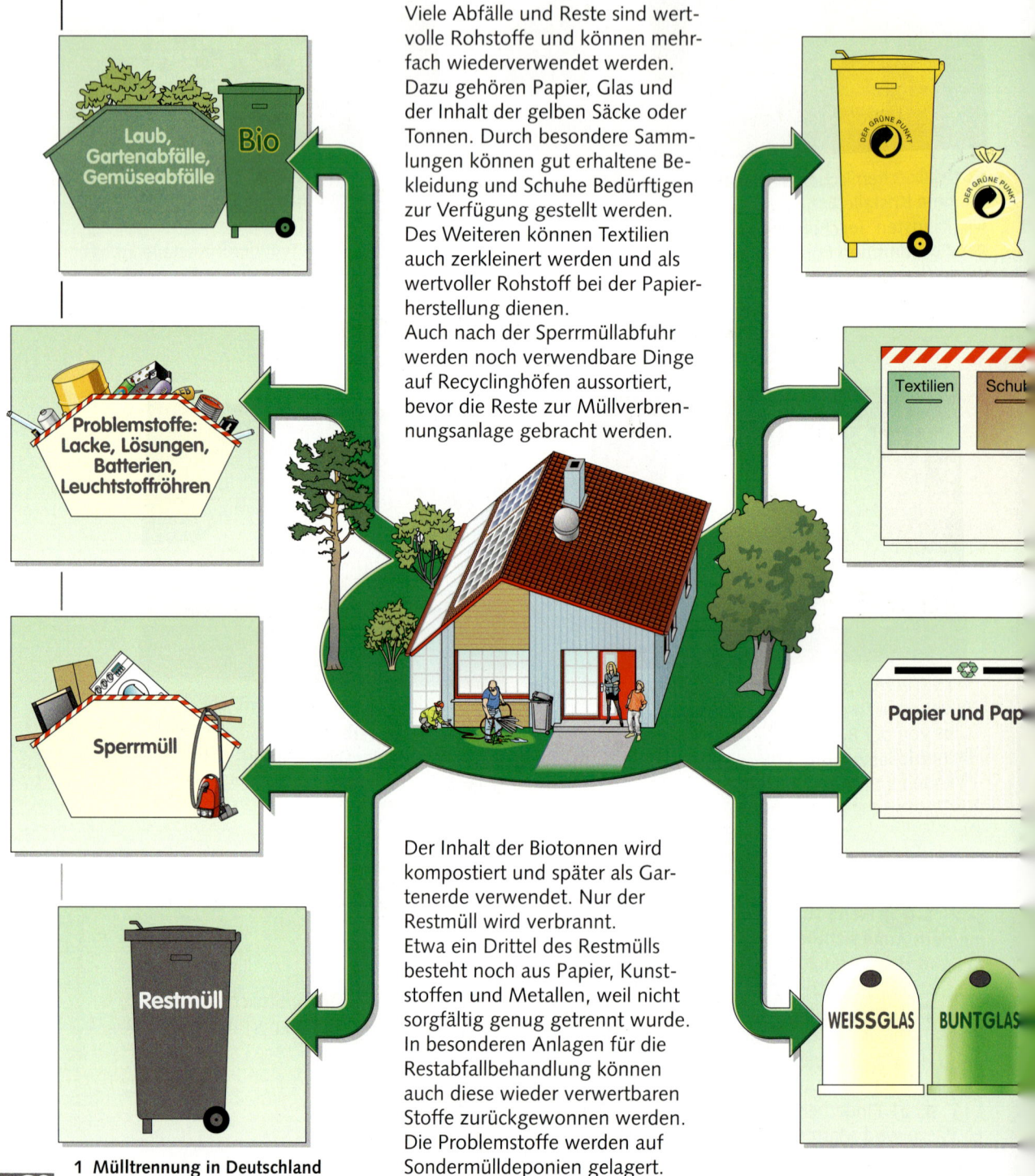

Viele Abfälle und Reste sind wertvolle Rohstoffe und können mehrfach wiederverwendet werden. Dazu gehören Papier, Glas und der Inhalt der gelben Säcke oder Tonnen. Durch besondere Sammlungen können gut erhaltene Bekleidung und Schuhe Bedürftigen zur Verfügung gestellt werden. Des Weiteren können Textilien auch zerkleinert werden und als wertvoller Rohstoff bei der Papierherstellung dienen.
Auch nach der Sperrmüllabfuhr werden noch verwendbare Dinge auf Recyclinghöfen aussortiert, bevor die Reste zur Müllverbrennungsanlage gebracht werden.

Der Inhalt der Biotonnen wird kompostiert und später als Gartenerde verwendet. Nur der Restmüll wird verbrannt. Etwa ein Drittel des Restmülls besteht noch aus Papier, Kunststoffen und Metallen, weil nicht sorgfältig genug getrennt wurde. In besonderen Anlagen für die Restabfallbehandlung können auch diese wieder verwertbaren Stoffe zurückgewonnen werden. Die Problemstoffe werden auf Sondermülldeponien gelagert.

1 Mülltrennung in Deutschland

Stoffe und Stoffeigenschaften

Die Wiederverwertung von Abfällen und Resten aus den Haushalten spart teure Rohstoffe und verringert die Müllmenge.

■ Getrennte Müllsammlungen sind die Voraussetzung für eine Wiederverwertung von teuren Rohstoffen. Sie sorgen dafür, dass nicht noch mehr Müll verbrannt werden muss.

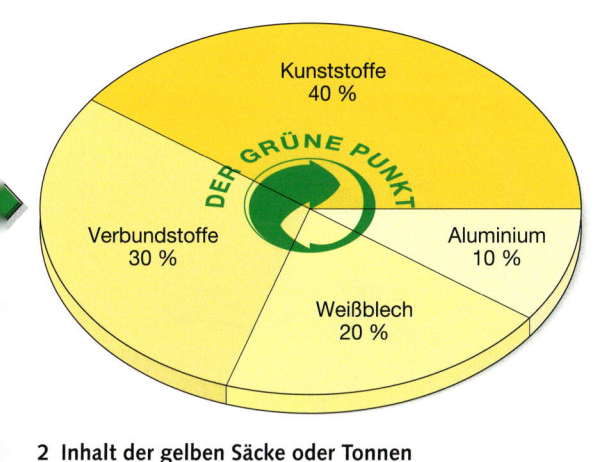

Der Inhalt der gelben Säcke oder der gelben Tonnen besteht überwiegend aus **Kunststoffen** aller Art. Reine Kunststoffsorten können erneut zu Kunststoffgegenständen verarbeitet werden. Vermischte Kunststoffsorten können zum Beispiel als Erdölersatz in Hochöfen verbrannt werden.
Getränkekartons sind **Verbundverpackungen,** die aus Papier, Kunststoff und Aluminium bestehen. Das Papier wird abgetrennt und wiederverwertet. Der Rest wird bei der Zementherstellung verwendet.
Fast alle Konservendosen bestehen aus **Stahlblech.** Es kann zu neuem Stahl eingeschmolzen werden.
Auch das **Aluminium** der Getränkedosen und anderer Verpackungen wird wiederverwendet. Es wird geschmolzen und zu neuen Produkten verarbeitet.

2 Inhalt der gelben Säcke oder Tonnen

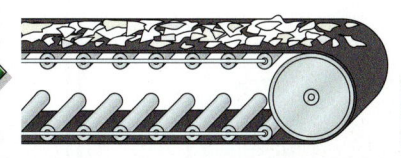

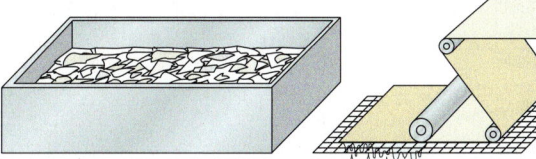

3 Papierrecycling

Altpapier und Kartons werden zerkleinert. Danach werden Fremdstoffe wie Metalle abgeschieden. Der Papierbrei wird entfärbt und zu Recyclingpapier verarbeitet. Daraus werden Briefumschläge, Zeitungspapier, Toilettenpapier und Kartons hergestellt.

Das Altglas, das nach Farben getrennt gesammelt wurde, wird zerkleinert. Metalle und Papierreste werden automatisch aussortiert. Dann wird das Glas geschmolzen und dient als Zusatz zur Herstellung neuer Flaschen und Gläser.

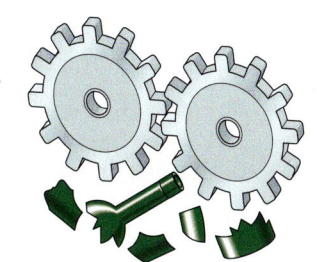

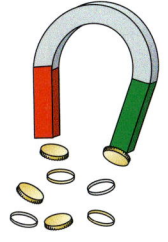

4 Glasrecycling

Ordnung für die Vielfalt der Stoffe

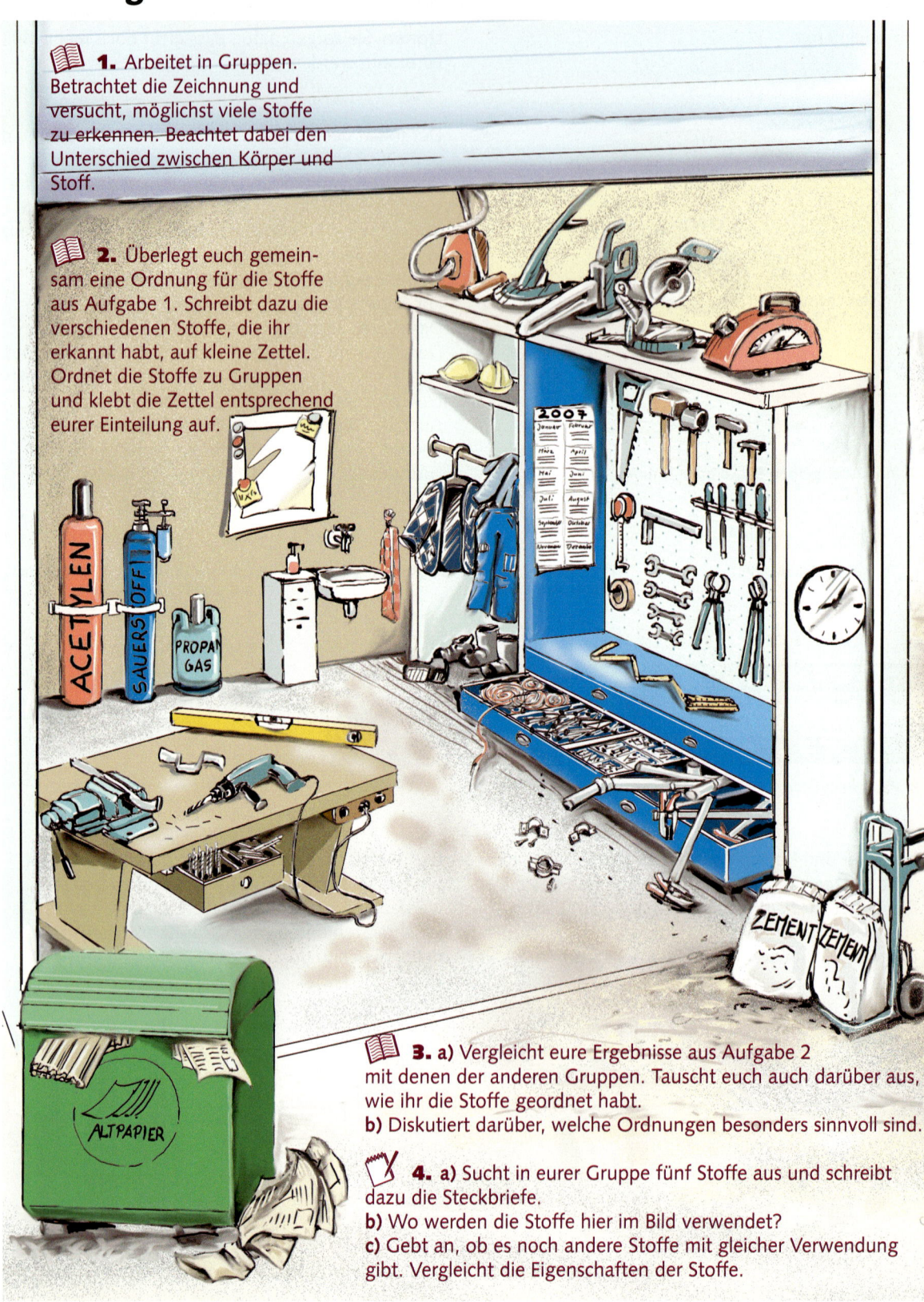

📖 **1.** Arbeitet in Gruppen. Betrachtet die Zeichnung und versucht, möglichst viele Stoffe zu erkennen. Beachtet dabei den Unterschied zwischen Körper und Stoff.

📖 **2.** Überlegt euch gemeinsam eine Ordnung für die Stoffe aus Aufgabe 1. Schreibt dazu die verschiedenen Stoffe, die ihr erkannt habt, auf kleine Zettel. Ordnet die Stoffe zu Gruppen und klebt die Zettel entsprechend eurer Einteilung auf.

📖 **3. a)** Vergleicht eure Ergebnisse aus Aufgabe 2 mit denen der anderen Gruppen. Tauscht euch auch darüber aus, wie ihr die Stoffe geordnet habt.
b) Diskutiert darüber, welche Ordnungen besonders sinnvoll sind.

📝 **4. a)** Sucht in eurer Gruppe fünf Stoffe aus und schreibt dazu die Steckbriefe.
b) Wo werden die Stoffe hier im Bild verwendet?
c) Gebt an, ob es noch andere Stoffe mit gleicher Verwendung gibt. Vergleicht die Eigenschaften der Stoffe.

Stoffe und Stoffeigenschaften

Die Suche nach gemeinsamen Eigenschaften
Ein Blick in eine Werkstatt oder auf eine Baustelle zeigt eine kaum zu überblickende Vielfalt an Körpern und Stoffen. Von leichten Gasen bis zu schweren Metallen ist alles vorhanden. Was auf den ersten Blick sehr ungeordnet aussieht, lässt sich aber durchaus sinnvoll nach gemeinsamen Eigenschaften sortieren.

Vielseitiges Glas

1. Recherchiere in Büchern, Lexika oder im Internet, woraus Glas hergestellt wird.

2. Informiere dich, wie Glas verwendet wird.

3. a) Betrachte ein Becherglas und notiere Eigenschaften, die typisch für Glas sind.
b) Welche gemeinsamen und unterschiedlichen Eigenschaften haben ein Becherglas und Fensterglas?

4. Erhitze über dem Gasbrenner ein Glasrohr, bis es formbar ist. Probiere verschiedene Bearbeitungsmöglichkeiten wie Glasbiegen und Rundschmelzen aus.

5. a) Erhitze jeweils ein normales Reagenzglas und ein Duran-Reagenzglas. Vergleiche Schmelzbarkeit und Formbarkeit.
b) Warum wird bei Versuchen im Unterricht nicht immer Duranglas verwendet?

6. Warum werden Gläser zum Aufbewahren von Lebensmitteln benutzt?

7. a) Tauche einen Kupferblechstreifen in Essigessenz, spüle und trockne ihn ab. Verteile Emaillepulver als dünne Schicht auf dem Kupferblech und halte es in die rauschende Gasbrennerflamme. Lass das fertige Stück gut abkühlen.

b) Um farbige Emaille zu bekommen, gibst du auf das Emaillepulver wenige kleine Körner Manganoxid oder Eisenoxid als Farbe. Bedecke diese wieder mit etwas Emaillepulver. Erhitze es erneut in der Brennerflamme. Verteile die Farbe mit einem Eisendraht, nachdem das Pulver geschmolzen ist.

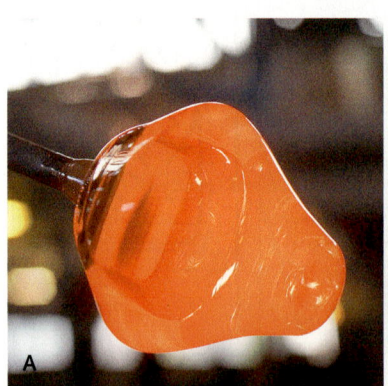

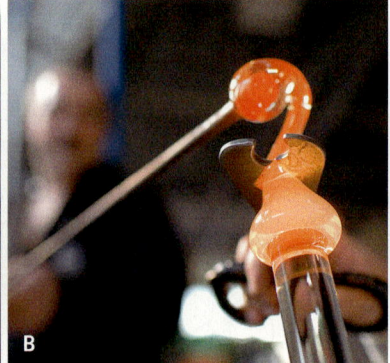

1 A bis C *Glasherstellung*

Glas als Werkstoff

Glas ist ein sehr vielseitiger Werkstoff, der schon seit mehreren tausend Jahren verwendet wird. Von Anfang an schätzten die Menschen die besonderen Eigenschaften des Glases. Es wird beim Erhitzen zähflüssig und ist in diesem Zustand sehr gut zu unterschiedlichen Formen zu verarbeiten.

Viele Glassorten

Im Laufe der Zeit entwickelten die Menschen immer neue Glassorten für sehr viele Verwendungen. Sie reichen vom einfachen Fensterglas über Ziergläser, optische Linsen und Lichtleiter bis hin zu hitzebeständigen Spezialgläsern. In Verbindung mit Kunststoffen oder Metalldrähten entstehen Sicherheits- und Panzergläser.

Oberflächenschutz aus Glas

Oft erkennst du Glas nicht sofort, weil es mit anderen Materialien verbunden ist. **Emaille** ist eine glasartige Schutzschicht auf Metall. Auch die Oberfläche von Keramik und Porzellan besteht aus Glas. Sie heißt **Glasur**. Die Oberflächen sind auf diese Weise besonders hart und wasserdicht.

Die Glasherstellung

Die Rohstoffe sind Sand, Soda und Kalkstein sowie je nach Sorte weitere Zutaten. Sie werden zusammen bei mindestens 1100 °C geschmolzen. Die Schmelze wird dann portionsweise mundgeblasen oder in Formen gegossen. So entstehen Flaschen, Trinkgläser und andere Glasgefäße sowie Kunstgegenstände oder Fensterscheiben.

Stoffe und Stoffeigenschaften

Kunststoffe – modern und vielfältig

1. Überlege, woher der Name Kunststoff kommt. Recherchiere dazu auch in Lexika und im Internet.

2. a) Sammle unterschiedliche Kunststoffverpackungen. Sortiere sie nach ihrer Beschaffenheit.
b) Schneide die Verpackungen in kleine Stücke. Beschreibe ihre Eigenschaften. Untersuche ihre Schwimmfähigkeit.
c) Wenn du auf den Kunststoffen Abkürzungen oder Symbole findest, recherchiere ihre Namen und ihren Verwendungszweck.

3. a) Nimm ein Stück Styropor® und zerkleinere es mit der Hand. Wie sehen die zerkleinerten Stücke aus?
b) Zerschneide ein kleines Stück Styropor® und schau es dir unter der Lupe an. Was befindet sich im Inneren?
c) Überlege, welche besonderen Eigenschaften sich aus dem Aufbau des Styropors® ergeben. Recherchiere dazu auch in Lexika und im Internet.

4. Warum werden Getränkeflaschen und Geschirr für kleine Kinder heute häufig aus Kunststoff gefertigt?

5. Recherchiere in Lexika und im Internet, aus welchen Kunststoffen moderne Sportbekleidung und Sportgeräte hergestellt sein können. Schaue auch bei deiner eigenen Sportkleidung auf den Etiketten nach.

Kunststoffe sind überall
Erdöl ist der Ausgangsstoff für die Herstellung der meisten Kunststoffe. Der Name dieser Stoffgruppe zeigt, dass alle diese Stoffe nicht in der Natur vorkommen. Aus dem Alltag sind sie längst nicht mehr wegzudenken. Deine Schultasche, CDs, die Hülle eines Handys, die Wasserflasche, dein Fleece-Pulli, viele Verpackungen oder Spielzeug-Figuren – alles besteht aus Kunststoff.

Verschiedene Kunststoffarten
Für fast alle Zwecke gibt es spezielle Kunststoffarten, die besondere Eigenschaften haben.
Für Folien, Flaschen, Zahnräder oder Rohre werden verschiedene Arten von Polyethen – kurz **PE** – verwendet. Es ist zäh, dehnbar, leichter als Wasser und sehr preisgünstig herzustellen.

Aus dem leicht formbaren Kunststoff mit dem schwierigen Namen Polyethenterephthalat – kurz **PET** – bestehen Plastik-Getränkeflaschen. Auch Folien und Textilfasern für Fleece-Stoff werden aus PET hergestellt. Die Fasern sind sehr reißfest, knitterfrei und nehmen kaum Wasser auf.

Vor allem für Schaumstoffe werden Polyurethane – kurz **PUR** – verwendet. Auch Dichtungen bestehen aus Polyurethan. Selbst Fußbälle bestehen heute nicht mehr aus Leder, sondern unter anderem aus dem Kunststoff Polyurethan. Dieser Kunststoff lässt sich gut aufschäumen, ist zäh, strapazierfähig und gut Wärme isolierend.

Plexiglas® ist einerseits ähnlich durchsichtig wie Glas, andererseits ist es elastisch und schlagfest. Es dient zum Beispiel in Sporthallen als Glasersatz. Weil es sehr viel leichter ist als Glas, sind häufig auch Linsen für Brillen oder andere optische Geräte aus Plexiglas®.

1 Sportbekleidung und Sportgeräte sind heute ohne Kunststoffe undenkbar.

Einmal hart, einmal biegsam: Holz und Metall

1 Modellflugzeug aus Balsaholz

1. Erkundige dich im Baumarkt nach den verschiedenen angebotenen Holzarten. Für welche Zwecke werden sie empfohlen?

2. a) Untersuche die Eigenschaften von Balsaholz und Eichenholz. Schreibe Steckbriefe für die einzelnen Holzarten und vergleiche ihre Eigenschaften.
b) Was könntest du mit Balsaholz bauen? Für welche Konstruktionen eignet sich Eichenholz?
c) Spanne Stücke von Balsaholz und Stücke von Eichenholz ein und bearbeite sie mit Raspel, Feile und Schleifpapier. Wie lassen sie sich bearbeiten?

3. Suche in Fachbüchern, Lexika und im Internet nach Informationen über die Eigenschaften und Verwendungen verschiedener Metalle. Fasse die Ergebnisse deiner Recherche in einer Tabelle zusammen.

Metall	besondere Eigenschaften	Verwendung

4. Drücke mit einem großen gefrorenen Gummibärchen eine Form in feuchten Formsand. Lass den Sand trocknen. Erhitze über der Brennerflamme in einem Löffel etwas Zinn und gieße das geschmolzene Metall in die Form.

Nachwachsendes Holz

Holz wird schon seit Jahrtausenden mit einfachen Werkzeugen verarbeitet. Zudem dämmt es gut, es sieht angenehm aus und ist zum Teil sehr widerstandsfähig. Aus all diesen Gründen nutzen Menschen schon lange Holz als Werkstoff, beispielsweise für den Haus- und Möbelbau. Da der Rohstoff Holz nachwächst, wird er auch als Brennmaterial genutzt. Holz wird im Kamin oder als Holzpellets in Heizungen verbrannt.

Je nach Holzart unterscheiden sich die Eigenschaften dieses natürlichen Materials erheblich. Es gibt unter anderem hartes, widerstandsfähiges Eichenholz, biegsames Weidenholz oder sehr leichtes Balsaholz.

Metalle für alle Zwecke

Die kleine Büroklammer oder der viele tausend Tonnen schwere Ozeanriese bestehen beide aus Eisen. Es ist das am häufigsten genutzte Metall. Metalle sind als Werkstoffe wichtig, weil sie zäh, fest und hart sind. Sie lassen sich gut in Form gießen, sind formbar, elektrisch leitend und glänzend. Es gibt viele Verwendungsmöglichkeiten: Aus dem Leichtmetall Titan bestehen Flugzeugteile. Das sehr gut Strom leitende Kupfer ist für elektrische Schaltungen und Geräte wichtig. Das auch kalt gut formbare und sehr witterungsbeständige Blei findet beim Bau von Dächern Verwendung.

Werden verschiedene geschmolzene Metalle miteinander vermischt, bilden sie **Legierungen**. Diese haben andere Eigenschaften als die reinen Metalle. Nirosta-Stahl rostet nicht. Werkzeuge aus Chrom-Vanadium-Stahl sind besonders stabil.

2 Spielzeugkran aus Eisen.

Stoffe und Stoffeigenschaften

Gebrauchsgegenstände werden hergestellt

Praktikum

Windspiel aus Kupferfischen

Du brauchst ein Kupferblech, eine Blechschere und Kupferdraht.

Zeichne auf Kupferblech einen großen und vier kleine Fische. Schneide sie mit einer Blechschere aus. Glätte die Kanten. Bohre dann in die kleinen Fische oben je ein Loch und in den großen Fisch unten vier Löcher. Befestige die kleinen Fische mit dünnem Kupferdraht am großen Fisch. Probiere aus, an welcher Stelle du im großen Fisch oben ein Loch bohren musst, um das Windspiel gerade aufzuhängen. Benutze zum Aufhängen einen dünnen Kupferdraht.

Poliere die Figuren vor dem Aufhängen. Für Verzierungen aller Art sind deiner Fantasie keine Grenzen gesetzt: Perlen, Federn, Spiegel und so weiter kannst du verwenden.

Papiertaschentücher im Spender aus Holz

Material
Rückwand: 12 cm x 19 cm
Grundplatte: 7 cm x 14 cm
2 Seitenwände: 7 cm x 15 cm
2 vordere Bretter: 4 cm x 11 cm

Schräge die Brettchen an, wie es in der Abbildung zu sehen ist. Aus der Grundplatte wird vorne ein kleines Rechteck ausgesägt. Glätte alle Kanten. Bohre in die Rückwand oben ein Loch zum Aufhängen. Leime die Brettchen zusammen.

Falls du möchtest, kannst du deinen Taschentuchspender noch bemalen oder nach deinem Geschmack verzieren.

CD-Ständer aus Acryl-Glas

Material
Acrylglas-Platte: 17 cm x 50 cm (höchstens 8 mm stark)

Säge acht Schlitze der Höhe von 1,1 cm und der Breite von 13 cm in die Platte. Lass zwischen den Schlitzen einen Abstand von 2 cm. Säge die Schlitze so in die Platte, dass links und rechts ein gleicher Rand stehen bleibt. Glätte die Kanten.
Biege die Acryl-Glas-Platte so, dass ein Fuß entsteht. Spanne die Platte dazu ein und benutze einen Heißluft-Föhn.

Der CD-Ständer ist nicht auf diese Größe festgelegt. Du kannst ihn für weniger CDs bauen, aber ihn auch genauso gut für eine größere Anzahl von CDs herstellen. Du musst dann die Maße entsprechend ändern.

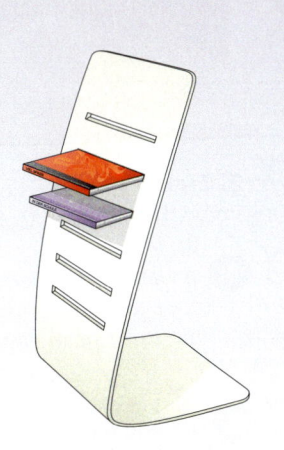

Pinnwand

Besondere Stoffe

Eine ganz besondere Faser
Sie ist sehr fest, feuer- und hitzebeständig und beständig gegenüber Säuren und Laugen. Sie schmilzt nicht und beginnt erst ab etwa 400 °C zu verkohlen. Diese Kunststofffaser findet seit etwa 30 Jahren hauptsächlich unter dem Markennamen Kevlar™ eine immer größere Verbreitung.

1. a) Finde weitere Eigenschaften der Faser Kevlar™ heraus.
b) Wozu wird diese Faser verwendet?
c) Welche weiteren Handelsnamen gibt es für diese Faser?

Der häufigste Stoff der Erde
Sauerstoff kommt nicht nur als Bestandteil der Luft vor. Er ist auch in vielen chemischen Verbindungen enthalten. Wasser ist eine Verbindung aus Wasserstoff und Sauerstoff. Auch die meisten Gesteine sind Verbindungen mit Sauerstoff. Insgesamt besteht die Erdkruste einschließlich der Luft- und Wasserhülle zu mehr als der Hälfte aus Sauerstoff.

5. Welchen Anteil hat der Sauerstoff an der Luft?

6. Finde die Namen von Gesteinsarten, in denen Sauerstoff enthalten ist.

Ein sehr wertvoller Stoff
Gold wird vor allem zu Schmuckstücken verarbeitet und wird in großen Mengen überall auf der Welt als „Staatsschatz" gehortet. Gold gehört zu den besten elektrischen Leitern und wird heutzutage auch im Bereich der Elektronik und Computertechnik eingesetzt.

2. Erstelle eine Übersicht zu den Verwendungsmöglichkeiten von Gold.

3. In welchen Ländern wird Gold abgebaut? Erkunde auch die entsprechenden Mengen und stelle sie in einer Übersicht zusammen.

4. Erkunde die Goldreserven von mindestens drei Industrienationen.

Ein sehr giftiger Stoff
Ein winziges Bakterium produziert ein Gift, das schon in geringen Mengen tödlich sein kann. Das Gift heißt Botulinum-Toxin. Es kann in verdorbenen Lebensmitteln und in Gemüse- und Fleischkonserven entstehen. Die Folgen sind Vergiftungen, die sogar zum Tod führen können.

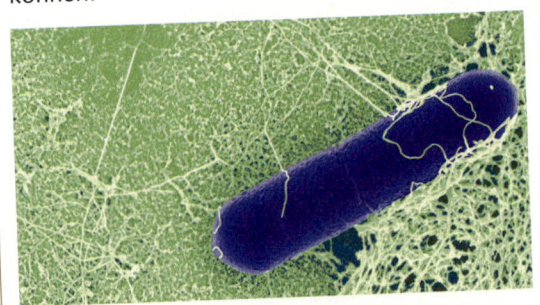

7. Finde heraus, wie der Name des Giftes in der Umgangssprache lautet.

8. Wie kannst du dich vor einer Vergiftung mit Botulinum-Toxin schützen?

Stoffe und Stoffeigenschaften

Besondere Berufe

Pinnwand

Schweißen von Metallen
Beim Schweißen werden Temperaturen von bis zu 3000 °C erreicht.
Augen und Körper müssen daher durch besondere Kleidung geschützt werden.
Beim Schweißen von Metallen werden die geschmolzenen Stellen zusammengefügt. Erkalten sie, entsteht eine feste Verbindung.

1. Welche Schweißverfahren gibt es und wo werden sie benutzt?

Hosen und Schutzwesten
Beim Umgang mit der Kettensäge ist der Schutz der Beine die wichtigste Sicherheitsmaßnahme. Gewebe mit Kevlar™ bringen selbst eine laufende Kettensäge in Bruchteilen von Sekunden zum Stillstand. Solche Gewebe sind so belastbar, dass sie sogar vor Kugeln schützen. Schusssichere Westen enthalten eine Gewebeschicht aus diesem Material.

3. In welchen Berufen wird mit Schutzkleidung gearbeitet, die diesen Kunststoff enthält?

Umgang mit hochgiftigen Stoffen
Die Herstellung und die Verwendung hochgiftiger Stoffe geschieht in besonders geschützten Räumen. In diesen Räumen kann nur mit besonderer Schutzkleidung gearbeitet werden. Jeglicher Kontakt und besonders das Einatmen oder Verschlucken wird so verhindert.

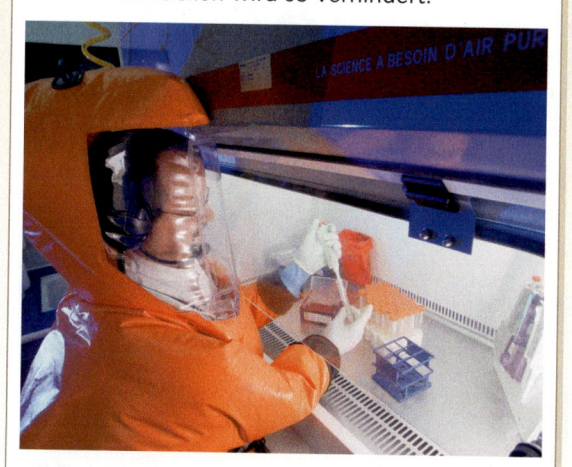

2. In welchen Berufen oder Arbeitsbereichen muss mit besonderer Schutzkleidung gearbeitet werden?

Am Barren ist es heiß
Gold wird in einem Ofen geschmolzen und dann als flüssiges Metall abgegossen. Es fließt in kastenförmige Behälter und kann nach dem Erkalten als Barren entnommen werden. Bei Temperaturen von über 1000 °C kann die Arbeit am Schmelzofen nur mit einer besonderen Schutzkleidung verrichtet werden.
Die Metallbeschichtung der Bekleidung reflektiert die Wärmestrahlung des flüssigen Goldes.

4. Warum ist eine Wärmeschutzkleidung silbrigglänzend?

5. In welchen Berufen wird mit einer Wärmeschutzkleidung gearbeitet?

69

Stoffumwandlungen in der Umwelt

1 Glänzende Schienen

2 Altes Eisen

🔍 **1. a)** Fülle drei Reagenzgläser je zur Hälfte mit etwas fettfreier Eisenwolle. Nimm einen Holzstab zur Hilfe. Drücke die Eisenwolle nicht zu fest zusammen. Das erste Glas bleibt unverändert stehen. Fülle in das zweite Reagenzglas soviel Wasser, dass die Eisenwolle zur Hälfte mit Wasser bedeckt ist. Im dritten Reagenzglas soll die Eisenwolle ganz in Wasser eintauchen.
b) Betrachte die Gläser nach einer Stunde, einem Tag und nach drei Tagen. Welche Veränderungen stellst du fest?

📝 **2.** Was musst du mit einem Eisenblech machen, damit es auch im Freien blank bleibt?

🔍 **3.** Suche dir die Reste eines Laubblattes aus dem letzten Jahr und vergleiche es mit einem frischen Laubblatt. Welche Veränderungen kannst du feststellen?

🔍 **4. a)** Rühre einen Zwei-Komponenten-Kleber nach Gebrauchsanweisung an. Fülle damit den Schraubverschluss einer Mineralwasserflasche. Glätte die Oberfläche mit einem Holzspatel.
b) Beobachte die Kunststoffmasse. Wie lange dauert es, bis die Masse hart geworden ist?
c) Für welche Reparaturen könnte dieser Kunststoff eingesetzt werden?

🔍 **5. a)** Rühre in der Schulküche einen Teig aus folgenden Zutaten an:
400 g Weizenmehl, ein halber Teelöffel Salz, ein halber Würfel Hefe, 50 g Butter, 150 ml Milch.
b) Lass den Teig nach dem Durchkneten eine halbe Stunde warm und abgedeckt stehen.
c) Forme den Teig zu langen Schnüren und wickle diese um das saubere Ende eines Stockes. Backe ihn über der Glut knusprig. Wende ihn dabei immer hin und her, damit er nicht anbrennt.

📝 **6.** Wie können unerwünschte Stoffumwandlungen vermieden werden? Zähle mehrere Beispiele auf.

3 Laub im Sommer

4 Laub im Herbst

Stoffe und Stoffeigenschaften

5 Ein Schaden ...

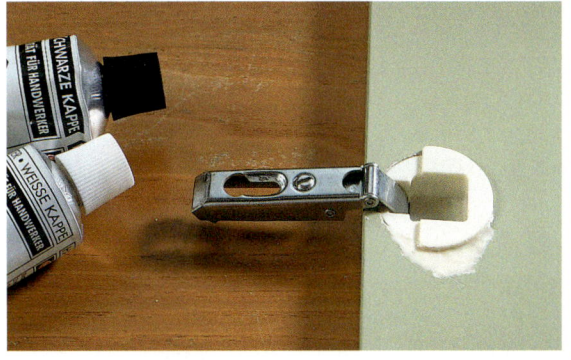

6 ... schon behoben!

Eisen verändert sich ...
Seit vielen Jahren sind keine Züge mehr über die Gleise in Bild 2 gerollt. Sie waren Wind und Wetter ausgesetzt und sind nun stark verrostet. Eisen rostet, wenn es Luft und Wasser ausgesetzt wird. Wird die Oberfläche ständig durch rollende Eisenbahnräder bearbeitet, setzt sich kein Rost fest (Bild 1).

... Laub aber auch ...
Wie Eisen zersetzen sich viele Stoffe in der Natur, manche langsamer, manche schneller. Die Blätter der Laubbäume zersetzen sich im Laufe der Zeit. Riesige Mengen Laub bedecken jeden Herbst den Waldboden. In den meisten Gärten wird das Laub zusammengeharkt und kompostiert. Nach mehr als einem Jahr ist Komposterde daraus geworden. Auch im Wald volllzieht sich dieser Vorgang. Dort bilden sich jedes Jahr neue Schichten auf dem Waldboden.

... und auch Kunststoff
Ein Scharnier ist ausgebrochen und kann nicht mehr befestigt werden. Die runde Aussparung in der Spanplatte ist zerstört. Mit einer Zwei-Komponenten-Spachtelmasse kann hier Abhilfe geschaffen werden. Die Schadstelle wird mit dem Kunststoffgemisch fast gefüllt, das Scharnier wird eingesetzt. Nach dem Aushärten kann die Tür wieder eingebaut werden. Aus den beiden zähflüssigen Ausgangsstoffen ist ein harter, fester Werkstoff geworden.

Zur Umwandlung wird Wärme benötigt ...
Aus einem Stockbrotteig wird durch das Erwärmen am Feuer aus der weichen Teigmasse ein festes Brot. Der Teig verändert sich beim Erwärmen: er bläht auf, er trocknet und wird an der Oberfläche goldbraun.
Damit aus dem Teig Brot wird, ist vorsichtiges Erwärmen erforderlich. Wird der Teig zu stark erwärmt, verkohlt die Außenschicht. Das Stockbrot ist verdorben. Lebensmittel, die so stark erwärmt wurden, dass sie schwarz sind, dürfen nicht mehr verzehrt werden.

... oder entsteht Wärme
Bei all diesen Beispielen spielten sich bei den Stoffumwandlungen **chemische Reaktionen** ab, teils gewollt wie beim Stockbrot, teils ungewollt wie beim Rosten der Schienen. Im Unterschied zu einem physikalischen Vorgang entstehen durch chemische Reaktionen neue Stoffe mit anderen Eigenschaften. Eines haben die Umwandlungsprozesse gemeinsam: bei ihnen wird ein Teil der chemischen Energie in **Wärme** umgewandelt. Es findet eine Energieumwandlung statt. Nun wirst du dir bei der rostenden Schiene, beim Laub oder bei der Zwei-Komponenten-Spachtelmasse nicht die Finger verbrennen. Es entsteht nur wenig Wärme. Du kannst sie beispielsweise spüren, wenn frisch gemähtes Gras auf einem Haufen gesammelt wird und sich zersetzt.

7 Lagerfeuer – auch zum Backen

8 Stockbrot

Stoffe und Stoffeigenschaften → S. 88/89

Herstellen von Stoffen mit gewünschten Eigenschaften

Durch chemische Umwandlung von Ausgangsstoffen können gezielt neue Stoffe gewonnen werden, die die gewünschten Eigenschaften haben. So können Farbstoffe und Aromastoffe hergestellt werden, wie sie in der Natur nicht vorkommen. Auch neue Werkstoffe lassen sich herstellen.

A) Herstellen von Farbstoffen, mit denen Lebensmittel gefärbt werden können

Heute werden viele Lebensmittel industriell hergestellt. Dabei werden den Produkten oft Farbstoffe beigegeben, um das Produkt frischer oder appetitlicher erscheinen zu lassen. Diese Farbstoffe müssen aber gesundheitlich unbedenklich sein.

Materialien
Rote oder schwarze Holunderbeeren; Heidelbeeren (möglichst Waldheidelbeeren); tiefgekühlte Spinatblätter; 1 l farblose Limonade, 3 rohe Eier, Rührteig

Geräte
Teesieb, Teelöffel, 9 Bechergläser 500 ml, Trichter, Stativ, Stativklemme, Filterpapier, Trockentuch, 9 Reagenzgläser, Reagenzglasständer, Eierkocher, drei Backformen für Toreletts

1. Herstellen der Farbstoffe
– Lege auf ein Becherglas das Teesieb und gib die von Stielen befreiten Holunderbeeren in das Sieb. Drücke nun mit dem Teelöffel die Beeren aus. Koche den Saft im Becherglas etwa 5 min lang.
  Baue das Stativ mit Klemme und Trichter wie in Bild 2 auf. Umwickle das heiße Becherglas mit dem Trockentuch und filtriere den Holundersaft vorsichtig in das Becherglas. Fülle den abgekühlten Holundersaft etwa 10 cm hoch in jeweils drei Reagenzgläser. Der Holundersaft dient als Grundfarbstoff, mit dem Lebensmittel und Getränke gefärbt werden können.
– Wiederhole das Verfahren mit den Heidelbeeren, ohne sie zu kochen.
– Taue tiefgekühlte Spinatblätter auf und fange das Tauwasser auf. Koche die Spinatblätter mit dem Auftauwasser aus, filtriere den Saft und fülle ihn ebenso in drei Reagenzgläser.

2. Verwendung der Farbstoffe
– Gib jeweils einen Teil eines Farbstoffes in ein Becherglas mit 200 ml farbloser Limonade.
– Koche die Eier hart und gib sie mit jeweils 200 ml Wasser und einem Teil jedes Farbstoffes in ein Becherglas. Drehe die Eier mehrmals um.
– Gib jeweils 20 ml des Farbstoffes zur ausreichenden Menge Rührteig in die Backformen, rühre sorgfältig um und backe den Teig im Backofen.
– Vergleiche jeweils die Ergebnisse bei der Verwendung der Farbstoffe.

Diese Vorgänge lassen sich in einem **Ablaufdiagramm** darstellen:

Holunderbeeren —auspressen→ Holundersaftsaft —kochen→ dunkelroter Farbstoff

1 Holunderbeeren

2 Filtrieren des Holundersaftes

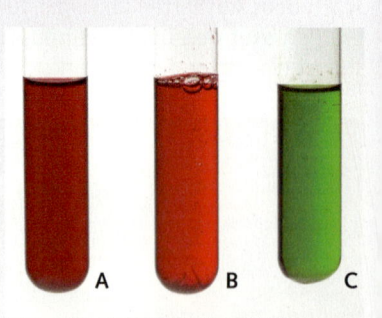

3 Lebensmittelfarbstoffe aus
A *Holunderbeeren*, **B** *Heidelbeeren*
und **C** *Spinatblättern*

Stoffe und Stoffeigenschaften

B) Herstellung eines Aromastoffes

In der Lebensmittelindustrie werden den Nahrungsmitteln oft Aromastoffe zugesetzt, um einen intensiveren Geschmack oder einen anderen Geschmack zu erreichen.

Hinweis: Diese beiden Versuche müssen in der Schulküche durchgeführt werden!

Materialien
200 g Kristallzucker, 1 l Vollmilch

Geräte
Pfanne, Holzlöffel, Topflappen, Trinkgläser

1. Herstellung von Karamell
Gib in eine Pfanne 150 g Kristallzucker, erhitze die Pfanne. Rühre ständig den Zucker um, bis er flüssig und leicht braun wird. Dann nimm sofort die Pfanne vom Herd, gieße den Inhalt auf ein Backpapier und lass ihn erkalten. Du erhältst eine durchscheinende, gelbbraune Masse. Das ist der Aromastoff Karamell. Du kennst ihn von Bonbons her. Der Zucker hat sich durch die Wärmezufuhr zu Karamell umgewandelt.

2. Herstellung von Karamellmilch
Brich ein Stück von der Karamellmasse ab und gib es in ein Glas mit Milch und rühre so lange um, bis sich der Karamell aufgelöst hat.

Ablaufdiagramm:

Wärme, ständiges Rühren
Zucker ⟶ Karamell

4 Herstellung von Karamell

C) Herstellung von Kunststoff

Kunststoffe sind Werkstoffe, die in der Natur nicht vorkommen. Sie werden künstlich hergestellt. Es gibt eine Vielzahl von Kunststoffen mit unterschiedlichen Eigenschaften.

Materialien
200 g Epoxidharz, 80 g Härter L, 50 g Glasfaserschnitzel (6 mm), Wachstrennmittel

Geräte
Schutzhandschuhe, Sicherheitsbrille, Holzstab zum Umrühren, zwei leere Margarinebecher, zwei leere Joghurtbecher

Herstellung eines Kunststoffes
Trage das Trennmittel dünn auf den Boden und die Seitenwände der sauberen Margarineschalen auf. Rühre nach Vorschrift in beiden Jogurtbechern je 100 g Epoxidharz mit der entsprechenden Menge Härter an, gib zum zweiten Becher noch vier Teelöffel Glasfaserschnitzel, rühre gut um und fülle die Masse jeweils in die Margarinenschale. Lasse die Masse 48 Stunden lang aushärten und löse sie jeweils aus der Schale. Überprüfe die Biegebeständigkeit und das Verhalten beim Erwärmen.

Ablaufdiagramm:

mischen   aushärten
Epoxidharz + Härter ⟶ Kunststoff

5 Ein künstlicher Stoff entsteht.

Stoffe und Stoffeigenschaften → S. 88/89

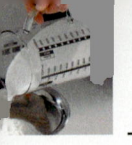

Stoffe werden erhitzt

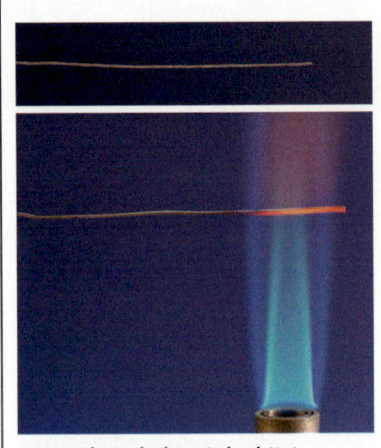

🔍 **1.** Erhitze nacheinander die folgenden Stoffe in der Brennerflamme:
– einen Platindraht
– ein Magnesiastäbchen
– Kochsalz in einem Reagenzglas

🔍 **2.** Gib einen gehäuften Spatel Zinkoxid in ein Reagenzglas und erhitze in der Brennerflamme. Was kannst du beobachten?

🔍 **3.** Erhitze einen Glasstab in der rauschenden Brennerflamme. Welche Veränderungen kannst du feststellen? Nenne Unterschiede zu Versuch 2.

🔍 **4.** Erhitze in einem Reagenzglas einen gehäuften Spatel Haushaltszucker vorsichtig mit kleiner Brennerflamme. Schildere die Veränderungen, die während des Versuchs sichtbar werden.

📖 **5.** Vergleiche das Verhalten der Stoffe in den Versuchen 1 bis 4. Stelle die Ergebnisse in einer Tabelle zusammen.

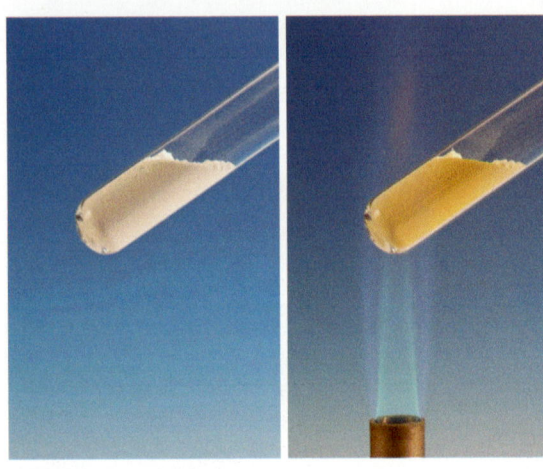

1 Ein Platindraht wird erhitzt.

Was geschieht, wenn Stoffe erhitzt werden?

Stoffe verhalten sich beim Erhitzen sehr unterschiedlich. Ein Platindraht oder ein Magnesiastäbchen sehen nach dem Erhitzen noch genauso aus wie zuvor. Die Stoffe haben sich nicht verändert. Der Glasstab wird beim kräftigen Erhitzen weich und verändert seine Form. Nach dem Abkühlen bleibt diese Änderung erhalten. Der Stoff Glas selbst hat sich durch das Erhitzen aber nicht verändert.

Manche Stoffe sehen in erhitztem Zustand nur vorübergehend anders aus als im kalten. So wird weißes Zinkoxid (Zinkweiß) beim Erhitzen gelb. Nach dem Erkalten ist es dann wieder weiß. Diese Veränderung ist also nicht von Dauer.

2 Zinkoxid wird erhitzt.

Beim Zucker ist es anders

Viele Stoffe verhalten sich beim Erhitzen jedoch ganz anders, zum Beispiel der Zucker. Der weiße Zucker wird beim Erhitzen braun. Er riecht und schmeckt anders als vorher. Das ist eine dauerhafte Änderung. Aus dem Zucker ist ein neuer Stoff entstanden, der Karamell.
Eine solche Veränderung, bei der ein neuer Stoff mit neuen Eigenschaften entsteht, ist eine chemische Reaktion.

■ Beim Erhitzen können sich Stoffe vorübergehend oder bleibend verändern. Wenn dabei aus vorhandenen Stoffen neue Stoffe mit neuen Eigenschaften entstehen, handelt es sich um eine chemische Reaktion.

3 Aus Zucker wird Karamell.

Stoffe und Stoffeigenschaften

Gesunde Ernährung

1 Keine ausgewogene Ernährung

2 Das EU-Bio-Logo

3 Ausgewogene Ernährung

📖 **1.** Beschreibe die Ernährungspyramide in Bild 4.

📖 **2. a)** Stelle schriftlich alle Bestandteile deines Lieblingsessens zusammen.
b) Vergleiche dein Essen mit der Ernährungspyramide. Was solltest du an deinen Essensgewohnheiten ändern?

📖 **3.** Entwerft in Partnerarbeit ein Plakat mit Ernährungstipps.

📝 **4.** Welche Produkte mit Bio-Siegel findest du im Supermarkt?

📝 **5.** Nenne Gründe, die für den Kauf von Produkten aus der Region sprechen.

All zu viel ist ungesund

„Nach diesem anstrengenden Vormittag in der Schule brauch' ich erst mal einen Hamburger mit Pommes und 'ne Cola." Viele in deiner Klasse werden dieser Aussage zustimmen, andere werden nach der Schule eher zu Vollkornbrot mit Käse, Jogurt und Obst greifen.

Immer mehr Menschen haben Probleme mit ihrem Gewicht, sie sind zu dick. Dies trifft auch leider auf viele junge Menschen zu. Bewegungsmangel und einseitige Ernährung durch zu viele Pommes frites, Hamburger, Kartoffelchips oder Süßigkeiten sind häufig die Ursache dafür.

Richtig ernähren

Sich richtig und auch gesund zu ernähren ist eigentlich ganz einfach. Bei einer gesunden Ernährung solltest du auf eine ausgewogene Auswahl von Nahrungsmitteln achten. Nur so erhält dein Körper alle wichtigen Nährstoffe. Die Ernährungspyramide (Bild 4) gibt dazu Hinweise. Allerdings ruiniert eine Tüte Kartoffelchips nicht gleich die Gesundheit.

Richtig einkaufen

Beim Einkauf von Obst und Gemüse solltest du darauf achten, dass die Produkte möglichst frisch sind. Produkte aus deiner Region müssen nicht für lange Transporte und Aufbewahrung haltbar gemacht werden. Umweltfreundlich hergestellte Produkte erhältst du, wenn du beim Einkauf von Lebensmitteln auf das EU-Bio-Logo achtest.

4 Die Ernährungspyramide

😉 Was so alles in der Flasche ist!

📝 **1.** Erstelle ein Säulendiagramm zur Beliebtheit verschiedener Getränke. Lass dazu deine Mitschülerinnen und Mitschüler jeweils ihre drei Lieblingsgetränke auf einen Zettel schreiben.

Tipp
Informiere dich vor den folgenden Versuchen über den richtigen Gebrauch von Teststreifen.

📝 **2.** Informiere dich über die Menge an Flüssigkeit, die ein Kind, ein Jugendlicher und ein Erwachsener pro Tag zu sich nehmen sollten.

Tipp
Falls du kein weißes Kupfersulfat hast, stelle es durch vorsichtiges Erhitzen von blauem Kupfersulfat her.

🔍 **3. a)** Gib eine Spatelspitze weißes Kupfersulfat ⚠️ auf ein Uhrglas. Füge einen Tropfen Wasser hinzu. Was beobachtest du?
b) Wiederhole den Versuch mit Speiseöl und Orangensaft statt mit Wasser. Welchen Unterschied stellst du fest?
c) Welchen Stoff kannst du mit weißem Kupfersulfat nachweisen?

🔍 **4.** Plane einen Versuch, mit dem du dem Orangensaft Wasser entziehen kannst. Besprich die Versuchsplanung mit deinen Mitschülerinnen und Mitschülern. Führe dann den Versuch durch.

📝 **5.** Informiere dich über die verschiedenen Arten der Fruchtsaftherstellung.

📝 **6.** Ermittle den Unterschied zwischen Direktsaft, Fruchtsaft, Fruchtsaftgetränk und Nektar.

🔍 **7.** Untersuche Mineralwasser und Traubensaft mit einem Teststreifen für Traubenzucker. Beschreibe, was du beobachtet hast und deute es.

🔍 **8. a)** Überprüfe Milch und Mineralwasser mit einem Teststreifen für Fett. Was stellst du fest?
b) Gib auf ein Löschblatt jeweils einen Tropfen Wasser, Speiseöl, Milch und Spiritus. Was stellst du nach dem Trocknen der Flüssigkeiten fest? Welchen Stoff kannst du so nachweisen?

🔍 **9.** Überprüfe Cola und Apfelsaft jeweils mit einem Teststreifen für Vitamin C. Welches Getränk enthält Vitamin C?

🔍 **10.** Halte jeweils einen Teststreifen für Eiweiß in eine Probe von Kefir und Limonade. Was beobachtest du?

🔍 **11.** Stärke in Lebensmitteln und Getränken kannst du mithilfe einer Iod-Kaliumiodid-Lösung nachweisen. Gib mit einer Pipette jeweils einige Tropfen der Lösung in eine Probe Frühstückstrunk und in eine Probe Pfefferminztee. Woran erkennst du das stärkehaltige Getränk?

🔍 **12.** Untersuche nun die Lieblingsgetränke aus Aufgabe 1 auf Wasser, Traubenzucker, Vitamin C, Eiweiß und Stärke.

📝 **13.** In industriell hergestellten Getränken sind oft viele Zusatzstoffe enthalten, die den Getränken eine bestimmte Farbe oder eine bestimmte Geschmacksrichtung geben. Auf den Etiketten sind die Zusatzstoffe meistens verschlüsselt mit E-Nummern angegeben. Schreibe von verschiedenen Etiketten die Zusatzstoffe in E-Nummern ab. Suche den entsprechenden Stoff und beschreibe ihn.

Stoffe und Stoffeigenschaften

1 Eine große Auswahl an Getränken

2 Was da so alles drin ist!

Es ist für jeden Menschen sehr wichtig, dass er ausreichend Flüssigkeit zu sich nimmt. Du kannst bedeutend länger ohne Essen auskommen als ohne Trinken. Das Angebot an Getränken ist riesig.
Ob süß, ob sauer, jeder wird etwas Passendes finden.

Der Getränkedetektiv
In den Getränken sind viele Stoffe enthalten, die du nicht direkt erkennen kannst. Mit Teststreifen als Hilfsmittel kannst du aber auch diesen versteckten Stoffen auf die Spur kommen.
Die Teststreifen reagieren auf Stoffe wie Traubenzucker, Fett, Eiweiß oder andere Bestandteile des Getränks. Dabei verfärbt sich der untere Teil des Streifens, die Testzone. Der Grad der Verfärbung ist ein Maß für die Konzentration des gesuchten Stoffes.

Anhand des Beipackzettels kannst du die dort abgedruckte Farbskala mit der Verfärbung der Testzone vergleichen und so beispielsweise feststellen, in welchen Getränken mehr Eiweiß ist.

Alles klar mit den E-Nummern?
Oft werden industriell hergestellten Getränken noch Zusatzstoffe wie Farbstoffe, Stoffe zur längeren Haltbarkeit oder Geschmacksstoffe zugegeben. Diese Stoffe werden mit einer E-Nummer bezeichnet und auf dem Etikett der Getränkeflasche angegeben. Eine Auswahl von E-Nummern findest du in Bild 3.

■ Viele Stoffe können mithilfe von Teststreifen nachgewiesen werden. Die Verfärbung der Testzone ist der Nachweis für den betreffenden Stoff. Wasser kann mit weißem Kupfersulfat, Stärke mit Iod-Kaliumiodid-Lösung nachgewiesen werden.

E-Nummer	Name des Stoffes	Art des Zusatzstoffes	Aufgabe
E 140 E 150d E 160a	Chlorophyll Zuckerkulör Beta-Carotin	Farbstoff	Sie verleihen den Getränken eine typische Farbe.
E 300 E 330 E 338	Ascorbinsäure Citronensäure Phosphorsäure	Säuerungsmittel	Sie machen Getränke und Lebensmittel länger haltbar und verändern den Geschmack.
E 420 E 951 E 952	Sorbit Aspartam Cyclamat	Süßungsmittel	Sie süßen ohne Zucker.

3 Eine Auswahl von E-Nummern

Methode

Lernen im Team

Planung eines Projektes mit der ganzen Klasse

Lernen im Team bedeutet selbstständige Arbeit in Gruppen. Dabei wird ein solches Projekt entweder innerhalb eines Faches oder fächerübergreifend erarbeitet. Es läuft meistens über mehrere Unterrichtsstunden.
Bearbeitet mit der ganzen Klasse folgende Punkte:
- Notiert das Thema des Projektes.
- Gliedert selbstständig das Projektthema in Teilthemen, die euch interessieren.
- Bildet Gruppen aus Schülerinnen und Schülern, die sich für das jeweilige Thema interessieren.
- Trefft eine Zeitabsprache: Wann sollte jede Gruppe ihre Aufgabe beendet haben?

Tipp
Manchmal passiert es, dass ihr bei der Bearbeitung eures Themas nicht weiterkommt. Geht dann einen Schritt zurück und überlegt euch, ob ihr das Thema anders bearbeiten könnt. Oder wählt eine neue Arbeitsweise.

Planung der Aufgaben im Team
- Überlegt, welche Arbeiten in welcher Reihenfolge durchgeführt werden sollten.
- Verteilt die Aufgaben im Team und berücksichtigt dabei die Fähigkeiten und Neigungen der einzelnen Teammitglieder.
- Trefft eine Zeitabsprache und bestimmt einen Zeitwächter.
- Wählt einen Gruppensprecher, der bei Diskussionen beispielsweise mit anderen Gruppen die Gesprächsleitung übernimmt.

Arbeitsformen und -materialien
- Sammelt Fotos, Bilder und Texte. Nutzt dabei Bücher und Internetquellen.
- Überlegt, ob es Versuche gibt, die bei der Erfüllung der Aufgabe helfen.
- Erstellt eine Materialliste für das praktische Arbeiten.
- Plant, wenn möglich, Fachleute zu befragen.
- Sucht bei Bedarf Hilfestellung durch eure Fachlehrerin oder euren Fachlehrer sowie durch Eltern.

Stoffe und Stoffeigenschaften

Die Arbeit im Team
- Jeder erfüllt den Arbeitsauftrag gewissenhaft, für den er sich gemeldet hat.
- Überprüft in regelmäßigen Abständen, ob bei der Herstellung mehrerer Einzelteile, die zu einem größeren Werkstück zusammengefügt werden müssen, keine Fehler aufgetreten sind.
- Achtet auf die Zeit. Die Arbeiten müssen rechtzeitig fertig werden. Der Zeitwächter hilft, auf die Zeit zu achten.
- Probiert fertige Arbeiten und Versuche aus. Funktioniert etwas nicht, müsst ihr noch einmal einen Schritt zurückgehen.
- Löst kleinere Probleme in der Gruppe selbst, bei größeren hilft die Lehrerin oder der Lehrer weiter.

Tipp
Sollte ein Teammitglied während der Arbeitsphase krank werden und nicht mehr teilnehmen können, müsst ihr euren Arbeitsplan umstellen und die Aufgaben neu verteilen.

Die Präsentation des Teams
Am Ende des Projektes erfolgt eine Vorstellung der Ergebnisse. Überlegt euch, mit welchen Mitteln eure Arbeiten am besten präsentiert werden können:
- Plakate
- Diagramme
- Vorträge
- Ausstellungsstücke
- Experimente
- Computerpräsentation

Die Vorstellung der Ergebnisse kann stattfinden für
- die Klasse
- die Jahrgangsstufe
- die Schule
- die Eltern oder eine größere Öffentlichkeit.

Jede Gruppe bestimmt die Teammitglieder, die bei der Vorstellung genau festgelegte Aufgaben übernehmen. Jedes Teammitglied soll bei der Vorstellung der Ergebnisse helfen. Der Gruppensprecher moderiert die Darbietung des Teams.

79

Lernen im Team

Was so alles auf dem Teller ist!

Mittags habt ihr bestimmt großen Hunger und freut euch auf ein Mittagessen. Es ist ja schon toll, wenn das Essen lecker aussieht, viel besser ist aber, wenn es dann auch noch schmeckt!
Wisst ihr aber auch, was in den Lebensmitteln, die ihr zu euch nehmt, alles enthalten ist?

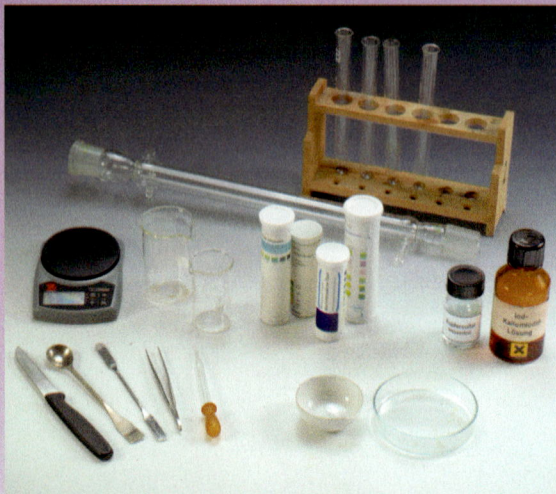

1 Eine Auswahl von Arbeitsgeräten

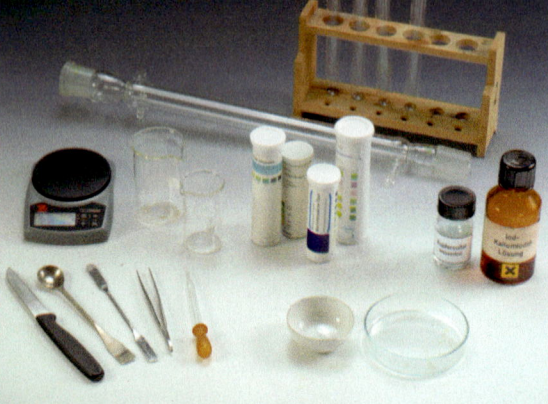

Aufgaben für alle Gruppen
1. Überprüft einige Lebensmittel auf Wasser, Traubenzucker, Fett, Eiweiß, Vitamin C oder Stärke. Jede Gruppe untersucht das Fruchtfleisch eines Apfels, einen Schokoladenkeks und zwei weitere Lebensmittel ihrer Wahl.

2. Besprecht in eurer Gruppe, welche Arbeitsgeräte ihr aus Bild 1 braucht. Benennt die Arbeitsgeräte. Solltet ihr noch weitere Geräte benötigen, wendet euch an eure Lehrerin oder euren Lehrer.

3. Informiert euch über die Sicherheitsvorschriften und über die Entsorgung der eingesetzten Stoffe. Die untersuchten Lebensmittel dürfen nicht probiert werden.

4. Erstellt zu euren Untersuchungen ein Versuchsprotokoll.

5. Tragt die Versuchsergebnisse der Klasse vor. Ihr könnt alle Protokolle dann zusammen mit Zeichnungen oder Fotos zu einer Wandzeitung zusammenstellen. Nennt alle Informationsquellen, die ihr benutzt habt.

Gruppe 1: Bestandteil Wasser
Überlegt, wie ihr feststellen könnt, in welchem der Lebensmittel der Wasseranteil am größten ist.
Kann den Lebensmitteln Wasser entzogen werden?

Gruppe 2: Bestandteil Eiweiß
Erarbeitet eine Methode, mit der auch der Keks untersucht werden kann.
Stellt eine Rangfolge des Eiweißgehaltes bei den von euch untersuchten Lebensmitteln auf.
Warum braucht der Mensch Eiweiß?

Stoffe und Stoffeigenschaften

Gruppe 3: Bestandteil Fett
Untersucht das Gebäck und die Schokolade des Schokoladenkekses getrennt.
Stellt vor der Untersuchung eine Rangfolge zu euren Vermutungen über den Fettgehalt der Lebensmittel auf. Überprüft die Rangfolge mithilfe der Versuche und korrigiert danach eure Liste. Welche Fettarten werden unterschieden? Nennt Beispiele.

Gruppe 5: Bestandteil Vitamin C
Untersucht die Lebensmittel auf ihren Vitamin C-Gehalt. Stellt danach eine Rangfolge des Vitamin C-Gehalts der untersuchten Lebensmittel auf. Informiert euch über die Bedeutung des Vitamin C. Welche Lebensmittel sind besonders Vitamin C-haltig?

Gruppe 4: Bestandteil Traubenzucker
In welchen der untersuchten Lebensmitteln ist Traubenzucker?
Informiert euch über die Verwendung von Traubenzucker.
Sucht weitere Lebensmittel, in denen Traubenzucker (Glucose) enthalten ist.

Gruppe 6: Bestandteil Stärke
In welchem der von euch untersuchten Lebensmitteln vermutet ihr den höchsten, in welchem den geringsten Stärkegehalt?
Überprüft eure Vermutungen durch Versuche.
Informiert euch über die Bedeutung der Stärke für die Ernährung.

Praktikum

Lebensmittel herstellen

1 Zutaten für Fruchtgummi  **2** Das Stärkebett als Gießform  **3** Die fertigen Fruchtgummis

Wie ein Nahrungsmittel entsteht und was es enthält, ist oft nicht bekannt. Doch manche Nahrungsmittel können wegen unverträglicher Inhaltsstoffe beispielsweise Allergien auslösen. Für viele Menschen ist es daher wichtig, Herkunft und Zusammensetzung ihrer Nahrungsmittel genau zu kennen. Manche stellen deshalb einen Teil ihrer Lebensmittel sogar selbst her.

Hinweis
Führe diese Versuche in der Schulküche durch.

Zubereitung von Fruchtgummis

Zutaten
– 200 g Erdbeeren
– 40 ml Wasser
– 20 g Zucker
– 3 g Citronensäure

Zerkleinere das Obst und fülle es in ein Gefäß. Löse die Citronensäure im Wasser auf und gieße sie über die Früchte. Lass alles 24 Stunden kühl stehen. Filtriere anschließend den Saft und löse den Zucker im Saft auf. Fülle den fertigen Saft in eine Flasche, bewahre ihn kühl auf.

Tipp
Es eignen sich auch Himbeeren, Brombeeren, Johannisbeeren oder tiefgekühlte Früchte.

Zutaten für Gießform
500 g Maismehl oder Maisstärke

Verteile zunächst das Maismehl oder die Maisstärke gleichmäßig auf einem Backblech. Drücke mit dem Boden eines sauberen Reagenzglases Vertiefungen in das Stärkebett.

Zutaten für Gießmasse
– 15 g Speisegelatine (Pulver)
– 35 ml Wasser
– 30 g des selbst hergestellten Saftes aus a)
– 20 g Zucker
– 3 g Citronensäure
– 10 g flüssiger Honig

Vermische die Gelatine mit 25 ml Wasser und lass sie etwa 15 min stehen. Erwärme sie anschließend im Wasserbad auf höchstens 70 °C.
Löse den Zucker und die Citronensäure in 10 ml Wasser. Gib dann den Honig und die Zuckerlösung zur Gelatine. Rühre alles gut um. Rühre zum Schluss den Fruchtsaft dazu.

Lass die fertige Mischung einige Minuten im 70 °C warmen Wasserbad stehen und gieße sie dann mithilfe eines gut angewärmten Trichters vorsichtig in die Gussformen.
Lass die fertigen Fruchtgummis etwa drei Stunden lang ruhen. Bestreue sie anschließend mit ein wenig Stärkepulver, damit sie nicht zusammenkleben. Nimm sie erst dann aus der Form.

Stoffe und Stoffeigenschaften

Jogurt herstellen

Zutaten
– 1 l Vollmilch oder H-Milch
– 1 Becher Naturjogurt

Erwärme zunächst die Milch auf etwa 40 °C. Gib dann 2 Esslöffel Naturjogurt hinzu. Rühre alles gut um. Stelle die mit dem Jogurt versetzte Milch in einen Wärmeschrank, dessen Temperatur 40 °C beträgt. Steht kein Wärmeschrank zu Verfügung, so kannst du das Gefäß mit dem Jogurt in eine Isoliertasche stellen. Stelle zwei mit heißem Wasser gefüllte Flaschen dazu und verschließe die Tasche. Die Wasserflaschen dienen als Heizung.
Nach etwa 6 bis 8 Stunden ist der Jogurt fest geworden. Er ist fertig und kann in den Kühlschrank gestellt werden. Verfeinere ihn zum Essen noch geschmacklich mit klein geschnittenen Früchten oder etwas Fruchtsaft.

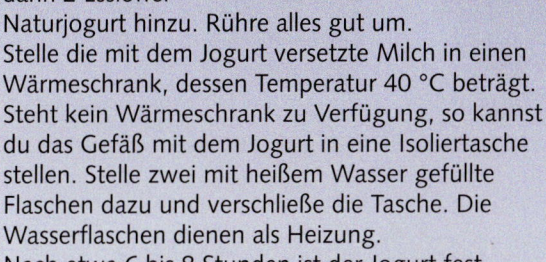

Nudeln herstellen

Zutaten
– 350 g Hartweizengrieß
– 125 ml Wasser
– 1 Teelöffel Salz
– 3 Teelöffel Öl

Verteile den Hartweizengrieß in Form eines kleinen Hügels auf der Arbeitsfläche. Forme in der Mitte eine Mulde. Gib Salz und Öl in die Mulde. Gieße langsam das Wasser hinzu. Vermische alles vorsichtig mit einer Gabel.
Knete den Teig noch etwa 10 min kräftig mit der Hand.
Eventuell ist es notwendig, zwischendurch die Arbeitsfläche und die Hände erneut mit Mehl zu bestreuen. Forme danach aus dem Teig eine Kugel und wickle sie in eine Frischhaltefolie. Der Teig muss jetzt etwa 60 min ruhen.
Bestäube vor dem Ausrollen die Arbeitsfläche mit Mehl. Rolle den Teig mit der Nudelrolle dünn aus. Schneide ihn danach in die gewünschten Streifen. Lege die fertigen Nudeln auf ein sauberes Tuch und lass sie trocknen. In einem geschlossenen Gefäß lassen sich die Nudeln einige Tage aufbewahren.

Müsliriegel herstellen

Zutaten
– 200 g Butter
– 300 g flüssiger Honig
– 250 g kernige Haferflocken
– 250 g zarte Haferflocken
– 100 g Kokosflocken
– 100 g Sonnenblumenkerne
– 50 g Sesam
– 50 g Haselnüsse, grob gemahlen
– 1 Teelöffel Salz

Gib Butter, Honig und Salz in einen großen Topf. Lass alles bei schwacher Hitze zergehen. Rühre dabei die Mischung gut um. Gib anschließend die restlichen Zutaten in den Topf und vermische alles gut miteinander. Knete die jetzt zähe Masse gut durch und verteile sie dann auf einem mit Backpapier ausgelegten Backblech. Stanze die Müsliriegel mit einem Teigausstecher oder Messerrücken auf dem Backblech vor. Schiebe das Blech in den Ofen und lass alles etwa 35 min bei 150 °C Umluft backen. Löse nach dem Abkühlen die einzelnen Riegel vom Backblech.

Fitness-Drink zubereiten

Zutaten
– Saft von 4 Orangen
– 1 Banane
– 6 Esslöffel Sanddornsaft
– 300 g Naturjogurt
– 300 g Milch
– 4 Teelöffel Honig

Mische alle Zutaten und zerkleinere sie mit einem Mixer. Steht kein Mixer zur Verfügung, lassen sich die Zutaten auch pürieren. Verteile das Getränk nach dem Mixen auf vier Gläser.

83

Hinweis: Führe die Versuche in der Schulküche durch.

Lebensmittel haltbar machen

1 Aus Obst wird Marmelade.

2 Weintrauben werden zu Rosinen.

3 Eingelegte Gurken

🔍 **1.** Schneide Obst in kleine Stücke. Lege diese in eine Petrischale und lass alles mehrere Tage an einem warmen Ort stehen. Kontrolliere die Schale jeden Tag. Protokolliere deine Beobachtungen.

🔍 **2. a)** Entferne aus einem Apfel das Kerngehäuse. Es gelingt dir am besten mit einem Apfelausstecher. Schneide den Apfel in dünne Ringe und fädele sie auf eine Schnur. Lass die Apfelringe auf der Schnur einige Tage an einem luftigen und schattigen Platz trocknen.
b) Trockne Apfelringe im Ofen. Entferne dazu aus einem zweiten Apfel wieder das Kerngehäuse und schneide den Apfel in dünne Ringe. Lege die Ringe auf ein Gitter und trockne sie bei 50 °C Umluft im Backofen.
c) Vergleiche den Geschmack der getrockneten Apfelringe mit dem von frischen Apfelringen.

🔍 **3.** Stelle Marmelade her. Dafür sind nahezu alle Früchte geeignet. Beachte, dass Früchte und Gelierzucker immer im richtigen Verhältnis verwendet werden. Zunächst musst du die Früchte gut waschen und dann leicht abtrocknen. In einem Topf können sie mit dem Pürierstab zerkleinert werden. Dann wird der Gelierzucker mit etwas Zitronensaft hinzugegeben. Lass die Mischung vier Minuten kochen und fülle die fertige Marmelade in heiß ausgespülte Gläser. Verschließe diese gut mit einem Deckel.

🔍 **4.** Wasche 500 g kleine Gurken und stich mit einer Nadel Löcher in die Gurken. Lege sie über Nacht in Salzwasser ein. Gib sie am nächsten Tag mit einem Esslöffel Gurkengewürz und 100 g Perlzwiebeln in ein Glas.
Stelle aus 250 ml Weinessig, 100 ml Wasser, 50 g Zucker und einem Teelöffel Salz die Essig-Zucker-Lösung zum Übergießen der Gurken her. Gib alle Zutaten in einen Topf und lass sie aufkochen. Gieße die heiße Lösung über die Gurken. Verschließe das Glas mit einem Deckel und bewahre es kühl auf.

📝 **5.** Informiere dich darüber, aus welcher Fischart und seit wann auf den Lofoten der Stockfisch hergestellt wird.

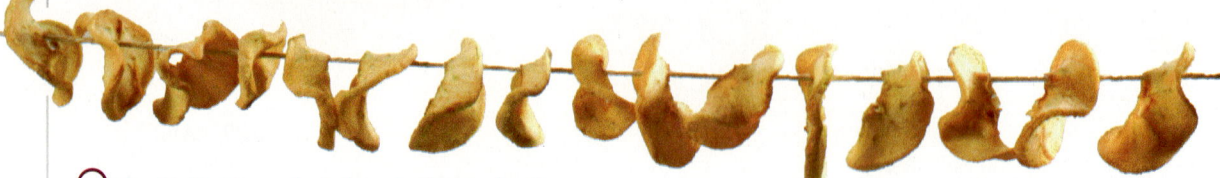

4 Apfelringe auf der Leine

📝 **6.** Nenne weitere Lebensmittel, die durch Trocknen haltbar gemacht wurden.

📖 **7.** Was verhindert das Wachstum von Bakterien und Schimmelpilzen?

Stoffe und Stoffeigenschaften

Konservieren – früher und heute
Schon die Menschen der Urzeit haben versucht, Jagdbeute oder Ernten haltbar zu machen. Sie brauchten Nahrungsreserven für den Winter oder für ihre Wanderungen. So entwickelten sie die ersten Konservierungsverfahren.

Trocknen
Das Haltbarmachen von Lebensmitteln durch Trocknen ist wahrscheinlich das älteste Verfahren. Ohne Wasser fehlt Schimmelpilzen und Bakterien die Lebensgrundlage.
Noch heute wird auf diese Weise getrockneter Fisch, der Stockfisch, hergestellt. Auf den Lofoten, einer Inselgruppe in Norwegen, hängen im Frühjahr viele Tausend Fische an langen Holzgestellen und trocknen langsam an der Luft (Bild 5).

Einsalzen
Auch das Einsalzen von Fisch und Fleisch mit Kochsalz ist ein sehr altes Konservierungsverfahren. Das Salz entzieht dabei den Nahrungsmitteln das Wasser.

Sauer einlegen
Gurken, Zwiebeln und andere Gemüse werden in Essig eingelegt und dadurch haltbar gemacht.

Räuchern
Wurst, Schinken oder Fisch werden über einem schwelenden Holzfeuer geräuchert. Bestandteile des Rauchs dringen in das Fleisch ein und machen es haltbar. Dabei verändert sich auch der Geschmack.

6 Schinken

Kühlen und Gefrieren
Früher lagerten die Menschen ihre Lebensmittel bei niedrigen Temperaturen in Kühlkellern. Heute ist diese Art der Aufbewahrung nicht mehr gebräuchlich. Lebensmittel werden heute nach der Ernte eingefroren und dann tiefgekühlt aufbewahrt.

Erhitzen
Frischmilch wird durch kurzzeitiges Erhitzen für mehrere Tage haltbar. Dieser Vorgang wird **Pasteurisieren** genannt. H-Milch ist durch eine kurze Ultrahocherhitzung sogar für mehrere Wochen haltbar.

Konservieren mit Zucker
Zum Konservieren von Lebensmitteln eignet sich auch Zucker. Damit werden hauptsächlich Früchte in Form von Marmelade oder Gelee haltbar gemacht. Zucker hat eine ähnlich Wasser entziehende Wirkung wie Salz.

Luftdicht verschließen
Mit der Erfindung der Konservendose im Jahre 1810 gelang es, Lebensmittel sehr lange haltbar zu machen. Bei dieser Methode werden die Lebensmittel in die Konservendosen gefüllt. Diese werden luftdicht verschlossen. Die Dosen kommen dann in eine Apparatur, in der sie kurzzeitig erhitzt werden. So werden eventuell vorhandene Bakterien und Schimmelpilze abgetötet.

■ Mithilfe verschiedener Konservierungsverfahren lassen sich Lebensmittel haltbar machen.

5 Stockfisch

7 Tiefkühlkost

8 Konservenherstellung

Stoffe und Stoffeigenschaften

Stoffe und Stoffeigenschaften
Stoffe erkennst du an ihren Eigenschaften. In einem **Steckbrief** werden die Stoffeigenschaften zusammengefasst.

Reinstoffe und Stoffgemische
Ein Stoff kann ein **Stoffgemisch** oder ein **Reinstoff** sein. Stoffgemische bestehen aus mindestens zwei verschiedenen Stoffen. Ein Reinstoff ist einheitlich aufgebaut.

Name des Gemisch	Aggregatzustand der Bestandteile	Beispiel
Gemenge	fest in fest	Müsli, Granit
Lösung	fest in flüssig	gesüßter Tee
Lösung	flüssig in flüssig	klarer Apfelsaft
Lösung	gasförmig in flüssig	Mineralwasser
Suspension	fest in flüssig	Orangensaft
Rauch	fest in gasförmig	staubige Luft
Emulsion	flüssig in flüssig	Milch, Handcreme
Schaum	gasförmig in flüssig	Badeschaum
Nebel	flüssig in gasförmig	Nebel
Gasgemisch	gasförmig in gasförmig	Luft

Trennverfahren
Für Stoffgemische gibt es verschiedene **Trennverfahren**. Die Trennung erfolgt aufgrund unterschiedlicher Eigenschaften der Stoffe. **Müll** besteht aus verschiedenen Müllsorten. Getrennte Müllsammlungen sind die Voraussetzung für die **Wiederverwertung** wertvoller Wertstoffe.

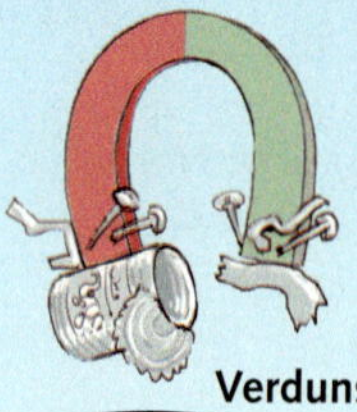

Sedimentieren
Dekantieren
Sieben — Sieb
Filtrieren — Filter, Rückstand, Filtrat
Zentrifugieren
Magnetscheiden 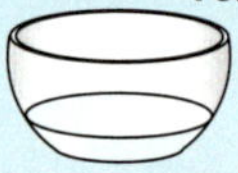
Verdunsten 
Eindampfen 
Destillieren

Aggregatzustand und Dichte
Stoffe gibt es in den drei **Aggregatzuständen** fest, flüssig und gasförmig.

Die **Dichte** ρ eines Stoffes ist der Quotient aus der Masse m eines Körpers und seinem Volumen V.

$\rho = \frac{m}{V}$; Einheit: $\frac{g}{cm^3}$

Teilchenmodell
Nach dem Teilchenmodell bestehen Stoffe aus **kleinen Teilchen**. Mithilfe dieser Modellvorstellung lässt sich beispielsweise das Lösen von Zucker in Wasser beschreiben.

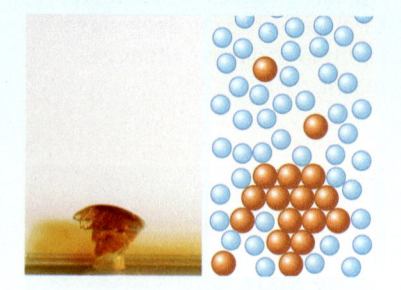

Eine Ordnung für Stoffe
Stoffe lassen sich nach ihren **Eigenschaften** und ihrer **Verwendung** ordnen. Häufig verwendete **Werkstoffe** sind Glas, Kunststoffe, Holz und Metall.

Stoffumwandlungen
Chemische Reaktionen sind Stoffumwandlungen. Dabei entstehen aus Ausgangsstoffen neue Stoffe mit neuen Eigenschaften. Bei solchen Umwandlungsprozessen wird **Wärme** frei oder zugeführt.

Lebensmittel
Mithilfe von **Teststreifen** können viele Stoffe in Lebensmitteln nachgewiesen werden. Wasser wird mit **weißem Kupfersulfat** und Stärke wird mit **Iod-Kaliumiodid-Lösung** nachgewiesen.
Lebensmittel lassen sich durch verschiedene **Konservierungsverfahren** vor Schimmel und Bakterien schützen. Durch Trocknen, Räuchern, Einsalzen, Kühlen, Gefrieren, Einkochen oder luftdichtes Verschließen lassen sich Lebensmittel haltbar machen.

Stoffe und Stoffeigenschaften

1. a) Welche Stoffeigenschaften kannst du mit deinen Sinnesorganen feststellen?
b) Nenne Stoffeigenschaften, für deren Bestimmung du weitere Hilfsmittel benötigst. Nenne die Hilfsmittel.

2. Erstelle die Steckbriefe zweier Stoffe. Lass deine Nachbarin oder deinen Nachbarn herausfinden, um welchen Stoff es sich jeweils handelt.

3. Erkläre den Unterschied zwischen Stoffgemisch und Reinstoff an je drei Beispielen.

4. Was kennzeichnet eine Suspension? Nenne drei Beispiele.

5. Wo begegnen dir im Alltag Emulsionen? Nenne drei Beispiele.

6. Ordne die richtigen Fachbegriffe zu:
a) vorsichtig abgießen
b) absetzen lassen.

7. Du bist in eine Pfütze getreten. Das Wasser ist nun trüb geworden. Bald wird es wieder klar. Schreibe in der richtigen Reihenfolge alle Vorgänge auf, die hier eine Rolle gespielt haben. Verwende dabei die Fachbegriffe.

8. Ein Gemisch aus Wasser, Sand und Eisen soll getrennt werden. Beschreibe, wie du vorgehen würdest.

9. Beschreibe die Verfahren, mit denen du eine Suspension in ihre Bestandteile auftrennen kannst.

10. Woran erkennst du eine Lösung?

11. Warum kannst du eine Lösung nicht durch Filtrieren trennen?

12. Wie heißt eine Lösung, in der sich ein Bodensatz gebildet hat?

13. Wie kannst du einen Bodensatz in einer Lösung wieder auflösen?

14. Nenne Beispiele, wie du Müll vermeiden kannst.

15. a) Welche der folgenden Stoffe gehören in den Sondermüll: Medikamente, Leuchtstoffröhren, Ölfarben, Küchenabfälle, Batterien?
b) Nenne weitere Beispiele für Sondermüll und beschreibe, wie solche Stoffe entsorgt werden.

16. a) Beschreibe drei Verfahren, wie du aus einer Salzlösung das Salz zurückgewinnen kannst.
b) Führe einen Versuch davon durch.

17. Dampfe von folgenden Wasserproben jeweils die gleiche Menge ein: Leitungswasser, Regenwasser, destilliertes Wasser und Mineralwasser. Bei welcher Wasserprobe bleibt nach dem Eindampfen der geringste Rückstand?

18. Zeichne eine Destillationsanlage und beschrifte sie.

19. Bei welchen der folgenden Verfahren handelt es sich um eine Extraktion: Tee zubereiten, Zucker auflösen, Rotkohl kochen, Filterkaffee zubereiten, Butter schmelzen, Wasser erwärmen, Tomaten zerquetschen, Kakaogetränk herstellen?

20. Schaue dich zuhause in deinem Zimmer um und fertige eine Liste mit Werkstoffen an. Sortiere sie in einer Tabelle nach Stoffgruppen.

21. Beschreibe die Herstellung von Glas in kurzen Sätzen.

22. Nenne Bereiche in deiner Umwelt, in denen Kunststoffe eingesetzt werden. Fertige dazu eine Tabelle an.

Kunststoffe	Eigenschaften	Verwendung

23. Nenne Gründe, warum bei dir zuhause viele Gegenstände aus Holz gefertigt sind.

24. Nenne drei Gruppen von Zusatzstoffen, die Lebensmitteln zugesetzt werden.

25. Nenne je zwei Lebensmittel, die von einem der folgenden Bestandteile besonders viel enthalten: Wasser, Eiweiß, Fett, Traubenzucker, Vitamin C, Stärke.

26. Zähle sechs Konservierungsmethoden aus dem Haushalt und aus der Lebensmittelindustrie auf und erläutere sie.

Zeig, was du kannst

Stoffe und Struktur der Materie

1. Das linke Bild zeigt das Wachsen eines **Kristalls** am Wollfaden in einer **Lösung**. In den beiden Bildern rechts wird gezeigt, wie sich Zucker in Wasser löst.
a) Erkläre die geordnete **Struktur** des Kristalls mithilfe des Teilchenmodells.
b) Beschreibe mithilfe des Teilchenmodells, wie sich beim Auflösen die **Struktur** des Zuckerkristalls ändert.

Kristalle

Lösungsvorgänge, Teilchenvorstellungen

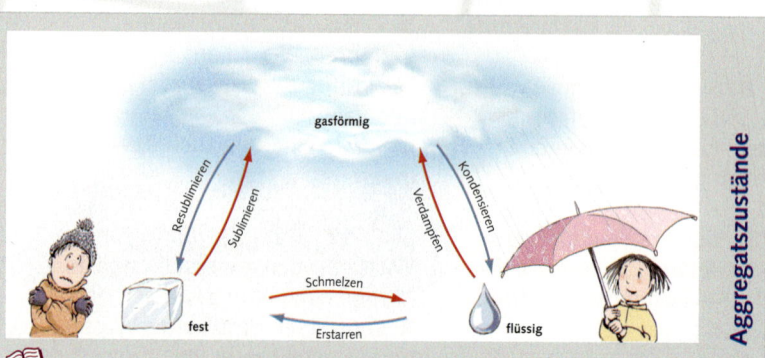

Aggregatszustände

2. a) Was haben Wasser, Eis und Wasserdampf gemeinsam? Was unterscheidet sie?
b) Stelle die drei Aggregatzustände des Wassers im Teilchenmodell dar.

Basiskonzepte

Stoffeigenschaften

Chemische Reaktion

Energie

📖 **3.** Wird Zucker erhitzt, so entsteht Karamell.
a) Welche **Stoffeigenschaften** verändern sich?
b) Handelt es sich hierbei um eine chemische Reaktion?

📖 **4.** Begründe, warum es sich bei der Stofftrennung nicht um eine **chemische Reaktion** handelt.

Dauerhafte Eigenschaftsänderungen von Stoffen

📖 **5.** Damit der weiche Teig zu einem knusprigen Stockbrot wird, benötigst du die Wärme eines Feuers. Bei welchen anderen Vorgängen spielt **Energie** in Form von Wärme noch eine Rolle, um Stoffe zu verändern?

📖 **6. a)** Stoffe lassen sich schmelzen oder zum Sieden bringen. Dazu muss Energie zugeführt werden. Überlege und begründe, ob beim Erstarren eines Stoffes **Energie** zugeführt oder abgegeben wird.
b) Wie ändert sich dabei die **Struktur** des Stoffes?

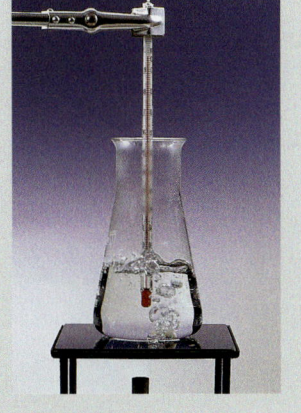

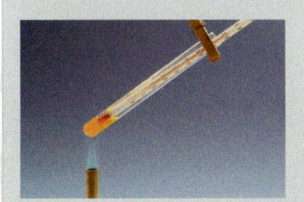

Wärme

Schmelz- und Siedetemperatur, Aggregatzustände

Energieumsätze bei Stoffveränderungen

Wie musst du dich verhalten, wenn Öl in der Pfanne brennt?

Wie meldest du einen Brand richtig? Kennst du die Bedeutung der vier Zeichen?

Was bewirkt die Wärmezufuhr?

Voraussetzungen für Verbrennungen

1 Was entzündet sich zuerst?

1. Halte einen Holzspan, ein Stück Holzkohle, eine Keramikscherbe, ein Stück Papier, einen Eisennagel und Salzkristalle mit einer Tiegelzange in die Brennerflamme und prüfe, ob sie sich entzünden. Welche Stoffe verbrennen oder verglühen?

2. Nenne weitere Stoffe, die brennen, und solche, die nicht brennen.

3. a) Entzünde eine Kerze und warte, bis sie gleichmäßig brennt. Stülpe dann ein großes Becherglas über die brennende Kerze und beobachte. Was geschieht mit der Flamme?
b) Begründe das Versuchsergebnis von a).

4. Lege eine Eisenplatte auf einen Dreifuß. Gib in einem Abstand von 5 cm von der Mitte der Eisenplatte Folgendes darauf: etwas Heu, Holzspäne, ein Holzstückchen, ein paar Streichholzköpfe und Papierschnipsel (Bild 1). Erhitze die Eisenplatte genau in der Mitte mit der blauen Brennerflamme. In welcher Reihenfolge entzünden sich die Stoffe?

5. Versuche ein dickes Holzscheit mit einem Streichholz zu entzünden. Was stellst du fest?

6. Spalte von dem Holzscheit aus Versuch 5 einige dünne Stücke ab und wiederhole damit den Versuch. Vergleiche deine Beobachtungen.

7. Suche nach einer Erklärung für deine Ergebnisse der Versuche 5 und 6.

8. Schildere eine geeignete Methode zur Entzündung eines Kaminfeuers. Beachte dabei die Ergebnisse der Versuche 4 bis 6.

A   B   C

2 Was passiert mit der Flamme?

Energieumsätze bei Stoffveränderungen

Brennbare Stoffe
Es gibt brennbare und nicht brennbare Stoffe. Stoffe wie Holz, Kohle, Benzin, Spiritus oder Erdgas sind brennbar. Eine Keramikscherbe, ein Kupferrohr, Beton, Wasser und das Gas Helium, mit dem Luftballons gefüllt werden können, sind nicht brennbar.

Willst du also ein Feuer entzünden, brauchst du zunächst einen **brennbaren Stoff.**

Luft oder Sauerstoff
Stülpst du ein Becherglas über eine brennende Kerze, so wird die Flamme immer kleiner und erlischt bald ganz. Offensichtlich wird ein Stoff verbraucht, der zum Brennen erforderlich ist. Dieser Stoff ist die Luft.

Allerdings eignet sich zum Verbrennen nicht die gesamte Luft, sondern nur ein bestimmter Anteil, der **Sauerstoff.** Dieser Sauerstoff wird bei einer Verbrennung verbraucht. Ist kein Sauerstoff mehr vorhanden, erlischt die Flamme.

Zum Entzünden eines Feuers musst du dafür sorgen, dass genügend Sauerstoff an die Flammen kommt.

Entzündungstemperatur
Wenn es draußen vor Kälte knistert, ist es gemütlich, an einem Kaminfeuer zu sitzen. Aber bevor ein Kaminfeuer richtig brennt und das Zimmer wärmt, musst du es zunächst anzünden. Dafür brauchst du die nötigen Brennstoffe wie Papier und Holz.

Verschiedene brennbare Stoffe benötigen unterschiedlich hohe Temperaturen, um sich zu entzünden. So hat Papier eine niedrigere **Entzündungstemperatur** als Holz.

3 Ein Kaminfeuer

Große Oberfläche
Du kannst aus dem Versuch aber auch noch eine zweite Erkenntnis gewinnen. Die Holzspäne entzünden sich früher als die Holzstückchen. Wichtig ist also auch, dass der Brennstoff möglichst fein zerteilt vorliegt. Ein großes Holzstück lässt sich nicht mit einer Streichholzflamme entzünden. Bei einem Holzspan gelingt dies aber wohl.

Kaminfeuer
Beim Entzünden des Kaminfeuers nutzt du die beiden Erkenntnisse aus. Über geknülltes Papier legst du kleine Holzspäne und erst wenn beides brennt, kommen größere Holzstücke hinzu. Das Papier entzündet sich leichter als das Holz. Kleine Holzstücke brennen schneller als große.

Locker zerknülltes Papier und locker aufgeschichtetes Brennmaterial begünstigen die Sauerstoffzufuhr.

■ Zum Entzünden eines Feuers benötigst du brennbares Material und Sauerstoff. Das Entzünden gelingt besser, je feiner das Brennmaterial zerteilt ist und je niedriger die Entzündungstemperatur ist.

Belüftung ist wichtig

1 Blick auf die Belüftungsanlage eines Bergwerkes

Luft ist lebensnotwendig
Ohne Luft ist das Leben für die Menschen nicht möglich. Zu Hause, in der Schule, bei der Arbeit und unterwegs im Auto muss daher die Versorgung mit frischer Luft gesichert sein. In vielen Fällen sorgen daher Belüftungsanlagen für die Zufuhr frischer Luft.

Frische Luft im Bergbau
Bergleute im Untertagebau können nur arbeiten, wenn verbrauchte Luft ständig durch frische ersetzt wird. Das geschieht durch große Ventilatoren, die ständig Luft aus dem Bergwerk saugen. In einen zweiten Schacht strömt frische Luft ein. Dieses Belüftungssystem in einem Bergwerk heißt Bewetterung. Außerdem besteht im Bergwerk die Gefahr, dass sich explosive Gase ansammeln.

Sicherheit im Weinkeller
Auch Gärkeller zur Weinherstellung müssen belüftet werden. Bei der Gärung entsteht Kohlenstoffdioxid, das sich am Boden sammelt. Der Winzer könnte sonst ersticken, wenn er während der Gärung den Keller betritt.

Belüftung im Auto
Autos haben ebenfalls ein Belüftungssystem. Sonst gäbe es im Innenraum schnell schlechte Luft. Außerdem würden die Scheiben durch zunehmende Feuchtigkeit beschlagen.

Frischluft beim Lernen
Dein Klassenraum muss ebenfalls regelmäßig gelüftet werden, damit du dem Unterricht gut folgen kannst. Um den Sauerstoffgehalt nicht zu sehr absinken zu lassen, solltet ihr mindestens nach jeder Schulstunde für etwa fünf Minuten die Fenster weit öffnen. So kann die Frischluft einströmen, ohne dass der Raum zu sehr auskühlt.

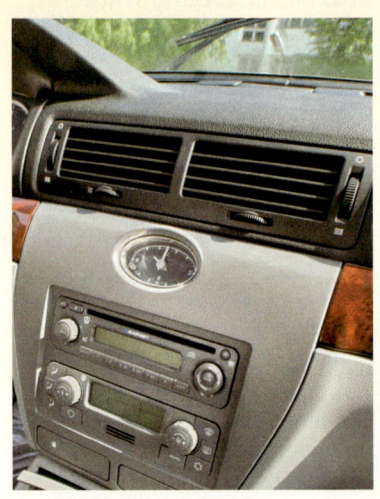

2 Weinkeller mit Belüftungsanlage

3 Lüftungsdüsen eines Pkw

Energieumsätze bei Stoffveränderungen

Verbrennungen bringen Energie

Pinnwand

Durch die Verbrennung von Holz kannst du dich wärmen und über der Glut kannst du Fleisch und Würstchen braten.

Das Verbrennen von Gas dient zum Kochen und Heizen.

Kaminöfen sind beliebt, weil die Wärme durch das Verbrennen von Holz als angenehm empfunden wird.

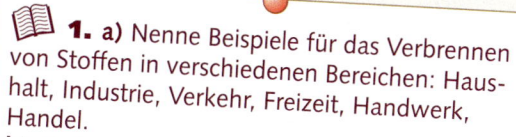

Bei einem Kraftwerk liefern **fossile Brennstoffe** wie Kohle oder Gas die Energie. Wasser wird dadurch in Wasserdampf verwandelt, der Dampfturbinen antreibt.

1. a) Nenne Beispiele für das Verbrennen von Stoffen in verschiedenen Bereichen: Haushalt, Industrie, Verkehr, Freizeit, Handwerk, Handel.
b) Ordne die fünf Pinnzettel den verschiedenen Bereichen zu.

2. Aus welchen Gründen werden Stoffe verbrannt?

Dampfloks werden mit Kohle oder Öl befeuert. Wasser wird durch die Energie bei der Verbrennung zu Wasserdampf. Er treibt mittels einer Dampfmaschine die Lok an.

Stoffe verbrennen, neue Stoffe entstehen

🔍 **1.** Entzünde nacheinander eine Räucherkerze, eine Wunderkerze und eine Wachskerze. Schreibe jeweils deine Beobachtung auf. Welche Unterschiede konntest du feststellen?

🔍 **2.** Verbrenne getrocknetes Gras, Moos, Nadelholz, Trockenbrennstoff (Esbit®) und einige Tropfen Spiritus auf einer geeigneten Unterlage. Protokolliere die Verbrennungsvorgänge. Sortiere die Stoffe nach deinen Beobachtungen. Lege dazu in deinem Heft die folgende Tabelle an und vervollständige sie.

	Gras		
Wie verbrennt der Stoff?			
Was entsteht während der Verbrennung?			
Was bleibt übrig?			

🔍 **3.** Fülle in ein Reagenzglas einige Holzspäne. Erhitze sie über einer Brennerflamme. Welche Veränderungen kannst du im Reagenzglas beobachten? Überprüfe, ob die frei werdenden Dämpfe brennbar sind.

🔍 **4.** Wiederhole Versuch 3 mit Holzkohle. Vergleiche und deute den Unterschied in deinen Beobachtungen.

🔍 **5.** Halte ein großes trockenes Becherglas mit der Öffnung kurz über eine farblose Brennerflamme. Stelle Vermutungen an. Erkläre deine Beobachtung.

🔍 **6.** Halte ein Porzellanschälchen kurze Zeit in eine Kerzenflamme. Was beobachtest du?

Feuer und Flamme
Zu einer gelungenen Sommerparty gehört ein Grill. Für das richtige Licht sorgen Gartenfackeln. Bei besonderen Festen treten Feuerschlucker auf.
Die Holzkohle auf dem Grill glüht. Der Feuerschlucker erzeugt gelbe Flammen. Hier sorgen Verbrennungsvorgänge für gute Stimmung.

Achtung! Lebensgefahr!
Werden brennbare Flüssigkeiten wie Brennspiritus zum Anzünden der Holzkohle verwendet, entstehen Stichflammen, die zu schweren Verletzungen führen können. Werden sie auf die glühende Kohle gegossen, entstehen explosionsartig große Flammen, die zu schwersten Verbrennungen führen.

1 Feuerspucker in Aktion

Energieumsätze bei Stoffveränderungen

Was geschieht bei einer Verbrennung?
Der Brennstoff wird erwärmt. Er verbrennt, wenn er seine Entzündungstemperatur erreicht. Du erkennst das am Glühen oder an der Flammenbildung. Außerdem entstehen Rauch und nicht sichtbare Gase.

Ausgangsstoff und Verbrennungsprodukt
Ein Stoff verändert sich beim Verbrennen. Farbe, Geruch und weitere Stoffeigenschaften sind nicht mehr vergleichbar mit dem **Ausgangsstoff**. Er hat sich zu einem oder mehreren neuen Stoffen umgewandelt. Diese neuen Stoffe werden **Verbrennungsprodukte** genannt.

■ Bei einer Verbrennung wandeln sich die Ausgangsstoffe in Verbrennungsprodukte mit neuen Stoffeigenschaften um.

2 Campingbrennerflamme

3 Petroleumflamme

Gasförmige Brennstoffe
Gase wie Erdgas oder Butangas brennen bei ausreichender Luftzufuhr mit blauer Flamme. Die Verbrennungsprodukte, die dabei entstehen, sind gasförmig. Es sind hauptsächlich Kohlenstoffdioxid und Wasserdampf.

Flüssige Brennstoffe
Brennbare Flüssigkeiten wie Spiritus, Benzin und Öl verdampfen zuerst und werden gasförmig, bevor sie verbrennen.
Meistens verbrennen sie mit leuchtend gelber Flamme. Das liegt am Ruß, der aufsteigt und in der Flamme glüht.
Den Ruß kannst du nachweisen, wenn du einen Porzellanteller in die Kerzenflamme hältst.

Feste Brennstoffe
Viele feste Stoffe werden beim Erhitzen zunächst zersetzt. Es entstehen brennbare Gase, die mit leuchtender Flamme verbrennen. Dabei bilden sich Verbrennungsprodukte wie Wasserdampf und andere Gase.
Holzkohle enthält keine brennbaren Gase. Doch bei genügend hoher Temperatur verglüht der Kohlenstoff zu gasförmigen Verbrennungsprodukten.

4 Glühende Holzkohle

Asche bleibt zurück
Holz, Kohle, Papier und viele andere feste Stoffe enthalten Bestandteile, die nicht brennbar sind. Diese bleiben nach der Verbrennung als Asche zurück.

■ Viele Stoffe enthalten brennbare Gase. Diese verbrennen mit einer Flamme. Verbrennungen, die ohne Flamme ablaufen, heißen Verglühen oder Glimmen.

5 Streichholzflamme

Methode

Arbeiten mit Texten

„Lest euch den Text über die Herstellung von Holzkohle durch. Ich möchte, dass ihr in der nächsten Stunde Fragen zum Text beantworten könnt.", sagt die Klassenlehrerin am Ende der Stunde.

Es gibt einige Tipps, wie du wichtige Informationen aus Texten entnehmen kannst. Gehe dabei in fünf Schritten vor.

Die Herstellung von Holzkohle

Ein Meiler wird errichtet
Zur **Herstellung** von **Holzkohle** muss ein großer Holzstapel, der **Meiler**, errichtet werden. Dazu schichtet der Köhler dicke Buchenholzstücke auf. In der Mitte lässt er einen **Schacht** frei. Das sieht dann fast so aus wie ein Vulkan. Zum Schluss wird der Meiler mit einer **Schicht aus Erde**, Laub, Moos und Heu bedeckt. Jetzt kommt keine Luft mehr von außen an das Holz.

1 Ein Meiler wird gestapelt.

So entsteht die Holzkohle
Mit glühender Holzkohle, die in den Schacht gekippt wird, entzündet der Köhler den Meiler. Bei Temperaturen von bis zu 600 °C verkohlt das Holz. Im Meiler darf die Glut nicht verlöschen.
Der Meiler soll aber auch nicht in hellen Flammen aufgehen und verbrennen. Der Köhler regelt deshalb die Luftzufuhr durch Öffnen oder Schließen kleiner Löcher in der Erdhülle.

2 Zum Entzünden bereit

Holzkohlenernte
Nach zwei bis vier Wochen dringt der Rauch unten aus dem Meiler. Dann ist die Kohle fertig. Die Erdschicht auf dem Meiler wird abgetragen. Brennende Stellen werden mit Wasser gelöscht. Die noch glühende Kohle würde sonst an der Luft verbrennen. Ist die Holzkohle gut abgekühlt, kann sie verpackt und verkauft werden.

3 Die fertige Holzkohle

1. Betrachte Bilder und überfliege den Text
Orientiere dich an den hervorgehobenen Textstellen. Verschaffe dir einen Eindruck, worum es geht. Beachte Überschriften und besonders Bilder.

> Drei Bilder zeigen die Stationen der Herstellung von Holzkohle und gliedern so den Text. Der Meiler im ersten Bild ist noch nicht ganz fertig gestapelt oder aufgeschichtet. In der Mitte steht ein dicker Stamm. Der sorgt dafür, dass ein Schacht entsteht.

2. Lies den Text gründlich
Lies den Text nun Satz für Satz langsam und konzentriert durch. Laute Musik oder Unruhe im Zimmer können sehr störend sein. Schreibe unbekannte Fachwörter auf, schlage sie im Lexikon nach oder frage später deine Lehrerin oder deinen Lehrer.

3. Finde interessante Fragen
Überlege dir Fragen zu jedem Absatz. Schreibe die Fragen auf einen Zettel. Wenn dir etwas unklar ist, versuche auch dies in Fragen zu formulieren.

> Fragen zum 2. Absatz:
> – Wie wird der Meiler entzündet?
> – Wie heiß ist der Meiler?
> – Wieso darf er nicht mit Flammen brennen?
> – Wie wird das Verbrennen verhindert?

4. Schreibe wichtige Punkte auf
Texte sind oft in Absätze mit Zwischenüberschriften gegliedert. Fasse die wichtigsten Inhalte jedes Absatzes mit eigenen Worten zusammen. Schreibe dies als Zusammenfassung auf. Du kannst die Zusammenfassung auch laut vor dich hin sprechen.

> Zusammenfassung vom 3. Absatz:
> Wenn das Holz im Meiler vollständig verkohlt ist, wird die Erde von der Holzkohle entfernt. Die Holzkohle kühlt ab. Dann kann der Köhler sie verkaufen.

5. Wiederhole das Gelernte
Wiederhole zum Schluss noch einmal alles. Überprüfe deine Fragen. Kannst du sie jetzt beantworten oder bleiben einige unbeantwortet?

Energieumsätze bei Stoffveränderungen

Gewünschte Verbrennungen – unerwünschte Folgen

1. Betrachte die Bilder und beschreibe, was gewünschte Verbrennungen sind.

2. Finde weitere Beispiele für gewünschte Verbrennungen.

3. Kann der Mensch auf Verbrennungen verzichten? Welche Folgen hätte das?

4. Welche unerwünschten Folgen können die Verbrennungen für die Umwelt und die Menschen haben? Stelle eine Liste zusammen.

5. Wie lassen sich die Folgen von Verbrennungen mildern oder gar verhindern? Diskutiert darüber in der Klasse.

Verbrennungen in Motoren
Treibstoffe werden in Motoren verbrannt. Als Verbrennungsprodukte entstehen heiße Gase. Sie treiben Autos, Flugzeuge und Schiffe an. Die Menschen nutzen das unter anderem in ihrer Freizeit und für Reisen.

Verbrennungen belasten und verändern die Umwelt
Im Kamin brennt ein Stapel Holz und verbreitet Wärme und Gemütlichkeit. Doch die Verbrennungsprodukte, die aus Heizungsanlagen im Schornstein aufsteigen, verschmutzen die Luft. Zusammen mit den Abgasen, die in großen Mengen von der Industrie, den Kraftwerken und Autos erzeugt werden, sind sie eine Gefahr für die Umwelt. Sie sind die Hauptursache für eine Veränderung des Klimas. Das gilt für regenerative Brennstoffe wie Holz genauso wie für fossile Brennstoffe wie Erdöl oder Kohle.

Verbrennungen gefährden die Gesundheit
Immer wieder geraten Wälder, Tanker oder Ölquellen in Brand. Riesige Mengen an Schwefeldioxid, Kohlenstoffdioxid und Ruß belasten dadurch die Umwelt. Die giftigen Verbrennungsprodukte in der Luft führen zu Atemproblemen. Sie schädigen die Lunge.

■ Der Mensch braucht die Verbrennung zur Energiegewinnung, zur Fortbewegung und zum Heizen. Die Gefahren, die durch die Verbrennungsprodukte entstehen, dürfen aber nicht vernachlässigt werden.

Brandursachen

1. Nenne die Ursachen der Brände, über die in den Zeitungsmeldungen berichtet wird.

2. Wie hätten die Brände vermieden werden können?

3. Schildere Situationen, in denen du selbst schon fast einen Brand verursacht hättest. Was hat den Brand schließlich verhindert?

4. Sammle Berichte aus Tageszeitungen über Brände in deiner Umgebung. Gib auch hier jeweils die Brandursache an.

Freiburg. Im Unterdorf brannte in der Nacht zum Freitag die Scheune des Bauern Piepenbrinck ab. Die Feuerwehren der umliegenden Dörfer konnten die Scheune nicht mehr retten. Ihr ganzer Einsatz galt dem Schutz der benachbarten Wohngebäude. Bei dem Brand wurde niemand verletzt, der Sachschaden beläuft sich nach Angaben der Feuerwehr auf über 130 000 €.
Der Brand entstand durch das feuchte Gras, das der Bauer in der Scheune gelagert hatte. Im Grashaufen entzündete sich erst das Gras und dann die Scheune.

Neustadt. Die Feuerwehr konnte am Mittwochmittag einen Wohnungsbrand schnell löschen. Zwei Kinder hatten mit Streichhölzern gespielt und dabei ein Bettkissen entzündet. Die Mutter der Kinder hatte sofort die Feuerwehr alarmiert. Dadurch konnte Schlimmeres verhindert werden.

Altendorf. Durch einen überhitzten Heizlüfter entstand im Gerätehaus der Feuerwehr ein Brand, der schnell gelöscht werden konnte.
Die Mitglieder der Feuerwehr hatten zur gleichen Zeit einen Übungsabend und waren dadurch sofort zur Stelle.

Hochburg. Die Feuerwehr musste gestern zum Waldstück an der Krummen Furche ausrücken. Vermutlich durch eine weggeworfene brennende Zigarette hatte sich der trockene Waldboden entzündet. Das Feuer griff auf einige Bäume über.

Energieumsätze bei Stoffveränderungen

Löschen von Bränden

🔍 **1.** Gib in ein Reagenzglas eine Mischung aus einem Spatel Citronensäure und zwei Spateln Natron. Gib etwas Wasser hinzu und verschließe das Reagenzglas mit einem durchbohrten Stopfen, in dem sich eine Glasspitze befindet. Bei diesem Versuch entsteht Kohlenstoffdioxid. Leite das Gas gegen den Docht einer brennenden Kerze.

📖 **2.** Erkläre das Ergebnis des Versuches 1. Was ergibt sich daraus für das Löschen von Bränden?

✏️ **3.** Plane weitere Möglichkeiten des Löschens von Feuer und begründe sie.

✏️ **4.** Informiere dich, welche Löschmittel bei den Bränden der verschiedenen Brandklassen eingesetzt werden können.

📖 **5.** Erkläre das Branddreieck.

1 Material für einen Feuerlöscher

Damit ein Feuer brennen kann, müssen drei Voraussetzungen erfüllt sein: Es muss ein brennbarer Stoff vorhanden sein, der Stoff muss seine Entzündungstemperatur erreicht haben und es muss Sauerstoff vorhanden sein. Fehlt eine dieser Voraussetzungen, so kann kein Feuer entstehen oder ein Feuer kann nicht mehr weiter brennen. Dieser Zusammenhang wird in dem Branddreieck dargestellt.

Abkühlen unter die Entzündungstemperatur

Durch Abkühlen des brennenden Stoffes kann seine Temperatur unter die Entzündungstemperatur sinken. Er brennt dann nicht mehr. Die Abkühlung geschieht meist mithilfe von Löschwasser. Die Feuerwehr kühlt bei Bränden oft auch die Gegenstände, die sich in direkter Nähe des Brandherdes befinden.

Entzug von Sauerstoff

Kommt kein Sauerstoff mehr an den Brandherd, so erstickt das Feuer. Das kann durch eine Löschdecke erreicht werden, mit der der Brandherd abgedeckt wird. Auch mithilfe von Sand, Feuerlöschpulver oder Erde kann ein Feuer erstickt werden.

Entzug von Brennmaterial

Wenn das Feuer keine Nahrung mehr hat, geht es aus. So können alle brennbaren Gegenstände in der Nähe eines Brandherdes entfernt werden.

Kombination von verschiedenen Methoden

Oft werden beim Feuerlöschen Mittel eingesetzt, die mehrere Bedingungen gleichzeitig ausschalten.
So kühlt Löschschaum den Brandherd und erstickt zugleich die Flamme.

■ Ein Brand wird durch Abkühlen des brennenden Stoffes unter seine Entzündungstemperatur, durch Sauerstoffentzug, durch Entzug von Brennmaterial oder durch eine Kombination dieser drei Methoden gelöscht.

Brandklassen
A: Brände fester Stoffe
B: Brände flüssiger Stoffe
C: Brände gasförmiger Stoffe
D: Brände von Metallen
F: Brände von Speisefett und Ölen

101

Pinnwand

Löschen von Feuer

In einem Papiercontainer befinden sich große Mengen von Papier und Pappe. Bei einem Brand entstehen gesundheitsschädliche Gase. Das Feuer kann auch auf benachbarte Behälter übergreifen. Deshalb muss der Containerbrand schnell gelöscht werden. Die Feuerwehr setzt in der Regel Wasser als Löschmittel ein.

Öl oder Fett ist in der Pfanne zu heiß geworden und hat sich entzündet. Dieser Brand darf nicht mit Wasser gelöscht werden. Das Wasser würde in der Pfanne sofort explosionsartig verdampfen und brennendes Öl oder Fett mit sich reißen. Der Brand würde sich im ganzen Raum ausbreiten. Wird schnell ein Topfdeckel auf die Pfanne gelegt, geht das Feuer aus.

In einem Auto sind viele brennbare Teile. Wenn sie brennen, entstehen giftige Gase.
Die Feuerwehr setzt zum Löschen oft Löschpulver ein. Das Pulver ist ungiftig und umschließt den Brandherd. Es gibt durch die Hitze des Brandes Kohlenstoffdioxid ab.

Bei diesem Brand setzt die Feuerwehr Wasser als Löschmittel ein. Das Wasser wird dabei nicht mit starkem Strahl auf den Brandherd gespritzt, sondern sehr fein versprüht.
Die feinen Wassertröpfchen verdampfen und kühlen den Brandherd ab. Der Wasserdampf umgibt den Brandherd und löscht so das Feuer.

1. Ordne allen hier gezeigten Löschmethoden einen oder mehrere Begriffe wie Sauerstoffentzug, Abkühlen und Brennmaterialentzug zu.

Energieumsätze bei Stoffveränderungen

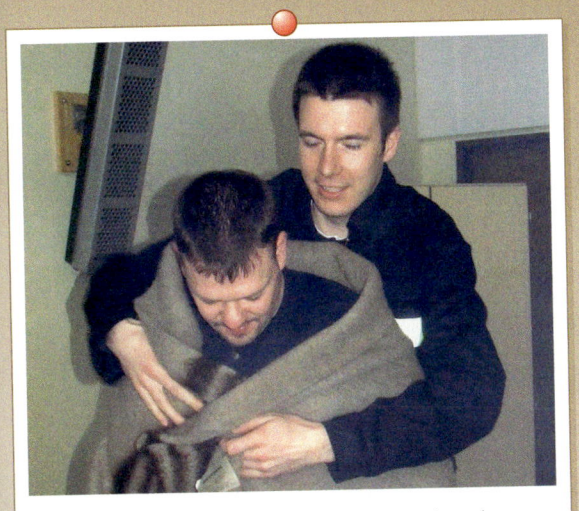

Gerät die Kleidung einer Person in Brand, so kann der Brand mit einer Löschdecke gelöscht werden. Der Ersthelfer fasst die Löschdecke in beiden Grifftaschen und hüllt mit der Decke die brennende Person ein. Die Löschdecke darf niemals über den Kopf der brennenden Person gezogen werden, da sie sonst an den Rauchgasen ersticken könnte.

Große Waldbrände können nur schwer mit Löschmitteln gelöscht werden. Deshalb wird auf andere Weise versucht, ein weiteres Ausbreiten des Feuers zu verhindern.
Dazu werden außerhalb des brennenden Waldstückes breite Streifen in den Wald geschlagen und alles brennbare Material wird entfernt.

Trotz aller Vorsicht kann es bei Versuchen im Chemieraum passieren, dass Schülerinnen oder Schüler beim Umgang mit der Gasflamme sich oder Mitschüler in Gefahr bringen.
Deshalb gibt es in jedem Chemieraum einen Not-Aus-Schalter. Du erkennst ihn an dem roten Knopf. Wird dieser Schalter gedrückt, so wird sofort die Gaszufuhr für alle Brenner unterbrochen und die Flammen gehen aus.

Dieses Löschfahrzeug wird bei Bränden auf Flughäfen eingesetzt. Im hinteren Teil des Fahrzeuges befinden sich Tanks mit Wasser und Stoffen, die dem Löschwasser beigegeben werden können. Der Ausleger mit der Löschkanone über dem Fahrerhaus kann über 20 m ausgefahren werden. Eine Infrarotkamera am Ausleger erkennt den Brandherd und lenkt die Löschkanone in die richtige Position.

2. Eine umgefallene Kerze hat dein Chemieheft entzündet. Welche der hier gezeigten Löschmethoden verwendest du?

Verhalten bei Feuer

📖 **1.** Trainiere in der Klasse die Abgabe einer korrekten Feuermeldung.

📝 **2.** Suche in deiner Schule Hinweisschilder. Warum sind sie an diesen Stellen angebracht?

📖 **3.** Beschreibe und erkläre dein Verhalten bei Feueralarm in der Schule.

Allgemeine Hinweise

112
1 Telefonnummer der Feuerwehr

Wenn du wegen eines Brandes die Feuerwehr alarmierst, musst du der Feuerwehr wichtige Informationen geben:

Wer meldet den Brand?
Du nennst deinen Namen.

Wo ist der Brand?
Du nennst den Brandort.

Was brennt?
Du benennst den Brand.

Wie ist die jetzige Situation?
Du schilderst kurz die Situation.

Warten.
Die Feuerwehr gibt dir weitere Anweisungen.

Ruhe bewahren, denn Hektik nutzt keinem Betroffenen.

Sicherstellen, dass Verletzten *Erste Hilfe* geleistet wird.

Warn- und Hinweisschilder

Dieses Schild zeigt an, in welche Richtung bei Gefahr das Gebäude auf sicherem Weg verlassen werden kann.

Der Notausgang führt aus dem Gebäude ins Freie. Er darf nie zugestellt werden und muss von innen immer zu öffnen sein.

Das Schild zeigt an, wo sich der Feuerlöscher befindet. Damit kann ein kleiner Brand sofort gelöscht werden.

Hier befindet sich ein Löschwasserschlauch. Er ist an der Wasserleitung angeschlossen und kann sofort eingesetzt werden.

Hier befindet sich der Erste-Hilfe-Kasten. Darin findest du Pflaster- und Verbandsarten für die Erstversorgung von Verletzten.

Feueralarm in der Schule

Ein Gebäude kann bei Feuer schnell geräumt werden, wenn die Fluchtwege bekannt sind und keine Panik ausbricht.

Je besser du über das richtige Verhalten bei Feueralarm informiert bist, desto besonnener wirst du im Notfall sein.

– Du musst das Alarmsignal für Feueralarm kennen.

– Du musst die Fluchtwege aus Klassen- und Fachräumen und die verschiedenen Sammelplätze kennen.

– Lass die Bücher, Hefte und Taschen im Raum. Lass ebenso Jacken oder Mäntel in der Garderobe.

– Verlasse schnell, aber ohne zu drängeln den Raum.

– Schließe vor dem Verlassen des Raumes Fenster und Tür.

– Nimm das Klassenbuch mit.

– Wenn die Fluchtwege nicht zu benutzen sind, bleibe in dem Raum und schließe die Tür. Dichte die Türritze ab und mache dich am Fenster bemerkbar.

Energieumsätze bei Stoffveränderungen

So viele Ideen – wohin damit?

Methode

Die Mindmap als Hilfe
Wenn im Unterricht ein Thema bearbeitet wurde, wenn du dir einen Überblick über ein Thema verschaffen willst oder wenn dir viele Ideen ungeordnet zu einem Thema einfallen, dann kann eine **Mindmap** für Ordnung und Übersichtlichkeit sorgen. Das Wort Mindmap bedeutet Gedanken- oder Ideenkarte.

Material
Für die Erstellung einer Mindmap benötigst du
– einen Bogen Packpapier, etwa so groß wie ein Schülertisch;
– Kärtchen so groß wie DIN A4-Papier dreimal gefaltet und auseinander geschnitten;
– Filzstifte;
– Klebstoff;
– Klebeband

Tipp
Du kannst eine Mindmap auch gemeinsam mit Mitschülerinnen und Mitschülern entwerfen. Ihr könnt sie während einer Unterrichtsreihe Schritt für Schritt entstehen lassen.
Ihr könnt sie an einer Wand aufhängen und im Klassenzimmer von Anderen ergänzen lassen.
Ihr könnt die Angaben auf den Kärtchen in Fragen umwandeln und zum Lernen nutzen.

Die Mindmap entsteht
1. Schreibe das Hauptthema in großer Schrift in die Mitte des Packpapiers.
2. Schreibe deine Ideen zum Hauptthema auf Kärtchen, jede Idee auf ein eigenes Kärtchen.
3. Lege die Kärtchen rings um das Thema auf das Packpapier.
4. Bilde mit Ideenkärtchen, die vom Thema her zusammen gehören, an verschiedenen Stellen auf dem Packpapier Gruppen.
5. Ziehe Verbindungslinien zwischen den Themengruppen und dem Hauptthema.
6. Überlege, ob es zum Hauptthema oder zu Themengruppen noch ähnliche Themen oder Unterthemen gibt.
7. Ergänze deine Kärtchensammlung entsprechend. Lege die Kärtchen an passender Stelle auf das Packpapier und zeichne auch dazu Verbindungslinien ein.
8. Klebe die Kärtchen fest.

105

Methode

Interview – Experten wissen mehr

1. Achte beim Fernsehen, bei Sportübertragungen oder bei den täglichen Nachrichtensendungen auf Interviews. Wichtig sind folgende Fragen:
a) Wer befragt wen?
b) Warum wird interviewt?
c) Was erbringt das Interview?

Material
– eure geordnete Fragensammlung oder ein vorbereiteter Fragebogen
– zwei funktionsfähige Aufnahmegeräte
– Notizblock, Schreibmaterial

– Fragen sammeln und ordnen;
– klären: Wer fragt und wer nimmt auf?

– Interviewpartner begrüßen und befragen;
– Fragen und Antworten aufnehmen;
– freundliche Verabschiedung

Nutzen eines Interviews

Bei einem **Interview** befragt jemand einen anderen Menschen, der als Zeugin oder Zeuge, als Betroffene oder Betroffener Dinge über ein Geschehen berichten kann, die nur sie oder er erlebt hat.
Das Interview kann auch dazu dienen, durch die Befragung einer Fachfrau oder eines Fachmannes mehr und Neues zu erfahren oder irgendetwas besser zu verstehen.
Zum Thema „Brand" und „Feuer" könntet ihr beispielsweise ein Mitglied der Jugendfeuerwehr oder einen Schornsteinfeger befragen.

Vorbereitung und Aufbereitung

Zur Vorbereitung eines Interviews müssen interessante Fragen gesammelt werden. Ihr könnt sie mit Hilfe einer Mindmap zusammenstellen und ordnen. Ihr könnt aber auch die Stichpunkte aus einer Mindmap in Fragen umwandeln. Dabei sind die Antworten eines Experten manchmal ganz anders als das Gelernte aus der Schule.

Bereitet das Interview schriftlich auf, sodass ihr es in der Schülerzeitung oder auf einer Wandzeitung veröffentlichen könnt. Formuliert einen Titel, stellt die interviewte Person und die Gesprächssituation kurz vor. Gebt wichtige Aussagen wörtlich wieder. Ergänzt euren Text durch Fotos oder Zeichnungen.

– Interview auswerten;
– Ablauf der Berichterstattung festlegen;
– klären: Was war besonders interessant?
– Wer sagt oder macht was?
– Zeit für Präsentation stoppen

– vor der Klasse berichten;
– Originalaufnahmen einsetzen;
– jeweils ankündigen, was als nächstes folgt;
– Rückfragen der Klasse ermöglichen;
– Verbesserungsvorschläge von der Klasse erbitten

Tipp
– Hängt beim Interview nicht an euren Fragen. Stellt weitere Fragen, wenn euch etwas spontan interessiert.
– Stellt Fragen zusammen, die die Klasse nach eurem Bericht beantworten können sollte.

Energieumsätze bei Stoffveränderungen

Brandschutz

Lernen im Team

Auf dieser Seite bekommt ihr Hinweise zur Bearbeitung des Themas Brandschutz. Bildet dazu Gruppen, verteilt die Themen und sucht euch vielleicht auch noch andere Themen.

Klärt, wie ihr eure Ergebnisse für die anderen Gruppen interessant präsentieren könnt.

Gruppe 1
Findet heraus, aus welchem Material die Kleidung eines Rennfahrers heute besteht. Was muss diese Kleidung aushalten? Wie lange kann sie bestimmten Temperaturen standhalten? Was kostet der Overall eines Rennfahrers? Wie viele Overalls werden zum Rennen mitgenommen? Es gibt noch weitere Fragen, denen ihr nachgehen könntet.

Brandschutz für den Notfall
1976 gab es in der Formel-1 einen schweren Unfall, bei dem sich ein Rennfahrer schlimme Brandverletzungen, auch im Gesicht, zuzog. Heute gibt es Vorschriften zum Schutz der Fahrer vor Verbrennungen durch besondere Schutzkleidung. Das gilt von den Schuhen, der Unterwäsche, dem Overall bis zum Helm.

1 Schutzkleidung bei der Formel-1

Brandschutz im Wald
Ihr hört die Feuerwehrsirene und dann das Martinshorn des Feuerwehrautos. Am nächsten Tag steht vielleicht in der Zeitung: „Schon eine weggeworfene Zigarette, die noch glimmt, schon einzelne Glasscherben können im staubtrockenen Wald Reisig oder Nadelstreu entzünden."

2 Berufskleidung bei der Feuerwehr

Gruppe 2
Klärt, ob ihr vom Wehrführer eures Wohnortes Informationen zum Brandschutz erhalten könnt. Wenn der Termin und der Treffpunkt festgelegt sind, stellt eine Fragensammlung zusammen zum Thema „Brandverhütung in der Natur, Lagerfeuer und andere Gefahren".

Brandschutz im Haus
Habt ihr den schwarzen Mann mit Leiter, Bürste und Senkkugel eigentlich schon einmal gesehen oder mit ihm gesprochen? Er gilt seit langer Zeit als Glücksbringer, obwohl er manches Mal die Aufgabe hatte, einen Kamin regelrecht abzufackeln. Das klingt nach einem interessanten Ausbildungsberuf.

3 Schornsteinfeger im Einsatz

Gruppe 3
Findet heraus, warum die Schornsteine in eurem Haus regelmäßig gefegt werden müssen und wer für die Pflege der Schornsteine verantwortlich ist. Befragt den Schornsteinfeger zum Brandschutz in Haus und Wohnung. Lasst euch erklären, warum er als Glücksbringer gilt.

Metalle können brennen

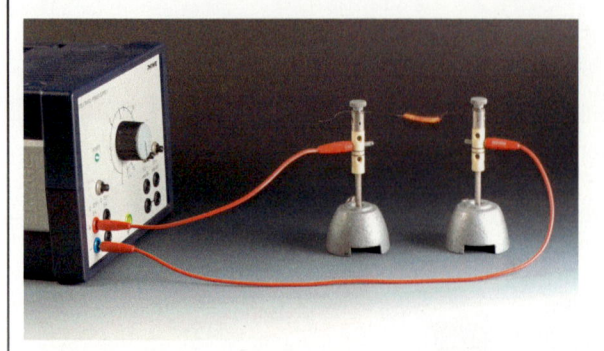

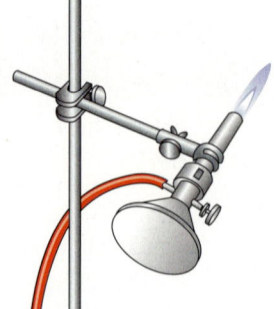

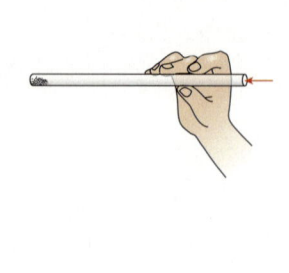

🔍 **1.** Vergleiche den Wolframdraht einer Glühlampe vor dem Einschalten und nach dem Ausschalten.

🔍 **2.** Wickle einen etwa 20 cm langen, blanken Eisendraht (Durchmesser 0,2 mm) über einem dünnen Holzstab zu einer Wendel. Bau die Wendel in eine Prüfstrecke ein. Regle die Spannung des Stromversorgungsgerätes so, dass sie erst schwach, dann sehr kräftig glüht.

📝 **3.** Vergleiche Ablauf und Ergebnis der Versuche 1 und 2. Worin besteht der grundsätzliche Unterschied bei diesen beiden Vorgängen?

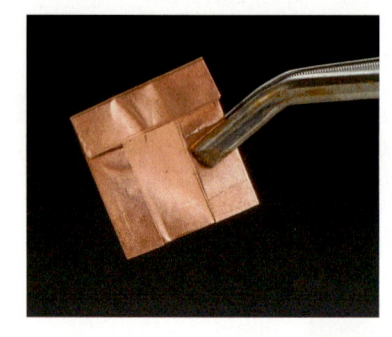

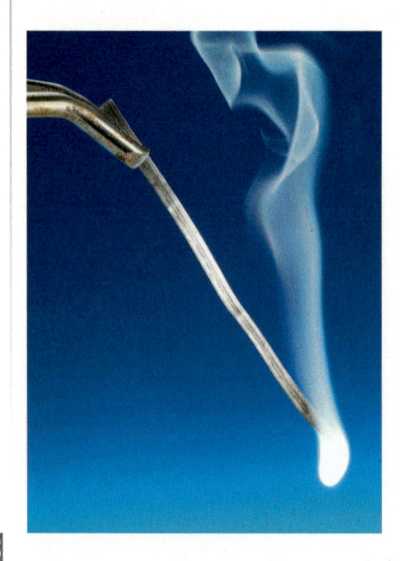

🔍 **4. a)** Schmirgle die Oberfläche eines etwa 5 cm langen Magnesiumbandes blank. Beschreibe dann einige Eigenschaften des Metalls Magnesium.
b) Halte das Magnesiumband in die Brennerflamme. ⚠️ **Vorsicht:** Nicht in die grelle Flamme schauen!
c) Vergleiche das Verbrennungsprodukt mit dem Ausgangsstoff.

🔍 **5. a)** Halte mit der Tiegelzange einen dicken Nagel in die rauschende Brennerflamme.
b) Halte einen kleinen Bausch Eisenwolle 🔥 kurz an eine Brennerflamme.
c) Puste etwas Eisenpulver 🔥 aus einem Glasrohr in die nicht leuchtende Flamme eines schräg gestellten Gasbrenners.

📝 **6.** Vergleiche den Ablauf und die Ergebnisse der Versuche 5 a), b) und c) und erkläre die Unterschiede.

🔍 **7. a)** Falte ein Stück Kupferblech einmal zusammen. Biege die Ränder fest um. Erhitze das Kupferblech in der heißen Brennerflamme so lange, bis es einmal gut durchgeglüht ist. Falte diesen „Kupferbrief" nach dem Abkühlen wieder auseinander.
b) Beschreibe, wo sich das Kupferblech verändert hat.
c) Erkläre die Unterschiede.

📖 **8.** Warum gibt es Funken, wenn ein Werkzeug aus Stahl geschliffen wird?

📖 **9. a)** Woran erkennst du in Bild 2 auf der rechten Seite, dass es sich um eine chemische Reaktion handelt?
b) Beschreibe diese in Form einer Wortgleichung.

Energieumsätze bei Stoffveränderungen

1 Ohne Glashülle verbrennt der Wolframdraht einer Glühlampe.

Die brennende Glühlampe

Nach dem Einschalten leuchtet der Wolframdraht einer Glühlampe hell auf. Nach dem Ausschalten sieht er so aus wie vorher, er hat sich nicht verändert. Diese vorübergehende Änderung ist ein **physikalischer Vorgang.**

Das sieht ganz anders aus, wenn eine Glühlampe ohne die schützende Glashülle in Betrieb genommen wird. Der Wolframdraht leuchtet nur kurz auf und **verbrennt** dann. Der Draht ist danach nicht mehr zu sehen. Dafür ist ein grünliches Pulver entstanden. Bei dieser Verbrennung ist aus dem Metall Wolfram und dem Sauerstoff der Luft ein neuer Stoff mit neuen Eigenschaften entstanden. Das ist eine **chemische Reaktion.**

Oxidation

Die Reaktion eines Stoffes mit Sauerstoff heißt **Oxidation,** die Reaktionsprodukte heißen **Oxide.** Wolfram und Sauerstoff reagieren zu Wolframoxid, Magnesium und Sauerstoff zu Magnesiumoxid. Solche Reaktionen verlaufen umso heftiger, je feiner verteilt die Ausgangsstoffe sind.
Wenn kein Sauerstoff vorhanden ist, wie in einer intakten Glühlampe oder an der Innenseite des Kupferbriefes, kann auch keine Oxidation stattfinden.
Bei Verbrennungen wird stets auch Energie in Form von Wärme an die Umgebung abgegeben. Sie verheißt **Verbrennungswärme.**

Wortgleichung

Eine solche Reaktion, etwa zwischen Eisen und Sauerstoff, kann auf folgende Weise kurz beschrieben werden:

Eisen und Sauerstoff reagieren miteinander zu Eisenoxid. Dabei wird Wärme frei.

Die Aussage lässt sich auch kurz als **Wortgleichung** schreiben:

Eisen + Sauerstoff → Eisenoxid;
Wärme wird frei

Das Pluszeichen in der Wortgleichung wird als „und" gelesen und der Reaktionspfeil als „reagieren zu".

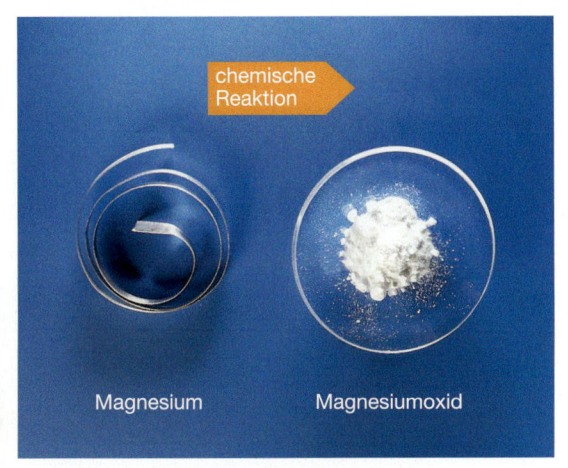

2 Magnesium wurde an der Luft verbrannt.

■ Bei einer chemischen Reaktion entstehen aus Ausgangsstoffen neue Stoffe mit neuen Eigenschaften. Dabei wird Wärme frei oder es muss Wärme zugeführt werden. Eine chemische Reaktion, bei der sich ein Stoff mit Sauerstoff verbindet, heißt Oxidation.

Der Sauerstoff

🔍 **1.** Erhitze eine kleine Menge Kaliumpermanganat vorsichtig im Reagenzglas. Halte einen glimmenden Holzspan in das Reagenzglas. Beschreibe deine Beobachtungen.

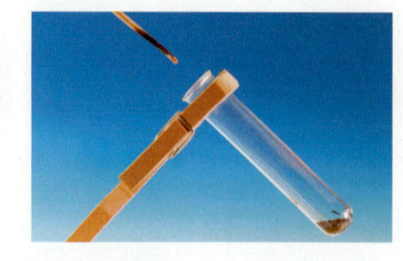

🔍 **2. a)** Entzünde einen Holzspan und lass ihn kurze Zeit brennen. Puste ihn aus, sodass er nur noch glüht. Halte ihn glühend in ein Reagenzglas mit reinem Sauerstoff. Was beobachtest du?
b) Erkläre deine Beobachtungen.

1 Reiner Sauerstoff zum Schweißen

Sauerstoff in der Technik
Beim Schweißen ist eine sehr heiße Flamme erforderlich. Diese ist nur mit reinem Sauerstoff erreichbar. Allgemein laufen Verbrennungen in reinem Sauerstoff wesentlich heftiger ab als in Luft. Deshalb führen Raketen reinen Sauerstoff mit sich.

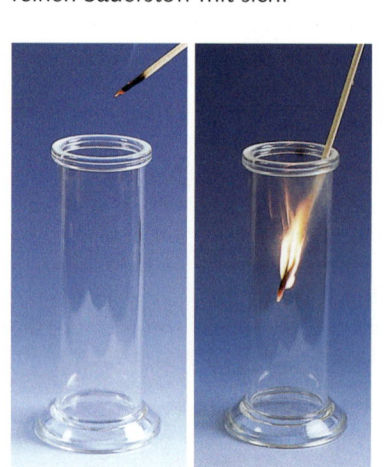

4 Bergsteiger brauchen Sauerstoff.

Reiner Sauerstoff
Luft besteht etwa zum fünften Teil aus Sauerstoff. Zum Atmen und für normale Verbrennungsvorgänge reicht dies völlig aus. In der Technik und der Medizin wird aber häufig **reiner Sauerstoff** eingesetzt.

3 Nachweis von Sauerstoff

Nachweis von Sauerstoff
Hältst du einen glimmenden Holzspan in ein Gefäß mit reinem Sauerstoff, so beginnt er mit heller Flamme zu brennen. Dieser Versuch heißt **Glimmspanprobe**. Er dient zum Nachweis von Sauerstoff.

■ In reinem Sauerstoff laufen Verbrennungsvorgänge sehr heftig ab. Sauerstoff wird mit der Glimmspanprobe nachgewiesen.

Sauerstoff ist lebenswichtig
In Krankenhäusern und Rettungswagen werden Sauerstoffgeräte zur künstlichen Beatmung eingesetzt. Taucher führen Sauerstoff mit sich, um unter Wasser atmen zu können. Auch Bergsteiger, die in große Höhen aufsteigen wollen, brauchen meist Sauerstoff aus einem Atemgerät. Ähnliches gilt für Feuerwehrleute, die bei einem Brand Menschen aus verqualmten Häusern retten.

2 Raketen brauchen Sauerstoff.

5 Taucher brauchen Sauerstoff.

Leichter oder schwerer?

1. a) Hänge zwei gleiche Büschel Eisenwolle an eine Balkenwaage, sodass sie im Gleichgewicht ist. Entzünde eins der Büschel mit der Brennerflamme. Sorge dafür, dass die Eisenwolle vollständig durchglüht.
b) Beobachte und beschreibe den Versuchsverlauf. Gib eine Begründung für deine Beobachtung.

2. Was wird geschehen, wenn auch das andere Eisenwollebüschel angezündet wird und vollständig durchglüht? Mache dazu eine Voraussage und begründe sie.

3. Führe den Versuch zu Aufgabe 2 durch. Erkläre das Versuchsergebnis.

4. Woran ist zu erkennen, dass beim Verbrennen von Eisenwolle ein neuer Stoff entsteht?

5. a) Stelle zwei Teelichter auf eine Balkenwaage. Achte darauf, dass die Waage im Gleichgewicht ist. Entzünde ein Teelicht.
b) Beobachte den Versuchsverlauf und erkläre das Versuchsergebnis auch im Vergleich zu Versuch 1.

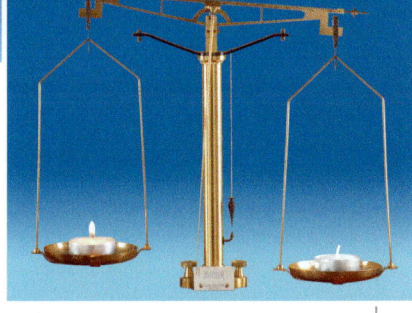

6. a) Demonstrationsversuch: Der Boden eines hohen Glasgefäßes wird mit Sand bedeckt. Danach wird das Gefäß mit Sauerstoff gefüllt. Mit einer Tiegelzange wird ein Büschel glühende Eisenwolle in das Gefäß gehalten. **Vorsicht:** Verbrennung ist sehr heftig!
b) Erkläre, warum die Reaktion so heftig verläuft.

Verbrennung an der Waage

Die Verbrennung von Eisenwolle ist eine Oxidation. Zum Ausgangsstoff Eisen kommt als Reaktionspartner Sauerstoff hinzu. Es entsteht Eisenoxid.

Die Masse des entstandenen Eisenoxids setzt sich aus der Masse des Eisens und der Masse des hinzugekommenen Sauerstoffs zusammen. Deshalb ist das Eisenoxid schwerer als der Ausgangsstoff Eisen. Dabei kommt zu einer bestimmten Menge Eisen immer eine ganz bestimmte Menge Sauerstoff hinzu.
Bei den meisten Verbrennungen im Alltag wie bei einer Kerze scheint das allerdings anders zu sein. Der „Brennstoff" wird leichter, er scheint zu verschwinden. Die Erklärung ist einfach: es entstehen gasförmige Oxide.

Verbrennung in reinem Sauerstoff

Der für die Verbrennung notwendige Sauerstoff ist in der Luft nur zu einem Teil enthalten. Der größte Teil ist Stickstoff. Stickstoff behindert die Verbrennung. Deshalb läuft eine Verbrennung in reinem Sauerstoff besonders heftig ab.

■ Ein Verbrennungsprodukt hat eine größere Masse als der Ausgangsstoff.

Energieumsätze bei Stoffveränderungen → S. 136/137

Der Schwefel

1. Informiere dich, wo Schwefel in der Natur vorkommt.

2. a) Erhitze zwei Spatel Schwefel im Reagenzglas über der kleinen Brennerflamme. Schwenke das Reagenzglas dabei. Notiere deine Beobachtungen.
b) Erhitze den Schwefel, bis er verdampft. Beschreibe, was du am Reagenzglasrand beobachtest.

3. Überprüfe, ob Schwefel den elektrischen Strom leitet.

4. Demonstrationsversuch: Unter dem Abzug wird im Verbrennungslöffel Schwefel verbrannt.
a) Welche Farbe hat die Flamme des brennenden Schwefels?
b) Beschreibe den Geruch des Verbrennungsproduktes.
c) Wie heißt der neu entstandene Stoff?

5. Demonstrationsversuch: Ein Standzylinder wird 5 cm hoch mit Wasser gefüllt. Unter dem Abzug wird ein Verbrennungslöffel mit brennendem Schwefel hineingehalten. Nach drei Minuten wird der Löffel entfernt. Der Zylinder wird sofort mit einer Glasplatte abgedeckt und geschüttelt.
a) Beschreibe den Zylinderinhalt vor und nach dem Schütteln.
b) Warum lässt sich die Glasplatte nur schwer vom Zylinder heben?

6. Demonstrationsversuch: Ein Apfel wird in mehrere kleine Teile geschnitten. Ein Apfelstück wird in einen Standzylinder mit Luft, ein anderes Apfelstück in einen Zylinder mit Schwefeldioxid gelegt.
a) Beschreibe die Veränderungen bei den Apfelstücken.
b) Erkläre den Unterschied.

1 Schwefel aus dem Innern der Erde

Vorkommen von Schwefel
An den Rändern noch aktiver Vulkane lassen sich Schwefelkristalle finden. Schwefel wird auch bergmännisch abgebaut. Der größte Teil des in der Industrie benötigten Schwefels wird bei der Entschwefelung von Erdöl und Erdgas gewonnen.

Eigenschaften und Verwendung
Das Nichtmetall Schwefel ist gelb, geschmacklos und ungiftig. Er wird zur Herstellung von Schwarzpulver für Feuerwerksraketen und Böller gebraucht. Schwefel ist Bestandteil der Zündmasse von Streichhölzern. Bei der Herstellung von Autoreifen gibt Schwefel dem Gummi die gewünschte Elastizität. In der Medizin wird Schwefel in Medikamenten zur Heilung von Hauterkrankungen eingesetzt.

Ein Verbrennungsprodukt des Schwefels
Beim Verbrennen von Schwefel entsteht ein gasförmiger Stoff, das **Schwefeldioxid**. Schwefeldioxid ist giftig. Es kann viele Bakterien und Schimmelpilze abtöten. Steht auf einer Packung getrockneter Früchte „geschwefelt", so sind die Früchte zur Haltbarmachung mit Schwefeldioxid behandelt worden, nicht mit Schwefel. Schwefeldioxid verhindert auch, dass die Früchte sich verfärben.

2 Schwefel verbrennt

Steckbrief
Geruch:
Farbe:
Schmelztemp.:
Siedetemp.:
Vorkommen:
Stoff: Schwefel

■ Schwefel ist ein ungiftiges, gelbes Nichtmetall. Er wird zur Herstellung von Stoffen wie Schwarzpulver, Gummi und Medikamenten eingesetzt. Ein Verbrennungsprodukt des Schwefels ist das giftige Schwefeldioxid.

3 Aprikosen: geschwefelt   – ungeschwefelt

7. Übertrage den Steckbrief ins Heft und vervollständige ihn.

Der Stickstoff

🔍 **1.** Erkläre den Namen Stickstoff. Plane einen Versuch, mit dem du deine Erklärung überprüfen kannst, und führe ihn durch.

2. Begründe, warum zum Füllen von Flugzeugreifen Stickstoff verwendet wird.

3. Nenne Beispiele für die Verwendung von Stickstoff in der Lebensmittelindustrie.

4. Informiere dich, warum auf Feldern oft Lupine, Hornklee oder Luzerne als Zwischenfrucht angebaut wird.

5. Informiere dich über die verschiedenen Stickstoffoxide.

6. Was ist Lachgas? Wozu wird es verwendet?

7. Übertrage den Steckbrief ins Heft. Vervollständige ihn.

Eigenschaften und Gewinnung von Stickstoff
Fast vier Fünftel der Luft bestehen aus Stickstoff. Stickstoff ist ein reaktionsträges Gas. Er ist farblos, geruchlos, geschmacklos und ungiftig. Zur Gewinnung des Stickstoffs wird Luft auf –200 °C abgekühlt. Sie wird flüssig. Danach wird sie langsam erwärmt. Bei –196 °C beginnt der Stickstoff zu sieden und kann als Gas aufgefangen und in Stahlflaschen abgefüllt werden.

Verwendung von Stickstoff
Stickstoff eignet sich als Schutzgas beim Verpacken von Lebensmitteln wie Kartoffelchips, Wurst und Käse. Flüssiger Stickstoff ist so kalt, dass er zum schnellen Gefrieren in der Lebensmitteltechnik oder in der Medizin eingesetzt wird. Beim Tunnelbau in loser Erde werden die Seitenwände des Tunnels oft mithilfe von flüssigem Stickstoff so vereist, dass Abstützungen unnötig werden. Stickstoff wird auch zur Herstellung von Kunstdünger gebraucht.

Steckbrief

Geruch:
Farbe:
Siedetemperatur:
Verwendung:

Stoff: *Stickstoff*

Oxide des Stickstoffs
Bei hohen Temperaturen, wie sie im Automotor herrschen, reagiert auch der sonst reaktionsträge Stickstoff mit Sauerstoff. Dabei bilden sich verschiedene **Stickstoffoxide.** Sie sind sehr umweltbelastend. Im Abgaskatalysator werden die im Motor des Autos entstandenen Stickstoffoxide wieder in Sauerstoff und Stickstoff zerlegt.

■ Stickstoff ist der Hauptbestandteil der Luft. Stickstoffoxide belasten die Umwelt und sind giftig.

1 Die Reifen werden heiß.

2 Gefrieren mit flüssigem Stickstoff

3 Stickstoff sammeln statt düngen

4 Verwendung von Lachgas

5 Hier entstehen Stickstoffoxide.

Der Kohlenstoff

1. Informiere dich über das Vorkommen und die Verwendung von Diamant und Grafit.

2. Versuche sowohl mit einem Diamantsplitter als auch mit einem Stück Grafit eine Kachel, ein Kupferblech und Tafelkreide zu ritzen. Vergleiche und notiere die Ergebnisse.

3. Plane Versuche zur Überprüfung der elektrischen Leitfähigkeit von Diamant und Grafit. Führe die Versuche durch.

4. Erstelle einen Kurzvortrag über die Herstellung künstlicher Diamanten und über ihre Verwendung.

5. Entzünde eine Kerze. Halte eine Porzellanschale darüber. Erkläre deine Beobachtung.

6. Informiere dich über die Bildung und Verwendung von Ruß.

7. Übertrage die Steckbriefe in dein Heft und ergänze sie.

Reiner Kohlenstoff
Es gibt einen Reinstoff, der in der Natur in zwei ganz gegensätzlichen Formen vorkommt. Es ist der Kohlenstoff. Er kommt als **Diamant** und als **Grafit** vor. Diese verschiedenen Erscheinungsformen des Kohlenstoffs werden auch **Modifikationen** des Kohlenstoffs genannt.

1 Rohdiamanten

Diamant
Diamanten sind dir als wertvolle Edelsteine bekannt. Diamant ist der härteste in der Natur vorkommende Stoff. Er wird wegen seiner Härte hauptsächlich als Schleif-, Schneid- und Bohrmittel eingesetzt. Nur etwa ein Zehntel der gefundenen Diamanten wird zu Schmuck weiterverarbeitet.

Steckbrief
Zusammensetzung:
Aussehen:
Vorkommen:
Härte:
elektrische Leitfähigkeit:

Stoff: **Diamant**

2 Steckbrief Diamant

3 Teuer!

4 Nicht so teuer!

Steckbrief
Zusammensetzung:
Aussehen:
Vorkommen:
Härte:
elektrische Leitfähigkeit:

Stoff: **Grafit**

5 Steckbrief Grafit

Grafit
Grafit kennst du als Hauptbestandteil von Bleistiftminen. Weil er weich ist, eignet sich Grafit auch sehr gut als Schmiermittel. Wegen der elektrischen Leitfähigkeit von Grafit werden die Schleifkontakte von Elektromotoren oder Elektroden aus Grafit hergestellt.
Grafit ist sehr widerstandsfähig gegen Chemikalien.

6 Grafitbrocken

Ruß
Auch Ruß ist Grafit. Er besteht aus sehr kleinen Grafitkristallen. In großen Mengen wird Ruß zur Reifenherstellung und zur Farbenherstellung benötigt.

■ Reiner Kohlenstoff kommt in der Natur als Diamant und Grafit vor. Das sind die Modifikationen des Kohlenstoffs.

Energieumsätze bei Stoffveränderungen

Oxide des Kohlenstoffs

🔍 **1.** Fülle zwei Waschflaschen etwa 6 cm hoch mit Kalkwasser.
a) Drücke Luft mithilfe des Kolbenprobers durch das Kalkwasser in eine Waschflasche.
b) Atme aus und blase dabei die Luft durch das Kalkwasser in der zweiten Waschflasche.
c) Notiere den Unterschied und begründe ihn.

🔍 **2. a)** Sauge die Verbrennungsgase von Holzkohle wie in Bild 1 durch die Waschflasche.
b) Wie kannst du Kohlenstoffdioxid nachweisen?

📝 **3.** Informiere dich über Kohlenstoffmonooxid.

🔍 **4. a)** Ist in Keksen Kohlenstoff enthalten? Überlege mit deinen Mitschülerinnen und Mitschülern, wie ihr das überprüfen könnt.
b) Berichte und führe dann den Versuch unter dem Abzug durch.

📝 **5.** Übertrage die Steckbriefe in dein Heft. Vervollständige sie.

Kohlenstoffdioxid (CO_2)
Kohlenstoffdioxid ist ein farbloses, geruchloses, unbrennbares Gas. Es entsteht bei der Verbrennung von Kohlenstoff. Bei −78 °C wird Kohlenstoffdioxid fest. Es wird **Trockeneis** genannt, weil es ohne flüssig zu werden vom festen in den gasförmigen Zustand übergeht. Es sublimiert. Kalkwasser wird unter dem Einfluss von Kohlenstoffdioxid trübe. Diese Trübung dient als Nachweis für Kohlenstoffdioxid.

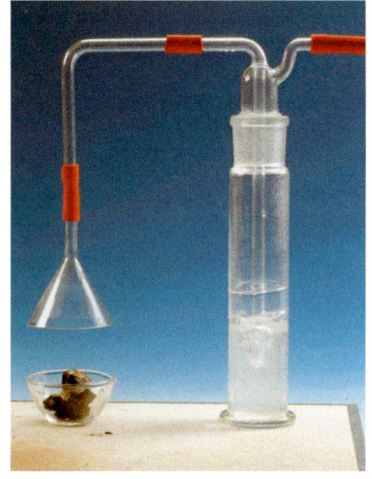

1 CO_2 wird nachgewiesen.

Kohlenstoffmonooxid (CO)
Kohlenstoffmonooxid ist farblos und geruchlos, aber sehr giftig. Es entsteht, wenn bei der Verbrennung von Kohlenstoff nicht ausreichend Sauerstoff vorhanden ist. Da es auch in den Abgasen der Autos vorkommt, dürfen wegen Vergiftungsgefahr in geschlossenen Garagen keine Motoren laufen.
Kohlenstoffmonooxid wird in der chemischen Industrie zur Herstellung von Kunststoffen benötigt.

Steckbrief
Geruch:
Farbe:
Siedetemperatur:
Nachweis:
Stoff: Kohlenstoffdioxid

2 Steckbrief CO_2

3 CO_2 macht den Teig locker.

Steckbrief
Geruch:
Farbe:
Entstehung:
Verwendung:
Stoff: Kohlenstoffmonooxid

4 Steckbrief CO

CO_2 im Alltag
Kohlenstoffdioxid wird zur Herstellung von Erfrischungsgetränken gebraucht. Öffnest du eine Limonadenflasche, so entweicht Kohlenstoffdioxid. Dieses Gas wird oft fälschlicherweise als Kohlensäure bezeichnet.
Backpulver oder Hefe lassen im Kuchenteig Kohlenstoffdioxid entstehen. Es bilden sich im Teig kleine Gasbläschen. Dadurch wird der Kuchen locker.

5 Nebel aus Trockeneis

CO_2 in der Technik
Kohlenstoffdioxid dient auch als Löschmittel, da es den Sauerstoff vom Brandherd verdrängt.
Mit festem Kohlenstoffdioxid, dem Trockeneis, kann Disconebel erzeugt werden.

■ Kohlenstoffdioxid und Kohlenstoffmonooxid sind Oxide des Kohlenstoffs.

Umweltprobleme durch gasförmige Oxide

Wegen des großen Energiebedarfs werden heute sehr viel Kohle und Öl verbrannt. Dadurch entstehen große Mengen von Stickstoffoxiden, Kohlenstoffoxiden und Schwefeloxiden. Diese Nichtmetalloxide gefährden uns und unsere Umwelt.

Schwefeldioxid (SO_2)

Steinkohle, Braunkohle und Erdöl enthalten Schwefel. Das beim Verbrennen dieser Energieträger entstehende Gas Schwefeldioxid (SO_2) führt zu saurem Regen. Um dies zu vermeiden, werden Erdölprodukte meist vor der Verbrennung entschwefelt. Die Abgase von Stein- und Braunkohle hingegen werden danach durch Rauchgasentschwefelungsanlagen gereinigt. Dadurch ist der Ausstoß von SO_2 deutlich rückläufig.

Kohlenstoffoxide (CO_2 und CO)

Kohlenstoffdioxid (CO_2) ist ein Gas, das auch in der Natur entsteht. Es ist ein wichtiger Bestandteil der Lufthülle, denn es gibt unserer Erde einen Wärmeschutzschild. Es lässt die Sonneneinstrahlung fast ungehindert durch und sorgt dafür, dass die von der Erde abgestrahlte Wärme nicht entweicht. Gäbe es diesen natürlichen Treibhauseffekt nicht, würde die Erde auf durchschnittlich −18 °C abkühlen.

Durch die Verbrennung von Kohle, Erdgas, Heizöl, Dieselöl und Benzin wird aber zusätzlich Kohlenstoffdioxid erzeugt. Dadurch wird das Gleichgewicht zwischen Abstrahlung und Speicherung gestört. Das führt zur ständigen weiteren Erwärmung der Erde.
Die Hauptverursacher dieser Störung des Wärmegleichgewichts sind Kraftwerke, Straßenverkehr, Industriefeuerungen und Haushalte.

Wenn der Kohlenstoff bei der Verbrennung zu wenig Sauerstoff erhält, entsteht das Gas Kohlenstoffmonooxid (CO). Es ist schon in kleinen Mengen sehr giftig.

Stickstoffoxide (NO_x)

Stickstoffoxide entstehen aus dem Stickstoff der Luft bei Verbrennungen mit hohen Temperaturen. Kraftwerke, Kraftfahrzeug- und Flugzeugmotoren tragen so zur Smogbildung und zum sauren Regen bei.

Es kamen von 1000 t	NO_x	CO_2	SO_2
① Energiewirtschaft	231 t	458 t	665,5 t
② Verarbeitendes Gewerbe	64 t	127 t	151 t
③ Verkehr	575 t	201 t	3,5 t
④ Haushalte	63 t	146,5 t	131,5 t
⑤ Gewerbe, Handel, Dienstleistungen	67 t	67,5 t	48,5 t
insgesamt wurden erzeugt (in Tsd. t)	1215 t	799 359 t	426 t

1 Verursacher beim Ausstoß von Nichtmetalloxiden (Stand 2006)

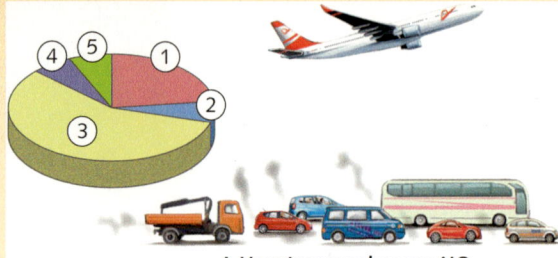

A Hauptverursacher von NO_x

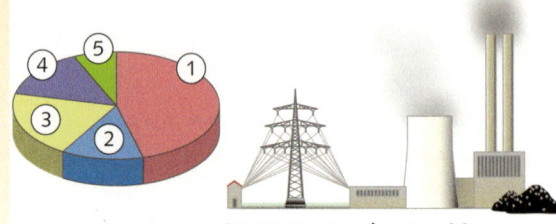

B Hauptverursacher von CO_2

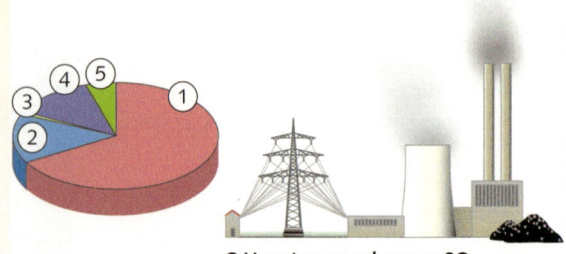

C Hauptverursacher von SO_2

2 Verteilung der Emissionen

Energieumsätze bei Stoffveränderungen

Gefahren durch gasförmige Oxide

Streifzug

Schwefeldioxid (SO$_2$)

Farbloses, stechend riechendes Gas, schwerer als Luft; entsteht bei der Verbrennung schwefelhaltiger Stoffe, vor allem bei Kohle; Hauptverursacher des „Smog"; verbindet sich beim Einatmen mit der Feuchtigkeit der Schleimhäute zu schwefelhaltiger Säure; verursacht Hustenreiz und Rachenschmerzen; Neutralisierung der schwefligen Säure an den Schleimhäuten durch schwache Lauge möglich

Kohlenstoffdioxid (CO$_2$)

Farbloses, geruchloses Gas; schwerer als Luft; entsteht bei allen Verbrennungsvorgängen mit Kohlenstoff, aber auch bei Gärprozessen (Weinkeller, Grünfutter-Silo); verbindet sich in der Lunge mit roten Blutkörperchen, Sauerstofftransport wird damit erschwert oder unterbunden; lähmt bei einer Konzentration von 40 % in der eingeatmeten Luft in Sekunden lebenswichtige Zentren des Körpers; löst sich beim Einatmen von reinem Sauerstoff wieder von den roten Blutkörperchen

Kohlenstoffmonooxid (CO)

Geruchloses Gas, leichter als Luft; entsteht bei Verbrennungsvorgängen, bei denen nicht genug Sauerstoff vorhanden ist; ist auch im Auspuffgas von Benzinmotoren bis zu 5 % enthalten; schon bei 1% Konzentration in der eingeatmeten Luft nach einer Stunde lebensgefährlich; innere Erstickung, da sich die roten Blutkörperchen mit CO verbinden und keinen Sauerstoff mehr transportieren können; erst nach Blutaustausch ist Sauerstofftransport wieder möglich

---

KRAFT, Markus

Symptome: klagt über Rachenschmerzen, Übelkeit, Hustenreiz; Schleimhäute im Rachen- und Nasenraum stark gerötet

Ursache: Einatmung von Schwefeldioxiddämpfen beim Schwefeln von Weinfässern

Diagnose: Vergiftungserscheinungen durch Schwefeldioxid; Reizungen der Schleimhäute durch Säurebildung

Therapie: Säure an den Schleimhäuten neutralisieren durch Besprühen der Schleimhäute mit schwacher Lauge

BAR, Dag

Symptome: klagt über Druckgefühle im Kopf und über Schwindelanfälle; stark beschleunigter Atem

Ursache: Arbeit im Gärsilo ohne Schutzvorrichtung

Diagnose: Vergiftungserscheinungen durch Kohlenstoffdioxid

Therapie: Sauerstoffinhalation und künstliche Beatmung; Einweisung ins Krankenhaus

FREES, Arndt

Symptome: klagt über starke Kopfschmerzen, Augenflimmern und heftigen Brechreiz; auffallend helle Haut

Ursache: Arbeiten am Auto in der Garage bei laufendem Motor

Diagnose: Vergiftungserscheinungen durch Kohlenstoffmonooxid

Therapie: Bluttransfusion; Einweisung ins Krankenhaus

Blut

Der normale Mensch hat zwischen 5 und 7 Liter Blut in seinem Körper. Es wird im Knochenmark durch Zellteilung immer wieder neu gebildet. Die wichtigsten Bestandteile des Blutes, die roten und die weißen Blutkörperchen, haben nur eine beschränkte Lebensdauer. Die weißen Blutkörperchen leben 4 bis 10 Tage. Sie fressen die Fremdkörper und Krankheitserreger im Blut. Die roten Blutkörperchen leben etwa 120 Tage. Sie enthalten **Hämoglobin**.
Der eingeatmete Sauerstoff verbindet sich in der Lunge mit dem Hämoglobin der roten Blutkörperchen und wird dadurch in die einzelnen Körperzellen transportiert.
Die Gase CO$_2$ und CO verbinden sich, wenn sie eingeatmet werden, besser mit dem Hämoglobin als das Gas Sauerstoff.
Die Verbindung des Hämoglobins mit CO$_2$ kann wieder aufgelöst werden. Die roten Blutkörperchen sind dann wieder für den Transport des Sauerstoffs frei.
Die Verbindung des Hämoglobins mit CO kann nicht mehr aufgelöst werden. Der Sauerstofftransport ist blockiert.

Edel oder nicht?

🔍 **1. a)** Spanne den Brenner mit einer Klemme horizontal an einer Stativstange ein. Stelle das Stativ auf eine feuerfeste Unterlage. Gib etwas Kupferpulver in ein Ende eines etwa 50 cm langen Glasrohrs. Puste das Pulver in die rauschende Flamme des Brenners. Was geschieht dabei?
b) Wiederhole Versuch a) erst mit Eisenpulver, dann mit Aluminiumpulver und zuletzt mit Magnesiumpulver. Achte darauf, dass die Pulver etwa gleiche Korngröße haben. Beobachte jeweils die Reaktion.
c) Ordne die Metalle danach, wie heftig sie in der Brennerflamme mit dem Sauerstoff reagiert haben.

1 Welches Metall reagiert am besten?

📝 **2. a)** Informiere dich über Edelmetalle und ihre Verwendung.
b) Finde eine Erklärung für den Begriff „Edelmetall".

Unedle Metalle
Metalle, die sich leicht mit Sauerstoff verbinden, heißen **unedle Metalle.** Sie bilden an der Luft eine Oxidschicht und können sogar verbrennen. Je besser ein Metall mit Sauerstoff reagiert, desto unedler ist es.
Metalle können danach geordnet werden, wie gut sie mit Sauerstoff reagieren. Daraus ergibt sich die **Oxidationsreihe der Metalle.** Am Anfang der Oxidationsreihe stehen diejenigen Metalle, die sehr heftig mit Sauerstoff reagieren, also die unedlen Metalle.

Edelmetalle
Metalle, die kaum oder gar nicht mit Sauerstoff reagieren, heißen **Edelmetalle.** Ihre Oberfläche überzieht sich nicht mit einer Oxidschicht. Diese Metalle behalten ihren typischen Glanz. Deshalb werden Edelmetalle wie Gold und Platin als Schmuckmetalle verwendet.
In der Oxidationsreihe stehen die Edelmetalle rechts.

2 Der Glanz bleibt.

unedel → edel

Magnesium — Aluminium — Zink — Eisen — Kupfer — Silber — Platin — Gold

großes ... ... Bestreben, sich mit Sauerstoff zu verbinden ... geringes ...

3 Oxidationsreihe der Metalle

Energieumsätze bei Stoffveränderungen

Heiß und heftig!

Die Trennscheibe des Winkelschleifers dreht sich mit sehr hoher Drehzahl. Sie frisst sich in den Stahlträger und reißt dabei Stahlteilchen heraus. Wegen der Reibung zwischen Trennscheibe und Stahlträger werden die Stahlteilchen sehr heiß. Dabei reagieren sie mit dem Sauerstoff der Luft. Sie oxidieren und glühen auf, während sie von der Trennscheibe mit hoher Geschwindigkeit weggeschleudert werden. Nach Durchtrennung des Stahlträgers sind die Schnittkanten noch so heiß, dass ein Berühren mit der Hand zu Verbrennungen führt.

1. Warum trägt der Arbeiter Schutzkleidung?

2. Finde ein weiteres Beispiel, bei dem durch Bearbeiten von Stahl glühende Teilchen wegfliegen.

Werden brennbare Stoffe stark zerkleinert, so wird die Oberfläche vergrößert. Damit wird auch die Kontaktfläche mit dem Sauerstoff der Luft größer. Das führt dazu, dass schon durch einen Funken eigentlich harmlose Stoffe wie Mehl oder Staub sehr heftig verbrennen können – manchmal sogar explosionsartig.

Mehlstaub wirkte wie 20 Tonnen Sprengstoff

Meterweit geschleuderte Gesteinsbrocken, eingestürzte Hauswände, hunderte von eingedrückten Fensterscheiben, dichter Qualm und Brandgeruch, so sah noch 14 Stunden nach dem verheerenden Explosionsunglück die Umgebung der Bremer Rolandmühle am Holz- und Fabrikhafen aus. Die schwerste Explosion, die nach Kriegsende in der Hansestadt zu verzeichnen war, hat wahrscheinlich 14 Todesopfer gefordert.

Vor dem Start wird die Rakete mit flüssigem Wasserstoff und flüssigem Sauerstoff betankt. Der Wasserstoff dient als Treibstoff, der mithilfe des reinen Sauerstoffs verbrennt.

3. Informiere dich über den Aufbau von Feststoffraketen.

4. Warum wird das Benzin im Verbrennungsraum des Motors eingespritzt und fein zerstäubt?

Elemente und Verbindungen

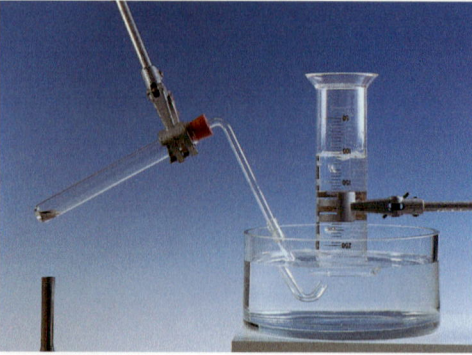

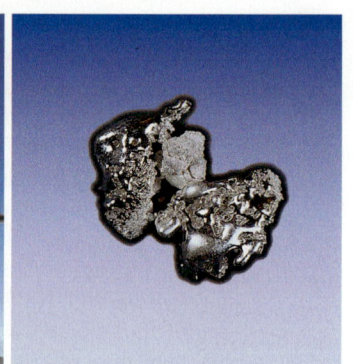

1 Silberoxid wird erhitzt.   Es entstehen ein Gas…   … und ein fester Stoff.

🔍 **1. a)** Erhitze schwarzes Silberoxid-Pulver in einem schwer schmelzbaren Reagenzglas. Dabei entsteht ein metallisch glänzender Stoff. Halte dann einen glimmenden Holzspan in das Reagenzglas.
b) Welche beiden Stoffe sind bei dieser Reaktion entstanden?

📖 **2.** Was ist der Unterschied zwischen einem Element und einer Verbindung?

📖 **3.** Ordne folgende Stoffe in einer Tabelle nach Element und Verbindung: Schwefel, Kohlenstoffdioxid, Zink, Holz, Eisenoxid, Holzkohle, Zucker, Fett, Silber.

Silberoxid lässt sich zerlegen
Silberoxid ist ein schwarzer Feststoff. Es ist ein Reinstoff, der sich durch die üblichen Trennverfahren wie Filtrieren oder Sedimentieren nicht weiter zerlegen lässt.
Wird das Silberoxidpulver jedoch kräftig erhitzt, entsteht daraus eine glühende Kugel. Außerdem entsteht ein Gas. Wie die Glimmspanprobe zeigt, handelt es sich um Sauerstoff. Die erkaltete Kugel glänzt silbern und lässt sich leicht mit einem Hammer verformen – es ist Silber.

Elemente und Verbindungen
Beim Erhitzen wurde das Silberoxid durch eine chemische Reaktion in die beiden Stoffe Silber und Sauerstoff zerlegt. Diese lassen sich durch andere chemische Reaktionen oder Trennverfahren nicht weiter zerlegen. Solche Stoffe heißen Grundstoffe oder chemische **Elemente**.
Stoffe wie das Silberoxid, die sich durch chemische Reaktionen wieder in die Elemente zerlegen lassen, heißen **Verbindungen**.

Thermolyse
Die Zerlegung einer Verbindung durch Erhitzen wie hier beim Silberoxid ist eine **Thermolyse**.

Analyse und Synthese
Die Herstellung der Verbindung Silberoxid aus den Elementen Silber und Sauerstoff ist eine **Synthese**. Die Zerlegung einer solchen Verbindung wird auch **Analyse** genannt. Die Synthese und Analyse lassen sich am Beispiel von Silber, Iod und Silberiodid (Bilder 2 und 3) gut zeigen.

■ Elemente sind Reinstoffe, die sich durch chemische Reaktionen nicht weiter zerlegen lassen. Verbindungen lassen sich durch chemische Reaktionen in Elemente zerlegen.

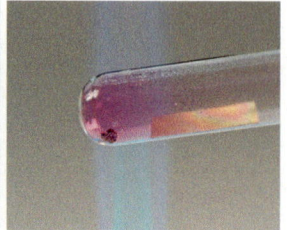

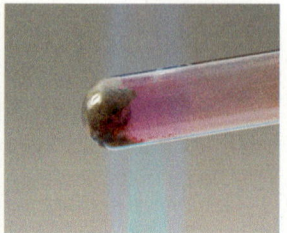

2 Synthese von Silberiodid aus Silber und Iod   3 Analyse von Silberiodid, Silber und Iod entstehen.

Energieumsätze bei Stoffveränderungen

Es gibt nur wenige Elemente
Bisher wurden über einhundert Elemente entdeckt. Das ist sehr wenig im Vergleich zur Anzahl der Verbindungen. Einige Elemente hast du schon kennengelernt: Metalle wie Silber, Magnesium, Aluminium, Eisen und Kupfer oder Nichtmetalle wie Schwefel und Kohlenstoff. Das sind wie die Mehrzahl der Elemente Feststoffe. Gasförmige Elemente sind zum Beispiel Sauerstoff und Stickstoff.

Es gibt zahllose Verbindungen
In der Natur kommen nur wenige Elemente auch als Elemente vor. Fast alle Stoffe, die in der Natur zu finden sind, sind Verbindungen aus mehreren Elementen. Das trifft auf Gesteine und Mineralien ebenso zu wie auf die Pflanzen und alle bekannten Nahrungsmittel. Auch Erdöl, Erdgas, Farbstoffe, Kunststoffe und Arzneimittel sind Verbindungen. Und täglich kommen neue Verbindungen hinzu, die in den Chemielabors hergestellt werden.

■ Die Zahl der bekannten Elemente beträgt über einhundert. Die Zahl der Verbindungen geht in die Millionen.

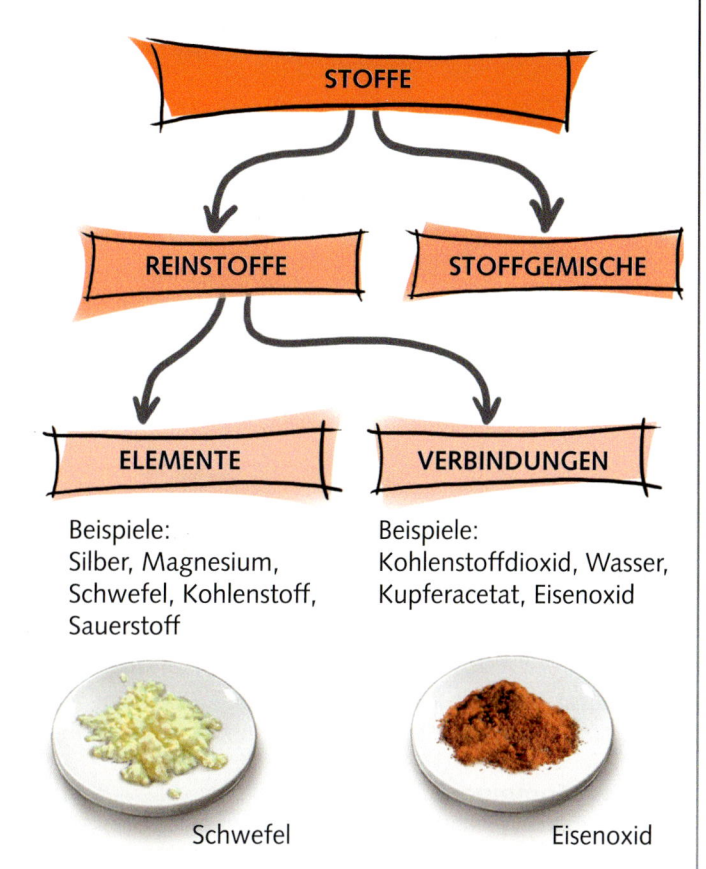

STOFFE
├── **REINSTOFFE**
│   ├── **ELEMENTE** — Beispiele: Silber, Magnesium, Schwefel, Kohlenstoff, Sauerstoff (Schwefel)
│   └── **VERBINDUNGEN** — Beispiele: Kohlenstoffdioxid, Wasser, Kupferacetat, Eisenoxid (Eisenoxid)
└── **STOFFGEMISCHE**

4 Einteilung der Stoffe

Lässt sich Blei in Gold umwandeln?

Im Mittelalter versuchten manche Alchimisten, Metalle wie Blei oder Kupfer in Gold umzuwandeln. Dies ist ihnen aber niemals gelungen. Heute ist bekannt, warum das nicht möglich ist. Blei und Gold sind Elemente. Ein Element lässt sich aber nicht in ein anderes Element umwandeln.

Allerdings entdeckten die Alchimisten bei ihren Versuchen viele neue chemische Reaktionen und dadurch auch neue Stoffe, zum Beispiel Phosphor und Schwefelsäure.

Manche Alchimisten verkauften ihre „Rezepturen zur Goldherstellung". Sie befanden sich aber fast immer auf der Flucht, denn nicht wenige wurden für die wertlosen Rezepturen mit dem Tode bestraft, wenn sie gefasst wurden.

5 Alchimisten beim Experimentieren

Energieumsätze bei Stoffveränderungen → S. 136/137

Daltons Atommodell

1. a) Demonstrationsversuch: Ein Gemisch aus 6 g Zink und 3 g Schwefel wird unter dem Abzug auf einer feuerfesten Platte entzündet.
b) Beschreibe deine Beobachtungen und erkläre sie.

2. Erkläre, warum es sich bei Daltons Überlegungen zum Aufbau der Stoffe um eine Modellvorstellung handelt.

3. Was passiert bei einer chemischen Reaktion mit den Atomen?

4. Welche fünf Aussagen machte Dalton über die Atome?

5. Welche Aussage kannst du über die Masse und Größe der Atome der verschiedenen Elemente machen?

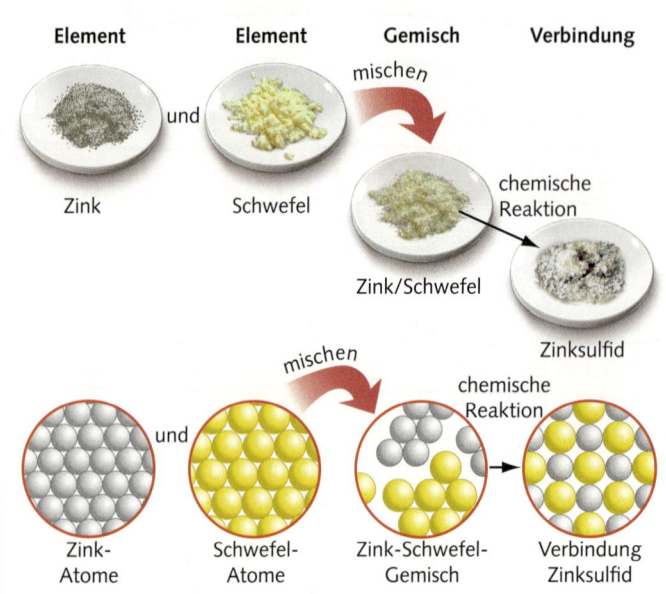

1 Chemische Reaktion als Umgruppierung von Atomen

Daltons Atommodell

Zu Beginn des 19. Jahrhunderts suchte der englische Naturforscher John Dalton (1766–1844) nach einer Erklärung für das Verhalten von Stoffen bei chemischen Reaktionen.

Aufgrund seiner Beobachtungen entwickelte er eine Modellvorstellung über die kleinsten Teilchen. Diese nannte er **Atome.** Das griechische Wort „atomos" bedeutet „unteilbar".

Über die Atome machte Dalton folgende Aussagen:

1. Alle Stoffe sind aus kleinsten, kugelförmigen Teilchen, den Atomen, aufgebaut.

2. Atome sind unveränderbar und unteilbar.

3. Alle Atome eines Elements haben gleiche Größe und Masse.

4. Die Atome unterschiedlicher Elemente unterscheiden sich in ihrer Größe und Masse. Es gibt genau so viele Atomarten, wie es Elemente gibt.

5. Bei einer chemischen Reaktion bleiben die Atome erhalten. Sie werden neu angeordnet.

Atome werden umgeordnet

Wie schwer und wie groß ein Atom ist, konnte Dalton noch nicht ermitteln. Aber sein Atommodell eignet sich gut, den Aufbau von Elementen und Verbindungen zu beschreiben. Die Vorgänge bei chemischen Reaktionen werden dabei als Umgruppierung von Atomen beschrieben. Das kann am Beispiel von Zink und Schwefel gezeigt werden.

Zink und Schwefel reagieren zu Zinksulfid. Das Metall Zink besteht aus Zinkatomen, das Nichtmetall Schwefel aus Schwefelatomen. In beiden Feststoffen sind die Atome regelmäßig angeordnet. Bei der Reaktion werden sowohl die Zink- als auch die Schwefelatome durch die zugeführte Energie angeregt, sich neu zu ordnen. Sie bilden nun zusammen die Verbindung Zinksulfid.
Bei einer chemischen Reaktion entstehen also keine neuen Atome. Es werden auch keine Atome zerstört. Die bereits in den Ausgangsstoffen vorhandenen Atome werden nur getrennt und ordnen sich neu. Sie bilden nach der Umgruppierung den neuen Stoff.

2 Atommodell von Dalton

Energieumsätze bei Stoffveränderungen

DALTONS Atommodell und die Anordnung der Atome

🔍 **1.** Baue mit Zellstoffkugeln die Modelle folgender Stoffe: Stickstoff, Kohlenstoffdioxid, Eisen, Argon.

🔍 **2.** Baue mit Zellstoffkugeln ein Modell der Verbindung Magnesiumoxid. Du benötigst dazu 32 kleine, weiße und 32 große, weiße Zellstoffkugeln, rote Wasserfarbe und Klebstoff. Male die 32 großen Kugeln rot an. Fertige wie in Bild 2 drei Schichten mit jeweils 8 roten und 8 weißen Kugeln an.

📖 **3.** Zeichne
a) das Teilchenmodell von Kupfer.
b) die Modelle der gasförmigen Verbindung Kohlenstoffmonooxid und des Feststoffs Eisenoxid.

Die Anordnung der Atome in den Elementen
Die Atome ordnen sich in den Stoffen unterschiedlich an. In Gasen können sich kleinste Teilchen unabhängig voneinander bewegen. Die kleinsten Teilchen der Edelgase sind die **Edelgasatome**.

In anderen gasförmigen Elementen wie Sauerstoff oder Stickstoff bestehen die kleinsten Teilchen aus zwei oder mehr miteinander verbundenen Atomen. Solche Teilchen heißen **Moleküle**.

In elementaren Feststoffen wie Eisen und Phosphor liegen viele Atome dicht nebeneinander. Sie sind an festen Plätzen regelmäßig angeordnet und bilden einen **Atomverband**.

Die Anordnung der Atome in Verbindungen
In der gasförmigen Verbindung Kohlenstoffdioxid ist jeweils ein Kohlenstoffatom mit zwei Sauerstoffatomen zu einem Kohlenstoffdioxidmolekül verbunden.

Wasser und andere Flüssigkeiten bestehen ebenfalls aus Molekülen. Im Wassermolekül sind jeweils zwei Wasserstoffatome und ein Sauerstoffatom miteinander verbunden.

Auch Feststoffe wie Magnesiumoxid oder Kupfersulfat sind Verbindungen, die aus zwei oder mehr Atomarten aufgebaut sind. Die Atome sind darin regelmäßig angeordnet und nehmen feste Plätze ein.

■ Edelgase bestehen aus einzelnen Atomen. Andere gasförmige Elemente und Verbindungen bestehen aus Molekülen. Auch flüssige Verbindungen bestehen aus Molekülen. In Feststoffen sind die Atome regelmäßig angeordnet und bilden Atomverbände.

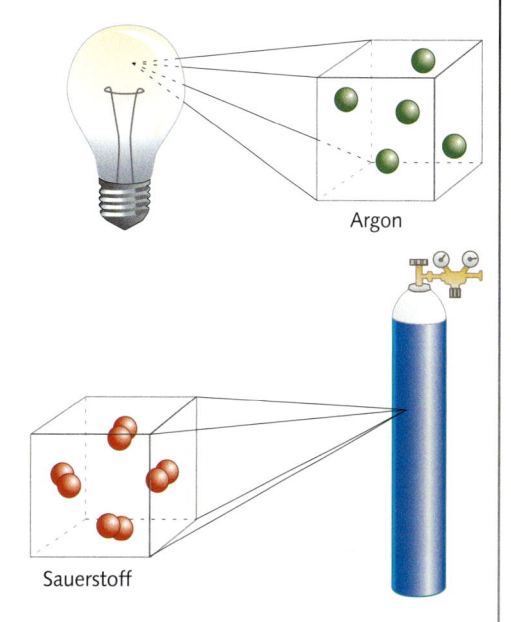

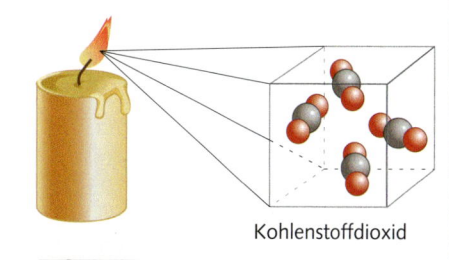

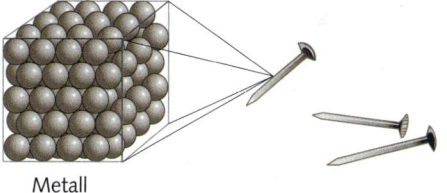

Argon

Sauerstoff

Kohlenstoffdioxid

Metall

1 Atommodelle verschiedener Stoffe

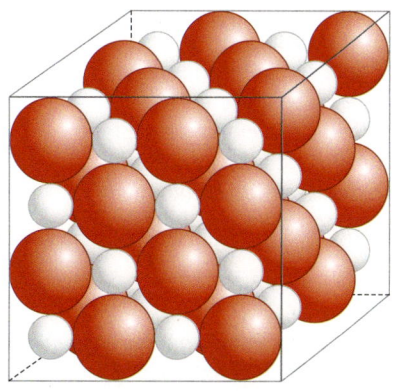

2 Atomverband von Magnesiumoxid

Energieumsätze bei Stoffveränderungen → S. 136/137

Die Masse bleibt erhalten

📖 **1.** Überlege dir, wie folgende Versuche ablaufen würden.
a) Vier Streichhölzer werden in ein Reagenzglas gegeben und mit der Brennerflamme erhitzt. Das Reagenzglas wird vor und nach der Reaktion gewogen. Welches Ergebnis erwartest du?
b) Ein Büschel Eisenwolle wird gewogen, dann entzündet und nach dem Verbrennen wieder gewogen. Welches Ergebnis erwartest du jetzt?
c) Begründe deine Vermutungen.

🔍 **2. a)** Gib in ein Reagenzglas 4 Streichhölzer. Verschließe das Reagenzglas mit einem Luftballon und wiege es. Erhitze das Reagenzglas in der Brennerflamme. Lass nach beendeter Reaktion alles abkühlen und wiege erneut.
b) Gib in ein Reagenzglas Eisenwolle. Verschließe es mit einem Luftballon und wiege es. Erhitze das Reagenzglas mit kräftiger Flamme. Lass nach beendeter Reaktion alles abkühlen und wiege erneut.
c) Vergleiche mit den Vermutungen aus Aufgabe 1.

📖 **3. a)** Welche Aufgabe hat der Luftballon in den Versuchen 2 a) und b)?
b) Fasse die Ergebnisse der Versuche 1 und 2 zusammen.

📖 **4.** Wie viel Gramm Eisensulfid entstehen, wenn 100 g Eisen und 57,45 g Schwefel vollständig miteinander reagieren?

📖 **5.** Aus Sauerstoff und 30,15 g Magnesium sollen 50 g Magnesiumoxid hergestellt werden. Berechne die benötigte Sauerstoffmenge.

Lavoisier erklärt die Verbrennung

Vor über zweihundert Jahren versuchte der französische Chemiker Antoine L. de Lavoisier (1743–1794) den Vorgang der Verbrennung mithilfe der Massen der beteiligten Stoffe zu erklären. Wie zu erwarten, erhielt er dabei unterschiedliche Ergebnisse. Beim Verbrennen einer Kerze stellte er einen Massenverlust fest, weil gasförmige Verbrennungsprodukte entweichen. Bei der Oxidation eines Metalls nimmt die Masse dagegen zu.

Lavoisier wollte ausschließen, dass bei der Verbrennung ein Stoff unbemerkt verloren geht oder hinzukommt. Deshalb führte er die Versuche jeweils in einem verschlossenen Gefäß durch. So konnte während der Reaktion nichts mehr verlorengehen und nichts hinzukommen.

Die Masse bleibt unverändert

Das Ergebnis dieser Untersuchungen war immer das gleiche. Die Gesamtmasse der reagierenden Stoffe war immer genauso groß wie die Gesamtmasse der Produkte. Diese Erkenntnis wird als das **Gesetz von der Erhaltung der Masse** bezeichnet.
Das lässt sich natürlich auch mithilfe von Daltons Atommodell erklären: Bei einer chemischen Reaktion geht kein Atom verloren. Es entstehen auch keine neuen Atome, sondern die Atome ordnen sich neu an.

■ Gesetz von der Erhaltung der Masse: Bei einer chemischen Reaktion ist die Masse der Ausgangsstoffe genauso groß wie die Masse der Reaktionsprodukte.

Elementsymbole

📝 **1.** Wo werden im Alltag Symbole zur Information eingesetzt?

📝 **2.** Welche Symbole werden im Chemielabor verwendet? Nenne fünf dieser Symbole und erkläre ihre Bedeutung.

📖 **3.** Nenne Vorteile der Elementsymbole von Berzelius gegenüber Daltons Elementsymbolen.

📖 **4.** Wie heißen die Elemente, die mit den folgenden Symbolen abgekürzt werden: Cu, O, N, S?

📖 **5.** Wie heißen die Verbindungen, die durch folgende Formeln beschrieben werden: FeO, MgO, CO_2?

📖 **6.** Warum ist es sinnvoll, chemische Reaktionen durch Elementsymbole darzustellen?

📝 **7.** Manche Elemente wurden nach bekannten Naturwissenschaftlern oder nach Ländern benannt. Suche dafür Beispiele mithilfe deines Schulbuches, eines Lexikons oder des Internets.

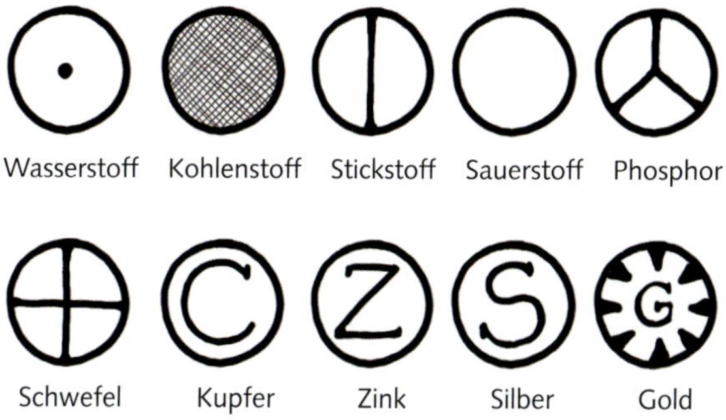

1 Elementsymbole nach Dalton

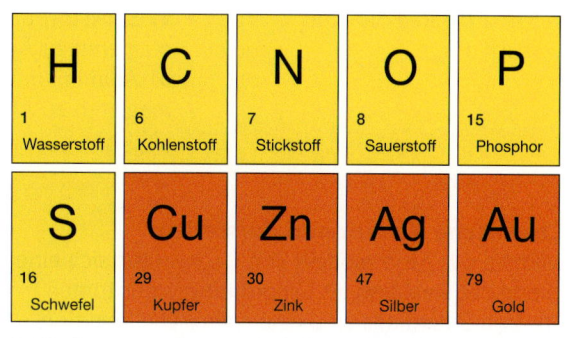

2 Die heutigen Elementsymbole sind international.

Elementsymbole

Die Alchimisten des Mittelalters wollten ihr Wissen für sich behalten. Sie versahen ihre Aufzeichnungen mit Geheimzeichen, damit kein Fremder sie lesen konnte. Später bemühten sich die Chemiker, einheitliche Zeichen zu entwickeln, die jeder verstehen konnte. Dalton ordnete deshalb jedem Element ein eigenes Elementsymbol zu (Bild 1). Manche dieser Symbole hatten auch schon die Alchimisten benutzt. Die heute gebräuchlichen Symbole für die Elemente gehen auf den schwedischen Chemiker Jöns Jakob Berzelius (1779–1848) zurück. Er schlug vor, von dem lateinischen oder griechischen Namen der Elemente auszugehen. Jeweils der erste Buchstabe oder der erste und ein weiterer Buchstabe bilden das Elementsymbol:

Kohlenstoff	**C**arboneum	C
Stickstoff	**N**itrogenium	N
Sauerstoff	**O**xygenium	O
Eisen	**F**errum	Fe
Kupfer	**Cu**prum	Cu
Silber	**A**rgentum	Ag
Blei	**P**lumbum	Pb

Alle Elementsymbole haben eine doppelte Bedeutung. Sie stehen sowohl für das Element als auch für das einzelne Atom.

Chemische Formeln

Auch für Verbindungen gibt es eine abgekürzte Schreibweise, die **chemische Formel**. Sie wird aus den Elementsymbolen gebildet. Kupferoxid ist aus Kupfer (Cu) und Sauerstoff (O) entstanden und hat die Formel CuO.

Durch eine solche Formel wird angegeben, in welchem Zahlenverhältnis sich die Atome der Elemente miteinander verbinden. Die Formel CuO bedeutet, dass sich im Kupferoxid die Kupfer- und Sauerstoffatome im **Atomzahlenverhältnis** 1:1 verbinden, im Bleioxid (PbO_2) sind die Atome im Verhältnis 1:2 verbunden.

Für Stoffe, die aus Molekülen aufgebaut sind, wird eine **Molekülformel** angegeben. Die Formel H_2O bedeutet, dass in einem Wassermolekül Wasserstoff- und Sauerstoffatome im Zahlenverhältnis 2:1 enthalten sind.

■ Elemente werden mit Elementsymbolen dargestellt. Verbindungen werden durch chemische Formeln beschrieben.

Einfache Reaktionsgleichungen

🔍 **1. a)** Entzünde etwas Stahlwolle und halte sie in ein Gefäß, das mit Sauerstoff gefüllt ist.
b) Notiere deine Beobachtungen und erstelle für diese Reaktion eine Wortgleichung.

📖 **2.** Nenne die Regeln für das Aufstellen einer Reaktionsgleichung in Symbolschreibweise.

📖 **3.** Stelle entsprechend wie in Bild 2 die Reaktion aus Versuch 1 dar.

📖 **4.** Erstelle folgende Reaktionsgleichung: Schwefel und Sauerstoff reagieren zu gasförmigem Schwefeldioxid (SO_2).

📖 **5.** Warum muss bei einer Reaktionsgleichung die Anzahl der Atome rechts und links des Reaktionspfeils gleich groß sein?

📝 **6.** Formuliere die Reaktionsgleichung in Symbolen für folgende Reaktionen:
a) Stickstoff und Wasserstoff reagieren zu Ammoniak (NH_3).
b) Aluminium und Sauerstoff reagieren zu Aluminiumoxid (Al_2O_3).

DALTONS Atommodell	Symbol-Schreibweise
2 Sauerstoffatome	2 O
1 Sauerstoffmolekül	1 O_2
2 Sauerstoffmoleküle	2 O_2

1 Vom Modell zur Symbolschreibweise

Chemische Reaktionen darstellen

Mithilfe des Atommodells von DALTON lässt sich eine chemische Reaktion als Umordnung von Atomen erklären. Allerdings wird eine chemische Reaktion nicht mit Atommodellen dargestellt, sondern mit Reaktionsgleichungen beschrieben. Der Vorteil davon ist, dass solche Reaktionsgleichungen international verständlich sind, weil ihre Schreibweise in allen Ländern gleich ist.

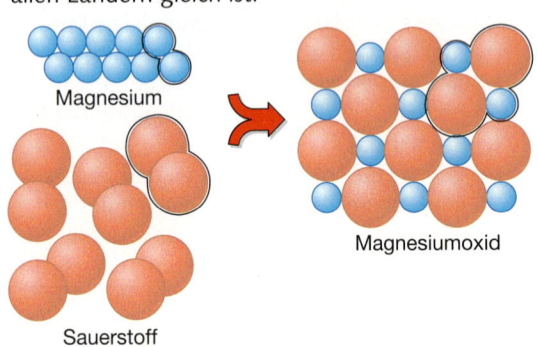

A Magnesium → Magnesiumoxid; Sauerstoff

B Magnesium + Sauerstoff ⟶ Magnesiumoxid
   2 Mg + O_2 ⟶ 2 MgO

2 Die Reaktion von Magnesium mit Sauerstoff.
A Modelle; **B** Reaktionsgleichung

■ Eine Reaktionsgleichung gibt die Ausgangs- und Endstoffe einer chemischen Reaktion mit Elementsymbolen wieder.

Aufstellen von Reaktionsgleichungen

Das Aufstellen von Reaktionsgleichungen ist nicht schwierig, wenn du nach folgenden Schritten vorgehst. Sie werden am Beispiel der Verbrennung von Wasserstoff mit Sauerstoff zu Wasser gezeigt:

1. Wortgleichung aufstellen

Wasserstoff + Sauerstoff → Wasser

2. Symbole und Formeln einsetzen

H_2 + O_2 ⇢ H_2O

3. Reaktionsgleichung einrichten

Die Gesamtzahl der Atome auf der linken und der rechten Seite vom Reaktionspfeil muss gleich groß sein. An den Formeln selbst darf nichts geändert werden. Nur die Anzahl der beteiligten Moleküle wird geändert.

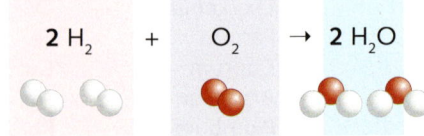

2 H_2 + O_2 → 2 H_2O

Nun stehen rechts und links des Reaktionspfeils jeweils vier Wasserstoffatome und zwei Sauerstoffatome.

🔵 Energieumsätze bei Stoffveränderungen → S. 136/137

Energieumsätze bei Stoffveränderungen

Chemische Reaktionen darstellen

Methode

Nach der Durchführung eines Versuches ist die Beschreibung des Reaktionsablaufes durch eine chemische Reaktionsgleichung ein wichtiger Bestandteil im Chemieunterricht.
Wie du vorgehen kannst, um auf verschiedene Weise eine chemische Reaktion zu beschreiben, lässt sich am Beispiel der Reaktion von Zink mit Schwefel gut zeigen.

Beschreibung einer chemischen Reaktion durch eine Zeichnung

Beschreibung einer chemischen Reaktion durch ein Foto

Beschreibung einer chemischen Reaktion durch eine Wortgleichung

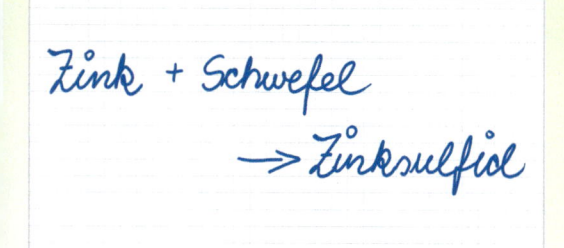

Zink + Schwefel → Zinksulfid

Beschreibung einer chemischen Reaktion durch Atommodelle

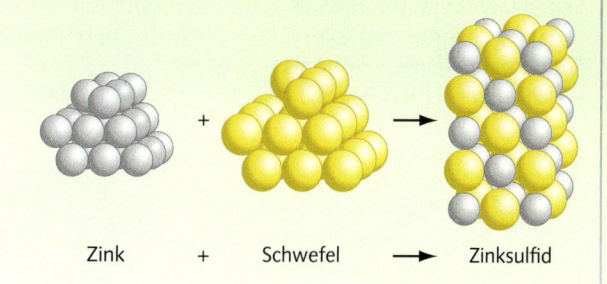

Zink + Schwefel → Zinksulfid

Beschreibung einer chemischen Reaktion durch Symbolschreibweise

$$Zn + S \rightarrow ZnS$$

🔍 **1.** Gib einen Spatel Schwefelpulver in ein Reagenzglas und spanne es fast waagerecht ein. Gib ein kleines Stück Kupferblech vorne in das Reagenzglas. Verschließe die Öffnung des Reagenzglases mit einem Luftballon. Erhitze zunächst das Kupferblech, bis es vorgewärmt ist. Erhitze dann den Schwefel, bis er verdampft und das Kupfer aufglüht. Entferne den Luftballon, sobald das Kupferblech nicht mehr glüht. Führe den Versuch durch und stelle ihn wie in den hier abgebildeten Beschreibungen dar.

Methode

Das Sachbuch hilft weiter

1. Was verstanden die Chemiker unter „Phlogiston"?

2. Erläutere die Phlogiston-Theorie in eigenen Worten.

3. Halte einen Kurzvortrag über die Arbeiten Lavoisiers.

Das Schulbuch klärt Fragen
Wenn du als Hausaufgabe eine Frage wie in Aufgabe 1 gestellt bekommst, erkennst du an der Formulierung, dass es sich um ein Thema aus der Chemie handelt. Darüber kannst du dich am besten in einem Chemiebuch informieren.
• Am Anfang des Buches befindet sich das **Inhaltsverzeichnis.** Es ist nach Teilgebieten gegliedert. Unter dem Begriff Phlogiston-Theorie findest du, was du suchst.
• Am Ende des Buches steht ein **Stichwortverzeichnis.** Es wird auch **Register** genannt. Dort sind alle Fachbegriffe nach dem Alphabet geordnet. Hinter jedem Begriff stehen Seitenzahlen, die angeben, auf welchen Seiten des Buches das gesuchte Wort auftaucht. Ein f. oder ff. hinter der Seitenzahl bedeutet, dass es sich um die genannte und folgende Seiten handelt. Hier steht also viel zum gesuchten Begriff.

Das Sachbuch berät
Zur 2. Aufgabe findest du in deinem Buch nichts. Hier eignet sich zur Recherche ein Fachbuch der Chemie mit Informationen zur Phlogiston-Theorie.
• Suche ein Buch, das sich mit diesem Thema auseinandersetzt. Frage Freunde oder suche in der Schulbücherei oder Leihbücherei nach einem Chemiebuch.
• Auch im Fachbuch findest du ein Inhaltsverzeichnis, das nach Teilgebieten geordnet ist.
• Am Ende des Buches steht auch hier ein Stichwortverzeichnis, das in alphabetischer Reihenfolge die Fachbegriffe aufführt. Die zugehörige Seitenzahl findest du hinter dem Begriff.
• In manchen Büchern gibt es zusätzlich ein **Glossar.** Es erklärt dir Fachbegriffe in alphabetischer Reihenfolge. Die Begriffe werden mithilfe eines kurzen Textes beschrieben.

Ein Lexikon gibt Auskunft
In einem Schülerlexikon ist Wissen auf engem Raum zusammengefasst. Je mehr Bände das Werk umfasst, desto vielfältiger und umfangreicher sind die Texte zu den einzelnen Begriffen.
• Lexika stehen in Büchereien.
• Auf den Buchrücken findest du den Bereich des Alphabets, den dieser Band umfasst. Suche also zuerst den richtigen Band heraus.
• Innerhalb des Buches stehen die Wörter in alphabetischer Reihenfolge.
• Beginne die Suche mit dem ersten Buchstaben des Begriffes, suche dann mithilfe des zweiten und so weiter. Hast du den Begriff gefunden, kann es sein, dass in der Erklärung vor einigen Wörtern → Pfeile stehen. Dann gibt es zu diesen Worten weitere Erläuterungen in diesem Lexikon.
• Häufig werden die Inhalte eines Lexikons auch auf CD angeboten.

Bilder betrachten und Text überfliegen

Wichtige Punkte aufschreiben

Unverständliche Begriffe markieren.

Energieumsätze bei Stoffveränderungen

Ein Irrweg der Chemie – die Phlogiston-Theorie

„Jeder brennbare Stoff enthält eine unsichtbare Substanz, die beim Verbrennen entweicht. Es ist das **Phlogiston**. Auch bei der Verbrennung von Metall entweicht diese Substanz."

So wurde vor 200 Jahren die Verbrennung erklärt. Das Verbrennen von Metallen hieß auch „Verkalken", die Verbrennungsprodukte wurden „Metallkalke" genannt. GEORG ERNST STAHL (1659–1731) hatte die Phlogiston-Theorie ausgearbeitet und im Jahr 1697 in einem umfassenden Werk veröffentlicht. Der Begriff Phlogiston kommt aus dem Griechischen und bedeutet „das Verbrannte". Als Wortgleichung geschrieben sah die Verbrennung von Eisen damit so aus:

Eisen ⟶ „Eisenkalk" + Phlogiston

Mit der Phlogiston–Theorie wurde nicht nur die Verbrennung erklärt, sondern auch die Gewinnung von Metallen aus „Metallkalken", etwa Eisen aus Eisenerz. Es musste nur das verloren gegangene Phlogiston wieder hinzugefügt werden, das zum Beispiel beim Verbrennen von Holzkohle entsteht:

„Eisenkalk" + Phlogiston ⟶ Eisen

Eine Theorie voller Widersprüche

Die Phlogiston-Theorie bestimmte fast 100 Jahre lang die chemische Wissenschaft. Doch es gab von Anfang an Widersprüche. So müssten eigentlich alle Verbrennungsprodukte durch die Abgabe von Phlogiston leichter werden. Die beim Verbrennen entstandenen „Metallkalke" waren jedoch schwerer als das Metall. Doch genaues Messen bei chemischen Experimenten war damals nicht üblich. Um die Theorie zu retten wurde behauptet, das Phlogiston habe eine negative Masse.
Die richtige Theorie der Verbrennung zu finden wäre damals aber gar nicht möglich gewesen. Der Sauerstoff war noch nicht entdeckt worden, und die Luft wurde als ein „passives Element" betrachtet, das nichts mit der Verbrennung zu tun hat.

LAVOISIER – der erste moderne Chemiker

Der französische Naturwissenschaftler ANTOINE LAURENT DE LAVOISIER hatte sich erst mit mathematischen und physikalischen Studien beschäftigt, bevor er sich der Chemie zuwandte. Er war daran gewöhnt, physikalische Gesetze durch genaues Messen zu prüfen. Er behielt diese Arbeitsweise bei, als er um das Jahr 1770 begann, die Verbrennung zu untersuchen.
LAVOISIER erkannte, dass der gerade entdeckte Sauerstoff und nicht das geheimnisvolle Phlogiston an der Verbrennung beteiligt ist. Er führte Versuche zur Verbrennung von Metallen durch, zum Beispiel mit Quecksilber. Mit seiner genauen Waage konnte er feststellen, um wie viel die Masse bei der Verbrennung zunahm.

Durch Erhitzen konnte er das Verbrennungsprodukt wieder in seine Bestandteile zerlegen. Dabei entstanden genauso viel Quecksilber und Sauerstoff, wie vorher miteinander reagiert hatten. Er schloss daraus, dass sich das Metall jeweils mit einer bestimmten Menge Sauerstoff verbindet. Die Verbrennung ist eine Reaktion mit Sauerstoff, das Verbrennungsprodukt ist ein Oxid! 1785 veröffentlichte LAVOISIER die Theorie zur Oxidation.

1 Das Ehepaar LAVOISIER (Gemälde aus dem Jahr 1788)

Auch das Gesetz der Erhaltung der Masse geht auf diese Untersuchungen zurück. Damit gilt Lavoisier als Begründer der modernen Chemie.

1. a) Beschreibe die Bildung von Kupferoxid aus den Elementen als Wortgleichung.
b) Schreibe diese Reaktion im Sinne der Phlogiston-Theorie.

2. Halte einen kurzen Vortrag über das Leben von LAVOISIER.

MARIE LAVOISIER war die wichtigste Mitarbeiterin. Sie schrieb die Laborberichte und fertigte Zeichnungen für Veröffentlichungen an.

Reaktionen und Energie

3. a) Gib blaues Kupfersulfat in ein Reagenzglas. Erhitze es vorsichtig über der blauen Brennerflamme. Halte das Reagenzglas immer nur kurz in die Flamme. Notiere deine Beobachtungen.
b) Gib einen Spatel weißes Kupfersulfat in ein Reagenzglas, das in einem Reagenzglasständer steht. Stelle ein Thermometer hinein und lies die Temperatur ab. Tropfe Wasser hinzu. Lies wieder die Temperatur ab und notiere deine Beobachtungen.

1 Ein Streichholz wird entzündet.

1. a) Ein Streichholz kannst du durch Reiben zum Brennen bringen. Überlege, auf welche Weise du es noch entzünden kannst. Plane dazu Versuche und führe sie durch.
b) Was haben alle Versuche gemeinsam?

2. a) Was verstehst du unter dem Begriff Aktivierungsenergie?
b) Bild 2 kann als Modell für die Aktivierungsenergie dienen. Begründe dies.

4. a) Erkläre die Begriffe endotherm und exotherm.
b) Beschreibe die Abläufe der endothermen und exothermen Reaktion in Bild 5 mit eigenen Worten.

Die Aktivierungsenergie

Damit chemische Reaktionen stattfinden können, müssen Stoffe vorhanden sein, die miteinander reagieren können, zum Beispiel das Holz eines Streichholzes und der Sauerstoff der Luft. Im Streichholzkopf oder im Schwarzpulver einer Feuerwerksrakete sind Ausgangsstoffe bereits miteinander vermischt.

Damit aber eine chemische Reaktion ausgelöst wird, muss zunächst Energie zugeführt werden. Dafür genügt beim Streichholzkopf bereits die Wärme, die beim Reiben an der Reibfläche entsteht. Das Schwarzpulver in der Feuerwerksrakete kann mithilfe der Wärme der Streichholzflamme entzündet werden.

Diese Energie, die benötigt wird, um eine chemische Reaktion überhaupt erst auszulösen, heißt **Aktivierungsenergie.** Ohne Aktivierungsenergie findet keine chemische Reaktion statt. Bei vielen Vorgängen wie beim Rosten von Eisen reicht als Aktivierungsenergie bereits die Wärme der Luft aus.

■ Damit eine chemische Reaktion ausgelöst werden kann, muss Energie zugefügt werden. Sie heißt Aktivierungsenergie.

2 Die Kugel kann ohne zusätzliche Energie nicht losrollen.

Energieumsätze bei Stoffveränderungen → S. 136/137

Energieumsätze bei Stoffveränderungen

3 Endotherme Reaktion beim Grillen

4 Exotherme Reaktion bei der Grillkohle

Endotherme Reaktion

Wenn du ein Spiegelei zubereitest oder Zucker karamellisierst, musst du längere Zeit erhitzen. Ohne ständige Wärmezufuhr können die dazu nötigen chemischen Reaktionen nicht ablaufen. Solche Reaktionen heißen **endotherme Reaktionen**. Auch die Umwandlung von blauem, wasserhaltigem Kupfersulfat in weißes, wasserfreies Kupfersulfat ist eine endotherme Reaktion.

■ Eine chemische Reaktion ist endotherm, wenn sie unter ständiger Wärmezufuhr aus der Umgebung abläuft.

Exotherme Reaktion

Hast du ein Streichholz entzündet, brennt es weiter, bis es abgebrannt ist. Die Reaktion setzt ständig Energie frei. Du siehst und spürst die freigesetzte Energie als Wärme und Licht.
Alle Reaktionen, bei denen Wärme freigesetzt wird, heißen **exotherme Reaktionen**.
Sämtliche Verbrennungen sind exotherme Reaktionen. Auch die Reaktion von weißem Kupfersulfat mit Wasser ist exotherm, denn auch dabei wird Wärme frei.

■ Eine chemische Reaktion ist exotherm, wenn sie unter Freisetzung von Wärme abläuft.

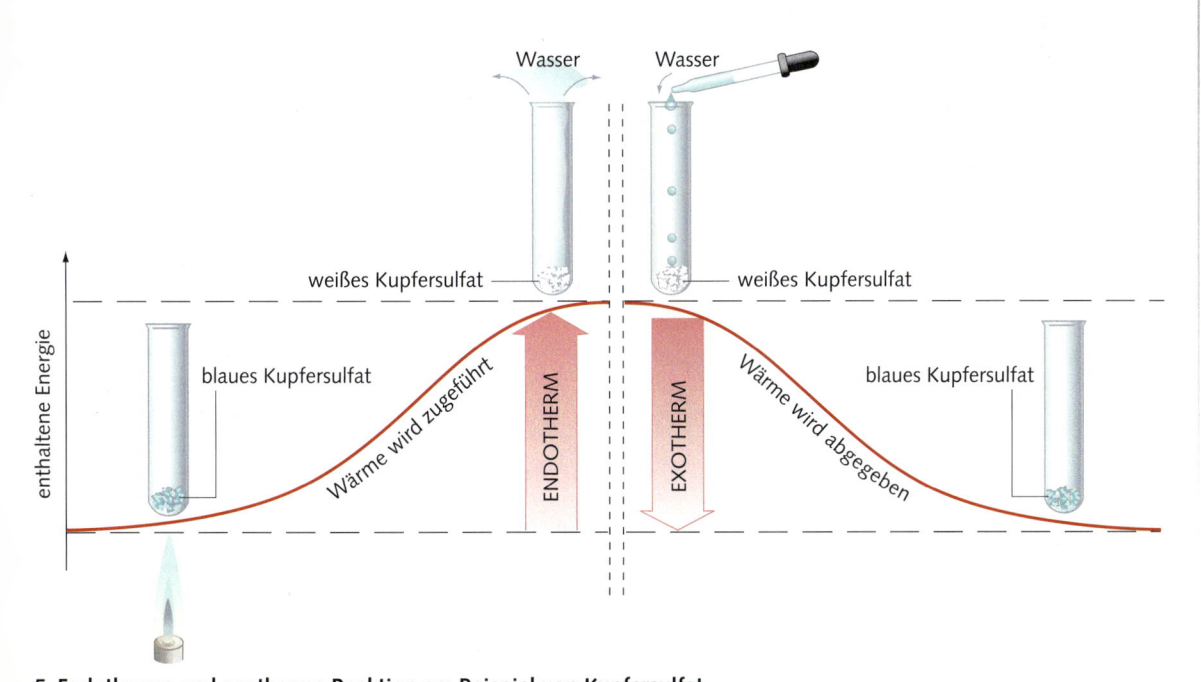

5 Endotherme und exotherme Reaktion am Beispiel von Kupfersulfat

Energieumsätze bei Stoffveränderungen → S. 136/137

Das Wärmekissen

1. a) Gib 20 ml Wasser und 200 g des Salzes Natriumacetat-Trihydrat in einen 500 ml-Weithals-Erlenmeyerkolben. Verschließe den Kolben locker mit Watte. Erwärme das Gemisch, bis alles Salz gelöst ist. Lass die Lösung auf Zimmertemperatur abkühlen, ohne den Kolben dabei zu bewegen.
b) Stelle ein Thermometer in die Lösung und rühre leicht um. Beobachte und lies die Temperatur ab.

2. Benutze ein Wärmekissen nach der Gebrauchsanleitung. Beschreibe, was passiert.

3. Beschreibe die Reaktionen aus Versuch 1 und die Vorgänge beim Wärmekissen in Versuch 2 mit den Begriffen exotherm und endotherm.

1 Wärmekissen A *vor dem Gebrauch;* B *während des Gebrauchs*

Wärmespeicher für unterwegs
Im Winter hilft ein Wärmekissen gegen kalte Hände. Du drückst an einer bestimmten Stelle und schon kannst du deine Hände wärmen. Was hat dies mit endothermen und exothermen Reaktionen zu tun? Das Wärmekissen enthält das Salz Natriumacetat-Trihydrat und etwas Wasser. Bevor es benutzt werden kann, wird es in siedendem Wasser erwärmt, bis der Inhalt flüssig geworden ist. Beim Abkühlen bleibt er flüssig und dadurch wird Energie gespeichert. Das Wärmekissen kann nun aufbewahrt werden, bis die gespeicherte Energie als Wärme gebraucht wird. Die Bildung der Kristalle wird durch das Knicken eines kleinen Metallstückes ausgelöst. Die vorher aufgenommene Wärme wird dabei wieder freigesetzt. Der Wärmekisseninhalt wird fest.

Fotosynthese und Atmung

Fotosynthese und Atmung
Energie aus dem Licht von der Sonne wird bei der Fotosynthese in den Blättern der Pflanzen genutzt, um aus Wasser und Kohlenstoffdioxid Traubenzucker und Sauerstoff herzustellen. Im Traubenzucker ist die Energie gespeichert.
Die in der Nahrung gespeicherte Energie versorgt bei allen Lebewesen viele Stoffwechselvorgänge. Sie wird unter anderem während der Zellatmung wieder freigesetzt.

4. Wo wird bei den Vorgängen der Fotosynthese und des Stoffwechsels der Lebewesen Energie zugeführt und wo wird Energie freigesetzt?

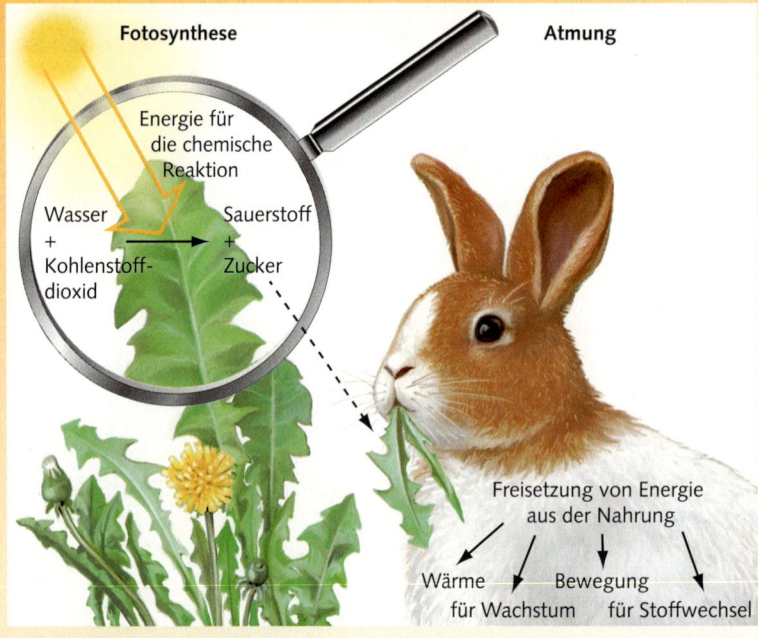

2 Fotosynthese und Atmung

Energieumsätze bei Stoffveränderungen

Der technische Kreislauf des Kalkes

🔍 **1.** Erhitze ein Stück Marmor längere Zeit mit der rauschenden, blauen Brennerflamme. Vergleiche danach seine Oberfläche mit der eines ungebrannten Marmorstücks.

🔍 **2.** Gib 2 cm hoch Branntkalk in ein Reagenzglas. Stelle ein Thermometer hinein und gib etwas Wasser hinzu. Beobachte die Veränderung.

📖 **3.** Welche Reaktionen im Kalkkreislauf sind endotherm, welche sind exotherm?

Kalk brennen
Um den Baustoff Kalkmörtel zu gewinnen, wird Kalkstein aus Steinbrüchen abgebaut. Kalkstein ist Calciumcarbonat, chemische Formel $CaCO_3$. Der Kalkstein wird zerkleinert und in großen Drehrohr-Öfen auf über 1000 °C erhitzt. Er zersetzt sich bei dieser Thermolyse. Kohlenstoffdioxid entweicht und aus dem Kalkstein entsteht **Branntkalk,** das ist Calciumoxid (CaO).

Kalk löschen
Ist der Branntkalk erkaltet, wird er mit einer bestimmten Menge Wasser versetzt. Dieser Vorgang wird als Löschen des Kalks bezeichnet. Bei dieser Reaktion verbindet sich der Branntkalk mit dem Wasser zu **Löschkalk,** das ist Calciumhydroxid $(Ca(OH)_2)$. Dabei wird Wärme frei. Der Löschkalk wird getrocknet, fein gemahlen, mit Sand vermischt und dann als Fertigmörtel verkauft.

Der Mörtel bindet ab
Auf der Baustelle wird der Fertigmörtel mit Wasser zu einem zähen Brei angerührt.
Dieser Mörtel wird an der Luft langsam fest, er bindet ab. Der Löschkalk aus dem Mörtel reagiert mit dem Kohlenstoffdioxid aus der Luft wieder zu Kalkstein. Beim **Abbinden** und Aushärten bildet sich zwischen den Sandkörnern ein verbindendes Geflecht aus Calciumcarbonatkristallen. Außerdem bildet sich Wasser.
Kalkmörtel wird nur an der Luft, nicht unter Wasser fest, daher heißt er auch **Luftmörtel.** Das ist der **technische Kreislauf des Kalkes.**

■ Der technische Kreislauf des Kalkes reicht vom Kalkstein über Brannt- und Löschkalk zum ausgehärteten Kalkmörtel. Das ist wieder Kalkstein.

Löschkalk reagiert mit Kohlenstoffdioxid zu Kalkstein ($CaCO_3$) und Wasser.

Löschkalk

Sand

Wasser

Branntkalk und Wasser werden zu Löschkalk $(Ca(OH)_2)$.

Kalkstein ($CaCO_3$) wird abgebaut.

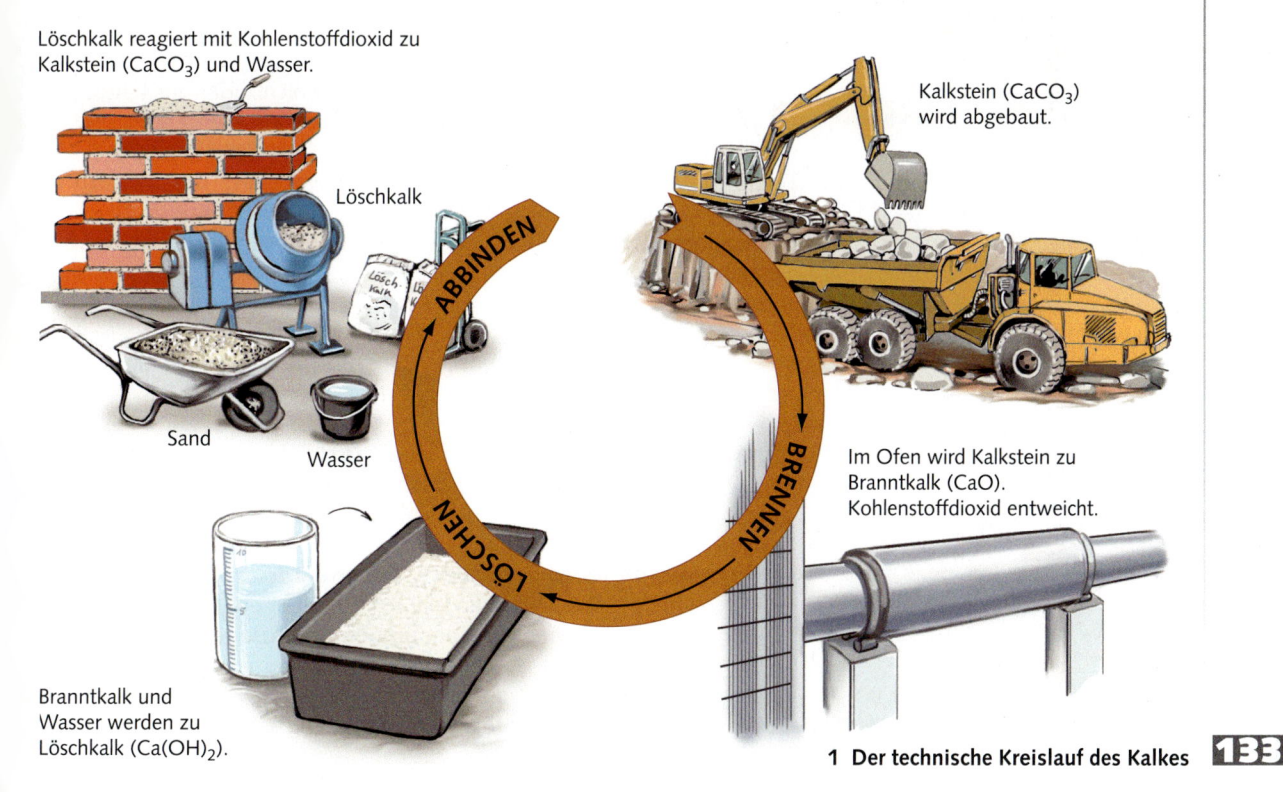

Im Ofen wird Kalkstein zu Branntkalk (CaO). Kohlenstoffdioxid entweicht.

1 Der technische Kreislauf des Kalkes

Auf einen Blick

Energieumsätze bei Stoffveränderungen

Voraussetzungen für ein Feuer
Damit ein Feuer brennen kann, müssen drei Bedingungen erfüllt sein. Brennmaterial, Sauerstoff und Entzündungstemperatur.

Chemische Reaktionen
Bei einer **chemischen Reaktion** bilden sich aus vorhandenen Stoffen neue Stoffe mit neuen Eigenschaften.
Bei einer **Verbrennung** verbindet sich ein Stoff mit Sauerstoff. Diese chemische Reaktion wird **Oxidation** genannt. Die Stoffe, die dabei entstehen, heißen **Oxide**.
Der Mensch braucht die Verbrennung zur Energiegewinnung. Die Verbrennungsprodukte **gefährden** jedoch Mensch und Umwelt.

Nichtmetalle reagieren mit Sauerstoff
Schwefel: fest, gelb, geschmacklos und ungiftig

Schwefeldioxid: gasförmig, giftig

Stickstoff: gasförmig, Hauptbestandteil der Luft

Stickstoffoxide: gasförmig, giftig

Kohlenstoff: kommt in reiner Form als Feststoff **Diamant** oder **Grafit** vor

Kohlenstoffdioxid: gasförmig, entsteht bei ausreichend vorhandenem Sauerstoff
Kohlenstoffmonooxid: gasförmig, entsteht bei Verbrennung unter Sauerstoffmangel, hoch giftig

Elemente und Verbindungen

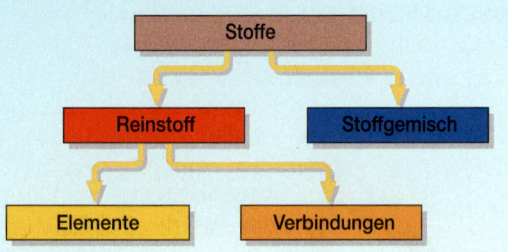

Stoffe → Reinstoff / Stoffgemisch
Reinstoff → Elemente / Verbindungen

Metalle reagieren mit Sauerstoff
In der **Oxidationsreihe der Metalle** sind die Metalle nach ihrer Fähigkeit geordnet, sich mit Sauerstoff zu verbinden. **Unedle Metalle** verbinden sich gut mit Sauerstoff. Sie stehen links in der Reihe. **Edle Metalle** verbinden sich gar nicht oder nur schwer mit Sauerstoff.

Symbole
Elemente werden durch **Elementsymbole,** Verbindungen durch eine **chemische Formel** dargestellt. Chemische Reaktionen werden durch **Reaktionsgleichungen** beschrieben.

DALTONS Atommodell
- Alle Stoffe bestehen aus Atomen.
- Alle Atome eines Elementes haben die gleiche Größe und Masse.
- Es gibt so viele Atomsorten, wie es Elemente gibt.
- Bei einer chemischen Reaktion werden die Atome umgeordnet.

Gesetz der Erhaltung der Masse
Bei einer chemischen Reaktion ist die Masse der Ausgangsstoffe immer gleich der Masse der Endprodukte.

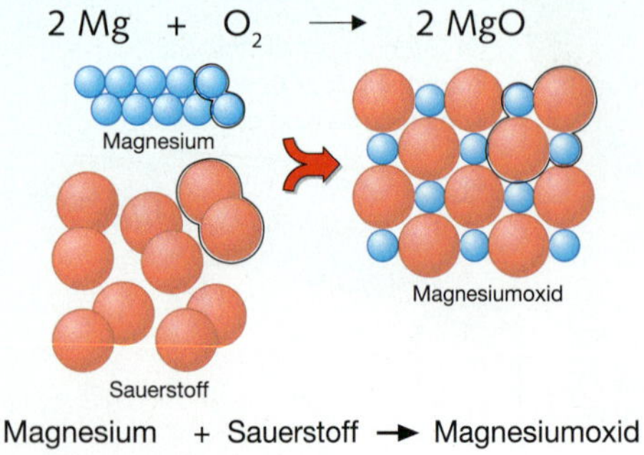

$2\,Mg + O_2 \rightarrow 2\,MgO$

Magnesium + Sauerstoff → Magnesiumoxid

Reaktionsstart durch Energiezufuhr
Für den Start einer chemischen Reaktion wird Energie benötigt. Diese Energie heißt **Aktivierungsenergie**.

Wärme wird zugeführt, Wärme wird frei
Chemische Reaktionen, die unter ständiger **Zufuhr** von Wärme ablaufen, sind **endotherme Reaktionen**.

Chemische Reaktionen, die unter **Freisetzung** von Wärme ablaufen, sind **exotherme Reaktionen**.

Energieumsätze bei Stoffveränderungen

1. Nenne die Voraussetzungen für eine Verbrennung.

2. Stülpe ein Becherglas über eine brennende Kerze. Erkläre deine Beobachtung.

3. Ein Lagerfeuer brennt nicht richtig an. Nenne mögliche Gründe dafür.

4. Was muss beim Umgang mit einem Lagerfeuer beachtet werden?

5. Zähle vier Beispiele auf, in denen der Mensch die durch Verbrennung erzeugte Energie nutzt.

6. Was geschieht bei einer Verbrennung mit den Ausgangsstoffen?

7. Wozu braucht der Mensch die Verbrennung?

8. Nenne die Gefahren, die durch Verbrennungsprodukte entstehen können.

9. Finde Möglichkeiten, die Entstehung von schädlichen Verbrennungsprodukten zu verringern.

10. Nenne Möglichkeiten, wie verhindert werden kann, dass bei einem Brand Sauerstoff an den Brandherd kommt.

11. Nenne zwei Stoffe, mit denen ein Feuer unter seine Entzündungstemperatur abgekühlt werden kann.

12. Nenne die vier W-Fragen, die du bei einer Feuermeldung beantworten musst.

13. Warum wird in den Schulen regelmäßig ein Feuerprobealarm durchgeführt?

14. Woran erkennst du, dass eine Verbrennung eine chemische Reaktion ist?

15. Wie heißt die Stoffgruppe, die bei der Verbrennung von Stoffen entsteht?

16. Nenne je einen Einsatzbereich von reinem Sauerstoff in Technik, Medizin und Freizeit.

17. Wofür dient die Glimmspanprobe?

18. Nenne zwei Möglichkeiten zur Gewinnung von Schwefel.

19. Welche Aufgabe hat der Abgaskatalysator im Auto?

20. Was sind Modifikationen eines Stoffes?

21. Welche Metalle stehen an den Enden der Oxidationsreihe?

22. Wie werden Metalle genannt, die gut mit Sauerstoff reagieren?

23. Was passiert nach DALTONS Atommodell bei einer chemischen Reaktion mit den Atomen?

24. Nenne die Namen der Elemente mit folgenden Elementsymbolen: Fe, Pb, Ne, Ag.

25. Wie heißen die Verbindungen, die mit folgenden Formeln beschrieben werden: PbO, Ag_2S, H_2O, ZnS?

26. Sind Verbindungen Reinstoffe oder Gemische?

27. Welche der folgenden Stoffe sind Elemente, welche sind Verbindungen: Gold, Olivenöl, Kupferacetat, Silber, Wasser, Blei?

28. Zeichne die Teilchenmodelle von Magnesium, Wasserstoff (H_2) und Schwefelwasserstoff (H_2S).

29. In welcher Form wird die Aktivierungsenergie für das Entzünden eines Streichholzes zugeführt?

30. Nenne Beispiele für endotherme und exotherme Reaktionen im Alltag.

Zeig, was du kannst

135

Struktur der Materie

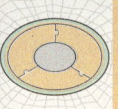

Energieumsätze b...

Chemisch...

Schwefel — **Eisenoxid**

Element, Verbindung

📖 **1.** Erkläre mithilfe des Teilchenmodells den Unterschied zwischen Element und Verbindung am Beispiel von Schwefel und Eisenoxid.

Einfaches Atommodell

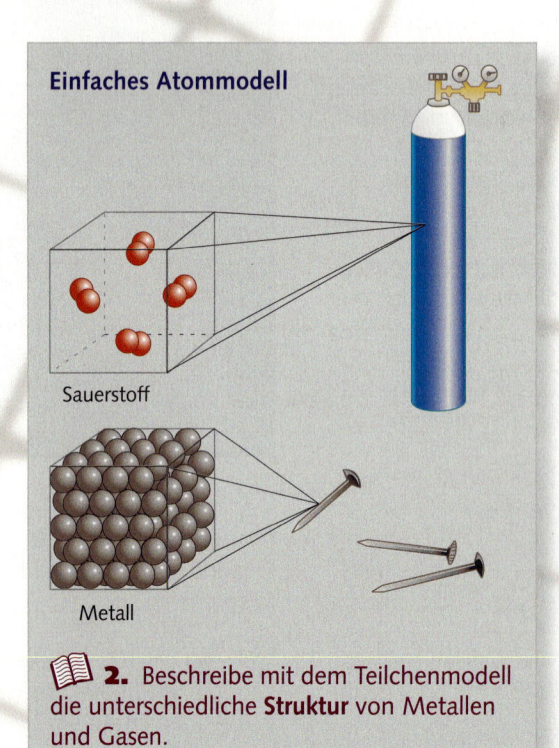

Sauerstoff

Metall

📖 **2.** Beschreibe mit dem Teilchenmodell die unterschiedliche **Struktur** von Metallen und Gasen.

Magnesium

Sauerstoff

Magnesiumoxid

Umgruppierung von Teilchen

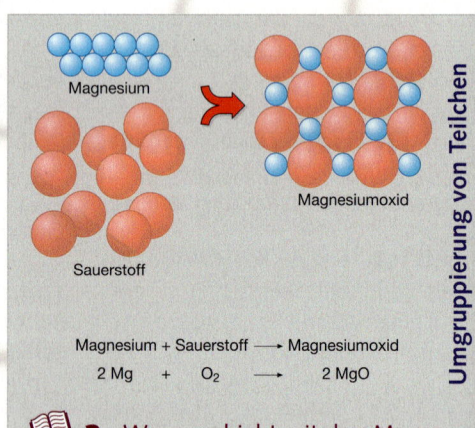

Magnesium + Sauerstoff ⟶ Magnesiumoxid
2 Mg + O_2 ⟶ 2 MgO

📖 **3.** Was geschieht mit den Magnesium- und Sauerstoff-Teilchen bei der **Reaktion** zu Magnesiumoxid?

Basiskonzepte

...offveränderungen

Energie

...eaktion

4. Beschreibe das Entzünden und das Verbrennen eines Streichholzes mithilfe der Begriffe **Energie**, Aktivierungsenergie und **chemische Reaktion**.

Chemische Energie, Aktivierungsenergie

Exotherme und endotherme Reaktionen

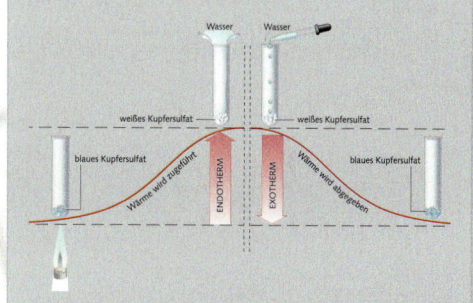

Wasser · Wasser
weißes Kupfersulfat · weißes Kupfersulfat
blaues Kupfersulfat · blaues Kupfersulfat
Wärme wird zugeführt · ENDOTHERM · EXOTHERM · Wärme wird abgegeben

6. Blaues Kupfersulfat wird durch Erhitzen weiß. Dabei wird Wasser frei. Durch Zufügen von Wasser entsteht wieder blaues Kupfersulfat. Welche Reaktion verläuft endotherm, welche exotherm? Begründe deine Antwort.

5. a) Erkläre, warum sich bei einer **chemischen Reaktion** die Masse der beteiligten Teilchen nicht ändert.
b) Wie kannst du erklären, dass auch bei dem abgebildeten Versuch das Gesetz von der Erhaltung der Masse gilt?

Metalle und Metallgewinnung

Kupfer ist das älteste Gebrauchsmetall des Menschen. Es ist vielseitig verwendbar und weltweit begehrt, denn es ist ein hervorragender Leiter für Wärme und elektrischen Strom. In welchen Bereichen wird Kupfer in der Industrie verwendet?

In solchen blaugrünen, manchmal auch rötlichen Mineralen ist das Kupfer als Kupfererz verborgen. Wie ist es den Menschen gelungen, daraus das Metall Kupfer zu gewinnen?

Ötzi – ein Steinzeitmensch?

📖 **1. a)** Zu welcher Zeit hat Ötzi gelebt?
b) Nenne alle Gegenstände, die Ötzi mit sich führte.
c) Aus welchen Materialien sind sie angefertigt worden?
d) Welche der mitgeführten Waffen ist für einen Menschen der Steinzeit ungewöhnlich?

Ötzis Entdeckung
Bei einer Wanderung in den Ötztaler Alpen entdeckte ein deutsches Ehepaar in 3200 m Höhe eine Leiche. Sie war durch das Abschmelzen des Eises zum Vorschein gekommen.
Die herbeigerufene Polizei nahm zunächst an, dass es sich um einen vor längerer Zeit verunglückten Bergsteiger handelte. Wissenschaftliche Untersuchungen ergaben jedoch, dass hier eine 5300 Jahre alte Mumie aus der Steinzeit gefunden worden war. Heute befindet sich die Mumie in einem Museum in Bozen in Italien. Wegen des Fundorts wird sie Ötzi genannt.

Ötzis Kleidung und Ausrüstung
Bei der Bergung von Ötzi wurden zahlreiche Gegenstände gefunden, die zu neuen Erkenntnissen über das Leben in der damaligen Zeit geführt haben. Dabei handelt es sich um Reste von Bekleidung und Schuhen, einen Umhang aus Gras, Gefäße aus Birkenrinde und eine Rückentrage. An Waffen besaß er einen Bogen und Pfeile mit Feuersteinspitzen sowie ein Feuersteinmesser. Die Klinge seines Beils hingegen war nicht aus Feuerstein, sondern aus Kupfer.
Dieses Kupferbeil war die eigentliche Überraschung. Woher hatte Ötzi das Kupfer? Wie ist es den Menschen der Steinzeit gelungen, Kupfer herzustellen?

1 So könnte Ötzi ausgesehen haben.

(Beschriftungen: Mütze aus Gras, Bogen aus Eibenholz, Rückentrage, Obergewand aus Fell der Hausziege, Kupferbeil, Köcher aus Leder und Pfeile, Birkenrindengefäß, Umhang aus Gras, Beinkleider aus Fellstücken, Schuhe aus Hirschfell)

2 Klinge von Ötzis Kupferbeil

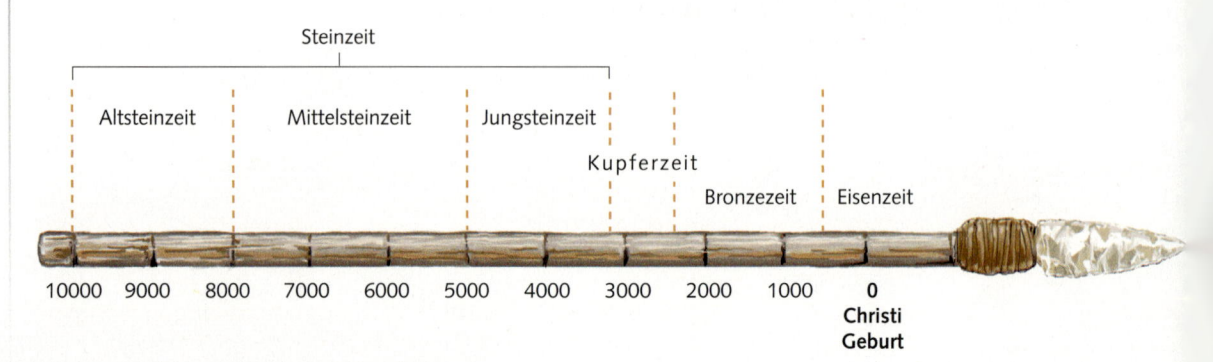

3 Zeitleiste von der Steinzeit bis Christi Geburt

(Steinzeit: Altsteinzeit, Mittelsteinzeit, Jungsteinzeit; Kupferzeit; Bronzezeit; Eisenzeit — 10000, 9000, 8000, 7000, 6000, 5000, 4000, 3000, 2000, 1000, 0 Christi Geburt)

Metalle und Metallzeitalter

📖 **1.** Welche Vorteile und welche Nachteile hat Eisen als Werkstoff gegenüber Kupfer und Bronze?

✏️ **2.** Informiere dich zu einem der Metallzeitalter und halte einen kurzen Vortrag darüber, wie das entsprechende Metall das Leben der Menschen beeinflusst hat.

1 Galoppierendes Bronzepferd aus dem alten China

Metalle begleiten den Menschen

Für viele Jahrtausende, in der Steinzeit, waren Knochen, Holz und Stein die wichtigsten Werkstoffe des Menschen. Aber auch die Metalle Gold und Kupfer wurden verwendet, denn nur sie wurden „gediegen", das heißt in metallischer Form, gefunden. Im Unterschied zum Kupfer wurden das weiche Gold und Silber nur dekorativ verwendet. Deshalb haben Archäologen das erste Zeitalter der Metalle als **Kupferzeit** bezeichnet. Darauf folgten die **Bronzezeit** und die **Eisenzeit.**

Eine immer und überall gültige Abfolge der verschiedenen Zeitalter hat es nicht gegeben. So arbeiteten zu einer bestimmten Zeit in einer Region Menschen noch mit Werkzeugen aus Stein, während an einem anderen Ort schon Bronze verwendet wurde. Auf den Britischen Inseln folgte beispielsweise auf die Steinzeit unmittelbar die Bronzezeit. In Japan begannen die Bronze- und die Eisenzeit etwa gleichzeitig.

Kupfer – das älteste Gebrauchsmetall

Als erstes Metall wurde **Kupfer** aus Kupferverbindungen, den Kupfererzen, in Schmelzöfen gewonnen. Doch Kupfer war selten und teuer. Deshalb wurde es oft nur für repräsentative Werkzeuge und Schmuck verwendet. Die Kupferaxt von Ötzi ist ein gutes Beispiel dafür.

Bronze – Werkstoff aus zwei Metallen

Die zunehmende Erfahrung mit der Kupferherstellung führte zu der Entdeckung, dass sich durch eine bestimmte Mischung aus Zinn und Kupfer ein neuer Werkstoff herstellen lässt. Dieses Metallgemisch, die **Bronze**, löste Kupfer und Stein als Werkstoff ab. Bronze ist härter als Kupfer und lässt sich wegen der niedrigeren Schmelztemperatur leicht gießen. Wegen seiner hervorragenden Materialeigenschaften ist die Bronze bis heute ein wichtiger Werkstoff in Technik und Kunst.

Das Eisen verdrängt die Bronze

Der Übergang von der Bronzezeit zur Eisenzeit geschah langsam. Waffen aus **Eisen** brachten zunächst die Reitervölker aus Asien mit.
Eisen besitzt noch bessere Materialeigenschaften als Bronze und muss nicht aus zwei Metallen durch Zusammenschmelzen hergestellt werden. Die Überlegenheit des Eisens beruht vor allem auf seiner größeren Schneidefähigkeit und Härte. Ein Nachteil des Eisens ist das Rosten.
Die Rohstoffe zur Eisengewinnung, Holz und Eisenerz, waren fast überall vorhanden, so dass die Eisengewinnung und die Herstellung von Geräten aus Eisen billiger waren als die Herstellung von Bronzewerkzeugen.

Metalle schaffen neue Berufe

Jedes dieser Zeitalter veränderte die Lebens- und Arbeitswelt der Menschen. Rund um die Metallgewinnung waren besondere Fertigkeiten und spezielles Wissen von Bedeutung. Es entstanden neue Berufe wie Bergleute, Schmiede, Bronzegießer, Waffen- und Werkzeugmacher. Zwischen den verschiedenen Bevölkerungsgruppen entstanden rege Handelsbeziehungen. Zugleich entwickelte sich eine sesshafte bäuerliche und später städtische Gesellschaft.

Metalle aus Oxiden gewinnen

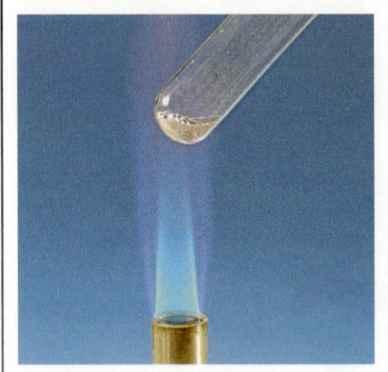

1 Silberoxid wird erhitzt.

2 Malachit **A** *vor und* **B** *nach dem Erhitzen*

🔍 **1. a)** Gib etwas Silberoxid in ein schwer schmelzbares Reagenzglas und erhitze es kräftig mit der Brennerflamme. Halte nach einiger Zeit einen glimmenden Holzspan in die Reagenzglasöffnung. Notiere deine Beobachtungen.
b) Welche Stoffe sind bei dieser Reaktion entstanden?
c) Formuliere für diese Reaktion die Reaktionsgleichung in Worten.

🔍 **2. a)** Zerkleinere etwas Malachit im im Mörser und gib einen Spatel davon in ein Reagenzglas. Erhitze das Malachit und beschreibe seine Veränderungen.
b) Vermische das Produkt aus Versuch a) in einer Porzellanschale mit einem Spatel Holzkohlepulver. Erhitze das Gemisch in einem Reagenzglas über der Brennerflamme. Lass es abkühlen und schütte alles auf ein Uhrglas. Betrachte das Gemisch durch eine Lupe. Was kannst du beobachten?

🔍 **3. a)** Erhitze schwarzes Kupferoxid in einem Reagenzglas über der Brennerflamme. Was kannst du beobachten, nachdem das Kupferoxid abgekühlt ist?
b) Gib ein Gemisch aus Kupferoxid und Holzkohle in ein Reagenzglas. Verschließe es mit einem durchbohrten Gummistopfen, der mit einem gewinkelten Glasrohr versehen ist (Bild 4). Erhitze das Gemisch in der Brennerflamme. Tauche dabei das Glasrohr in ein Becherglas mit Kalkwasser. Nimm den Brenner beiseite, sobald das Gemisch aufglüht. Entferne sofort nach Beendigung der Reaktion das Glasrohr aus dem Kalkwasser.
c) Untersuche das Reaktionsprodukt nach dem Abkühlen und notiere deine Beobachtungen.

📖 **4. a)** Vergleiche deine Beobachtungen aus Versuch 2b) mit denen aus 3b). Welche Schlussfolgerungen ziehst du?
b) Erkläre die Veränderung des Kalkwassers in Versuch 3b).

📖 **5.** Welcher Stoff ist in Versuch 3b) oxidiert, welcher Stoff ist reduziert worden?

📖 **6.** Welcher Stoff ist in Versuch 3b) das Oxidationsmittel, welcher das Reduktionsmittel?

3 Kupfer aus Malachit

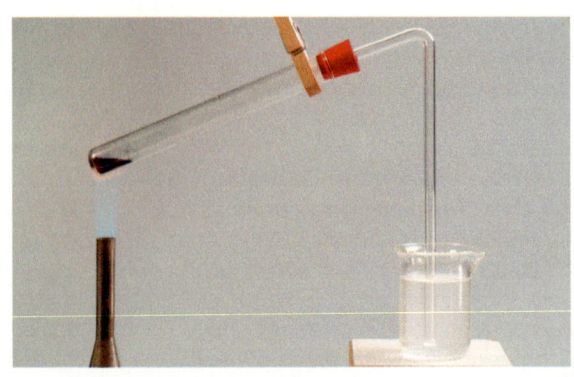

4 Kupferoxid reagiert mit Holzkohle.

Metalle und Metallgewinnung

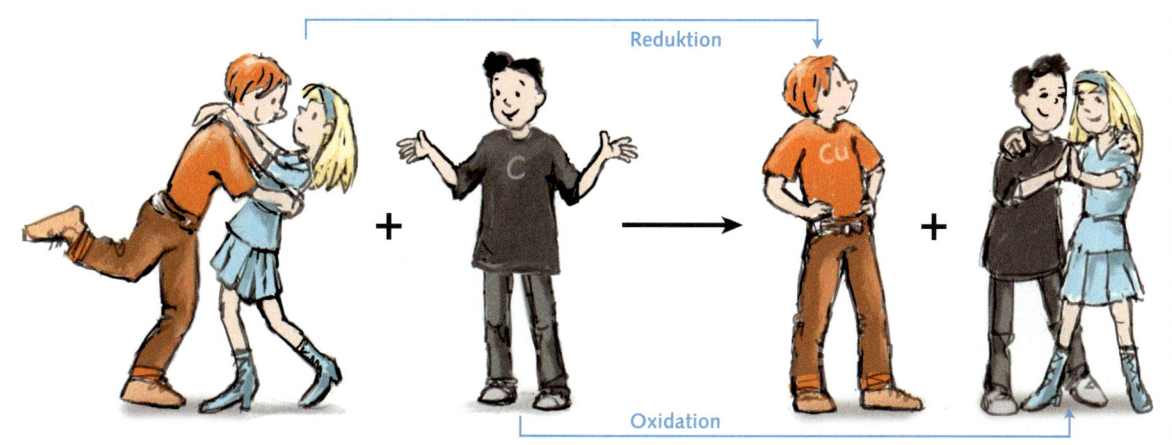

5 Ein Modell der Redoxreaktion: Partnerwechsel des Sauerstoffs

Vom Metalloxid zum Metall
Metalloxide kommen in der Natur recht häufig vor. Sie sind wichtige Rohstoffe zur Metallgewinnung. Aber nur wenige Metalloxide lassen sich allein durch einfaches Erhitzen in Metall und Sauerstoff spalten. So lässt sich aus Silberoxid durch kräftiges Erhitzen Silber gewinnen. Dabei wird das Oxid in die beiden Ausgangsstoffe Silber und Sauerstoff gespalten.

Der Zufall half
Die Herstellung von Kupfer aus Malachit ist vermutlich Zufall gewesen. Die Menschen der Steinzeit verzierten ihre Tongefäße oft mit einer Farbschicht. Dazu verwendeten sie auch das grüne Malachit. Zusammen mit Holzkohle wurden die Gefäße im Töpferofen gebrannt. Es bildete sich aber nicht überall eine grüne Farbschicht. Dort, wo das Malachit zufällig mit der Holzkohle in Kontakt gekommen war, bildete sich ein neuer rotbraun glänzender Stoff. Kupfer war entstanden.

Aus Malachit Kupfer gewinnen
Wird Malachit erhitzt, entsteht daraus zunächst schwarzes Kupferoxid. Aus dem Kupferoxid lässt sich aber allein durch Erhitzen kein Kupfer herstellen. Erst wenn das Kupferoxid mit dem Kohlenstoff in der Holzkohle in Kontakt kommt, gelingt es, aus dem Kupferoxid Kupfer zu gewinnen.

Warum Kupferoxid Sauerstoff abgibt
Kohlenstoff kann in einer chemischen Reaktion dem Kupferoxid den Sauerstoff entziehen, weil Kohlenstoff den Sauerstoff stärker bindet als Kupfer. Eine solche Reaktion, bei der einem Oxid der Sauerstoff entzogen wird, heißt **Reduktion**. Das Kupferoxid wird **reduziert**. Gleichzeitig verbindet sich der Kohlenstoff mit dem freigewordenen Sauerstoff zu Kohlenstoffdioxid. Das ist eine **Oxidation**. Der Kohlenstoff wird **oxidiert**.

Reduktion und Oxidation laufen gleichzeitig ab
Beide Reaktionen, **Red**uktion und **Ox**idation, sind miteinander gekoppelt. Das wird als **Redoxreaktion** bezeichnet. Dabei wechselt der Sauerstoff den Partner.
Das Kupferoxid hat bei dieser Reaktion den Sauerstoff abgegeben. Dadurch hat es die Oxidation des Kohlenstoffs ermöglicht. Das Kupferoxid ist ein **Oxidationsmittel**. Der Kohlenstoff hat dem Kupferoxid den Sauerstoff entzogen. Er wird deshalb als **Reduktionsmittel** bezeichnet.

■ Bei einer Reduktion wird einem Oxid der Sauerstoff entzogen. Bei einer Oxidation verbindet sich ein Stoff mit Sauerstoff. Die Reaktion, bei der Reduktion und Oxidation gleichzeitig ablaufen, heißt Redoxreaktion.

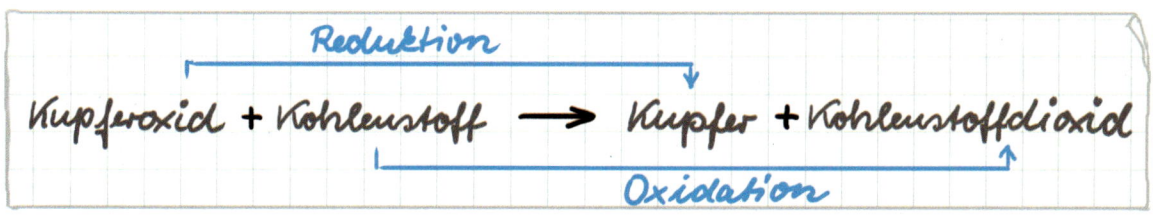

6 Die Redoxreaktion

$$\text{Kupferoxid} + \text{Kohlenstoff} \longrightarrow \text{Kupfer} + \text{Kohlenstoffdioxid}$$
(Reduktion / Oxidation)

Praktikum

Metalle als Reduktionsmittel

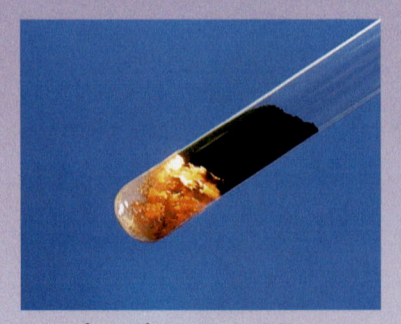

1 Die Ausgangsstoffe

2 Kupferoxid reagiert mit Eisen.

3 Das Endprodukt

Für die Metalle lässt sich eine Rangfolge ihrer Wirkung als Reduktionsmittel in der **Redoxreihe der Metalle** zusammenstellen. Links in der Reihe stehen starke Reduktionsmittel. Je unedler ein Metall ist, desto größer ist sein Bestreben, sich mit Sauerstoff zu verbinden. Die Edelmetalle haben nur eine geringe Reduktionswirkung, sie stehen rechts in der Redoxreihe.

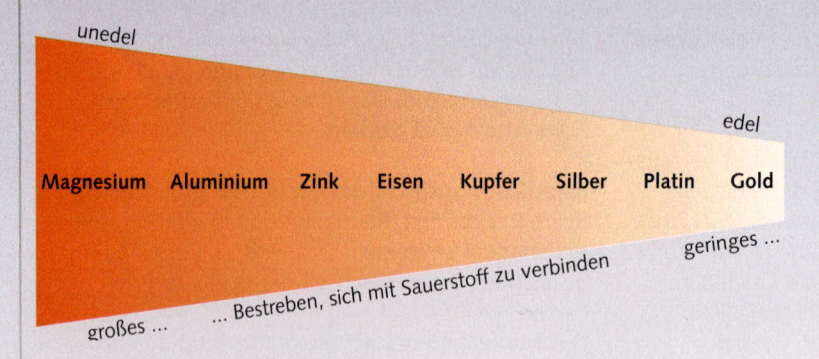

Materialien
Eisenpulver, Eisenoxid, Kupferpulver, schwarzes Kupferoxid, Zinkpulver, Zinkoxid

Geräte
Reagenzgläser, Porzellanschalen, Uhrgläser, Lupe, Spatel, Brenner, Stativ, Universalklemme, Waage, Schutzbrille

unedel — Magnesium, Aluminium, Zink, Eisen, Kupfer, Silber, Platin, Gold — edel

großes ... Bestreben, sich mit Sauerstoff zu verbinden ... geringes ...

1. Reduziert Eisen Kupferoxid?
a) Gib 5 g eines Gemisches aus Kupferoxid und Eisen in ein Reagenzglas. Befestige es leicht schräg an einem Stativ und erhitze den Boden des Reagenzglases. Entferne den Brenner, sobald eine Reaktion beginnt.
Beobachte den weiteren Reaktionsablauf. Gib das Reaktionsprodukt nach dem Abkühlen auf ein Uhrglas und betrachte es durch eine Lupe. Vergleiche es mit den Ausgangsstoffen.
b) Wiederhole den Versuch mit einem Gemisch aus Eisenoxid und Kupferpulver.
c) Erkläre, warum das Eisen das Kupferoxid reduzieren kann, Kupfer das Eisenoxid dagegen nicht.
d) Erstelle die Reaktionsgleichung in Worten und benenne Reduktion und Oxidation.

2. Reduziert Zink Eisenoxid oder reduziert Eisen Zinkoxid?
a) Gib eine Spatelspitze eines Gemisches aus Eisenoxid und Zink in ein Reagenzglas. Verschließe die Öffnung des Reagenzglases locker mit einem Stopfen. Erhitze das Gemisch mit der Brennerflamme.
b) Wiederhole den Versuch mit einem Gemisch aus Eisenpulver und Zinkoxid.
c) Vergleiche die Versuchsergebnisse. Erkläre, warum nur bei einem der beiden Gemische eine Redoxreaktion abgelaufen ist.

📖 **1.** Blei kann Kupferoxid reduzieren. Blei kann Eisenoxid nicht reduzieren. Ordne Blei in die Redoxreihe der Metalle ein.

📖 **2.** Welches Metall ist geeignet, Magnesiumoxid zu Magnesium zu reduzieren?

📖 **3.** Zinkoxid soll zu Zink reduziert werden. Begründe, welche Metalle dafür geeignet sind.

Metalle und Metallgewinnung → S. 166/167

Metalle und Metallgewinnung

Anwendung von Kupfer

Pinnwand

Kupfer wird aufgrund seiner guten elektrischen Leitfähigkeit in der Elektroindustrie sowie in elektronischen Bauteilen in vielen Bereichen eingesetzt.

Bei den Euro-Münzen wird vor allem Kupfer verwendet, obwohl du es oft nicht direkt erkennen kannst. In den 10 Cent-, 20 Cent- und 50 Cent-Münzen beträgt der Kupferanteil etwa 90 %.

Diagramm:
- Elektroindustrie, Elektronikindustrie 37 %
- Bauwesen 39 %
- Maschinenbau 9 %
- Verkehr 8 %
- Sonstiges 7 %

Kupfer ist einer der wichtigsten Werkstoffe in der Bauindustrie. Früher wurden sogar ganze Dächer mit Kupfer gedeckt.

Bei der Herstellung von Bier in einer Brauerei kommt es auf eine rasche, aber auch gleichmäßige Verteilung der zugeführten Wärme im Kessel an. Kupfer ist aufgrund seiner guten Wärmeleitfähigkeit dafür gut geeignet.

1. Nenne je drei Beispiele für den Einsatz von Kupfer in der Elektroindustrie und in elektronischen Bauteilen.

2. Informiere dich, wo Kupfer beim Hausbau verwendet wird.

3. Woran kannst du erkennen, ob ein Dach mit Kupfer gedeckt wurde?

4. Informiere dich im Internet, bei Banken oder Sparkassen, wie hoch der Kupferanteil bei den 1 Euro- und 2 Euro-Münzen ist.

5. Nenne weitere Beispiele für den Einsatz von Kupfer als Wärmeleiter.

Kupfergewinnung – früher und heute

1 Vorkommen von Kupfererzen, die um 3500 v. Chr. bekannt waren

Kupfergewinnung früher
Kupfer wurde bereits vor etwa 9000 Jahren im Süden der heutigen Türkei aus Malachit gewonnen. Vermutlich verbreitete sich von dort aus die Kupferverhüttung in andere Länder. Die Ägypter betrieben einen umfangreichen Bergbau von Malachit am Berg Sinai. Aus dem daraus gewonnenen Kupfer wurden große Mengen an Waffen und Werkzeugen hergestellt.

Die Kupferzeit in Europa
In Europa gewann das Kupfer erst in der Jungsteinzeit an Bedeutung. Wahrscheinlich gelangte die Kenntnis der Kupferverhüttung über den Balkan in die Alpenregion, in der es Kupfererzlagerstätten gab. Über eine Kupferhandelsroute fand sie ihren Weg auch in die Ötztaler Alpen.

Woher hat das Kupfer seinen Namen?
Die Römer nannten das Kupfer nach der kupfererzreichen Mittelmeerinsel Zypern „aes cyprium", Erz aus Zypern. Daraus wurde schließlich lateinisch „cuprum" und später im deutschen Sprachraum Kupfer.

Steigender Kupferbedarf
Durch immer neue Verwendungsmöglichkeiten stieg der Bedarf an Kupfer. Weitere Kupfererzlager wurden in Europa entdeckt. Bis ins 19. Jahrhundert war Europa das Zentrum der Kupferproduktion. Mit wachsender Industrialisierung erhöhte sich der Bedarf weiter. Die Vorkommen in Europa reichten nicht mehr aus oder waren erschöpft. Heute wird das meiste Kupfererz in Süd- und Nordamerika abgebaut.

1. Wo wurde zuerst Kupfer aus Kupfererz gewonnen?

2. Woher hat das Kupfer seinen Namen?

3. Von wo aus hat sich die Kupferverhüttung nach Europa ausgebreitet?

4. Stelle mithilfe geeigneter Karten aus einem Atlas fest, in welchen Ländern Süd- und Nordamerikas sich Kupfererzlagerstätten befinden.

2 Kupfergewinnung aus Malachit vor 5000 Jahren

Metalle und Metallgewinnung

Kupferlegierungen

🔍 **1. a)** Gib 30 ml konzentrierte Natronlauge und einen halben Spatel Zinkpulver in ein kleines Becherglas. Lege eine mit Spiritus entfettete und mit verdünnter Salzsäure gereinigte Kupfermünze in das Glas. Erhitze das Gemisch bis zum Sieden. Rühre dabei mit einem Glasstab um. Nimm die Münze mit einer Tiegelzange heraus, sobald das Gemisch siedet. Betrachte ihre Oberfläche. Spüle die Münze mit Wasser gut ab. Halte sie danach mit der Tiegelzange kurz in die blaue Brennerflamme.
b) Erkläre die Veränderungen an der Oberfläche der Münze
• nach dem Sieden;
• nach dem Erhitzen.

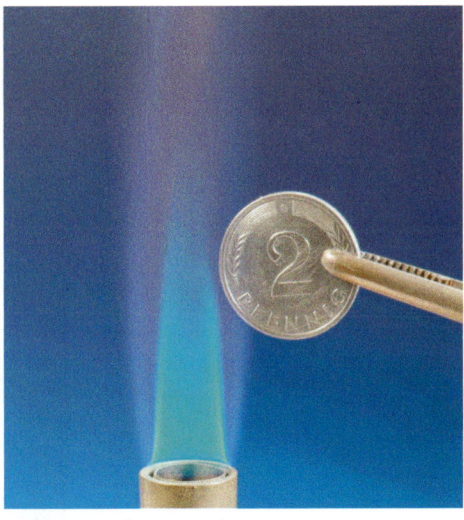

📖 **2.** Welche Stoffeigenschaften des Kupfers werden beim Legieren verändert?

📖 **3.** Für welche Gegenstände wird Messing vor allem verwendet?

📖 **4.** Welche Stoffeigenschaften hat Neusilber?

1 Die veränderte Kupfermünze

Legierungen
Reine Metalle sind für viele Verwendungszwecke wenig geeignet, weil sie zu weich sind. Deshalb werden sie mit anderen Metallen zusammengeschmolzen. Die so entstandenen Stoffe heißen **Legierungen.** Neben der Härte ändern sich beim Legieren auch die Schmelztemperatur, die Oberfläche und die Dichte.

Bronze
Eine wichtige Entdeckung im Altertum war, dass sich aus Kupfer und Zinn ein neuer Werkstoff herstellen ließ. Dieser neue Werkstoff ist viel härter als reines Kupfer. Er heißt Bronze. Nach dieser Legierung wurde sogar ein ganzes Zeitalter benannt. Vor allem Waffen und Werkzeuge wurden aus Bronze hergestellt. Heute werden unter anderem Glocken und Skulpturen daraus gegossen.

Messing
Messing ist eine Legierung aus Kupfer und Zink. Die Farbe von Messing ähnelt der von Gold. Messing wird zu Blechblasinstrumenten und dekorativen Gegenständen verarbeitet. Aber auch Armaturen, Türklinken, Zahnräder für Uhren werden aus der harten und beständigen Legierung hergestellt. Im Schiffbau wird Messing vor allem wegen seiner Korrosionsbeständigkeit verwendet.

Neusilber
Die Legierung aus Kupfer, Nickel und Zink wird als Neusilber bezeichnet. Sie ist aufgrund ihres Nickelgehaltes besonders hart und korrosionsbeständig. Neusilber lässt sich vielseitig verwenden, so für Essbestecke, Schienenprofile von Modelleisenbahnen, Trensengebisse, Reißverschlüsse und Schmuckgegenstände.

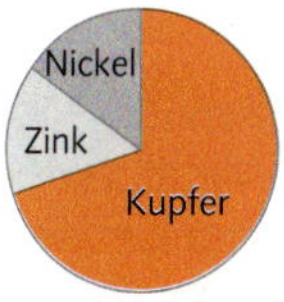

2 Bronze    **3** Messing 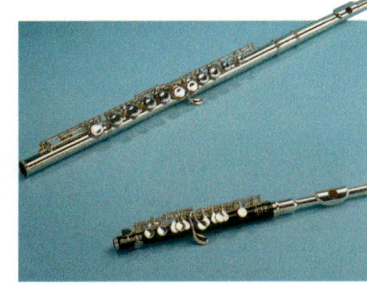   **4** Neusilber

Metalle und Metallgewinnung → S. 166/167

Eisen aus dem Hochofen

📖 **1.** Nenne die einzelnen Teile der Hochofenanlage und beschreibe ihre Aufgabe. Benutze dazu auch die Bilder 1 und 4.

✏️ **2.** Im Hochofen sind hohe Temperaturen notwendig. An welchem Teil des Hochofens ist trotzdem eine Wasserkühlung nötig?

✏️ **3.** Suche in einem Lexikon oder im Internet nach verschiedenen Arten von Eisenerz und notiere sie.

📖 **4.** Stelle für die Vorgänge im Hochofen die jeweiligen Reaktionsgleichungen auf.

Eisenerz
Gelbliche oder rötliche Verfärbungen, die du im Erdboden findest, zeigen häufig Eisenvorkommen an. Allerdings ist der Eisenanteil meist so gering, dass sich eine Gewinnung nicht lohnt. Erst wenn der Eisenanteil auf über 30 % steigt, wird von **Eisenerz** (Bild 2) gesprochen. Große Abbaugebiete gibt es zum Beispiel in Schweden, Brasilien, Australien, China und Russland.

Bereits 1500 v. Chr. nutzte der Mensch dieses Metall zur Herstellung von Werkzeugen, Waffen und Geräten. Dazu musste er in der Lage sein, das Eisen aus dem Erz zu gewinnen. Eisen liegt in der Natur ja nicht als reines Metall vor, sondern in Form seiner Verbindungen. Fast immer sind es Oxide.

Hochofen
Im Hochofen wird aus den Eisenoxiden Eisen gewonnen. Von den primitiven Öfen der Vorzeit bis zu den modernen **Hochöfen** heute hat sich am Prinzip nichts geändert. Kohlenstoff hilft zunächst, die nötige Hitze zu entwickeln. Unsere Vorfahren benutzten Holzkohle, heute wird **Koks** (Bild 3) verwendet. Er wird in der Kokerei aus Steinkohle hergestellt. Koks ist fast reiner Kohlenstoff.

1 Hochofenanlage

2 Eisenerz

3 Koks

Die chemischen Vorgänge
Im Hochofen (Bild 1) wird zur Verbrennung des Kohlenstoffs Heißluft eingeblasen, sodass der Kohlenstoff zu Kohlenstoffmonooxid (CO) verbrennt. Das Kohlenstoffmonooxid kann noch weiteren Sauerstoff aufnehmen. Den entzieht es dem Eisenoxid. Das Eisenoxid wird zu metallischem Eisen reduziert, das Kohlenstoffmonooxid wird dabei zu Kohlenstoffdioxid (CO_2) oxidiert. Es handelt sich also um eine Redoxreaktion. Bei diesen Vorgängen entsteht viel Wärme.

> Eisenoxid + Kohlenstoffmonooxid
> → Eisen + Kohlenstoffdioxid

Winderhitzer
Die Winderhitzer sind ein wichtiger Teil der Hochofenanlage. Sie werden mit den brennbaren Abgasen des Hochofens, den Gichtgasen, aufgeheizt. Ist ein Winderhitzer heiß genug, wird Luft hindurchgeblasen. Sie erhitzt sich auf über 1000 °C. Die Heißluft gelangt in den unteren Teil des Hochofens und liefert zusätzliche Wärme bei der Verbrennung des Kokses.

■ Kohlenstoff reduziert im Hochofen Eisenoxid zu metallischem Eisen. Die Oxidation des Kohlenstoffs sorgt zugleich für die nötige Schmelztemperatur.

Metalle und Metallgewinnung

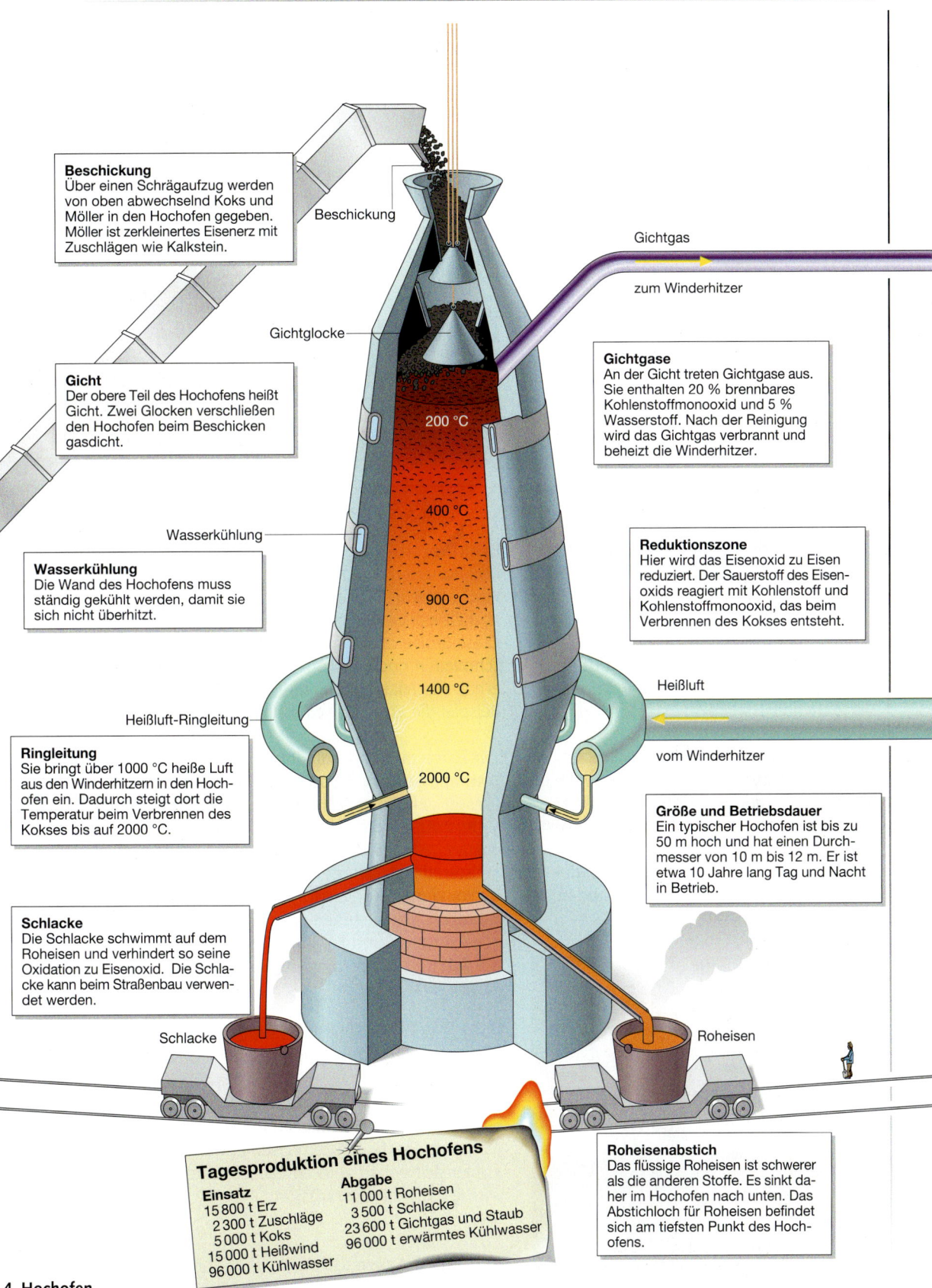

Beschickung
Über einen Schrägaufzug werden von oben abwechselnd Koks und Möller in den Hochofen gegeben. Möller ist zerkleinertes Eisenerz mit Zuschlägen wie Kalkstein.

Gicht
Der obere Teil des Hochofens heißt Gicht. Zwei Glocken verschließen den Hochofen beim Beschicken gasdicht.

Wasserkühlung
Die Wand des Hochofens muss ständig gekühlt werden, damit sie sich nicht überhitzt.

Ringleitung
Sie bringt über 1000 °C heiße Luft aus den Winderhitzern in den Hochofen ein. Dadurch steigt dort die Temperatur beim Verbrennen des Kokses bis auf 2000 °C.

Schlacke
Die Schlacke schwimmt auf dem Roheisen und verhindert so seine Oxidation zu Eisenoxid. Die Schlacke kann beim Straßenbau verwendet werden.

Gichtgase
An der Gicht treten Gichtgase aus. Sie enthalten 20 % brennbares Kohlenstoffmonooxid und 5 % Wasserstoff. Nach der Reinigung wird das Gichtgas verbrannt und beheizt die Winderhitzer.

Reduktionszone
Hier wird das Eisenoxid zu Eisen reduziert. Der Sauerstoff des Eisenoxids reagiert mit Kohlenstoff und Kohlenstoffmonooxid, das beim Verbrennen des Kokses entsteht.

Größe und Betriebsdauer
Ein typischer Hochofen ist bis zu 50 m hoch und hat einen Durchmesser von 10 m bis 12 m. Er ist etwa 10 Jahre lang Tag und Nacht in Betrieb.

Roheisenabstich
Das flüssige Roheisen ist schwerer als die anderen Stoffe. Es sinkt daher im Hochofen nach unten. Das Abstichloch für Roheisen befindet sich am tiefsten Punkt des Hochofens.

Beschickung — Gichtglocke — 200 °C — 400 °C — Wasserkühlung — 900 °C — 1400 °C — Heißluft-Ringleitung — 2000 °C — Heißluft — vom Winderhitzer — Gichtgas — zum Winderhitzer — Schlacke — Roheisen

Tagesproduktion eines Hochofens

Einsatz
15 800 t Erz
2 300 t Zuschläge
5 000 t Koks
15 000 t Heißwind
96 000 t Kühlwasser

Abgabe
11 000 t Roheisen
3 500 t Schlacke
23 600 t Gichtgas und Staub
96 000 t erwärmtes Kühlwasser

4 Hochofen

Aus Roheisen wird Stahl

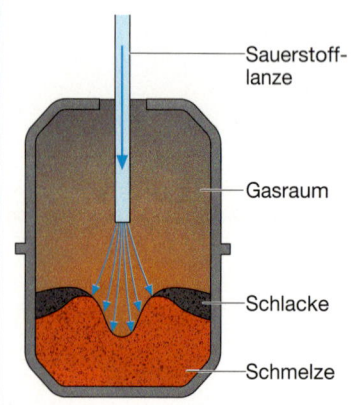

1 Sauerstoff-Aufblasverfahren
(Sauerstofflanze, Gasraum, Schlacke, Schmelze)

2 Das flüssige Roheisen wird in den Konverter gefüllt.

🔍 **1. a)** Vergleiche die Verformbarkeit und die Elastizität eines Blumendrahtes und eines Stahldrahtes gleicher Stärke.
b) Erhitze beide Drähte bis zum Glühen und vergleiche nach dem Abkühlen erneut.
c) Erhitze die beiden Drähte nochmals und schrecke sie anschließend unter kaltem Wasser ab. Prüfe erneut.
d) Welche Veränderungen kannst du an den beiden Drähten nach den jeweiligen Versuchen feststellen?

✏️ **2.** Erläutere den Begriff Gusseisen. Was ist der Unterschied zu Stahl? Suche in einem Lexikon oder im Internet nach Verwendungsmöglichkeiten für Gusseisen.

✏️ **3.** Informiere dich über die Produktionsmengen von Stahl in Deutschland und weltweit.

3 Stahlblechrollen

Stahlherstellung

Das Roheisen aus dem Hochofen ist verunreinigt. Aus dem Hochofenkoks hat es Kohlenstoff aufgenommen. Außerdem enthält es noch Fremdstoffe wie Phosphor oder Schwefel. Diese Stoffe machen das Eisen spröde. Es lässt sich weder schmieden noch walzen. Erst durch die Umwandlung in **Stahl** erhält das Material die gewünschten Eigenschaften, zum Beispiel die Elastizität eines Stahldrahtes.

Zunächst muss das Roheisen gereinigt werden. Die Schmelze kommt in einen bis 500 t fassenden **Konverter.** Durch ein Wasser gekühltes Rohr, die Lanze, wird mit hohem Druck Sauerstoff auf die Schmelze geblasen. Die unerwünschten Bestandteile werden dadurch fast vollständig oxidiert. Die meisten der dabei entstehenden Oxide sind Gase wie Schwefeldioxid oder Kohlenstoffdioxid. Sie entweichen aus der Schmelze. Es entstehen aber auch feste Stoffe wie die Oxide von Phosphor und Silicium. Sie schwimmen als Schlacke auf der Schmelze. Der Konverter wird deshalb durch ein seitliches Abstichloch entleert.

Der Kohlenstoffgehalt bestimmt die Eigenschaften des Stahls, vor allem seine Härte und Elastizität. Deshalb wird der Kohlenstoff nicht vollständig entfernt, sondern auf einen Anteil von 0,5 % bis 1,7 % verringert. Das beschriebene Verfahren heißt **Sauerstoff-Aufblasverfahren.** Hierbei werden unerwünschte Stoffe aus dem Eisen entfernt und der gewünschte Kohlenstoffgehalt wird erreicht. Das Endprodukt ist Stahl. Er wird noch weiter verarbeitet.

■ Mit dem Sauerstoff-Aufblasverfahren wird aus Eisen der neue Stoff Stahl.

Metalle und Metallgewinnung

Stahl ist nicht nur Eisen

1. a) Ritze Glas mit einem Eisennagel und mit einem Stahlnagel. Erkläre das Ergebnis.
b) Nenne Unterschiede zwischen Eisen und Stahl.

2. Nenne je einen Verwendungszweck, für den Stahl besonders hart, elastisch, hitzebeständig oder rostfrei sein muss.

3. a) Informiere dich im Internet oder in einem Lexikon, wie Stahl nach dem Elektrostahl-Verfahren hergestellt wird. Beschreibe dieses Verfahren.
b) Wofür wird das Verfahren in erster Linie eingesetzt?
c) Nenne Vor- und Nachteile des Elektrostahl-Verfahrens gegenüber dem Sauerstoff-Aufblasverfahren.

4. Du kennst Edelmetalle wie Silber oder Gold. Erkläre, was an Edelstahl „edel" ist.

Legierung	Zusätze	Eigenschaften, Verwendung
Chrom-Nickel-Stahl	18 % Chrom 8 % Nickel	zäh, nichtrostend; Haushaltsgeräte
Chrom-Vanadium-Stahl	0,3 % Kohlenstoff 0,75 % Chrom 1 % Vanadium	hart, zäh; Werkzeuge wie Schraubenschlüssel
Schnellarbeitsstahl (HSS-Stahl)	6 % Wolfram 5 % Molybdän 2 % Vanadium	hitzebeständig, sehr hart; Bohrer, Sägeblätter

1 Wichtige Stahllegierungen

2 Stahlherstellung im Elektroofen

Stahllegierungen
Um die Eigenschaften von Stahl noch zu verbessern, werden weitere Metalle wie Chrom, Nickel oder Vanadium in den geschmolzenen Stahl gegeben. Es entstehen **Stahllegierungen** (Tabelle 1).
Die Legierungen besitzen gegenüber Roheisen andere Eigenschaften. Sie können besonders hart und zäh sein oder bessere Elastizität und größere Hitzebeständigkeit aufweisen. Edelstahl war ursprünglich eine Bezeichnung für rostfreien Stahl. Heute werden viele Spezialstähle so genannt. Zur Herstellung von Edelstahl eignet sich das Elektrostahl-Verfahren.

Bearbeitung des Stahls
Der Stahl, der aus dem Konverter kommt, wird noch weiter bearbeitet. Dazu dienen mechanische Verfahren wie das Walzen oder das Schmieden. Durch Walzen werden beispielsweise Eisenbahnschienen oder Draht, durch Schmieden Kurbelwellen für Automotore hergestellt.

■ Verschiedene Metalle, die bei Stahllegierungen zugegeben werden, bestimmen die jeweils gewünschten Eigenschaften. Stahl kann durch Walzen oder Schmieden bearbeitet werden.

3 Walzstraße

Stahllegierungen

Nichtrostender Stahl ist eine Legierung aus Eisen, Chrom und Nickel. Töpfe, Siebe, Schalen und Besteck werden daraus hergestellt. Die Bezeichnung 18/10 besagt, dass der Anteil an Chrom 18 %, der an Nickel 10 % beträgt. In der Technik wird diese Stahllegierung als V2A-Stahl bezeichnet.

1. Welche Gegenstände in eurem Haushalt bestehen aus nichtrostendem Stahl?

2. Wie lauten die Handelsnamen für nichtrostenden Stahl?

Der **Damaszener Stahl** verdankt seinen Namen der syrischen Stadt Damaskus. Durch die besondere Schmiedetechnik entsteht die typische Maserung der Damaszenerklingen.

3. Informiere dich über die Herstellung von Damaszener Stahl.

Schnellarbeitsstahl, kurz **HSS-Stahl** (engl.: high speed steel), wird für Bohrer, Meißel, Fräswerkzeuge und Sägeblätter verwendet. Er ist dafür gut geeignet, da er bruchfest ist und auch bei Rotglut hart bleibt. Metalle für diese Legierung sind neben Cobalt und Wolfram auch Chrom, Vanadium und Mangan.

Spannstahl enthält außer Kohlenstoff keine weiteren Zusätze. Er wird deshalb als Kohlenstoff legierter Stahl bezeichnet. Spannstahl wird vor allem beim Brückenbau und Spannbetonbau eingesetzt. Er besitzt eine hohe Zugfestigkeit.

Metalle und Metallgewinnung → S. 166/167

Metalle und Metallgewinnung

Thermitschweißen von Schienen

Schienen vor Ort reparieren

Schnell muss es gehen, wenn an einer viel befahrenen Bahnstrecke ein Schienenstück ausgewechselt werden soll. Zuerst wird das schadhafte Teil herausgeschnitten. Dann wird das neue Schienenstück so eingepasst, dass an jeder Seite ein Spalt von etwa 2,5 cm frei bleibt.
Um eine feste, aber auch elektrisch leitende Verbindung herzustellen, wird diese Lücke mit flüssigem Eisen verschweißt. Es wird an Ort und Stelle mithilfe einer Redoxreaktion aus Thermit gewonnen. Thermit ist eine Mischung aus grobkörnigem Eisenoxid und Aluminiumgrieß.

1 Thermitschweißen von Schienen

Thermit schweißt Schienen

Zum Verschweißen wird am Schienenspalt eine Gießform angebracht, die mit einem feuerfesten Reaktionsofen verbunden ist. In den Ofen wird das Thermit gegeben. Es enthält noch einige andere Metalle wie Vanadium und Mangan, damit die Schweißnaht sehr fest wird. Die Schienenenden werden zunächst auf 900 °C vorgewärmt. Dann wird die Mischung mit einer Art Wunderkerze entzündet. Sofort setzt eine heftige Reaktion ein. Eisen und Aluminiumoxid entstehen. Dabei wird eine Temperatur von etwa 2000 °C erreicht.
Die bei dieser Reaktion entstandene weißglühende Eisenschmelze fließt aus dem Ofen in die Gießform und füllt die Lücke zwischen den beiden Schienenstücken aus. Nach dem Abkühlen wird die Gießform zerschlagen und die Schienenoberfläche wird glatt geschliffen. In weniger als einer halben Stunde ist die Reparatur beendet.

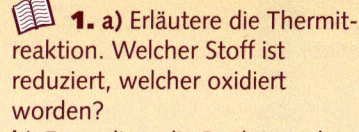

1. a) Erläutere die Thermitreaktion. Welcher Stoff ist reduziert, welcher oxidiert worden?
b) Formuliere die Reaktionsgleichung in Worten.
c) Welcher Stoff dient als Reduktionsmittel, welcher als Oxidationsmittel?

2. Warum müssen die Schienenstücke elektrisch leitend verbunden sein?

2 Thermitreaktion im Laborversuch

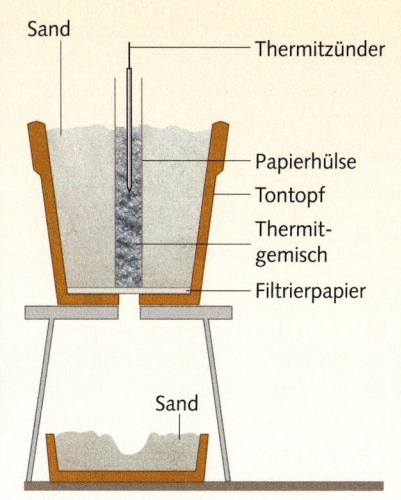

3 Schnittbild Thermitreaktion

Sand — Thermitzünder — Papierhülse — Tontopf — Thermitgemisch — Filtrierpapier — Sand

4 Eine fertig geschweißte Schiene

153

Fest oder blättrig?

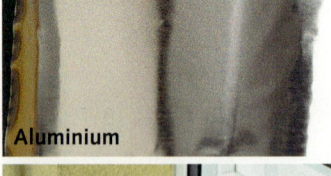

Aluminium

Zink

Eisen

1 Die Oberfläche der Fensterbank aus Aluminium ist verändert worden.

2 Das verzinkte Tor wird lange ohne besondere Pflege halten.

3 Der Eisenpfahl wird bald ersetzt werden müssen.

🔍 **1. a)** Nimm ein etwa 5 cm langes Stück Magnesiumband 🔥. Beschreibe seine Oberfläche.
b) Streiche mit dem Finger über die Oberfläche des Bandes.
c) Schabe an einigen Stellen des Bandes an der Oberfläche.
d) Beschreibe deine Beobachtungen bei den Versuchen b) und c).
e) Erkläre deine Beobachtungen.

📖 **2.** Beschreibe jeweils den Unterschied zwischen den Oberflächen bei den gezeigten Metallen in den Bildern 1 bis 3.

📝 **3.** Informiere dich über eloxiertes Aluminium.

📖 **4.** Welchen Vorteil hat die Oxidschicht bei Magnesium, Aluminium und Zink?

🔍 **5.** Nimm einen stark verrosteten Eisennagel. Verfahre wie in Versuch 1.

📖 **6.** Welchen Nachteil hat die Rostschicht des Eisens im Vergleich zu den Oxidschichten der Metalle aus Aufgabe 4?

Oberflächen können sich verändern

Die meisten Metalle verlieren im Laufe der Zeit ihren typischen metallischen Glanz. So ist ein Kupferrohr im Heizungskeller anfangs noch rötlich-glänzend. Nach einiger Zeit hat das Rohr einen durchgehenden, festen, bräunlich-stumpfen Belag. Wenn du aber an der braunen Oberfläche kratzt, so erscheint an dieser Stelle wieder der metallische Glanz des Kupfers. Ähnliches siehst du beispielsweise bei Bleieindeckungen beim Übergang vom Dachfenster zu den Dachpfannen oder bei Profilen aus Aluminium. Auch hier hat sich ein fester Belag gebildet.

■ Die meisten Metalle reagieren mit Sauerstoff. Dabei entsteht an der Oberfläche eine feste Oxidschicht. Bei Eisen bildet sich beim Rosten eine lockere und blättrige Schicht. Deshalb können Eisenteile durchrosten.

Langsame Oxidation

Die Oberflächen der meisten Metalle verbinden sich mit dem Sauerstoff der Luft, sie oxidieren. Bei dieser **langsamen Oxidation** entsteht an der Oberfläche von Kupfer Kupferoxid, beim Aluminium entsteht Aluminiumoxid. Diese Oxidschichten bilden oft einen festen, Sauerstoff undurchlässigen Überzug. Er verhindert eine weitere Oxidation tieferer Schichten. Die Oxidschicht schützt das darunter liegende Metall.

Eisen verhält sich anders

Auch Eisen verändert sich an der Luft. Nur in sehr trockener Luft bildet sich eine Oxidschicht, in feuchter Luft bildet sich **Rost.** Zur Rostbildung ist außer Sauerstoff auch Wasser notwendig. Je feuchter die Umgebung ist, desto schneller bildet sich Rost. Der Rost ist kein fester Überzug, sondern er ist locker und blättrig. Deshalb können Sauerstoff und Wasser auch an die tieferen Eisenschichten gelangen und auch diese immer weiter rosten lassen.

Korrosion und Korrosionsschutz

🔍 **1. a)** Stecke drei Eisennägel, von denen einer mit Rostschutzfarbe gestrichen ist, einer eingefettet und ein dritter unbehandelt ist, in feuchte Watte. Überprüfe nach einigen Tagen, wie stark sich die einzelnen Eisennägel verändert haben.
b) Welche Folgerungen kannst du aus deinen Beobachtungen ziehen?

1 "Rostlaube"

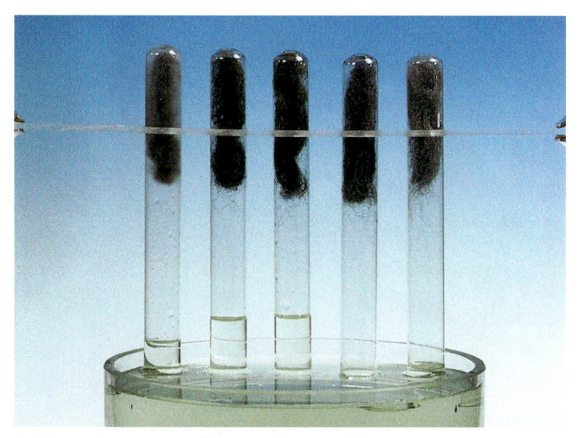

2 Korrosionsversuche mit Eisenwolle

🔍 **2.** Tauche je einen Bausch fettfreier Eisenwolle in destilliertes Wasser, Salzwasser, Essig und Maschinenöl. Schiebe die gut abgetropfte Eisenwolle jeweils in ein Reagenzglas. Drücke in ein fünftes Reagenzglas trockene Eisenwolle. Tauche die Reagenzgläser wie in Bild 2 etwa 1 cm tief in Wasser. Betrachte am Ende der Unterrichtsstunde die Veränderungen an der Eisenwolle und den Wasserstand. Vergleiche die unterschiedlichen Ergebnisse in den fünf Reagenzgläsern und erkläre sie.

📝 **3. a)** Welche Stoffe sind für das Rosten von Eisen verantwortlich?
b) Wie können Metallteile, Drähte und Drahtzäune aus Eisen vor Rost geschützt werden?

📝 **4.** Nenne Beispiele für verschiedene Korrosionsschutzverfahren.

Teurer Rost

Rosten ist die langsame Oxidation von Eisen in feuchter Luft. Gegenstände aus dem Werkstoff Eisen werden dadurch von der Oberfläche her angegriffen und können vollständig zerstört werden. Dieser Vorgang heißt allgemein **Korrosion**. Eisen korrodiert besonders stark, weil der wasserhaltige Rost eine raue, lockere Oberfläche bildet, die ein Weiterrosten nicht verhindert. Durch Korrosion und die dadurch verursachten Folgeschäden entstehen in Deutschland Kosten von vielen Milliarden Euro im Jahr.

Auch andere Metalle können langsam oxidieren, zum Beispiel Aluminium oder Zink. Gegenüber dem Eisen haben diese Metalle aber den Vorteil, dass ihre Oxide dauerhafte Schichten bilden. Diese schützen die Metalle vor weiterer Oxidation.

Korrosionsschutz

Natürlich ist Korrosion bei allen Metallen unerwünscht. Es gibt daher eine Reihe von Verfahren zum Korrosionsschutz. So wird Eisen mit einer Schutzschicht versehen. Sie soll verhindern, dass Sauerstoff und Wasser an das Metall gelangen. Das kann durch Kunststoffüberzüge, Rostschutzfarben und Lacke (Bild 3), Einfetten, Einölen oder Einwachsen erreicht werden.

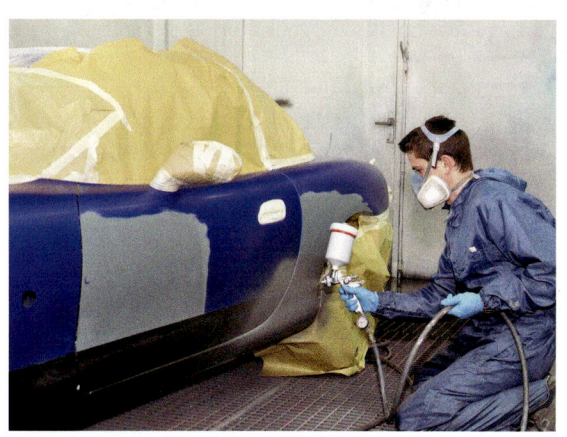

3 Korrosionsschutz durch Lackieren

■ Durch Korrosion werden metallische Werkstoffe von der Oberfläche her zerstört. Mit den Korrosionsschutzverfahren wird versucht, Korrosion zu verhindern.

Praktikum

Ein besonderes Korrosionsschutzverfahren

Ein besonders wirkungsvolles Verfahren zum Korro-sionsschutz ist das **Galvanisieren.** Hierbei wird mit-hilfe des elektrischen Stromes ein korrosionsfestes Metall auf das Eisen aufgebracht. Die Schicht ist sehr dünn, aber gut haltbar.

Mit diesem Verfahren wird vernickelt, verkupfert, verzinkt oder verchromt. Sogar Vergolden oder Versilbern ist möglich.

Verzinken eines Eisenblechs
Löse das Zinksulfat im Wasser und der Essigsäure auf. Hänge das gut gereinigte und entfettete Eisenblech als Minuspol in die Lösung. Schalte die Graphitelektrode als Pluspol. Achte darauf, dass sich die Elektroden nicht berühren.

Lass den Versuch bei einer Spannung von 5 V etwa 5 min eingeschaltet. Baue das Eisenblech aus und spüle es ab.
Welche Veränderungen kannst du feststellen?

Material
Stromquelle, Kabel, Elektrodenhalter, Graphitelektrode, Eisenblech, 100 ml-Becherglas, 50 ml Wasser, 10 g Zinksulfat, 5 ml Essigsäure (5 %)

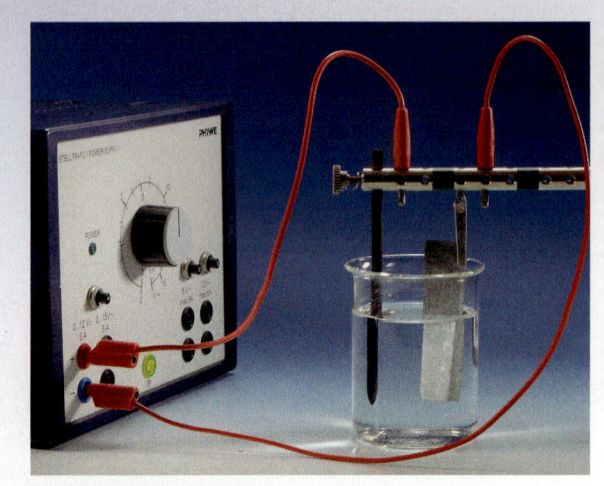

1 Galvanisieren

Streifzug

Rostschutz beim Auto

Autofirmen können heute mit langen Garantiezeiten gegen Durchrostungsschäden an der Karosserie werben. Wie ist dies möglich?

Autokarosserien erhalten eine ganze Reihe verschiedener Schutzschichten. Eine der wichtigsten ist ein Metallüberzug, der durch Galvanisieren aufgebracht wird. Die gesamte Karosserie wird in ein Bad aus einer Zinksalzlösung eingetaucht. Mithilfe des Stromes wird das Zink an allen Stellen der Karosserie gleichmäßig aufgebracht.
Danach werden verschiedene Lackschichten aufgetragen, zuletzt der eigentliche Farblack und ein Klarlack, der für Schutz und Glanz sorgt. Er muss besonders haltbar sein, da er direkt Luft, Wasser, Sonne, Streusalz und Steinschlag ausgesetzt ist.

Der gesamte Lackaufbau aus mindestens sechs Schichten ist insgesamt nur ein Zehntel Millimeter dick.

2 Rostschutz bei einer Autotür

Metalle und Metallgewinnung

Ein wichtiges Leichtmetall

1 Flugzeuge werden aus Aluminium hergestellt.

5. Diskutiere den Vorschlag, wegen des hohen Energiebedarfs weniger Aluminium zu verwenden.

Aus dem Haushalt kennst du Aluminium (Al) als Verpackungsfolie für Lebensmittel, als Unterlage zum Grillen oder als Material für Küchengeräte. Es wird in großen Mengen für Fenster, Maschinen, Flugzeuge, Eisenbahnwaggons und vieles mehr verwendet. Aluminium ist gut verformbar und leitet sehr gut Wärme und elektrischen Strom. Es ist stabil und sehr leicht. Aluminium ist ein Leichtmetall.

Ausgangsstoff für die Gewinnung von Aluminium ist das Erz Bauxit. Es besteht hauptsächlich aus Aluminiumoxid. Nach mehreren Aufbereitungsschritten wird das reine Aluminiumoxid durch eine **Schmelzflusselektrolyse** wie in Bild 3 in seine Bestandteile zerlegt. Das geschmolzene Aluminiumoxid wird dabei mithilfe des elektrischen Stromes reduziert. Der Bedarf an elektrischer Energie ist sehr hoch. Aluminium verursacht daher bei seiner Herstellung erhebliche Kosten. Aluminium ist sehr korrosionsbeständig, weil sich auf seiner Oberfläche eine dünne, aber feste Oxidschicht bildet. Für Anwendungen im Freien ist diese Schutzschicht aber häufig noch zu dünn. Mit dem **Eloxal-Verfahren,** einem speziellen Elektrolyse-Verfahren, wird diese Schicht noch widerstandsfähiger. Dabei können auch Farben mit aufgebracht werden.

1. Nenne Beispiele, wofür Aluminium verwendet wird. Nenne möglichst viele Bereiche und die Vorteile dieses Metalls.

2. Warum ist Aluminium der wichtigste Werkstoff im Flugzeugbau und im Waggonbau?

3. Gib in ein Becherglas etwa 150 ml 10 %ige Oxalsäurelösung. Befestige an einem Stativ mit Isolierstielen einen Kohlestab und ein Stück Aluminiumblech. Tauche beide gleich tief in die Oxalsäurelösung ein. Schließe den Pluspol einer Stromquelle an das Aluminiumblech, den Minuspol an den Kohlestab an. Lass das Stromversorgungsgerät 10 Minuten bei 15 V Gleichspannung eingeschaltet. Beobachte die Reaktion im Becherglas.

4. Reinige das Aluminiumblech mit Wasser und trockne es. Baue eine Prüfstrecke auf und teste die elektrische Leitfähigkeit des Aluminiumblechs
a) an der Stelle, wo es eingetaucht war,
b) an einer unbehandelten Stelle.
Vergleiche die beiden Ergebnisse und erkläre.

■ Aluminium wird unter hohem Aufwand an elektrischer Energie aus dem Erz Bauxit gewonnen.

2 Elektrolyseofen zur Herstellung von Aluminium

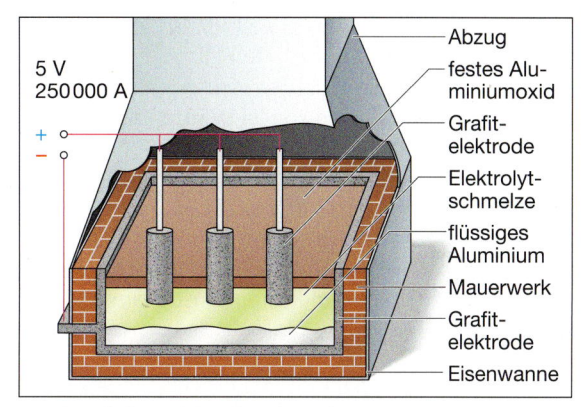

3 Schmelzflusselektrolyse bei Aluminium

157

Metallabfälle sind Rohstoffe

Recycling von Metallen
Alle Rohstoffe der Erde sind nur in begrenzten Mengen vorhanden. Auch wenn sie voraussichtlich noch für Jahrzehnte ausreichen, werden sie irgendwann einmal zur Neige gehen. Kupfererz beispielsweise wird bei derzeitigem Verbrauch in einigen Jahrzehnten aufgebraucht sein. Daher ist die Wiederverwendung von Abfallstoffen, das **Recycling**, von großer Bedeutung.

Auch Maßnahmen zum Korrosionsschutz sind wichtig, denn die Korrosion verursacht hohe Materialverluste. Durch Korrosionsschutz und Recycling werden Rohstoffreserven und Umwelt geschont und große Geldbeträge eingespart.

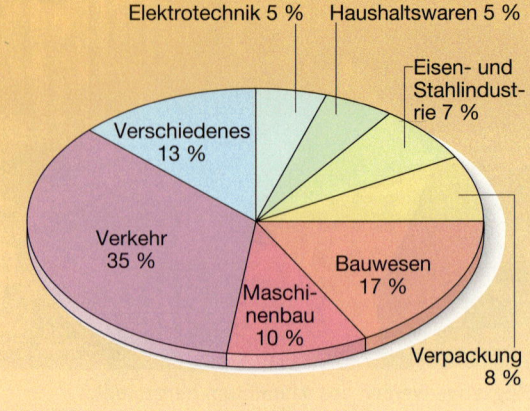

1 Aluminiumverbrauch in Deutschland
(Elektrotechnik 5 %, Haushaltswaren 5 %, Eisen- und Stahlindustrie 7 %, Verschiedenes 13 %, Verkehr 35 %, Maschinenbau 10 %, Bauwesen 17 %, Verpackung 8 %)

2 Sammelstelle für Aluminium

Recycling von Aluminium
Bei Metallen ist die Wiederverwertung besonders sinnvoll. Es werden nicht nur wertvolle Rohstoffe gespart, sondern auch viel Energie. Diese wird nämlich reichlich gebraucht, um Metalle aus ihren Erzen zu gewinnen.

Das Recycling von Aluminium lohnt sich wegen des sehr hohen Energiebedarfs bei der Herstellung ganz besonders. Wird dieses Metall nach einer ersten Verwendung wieder eingeschmolzen, können gegenüber dem aus Bauxit neu gewonnenen Aluminium 95 % Energie eingespart werden. Auch im Haushalt kannst du einen Beitrag leisten und Aluminium über den gelben Sack oder die gelbe Tonne entsorgen.

Recycling von Eisenschrott
Ein altbewährtes Beispiel für das Recycling von Metallen liefert die Stahlherstellung, denn hier war Eisenschrott schon immer ein wertvoller Rohstoff.

Bei der Stahlherstellung laufen heftige Oxidationsvorgänge ab. Dabei wird so viel Wärme frei, dass die Temperatur der Schmelze bis auf 2000 °C ansteigen kann. Dann wird dem flüssigen Roheisen etwa 25 % Eisenschrott hinzugegeben.
Durch die Zugabe des Eisenschrotts wird die Schmelze etwas kühler, was erwünscht ist. Gleichzeitig wird Eisenschrott energie- und kostengünstig eingeschmolzen.

3 Eisenschrott – ein wertvoller Rohstoff

Metalle und Metallgewinnung

Schwermetalle und Leichtmetalle

1 Sieht leicht aus – ist aber aus einem Schwermetall!

Schwermetalle:
Dichte
$\rho > 5 \frac{g}{cm^3}$

Schwermetalle
Das bekannteste und am meisten eingesetzte Schwermetall ist Eisen. Eisen wird wegen seiner Stabilität als Werkstoff beispielsweise zum Maschinenbau, Gleisbau, Brückenbau und Hochbau eingesetzt. Pro Jahr werden weltweit etwa 750 Millionen t Roheisen produziert. Das ergäbe einen Würfel mit einer Kantenlänge von über 470 m.
Auch Kupfer, Blei, Nickel, Quecksilber und alle Edelmetalle sind Schwermetalle. Viele Schwermetalle sind gesundheitsgefährdend. So sind Bleirohre als Trinkwasserleitungen nicht mehr zugelassen, ebenso Quecksilber als Thermometerflüssigkeit.
Viele Menschen reagieren allergisch auf Hautkontakt mit dem Schwermetall Nickel.

Leichtmetalle
In der Technik sind Leichtmetalle wie Aluminium, Magnesium und Titan von großer Bedeutung. Sie werden als metallische Werkstoffe eingesetzt. Leichtmetalle werden auch beim Bau von Fahrzeugen aller Art verwendet.
Die Rahmen von Fahrrädern werden oft aus Aluminium oder Titan hergestellt. Wegen der geringeren Masse wird beim Fahren weniger Kraft benötigt. Flugzeuge werden aus Leichtmetalllegierungen gebaut. Durch die geringere Masse werden bessere Flugeigenschaften erzielt und der Treibstoffverbrauch wird verringert. Beim Autobau führt die Verwendung von Leichtmetallen zu niedrigeren Massen und damit zu geringerem Treibstoffverbrauch.

Leichtmetalle:
Dichte
$\rho < 5 \frac{g}{cm^3}$

1. Nenne zwei weitere Beispiele für den Einsatz von Schwermetallen im Bauwesen.

2. Nenne zwei weitere Beispiele für den Einsatz von Leichtmetallen in Fahrzeugen.

2 Ist aus Leichtmetall - aber sehr stabil!

Methode

Internetrecherche – gewusst wie

www.blinde-kuh.de
Wenn du hier nichts findest, hilft dir auch:
www.google.de

1. Informiere dich über die Stoffgruppe der Metalle. Überlege dir Suchbegriffe, mit deren Hilfe du mehr zu diesem Thema erfahren kannst.

Du hast eine Frage – das Internet soll helfen
Für ein Thema, das in der Schule behandelt wird, brauchst du dringend noch Informationen. Das Internet kann dir dabei helfen. Es ist die vermutlich größte Sammlung von Beiträgen zu allen Sachgebieten, die es gibt. Das macht jedoch deine Anfrage zur Suche nach der Nadel im Heuhaufen. Eine solche Suche im Internet wird auch **Recherche** genannt. Die folgende Anleitung soll dir helfen, im Internet möglichst erfolgreich zu sein.
Werkzeuge des Internets, die sehr schnell viele Texte auf einen Begriff hin durchforsten können, heißen **Suchmaschinen**. Die meisten sind eher für Erwachsene geeignet. Es gibt aber auch eine Reihe von Suchmaschinen, die auf die besonderen Wünsche von Schülerinnen und Schülern zugeschnitten sind. Dazu findest du oben einige **Internetadressen** für solche Suchmaschinen.

1 Startseite einer Suchmaschine

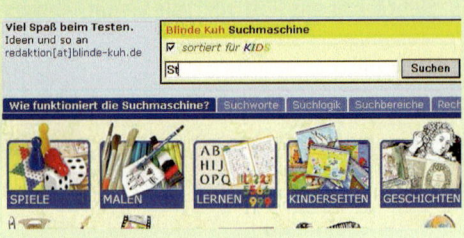

Zielgerichtet Suchen
- Internetadresse der gewünschten Suchmaschine eingeben. ↵
  Es erscheint die Startseite der Suchmaschine (Bild 1).
- Mit welchem Stichwort möchtest du die Suche beginnen? Dieses Wort heißt **Suchbegriff**. Gib diesen Suchbegriff in das **Eingabefeld** ein (Bild 2). ↵
  Es erscheint eine Auflistung der Texte, in denen der Suchbegriff vorkommt (Bild 3).
- Wenn du zwei oder mehr Suchbegriffe sinnvoll miteinander kombinierst, dann passen die Texte genauer zu deinem Thema. Die Suchbegriffe werden im Eingabefeld durch **und** oder **+** miteinander verbunden (Bild 4). ↵
  Es erscheint eine kleinere Anzahl von Kurzbeschreibungen mit den dazugehörigen Internetadressen, die dein Thema näher beschreiben (Bild 5).
- Lies die Kurzbeschreibung der Texte durch und klicke mit der Maustaste den von dir gewählten Text an.
- Achtung! Beachte das Urheberrecht! Notiere dir die Adresse der Internetseite und den Tag des Zugriffes.

2 Eingabefeld mit Suchbegriff

3 Liste der möglichen Texte

4 Verknüpfung von Suchbegriffen

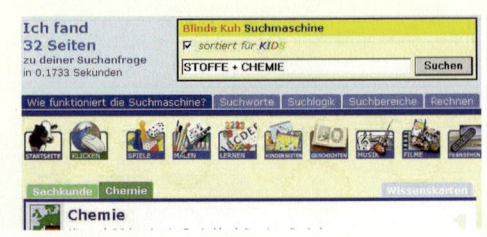

Es ist nicht alles Gold, was glänzt!
In das Internet kann jeder Texte stellen, egal ob sie wahr oder falsch sind. Deshalb ist es wichtig zu entscheiden, welche Seiten genommen werden sollen. Hochschulen, Schulen und wissenschaftlichen Instituten kannst du in der Regel trauen.

Verdächtige Seiten
Hin und wieder gibt es Seiten, die dich durch ihren Inhalt und ihre Bilder erschrecken. Sie sind dir unangenehm oder vermitteln dir Angst. Ziehe dann sofort einen Erwachsenen zu Rate. Er kann dafür sorgen, dass der Anbieter angezeigt wird.

5 Verkürzte Liste der Texte

Energie bei chemischen Reaktionen

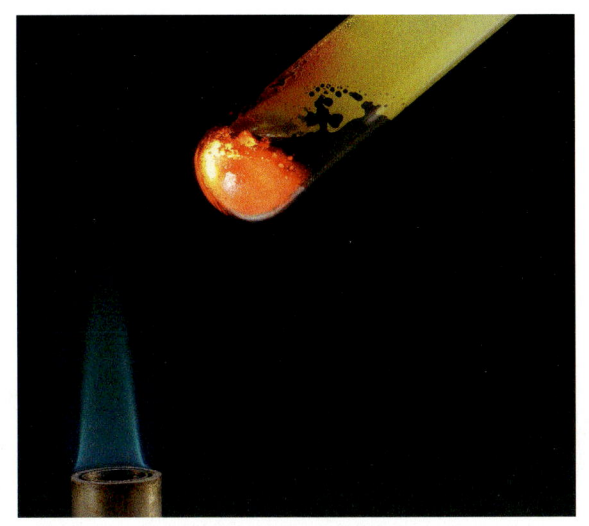

1 Schwefel und Eisen reagieren miteinander.

3 Kupferiodid wird erhitzt.

🔎 **1. a)** Mische 3,5 g Schwefel- und 2 g Eisenpulver sorgfältig miteinander. Gib das Gemisch in ein Reagenzglas und spanne es schräg ein. Erhitze das Reagenzglas kurz und kräftig am unteren Ende. Stelle den Brenner beiseite, sobald das Gemisch aufglüht.
b) Beschreibe deine Beobachtungen.

🔎 **2. a)** Erhitze etwas Kupferiodid in einem Reagenzglas.
b) Beschreibe und deute deine Beobachtungen.

Exotherme Reaktion

Werden Eisen und Schwefel miteinander vermischt und an einer Stelle kurzzeitig erhitzt, reagieren sie miteinander. Die Reaktion setzt sichtbar und fühlbar Energie frei. Sie läuft auch nach Ausstellen des Brenners weiter, solange noch Eisen und Schwefel vorhanden sind. Die Energie der Brennerflamme hat die Aktivierungsenergie geliefert, um die Reaktion in Gang zu setzen. Es handelt sich um eine exotherme, chemische Reaktion.

Endotherme Reaktion

Wird Kupferiodid erhitzt, zerfällt die Verbindung in ihre Elemente. Die Energie des Brenners liefert die Aktivierungsenergie, um die chemische Reaktion zu starten. Aber auch danach muss mithilfe des Brenners ständig Energie zugeführt werden, damit die Reaktion weiterläuft. Es handelt sich um eine endotherme, chemische Reaktion.
In Energieverlaufsdiagrammen lassen sich die Vorgänge übersichtlich darstellen.

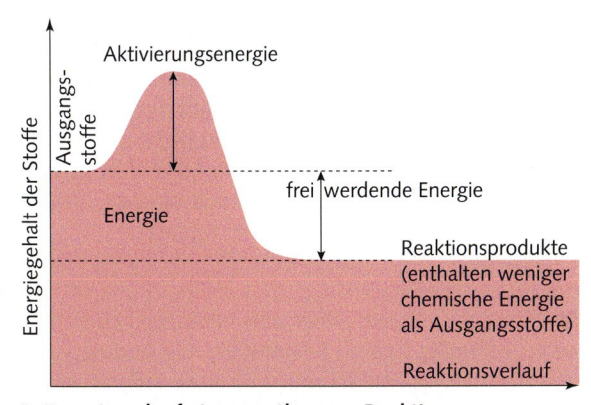

2 Energieverlauf einer exothermen Reaktion

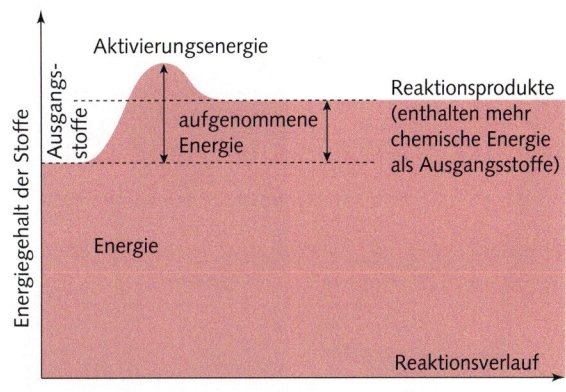

4 Energieverlauf einer endothermen Reaktion

Metalle und Metallgewinnung → S. 166/167

Edelmetalle - nicht nur für Schmuck

Metall	Wichtige Förderländer	Jahresproduktion 1999	Preis für 1 kg
Silber	Mexiko, Peru	16 000 t	215,41 €
Gold	Südafrika, USA	2 300 t	9 678,00 €
Platin	Südafrika	240 t	17 646,30 €
Stahl	–	800 000 000 t	0,50 €

1 Wirtschaftsdaten von Edelmetallen und Stahl

1. Vergleiche die Produktionsdaten und die Preise der in der Tabelle 1 genannten Metalle.

2. Suche im Lexikon und im Internet nach weiteren Anwendungen der Edelmetalle in der Medizin, in der Technik und in der Kunst.

Ein Blick in das Schaufenster eines Juweliers macht es deutlich: Gold, Silber und Platin sind wirklich kostbare Metalle. Chemisch betrachtet zeichnen sich diese **Edelmetalle** dadurch aus, dass sie sehr beständig und korrosionsfest sind.

Gold ist das am längsten bekannte Edelmetall. Es war seit jeher das Material zur Schmuckherstellung, aber auch die Grundlage vieler Währungen. Schon vor 2600 Jahren wurden Goldmünzen geprägt. Gold ist das dehnbarste aller Metalle. Aus 1 g Gold lässt sich ein 3 km langer Draht ziehen. 1 kg Gold ist nicht größer als ein 50 g Schokoriegel!
Technische Verwendung findet das Gold vorwiegend in der Elektronik. Kontakte und dünne Zuleitungsdrähte aus Gold sind in jedem Computer zu finden.

2 Gold, das Metall für beste Kontakte

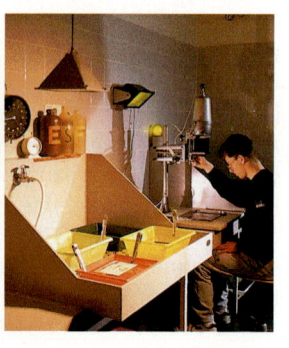

Silber ist das meistverwendete Edelmetall. Es ist nicht so beständig wie Gold. So reagiert es mit schwefelhaltigen Stoffen, zum Beispiel mit Eiweiß. Es läuft schwarz an. Deshalb muss Silberschmuck öfter geputzt werden.
Silber ist der beste elektrische Leiter, der beste Wärmeleiter und hat das höchste Reflexionsvermögen aller Metalle. Früher beruhte das fotografische Aufzeichnen von Bildern auf der Lichtempfindlichkeit von Silberverbindungen.

3 Silber, das Fotometall

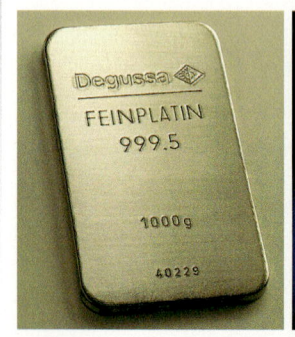

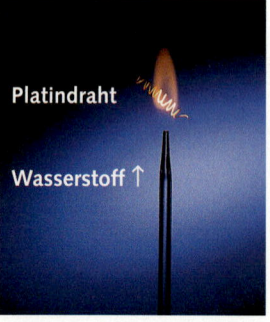

Platin ist das korrosionsfesteste Edelmetall. Bis vor 300 Jahren galt es noch als unbrauchbar, denn wegen seiner hohen Schmelztemperatur (1770 °C) und seiner Härte ließ es sich nicht verarbeiten. Seine herausragende Bedeutung hat das Platin jedoch als Katalysator. Im Abgaskatalysator sorgt fein verteiltes Platin dafür, dass schädliche Abgase in unschädliche Stoffe umgewandelt werden. Über 40 % des Platins werden dafür eingesetzt.

■ Die Metalle Gold, Silber und Platin sind chemisch sehr beständig. Es sind Edelmetalle. Sie sind neben der Herstellung von Schmuck für viele technische Anwendungen von großer Bedeutung.

4 Platin, das Katalysatormetall

Metalle und Metallgewinnung

Der Goldrausch und seine Folgen

Streifzug

Allein im brasilianischen Amazonasgebiet vergiften Tausende von Goldsuchern auf diese Weise die Umwelt jährlich mit über 200 t Quecksilber.

Goldminen vergiften die Umwelt durch Cyanide

Bei einem Gehalt von 3 g Gold pro Tonne Gestein gilt eine Goldlagerstätte in der Regel noch als abbauwürdig. Doch heute wird sogar noch Gestein verarbeitet, das nur 0,5 g Gold je Tonne enthält, zum Beispiel die Abraumhalden alter Goldminen. Das ist nur durch den Einsatz von Natriumcyanid möglich.

Gold löst sich in einer Natriumcyanidlauge und lässt sich später daraus leicht zurückgewinnen. Das Abwasser, das dabei entsteht, wird in großen Sammelbecken gespeichert.

1 Goldsuche in Brasilien

Doch Natriumcyanid ist hochgiftig. Schon 0,2 g davon sind für einen erwachsenen Menschen tödlich. Undichte Stellen oder Dammbrüche wie in Bild 3, wie sie an den Sammelbecken leider immer wieder vorkommen, führen deshalb zu schwerwiegenden Umweltkatastrophen.

Schon seit Jahrtausenden wird nach Gold gesucht. Zuerst wurden die gelbglänzenden Goldkörnchen aus Flussbetten oder aus goldhaltigen Erdschichten einfach aufgelesen. Später wurde Gold „gewaschen". Dabei werden goldhaltiger Sand und Kies mit viel Wasser aufgerührt oder in flachen Goldwaschpfannen umgeschwenkt. Das schwere Gold sinkt viel schneller ab als der Sand und sammelt sich am Boden der Gefäße an.

2 Gold löst sich in Quecksilber.

Nennenswerte Umweltschäden entstehen nicht, wenn einzelne Goldsucher an einem Fluss Gold waschen. Doch wenn in großem Maßstab industriell nach Gold gesucht wird, können verwüstete Kraterlandschaften zurückbleiben. Nachhaltige Umweltprobleme ergaben sich vor allem, als die Chemie ins Spiel kam.

Quecksilber vergiftet Flüsse und Böden

Um noch die kleinsten, mit bloßem Auge kaum erkennbaren Goldkörnchen zu erhalten, wird das zerkleinerte goldhaltige Gemenge mit Quecksilber versetzt. Nur das Gold löst sich im Quecksilber, es entsteht festes Goldamalgam. Nach dem Filtrieren wird das Goldamalgam auf 600 °C erhitzt. Dabei verdampft das Quecksilber, Gold bleibt zurück.

3 Dammbruch eines Sammelbeckens

Metalle und Metallgewinnung

Reduktion und Oxidation
Eine **Reduktion** ist eine chemische Reaktion, bei der einem Oxid der Sauerstoff entzogen wird. Das Oxid wird **reduziert**.
Bei der **Oxidation** verbindet sich ein Stoff mit Sauerstoff zum Oxid. Der Stoff **oxidiert**.

Redoxreaktion
Laufen Reduktion und Oxidation gleichzeitig ab, so handelt es sich um eine **Redoxreaktion**.
Das **Oxidationsmittel** gibt den Sauerstoff ab und wird dabei **reduziert**. Das **Reduktionsmittel** nimmt den Sauerstoff auf und wird dabei **oxidiert**.

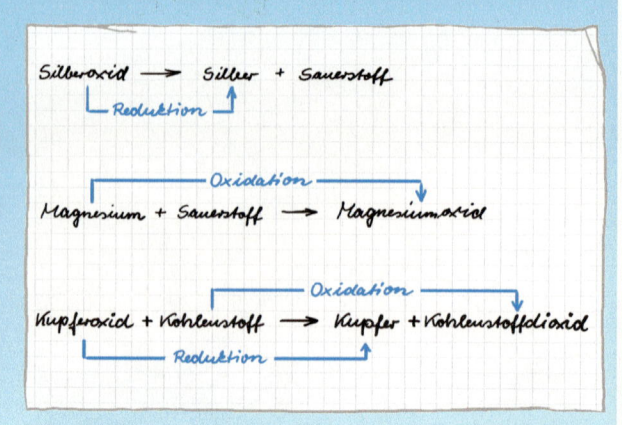

Metallgewinnung
Edle Metalle kommen oft gediegen vor. Unedle Metalle kommen nur in Verbindungen vor. Das sind oft Metalloxide. Das Metall lässt sich dann durch eine Redoxreaktion gewinnen. Diese Redoxreaktionen laufen nur ab, wenn das Reduktionsmittel den Sauerstoff stärker bindet als der Stoff, der vorher mit dem Sauerstoff verbunden war.

Magnetit

Roteisenstein

Kupfer
Kupfer ist das älteste Gebrauchsmetall des Menschen. Es wurde teilweise in gediegener Form gefunden. Bereits vor etwa 9000 Jahren gelang es dem Menschen, Kupfer aus **Kupfererz** zu gewinnen. Dabei reagiert das im Kupfererz enthaltene Kupferoxid mit Kohlenstoff in einer Redoxreaktion.

Legierungen
Werden reine Metalle mit anderen Stoffen verschmolzen, entstehen **Legierungen**. Sie unterscheiden sich in Härte, Schmelztemperatur, Farbe, Elastizität, Hitzebeständigkeit und Dichte von dem reinen Metall.

Aluminium
Aluminium wird durch **Schmelzflusselektrolyse** unter hohem Energieaufwand aus dem Erz Bauxit gewonnen. Mit dem **Eloxal-Verfahren** wird Aluminium widerstandsfähig gegen Korrosion.

Eisen
Zur Gewinnung von Roheisen wird Eisenerz zusammen mit Steinkohlenkoks im **Hochofen** erhitzt. Hier läuft eine Redoxreaktion ab. Das Eisenoxid aus dem **Eisenerz** wird zu metallischem Eisen reduziert. Der Kohlenstoff aus dem Koks wird oxidiert.

Stahl
Aus Roheisen wird mit dem **Sauerstoff-Aufblasverfahren Stahl** hergestellt. Dabei werden aus dem Roheisen Fremdstoffe entfernt und der Kohlenstoffgehalt verringert. Stahl wird durch Zugabe weiterer Metalle zu **Stahllegierungen** veredelt.

Korrosion
Metalle **korrodieren** unter dem Einfluss von Sauerstoff und Feuchtigkeit. Durch **Einfetten, Lackieren** oder **Galvanisieren** kann die Metalloberfläche geschützt werden. Korrosionsschutz ist vor allem bei Eisen wichtig.

Metalle und Metallgewinnung

1. Mithilfe welcher der folgenden Stoffe lässt sich Eisenoxid zu Eisen reduzieren: Kupfer, Zink, Kohlenstoff? Begründe deine Antwort.

2. a) Bei der Reaktion von Bleioxid (PbO_2) mit Holzkohle entstehen Blei und Kohlenstoffdioxid. Formuliere die Reaktionsgleichung.
b) Benenne Reduktion und Oxidation sowie das Reduktionsmittel und das Oxidationsmittel.

3. Welche Eigenschaften machen Kupfer zu einem vielseitig verwendbaren Werkstoff?

4. Warum ist es notwendig, zur Herstellung von Kupfer das Kupfererz mit Holzkohle zu vermischen und dann zusammen zu erhitzen?

5. Woraus bestehen die Legierungen Messing, Bronze und Neusilber?

6. Welche Stoffe müssen in einen Hochofen gefüllt werden, um Eisen zu erzeugen?

7. Was ist Koks und welche Aufgaben hat er im Hochofen?

8. Übertrage folgende, vereinfachte Wortgleichungen zu den chemischen Vorgängen im Hochofen in dein Heft und ergänze sie:
a) Kohlenstoff + ☐ → ☐
b) Kohlenstoffmonooxid + ☐ → Eisen + ☐

9. a) Erkläre die Funktion der beiden Gichtglocken des Hochofens.
b) Warum sind die Gichtgase giftig?

10. Was ist Schlacke und wofür wird sie verwendet?

11. Warum liegt das Abstichloch für Roheisen tiefer als das für Schlacke?

12. a) Welche Aufgabe haben die Winderhitzer?
b) Wie werden sie aufgeheizt?

13. Warum ist den Winderhitzern eine aufwändige Reinigungsanlage vorgeschaltet?

14. Warum muss ein Hochofen ununterbrochen in Betrieb gehalten werden?

15. Warum kann das Roheisen aus dem Hochofen nicht als Werkstoff verwendet werden?

16. Welche Bedeutung hat der Kohlenstoffgehalt des Stahls?

17. Welche Metalle werden dem Stahl beigegeben, um seine Eigenschaften zu verändern?

18. Erkläre den Begriff Rosten beim Eisen.

19. Warum ist Eisen gegenüber Witterungseinflüssen besonders empfindlich und korrodiert immer weiter?

20. Warum eignet sich Aluminium für den Fahrzeugbau?

21. Warum ist die Herstellung von Aluminium teuer?

Zeig, was du kannst

Chemische Reaktion

Oxidation, Reduktion, Redoxreaktion

Reduktion

Oxidation

📖 **1.** In der Abbildung wird in einem Modellversuch dargestellt, wie der Sauerstoff während der **chemischen Reaktion** seinen Partner wechselt.
a) Beschreibe, was dabei passiert. Verwende die Begriffe Oxidation, Reduktion und Redoxreaktion.
b) Wie ließe sich der Tausch wieder rückgängig machen?

Edle und unedle Metalle

unedel

edel

Magnesium   Aluminium   Zink   Eisen   Kupfer   Silber   Platin   Gold

großes ...   ... Bestreben, sich mit Sauerstoff zu verbinden   geringes ...

📖 **2.** Unedle Metalle kommen in der Natur fast nur in Verbindungen vor.
a) Die Herstellung von Eisen aus Eisenoxid ist eine Redoxreaktion. Erkläre dies.
b) Benenne für die Reaktion die Reduktion und die Oxidation sowie ein geeignetes Reduktionsmittel.
c) Erkläre, warum sich Kupferoxid besser reduzieren lässt als Eisenoxid.

Basiskonzepte

Metallgewinnung

Energie

er Materie

Legierungen

📖 **3.** Kupfer- und Stahllegierungen haben andere Eigenschaften als die reinen ...etalle. Erkläre die Unterschiede in den Eigenschaften anhand der **Struktur** der ...offe.

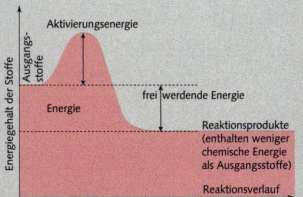

Energiebilanzen, endotherme und exotherme Redoxreaktionen

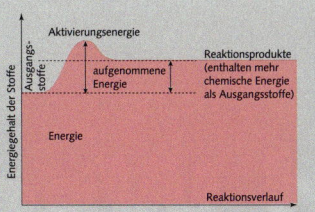

📖 **4. a)** Nenne jeweils ein Beispiel für eine endotherme und für eine exotherme Reaktion mit Metallen.
b) Beschreibe den Verlauf der **Energie** während der beiden Reaktionen.
c) Was bewirkt die Aktivierungsenergie?

📖 **5.** Erkläre, warum die Energiebilanz beim Recycling von Aluminium besser ist als bei der Gewinnung von Aluminium aus Bauxit.

Luft und Wasser

Das Wasser der Erde bewegt sich in einem ständigen Kreislauf. Von der Meeresoberfläche verdunsten große Wassermengen. Wo bleibt dieses Wasser? Was geschieht damit, wenn es in die Erde einsickert?

Woraus besteht Luft? Woher kommen die Schadstoffe in der Luft und was kann getan werden, um die Luft sauber zu halten?

Warum entstehen Glasbläschen an der Zunge einer Flachbatterie?

Wasser – eine alltägliche, ganz normale Flüssigkeit

🔍 **1.** Versuche, mithilfe eines kleinen Stückes Löschpapier eine Büroklammer zum Schwimmen zu bringen. Benutze als Flüssigkeit etwas Spiritus in einer kleinen Petrischale. Lege das Löschpapier mit der Büroklammer vorsichtig auf die ruhige Oberfläche der Flüssigkeit.

🔍 **2. a)** Wiederhole Versuch 1 mit Wasser. Vergleiche deine Beobachtungen.
b) Teste auch andere Flüssigkeiten aus der Küche, zum Beispiel Speiseöl.

Tipp
Falls das Löschpapier nicht von alleine untergeht, stoße es behutsam unter der Klammer weg.

📝 **3.** Für viele Wasserinsekten ist die in Versuch 2 gefundene Eigenschaft des Wassers lebensnotwendig. Beschreibe diese Eigenschaft des Wassers.

1 Wasser hat eine besondere Oberfläche.

🔍 **4.** Stelle Glasröhrchen mit unterschiedlichem Durchmesser in Spiritus. Beschreibe deine Beobachtung.

🔍 **5.** Wiederhole den Versuch 4 mit Wasser und vergleiche deine Ergebnisse. Formuliere daraus einen Je-desto-Satz.

🔍 **6.** Färbe Wasser mit blauer Tinte und stelle eine weiße Tulpe mit einem etwa 10 cm langen Stängel hinein. Beobachte viermal im Abstand von 15 min, was geschieht. Zeichne deine Beobachtungen auf.

2 Wasser in dünnen Röhrchen

Luft und Wasser

🔍 **7.** Schmilz eine kleine Menge Kerzenwachs in einem Becherglas. Gib dann ein kleines Stück festes Wachs dazu. Beschreibe deine Beobachtungen.

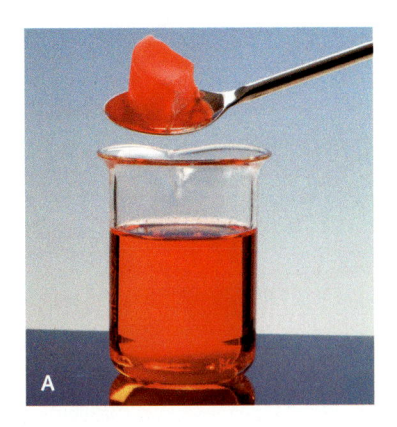

🔍 **8.** Fülle ein Becherglas mit Wasser und gib ein großes Stückchen Eis hinein. Vergleiche deine Beobachtung mit Versuch 7. Welche besondere Eigenschaft hat festes Wasser?

📝 **9.** Welche Tiere könnten ohne die in Versuch 8 gefundene Eigenschaft des Wassers nicht überleben?

3 A *Festes Wachs in flüssigem Wachs;* **B** *Eis in Wasser*

📝 **10.** Erstelle eine Liste mit Stoffen und Gegenständen, die das Wasser transportieren kann. Unterscheide dabei sichtbare Stoffe, zum Beispiel Holz, von unsichtbaren Stoffen.

📝 **11.** Auf dem Wasserweg erreichen uns unterschiedliche Waren aus fremden Ländern. Finde mindestens 10 Beispiele.

📝 **12.** Nenne unterschiedliche Gewässer, auf denen Schiffe verkehren können.

📝 **13.** Welche Stoffe und Materialien werden mit unseren Abwässern aus den Haushalten wegtransportiert?

📝 **14.** Welche anderen schwimmenden Transportmittel gibt es außer Schiffen noch? Stelle sie in einer Übersicht zusammen.

4 Wasser transportiert Vieles.

Die Oberflächenspannung

Kleine Wassermengen bilden stabile, beim Fallen fast kugelförmige Tropfen. Es sieht so aus, als würden sie wie durch eine Haut zusammengehalten.
Diese **Oberflächenspannung** bewirkt, dass Insekten auf einer Wasseroberfläche laufen können und kleine Gegenstände, die eigentlich schwerer sind als Wasser, darauf schwimmen können.

Die Adhäsion

Zwischen Wasser und vielen anderen Materialien herrscht eine Anziehungskraft, die **Adhäsion**. Deshalb haften Wassertropfen an einer Fensterscheibe und deshalb wird das Wasser an einer Gefäßwand hochgezogen.
In dünnen Röhren, **Kapillaren** genannt, steigt das Wasser entgegen der Schwerkraft nach oben, umso höher, je dünner sie sind.

Schwimmen auf Wasser

Gibst du festes Frittierfett in bereits geschmolzenes Fett in der Fritteuse, dann geht es unter. Das ist bei allen anderen Stoffen auch so – nur nicht bei Wasser. Hier schwimmt der feste Stoff, das Eis, auf der Flüssigkeit. Ein Stück Eis nimmt mehr Raum ein als die gleiche Menge Wasser. Eis ist leichter als das flüssige Wasser und schwimmt deshalb. Dies wird **Anomalie des Wassers** genannt.

171

Der Wasserkreislauf in der Natur

Niederschlag

Lebewesen brauchen Wasser

Flüsse bringen Wasser zum Meer

Brunnen

Wasser versickert und bildet Grundwasser

Grundwasser

Unterirdischer Abfluss zum Meer

Luft und Wasser → S. 198/199

Luft und Wasser

Wolken entstehen

Die Sonne erwärmt Land und Meer.

Wasser verdunstet

1. Beschreibe den Wasserkreislauf in der Natur.

2. Was bewegt die riesigen Wassermengen im natürlichen Wasserkreislauf?

3. Bei den Pflanzen beginnt ein eigener Kreislauf. Beschreibe diesen Wasserkreislauf.

4. Skizziere den künstlichen Wasserkreislauf, in dem das Wasser vorkommt, das wir im Haushalt benutzen.

5. Stelle die Gemeinsamkeiten des natürlichen und des künstlichen Wasserkreislaufes dar.

6. In welchen Niederschlagsformen kommt Wasser zur Erde zurück?

Trinkwasser – Brauchwasser

📖 **1.** Für welche Zwecke verwendest du Trinkwasser aus der Wasserleitung?

✏️ **2.** Nenne Möglichkeiten, um mit Trinkwasser sparsamer umzugehen.

📖 **3.** Erkläre, wie in Bild 2 Brauchwasser gewonnen wird.

✏️ **4. a)** Wo findest du an deiner Schule Möglichkeiten, Brauchwasser zu sammeln?
b) Wozu könntet ihr es in der Schule verwenden?

Aus unseren Wasserleitungen kommt **Trinkwasser**. Es ist keimfrei und enthält keine anderen schädlichen Stoffe, so dass wir es ohne Gefährdung unserer Gesundheit trinken können.

Versorgung
Die Versorgung der Haushalte mit Trinkwasser ist bei uns noch kein Problem. An vielen Orten wurden Brunnen in die Erde gebohrt. Von dort wird Grundwasser in die Leitungen gepumpt. Manche Orte im Gebirge werden mit Quellwasser versorgt, andere erhalten ihr Wasser aus Stauseen. Die Möhnetalsperre in Nordrhein-Westfalen versorgt zusammen mit dem Biggesee große Teile des Ruhrgebiets, indem sie den Wasserstand in der Ruhr hoch hält. Nur so kann die Ruhr zur Wassergewinnung genutzt werden.

Aufbereitung
Oft muss Wasser noch aufbereitet werden, wenn es als **Trinkwasser** genutzt wird. Dabei werden unerwünschte Bestandteile wie Eisen, Mangan oder Kohlenstoffdioxid entfernt. Dies ist sehr aufwändig und teuer.

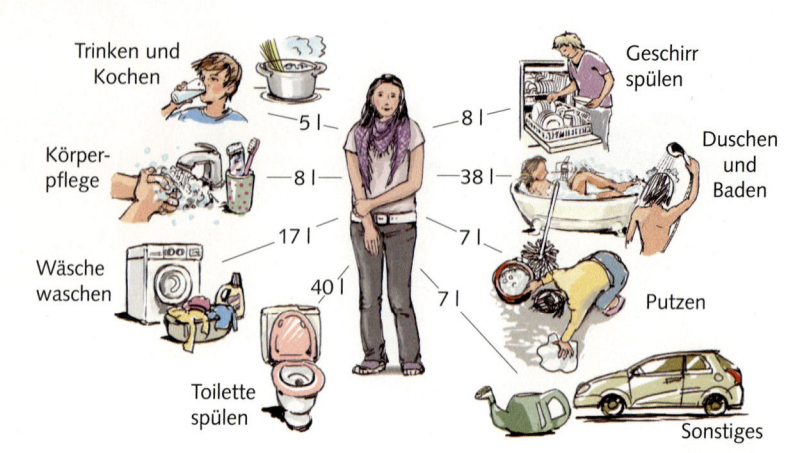

1 So viel Wasser verbraucht jeder von uns im Durchschnitt an einem Tag.

- Trinken und Kochen – 5 l
- Geschirr spülen – 8 l
- Körperpflege – 8 l
- Duschen und Baden – 38 l
- Wäsche waschen – 17 l
- Putzen – 7 l
- Toilette spülen – 40 l
- Sonstiges – 7 l

Wassermengen
Zu unserer Versorgung ist sehr viel Trinkwasser erforderlich, denn jeder von uns verbraucht an einem Tag etwa 130 l. Davon werden nur 5 l zum Trinken und zur Nahrungszubereitung verwendet.

Brauchwasser
Es wird aber auch viel Wasser gebraucht, das nicht die Qualität von Trinkwasser haben muss. Es dient zum Kühlen und Reinigen in Fabriken sowie zum Bewässern in Gärtnereien und in der Landwirtschaft. Dieses Wasser heißt **Brauchwasser.** Es wird aus Flüssen, Seen oder Hausbrunnen entnommen. So kann wertvolles Trinkwasser gespart werden. Außerdem erspart uns Brauchwasser auch einen Teil der Kosten, die wir für Trinkwasser bezahlen müssten.
Auch bei dir zu Hause könnt ihr Brauchwasser gewinnen, wenn ihr Regenwasser auffangt und in Behältern sammelt. Ihr könnt es zum Gießen im Garten und zum Reinigen oder zur Toilettenspülung verwenden.

■ Unsere Versorgung mit Trinkwasser ist sehr aufwändig. Für viele Zwecke reicht Brauchwasser. So wird wertvolles Trinkwasser gespart.

2 Hier wird Regenwasser als Brauchwasser gesammelt.

Luft und Wasser

Tiere verraten die Wasserqualität in Bächen, Flüssen und Seen

Alle Tiere benötigen zum Leben Sauerstoff, einige viel, andere weniger. Auch Larven, Krebse, Fische und andere Tiere im Wasser brauchen unterschiedlich viel Sauerstoff. Wir wissen andererseits auch, dass Gewässer unterschiedlich viel Sauerstoff enthalten. Ein sauberes Gewässer, z. B. ein klarer Bergbach, enthält viel Sauerstoff. Ein verschmutzter Fluss, in den schon viel Abwasser geflossen ist, enthält weniger Sauerstoff. An der Art der Kleintiere, die in einem Gewässer leben, kannst du feststellen, ob das Wasser sauber oder verschmutzt ist. Diese Tiere werden daher **Zeigerorganismen** genannt. Enthält ein Bach viele Steinfliegenlarven, dann ist er sauber und unbelastet, da diese Larven viel Sauerstoff benötigen. Der Bachflohkrebs kommt mit weniger Sauerstoff aus als die Steinfliegenlarve, deshalb kann er in stärker verschmutzten Gewässern leben. Findest du aber in einem Gewässer Rote Zuckmückenlarven oder Rattenschwanzlarven, dann ist dieses Gewässer stark verschmutzt. Im Bild 1 stehen ganz oben in der Reihe der Zeigerorganismen Kleintiere, die viel Sauerstoff benötigen, die Tiere weiter unten kommen mit immer weniger Sauerstoff aus.

1. Bestimme die Wasserqualität eines Gewässers.

a) Sammele mit einem feinmaschigen Netz am flachen Ufer zwischen den Wasserpflanzen Kleintiere in ein Glas mit Wasser. Auch von den Steinen, die du aus dem Wasser holst, kannst du Kleintiere mit einer Pinzette oder einem Haarpinsel abstreifen.

b) Sortiere die Kleintiere nach ihrer Art in Schälchen und bestimme ihre Anzahl mithilfe einer Lupe.

c) Beurteile die Wasserqualität anhand der gefundenen Zeigerorganismen.

d) Bringe die Tiere anschließend in das Gewässer zurück!

2. Beurteile mit folgender Tabelle, welches Gewässer am wenigsten, welches am stärksten belastet ist. Begründe deine Antwort!

1 Zeigerorganismen

Beschriftungen im Bild:
- Köcherfliegenlarve (2 cm)
- Plattwurm (2,5 cm)
- Eintagsfliegenlarve (1 - 2 cm)
- Steinfliegenlarve (1 - 3 cm)
- Köcherfliegenlarve ohne Köcher (1,5 cm)
- Erbsenmuschel (0,8 - 1 cm)
- Bachflohkrebs (1,7 cm)
- Mützenschnecke (0,6 cm)
- Kugelmuschel (1,5 cm)
- Teichschlange (0,6 - 1,8 cm)
- Wasserassel (1,5 cm)
- Rollegel (5 cm)
- Waffenfliegenlarve (4 cm)
- Rote Zuckmückenlarve (2 cm)
- Schlammröhrenwurm (bis 8 cm)
- Rattenschwanzlarve (5 - 6 cm)

Beobachtungsergebnisse von drei Gewässern			
Zeigerorganismen	Bach	Fluss	Teich
Steinfliegenlarve	14	0	0
Köcherfliegenlarve	3	0	0
Eintagsfliegenlarve	0	0	2
Bachflohkrebs	0	1	7
Wasserassel	0	2	10
Rollegel	0	6	2
Rote Zuckmückenlarve	0	17	0
Rattenschwanzlarve	0	5	0

Ursachen der Verschmutzung von Gewässern

1. An welchem Gewässer liegt dein Wohnort? Wie heißt der nächstgelegene Fluss?

2. Wo gibt es Fabriken in deiner Nähe? Was wird hergestellt? Wie wird das Abwasser gereinigt?

3. Worauf muss beim Düngen eines Gartens geachtet werden?

4. Welches Gewässer deiner Umgebung ist stark verschmutzt? Wie könntest du dies überprüfen?

5. Wie kannst du selbst zur Reinhaltung von Gewässern beitragen?

6. Vergleiche die Gewässergütekarte von 1967 mit der von 2000.
a) Wie hat sich das Wasser der Leine verändert?
b) Warum ist die Verschmutzung der Leine an einer Stelle besonders stark?
c) Welcher Nebenfluss der Leine hat seine Wasserqualität am meisten verbessert?
d) Wodurch war es möglich, die Wasserqualität zu verbessern?

7. Erkundige dich, was bisher für die Verbesserung der Wasserqualität der Seen und Flüsse an deinem Wohnort und dessen Umgebung getan wurde.

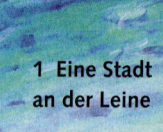

1 Eine Stadt an der Leine

2 Eine Fabrik an der Leine

Abwasser aus Städten und Dörfern

Auf einer Landkarte siehst du, dass Städte und Dörfer häufig an Flüssen oder Bächen liegen. Dadurch war es leicht, sich mit dem lebensnotwendigen Wasser zu versorgen. Auch das Abwasser der Haushalte wurde in die Gewässer geleitet. Die Bewohner machten sich darüber wenig Gedanken, denn diese eher geringen Verschmutzungen konnten von dem Gewässer selbst gereinigt werden. Als aber die Städte größer wurden und die Menschen immer mehr Abwasser erzeugten, nahm die Verschmutzung stark zu. Die Gewässer konnten sich nicht mehr selbst reinigen. Manche wurden zu übel riechenden Abwasserkanälen. Heute werden die meisten Abwässer in effektiven Kläranlagen gereinigt. Manchmal reicht aber selbst das noch nicht aus.

Abwasser aus Industrieanlagen

Schon im Mittelalter bauten Gerber, Färber oder Bierbrauer ihre Betriebe an Gewässern. Sie benötigten Wasser für ihre Arbeit. Das Abwasser, das dabei entstand, konnte der Bach oder der Fluss gleich abtransportieren. Auch als später Fabriken mit Dampfmaschinen ausgerüstet wurden, waren dafür Plätze an Wasserläufen notwendig.
Moderne Industrieanlagen benötigen ebenfalls viel Wasser für die Produktion, zum Kühlen und zum Reinigen. Darum werden viele Fabriken und Kraftwerke auch heute noch an Flüssen gebaut. Inzwischen müssen Industriebetriebe ihr Abwasser sorgfältig klären, bevor sie es in Gewässer einleiten dürfen. Doch diese Klärung ist nicht vollkommen, sodass einige Stoffe unsere Gewässer belasten.

■ Haushalte und Fabriken erzeugen viel Abwasser. In Kläranlagen kann es gereinigt werden. Nicht vollständig gereinigtes Abwasser trägt zusammen mit Düngemitteln und Pflanzenschutzmitteln genauso wie Unfälle mit schädlichen Stoffen zur Verunreinigung von Gewässern bei.

Luft und Wasser

Belastung der Gewässer durch Landwirtschaft

Auch die Landwirtschaft trägt stark zur Verschmutzung der Gewässer bei. Wenn Felder zu stark oder falsch gedüngt werden, nehmen die Pflanzen den Dünger nicht vollständig auf. Reste bleiben zurück und werden vom Regenwasser in Bäche und Flüsse geschwemmt. Häufig gelangen die Düngemittelreste sogar bis ins Grundwasser.

Auch Pflanzenschutzmittel, die in zu großer Menge oder zum falschen Zeitpunkt gespritzt werden, verschmutzen die Gewässer. Abwässer aus Hühnerfarmen, Schweinemastbetrieben oder Weinbaubetrieben gelangen manchmal direkt in Bäche oder Flüsse und tragen erheblich zu deren Verschmutzung bei.

Belastung durch Unfälle und Müllablagerungen

Verunreinigungen von Flüssen, Bächen und Seen können auch durch Unfälle entstehen, die beim Transport von Heizöl, Benzin oder anderen Wasser gefährdenden Stoffen in Tankwagen oder Tankschiffen passieren. Bisweilen siehst du im Fernsehen Bilder von verunglückten Erdöltankern. Diese und auch Betriebsunfälle in Fabriken können zu einer starken und großflächigen Gewässerverschmutzung führen.

Leider gibt es auch Menschen, die Müll einfach irgendwo abladen und damit zur Verschmutzung des Grundwassers und auch der fließenden Gewässer beitragen.

3 Zu viel Dünger schadet den Gewässern

4 Betriebsstörung in einer Fabrik

Gewässergüteklassen

Um die Verschmutzung eines Gewässers zu beschreiben, werden ihm „Noten" erteilt. Sie heißen **Gewässergüteklassen**. Es gibt vier Klassen mit jeweils einer Zwischenstufe. Auf Landkarten wird jede Güteklasse in einer bestimmten Farbe dargestellt.

Klasse	Bewertung	Farbe auf Karten
I	unbelastet	
I–II	gering belastet	
II	mäßig belastet	
II–III	kritisch belastet	
III	stark verschmutzt	
III–IV	sehr stark verschmutzt	
IV	übermäßig verschmutzt	

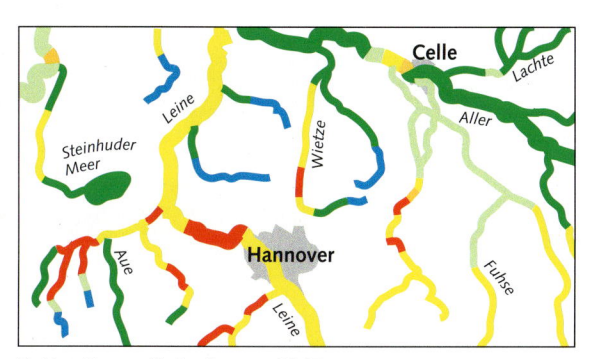

5 Gewässergütekarte von 1967

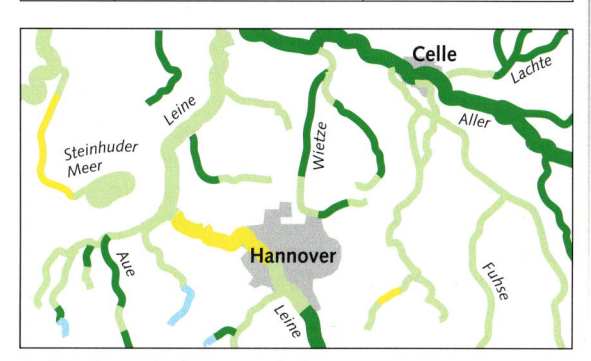

6 Gewässergütekarte von 2000

Kläranlage – verschmutztes Wasser wird gereinigt

📖 **1.** Was wird bei der mechanischen Reinigung aus dem Abwasser entfernt?

📖 **2.** Welche Trennverfahren werden bei der mechanischen Reinigung angewendet?

📖 **3.** Was geschieht mit den in den einzelnen Stufen abgetrennten Stoffen?

📖 **4.** Beschreibe die biologische Reinigung.

📝 **5.** Welche Folgen hätte ein Ausfall der Kläranlage?

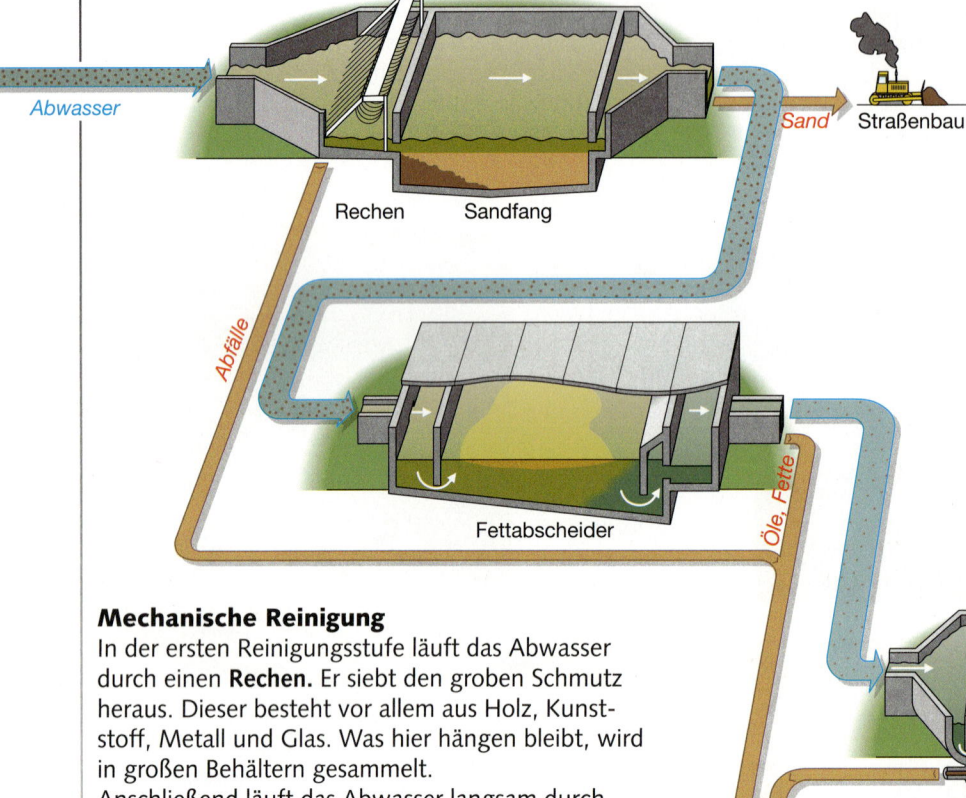

Abwasser

Abwasser ist verschmutztes Wasser, das aus Haushalten und Betrieben zur **Kläranlage** kommt. In mehreren Reinigungsstufen wird es dort so weit gereinigt, dass es wieder in einen Fluss eingeleitet werden kann.

Mechanische Reinigung

In der ersten Reinigungsstufe läuft das Abwasser durch einen **Rechen.** Er siebt den groben Schmutz heraus. Dieser besteht vor allem aus Holz, Kunststoff, Metall und Glas. Was hier hängen bleibt, wird in großen Behältern gesammelt.
Anschließend läuft das Abwasser langsam durch den **Sandfang** und den **Fettabscheider.** Hier setzen sich schwerere Stoffe am Boden ab. Fette, Öle und alle schwimmenden Stoffe werden an der Oberfläche durch eine Sperre zurückgehalten und abgesaugt. Das grob gereinigte Abwasser gelangt weiter zur nächsten Reinigungsstufe.
Durch das **Vorklärbecken** fließt das Abwasser sehr langsam hindurch. Jetzt sinkt auch ein Teil der Schwebstoffe zu Boden. Sie werden von dem Schlammräumer zusammengeschoben und dann entfernt. Dieses Becken heißt auch **Absetzbecken.**
Der Schlamm aus den Klärbecken verfault in **Faultürmen.** Dabei entsteht brennbares Gas, das Faulgas. Ist der Schlamm ausgefault, wird er auf einer Deponie gelagert oder verbrannt. Falls er keine schädlichen Stoffe enthält, kann er zur Verbesserung des Ackerbodens untergepflügt werden.

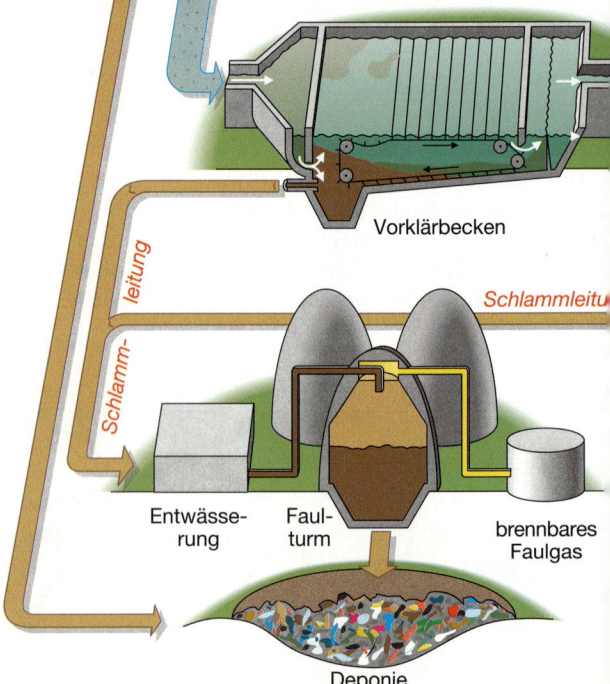

Luft und Wasser

Biologische Reinigung
Das Abwasser wird im **Belebungsbecken** durch Kleinstlebewesen, zum Beispiel Bakterien, weiter gereinigt. Die im Abwasser immer noch reichlich vorhandenen Schwebstoffe und viele der gelösten Stoffe dienen den Bakterien als Nahrung.
Im Belebungsbecken verbleibt das Abwasser viele Stunden lang. Dabei wird es ständig von unten belüftet und bewegt. So erhalten die Kleinstlebewesen den lebensnotwendigen Sauerstoff. Bei diesen idealen Bedingungen vermehren sie sich und bilden einen flockigen **Belebtschlamm.**

Aus dem Belebungsbecken wird ständig ein Teil des Belebtschlamms in ein **Nachklärbecken** gepumpt. Dort wird er nicht mehr belüftet und nicht mehr bewegt. Die Kleinstlebewesen sinken nach unten, viele sterben ab, denn es fehlen ihnen Sauerstoff und Nährstoffe.
Am Boden des Beckens setzt sich der Schlamm ab. Er wird mit einem Schieber in die vertiefte Mitte des Beckens geschoben. Ein Teil davon wird in das Belebungsbecken zurückgepumpt, der andere Teil kommt in den Faulturm.

Dritte Reinigungsstufe
Abwässer aus Industriebetrieben müssen manchmal noch mit Chemikalien behandelt werden, wenn sie Stoffe enthalten, die sich in den ersten beiden Reinigungsstufen nicht entfernen lassen. So können Phosphate mit Eisenchlorid ausgefällt werden.

Alles klar?
Das geklärte Abwasser läuft dann über den Rand des Nachklärbeckens in eine Rinne. Jetzt darf es in einen Fluss oder Bach eingeleitet werden. Das aufnehmende Gewässer heißt **Vorfluter.**
Bei guten Kläranlagen hat das gereinigte Abwasser nahezu Trinkwasserqualität.

Wohin mit dem Schmutz aus dem Abwasser?
Die von den Rechen zurückgehaltenen Abfälle werden auf einer Deponie gelagert oder verbrannt. Der Sand aus dem Sandfang kann im Straßenbau genutzt werden. Öl, Fett und andere Schwimmstoffe aus dem Fettabscheider werden entweder in den Faulturm gegeben, auf einer Deponie gelagert oder verbrannt. Der Schlamm aus den Vor- und Nachklärbecken wird entwässert und ebenfalls in den Faulturm gepumpt.

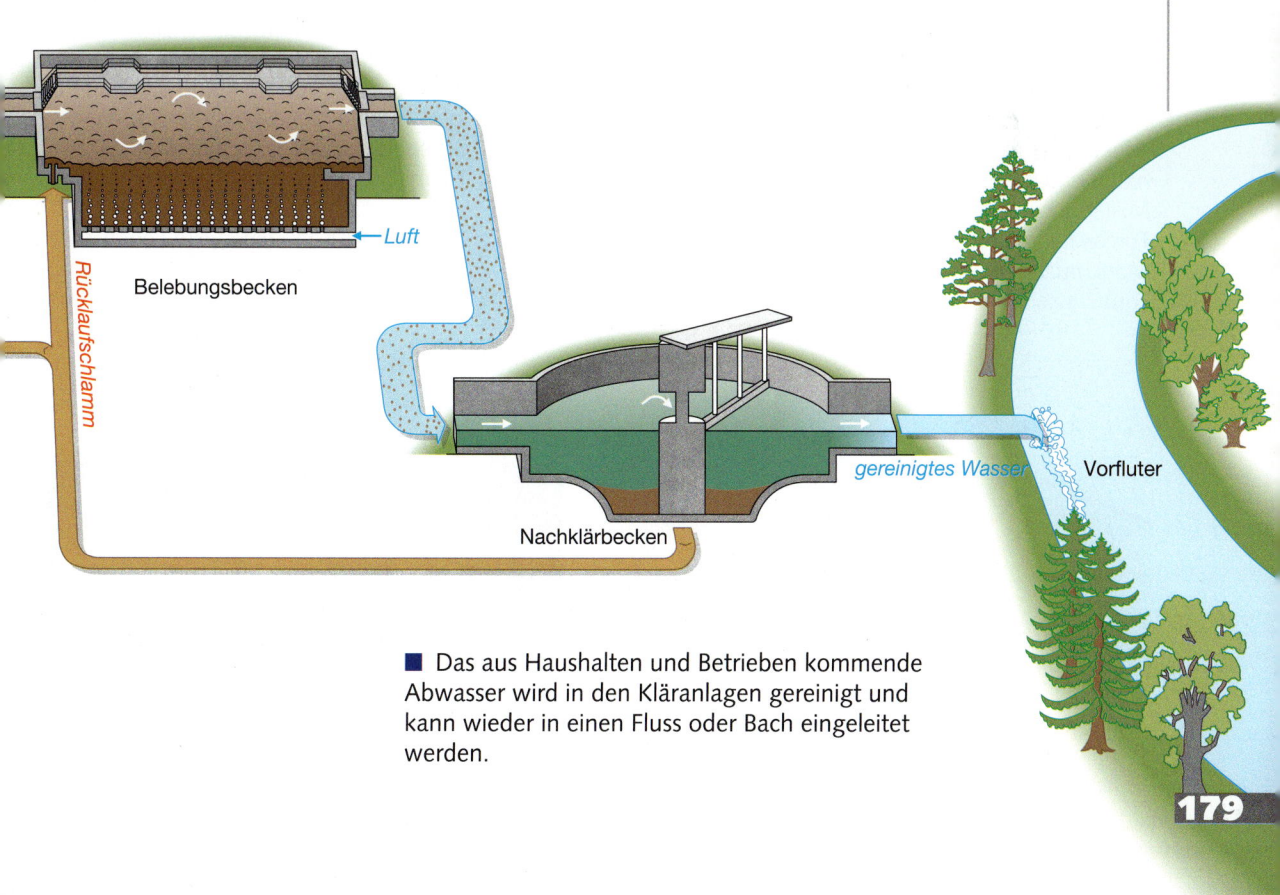

■ Das aus Haushalten und Betrieben kommende Abwasser wird in den Kläranlagen gereinigt und kann wieder in einen Fluss oder Bach eingeleitet werden.

Ohne Wasser kein Leben

📖 **1.** Warum können Kakteen lange ohne Regen auskommen?

📖 **2.** Was kann passieren, wenn Menschen Wassermangel selber verursachen?

✏️ **3.** Wodurch kann Wassermangel in der Natur ausgelöst werden?

Lebensnotwendiges Wasser
Alle Pflanzen und Tiere und natürlich auch wir Menschen brauchen zum Leben Wasser. Es ist für uns alle ein Lebensmittel, das durch nichts ersetzt werden kann.

Wasserbedarf
Manche Lebewesen können mit Wasser verschwenderisch umgehen, weil es in ihrer Lebenswelt reichlich vorhanden ist. Andere, die in trockenen Gegenden zu Hause sind, müssen sparsam sein. Einige, wie der Wüstenkuckuck oder die Wüstenspringmaus kommen sogar mit dem wenigen Wasser aus, das in ihrer festen Nahrung enthalten ist.

Manche Pflanzen, etwa die Kakteen, können sehr lange ohne Wasser auskommen. Sie nehmen bei den seltenen Regenfällen mit ihrem ausgedehnten Wurzelwerk schnell sehr viel Wasser auf und können es lange speichern. Das reicht dann bis zum nächsten Regenguss, der oft Monate oder Jahre auf sich warten lässt. Doch dort, wo es niemals regnet, können nicht einmal Kakteen leben.

Mühsame Wasserversorgung
Nicht alle Menschen auf der Erde werden wie wir ausreichend und bequem mit Wasser versorgt. Oft müssen sie ihr Trinkwasser aus Seen, Flüssen, Quellen oder tiefen Brunnen holen und kilometerweit zu ihren Häusern tragen. Über eine Milliarde Menschen haben keinen Zugang zu sauberem Trinkwasser. Dort herrscht bereits dauernder Wassermangel. Manchmal ist es möglich, Regenwasser zu sammeln und als Trinkwasser zu verwenden.

Wassermangel
Es gibt Gegenden, in denen haben die Menschen Wassermangel selbst verursacht. Ein Beispiel dafür ist der Aralsee zwischen Kasachstan und Usbekistan. Der See war vor 50 Jahren der viertgrößte See der Erde. Zwei große Flüsse, der Syr-Darja und der Amu-Darja, brachten ihm reichlich Wasser vom Gebirge. Doch dann wurde den Zuflüssen sehr viel Wasser für die Bewässerung riesiger Baumwollfelder entnommen. Auch Großstädte und Industrieanlagen wurden aus den Zuflüssen versorgt. So fließt zu wenig Wasser in den See und sein Wasserstand ist um 16 m gesunken. Er ist nur noch halb so groß wie früher und bei weiterer Wasserentnahme ist er zu Austrocknen verurteilt. Diese Umweltkatastrophe zwingt viele Menschen, die an seinem Ufer leben, ihre Heimat zu verlassen.

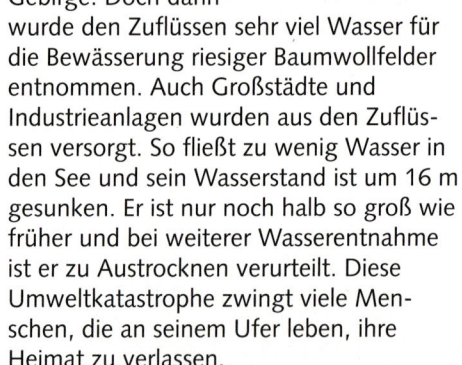

■ Wasser ist das wichtigste Lebensmittel. Alle Lebewesen – Menschen, Tiere und Pflanzen – brauchen Wasser zum Leben.

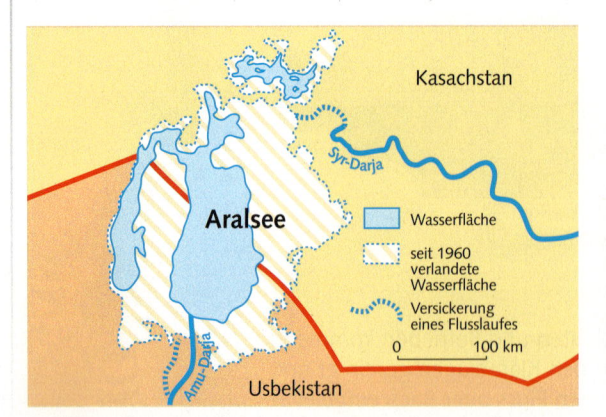

1 Umweltkatastrophe. A *Der riesige Aralsee trocknet immer mehr aus;* **B** *Wo einst Fischkutter fuhren, trotten heute Kamele durch die Wüste.*

Luft und Wasser

Trinkwasser – Gewinnung und Schutz

📖 **1.** Aus welchen Wasservorräten wird Trinkwasser gewonnen?

📖 **2.** Beschreibe die Trinkwassergewinnung.

📖 **3.** Welche Eigenschaften muss Wasser haben, damit es als Trinkwasser genutzt werden kann?

✍ **4.** Welche Gefahren bestehen, wenn starke Verschmutzungen in den Boden gelangen?

✍ **5.** Wo werden Wasserschutzgebiete eingerichtet und wozu dienen sie? Informiere dich im Internet oder in Lexika.

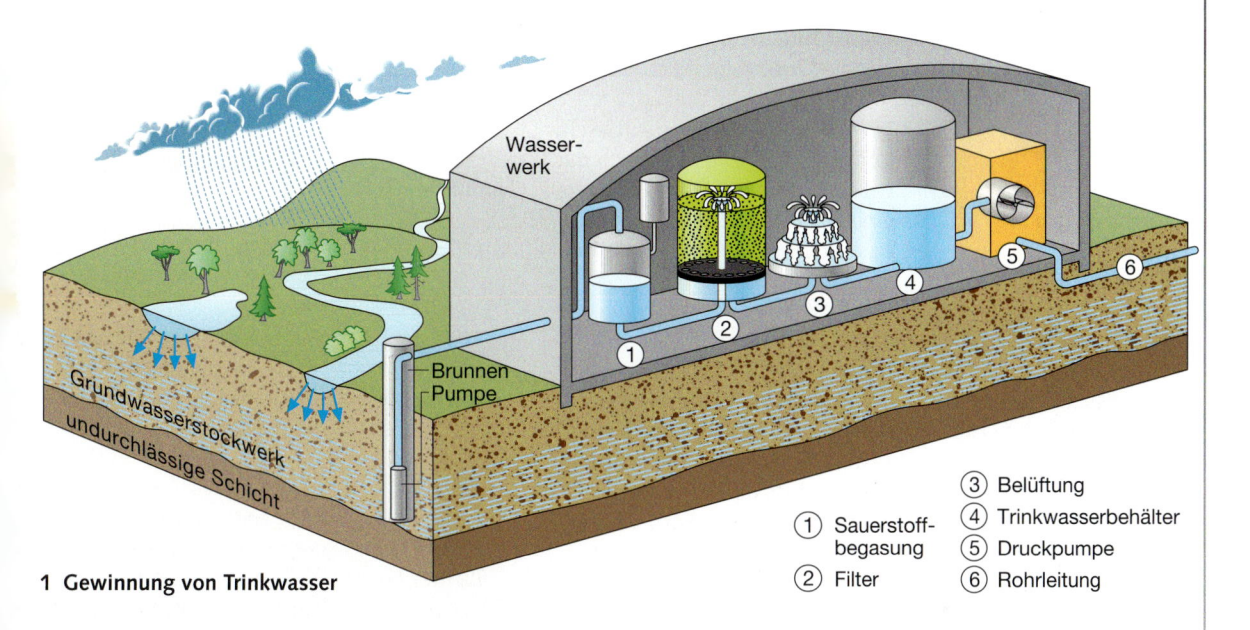

① Sauerstoffbegasung
② Filter
③ Belüftung
④ Trinkwasserbehälter
⑤ Druckpumpe
⑥ Rohrleitung

1 Gewinnung von Trinkwasser

Trinkwassergewinnung
Trinkwasser wird größtenteils aus Seen, Flüssen, Grundwasser und aus Talsperren gewonnen. Grundwasser bildet sich aus Regen- oder Flusswasser, das versickert. Dabei bilden die Bodenschichten einen natürlichen Filter und reinigen das Wasser. Wenn es auf eine undurchlässige Schicht stößt, staut es sich darüber. In diese Schicht werden Brunnen gebohrt. Das Grundwasser wird hochgepumpt und im Wasserwerk aufbereitet.

Im Wasserwerk
Hier wird das Wasser zunächst mit Luft angereichert, um unerwünschte Stoffe, wie zum Beispiel Eisen, auszuflocken. Verschiedene Filter halten Verunreinigungen zurück. Nach dem Belüften und Filtrieren drücken Pumpen das Wasser in das Rohrleitungsnetz. Von dort gelangt es in unsere Häuser.

Manchmal wird dem Trinkwasser auch Chlor oder Ozon zugesetzt, um Krankheitskeime zu beseitigen.

Trinkwasserqualität
Bevor das Trinkwasser das Wasserwerk verlässt, wird es streng kontrolliert. Es muss hygienisch einwandfrei, klar, kühl, farb- und geruchlos sein. Für Schadstoffe sind Grenzwerte festgelegt, die nicht überschritten werden dürfen.

Wasserschutzgebiete
Damit wir auch in Zukunft einwandfreies Trinkwasser haben, muss die Verschmutzung des Grundwassers verhindert werden. Es sind bereits Brunnen geschlossen worden, weil die Filterwirkung des Bodens erschöpft war. Die Einrichtung von Wasserschutzgebieten um Trinkwasserbrunnen herum soll helfen, unsere Trinkwasserversorgung zu sichern. Aber auch ein sparsamer und intelligenter Umgang mit Trinkwasser trägt dazu bei.

■ Trinkwasser wird aus Grundwasser, Flusswasser und Quellwasser gewonnen. Bevor es genutzt werden kann, muss es aufwändig gereinigt werden.

Die Ausdehnung von Wasser

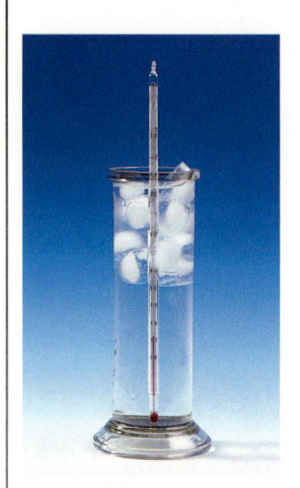

🔍 **1. a)** Fülle einen hohen Standzylinder zur Hälfte mit kaltem Wasser und gib Eis hinzu. Beschreibe den Versuchsaufbau.
b) Miss ohne inzwischen umzurühren nach etwa 20 min die Temperaturen in verschiedenen Tiefen. Notiere die Messwerte und erkläre sie.

🔍 **2.** Bringe Kerzenwachs in einer Teelichthülle zum Schmelzen. Gib dann ein kleines Stück festes Wachs hinein. Notiere die Beobachtungen und gehe auf die Unterschiede zu Versuch 1 a) ein.

🔍 **3.** Fülle eine leere Teelichthülle mit Wasser und eine zweite gleich hoch mit flüssigem Kerzenwachs. Stelle beide ins Gefrierfach. Nimm sie nach einiger Zeit heraus und beschreibe das Aussehen der beiden Oberflächen. Deute deine Beobachtungen.

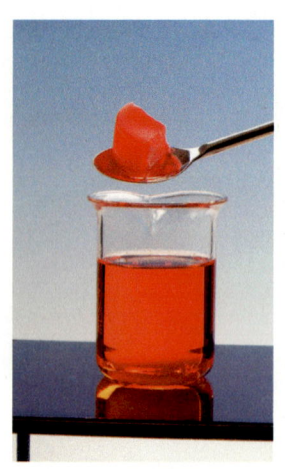

1 Temperaturen in Eiswasser

2 Festes und flüssiges Wachs

Wasser verhält sich anders

Eis schwimmt immer oben auf dem Wasser. Das ist schon etwas Besonderes, denn bei allen anderen Stoffen ist es genau umgekehrt. Hier sinkt der feste Körper in der Flüssigkeit auf den Boden. Gibst du beim Zinngießen festes Zinn in das schon flüssige Metall, so sinkt der feste Körper sofort nach unten. Das Gleiche geschieht mit festem Fett, wenn du es zu bereits geschmolzenem Fett in einer Fritteuse gibst.

Die Anomalie des Wassers

Wasser dehnt sich beim Erstarren aus. Das unterscheidet diesen Stoff von allen anderen Stoffen. Aus 1 l Wasser werden 1,1 l Eis.
In der Umgebung von Eiswürfeln hat Wasser eine Temperatur von etwa 0 °C (Bild 1). Am Boden des Standzylinders hat das Wasser dagegen eine Temperatur von 4 °C. Bei allen anderen Flüssigkeiten würdest du auf dem Boden die tiefste Temperatur messen. Wasser bildet auch hier wieder eine Ausnahme: Das gleiche Volumen von Wasser ist bei 4 °C schwerer als bei 0 °C und sinkt deshalb nach unten. Diese Abweichungen zum Verhalten anderer Stoffe heißen **Anomalie des Wassers**.

Die Anomalie in der Natur

In der Natur ist die Anomalie des Wasser von großer Bedeutung. Stehende Gewässer und ruhig fließende Flüsse gefrieren bei Frost immer von oben zu und können nicht bis auf den Grund zufrieren. Im Winter halten sich Fische und andere Wasserlebewesen am Grund von Teichen, Seen und Flüssen auf. So können sie trotz zugefrorener Gewässer überleben.

■ Wasser hat bei 4 °C seine größte Dichte und dehnt sich beim Erstarren aus. Das wird als Anomalie des Wassers bezeichnet.

Dichte

Die Dichte eines Stoffes ist der Quotient aus der Masse m und dem Volumen V.

$$\rho = \frac{m}{V}$$

Bei 4 °C hat Wasser sein geringstes Volumen und somit seine größte Dichte. 1 cm³ Wasser hat dann die Masse 1 g. Die Dichte von Wasser beträgt somit $\rho = 1\,\frac{g}{cm^3}$ (bei 4 °C).
Ist die Dichte eines Stoffes $\rho > 1\,\frac{g}{cm^3}$, dann ist er schwerer als Wasser und sinkt. Ist die Dichte $\rho < 1\,\frac{g}{cm^3}$, ist der Stoff leichter als Wasser und schwimmt.

feste Stoffe (bei 20 °C)	Dichte ρ in $\frac{g}{cm^3}$
Holz (Eiche)	0,5…0,8
Grafit	1,9…2,3
Papier	0,7…0,9
Silber	10,5

Flüssigkeiten (bei 20 °C)	in $\frac{g}{cm^3}$
Benzin	0,68…0,72
Glycerin	1,26
Meerwasser	1,02
Spiritus	0,83

Gase (bei 0 °C)	in $\frac{g}{l}$
Chlor	3,214
Luft	1,29
Kohlenstoffdioxid	1,977
Wasserstoff	0,0899

Luft und Wasser

Auswirkungen der Anomalie

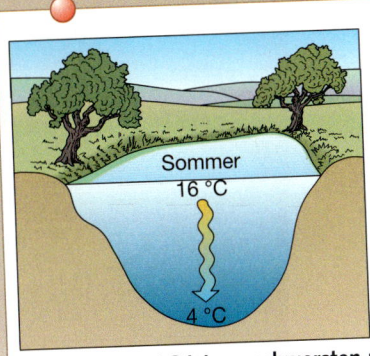

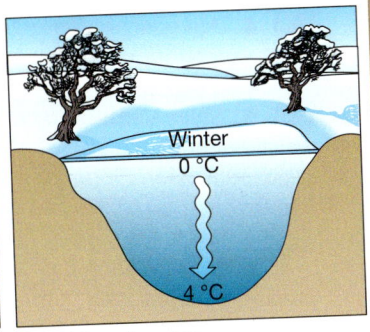

Pinnwand

Sommer 16 °C — 4 °C
Winter 0 °C — 4 °C

Wasser von 4 °C ist am schwersten und sinkt nach unten.

1. Wie wirkt sich die Anomalie des Wassers in einem See im Winter aus?

...d im Herbst — Dasselbe Feld im Frühjahr

Frostaufbrüche: Wasser dringt in alle Ritzen im Asphalt ein und gefriert dort. Da Eis mehr Raum benötigt als Wasser, wird der Straßenbelag aufgesprengt.

2. Beschreibe anhand der Fotos, wie die Folgen der [An]omalie des Wassers in der Landwirtschaft ausgenutzt [we]rden.

3. Was würde mit den Fischen passieren, wenn Seen [v]on unten nach oben zufrieren würden?

4. Warum wird der Scheibenwaschanlage im Auto während des Winters ein Frostschutzmittel zugefügt?

5. Warum darfst du eine volle Mineralwasserflasche [n]icht zum Kühlen in das Gefrierfach eines Kühlschrankes [l]egen?

Wenn im Winter Rohre frei liegen und das Wasser daraus nicht abgelassen wurde, kann es zu einem Rohrbruch kommen.

6. Erkläre die Entstehung eines Wasserrohrbruches.

Luft und Wasser → S. 198/199

Wasser als Lebensraum

📖 **1.** Beschreibe die Atmung eines Wasserflohs.

📖 **2.** Erläutere die Bedeutung der Bakterien in Gewässern.

📖 **3.** Was verstehst du unter der Aussage, dass ein Gewässer umkippen kann?

📖 **4.** Auf welche Weise gelangt Sauerstoff in ein Gewässer?

📖 **5.** Stelle Vermutungen an, welche Gründe ein Fischsterben in einem Fluss im Sommer haben könnte.

✍ **6.** Warum kann das erwärmte Kühlwasser von Kraftwerken ein Problem für Fische sein?

1 Fische atmen im Wasser.

Luft zum Atmen – im Wasser?
Wie alle Lebewesen sind auch Fische auf Sauerstoff angewiesen. Durch ihre Kiemen nehmen sie Sauerstoff auf, der in Wasser gelöst ist.

Beobachtest du einen Wasserfloh unter der Lupe, so erkennst du an der offenen Bauchseite zwischen den beiden Schalenhälften fein verzweigte Blattfüße. Sie bewegen sich und erzeugen einen Wasserstrom. Dabei nehmen die feinen Borsten Nahrungsteilchen und Sauerstoff auf.

Auch Bakterien benötigen Sauerstoff, um im Wasser pflanzliche und tierische Überreste zu zersetzen. Sie sind für die Sauberkeit eines Gewässers von großer Bedeutung. Enthält ein Gewässer zu viele Überreste, benötigen die Bakterien für ihre Abbauarbeit zu große Mengen an Sauerstoff. Es kann zu einem Umkippen des Gewässers kommen. Das Wasser wird trübe und riecht faulig. Die Tiere, die noch vorkommen, sterben aufgrund von Sauerstoffmangel.

Wie gelangt die Luft ins Wasser?
An der Wasseroberfläche vermischen sich ständig durch Wind und Wellen Luft und Wasser. In Bächen und Flüssen werden Luft und Wasser an großen Steinen, Wasserfällen und Stromschnellen durchmischt. Auf diese Weise löst sich ständig etwas Sauerstoff aus der Luft im Wasser. Weiterer Sauerstoff kommt von den Wasserpflanzen. Er entsteht mithilfe des Sonnenlichts bei der Fotosynthese.

Es reichen Milligramm pro Liter
In 1 l Wasser können sich höchstens 14,16 mg Sauerstoff lösen. Die Löslichkeit ist temperaturabhängig und die Höchstmenge löst sich bei 0° C. Der Sauerstoffgehalt von Gewässern beträgt meist zwischen 9 $\frac{mg}{l}$ und 12 $\frac{mg}{l}$. Da sich mit steigender Temperatur immer weniger Sauerstoff in Wasser löst, können heiße Sommertage zu Sauerstoffmangel führen. Besonders in der Nähe von Kraftwerken, wo zusätzlich erwärmtes Kühlwasser eingeleitet wird, kann der Sauerstoffgehalt unter 4 $\frac{mg}{l}$ sinken. Bei diesem Sauerstoffgehalt ersticken Fische und andere Tiere.

Weitere Gase sind gelöst
Neben Sauerstoff lösen sich auch andere Gase in Wasser. Dazu gehören Schwefeldioxid, Stickstoffoxide und Kohlenstoffdioxid.
Gelöstes Kohlenstoffdioxid kennst du als Kohlensäure im Mineralwasser. Erst dadurch schmeckt das Wasser angenehm erfrischend, aber auch leicht sauer.

■ Wassertiere benötigen im Wasser gelösten Sauerstoff zum Atmen. Mit steigender Temperatur des Wassers sinkt die Löslichkeit von Sauerstoff. Auch Bakterien verbrauchen bei Zersetzungsvorgängen Sauerstoff.

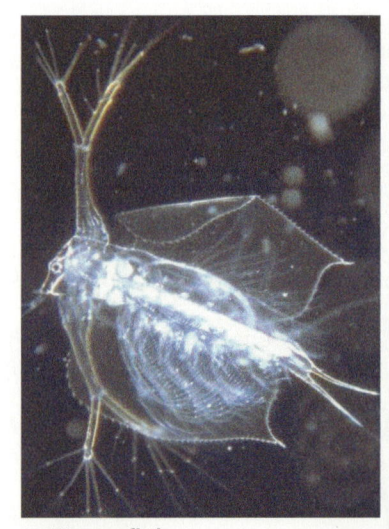

2 Wasserfloh

Bestimmung des Sauerstoffgehalts von Gewässern

Ohne Sauerstoff in Flüssen, Bächen, Seen und Meeren gibt es kein Leben im Wasser. Normalerweise haben diese Gewässer einen Sauerstoffgehalt von 9 $\frac{mg}{l}$ bis 12 $\frac{mg}{l}$. Sinkt er unter 4 $\frac{mg}{l}$, ersticken Fische und andere Wassertiere.

Da sich mit steigender Wassertemperatur immer weniger Sauerstoff im Wasser löst, können heiße Tage im Sommer zu Sauerstoffmangel führen.

Eine weitere Minderung des Sauerstoffgehalts ergibt sich durch die Pflanzen, die nachts Sauerstoff verbrauchen. Auch Fäulnis- und Abbauprozesse im Wasser benötigen große Mengen Sauerstoff.

Eins zu einer Million

Parts **p**er **m**illion ist eine Konzentrationsangabe in Englisch und heißt wörtlich übersetzt: Teile auf eine Million. Abgekürzt wird diese Angabe mit **ppm**. So bedeutet 1 ppm, dass sich ein Teilchen eines Stoffes unter einer Million Teilchen eines anderen Stoffes befindet. 1 $\frac{mg}{l}$ ist ein 1 ppm.
Beispiele: Ein Tropfen Badezusatz zum Wasser von zwei vollen Badewannen ergibt 1 ppm. Auch ein Stückchen Würfelzucker aufgelöst in einem Tankwagen mit 2700 l Wasser bildet ein Verhältnis von 1 zu 1 Million, also 1 ppm.

1. Bestimmung des Sauerstoffgehaltes

Spüle die Sauerstoff-Probeflasche mit dem zu untersuchenden Wasser zweimal aus und fülle sie dann luftblasenfrei bis zum Überlaufen.
Gib nacheinander je fünf Tropfen von Reagenz 1 und Reagenz 2 zu, verschließe mit dem abgeschrägten Stopfen luftblasenfrei und schüttle etwa 30 Sekunden lang.
Gib dann 10 Tropfen von Reagenz 3 zu, verschließe erneut und schüttle nochmals.
Spüle mit der so erhaltenen Lösung das Messgefäß und fülle bis zur 5 ml-Markierung auf.
Setze es dann auf die Farbkarte auf und ordne es einer Farbe zu. Jetzt kannst du den Sauerstoffgehalt in $\frac{mg}{l}$ ablesen.

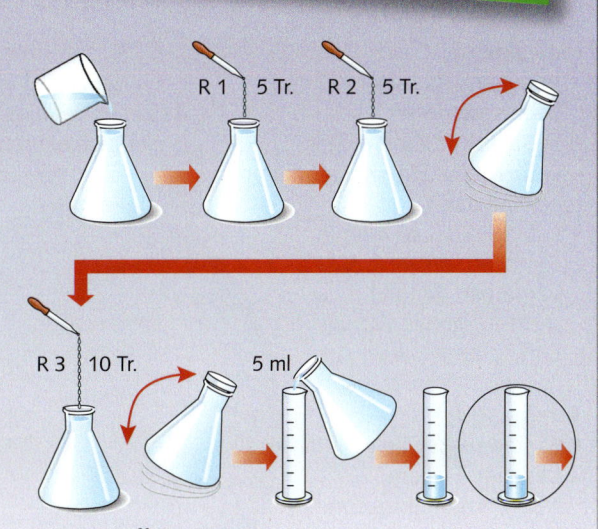

1 Sauerstoff-Bestimmung

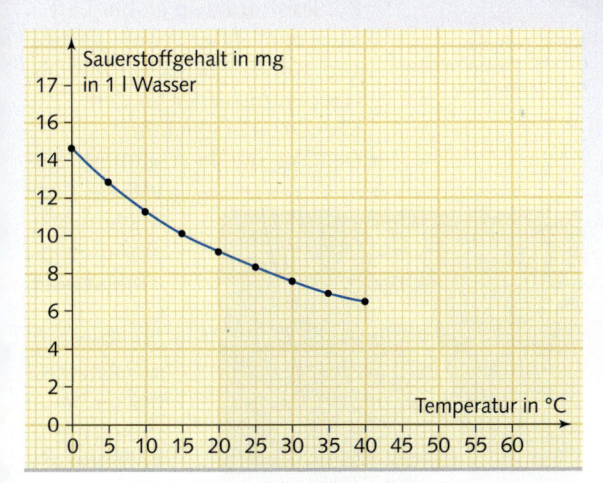

2. Unterschiedlicher Sauerstoffgehalt

Neben der Temperatur beeinflussen die Wassertiefe, die Entfernung zum Ufer und die Fließgeschwindigkeit eines Gewässers den Sauerstoffgehalt im Wasser. Pflanzen haben an unterschiedlichen Standorten jeweils einen anderen Bedarf an Sauerstoff.

Untersuche Proben aus unterschiedlichen Wassertiefen. Bestimme auch den Sauerstoffgehalt bei verschiedenen Wassertemperaturen. Vergleiche die Werte des Wassers aus einem stehenden Gewässer (See, Teich) mit den Werten aus einem fließenden Gewässer (Bach, Fluss).

Das Diagramm in Bild 2 zeigt den höchst möglichen Sauerstoffgehalt bei verschiedenen Temperaturen.

2 Sauerstoffgehalt bei verschiedenen Temperaturen

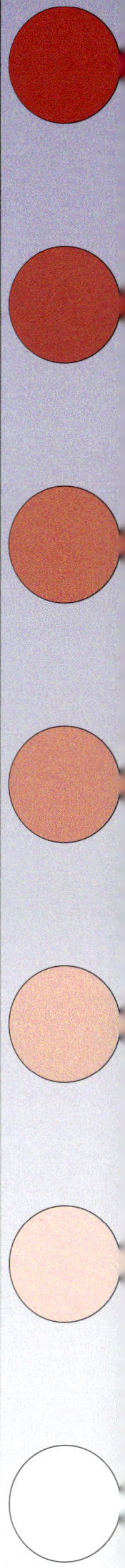

Bestandteile der Luft

📖 **1.** Nenne die Eigenschaften der beiden Hauptbestandteile der Luft.

📖 **2.** Erkläre, warum in vielen Lebensmittelverpackungen die Luft durch Stickstoff ersetzt wird.

📝 **3.** Finde heraus, welches chemische Element auf der Erde das häufigste ist.

📝 **4.** Suche im Internet, einem Fachbuch oder Lexikon nach Beispielen für die Verwendung von Edelgasen.

📝 **5.** Informiere dich, wie hoch der Anteil von Kohlenstoffdioxid in der eingeatmeten und in der ausgeatmeten Luft ist.

Stickstoff
- Der Hauptbestandteil der Luft ist Stickstoff.
- Stickstoff ist ein farb- und geruchloses Gas.
- In reinem Stickstoff würden Lebewesen ersticken.
- In Stickstoff kann nichts verbrennen. Eine Kerzenflamme erstickt darin.
- Lebensmittel werden in Stickstoff gelagert. Sie verderben dadurch nicht so schnell wie in Luft.

Edelgase
- Es sind sechs Edelgase bekannt: Helium, Neon, Argon, Krypton, Xenon, Radon.
- Alle Edelgase sind farb- und geruchlos.
- Helium ist leichter als Luft. Daher werden Ballons und Luftschiffe damit befüllt.
- Argon und Krypton werden in Glühlampen benutzt.
- Autos haben Xenonlicht.
- In Leuchtstoffröhren erzeugen Helium, Neon und Krypton farbiges Licht.

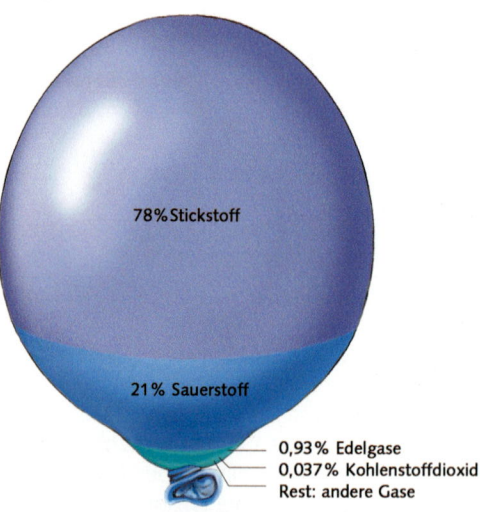

78 % Stickstoff
21 % Sauerstoff
0,93 % Edelgase
0,037 % Kohlenstoffdioxid
Rest: andere Gase

1 Zusammensetzung von Luft

Sauerstoff
- Sauerstoff ist der zweithäufigste Bestandteil der Luft.
- Sauerstoff ist ein farb- und geruchloses Gas.
- Sauerstoff ist für Tiere und Menschen lebensnotwendig.
- Ohne Sauerstoff gibt es keine Verbrennungen.
- Sauerstoff ist für das Rosten von Eisen verantwortlich.
- Sauerstoff ist das häufigste chemische Element auf der Erde.
- Sauerstoff wird in Raketen verwendet.

Kohlenstoffdioxid
- Kohlenstoffdioxid ist farb- und geruchlos.
- Der sehr geringe Anteil von Kohlenstoffdioxid an der Luft ist in den letzten Jahren gestiegen. Kohlenstoffdioxid wird als Hauptverursacher für den Klimawandel genannt.
- Die Luft, die du ausatmest, enthält viel mehr Kohlenstoffdioxid als die eingeatmete Luft.
- Die Blasen im Mineralwasser bestehen aus Kohlenstoffdioxid.

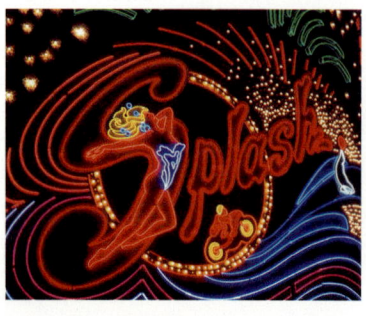

Luft und Wasser → S. 198/199

Bestimmung des Sauerstoffgehalts von Luft

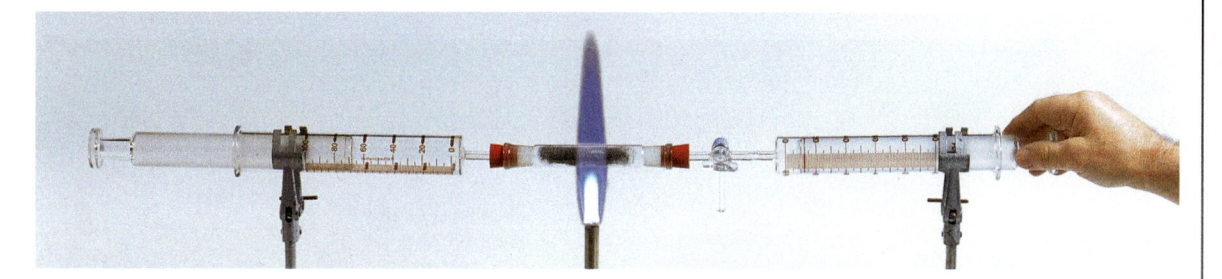

1. Demonstrationsversuch: In ein schwer schmelzbares Glasrohr wird trockene, fettfreie Eisenwolle geschoben. Das Glasrohr wird mit zwei Kolbenprobern verbunden. In einem der beiden Kolbenprober werden genau 100 ml Luft abgemessen. Die Eisenwolle wird bis zum Glühen erhitzt. Dann wird die Luft mehrfach über die glühende Eisenwolle in den zweiten Kolbenprober und zurück gedrückt. Nach Abkühlung auf Raumtemperatur wird das Volumen im Kolbenprober erneut gemessen.

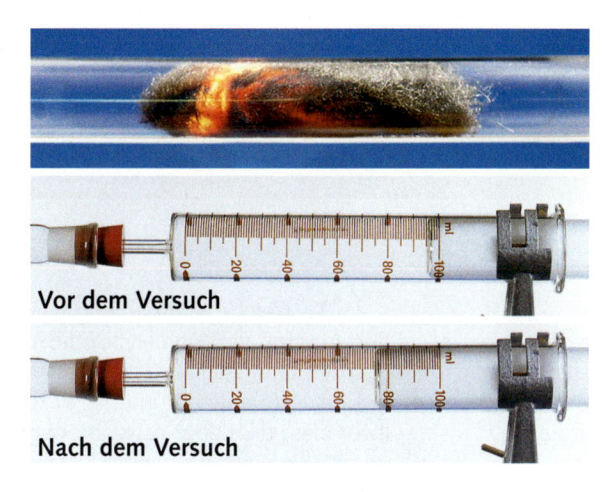

Vor dem Versuch

Nach dem Versuch

2. a) Warum muss die Apparatur aus Versuch 1 vor dem Ablesen der Volumenveränderung am Kolbenprober abgekühlt sein?
b) Warum sollte am Ende des Versuchs noch unverbrannte Eisenwolle übrig sein?

3. Halte einen brennenden Holzspan in das Restgas des Kolbenprobers (Versuch 1). Erkläre deine Beobachtung.

4. Ließe sich der Versuch zur Bestimmung des Sauerstoffgehalts der Luft auch mit Kohlenstoff anstelle von Eisenwolle durchführen? Begründe.

Sauerstoffbestimmung

Mit einem Metall wie Eisen, das mit Sauerstoff ein festes Oxid bildet, lässt sich der Sauerstoffgehalt der Luft bestimmen. Vor der Verbrennung muss eine bestimmte Menge Luft abgemessen werden. Damit die Reaktion vollständig abläuft, muss Metall in Überschuss vorhanden sein.
Aus der Restmenge der Luft nach beendeter Reaktion lässt sich der Sauerstoffgehalt bestimmen. Luft besteht etwa zu einem Fünftel aus Sauerstoff. Der Rest ist hauptsächlich Stickstoff (Tabelle 2).

■ Luft besteht zu einem Fünftel aus Sauerstoff.

Sauerstoffgewinnung

Sauerstoff kann aus der Luft gewonnen werden. Dazu wird die Luft auf etwa –200 °C abgekühlt. Sie wird flüssig. Danach wird sie langsam erwärmt. Da Stickstoff bei –196 °C und Sauerstoff erst bei –183 °C sieden, lassen sich die Gase durch Destillation trennen. Das Verfahren wird nach CARL VON LINDE (1842–1934) Linde-Verfahren genannt.

Steckbrief: Sauerstoff

Eigenschaften: farbloses geruchloses Gas
Dichte: 1,33 $\frac{g}{l}$ (bei 20 °C)
Schmelztemperatur: –219 °C
Siedetemperatur: –183 °C
Löslichkeit in Wasser: 8,8 $\frac{mg}{l}$ (bei 20 °C)
reagiert mit fast allen Elementen zu Oxiden
Verwendung: als Atemgas in Atemgeräten, als Reaktionspartner beim Schweißen, beim Raketenantrieb
Nachweis: Glimmspanprobe

1 Steckbrief von Sauerstoff

Gas	Anteil in 1000 ml Luft
Stickstoff	780,8 ml
Sauerstoff	209,5 ml
Argon	9,3 ml
Kohlenstoffdioxid	0,4 ml
Sonstige Edelgase	0,024 ml
Methan	0,0016 ml
Wasserstoff	0,0005 ml
Kohlenstoffmonooxid	0,0002 ml
Stickstoffoxide	0,0000005 ml
Ozon	0,0000004 ml

2 Zusammensetzung der Luft

Es wird wärmer – leider!

Methan aus Förderung von Kohle, Erdgas, Erdöl

Licht und Wärmestrahlung

Erwärmung der Erde

reflektierte Strahlung

Treibhausgase reflektieren die Strahlung

Ozonschicht

FCKW aus Klimaanlagen und Kühlschränken, als Lösungsmittel und Treibmittel

Atmosphäre und Erde heizen sich auf

Kohlenstoffdioxid, Methan von Mülldeponien

Kohlenstoffdioxid, Ozon durch Verbrennung von Kohle, Öl, Benzin

Methan, Stickstoffoxide aus Viehzucht, Reisanbau, Düngung, Sümpfen

Kohlenstoffdioxid, Stickstoffoxide aus Brandrodungen

1 Verursacher des zusätzlichen Treibhauseffektes

1. Nenne mögliche Ursachen und Folgen der Klimaveränderung.

2. Informiere dich über die Funktion und den Einsatz von Treibhäusern. Erläutere die Bedeutung des Treibhauseffektes für die Erde.

3. Welche Maßnahmen werden ergriffen, um den Ausstoß von Kohlenstoffdioxid zu verringern?

4. Wo entsteht in unserer Umwelt Methan? Informiere dich über Auswirkungen des Gases auf unser Klima.

5. Erkläre den Unterschied zwischen dem natürlichen und dem zusätzlichen Treibhauseffekt.

Der natürliche Treibhauseffekt

Die von der Sonne auf die Erde kommende Strahlung erwärmt Boden, Seen und Flüsse, lässt Wasser verdunsten und Wolken entstehen. Wasser, Boden und Luft geben die aufgenommene Energie in Form von Wärmestrahlung in Richtung Weltraum ab. Wolken und Gase in der Lufthülle wirken ähnlich wie das Glasdach eines Gewächshauses. Sie bewirken, dass nur ein Teil der Abstrahlung ins Weltall gelangt. Das ist der **natürliche Treibhauseffekt**.
Durch ihn bleibt die Durchschnittstemperatur der Erde bei 15 °C. Ohne ihn würde die Durchschnittstemperatur der Erde –18 °C betragen.

Der zusätzliche Treibhauseffekt

Seit einiger Zeit wird ein leichtes Ansteigen der Durchschnittstemperatur der Erde beobachtet. Ursache dafür ist das vermehrte Auftreten von bestimmten Gasen in der Lufthülle, die die Wärmeabstrahlung ins Weltall noch zusätzlich behindern. Sie werden **Treibhausgase** genannt.
Zu diesen Gasen gehören hauptsächlich Kohlenstoffdioxid, Stickstoffoxide und Methan (Bild 1). Diese Gase vermindern in den oberen Luftschichten die Wärmeabstrahlung der Erde in den Weltraum. Dadurch steigt die Durchschnittstemperatur auf der Erde. Es entsteht ein vom Menschen verursachter **zusätzlicher Treibhauseffekt**.

Auswirkungen

Durch das Ansteigen der Durchschnittstemperatur auf der Erde entstehen beispielsweise verstärkt Orkane und Unwetter, das Eis der Antarktis und auf Grönland schmilzt ab und lässt den Meeresspiegel ansteigen. Viele Pflanzen und Tiere können in der dann immer wärmer werdenden Umgebung nicht mehr existieren. Die Pflanzen- und Tierwelt verändert sich.

■ Durch den Treibhauseffekt kann nur ein Teil der von der Erde abgestrahlten Energie ins Weltall gelangen. Der zusätzliche Treibhauseffekt bewirkt eine Erhöhung der Durchschnittstemperatur der Erde.

Luft und Wasser

Weniger Kohlenstoffdioxid!

Pinnwand

Über die Hälfte der elektrischen Energie wird in Deutschland in Kraftwerken durch Verbrennung von Braunkohle und Steinkohle erzeugt. Dabei entstehen große Mengen an Kohlenstoffdioxid. Es ist deshalb dringend nötig, elektrische Energie einzusparen, auch im Haushalt. Beispielsweise können in vielen Fällen Glühlampen durch Energiesparlampen ersetzt werden. Sie brauchen bei gleicher Helligkeit nur ein Fünftel der elektrischen Energie. Dadurch kann der CO_2-Ausstoß verringert werden.

In den Sonnenkollektoren auf den Dächern von Häusern wird durch Sonneneinstrahlung eine Flüssigkeit aufgeheizt, die ihre Wärme dann an die Heizungsanlage abgibt. So muss weniger Erdgas oder Heizöl verbrannt werden.

Bei einem Mittelklassewagen entstehen im Durchschnitt pro Kilometer Fahrt 170 g Kohlenstoffdioxid. Bei einer Fahrt von Berlin nach München (etwa 600 km) sind das mehr als 100 kg Kohlenstoffdioxid. Für einen Flug von Berlin nach München werden etwa 90 kg Kohlenstoffdioxid pro Person erzeugt, bei einer entsprechenden Bahnfahrt etwa 30 kg.

Dieser Baum nimmt an einem strahlenden Sommertag soviel Kohlenstoffdioxid auf, wie ein Mittelklassewagen bei einer Fahrt von 100 km erzeugt. Er liefert uns so viel Sauerstoff, wie zehn Menschen an einem Tag zum Atmen benötigen.

Viele Städte und Gemeinden haben eine Baumschutzsatzung erlassen, nach der Bäume ab einem bestimmten Umfang nur noch mit Erlaubnis gefällt werden dürfen. Werden sie gefällt, so müssen Ersatzbäume gepflanzt werden.

1. Nenne weitere Möglichkeiten zum Einsparen von elektrischer Energie.

2. Wie kann Sonnenenergie noch genutzt werden?

3. Berechne den Ausstoß an Kohlenstoffdioxid pro Person, wenn im Auto vier Personen von Berlin nach München fahren.

4. Wie viele große Bäume decken an einem schönen Sommersonnentag den Sauerstoffbedarf von dir und deinen Mitschülerinnen und Mitschülern?

5. Welchen Sinn hat eine Baumschutzsatzung?

6. Finde weitere Möglichkeiten, wie der Ausstoß von Kohlenstoffdioxid verringert werden kann.

Belastungen der Luft und des Wassers

📖 **1.** Welche Luftschadstoffe kennst du? Zähle mindestens fünf auf.

📝 **2.** Nenne natürliche Quellen von Luftschadstoffen.

📝 **3.** Nenne vom Menschen verursachte Quellen von Luftschadstoffen.

📖 **4.** Beurteile anhand von Bild 2, wie die Schadstoffbelastung der Luft sich für die verschiedenen Schadstoffe im Verlauf der Jahre gewandelt hat. Hinweis: Die Werte aus dem Jahr 1990 wurden jeweils als 100% gesetzt.

Ein **Luftschadstoff** ist eine Luftverschmutzung, die eine schädliche Umwelteinwirkung verursachen kann. Die Herkunft eines Luftschadstoffes kann sowohl natürlich bedingt als auch vom Menschen verursacht sein.

📝 **5.** Beurteile anhand von Bild 3 die Grenzwertüberschreitungen bei Ozon seit 1995. Informiere dich über mögliche Gegenmaßnahmen.

📖 **6. a)** Erstelle aus den Werten in Bild 4 ein Säulendiagramm zur Schwefeldioxidbelastung.
b) Beschreibe und interpretiere es.

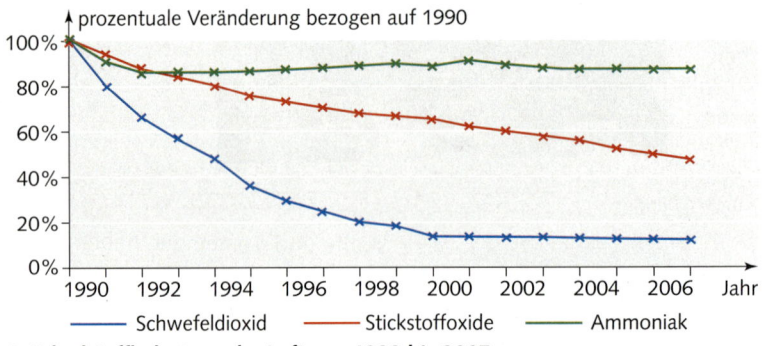

1 Unsere Luft ist belastet.

2 Schadstoffbelastung der Luft von 1990 bis 2007
(Kurven: Schwefeldioxid, Stickstoffoxide, Ammoniak; prozentuale Veränderung bezogen auf 1990)

Jahr	Messwerte in $\frac{\mu g}{m^3}$
1965	173
1970	131
1975	145
1980	93
1985	63
1990	23
1995	14
2000	8
2005	7

4 Schwefeldioxidbelastung im Rhein-Ruhr-Gebiet

3 Ozonwertüberschreitungen am Boden
- Ozonkonzentration über 180 $\frac{\mu g}{m^3}$ (Informationsschwelle)
- Ozonkonzentration am Boden über 240 $\frac{\mu g}{m^3}$ (Alarmschwelle)

Entwicklung der Luftbelastung

Die Belastung der Luft mit Schadstoffen wird seit vielen Jahren untersucht. Die Belastung mit **Schwefeldioxid** hat in Deutschland nach einem Höchststand um 1975 stark abgenommen. Stickstoffoxide wurden nicht ganz so stark verringert. Beide Stoffe verursachen sauren Regen. In letzter Zeit tritt die Belastung mit **Feinstaub** und **Ozon** (Sommersmog) in den Vordergrund. Sie überschreiten häufig die Grenzwerte. Diese Stoffe führen zu Reizungen und Erkrankungen der Atemwege.

Luft und Wasser

7. Nenne fünf Schadstoffe, die unser Wasser belasten.

8. Nenne fünf Beispiele für Verschmutzer des Wassers aus verschiedenen Bereichen.

9. Beim Nitratgehalt des Grundwassers gibt es einen Frühwarnwert bei 25 mg/l. Der gesetzliche Grenzwert liegt bei 50 mg/l.
a) Lies aus dem Diagramm in Bild 6 ab, wie viel Prozent der Messproben Überschreitungen bei den beiden Werten aufweisen.
b) Beschreibe die Tendenz in den letzten 20 Jahren.
c) Suche Möglichkeiten der Abhilfe gegen hohe Nitratwerte.

5 Unser Wasser wird verschmutzt.

> **Gewässerverschmutzung** ist die Verschmutzung von Oberflächengewässern wie Flüssen, Seen und Meeren oder des Grundwassers.

10. Beschreibe mithilfe von Bild 7, wie die Phosphorbelastung im Bodensee zunahm und durch Vermeidung weiteren Eintrags wieder sank. Finde Erklärungen für den Verlauf des Diagramms.

11. Stelle die Zahlen zur Belastung des Wassers im Rhein (Bild 8) in einem Diagramm dar und interpretiere sie.

6 Nitrate im Grundwasser in Nordrhein-Westfalen (angegeben in Prozent sind die Messstationen, bei denen die Grenzwerte überschritten wurden)
— Nitratmesswert im Grundwasser über 25 $\frac{mg}{l}$
— Nitratmesswert im Grundwasser über 50 $\frac{mg}{l}$

in $\frac{t}{a}$	1985	1992	2000
Blei	550	330	250
Cadmium	9	5,9	5,1
Chrom	500	220	150
Quecksilber	6	3,2	1,6
Zink	3600	1900	1400

8 Schwermetallbelastung des Rheins

Gewässerbelastung

Der Nitratgehalt von Grundwasser und damit unseres Trinkwassers ist in vielen Fällen zu hoch. **Nitrat** in Gemüsen oder anderen Lebensmitteln gefährdet die Gesundheit. Besonders gefährlich sind hohe Nitratwerte für Babys und Kleinkinder.

Vor allem durch die Einleitung großer Mengen Haushaltsabwässer war der Bodensee viele Jahre stark mit **Phosphat** aus Waschmitteln belastet. Phosphat führt zur Überdüngung und starkem Algenwachstum. Abgestorbene Algen entziehen dem See viel Sauerstoff. Der See „kippt um", viele Lebewesen wie beispielsweise Fische sterben. Durch den Bau von Kläranlagen rund um den Bodensee konnte die Situation entschärft werden.

Schwermetalle sind giftig und sollten daher in der Natur nur in geringen Mengen vorkommen. Industriebetriebe leiteten in früheren Jahrzehnten große Mengen Schwermetalle in den Rhein und andere Gewässer. Sie sind nur schwer abbaubar.

7 Phosphorkonzentration (verursacht vor allem durch Phosphate) im Wasser des Bodensees

Aus Wasser entstehen zwei Gase

🔍 **1. a)** Fülle den Hofmannschen Wasserzersetzungsapparat mit destilliertem Wasser. Setze dem Wasser etwas Schwefelsäure (20%ig) zu, damit es elektrisch leitet. Verbinde nun die Elektroden mit dem Pluspol und dem Minuspol eines Stromversorgungsgerätes und stelle eine Gleichspannung von 20 V ein. Was beobachtest du an den Elektroden?

1 Glimmspanprobe

b) Entnimm das Gas, das sich über dem Pluspol angesammelt hat. Untersuche es mit der Glimmspanprobe (Bild 1). Um welches Gas handelt es sich?
c) Entnimm das Gas über dem Minuspol. Verschließe die Öffnung des Reagenzglases mit dem Daumen. Öffne es dann kurz vor einer Flamme (Bild 2). Was geschieht?

📖 **2.** Warum wird die Wassermenge geringer, je länger der Versuch 1 a läuft?

📖 **3.** Welche Gase entstehen bei der Zerlegung von Wasser und wie werden sie nachgewiesen?

📖 **4.** Was ist eine Elektrolyse?

📖 **5.** Warum wird Wasserstoff mit der Reagenzglasöffnung nach unten aufgefangen?

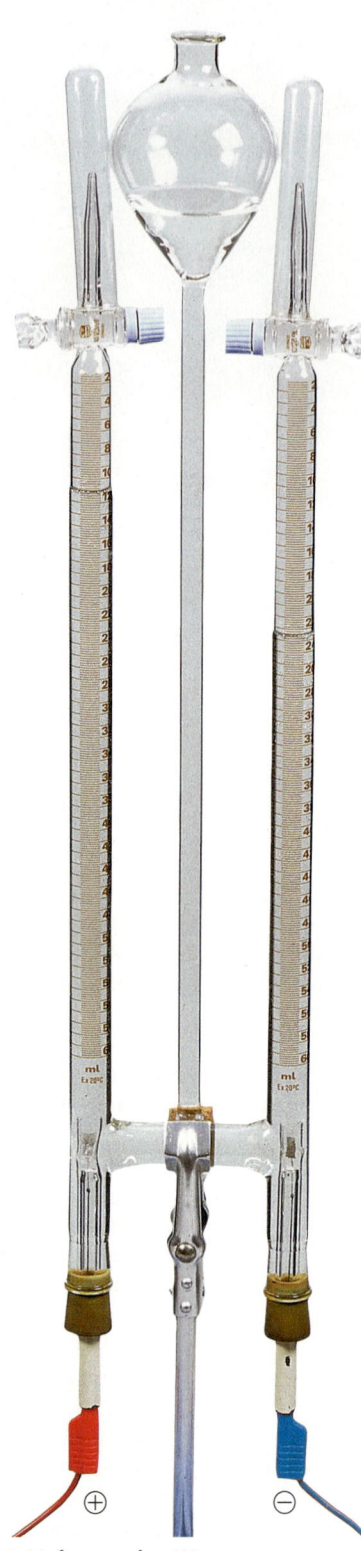

3 Hofmannscher Wasserzersetzungsapparat

Die Elektroden eines Hofmannschen Wasserzersetzungsapparates sind mit dem Pluspol und dem Minuspol eines Stromversorgungsgerätes verbunden. Dem Wasser wird Schwefelsäure zugefügt, damit es elektrisch leitet. Beim Anlegen von 20 V Gleichspannung entstehen zwei Gase. Am Pluspol entsteht **Sauerstoff (O)**, der durch die **Glimmspanprobe** nachgewiesen wird.
Am Minuspol hat sich eine doppelt so große Menge eines brennbaren Gases gesammelt. Es heißt **Wasserstoff (H)** und lässt sich mit der **Knallgasprobe** nachweisen.

2 Knallgasprobe

Die Untersuchung eines Stoffes auf seine Bestandteile heißt **Analyse.** Die Zerlegung eines Stoffes mithilfe der Elektrizität ist eine **Elektrolyse.** Hier wird die chemische Verbindung Wasser in ihre Elemente Wasserstoff und Sauerstoff zerlegt.

■ Wasser ist eine chemische Verbindung aus den Elementen Wasserstoff und Sauerstoff. Elektrizität zerlegt Wasser in seine Bestandteile. Eine solche Zerlegung ist eine Elektrolyse.

Luft und Wasser → S. 198/199

Luft und Wasser

Wasserstoff verbrennt zu Wasser

🔍 **1.** Fülle ein Reagenzglas, wie in Bild 1 zu sehen, mit Wasserstoff. Beschreibe das Aussehen. Prüfe den Geruch.

🔍 **2.** Fülle erneut ein Reagenzglas und verschließe es mit dem Daumen. Halte es in der Nähe der Brennerflamme schräg nach unten und öffne es (Bild 2). Was beobachtest du? Beschreibe auch die Veränderungen im Reagenzglas.

🔍 **3.** Gib mit einem Spatel einige Körnchen weißes Kupfersulfat auf die Tropfen im oberen Bereich des Reagenzglases. Notiere deine Beobachtungen.

📖 **4.** Was entsteht beim Verbrennen von Wasserstoff?

📖 **5. a)** Mit welcher Energie wird Wasser in seine Bestandteile zerlegt?
b) Welche Energieart erhältst du bei der Synthese von Wasser?

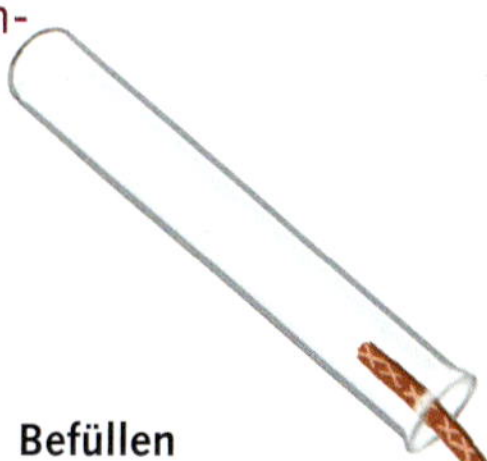

1 Befüllen

Wasserstoff reagiert mit Sauerstoff

Wasserstoff ist das leichteste aller Elemente. An der Luft verbrennt es mit farbloser, heißer Flamme. Gemische aus Wasserstoff und Luft sind gefährlich, denn sie können schon beim kleinsten Funken explodieren.
Darauf beruht die **Knallgasprobe** als Wasserstoffnachweis. **Reiner** Wasserstoff in einem Reagenzglas verbrennt mit ruhiger Flamme. Ein **Wasserstoff-Luft-Gemisch** verbrennt explosionsartig mit pfeifendem Knall.
In beiden Fällen entstehen kleine Tropfen. Sie färben weißes Kupfersulfat blau. Das ist der **Nachweis für Wasser**. Bei der Verbrennung ist Wasserstoffoxid, also Wasser, entstanden.

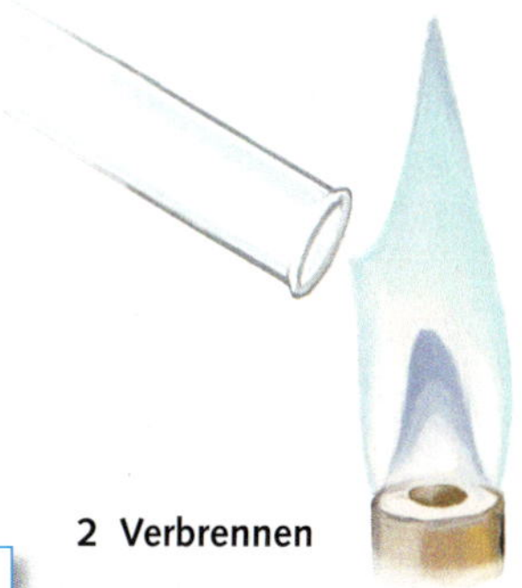

Zwei Gase bilden eine Flüssigkeit

Wenn Wasserstoff verbrennt, verbindet er sich mit dem Sauerstoff der Luft. Es entsteht **Wasserstoffoxid**. Das ist Wasser. Dabei wird Energie frei.

> Wasserstoff + Sauerstoff → Wasserstoffoxid; Energie wird frei

Diese **Synthese**, also die Bildung von Wasser aus seinen Elementen, ist der entscheidende Nachweis dafür, dass Wasser eine chemische Verbindung aus Wasserstoff und Sauerstoff ist.
In speziellen Apparaturen, den **Brennstoffzellen**, wird bei der Synthese von Wasser auch elektrische Energie frei. Hier verbrennt der Wasserstoff nicht explosionsartig, sondern er reagiert mithilfe eines Katalysators mit dem Sauerstoff zu Wasser. Diese Energie kann zum Beispiel zum Antrieb von Elektromotoren verwendet werden. So könnte eines Tages aus dem Auspuff eines Autos nur noch Wasser kommen.
Ein solcher **Katalysator** ermöglicht chemische Reaktionen, die sonst gar nicht oder erst bei höheren Temperaturen ablaufen würden. Der Katalysator selber bleibt bei der Reaktion unverändert. Oft sind Katalysatoren fein verteilte Metallschichten, zum Beispiel Platin, auf Keramik-Körpern.

2 Verbrennen

3 Prüfen

■ Wasserstoff reagiert mit Sauerstoff zu Wasser. Dabei wird Wärme frei. Diese Bildung einer chemischen Verbindung aus den Elementen ist ein Beispiel für eine Synthese.

Das leichteste Gas der Welt
Als leichtestes Gas wurde Wasserstoff früher zum Befüllen von Ballons und Luftschiffen verwendet. Wegen seiner Brennbarkeit ist er heute weitgehend durch Helium ersetzt worden. Manchmal schicken Wetterforscher heute noch ihre Ballons mit Wasserstoff gefüllt in große Höhen.

4 Stahlflasche für Wasserstoff

Luft und Wasser → S. 198/199

Brennstoffzellen liefern elektrische Energie und Wärme

🔍 **1. a)** Erzeuge mithilfe der Modellanlage die Elektrizität zum Betrieb des Motors mit der Luftschraube (Bild 1).
b) Beschreibe den Aufbau und die Arbeitsweise der Anlage. Fertige dazu eine Zeichnung an.

🔍 **2. a)** Miss die Spannung an den Solarzellen in Versuch 1.
b) Miss die Spannung auch an der Brennstoffzelle.
c) Vergleiche die Werte und formuliere eine Aussage zum Verhältnis der Spannungen der Modellanlage zueinander.

📖 **3. a)** Warum wird die Elektrizität aus der Solarzelle nicht direkt zum Antrieb des Motors benutzt?
b) Welche Vorteile bringt die Speicherung der elektrischen Energie in Form chemischer Energie als Wasserstoff und Sauerstoff?

📝 **4.** Informiere dich über Brennstoffzellen und beschreibe ihren Aufbau und ihre Funktionsweise.

📖 **5.** Ist es zum Betrieb der Brennstoffzelle notwendig, bei der Elektrolyse des Wassers auch den Sauerstoff aufzufangen? Begründe deine Antwort.

📖 **6.** Welche Vorteile hat die Brennstoffzelle beim Antrieb von Kraftfahrzeugen?

📝 **7.** Wie muss Wasserstoff gewonnen werden, damit seine Verwendung Vorteile für die Umwelt hat? Stelle deine Überlegungen in einer Diskussionsrunde vor.

1 Modellanlage zur Wasserstofftechnologie

Brennstoffzelle im Modell

Die Modellanlage zur Wasserstofftechnologie besteht aus fünf Modulen mit unterschiedlichen Funktionen.
In den **Solarzellen** wird Elekrizität erzeugt. Im **Elektrolyseur** wird Wasser in die Elemente Wasserstoff und Sauerstoff zerlegt. Die beiden Zylinder dienen als **Speicher** für diese beiden Gase. In den Gasen ist jetzt die eingesetzte Energie gespeichert. In einer **Brennstoffzelle** werden diese Gase wieder zusammengeführt und erzeugen dort Elektrizität. Mithilfe dieser Elektrizität wird ein **Motor** angetrieben. Dessen Achse ist mit einer Luftschraube versehen ist, die die Drehung sichtbar macht.

Umweltaspekte

Mithilfe von Brennstoffzellen kann Wasserstoff zur Erzeugung elektrischer Energie eingesetzt werden, ohne die Umwelt zu belasten. Dazu sollte die elektrische Energie zur Erzeugung des Wasserstoffs aber nur aus erneuerbaren Energiequellen stammen. Solche Energiequellen sind unter anderem der Wind oder strömendes Wasser, die Sonne und Erdwärme. Damit lässt sich elektrische Energie ohne große Gefährdungen für die Umwelt erzeugen.
Wird die elektrische Energie zur Herstellung von Wasserstoff in herkömmlichen Kraftwerken erzeugt, gibt es keine Vorteile für die Umwelt. Diese Kraftwerke erzeugen große Mengen Abgase oder es entstehen radioaktive Abfälle.

Luft und Wasser → S. 198/199

Luft und Wasser

Brennstoffzellen im Einsatz

Brennstoffzellen werden in vielen Fahrzeugen großer Automobilhersteller erprobt. Untersucht wird auch der Einsatz in anderen Bereichen. So gibt es zum Beispiel Versuche, Handys, Notebooks oder DVD-Player durch Brennstoffzellen mit elektrischer Energie zu versorgen. Auch Fahrräder und sogar ein Roller wurden schon mit Brennstoffzellen ausgestattet.

Sehr große Zellen werden benutzt, um ganze Stadtteile mit Elektrizität zu beliefern. In diesen Kraftwerken wird auch die entstehende Wärme genutzt, zum Beispiel als Fernwärme zum Beheizen von Wohnungen.

Stärken und Schwächen der Brennstoffzelle

Die Brennstoffzelle hat viele Vorteile. So entsteht als Abgas Wasserdampf. Außerdem wird die eingesetzte Energie gut ausgenutzt und es gibt keine Lärmbelästigungen. Die lange Lebensdauer der Brennstoffzellen ist ein weiterer Pluspunkt.

Leider gibt es aber auch noch erhebliche Nachteile, so zum Beispiel der hohe Preis und die große Masse einer Brennstoffzelle, wie sie im Auto nötig wäre. Nachteilig ist weiterhin, dass es keine flächendeckende Versorgung mit Wasserstoff durch ein Tankstellennetz gibt.

2 Brennstoffzellen im Einsatz

Energie in Reaktionen

Streifzug

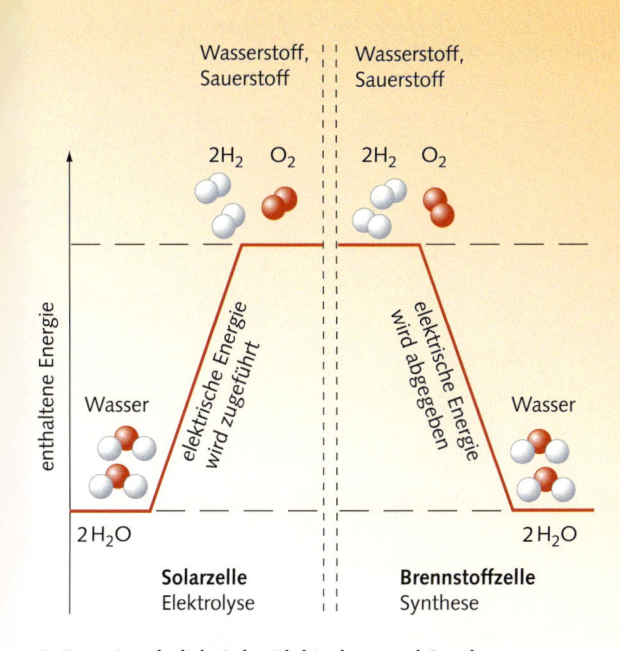

Bevor Wasserstoff in Brennstoffzellen dazu benutzt werden kann, die gewünschte Elektrizität zu erzeugen, muss er aus Wasser gewonnen werden. Wasser (H_2O) wird mithilfe elektrischer Energie aus Solarzellen zerlegt. Es entstehen die beiden Gase Wasserstoff (H_2) und Sauerstoff (O_2). Durch die Zerlegung mithilfe elektrischer Energie ist der Energiegehalt der beiden Gase größer als der Energiegehalt des Ausgangsproduktes Wasser. Durch die Elektrolyse wird also elektrische Energie in den beiden Gasen als chemische Energie gespeichert.

Diese chemische Energie wird in der Brennstoffzelle wieder in elektrische Energie umgewandelt. Wasserstoff und Sauerstoff verbinden sich zu Wasser und geben dabei die gespeicherte Energie als elektrische Energie wieder ab. Das entstandene Wasser hat also am Ende wieder einen niedrigeren Energiegehalt als zuvor die beiden Gase.

Zudem entsteht wie bei vielen Reaktionen Wärme.

3 Energiegehalt bei der Elektrolyse und Synthese

Auf einen Blick

Luft und Wasser

Wasser ist eine besondere Flüssigkeit
Zwischen Wasser und anderen Materialien herrscht eine Anziehungskraft. Sie heißt **Adhäsion**.

Wasser hat bei 4 °C seine größte Dichte und dehnt sich beim Erstarren aus. Deshalb schwimmt Eis auf Wasser. Das wird als **Anomalie des Wassers** bezeichnet.

Die **Oberflächenspannung** bewirkt, dass Insekten auf der Wasseroberfläche laufen können und kleine Gegenstände, die schwerer sind als Wasser, darauf liegen können.

Gewässergüteklassen
Unsere Gewässer werden durch Haushalte, Industrie und Landwirtschaft verschmutzt. Die **Gewässergüteklassen** zeigen den Grad ihrer Verschmutzung auf.

Luft
Luft ist ein Gemisch aus vielen Gasen. Sie besteht vorwiegend aus Stickstoff und Sauerstoff.

Kläranlage
Kläranlagen verfügen über eine **mechanische**, eine **biologische** und eine **chemische Reinigungsstufe**. Der größte Teil des Schlamms aus den verschiedenen Absetzbecken gelangt in einen **Faulturm**. Dort entsteht brennbares Klärgas.

Steckbrief: Wasserstoff
Eigenschaften: farb- und geruchloses Gas
Dichte: 0,084 $\frac{g}{l}$ (bei 20 °C)
Schmelztemperatur: -259 °C
Siedetemperatur: -253 °C
reagiert explosiv mit Sauerstoff
Verwendung: Brennstoff, wichtiger Rohstoff für die chemische Industrie
Nachweis: Knallgasprobe

Wasser
Wasserstoff reagiert mit Sauerstoff zu **Wasser**. Dabei wird Wärme frei.

$$2\,H_2 \quad + \quad O_2 \quad \rightarrow \quad H_2O$$

Wasserstoff + Sauerstoff → Wasser (Wasserstoffoxid)

Steckbrief: Sauerstoff
Eigenschaften: farb- und geruchloses Gas
Dichte: 1,33 $\frac{g}{l}$ (bei 20 °C)
Schmelztemperatur: -219 °C
Siedetemperatur: -183 °C
reagiert mit fast allen Stoffen zu Oxiden
Verwendung: Atemgas, Raketenantrieb
Nachweis: Glimmspanprobe

Einsatz der Brennstoffzelle
Im **Elektrolyseur** wird Wasser mithilfe elektrischer Energie in Wasserstoff und Sauerstoff zerlegt.

In der **Brennstoffzelle** reagieren Wasserstoff und Sauerstoff zu Wasser. Dabei entstehen elektrische Energie und Wärme.

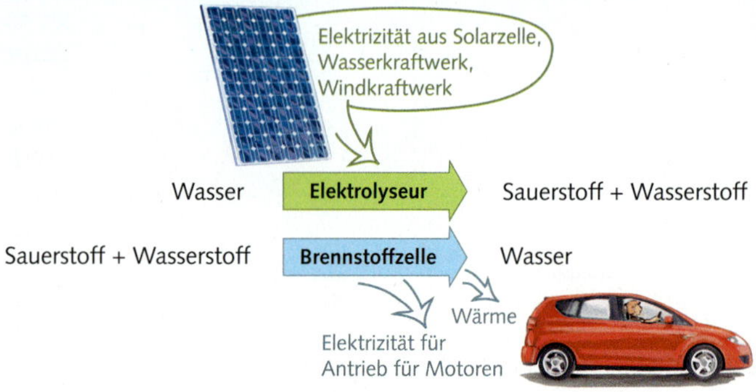

Elektrizität aus Solarzelle, Wasserkraftwerk, Windkraftwerk

Wasser → Elektrolyseur → Sauerstoff + Wasserstoff
Sauerstoff + Wasserstoff → Brennstoffzelle → Wasser
Wärme
Elektrizität für Antrieb für Motoren

Luft und Wasser

Zeig, was du kannst

1. Warum versinken Insekten nicht im Wasser?

2. Tauche einen Löschpapierstreifen mit einem Ende in Wasser. Beschreibe und erkläre deine Beobachtung.

3. Warum schwimmt Eis auf Wasser?

4. Im Hamburger Hafen wurden 2007 etwa 10 Millionen Standardcontainer umgeschlagen. Jeder Container ist 12,19 m lang. Welche Strecke ergeben sie aneinandergereiht?

5. Zähle auf, was in eurem Haushalt nicht mehr funktionieren würde, wenn Wasser als Transportmittel ausfiele.

6. Nenne Beispiele von Gewässerverunreinigungen aus verschiedenen Bereichen.

7. Suche in der Zeitung oder im Internet nach einer aktuellen Gewässerverunreinigung in deiner Gegend.

8. Welche drei Reinigungsstufen hat eine Kläranlage? Erkläre deren Arbeitsweisen.

9. Suche auf dem folgenden Bild die einzelnen Bauteile einer Kläranlage.

10. Woraus besteht Luft?

11. Nenne je zwei Einsatzbereiche der Gase Stickstoff und von Xenon.

12. Ist Wasser ein chemisches Element oder eine chemische Verbindung? Begründe deine Antwort.

13. Wie wird Sauerstoff nachgewiesen?

14. Nenne Eigenschaften von Wasserstoff.

15. Wie wird Wasserstoff nachgewiesen?

16. Wie kannst du nach der Verbrennung von Wasserstoff das Verbrennungsprodukt Wasser nachweisen?

17. Erkläre die Begriffe Elektrolyse und Synthese am Beispiel Wasser.

18. Beschreibe die Funktionsweise einer Brennstoffzelle.

19. Warum werden Luftschiffe und Ballons heute nicht mehr mit dem leichtesten Element, dem Wasserstoff, gefüllt?

20. Nenne Vor- und Nachteile für die Verwendung von Brennstoffzellen in Fahrzeugen.

Luft und Energie

Struktu

Wärme, Wasserkreislauf

📖 **1.** Welche Aufgabe hat die Sonne im natürlichen Wasserkreislauf?

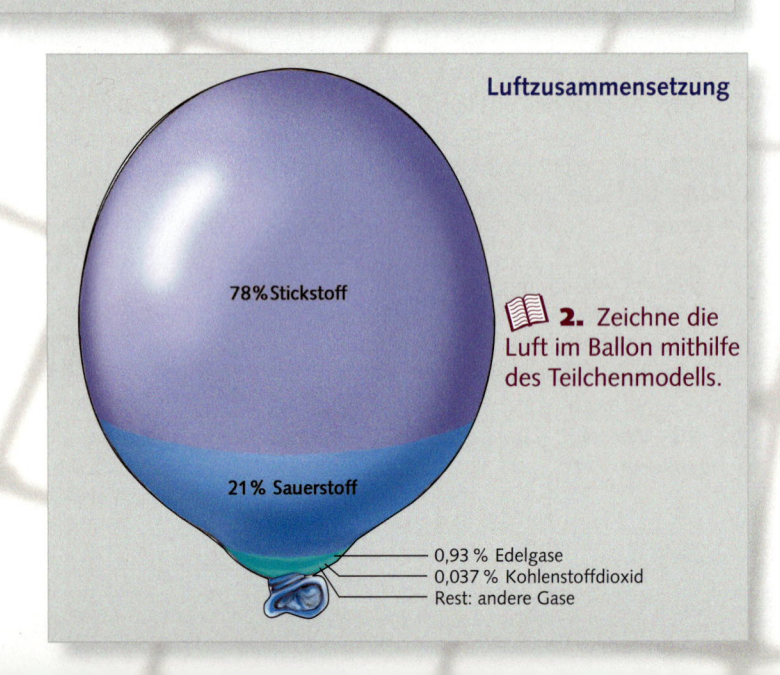

Luftzusammensetzung

78% Stickstoff
21% Sauerstoff
0,93 % Edelgase
0,037 % Kohlenstoffdioxid
Rest: andere Gase

📖 **2.** Zeichne die Luft im Ballon mithilfe des Teilchenmodells.

Anomalie des Wassers

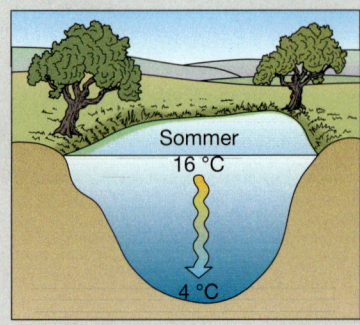

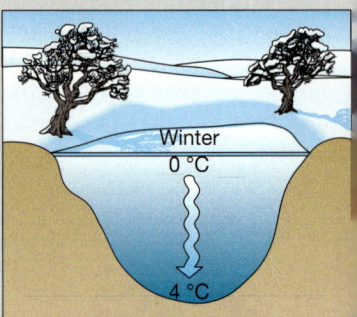

Sommer
16 °C
4 °C

Winter
0 °C
4 °C

📖 **3.** Wasser ist bei 4 °C am schwersten und sinkt nach unten. Was bedeutet das für die räumliche Anordnung der Wasserteilchen? Fertige eine Zeichnung dazu an.

Basiskonzepte

Wasser

Chemische Reaktion

er Materie

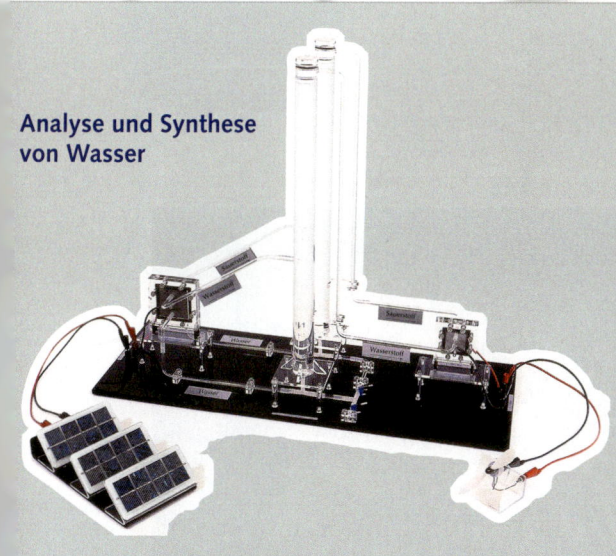

Analyse und Synthese von Wasser

Nachweis von Wasser, Sauerstoff und Wasserstoff

📖 **4.** In der abgebildeten Modellanlage wird Wasser zunächst zerlegt und anschließend erneut aus Wasserstoff und Sauerstoff gebildet.
a) Erkläre die Vorgänge mithilfe der Begriffe Analyse und Synthese.
b) Welche der **Reaktionen** verläuft endotherm, welche exotherm? Begründe deine Antwort.

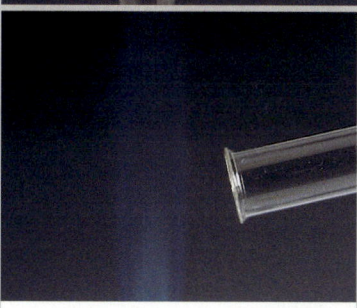

📖 **5. a)** Beschreibe die drei abgebildeten **Nachweisreaktionen**.
b) Welcher Stoff wird jeweils nachgewiesen?

199

Elemente und ihre Ordnung

Ein farbenfrohes Feuerwerk – möglich machen das die Salze der Alkali- und Erdalkalimetalle. Welche Eigenschaften haben diese seltsamen Metalle noch? Warum werden sie jeweils zu einer Elementfamilie zusammengefasst?

201

Alkalimetalle – unscheinbar und sehr reaktionsfreudig

🔍 **1. a)** Lass dir ein Stück Lithium geben.
b) Plane einen Versuch zur elektrischen Leitfähigkeit von Lithium und führe ihn durch.

🔍 **2. a) Demonstrationsversuch:** Die Leitfähigkeit von Natrium wird untersucht.
b) Notiere das Ergebnis.

📝 **3.** Vergleiche die Eigenschaften von Lithium und Natrium mit denen von Eisen.

🔍 **4.** Gib ein kleines Stück Lithium in einen Erlenmeyerkolben mit Wasser. Notiere, was geschieht.

🔍 **5. a) Demonstrationsversuch:** Ein kleines Stück Natrium wird entrindet und in Wasser gegeben.
b) Beschreibe deine Beobachtungen.

📖 **6.** Warum kommen Alkalimetalle in der Natur nicht als Elemente vor?

📖 **7.** Begründe die Aufbewahrungsart von Alkalimetallen.

🔍 **8.** Nimm nacheinander einige Körnchen Lithiumchlorid, Kaliumchlorid und Natriumchlorid mit Magnesiastäbchen auf. Halte die Stäbchen in die blaue Brennerflamme. Notiere jeweils deine Beobachtungen.

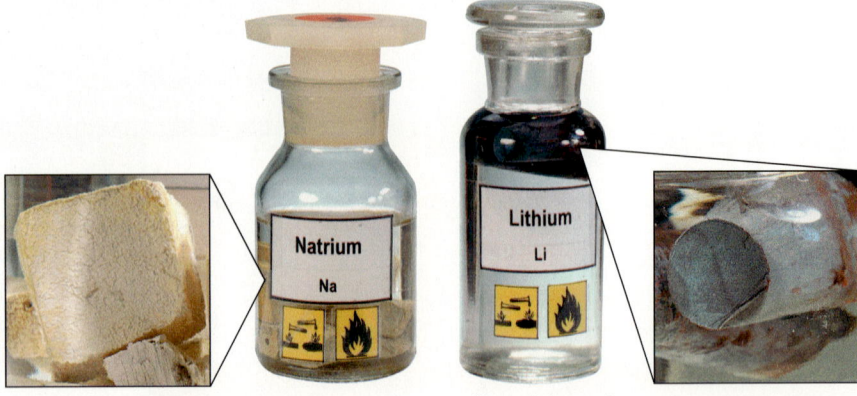

1 Lithium und Natrium müssen in Petroleum aufbewahrt werden.

Seltsame Stoffe
Es sind unscheinbare Brocken, die da in Petroleum lagern (Bild 1). Die Stoffe heißen **Lithium** und **Natrium.** Bei näherer Betrachtung ist eine Art Kruste zu sehen, die die Brocken umgibt. Mit einem Messer lässt sich die Kruste schneiden. Die Schnittfläche ist silbrig-glänzend. An der Luft verschwindet der Glanz sehr schnell. Ob dies der Grund für die besondere Lagerung ist?
Die Frage klärt sich schnell, wenn Lithium oder Natrium in Wasser gegeben wird. Es gibt eine heftige Reaktion. Sie müssen also vor Feuchtigkeit geschützt in Petroleum oder Paraffin gelagert werden. Da diese Stoffe auch schon mit der Feuchtigkeit der Haut reagieren, darfst du sie auf keinen Fall berühren.
Der Glanz der frischen Oberfläche ist ein Hinweis, zu welcher Stoffgruppe Lithium und Natrium gehören. Die Untersuchung der Leitfähigkeit bringt weitere Klarheit: Es sind Metalle.

3 Frisch geschnittenes Lithium

Lithium
Die frische Schnittfläche an einem Stück Lithium verfärbt sich langsam. Wird es in Wasser gegeben, reagiert es mit heftiger Gasentwicklung.
Lithium findet immer mehr Verwendung als Bestandteil besonders leistungsfähiger Akkus für Notebooks oder Digitalkameras. Diese Akkus halten die Ladung lange und sind besonders langlebig.

Natrium
Natrium verliert seinen frischen Glanz sehr schnell. Mit Wasser reagiert es noch heftiger als Lithium. Natrium ist das sechsthäufigste Element in der Erdrinde. Weil es wie auch das Lithium mit vielen Stoffen schnell reagiert, kommt es nur in Verbindungen vor. Kochsalz ist die bekannteste Natriumverbindung, es ist Natriumchlorid.

2 Natrium reagiert mit Wasser.

Elemente und ihre Ordnung

Element	Dichte in $\frac{g}{cm^3}$	Schmelz-temperatur in °C	Härte	Reaktion mit Wasser
Lithium	0,53	180	nimmt ab	wird heftiger
Natrium	0,97	98		
Kalium	0,86	64		
Rubidium	1,53	39		
Caesium	1,87	29		

4 Eigenschaften der Alkalimetalle

Kalium

Die Reaktionsfähigkeit von **Kalium** ist noch stärker als die von Lithium oder Natrium. Bei der Reaktion mit Wasser entsteht Wasserstoff, der sich sehr schnell mit dem Sauerstoff der Luft verbindet und entzündet. Oft gibt es sogar eine Explosion. Verbindungen von Kalium sind in den oberen Schichten der Erdkruste fast so häufig wie die von Natrium. Kalium ist ein wichtiger Bestandteil von Düngemitteln. Auch im Stoffwechsel von Lebewesen spielt es eine wichtige Rolle.

Rubidium und Caesium

Das wachsweiche **Rubidium** kann sich nach wenigen Sekunden an der Luft selbst entzünden. Beim **Caesium** geht dies noch schneller. Es ist somit das reaktionsfähigste und unedelste Metall.

Die Alkalimetalle

Lithium, Natrium, Kalium, Rubidium und Caesium sind Elemente mit sehr ähnlichen Eigenschaften. Sie sind weich, haben eine geringe Dichte und sind sehr reaktionsfähig. In Anlehnung an den Namen Kalium werden sie zur Elementfamilie der **Alkalimetalle** zusammengefasst.

Flammenfärbung

Verbindungen der Alkalimetalle lassen sich gut erkennen, weil die Metalle eine charakteristische Flammenfärbung erzeugen. Dies wird für Farbeffekte in Feuerwerkskörpern genutzt.

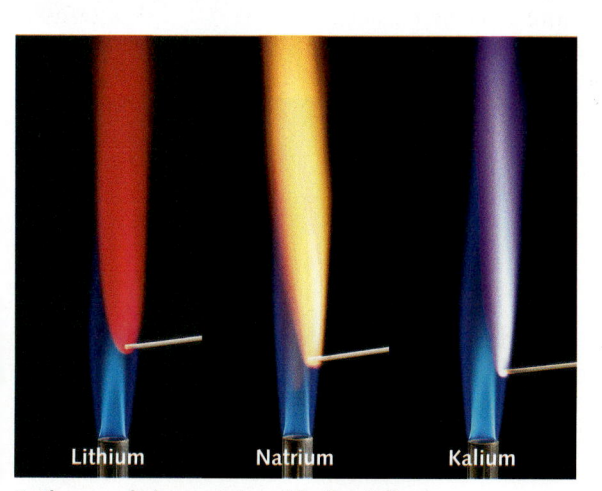

■ Alkalimetalle sind sehr reaktionsfähig. Es sind sehr unedle Metalle. Sie bilden eine Elementfamilie.

5 Flammenfärbung einiger Alkalimetalle

6 Lithium

7 Natrium

8 Kalium

9 Rubidium

10 Caesium

Elemente und ihre Ordnung → S. 240/241

Erdalkalimetalle – gesteinsbildend und reaktiv

🔍 **1. a)** Gib einige Krümel Calcium in ein Reagenzglas mit warmem Wasser.
b) Schütte etwas Magnesiumpulver in ein Reagenzglas mit warmem Wasser.
c) Vergleiche deine Beobachtungen.

🔍 **2.** Plane einen Versuch, um die elektrische Leitfähigkeit von Calcium und Magnesium zu überprüfen, und führe ihn durch.

📖 **3.** Vergleiche die Eigenschaften von Alkali- und Erdalkalimetallen.

🔍 **4. a)** Halte ein Magnesiastäbchen in die blaue Gasbrennerflamme. Nimm mit dem ausgeglühten Stäbchen etwas Bariumnitrat auf und halte es in die Brennerflamme.
b) Wiederhole den Versuch mit Calciumchlorid und Magnesiumchlorid.
c) Beschreibe die Flammenfärbungen.

Calcium

Calcium ist in der Natur sehr häufig, kommt aber nicht in elementarer Form vor. Die häufigste Calciumverbindung ist **Kalk**. So werden die Steilküsten von Rügen oder vom englischen Dover von Kreidefelsen gebildet. Das ist besonders weiches Kalkgestein. Auch Teile der Alpen bestehen aus Kalk. Neben der Kreide besteht auch Marmor aus Kalk. Für den Menschen ist Calcium ein lebenswichtiges Element. Der Körper des Menschen enthält im Durchschnitt 1 kg Calcium in gebundener Form.

Calcium ist ein Metall, aber nicht gleich als Metall erkennbar. An frischen Bruchstellen glänzt es silbrig, wird aber schnell wieder matt. Es reagiert mit dem Sauerstoff, dem Kohlenstoffdioxid und der Feuchtigkeit der Luft. In seinen Eigenschaften und Reaktionen ähnelt es den Alkalimetallen. Es ist jedoch härter und nicht ganz so reaktionsfreudig. Calcium gehört zur Gruppe der **Erdalkalimetalle**. Der Name weist darauf hin, dass viele Verbindungen dieser Elemente am Aufbau der Erdrinde beteiligt sind.

Weitere Erdalkalimetalle

Das Erdalkalimetall **Magnesium** ist Bestandteil des Blattgrüns. Auch Magnesium ist ein lebenswichtiger Mineralstoff. Magnesiummangel kann unter anderem zu Muskelkrämpfen führen.
Weitere Vertreter der Erdalkalimetalle sind **Beryllium**, **Strontium**, **Barium** und das radioaktive **Radium**.

■ Die Erdalkalimetalle bilden eine Elementfamilie. Sie zeigen ähnliche Eigenschaften wie die Alkalimetalle. Ihre Reaktionen verlaufen aber weniger heftig.

1 Beryllium

2 Magnesium

3 Calcium

4 Strontium

5 Barium

Element	Dichte in $\frac{g}{cm^3}$	Schmelz-temperatur in °C	Härte	Reaktion mit Wasser
Beryllium	1,84	1280		keine
Magnesium	1,74	650	nimmt ab	wird heftiger
Calcium	1,55	838		
Strontium	2,60	770		
Barium	3,50	714		

6 Eigenschaften der Erdalkalimetalle

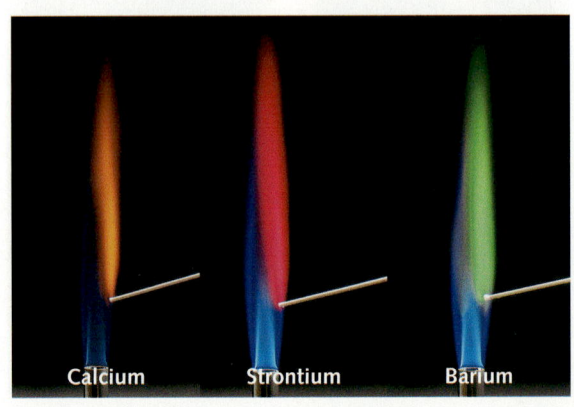

7 Flammenfärbung der Erdalkalimetalle

Elemente und ihre Ordnung

Alkali- und Erdalkalimetalle im Alltag

Pinnwand

Feuerwerk
Die prächtig leuchtenden Farben eines Feuerwerks sind vor allem den Verbindungen der Alkali- und Erdalkalimetalle zu verdanken. Verbrennt das Schwarzpulver, entsteht je nach beigemischter Metallverbindung intensives Licht einer bestimmten Farbe. Lithium- und Strontiumverbindungen leuchten rot. Bariumverbindungen erzeugen grünes Licht. Magnesiumpulver sorgt für blendend weiße Lichtblitze.

Calcium macht Knochen stabil
Unsere Knochen sind sehr stabil. So ist ein Oberschenkelknochen zwar nur etwa 1 kg schwer, ist aber mit über 1500 kg belastbar.
Möglich wird dies durch feine Knochenbälkchen, die als Gitterwerk angeordnet sind. Ihre Stabilität erhalten die Knochensubstanz wie auch unsere Zähne durch Calciumphosphat und Calciumcarbonat.
Während des Wachstums benötigen Kinder und Jugendliche daher viel von diesen Calciumverbindungen. Umgerechnet muss ein Jugendlicher pro Tag fast 1 g Calcium zu sich nehmen. Nicht in allen Nahrungsmitteln ist genügend Calcium enthalten, daher sollten viele Milchprodukte wie Jogurt oder Käse auf dem Speiseplan stehen. Sie enthalten von Natur aus viel Calcium. Besonders viel Calcium enthalten Bananen.

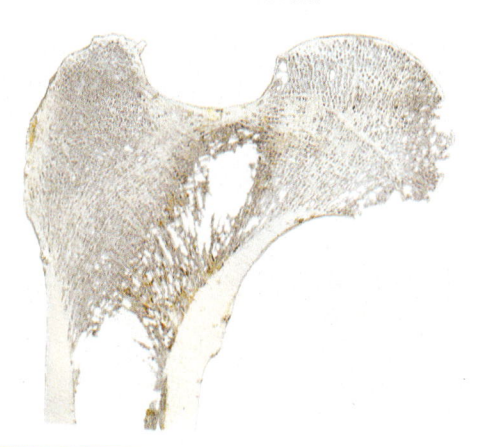

Natriumdampflampe
Natriumdampflampen bestehen aus zwei Glaskolben. Dazwischen ist ein fast luftleerer Raum, der wie bei einer Thermoskanne als Isolierung dient. Im inneren Rohr befinden sich ein Edelgas und Natriumkügelchen. Außerdem gibt es eine Glühwendel aus Wolframdraht.
Beim Einschalten heizt sich der Wolframdraht auf, sodass das Natrium verdampft. Zum Zünden ist eine Spannung bis zu 5000 V notwendig. Nach etwa 15 min erreicht der Natriumdampf die volle Leuchtkraft. Eingesetzt werden diese Lampen vor allem zur Straßenbeleuchtung.

Glühwendel

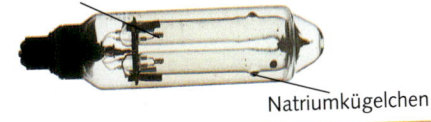

Natriumkügelchen

1. Welche Alkali- und Erdalkaliverbindungen könnte eine besonders farbenfrohe Silvesterrakete enthalten?

2. Recherchiere und stelle zusammen, wie viel Milch, Jogurt, Käse oder Bananen ein Jugendlicher pro Tag essen sollte, um seinen Calciumbedarf zu decken.

3. Finde Vor- und Nachteile von Natriumdampflampen.

Halogene

1. Demonstrationsversuch: a) Unter dem Ab-zug wird Chlor hergestellt. Dazu wird in einem Gasentwickler konzentrierte Salzsäure auf Kaliumpermanganat getropft. Dabei entsteht Chlorgas. Das Gas wird in drei Standzylinder geleitet, die mit Glasplatten abgedeckt sind.
b) In je einen mit Chlor gefüllten Standzylinder werden unter dem Abzug farbige Blüten, Textilreste und mit Filzstiften beschriebenes Papier gegeben.

1 Chlor wird hergestellt.

2. Zu welchem Zweck wird Chlor in Badeanstalten eingesetzt?

3. Erläutere, warum Fluor, Chlor, Brom und Iod eine Elementgruppe bilden.

2 Chlorraum im Schwimmbad

Schwimmbadgeruch

Sicher kennst du den typischen Geruch im Schwimmbad. Er rührt vom Chlor her, das in den meisten Bädern zur Desinfektion des Wassers verwendet wird. Ohne diese Desinfektion würden sich Bakterien im warmen Wasser zu schnell vermehren. Schon 0,3 mg Chlor in 1 l Wasser tötet Krankheitserreger zuverlässig ab. Aber auch für den Menschen ist Chlor sehr giftig. Es verätzt die Atemwege und zerstört die Lungenbläschen. Schon ein Anteil von 0,1 % Chlor in der Atemluft ist tödlich. Daher müssen in Schwimmbädern strenge Sicherheitsbestimmungen eingehalten werden.

Die Halogene

Chlor gehört zur Gruppe der **Halogene**, zu denen auch Fluor, Brom und Iod zählen. Es sind reaktionsfreudige Nichtmetalle. Fluor ist das reaktionsfähigste und giftigste Halogen. Die Reaktionsfähigkeit und die Giftigkeit nehmen über Chlor und Brom zum Iod hin immer weiter ab.

Fluor

Fluor ist bei Zimmertemperatur gasförmig. Es ist sehr giftig, ätzend und äußerst reaktionsfreudig. Es hat eine hellgelbe Farbe und riecht stechend.
In der Natur kommt Fluor nur in Verbindungen vor. Reines Fluor wird vor allem aus Flussspat gewonnen.
Einige Fluorverbindungen sind für den Menschen sehr wichtig, weil sie am Aufbau von Knochen und Zähnen beteiligt sind. Auch Zahnpasta enthält oft Fluorverbindungen, die den Zahnschmelz stärken. Sie heißen **Fluoride**. Verwendung findet Fluor zum Beispiel bei der Herstellung von Kunststoffen (Teflon) und bei der Urangewinnung.

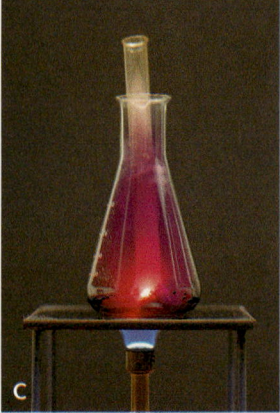

3 Unterschiedlich heftige Reaktionen mit Natrium. **A** *Chlor*, **B** *Brom*, **C** *Iod*

Elemente und ihre Ordnung

Element	Farbe	Schmelz-temperatur in °C	Siede-temperatur in °C	Aggregat-zustand	Reaktions-fähigkeit
Fluor	gelblich	-220	-188	gasförmig	nimmt ab
Chlor	gelbgrün	-101	-34	gasförmig	
Brom	rotbraun	-7	59	flüssig	
Iod	blauschwarz	114	185	fest	

4 Eigenschaften der Halogene

Chlor

Chlor ist ein gelbgrünes, sehr giftiges Gas. Es hat einen stechenden Geruch und ist ein sehr reaktionsfreudiges Element. Chlor kommt nur in Verbindungen vor. Eine der häufigsten Chlorverbindungen ist das ungiftige Natriumchlorid, das Kochsalz. Aus Kochsalz wird Chlor für viele Verwendungszwecke gewonnen. Reines Chlor wird bei der Wasseraufbereitung eingesetzt und ist Ausgangsstoff vieler chemischer Produkte. Es spielt auch in der Kunststoffindustrie eine große Rolle, vor allem bei der Herstellung des Kunststoffes PVC. Im ersten Weltkrieg wurde Chlor als Giftgas eingesetzt.

Brom

Das dritte Element in der Reihe der Halogene ist das Brom. Es ist eine dunkelbraune, ätzende Flüssigkeit. Brom verdampft leicht und bildet beißende, giftige Dämpfe. Brom kommt in der Natur nur in Verbindungen vor. Bromsalze, die **Bromide,** sind Bestandteile des Meerwassers. Fast die Hälfte des produzierten Broms werden jährlich für Feuerschutzmittel verwendet. Außerdem ist Brom Ausgangsstoff für Farbstoffe und auch für Tränengas. Halogenlampen enthalten Bromdampf.

Iod

Als Feststoff bildet Iod violettschwarze Kristalle, die bereits bei Zimmertemperatur sublimieren. Iodverbindungen spielen in Lebewesen eine wichtige Rolle. Ein Mangel an Iod führt beim Menschen zu Schilddrüsenerkrankungen.
Verwendung finden Iod und Iodsalze in der Medizin zum Beispiel als Desinfektionsmittel für Wunden. In der chemischen Industrie dient Iod als Katalysator.

■ Fluor, Chlor, Brom und Iod bilden die Gruppe der Halogene. Sie sind sehr reaktionsfähig. In der Natur kommen sie nur in Verbindungen vor.

Wie funktionieren Halogenlampen?

Der Wolframdraht in einer Glühlampe sendet bei Temperaturen von 2000 °C helles Licht aus. Dabei verdampfen nach und nach Wolfram-Atome, die innen an der Glaswand einen schwarzen Belag bilden. Der Glühdraht wird dadurch im Laufe der Zeit immer dünner. Nach etwa 1000 h Brenndauer ist er so dünn geworden, dass er bricht. In einer Halogenlampe ist das anders. Zwar kommt auch hier das Licht von einem Glühdraht. Allerdings ist bei der Halogenlampe der Gasfüllung ein Halogen beigemischt, meist etwas Bromdampf.

Verdampfen bei der Halogenlampe Wolfram-Atome, reagieren sie in der etwas kühleren Randzone der Gasfüllung mit den Halogen-Molekülen. Es entstehen gasförmige Verbindungen aus Wolfram und Halogenen. Gelangen diese in die Nähe der sehr heißen Glühwendel, zerfallen sie wieder. Die Wolfram-Atome setzen sich an der Wendel ab. Die Halogen-Atome bilden wieder Moleküle und stehen für einen neuen Kreislauf zur Verfügung. Dieser Kreislauf sorgt dafür, dass sich am Glaskolben kaum Wolfram niederschlägt. Die Lebensdauer einer Halogenlampe beträgt etwa 2000 bis 3000 Betriebsstunden.

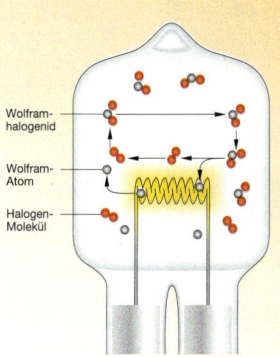

Edelgase – beziehungslos und träge

📝 **1.** Informiere dich über verschiedene Edelgase. Ordne deine Ergebnisse in einer Tabelle.

📝 **2.** Warum ist Helium gut als Füllgas von Ballons und Zeppelinen geeignet?

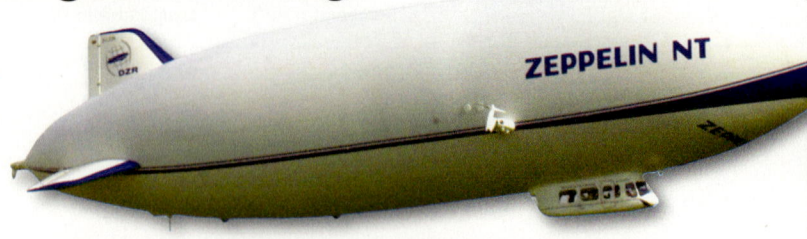

1 Zeppeline sind heute mit Helium gefüllt.

Reaktionsträge Gase
Edelgase kommen als natürliche Bestandteile der Luft vor. Ihr Name kommt daher, dass sie sehr reaktionsträge sind und unter normalen Bedingungen nur selten Verbindungen mit anderen Stoffen eingehen.

Helium
Das leichteste Edelgas, **Helium,** kommt vor allem im Erdgas, aber auch in geringen Mengen in der Luft vor. Es wurde 1868 als Bestandteil der Sonne entdeckt. Seinen Namen bekam es von dem griechischen Wort für Sonne, Helios.
Helium wird als Füllgas für Ballons und Zeppeline verwendet, außerdem als Kältemittel in der Forschung sowie als Beimischung zum Tauchgas für tiefes Tauchen im Meer.

Neon
Das seltene Gas **Neon** gab den ersten Leuchtröhren den Namen Neonröhren, weil es ein wichtiges Füllgas für Leuchtröhren ist. Sie strahlen ein orangerotes Licht ab und werden oft zu Reklamezwecken eingesetzt.

Argon
Das häufigste Edelgas ist **Argon**. Es ist zu fast 1 % in der Luft enthalten. Argon dient als preiswertes Schutzgas beim Schweißen. Es wird zur Füllung von Glühlampen und blauen Leuchtröhren verwendet.

3 Leuchtröhren enthalten oft Edelgase.

Krypton und Xenon
Die Edelgase **Krypton** und **Xenon** zählen zu den seltenen Elementen. Mit Krypton werden Glühlampen gefüllt. Die Lichtausbeute solcher Lampen ist besonders hoch, da sie heißer betrieben werden können. Xenon dient vorwiegend zur Füllung von Gasentladungslampen in Blitzgeräten und Autoscheinwerfern.

Radon
Das schwerste Edelgas, **Radon,** ist auch das einzig gefährliche, denn es ist radioaktiv. Es wird in größeren Mengen bei Vulkanausbrüchen freigesetzt. In manchen Regionen kommt es durch das Radon im Boden zur erhöhten Belastung in Kellerräumen.

■ Edelgase sind in geringer Konzentration in der Luft enthalten. Sie sind äußerst reaktionsträge.

2 Xenonlampen leuchten heller.

Edelgas	Siedetemperatur
Helium	−269 °C
Neon	−246 °C
Argon	−186 °C
Krypton	−153 °C
Xenon	−108 °C
Radon	− 62 °C

4 Siedetemperaturen der Edelgase

Elemente und ihre Ordnung

Tauchen mit Edelgasen

Taucher müssen für längere Tauchgänge die zum Atmen notwendige Luft in Druckflaschen mitnehmen. Für Tauchtiefen bis etwa 40 m reicht normale Luft aus. In größeren Tiefen ergeben sich aber durch den steigenden Wasserdruck Probleme. Es löst sich dann nicht nur Sauerstoff, sondern auch Stickstoff im Blut. Der Stickstoff kann beim Auftauchen im Blut ausperlen. Dieser Sprudelflascheneffekt kann zu einem lebensgefährlichen Aufschäumen des Blutes führen. Ein weiteres Problem ist, dass Stickstoff von einem bestimmten Druck an Rausch- oder Angstzustände bewirken kann.

Helium hilft beim Atmen

Würde der Taucher in große Tiefen reinen Sauerstoff mitnehmen, käme es wiederum durch den hohen Druck zu einer Vergiftung, weil sich zu viel Sauerstoff im Blut lösen würde. Es wird deshalb ein Gemisch aus Helium und Sauerstoff als Atemluft benutzt. Der Taucher muss zwar nun noch langsamer auftauchen, um das Ausperlen zu verhindern. Dafür lässt sich das Gasgemisch deutlich leichter atmen. Mit einem Helium-Sauerstoff-Gemisch erreichen professionelle Taucher Tiefen von mehreren 100 m.

Schutzgas zum Schweißen

Du kennst bestimmt Filmszenen, in denen ein Tresor aufgeschweißt wird. Dies gelingt nur, wenn der Stahl des Tresors nicht nur erhitzt, sondern gleichzeitig auch verbrannt wird. Dazu muss der Stahl mit Sauerstoff reagieren. Sollen dagegen Stahlteile zusammengeschweißt werden, darf der Stahl nicht mit Sauerstoff reagieren, denn die Stahlteile dürfen beim Schweißen nicht beschädigt werden.

Schutz vor Oxidation

Das **Elektroschweißen** ist eine Möglichkeit, die Oxidation des Stahls zu verhindern. Durch eine sehr hohe Stromstärke wird ein so heißer Lichtbogen erzeugt, dass der Stahl schmilzt. Dabei kann aber immer noch der Sauerstoff der Luft mit dem Stahl reagieren.

Für besonders haltbare Verbindungen zwischen Stahlteilen wird das **Schutzgasschweißen** angewandt. Dabei wird das Edelgas Argon auf die Schweißstelle geblasen. Der Stahl kann dann nicht mehr oxidieren, da kein Sauerstoff mehr an die Schweißstelle gelangt.

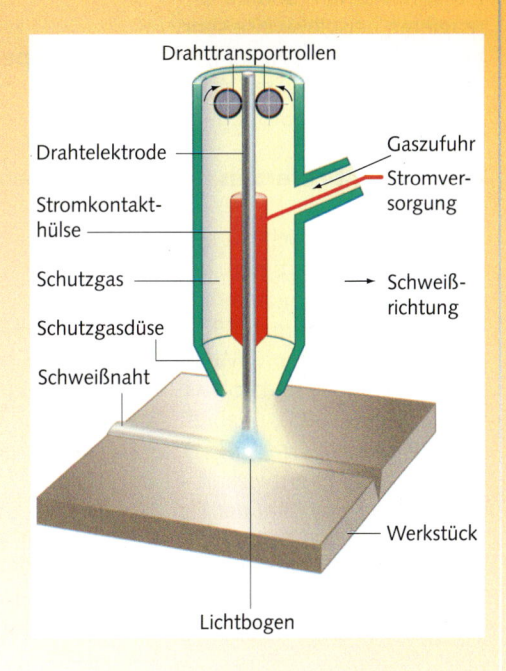

Eine Ordnung für die Elemente

📖 **1.** Suche die Elemente der Alkalimetalle und die Elemente der Erdalkalimetalle im Periodensystem. Was fällt dir auf?

✏️ **2.** Welche weiteren Elementfamilien kannst du im Periodensystem finden?

	Gruppe							
Periode	I	II	III	IV	V	VI	VII	VIII
1	1,008 $_1$H							4,003 $_2$He
2	6,94 $_3$Li	9,01 $_4$Be	10,81 $_5$B	12,01 $_6$C	14,00 $_7$N	16,00 $_8$O	19,00 $_9$F	20,18 $_{10}$Ne
3	22,99 $_{11}$Na	24,31 $_{12}$Mg	26,98 $_{13}$Al	28,09 $_{14}$Si	30,97 $_{15}$P	32,07 $_{16}$S	35,45 $_{17}$Cl	39,94 $_{18}$Ar
4	39,10 $_{19}$K	40,08 $_{20}$Ca	69,72 $_{31}$Ga	77,61 $_{32}$Ge	74,92 $_{33}$As	78,96 $_{34}$Se	79,90 $_{35}$Br	83,80 $_{36}$Kr
5	85,47 $_{37}$Rb	87,62 $_{38}$Sr	114,8 $_{49}$In	118,71 $_{50}$Sn	121,75 $_{51}$Sb	127,60 $_{52}$Te	126,90 $_{53}$I	131,2 $_{54}$Xe
6	132,91 $_{55}$Cs	137,33 $_{56}$Ba	204,38 $_{81}$Tl	207,2 $_{82}$Pb	208,98 $_{83}$Bi	$_{84}$Po	$_{85}$At	$_{86}$Rn

2 Aluminium

3 Silicium

1 Periodensystem der Elemente

4 Phosphor

5 Schwefel

6 Iod

Elemente ähneln sich
Bei der Untersuchung verschiedener Elemente hast du festgestellt, dass einige Elemente sehr ähnliche Eigenschaften haben. Lithium, Natrium und Kalium reagieren beispielsweise sehr heftig mit Wasser. Helium, Argon oder Krypton reagieren dagegen nicht mit anderen Stoffen.

Die Elemente werden geordnet
Die Forscher, die sich mit den Elementen beschäftigten, vermuteten eine Ordnung in den Elementen. Im Jahre 1869 haben zwei Chemiker, DIMITRI MENDELEJEW (1834–1907) und LOTHAR MEYER (1830–1895), unabhängig voneinander ein Ordnungssystem für die Elemente entwickelt. Es heißt **Periodensystem der Elemente**, abgekürzt **PSE**.
Zunächst wurden die Elemente in der Reihenfolge ihrer **Atommassen** geordnet.

Gruppen
Ein nächster Schritt war, Elemente mit ähnlichen Eigenschaften zusammenzufassen. Im heutigen Periodensystem stehen solche Elemente in **Gruppen** untereinander. In der ersten Gruppe sind das die Alkalimetalle und in der achten Gruppe die Edelgase. Die acht Gruppen werden mit römischen Zahlen bezeichnet.

Perioden
In den waagerechten Reihen sind die Elemente in immer gleicher Reihenfolge angeordnet. Auf ein Alkalimetall folgt ein Erdalkalimetall, am Ende steht ein Edelgas. Elemente mit ähnlichen Eigenschaften kehren also in jeder Reihe in derselben Abfolge wieder. Die Reihen werden deshalb **Perioden** genannt. Sie gaben dem Periodensystem seinen Namen.
Die erste Periode bildet eine Ausnahme. Hier findest du nur die beiden Gase Wasserstoff und Helium.

■ Im Periodensystem sind die Elemente wie in einer Tabelle angeordnet. Elemente mit ähnlichen Eigenschaften stehen in Gruppen untereinander. Die waagerechten Reihen heißen Perioden.

Elemente und ihre Ordnung

Atome enthalten elektrische Ladungen

🔍 **1. a)** Reibe einen Hartgummistab mit einem Fell. Halte ihn danach über kleine Papierschnipsel.
b) Reibe einen Bernstein mit einem Wolltuch. Halte eine Glimmlampe an den Bernstein.
c) Beschreibe deine Beobachtungen.

🔍 **2.** Mische Salz und frisch gemahlenen Pfeffer auf einem Teller. Reibe dann einen Hartgummistab mit einem Fell und halte ihn dicht über das Gemisch. Was kannst du von der Seite beobachten?

🔍 **3. Demonstrationsversuch:** Zwei leichte Kugeln mit elektrisch leitfähiger Oberfläche werden nebeneinander aufgehängt. Sie werden an einer Influenzmaschine oder mit einem Hochspannungstrafo aufgeladen.
a) Wie verhalten sie sich, wenn sie
• gleich geladen,
• entgegengesetzt geladen sind?
b) Erkläre das Verhalten.

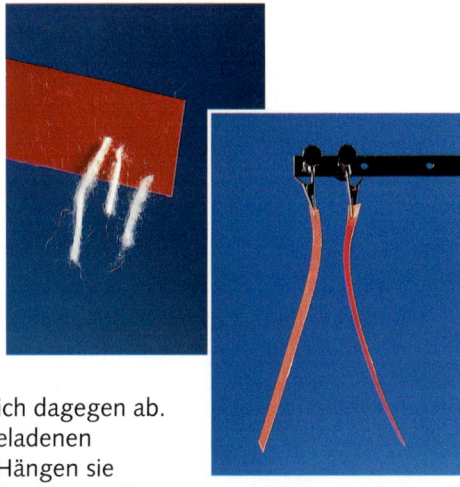

Geladene Teilchen

Wenn du bei sehr trockener Luft über einen Kunststoffteppich gehst, wirst du möglicherweise bei der Berührung einer Türklinke einen elektrischen Schlag bekommen. Wenn deine Schuhsohlen über den Teppich reiben, werden unterschiedlich geladene Teilchen voneinander getrennt. Von den Schuhsohlen angefangen ist die Oberfläche deines Körpers schließlich elektrisch aufgeladen.

Näherst du deine Hand einer Türklinke, kommt es zu einem blitzartigen Ladungsausgleich. Du spürst einen elektrischen Schlag.

Reibst du einen Luftballon an deinen Haaren, kannst du beobachten, dass die Haare vom Ballon angezogen werden. Hier sorgt die Ladungstrennung für Anziehung. Auf Ballon und Haaren sind unterschiedliche Ladungen, die sich gegenseitig anziehen.

Gleiche Ladungen stoßen sich dagegen ab. Dies kannst du bei gleich geladenen Metallkugeln beobachten. Hängen sie nebeneinander, entfernen sie sich voneinander.

2 Anziehung und Abstoßung geladener Körper

Ein neues Atommodell

Nicht nur der Kunststoffteppich, sondern alle Stoffe enthalten elektrische Ladungen. Diese Ladungen sind bereits in den Atomen enthalten, aus denen alle Stoffe bestehen. Weil die Atome gleich viele positive und negative elektrische Ladungen enthalten, sind sie nach außen elektrisch neutral.

Das Atommodell von DALTON macht noch keine Aussagen über elektrische Ladungen. Es muss deshalb ergänzt werden. Dafür schlug der englische Physiker SIR JOSEPH JOHN THOMSON (1856–1940) ein Atommodell vor, in dem die negativen Ladungen in einer positiv geladenen Masse verteilt sind wie Rosinen in einem Kuchenteig. Es wurde tatsächlich „Rosinenkuchenmodell" genannt.

1 Durch die Reibung der Sohlen auf dem Teppich werden Ladungen getrennt.

211

Atome – unvorstellbar klein

Wie schwer sind Atome?
Atome sind sehr leicht. Die Masse eines Kohlenstoff-Atoms beträgt nur
0,000 000 000 000 000 000 000 0199 g.

Mit solchen Zahlen zu rechnen ist natürlich unpraktisch. Um die Massen von Atomen einfacher angeben und miteinander vergleichen zu können, wurde die **Atommasseneinheit u** (engl.: mass unit) eingeführt. Es gilt
1 g = 602 200 000 000 000 000 000 000 u ≈ 6 · 10^{23} u

1 u = $\frac{1}{602\,200\,000\,000\,000\,000\,000\,000}$ g

= 0,000 000 000 000 000 000 000 00166 g

1 u entspricht der Masse des leichtesten Atoms, des Wasserstoff-Atoms. Weil die Atome so leicht sind, werden sehr viele davon benötigt, um wägbare Mengen zu erhalten. Erst 6 · 10^{23} Wasserstoff-Atome ergeben 1 g Wasserstoff.
Eine Maschine, die in einer Sekunde 1 Million Wasserstoff-Atome zählen könnte, würde für 1 g Wasserstoff 20 Milliarden Jahre brauchen.

Mit diesen unhandlich großen und kleinen Zahlen brauchst du aber nicht zu rechnen. Es genügt, dass sich mithilfe der Atommasseneinheit u die Massen der Atome vergleichen lassen.

Element	Atommasse in u	
	gerundeter Wert	genauer Wert
Wasserstoff	1	1,00794
Kohlenstoff	12	12,001
Sauerstoff	16	15,9994
Magnesium	24	24,3050
Schwefel	32	32,066
Eisen	56	55,847
Gold	197	196,9665
Uran	238	238,0289

1 Atommassen einiger Elemente

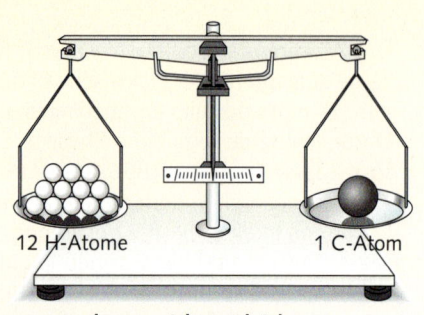

2 Atommassen lassen sich vergleichen.
12 H-Atome — 1 C-Atom

3 RTM – Bilder von Kohlenstoff-Atomen

Wie groß sind Atome?
Der Durchmesser eines Wasserstoff-Atoms beträgt 0,04 nm, eines Kohlenstoff-Atoms 0,08 nm, eines Gold-Atoms 0,15 nm.
Atome können deshalb weder durch ein Lichtmikroskop noch durch ein Elektronenmikroskop sichtbar gemacht werden. Erst durch das spezielle Raster-Tunnel-Mikroskop (RTM) können sie abgetastet und als Computerbild dargestellt werden (Bild 3).

Weil Atome sehr winzig sind, sind schon sehr viele Atome in kleinsten Stoffportionen enthalten. So enthält ein Würfel aus Gold von nur 1,5 mm Kantenlänge und einer Masse von 0,065 g bereits 10^{21} Gold-Atome (1 Trilliarde).

1. Gib die Durchmesser der oben genannten Atome in mm an.

2. Ein gedruckter Punkt in diesem Buch lässt sich als Quadrat mit 0,2 mm Seitenlänge darstellen. Wie viele Kohlenstoff-Atome passen auf diese Fläche? Hinweis: Auf eine Strecke von 0,2 mm passen etwa 2 500 000 Kohlenstoff-Atome.

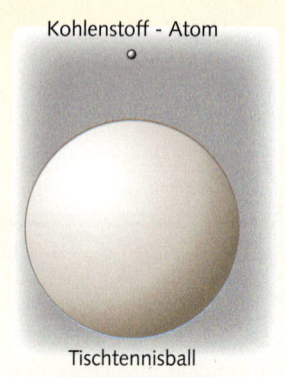

4 Größenverhältnisse
Kohlenstoff - Atom — Tischtennisball
Tischtennisball — Erde

Elemente und ihre Ordnung → S. 240/241

Mit der Waage zählen

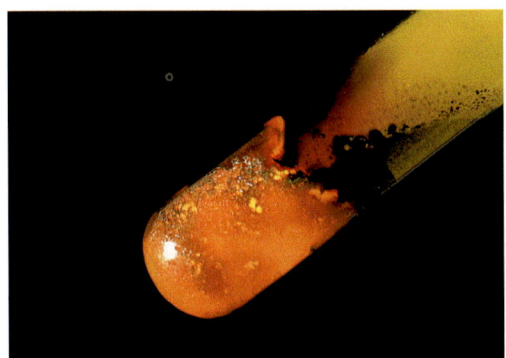

1 Eisen reagiert mit Schwefel.

5,6 g Eisen
3,2 g Schwefel

📖 **1.** Schwefel und Eisen reagieren zu Eisensulfid: Fe + S → FeS. Wie lässt sich erreichen, dass die Reaktion vollständig abläuft, also ohne dass Schwefel oder Eisen übrig bleibt?

📖 **2.** Welche Masse haben 1 mol MgO, O_2, $NaCl$?

📖 **3.** Nenne die Anzahl der Atome in 4 g Helium, 400 g Calcium und 24 g Kohlenstoff.

Chemische Reaktionen und Atomanzahl

Damit Stoffe vollständig miteinander reagieren können, müssen die Reaktionspartner im richtigen Verhältnis stehen. So müssen gleich viele Eisen- und Schwefel-Atome vorhanden sein, wenn Eisen und Schwefel zu Eisensulfid reagieren:

$$Fe + S \rightarrow FeS$$

Wie lässt sich das erreichen? Da sich die vielen Trilliarden Atome eines Stoffes nicht abzählen lassen, werden dazu die Atommassen genutzt, die für alle Elemente bekannt sind.
Sie werden in der Atommasseneinheit **u** gemessen. Ebenfalls bekannt ist der Umrechnungsfaktor $6 \cdot 10^{23}$ (gerundet), der zu wägbaren Mengen in Gramm führt. Damit kommt die Waage ins Spiel:

1	Eisen-Atom hat die Masse	56 u,
$6 \cdot 10^{23}$	Eisen-Atome haben die Masse	56 g.
1	Schwefel-Atom hat die Masse	32 u,
$6 \cdot 10^{23}$	Schwefel-Atome haben die Masse	32 g.

56 g Eisen und 32 g Schwefel bestehen somit aus gleich vielen Teilchen, jeweils $6 \cdot 10^{23}$. Also lassen sich Atome tatsächlich mit der Waage „abzählen".

Das Mol

Diese $6 \cdot 10^{23}$ Teilchen werden zu einer Zähleinheit **1 mol** zusammengefasst.
Das Mol ist die Einheit für die **Stoffmenge n**. Das ist die Anzahl der Teilchen einer bestimmten Stoffportion. Die Teilchen können Atome oder Moleküle sein.

Zum Beispiel sind 2 mol H-Atome $2 \cdot 6 \cdot 10^{23}$ H-Atome, also $12 \cdot 10^{23}$ H-Atome.

Die molare Masse

Um 1 mol Teilchen abzumessen, muss bekannt sein, wie viel Gramm das jeweils sind. Diese Werte für die einzelnen Stoffe finden sich auf Chemikalienetiketten und in Atommassentabellen. Meistens sind sie in der Einheit u angegeben. Bei Verbindungen müssen die Atommassen addiert werden.
1 H_2O-Molekül hat die Masse $2 \cdot 1$ u + 16 u = 18 u
1 mol H_2O-Moleküle hat die Masse $2 \cdot 1$ g + 16 g = 18 g
5 mol H_2O-Moleküle haben die Masse
$5 \cdot 2 \cdot 1$ g + $5 \cdot 16$ g = 90 g

😊 Das Molvolumen

Während 1 mol Teilchen fester oder flüssiger Stoffe meist unterschiedliche Volumen einnehmen, ist das bei Gasen anders. Die Stoffmenge n = 1 mol nimmt bei allen Gasen bei gleichem Druck und gleicher Temperatur das gleiche Volumen ein. Dieses **Molvolumen** beträgt bei Raumtemperatur (20 °C) und normalem Luftdruck etwa 24 l. Es enthält stets gleich viele Teilchen.

■ Das Mol ist die Einheit der Stoffmenge n. Die Stoffmenge n = 1 mol enthält $6 \cdot 10^{23}$ Teilchen.

$6 \cdot 10^{23}$ Teilchen	$6 \cdot 10^{23}$ Teilchen	$6 \cdot 10^{23}$ Teilchen	$6 \cdot 10^{23}$ Teilchen	$6 \cdot 10^{23}$ Teilchen
18 g Wasser	32 g Schwefel	207 g Blei	63,5 g Kupfer	27 g Aluminium

2 1 mol verschiedener Stoffe

Streifzug

RUTHERFORD entdeckt das Kern-Hülle-Modell

In Atome hineinsehen
Im Jahre 1896 entdeckte HENRI BECQUEREL (1852–1908) in Paris, dass von Uranerzen energiereiche Strahlung ausgeht, die sogar feste Stoffe durchdringen kann. Sie wurde **radioaktive Strahlung** genannt. Mithilfe dieser Strahlen konnten die Wissenschaftler erstmals ins Innere der Atome „hineinsehen".

RUTHERFORDs Streuversuch
ERNEST RUTHERFORD (1871–1937) forschte mit bestimmter radioaktiver Strahlung, der α-Strahlung. Sie besteht aus den positiv geladenen α-Teilchen. In seinem Labor in Manchester ließ er damit von 1907 an hauchdünne Folien aus Blattgold bestrahlen. Die α-Teilchen konnten mit einer Geschwindigkeit von 15 000 $\frac{km}{h}$ die etwa 1000 Atomschichten der Goldfolie leicht durchdringen. RUTHERFORD wollte herausfinden, ob sie dabei durch die Goldatome aus ihrer Richtung abgelenkt werden. Die α-Teilchen wurden mithilfe eines Zinksulfid-Schirms nachgewiesen (Bild 1). Beim Auftreffen auf die Zinksulfidschicht erzeugen sie einen winzigen Lichtblitz.
In zwei Jahren hatten RUTHERFORDs Mitarbeiter über 100 000 Lichtblitze gezählt und dabei festgestellt, dass die meisten α-Teilchen ungehindert durch die Goldatome hindurchflogen. Atome können also keine ganz massiven Teilchen sein.
Manche α-Teilchen wurden allerdings abgelenkt. Einige flogen sogar in die Ausgangsrichtung zurück, so als wären sie auf ein festes Hindernis geprallt.

Das Kern-Hülle-Modell
Um diese Versuchsergebnisse zu erklären, musste RUTHERFORD ein neues Atommodell entwerfen, das **Kern-Hülle-Modell**. Danach befindet sich im Zentrum jedes Atoms ein winziger **Atomkern**. Er ist sehr klein, über 10 000-mal kleiner als das ganze Atom, denn es wurden nur sehr wenige α-Teilchen abgelenkt. Er ist positiv geladen und enthält fast die ganze Masse des Atoms, weil die ebenfalls positiv geladenen, energiereichen α-Teilchen davon abprallen, wenn sie ihn direkt treffen.

Die allermeisten α-Teilchen konnten völlig ungehindert durch die Atome fliegen. Daraus schloss RUTHERFORD, dass der Atomkern von einer fast leeren **Hülle** umgeben ist. Sie wird von den Elektronen gebildet, die mit hoher Geschwindigkeit um den Kern kreisen. Weil sich die positiven Ladungen des Kerns und die negativen Ladungen der Hülle ausgleichen, ist ein Atom insgesamt elektrisch neutral.

1. Woraus schloss RUTHERFORD, dass Atomkerne positiv geladen sind und dass sich die Masse des Atoms auf den Kern konzentriert?

2. Wie groß wäre ein Atom, wenn der Atomkern so groß ist wie ein Stecknadelkopf? Beachte: Das Atom ist 10 000-mal größer als der Atomkern.

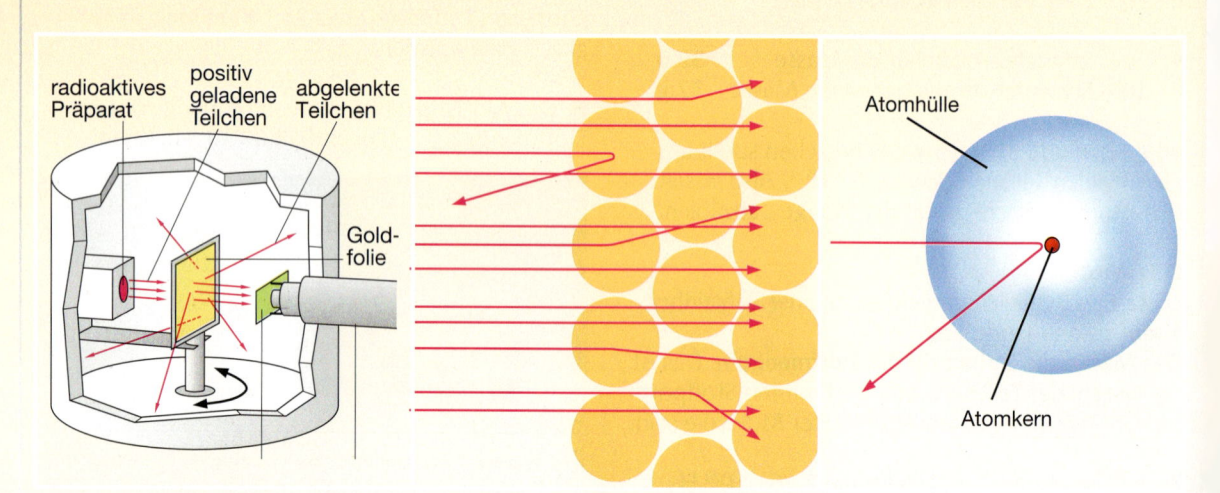

1 RUTHERFORDs Streuversuche führen zum Kern-Hülle-Modell.

Der Aufbau der Atomkerne

1. Warum ist ein Atom neutral? Begründe mit einem Beispiel.

2. Nenne die Anzahl der Protonen, Elektronen und Neutronen für ^1_1H, ^4_2He, ^7_3Li, $^{16}_8O$, $^{18}_8O$, $^{27}_{13}Al$, $^{32}_{16}S$, $^{33}_{16}S$, $^{34}_{16}S$, $^{235}_{92}U$, $^{238}_{92}U$.

3. Schreibe drei Kohlenstoffisotope in der Symbolschreibweise.

Elementarteilchen	Symbol	Masse
Elektron	e⁻	etwa $\frac{1}{2000}$ u
Proton	p	etwa 1 u
Neutron	n	etwa 1 u

1 Die verschiedenen Elementarteilchen

Die Elementarteilchen
Atomkerne sind aus zwei Arten von Elementarteilchen aufgebaut, den positiv geladenen **Protonen** und den elektrisch neutralen **Neutronen**. Beide Kernteilchen haben die gleiche **Masse**. Sie beträgt etwa 1u.

Noch leichter als die Kernbausteine ist das **Elektron**. Seine Masse beträgt nur etwa $\frac{1}{2000}$ u. Das Elektron ist elektrisch negativ, das Proton elektrisch positiv geladen. Die Größe der einzelnen Ladungen ist gleich. Da ein Atom gleich viele Elektronen wie Protonen hat, gleichen sich ihre Ladungen aus. Das Atom ist nach außen elektrisch neutral.

Aufbau der einfachsten Atome
Am einfachsten ist das Wasserstoff-Atom gebaut. Sein Kern besteht aus einem Proton, die Hülle aus einem Elektron.
Das nächstgrößere Atom, das Helium-Atom, hat 2 Protonen im Kern und entsprechend 2 Elektronen in der Hülle. Außerdem enthält der Heliumkern noch 2 Neutronen. Seine Masse beträgt also 4 u.
Der Lithium-Atomkern besteht aus 3 Protonen und 4 Neutronen. In der Hülle befinden sich 3 Elektronen. Von Element zu Element kommen also jeweils ein Proton und ein Elektron sowie in der Regel ein oder mehrere Neutronen im Atomkern hinzu.

Die Protonenzahl bestimmt das Element
Die Anzahl der Protonen im Kern wird Kernladungszahl oder **Ordnungszahl** genannt. Sie gibt die Anzahl der Elektronen in der Hülle an. Damit ist eindeutig festgelegt, zu welchem Element ein bestimmtes Atom gehört. So ist ein Atom mit 9 Protonen im Kern immer ein Fluor-Atom.
Die Anzahl aller Protonen und Neutronen in einem Atom ergibt die **Massenzahl.** Lithium hat mit 3 Protonen und 4 Neutronen die Massenzahl 3 + 4 = 7, also die Masse 7u.

Isotope
Es gibt auch ein Lithium-Atom mit der Massenzahl 6. Als Lithium-Atom hat es 3 Protonen, aber statt 4 nur 3 Neutronen im Kern. Es gibt Kohlenstoff-Atome mit den Massenzahlen 12, 13 und 14. Sie alle haben 6 Protonen, aber 6, 7 oder 8 Neutronen im Kern. Atome des gleichen Elements, die sich nur in der Neutronenzahl unterscheiden, heißen **Isotope.** Sie haben unterschiedliche Massen, aber gleiche chemische Eigenschaften. Fast alle Elemente in der Natur sind Isotopengemische.

■ Atomkerne bestehen aus Protonen und Neutronen. Die Zahl der Protonen gibt an, um welches Element es sich handelt und legt zugleich die Anzahl der Elektronen in der Hülle fest.

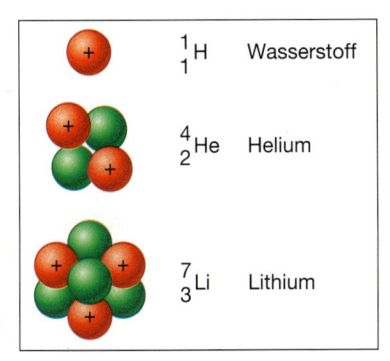

^1_1H Wasserstoff
^4_2He Helium
^7_3Li Lithium

2 Bau der einfachsten Atomkerne

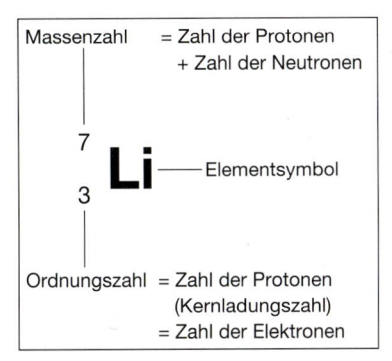

Massenzahl = Zahl der Protonen + Zahl der Neutronen

^7_3Li — Elementsymbol

Ordnungszahl = Zahl der Protonen (Kernladungszahl) = Zahl der Elektronen

3 Symbolschreibweise für Atome

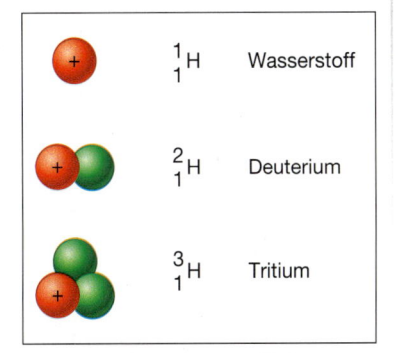

^1_1H Wasserstoff
^2_1H Deuterium
^3_1H Tritium

4 Isotope des Wasserstoffs

Elemente und ihre Ordnung → S. 240/241

Das Schalenmodell der Atomhülle

1. Zeichne wie in Bild 1 die Schalenmodelle für drei Atome der Elemente mit den Protonenzahlen zwischen 1 und 18.

2. a) Welche Gemeinsamkeiten haben alle Edelgasatome?
b) Welche chemischen Eigenschaften der Edelgase lassen sich damit erklären?

3. Warum kommen Halogene und Alkalimetalle in der Natur nur in Verbindungen vor?

Der Aufbau der Hülle
Das Kern-Hülle-Modell zeigt das Atom nicht mehr als massive Kugel. Die Masse des Atoms ist in einem winzigen Kern vereinigt. Die fast leere Hülle wird aus Elektronen gebildet. Der Raum, indem sie sich bewegen, gleicht einer Kugel. Über das Verhalten der Atome bei chemischen Reaktionen sagt aber auch dieses Atommodell noch nichts aus. Es kann auch die chemischen Eigenschaften der Elemente nicht erklären.

Bohrs Atommodell
Der dänische Physiker Niels Bohr (1885–1962) entwickelte im Jahr 1913 eine neue Theorie vom Aufbau der Atomhülle. Danach bewegen sich die Elektronen nur in bestimmten Räumen, die ähnlich wie die Schalen einer Zwiebel angeordnet sind. In diesen **Elektronenschalen** kreisen die Elektronen mit hoher Geschwindigkeit um den Atomkern.

Kennzeichnung der Schalen
Die Schalen werden von innen nach außen mit den Buchstaben K, L, M, N ... gekennzeichnet. Jede Schale kann nur eine begrenzte Zahl von Elektronen aufnehmen, die K-Schale zwei, die L-Schale acht und die M-Schale achtzehn. Als **Außenschale** nimmt die M-Schale wie jede höhere Schale nur maximal acht Elektronen auf. Die Elektronen, die sich in der Außenschale befinden, werden **Außenelektronen** genannt.
Die Anzahl der Elektronen in der Atomhülle ist durch die jeweilige Protonenzahl im Atomkern festgelegt.

Belegung der Schalen
Das einzige Elektron des Wasserstoff-Atoms ($^1_1$H) befindet sich in der K-Schale. Beim Helium-Atom ($^4_2$He) befinden sich zwei Elektronen in der K-Schale. Sie ist damit voll besetzt. Das Lithium-Atom ($^7_3$Li) hat zwei Elektronen in der K-Schale, das dritte Elektron gehört schon zur L-Schale.
Bei den Atomen der nächsten Elemente wird das jeweils hinzukommende Elektron ebenfalls in die L-Schale eingebaut, bis sie mit acht Elektronen voll besetzt ist. Das ist beim Neon-Atom ($^{20}_{10}$Ne) der Fall.
Von den insgesamt elf Elektronen des Natrium-Atoms ($^{23}_{11}$Na) befinden sich zwei in der K-Schale, acht in der L-Schale und ein Elektron als Außenelektron in der M-Schale.
Die Schalen werden also von innen nach außen mit Elektronen besetzt. Kommt bei dem Element mit der nächsten Ordnungszahl ein Elektron hinzu, findet es Platz in der letzten unvollständigen Schale. Ist diese gefüllt, kommt das nächste Elektron in eine neue Außenschale.

1 Schalenmodelle

Elemente und ihre Ordnung

Elektronenhüllen und chemische Eigenschaften

Beim Vergleich chemisch verwandter Elemente fällt auf, dass ihre Außenschalen gleich besetzt sind. Beispielsweise besitzen alle Alkalimetall-Atome ein Außenelektron, alle Erdalkalimetall-Atome zwei Außenelektronen. Das kann kein Zufall sein.

Die Edelgasschale

Bei den chemisch äußerst reaktionsträgen Edelgasen wird besonders deutlich, dass die chemischen Eigenschaften der Stoffe von der Besetzung der Außenschalen ihrer Atome abhängen.
Beim Helium-Atom ist die K-Schale mit zwei Elektronen voll besetzt. Bei allen anderen Edelgas-Atomen ist die Außenschale mit acht Elektronen vollständig besetzt.
Atome mit einer voll besetzten Außenschale, also einer **Edelgasschale,** befinden sich in einem besonders stabilen Zustand. Diese Stoffe reagieren daher nicht mit anderen Stoffen.
Die Elektronenverteilung der VIII. Hauptgruppe wird auch **Edelgaskonfiguration** genannt.

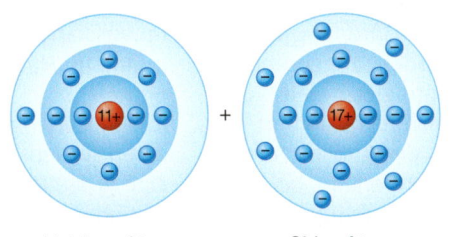

2 Natrium und Chlor sind reaktionsfreudig und reagieren auch miteinander.

Fast leer oder fast voll

Elemente, deren Atome keine vollständige Außenschale besitzen, sind zu chemischen Reaktionen fähig. So besitzen die Atome der Alkalimetalle wie Lithium und Natrium jeweils ein Außenelektron. Diese kaum gefüllte Außenschale macht die Stoffe so reaktionsfreudig.
Die Atome der VII. Hauptgruppe, der **Halogene,** wie Fluor und Chlor, besitzen jeweils sieben Außenelektronen. Ihnen fehlt also ein Elektron zur Edelgasschale. Das macht auch diese Gruppe sehr reaktionsfreudig. Fluor und Chlor sind daher sehr aggressive Gase.

■ Nach dem Schalenmodell bewegen sich die Elektronen nur in bestimmten, schalenförmigen Räumen in der Atomhülle. Die Anzahl der Außenelektronen bestimmt das chemische Verhalten der Elemente.

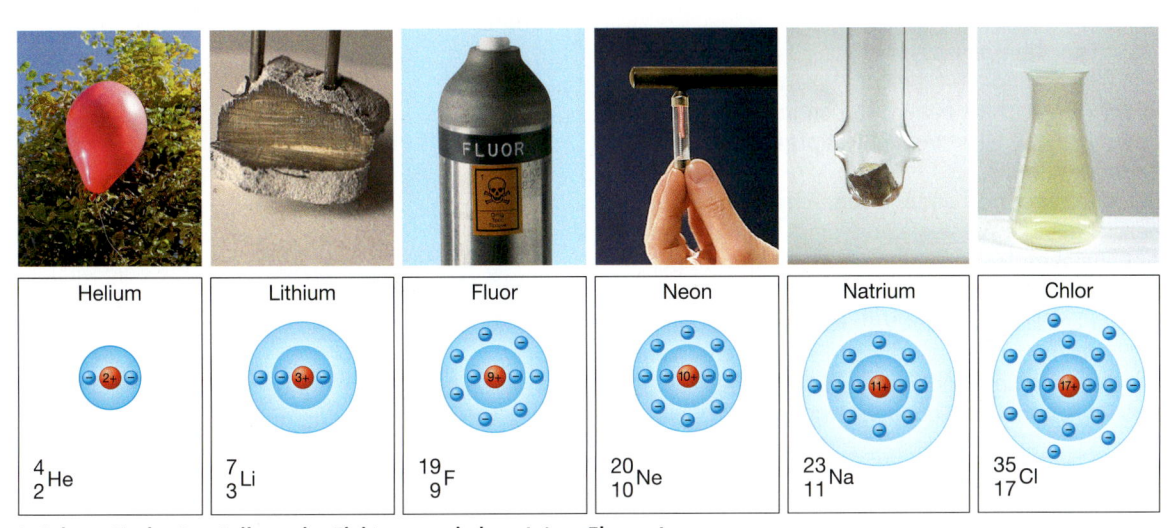

Helium	Lithium	Fluor	Neon	Natrium	Chlor
$^{4}_{2}He$	$^{7}_{3}Li$	$^{19}_{9}F$	$^{20}_{10}Ne$	$^{23}_{11}Na$	$^{35}_{17}Cl$

3 Schematische Darstellung der Elektronenschalen einiger Elemente

Das Periodensystem

Periode	Hauptgruppe							
	I	II	III	IV	V	VI	VII	VIII
1	$^{1}_{1}H$							$^{4}_{2}He$
2	$^{7}_{3}Li$	$^{9}_{4}Be$	$^{11}_{5}B$	$^{12}_{6}C$	$^{14}_{7}N$	$^{16}_{8}O$	$^{19}_{9}F$	$^{20}_{10}Ne$
3	$^{23}_{11}Na$	$^{24}_{12}Mg$	$^{27}_{13}Al$	$^{28}_{14}Si$	$^{31}_{15}P$	$^{32}_{16}S$	$^{35}_{17}Cl$	$^{40}_{18}Ar$

1 Das Periodensystem der Elemente bis zur 3. Periode

1. Beschreibe den Aufbau des Periodensystems mit seinen Gruppen und Perioden.

Die Struktur des Periodensystems
Die Elemente sind nach steigender Ordnungszahl in waagerechten Reihen, den **Perioden,** angeordnet. In einer Periode haben alle Elemente gleich viele Elektronenschalen. Von links nach rechts nimmt dabei die Zahl der Elektronen in der Außenschale immer um eins zu. Am Ende einer Periode, bei den Edelgasen, ist die Außenschale vollständig gefüllt. Mit dem Element der folgenden Ordnungszahl wird eine neue Schale gebildet. Damit beginnt die neue Periode. Die Nummer der Periode gibt zugleich die Anzahl der Elektronenschalen an.

Das Hauptgruppensystem
Alle Elemente, die die gleiche Anzahl von Elektronen in der Außenschale haben, stehen in Spalten untereinander. Dies sind die **Hauptgruppen** des Periodensystems.
Die Hauptgruppen sind mit römischen Zahlen bezeichnet, die Auskunft über die Anzahl der Außenelektronen geben. In der II. Hauptgruppe haben alle Elemente zwei Elektronen in der Außenschale. Die Elemente der VIII. Hauptgruppe, die Edelgase, haben vollständig gefüllte Außenschalen. Alle Elemente in einer Gruppe haben immer die gleiche Anzahl von Außenelektronen.

Die Nebengruppen
Im vollständigen Periodensystem sind zwischen der II. und III. Hauptgruppe die Nebengruppen eingeordnet.
In den Nebengruppen gibt es nur Metalle. Viele von ihnen spielen als Gebrauchs- oder Schmuckmetalle eine große Rolle. Eisen und Kupfer sind dort ebenso zu finden wie Silber, Gold und Platin.

■ Im Periodensystem sind die Elemente nach steigender Protonenzahl in Perioden und Gruppen geordnet.

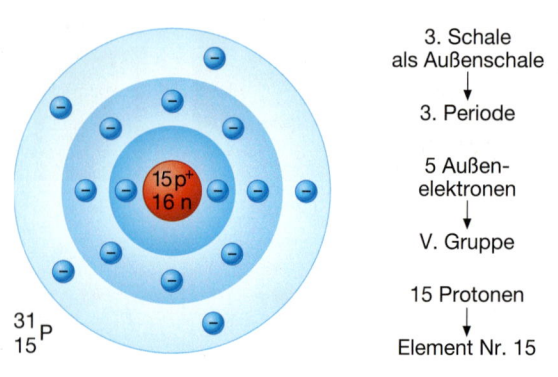

3. Schale als Außenschale
↓
3. Periode

5 Außenelektronen
↓
V. Gruppe

15 Protonen
↓
Element Nr. 15

$^{31}_{15}P$

2 Das Phosphoratom im Periodensystem

Elemente und ihre Ordnung

Licht verrät den Bau der Elektronenhülle

Viele Stoffe senden Licht aus, wenn Energie zugeführt wird. Doch was geschieht eigentlich, wenn ein Element wie Lithium erhitzt wird? Warum entsteht dabei immer rotes Licht?

Um das zu untersuchen, wird die Flamme durch ein Spektroskop betrachtet. Darin wird das Licht zerlegt, es zeigen sich farbige Linien. Sie heißen **Spektrallinien**. Jedes Element ist an einem typischen Muster solcher Spektrallinien zu erkennen. Beim Lithium fällt die rote Linie auf.

Aus solchen Beobachtungen, vorwiegend am Element Wasserstoff, schloss BOHR, dass in den Elektronenhüllen eine strenge Ordnung herrscht. Die Elektronen können sich nur auf bestimmten Bahnen ohne Energieverlust bewegen. Durch Energiezufuhr kann ein Elektron auf eine höhere Bahn gehoben werden.

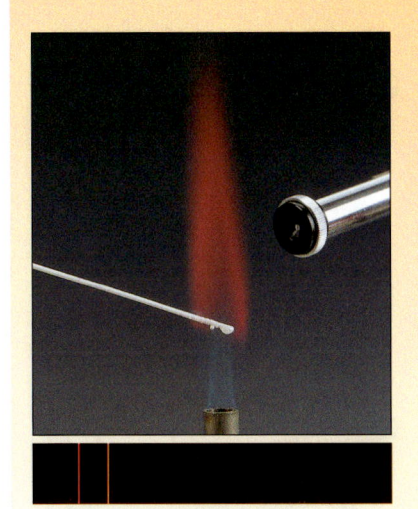

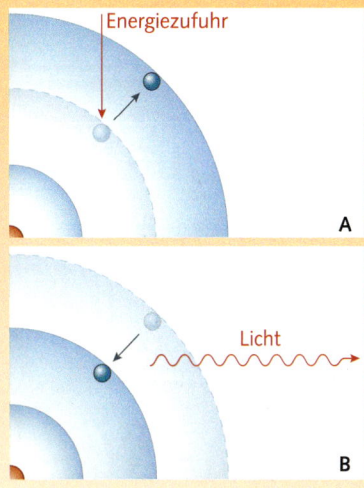

1 Leuchtendes Lithium wird durch ein Spektroskop betrachtet.

Versuch: Halte einen Kristall des Salzes Lithiumchlorid mithilfe eines angefeuchteten Magnesiastäbchens in die heiße Brennerflamme. Betrachte die Flamme mit bloßem Auge, dann durch ein Spektroskop und vergleiche.

2 A Energieaufnahme; **B** Energieabgabe

Nach kurzer Zeit fällt es auf die alte Bahn zurück und gibt die aufgenommene Energie als Licht einer bestimmten Farbe wieder ab. Es erscheint als Spektrallinie. Daraus lässt sich der Bau der Elektronenhüllen berechnen.

Energiestufen und Schalenmodell des Lithium-Atoms

Durch Anlegen unterschiedlich hoher elektrischer Spannungen lassen sich aus den Atomen gasförmiger Stoffe Elektronen vollständig abspalten. Die benötigte Energie heißt Ionisierungsenergie. So lässt sich aus der Elektronenhülle des Lithium-Atoms ein Elektron leicht abspalten. Die beiden anderen benötigen eine sehr viel höhere Energie.

Die großen Unterschiede in den Ionisierungsenergien lassen darauf schließen, dass es verschiedene **Energiestufen** für die Elektronen gibt. Dabei gilt: je größer der Abstand vom Kern, desto geringer die Ionisierungsenergie.

Das mit geringer Energie zuerst abgespaltene Elektron ist also sehr weit vom Atomkern entfernt. Die Elektronen mit den hohen Ionisierungsenergien haben einen sehr geringen Abstand vom Kern. Diese Energiestufen entsprechen den Schalen, in denen sich die Elektronen des Lithiums befinden, der L-Schale und der K-Schale. Für die Atome aller anderen Elemente gelten entsprechende Konfigurationen.

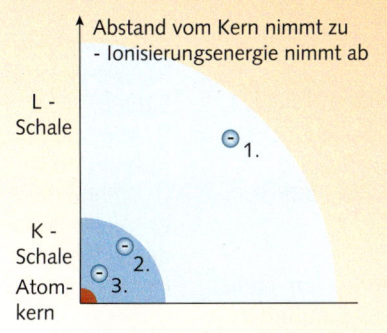

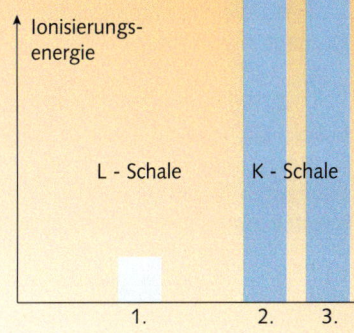

3 Schalenmodell und Ionisierungsenergie beim Lithium-Atom

Elemente und ihre Ordnung → S. 240/241

Methode

PSE-Training

Viele Infos auf einen Blick
Sicherlich hängt auch in eurem Chemieraum eine große Tafel mit dem Periodensystem an der Wand. Auf den ersten Blick wirkt es verwirrend. Aber du weißt inzwischen so viel über das Periodensystem der Elemente, dass du es benutzen kannst, um schnell Informationen zu erhalten.
Du kannst zum Beispiel ablesen, welche Elemente gemeinsame Eigenschaften haben. Mithilfe von Ordnungszahl und Massenzahl kannst du sofort sagen, aus welchen Elementarteilchen das Atom besteht.

1. Warum heißt die Protonenzahl eines Elementes auch Ordnungszahl?

2. Nenne die Elemente mit gefüllter Außenschale. Welche chemischen Eigenschaften haben sie?

3. Recherchiere gemeinsame Eigenschaften der Elemente in der VII. Hauptgruppe.

4. Welche Eigenschaften kannst du dem Element Fr zuordnen?

5. Teilt euch in Gruppen auf und übernehmt jeweils die Vorstellung einer Hauptgruppe. Sucht Informationen zu den einzelnen Gruppen und Elementen. Überlegt euch eine besondere Art der Vorstellung mit verteilten Rollen.

6. An welcher Stelle im Periodensystem steht ein Atom mit 4 Elektronenschalen und 5 Außenelektronen? Wie heißt es?

7. Spielt dieses Quiz in der Tischgruppe oder mit der ganzen Klasse: Wer kann die Fragen am schnellsten beantworten?
a) Wie viele Außenelektronen hat Neon?
b) Welche Elemente haben sehr ähnliche Eigenschaften wie Kalium?
c) Wie viele Neutronen hat ein Siliciumatom?
d) Was haben Kohlenstoff und Silicium gemeinsam?
e) Wie viele Elektronenschalen hat das Al-Atom?
f) Nenne die ersten vier Elemente der VIII. Hauptgruppe.
g) Welche Atommasse hat Calcium?
h) Wie viele Elektronen hat die innere Schale von Lithium?
i) Wo im Periodensystem befinden sich Eisen, Kobalt und Nickel?
j) Nenne die Atommasse des Elementes über Au.
k) Wie viele Elektronenschalen haben die Elemente der 3. Periode?
l) Wie viele Protonen hat ein Schwefelatom?

8. Überlege dir weitere Quizfragen.

Elemente und ihre Ordnung

Mendelejew und das Periodensystem

Streifzug

Im Jahre 1869 veröffentlichte der russische Chemiker DIMITRI I. MENDELEJEW (1834–1907) seinen Bericht „Über die Beziehungen der Eigenschaften zu den Atomgewichten der Elemente". Unter diesem umständlichen Namen verbarg sich das wichtigste Ordnungssystem der Chemie. Es wird heute als das **Periodensystem der Elemente (PSE)** bezeichnet. Wie viele Chemiker seiner Zeit hatte MENDELEJEW lange nach einem Ordnungssystem für die 63 damals bekannten Elemente gesucht. Das war nicht einfach, denn wichtige Elemente waren noch nicht gefunden, zum Beispiel die Edelgase.

MENDELEJEW legte zur Entspannung gern Patiencen. Dabei werden Spielkarten nach bestimmten Regeln aneinandergelegt. Er übertrug dieses Kartenspiel auf die chemischen Elemente und beschriftete Karten mit den Namen und den chemischen Eigenschaften der Elemente. Dann ordnete er sie nach steigenden Atommassen so untereinander an, bis die chemisch verwandten Elemente in einer Reihe nebeneinander standen. Schon vorher hatte der deutsche Chemieprofessor LOTHAR MEYER (1830–1895) das Periodensystem auf anderem Wege gefunden und in seinen Vorlesungen verwendet. Er veröffentlichte es aber erst einige Zeit später.

MENDELEJEW war von der Richtigkeit seines Systems so fest überzeugt, dass er Plätze für Elemente frei ließ, die seiner Meinung nach noch entdeckt werden mussten. Auch neben dem Silicium war eine Lücke geblieben. Hier sollte ein Element stehen, das er vorläufig Eca-Silicium nannte und dessen Eigenschaften er genau beschrieb.

Ein Element mit diesen Eigenschaften wurde 15 Jahre später von dem deutschen Chemiker CLEMENS WINKLER (1838–1904) gefunden und Germanium genannt. Das war eine eindrucksvolle Bestätigung für das Periodensystem.

Eigenschaften	vorher-gesagt	gefunden
Atommasse	70 u	72,6 u
Dichte	5,5	5,3
Summenformel	EsO$_2$	GeO$_2$
Siedetemp. des Chlorids	60 °C bis 90 °C	86 °C

Das Halbleitermetall Germanium ist ein wichtiger Grundstoff für die Herstellung elektronischer Bauteile.

1. In Mendelejews Periodensystem waren die Perioden senkrecht und die Gruppen waagerecht angeordnet. Welche Gruppen hatte er bereits richtig eingeordnet?

2. Übertrage das verkürzte Periodensystem (Hauptgruppensystem) in dein Heft. Kennzeichne die Außenelektronen aller Atome durch Punkte, die um die Elementsymbole geschrieben werden. Beispiel: Li· Be· ·Ḃ· ·Ċ· ·Ṅ· ·Ö· :F̈· :Ṅë:

3. Warum gibt es in der 1. Periode nur zwei, in der 2. Periode dagegen acht Elemente?

4. Zeichne die Schalenmodelle für die Atome mit den Ordnungszahlen 7, 16, 18 und 19.

Perioden	Gruppen							
	I	II	III	IV	V	VI	VII	VIII
1	$_1$H							$_2$He
2	$_3$Li	$_4$Be	$_5$B	$_6$C	$_7$N	$_8$O	$_9$F	$_{10}$Ne
3	$_{11}$Na	$_{12}$Mg	$_{13}$Al	$_{14}$Si	$_{15}$P	$_{16}$S	$_{17}$Cl	$_{18}$Ar
4	$_{19}$K	$_{20}$Ca	$_{31}$Ga	$_{32}$Ge	$_{33}$As	$_{34}$Se	$_{35}$Br	$_{36}$Kr
5	$_{37}$Rb	$_{38}$Sr	$_{49}$In	$_{50}$Sn	$_{51}$Sb	$_{52}$Te	$_{53}$I	$_{54}$Xe
6	$_{55}$Cs	$_{56}$Ba	$_{81}$Tl	$_{82}$Pb	$_{83}$Bi	$_{84}$Po	$_{85}$At	$_{86}$Rn

1 Das verkürzte Periodensystem der Elemente (Hauptgruppensystem) in heutiger Darstellung

Ueber die Beziehungen der Eigenschaften zu den Atomgewichten der Elemente

von

D. Mendelejeff.

Zeitschrift für Chemie 12. Jhrg. (Neue Folge, V. Bd.) (1869), S. 405 u. 406.

```
H = 1
            Be =  9,4   Mg = 24     Cu = 63,4   Ag = 108    Hg = 200
             B = 11     Al = 27,4    ? = 68     Cd = 112
             C = 12     Si = 28      ? = 70     Ur = 116    Au = 197?
             N = 14      P = 31     As = 75     Sn = 118
             O = 16      S = 32     Se = 79,4   Sb = 122    Bi = 210
             F = 19     Cl = 35,5   Br = 80     Te = 128?
Li = 7  Na = 23         K  = 39     Rb = 85,4    J = 127
                        Ca = 40     Sr = 87,6   Cs = 133    Tl = 204
                                    Ba = 137               Pb = 207
```

2 MENDELEJEWS erstes Periodensystem der Elemente von 1869

Atommodelle im Überblick

DEMOKRIT: Atome sind unteilbar
Schon lange haben sich Menschen darüber Gedanken gemacht, wie wohl unsere Welt aufgebaut ist. So dachte der griechische Philosoph DEMOKRIT um 450 v. Chr. darüber nach, ob sich zum Beispiel ein Stück Holzkohle beliebig oft zerteilen lässt.

DEMOKRIT kam zum Ergebnis, dass Holzkohle und alle anderen Stoffe aus kleinsten Teilchen aufgebaut sind, die sich nicht weiter zerlegen lassen. Er nannte sie **Atome** (vom Griechischen atomos, unzerschneidbar). Leider ging diese Erkenntnis in den folgenden 2000 Jahren wieder verloren.

DALTON: Atome sind Kugeln
Als sich die Alchemie allmählich zur exakten Naturwissenschaft wandelte, wurde auch die Theorie von den kleinsten Teilchen, den Atomen, wieder ausgegraben.

Im Jahr 1808 veröffentlichte der englische Naturforscher DALTON seine Modellvorstellung vom Aufbau der Stoffe aus kugelförmigen Teilchen. Es ist das **Kugelteilchenmodell** vom Atom.
Nach DALTON sind alle Atome eines Elements gleich groß und gleich schwer und sie haben dieselben Eigenschaften. Mit seinen Atomen konnte er wichtige chemische Gesetze erklären, auch das Gesetz von der Erhaltung der Masse.

THOMSON: Atome sind geladen
Einen Nachteil hat DALTONS Atommodell: es enthält keine elektrischen Ladungen. Die Kräfte, die die Atome in Verbindungen zusammenhalten, lassen sich damit nicht erklären, denn das sind elektrische Anziehungskräfte. Ein neues Atommodell mit elektrischen Ladungen wurde dringend benötigt.

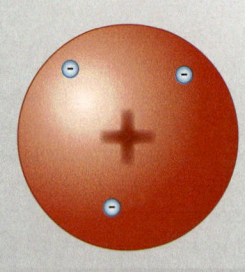

Doch wo im Atom sitzen diese Ladungen? Nach einem Vorschlag von THOMSON aus dem Jahr 1904 besteht ein Atom aus einer positiven Ladungswolke. Darin eingebettet sind die negativ geladenen Elektronen. Diese Anordnung wurde auch „**Rosinenkuchenmodell**" genannt.

RUTHERFORD: Atome sind leer
Mit der Entdeckung der radioaktiven Strahlen erhielten die Physiker ein neues Werkzeug zur Untersuchung von Atomen. Deshalb ließ RUTHERFORD Goldatome mit α-Strahlen beschießen, um aus der Ablenkung der Strahlen etwas über die innere Struktur der Atome zu erfahren.
Im Jahr 1911 veröffentlichte er das Ergebnis dieser Versuche. Es war das **Kern-Hülle-Modell.** Danach besteht ein Atom aus einem winzigen, positiv geladenen Kern.

Er enthält fast die gesamte Masse. Er ist fast 100 000-mal kleiner als die negativ geladene, fast leere Hülle. Sie wird von den Elektronen gebildet, die um den Kern kreisen.

BOHR: Atomhüllen sind wie Zwiebelschalen
Die Atome waren also keine festen kleinen Kugeln, sondern eher seltsame Gebilde. Obwohl sie nach außen nur durch die schnell kreisenden Elektronen begrenzt werden, sind sie sehr stabil. Das Kern-Hülle-Modell sagt aber nichts darüber aus, wie die Elektronen in der Hülle verteilt sind.

Dazu veröffentlichte der Physiker BOHR 1913 ein neues Modell der Atomhülle, das **Schalenmodell.** Danach dürfen sich die Elektronen nur auf bestimmten Bahnen in festgelegten Schalen um den Kern bewegen. Diese Verteilung ist für jedes Atom charakteristisch.

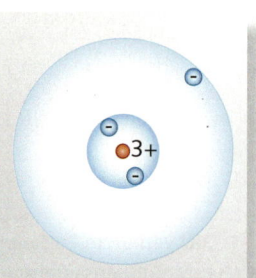

Elemente und ihre Ordnung → S. 240/241

Elemente und ihre Ordnung

Feuer, Wasser, Luft und Erde

Die Alchemie
Der Begriff Alchemie oder Alchimie kommt wahrscheinlich von dem arabischen Wort „Al-kimiya". Die Menschen, die diese Wissenschaft beherrschten, wurden **Alchimisten** genannt.

Aristoteles und die Alchemie
Die Alchemie wurde ganz stark von den naturwissenschaftlichen Vorstellungen des griechischen Philosophen ARISTOTELES (384–322 v.Chr.) bestimmt. Nach ARISTOTELES bestehen alle Stoffe aus den vier Grundelementen Feuer, Wasser, Luft und Erde, denen er die vier Grundeigenschaften warm, kalt, feucht und trocken zuordnete.

Danach sind alle Stoffe aus einem einheitlichen Urstoff aufgebaut. Die unterschiedlichen Erscheinungsformen der Stoffe erklärte ARISTOTELES durch die unterschiedlichen Anteile der vier Grundelemente. Den Vorgang der Umwandlung von einem Stoff zum anderen beschrieb er für uns unverständlich: „Zum Beispiel aus Feuer wird Luft entstehen, wenn nur das eine von beiden sich verändert; hinwiederum aber aus Luft Wasser, wenn das Warme von dem Kalten überwältigt wird."

Blei zu Gold
Für die Alchimisten war es selbstverständlich, dass alle Elemente durch den Wechsel ihrer Grundeigenschaften ineinander übergehen können. Deshalb kann sogar Blei in Gold verwandelt werden. Die vielen Misserfolge bei der Herstellung von Gold aus unedlen Metallen ließ die Alchimisten nach einer geheimnisvollen Schlüsselsubstanz suchen, dem „Stein der Weisen". Um ihre „chemische und göttliche Kunst" geheim zu halten, führten sie Geheimsymbole ein.
Gegen Ende des 16. Jahrhunderts neigte sich die Epoche der Alchemie ihrem Ende zu.

Naturwissenschaftliche Elementvorstellungen
Einen wichtigen Schritt in Richtung heutiger Elementvorstellungen machte ROBERT BOYLE (1627–1691). Er zweifelte den Elementbegriff der Alchemie an. Durch seine Forschungen nahm er an, dass es eine Vielzahl an Elementen geben müsse, um die Vielfalt der Stoffe zu erklären. Die Elemente waren für ihn Stoffe, die sich auf keine Weise in zwei andere zerlegen lassen.

LAVOISIER räumte endgültig mit der Vorstellung auf, dass alle Stoffe aus den vier Grundelementen bestehen. Er konnte die Vermutung von Boyle bestätigen. Es gelang ihm, Wasser in die Elemente Wasserstoff und Sauerstoff zu zerlegen, sowie aus ihnen wieder Wasser herzustellen.

DALTONS Atomtheorie
Durch DALTONS Atomtheorie wurde der Begriff der Elemente bestätigt, aber auch erweitert. Nach DALTON besteht jedes Element aus einer eigenen Sorte Atome. Diese Aussage gilt bis heute unverändert.

1. Halte ein Referat über einen in diesem Kapitel genannten Wissenschaftler.

2. Recherchiere, welche Entdeckungen von Alchimisten gemacht wurden.

FEUER
warm und trocken

ERDE
kalt und trocken

LUFT
warm und feucht

WASSER
kalt und feucht

Saturn — Blei
Jupiter — Zinn
Sonne — Gold
Mars — Eisen
Venus — Kupfer
Merkur — Quecksilber
Mond — Silber
Mars — Eisenrost

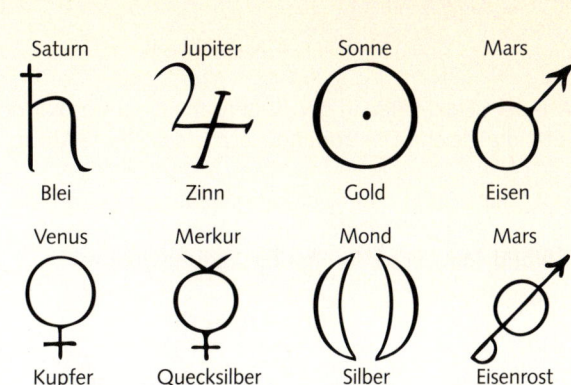

1 Geheimsymbole der Alchimisten

Atome bilden Ionen

1. a) Zeichne die Schalenmodelle der Atome von Lithium, Aluminium, Schwefel und Fluor.
b) Erläutere den Begriff Edelgaskonfiguration. Stelle fest, wie viele Elektronen bei diesen Atomen jeweils aufgenommen oder abgegeben werden müssen, um eine Edelgaskonfiguration zu erhalten.
c) Welche dieser Atome sind dann in der entsprechenden Edelgaskonfiguration positiv und welche sind negativ geladen?

2. Zeichne als Schalenmodelle wie in Bild 1 die Bildung von Ionen bei der Reaktion zwischen
a) Natrium und Fluor,
b) Magnesium und Chlor,
c) Magnesium und Sauerstoff.

3. a) Warum bilden Chlor und die anderen Halogene einfach negativ geladene Ionen?
b) Warum bilden Magnesium und die anderen Erdalkalimetalle zweifach positiv geladene Ionen?

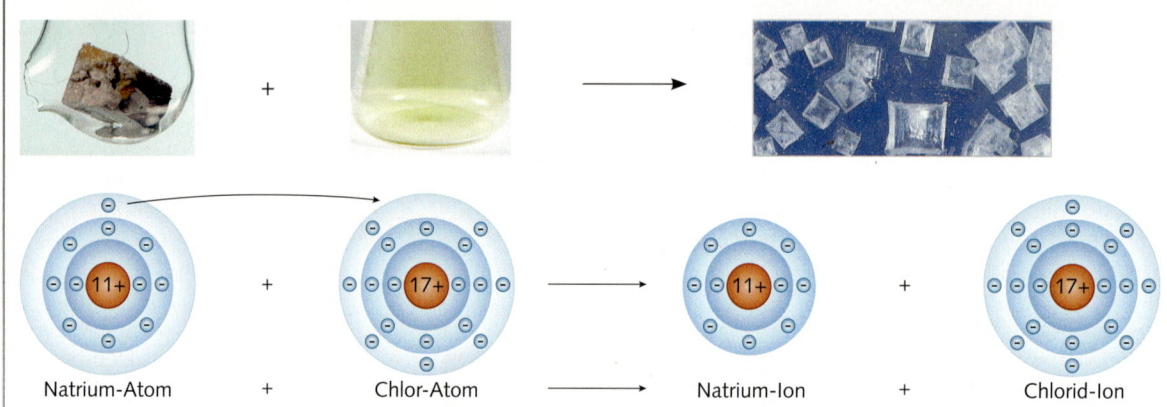

Natrium-Atom + Chlor-Atom ⟶ Natrium-Ion + Chlorid-Ion

1 Wenn Natrium-Atome und Chlor-Atome miteinander reagieren, entstehen Natrium-Ionen und Chlorid-Ionen.

Atome werden zu Ionen

Wird Natrium in Chlorgas gehalten, entstehen weiße Salzkristalle. Es ist das Salz Natriumchlorid. Warum Natrium und Chlor miteinander reagieren, lässt sich aus ihrem Atombau erklären. Bei einer solchen chemischen Reaktion verhalten sich die Atome nämlich so, dass sie eine stabile Außenschale mit acht Elektronen, die **Edelgaskonfiguration**, erreichen. Das Natrium-Atom hat ein Außenelektron. Dieses wird bei der Reaktion abgegeben. Aus dem elektrisch neutralen Atom wird ein einfach positiv geladenes Teilchen. Es heißt **Natrium-Ion** (Na^+). Dieses Ion hat die Ladungszahl +1.

$$Na \rightarrow Na^+ + 1\ e^-$$

Mit acht Elektronen in der Außenschale hat das Natrium-Ion jetzt die gleiche Elektronenhülle wie das Neon-Atom.

Das Chlor-Atom nimmt das abgegebene Elektron auf. Ein negativ geladenes **Chlor–Ion** (Cl^-) entsteht. Es heißt auch **Chlorid-Ion**. Dieses Ion hat die Ladungszahl −1.

$$Cl + 1\ e^- \rightarrow Cl^-$$

Mit acht Außenelektronen hat das Chlorid-Ion jetzt die gleiche Elektronenhülle wie ein Atom des Edelgases Argon.

Eigenschaften von Ionen

Ionen haben andere Eigenschaften als die ursprünglichen Atome, denn sie besitzen die gleichen Elektronenhüllen wie Edelgas-Atome. Ionen sind reaktionsträge wie Edelgas-Atome, aber im Gegensatz zu diesen elektrisch geladen.

Wer gibt ab, wer nimmt auf?

Ionen entstehen, wenn bei chemischen Reaktionen Elektronen übertragen werden. Atome mit wenigen Außenelektronen, wie die Metall-Atome, können diese abgeben, um die Edelgaskonfiguration zu erreichen. Es entstehen positiv geladene Ionen. Atome mit 5 bis 7 Außenelektronen, wie die meisten Nichtmetall-Atome, nehmen Elektronen auf, bis sie eine Achterschale erreicht haben. Es entstehen negativ geladene Ionen.

■ Werden zwischen Metall- und Nichtmetall-Atomen Elektronen übertragen, entstehen Ionen mit der Elektronenhülle des nächststehenden Edelgases.

Elemente und ihre Ordnung → S. 240/241

Die Ionenbindung

🔍 **1. a)** Löse je eine Spatelspitze Kaliumnitrat, Kaliumaluminiumsulfat (Alaun) und blaues Kupfersulfat in 5 ml destilliertem, warmem Wasser. Untersuche die Leitfähigkeit der Salzlösungen.
b) Gieße die Salzlösungen in Uhrgläser. Beobachte die Uhrgläser einige Tage, beschreibe und erkläre deine Beobachtungen.

📖 **2.** Erkläre den Begriff Ionenbindung.

📖 **3.** Stelle die Formeln für Lithiumbromid, Calciumoxid und Aluminiumchlorid auf.

Ionenbildung	Ladungszahl des Ions	Hauptgruppe im PSE
Elektronenabgabe		
$Li \rightarrow Li^+ + 1e^-$	+1	I
$Ca \rightarrow Ca^{2+} + 2e^-$	+2	II
$Al \rightarrow Al^{3+} + 3e^-$	+3	III
Elektronenaufnahme		
$Br + 1e^- \rightarrow Br^-$	−1	VII
$O + 2e^- \rightarrow O^{2-}$	−2	VI
$N + 3e^- \rightarrow N^{3-}$	−3	V

1 Ionenbildung und Ladungszahlen

Kristalle
Große, würfelförmige Salzkristalle lassen sich in Steinsalzlagerstätten finden. Auch die Salzkristalle aus dem Salzstreuer sehen unter der Lupe wie Würfel aus. Unter dem Elektronenmikroskop lässt sich erkennen, dass sogar feinster Salzstaub aus würfelförmigen Kristallen aufgebaut ist.

Ionenbindung
Positiv und negativ geladene Ionen ziehen sich aufgrund ihrer unterschiedlichen Ladung gegenseitig an. So entsteht eine feste chemische Bindung, die **Ionenbindung**. Salze und Metalloxide sind Ionenverbindungen. Solche Verbindungen sind meist hart und spröde. Sie haben hohe Schmelz- und Siedetemperaturen.

Ionengitter
In einem Natriumchlorid-Kristall sind positiv geladene Natrium-Ionen und negativ geladene Chlorid-Ionen regelmäßig angeordnet. Die Ionen ziehen sich gegenseitig an und bilden einen Ionenkristall. Eine solche regelmäßige Anordnung in einem Kristall heißt auch **Ionengitter**.

Elektrische Leitfähigkeit
Ein Ionengitter enthält ebenso viele positive wie negative Ladungen. Nach außen ist der Kristall elektrisch neutral. Da die Ionen an feste Plätze gebunden sind, sind Salzkristalle Nichtleiter. In Salzschmelzen und Salzlösungen dagegen sind die Ionen beweglich. Sie sind deshalb elektrische Leiter.

Ionenverbindungen
Beim Aufstellen von Formeln müssen die Ladungszahlen der beteiligten Ionen beachtet werden. So wird die Formel von Magnesiumchlorid aus einem zweifach positiv geladenen Magnesium-Ion und zwei einfach negativ geladenen Chlorid-Ionen gebildet:

$$Mg^{2+} + 2\ Cl^- \rightarrow MgCl_2$$

Beim Aluminiumoxid sind es zwei dreifach positiv geladene Aluminium-Ionen und drei zweifach negativ geladene Sauerstoff-Ionen.

$$2\ Al^{3+} + 3\ O^{2-} \rightarrow Al_2O_3$$

■ Entgegengesetzt geladene Ionen ordnen sich zu regelmäßigen Ionengittern. Die Bindung zwischen Ionen heißt Ionenbindung.

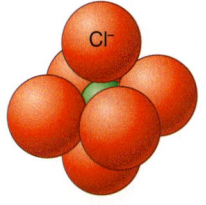

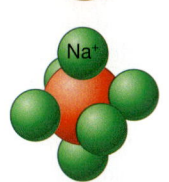

2 Ionenanordnung

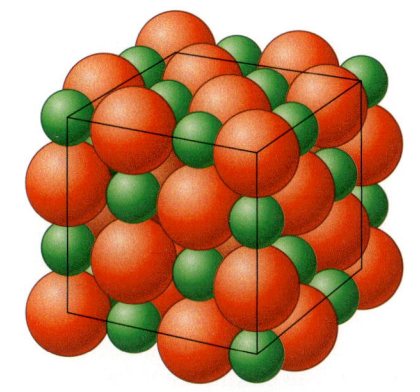

3 Modell eines Kochsalzkristalls

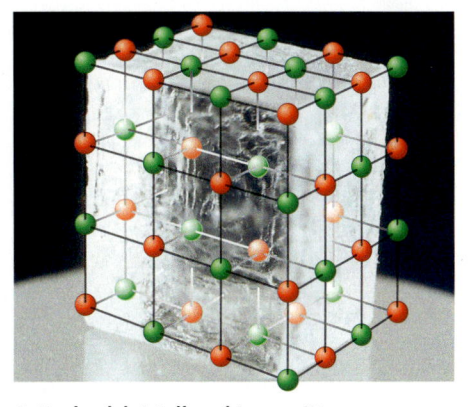

4 Kochsalzkristall und Ionengitter

Elemente und ihre Ordnung → S. 240/241

Atome bilden Moleküle

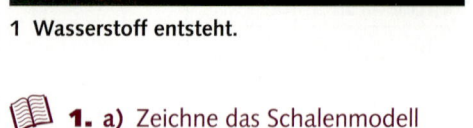

1 Wasserstoff entsteht.

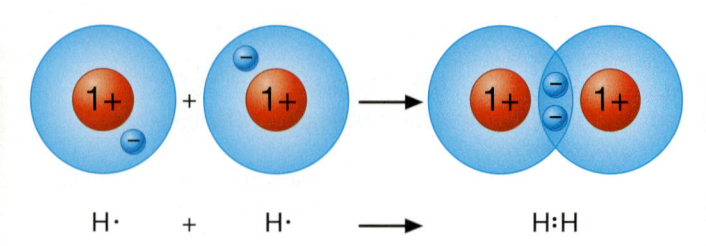

H· + H· ⟶ H:H

2 Bildung eines Wasserstoffmoleküls (H_2)

📖 **1. a)** Zeichne das Schalenmodell von Wasserstoff.
b) Erkläre, warum zwei Wasserstoffatome im Molekül eine gemeinsame Elektronenhülle bilden.

📖 **2.** Durch welche Kräfte werden Atome in Molekülen zusammengehalten?

📖 **3.** Erkläre den Begriff Elektronenpaarbindung.

📖 **4.** Warum bilden Edelgas-Atome keine Moleküle?

🔍 **5.** Zeichne wie in Tabelle 3 die Strukturformeln für die Moleküle von Brom (Br_2) und Iod (I_2) und baue die Modelle.

🔍 **6. a)** Zeichne die Strukturformeln für die Moleküle von Kohlenstoffdioxid (CO_2), Fluorwasserstoff (HF), Ammoniak (NH_3), Tetrachlormethan (CCl_4).
b) Baue dazu die Molekülmodelle.

🔍 **7.** Ein Molekül besteht aus einem Kohlenstoffatom, vier Wasserstoffatomen und einem Sauerstoffatom. Baue das Molekülmodell und zeichne dann seine Strukturformel.

vereinfachte Strukturformel	Summenformel
F – F	F_2
O = O	O_2
N ≡ N	N_2

3 Strukturformeln verschiedener Moleküle

Gemeinsam hält besser
Stoffe, die bei Raumtemperatur flüssig oder gasförmig sind, bestehen meist aus Molekülen. In Molekülen sind jeweils zwei oder mehr Atome fest miteinander verbunden. Was aber hält die Atome in den Molekülen zusammen?

In Molekülen erreichen die Atome durch gemeinsame Elektronenpaare die Edelgaskonfiguration. Wasserstoff-Atome besitzen jeweils nur ein Elektron. Für eine stabile Elektronenhülle, wie beim Edelgas Helium, werden aber zwei Elektronen benötigt. Verbinden sich zwei Wasserstoff-Atome miteinander, kann eine solche gemeinsame Elektronenhülle mit insgesamt zwei Elektronen gebildet werden.

Die Elektronenpaarbindung
Die Elektronen werden von beiden Atomkernen gleich stark angezogen und halten sich deshalb vorwiegend zwischen den Kernen auf. Diese starke Anziehungskraft zwischen den positiv geladenen Atomkernen und dem negativ geladenen Elektronenpaar halten die Atome im Wasserstoffmolekül fest zusammen (Bild 2). Diese Bindungsart heißt **Elektronenpaarbindung.** Im Gegensatz zur Ionenbindung werden dabei keine Elektronen abgegeben oder aufgenommen.

Oktettregel
Im Fluor-Molekül (F_2) werden zwei Fluor-Atome mit ihren jeweils sieben Außenelektronen durch eine Elektronenpaarbindung zusammengehalten. Dadurch erreicht jedes Fluor-Atom eine stabile Außenschale mit acht Außenelektronen, ein **Elektronenoktett** (griech.: okto – acht). Außer beim Wasserstoff gilt diese **Oktettregel** bei allen Molekülen.

Mehrfachbindungen
Sauerstoff-Atome mit sechs Außenelektronen benötigen zwei gemeinsame Elektronenpaarbindungen, um die Oktettregel zu erfüllen. Im Sauerstoff-Molekül (O_2) werden deshalb die Atome durch eine **Doppelbindung** zusammengehalten.

Stickstoffatome mit fünf Außenelektronen benötigen drei gemeinsame Elektronenpaare. Im Stickstoff-Molekül (N_2) gibt es deshalb eine **Dreifachbindung.**

Elemente und ihre Ordnung

Vereinfachte Strukturformel

Die durch Elektronenpaarbindung entstandenen Moleküle lassen sich durch **Strukturformeln** beschreiben. In den vom amerikanischen Chemiker GILBERT NEWTON LEWIS (1875–1946) entwickelten **Lewis-Formeln** werden nur die Außenelektronen berücksichtigt (Bild 4). Die gemeinsamen Elektronenpaare werden entweder als Doppelpunkte oder als Striche zwischen die Elementsymbole geschrieben. Das Wasserstoff-Molekül kann deshalb so beschrieben werden: **H:H** oder **H–H**. An den Lewis-Formeln können die **bindenden Elektronenpaare** von den **freien, nicht bindenden Elektronenpaaren** unterschieden werden. Die freien Elektronenpaare werden außen an die Elementsymbole geschrieben, die bindenden werden zwischen die Symbole geschrieben: I$\overline{\text{F}}$–$\overline{\text{F}}$I, $\overline{\text{O}}$=$\overline{\text{O}}$, IN≡NI. In den **vereinfachten Strukturformeln** werden nur die bindenden Elektronenpaare geschrieben: F–F, O=O, N≡N.

Moleküle aus unterschiedlichen Atomen

Viele Moleküle bestehen aus unterschiedlichen Atomen, die ebenfalls durch Elektronenpaarbindungen zusammengehalten werden. Im Methan-Molekül (CH_4) bildet das Kohlenstoff-Atom mit vier Wasserstoff-Atomen insgesamt vier Elektronenpaarbindungen. Im Kohlenstoffdioxid-Molekül (CO_2) ist das Kohlenstoff-Atom durch jeweils eine Doppelbindung mit zwei Sauerstoff-Atomen verbunden. Im Wasser-Molekül sind die zwei Wasserstoff-Atome durch jeweils eine Elektronenpaarbindung mit dem Sauerstoff-Atom verknüpft.

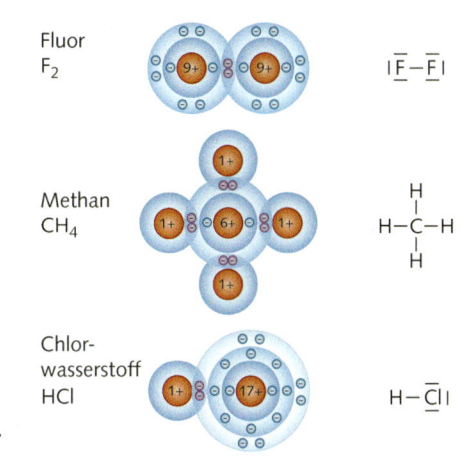

4 Moleküle aus unterschiedlichen Atomen

■ In Molekülen werden die Atome durch gemeinsame Elektronenpaare miteinander verbunden. Dabei gilt die Oktettregel. Die Atome erlangen dadurch Edelgaskonfiguration. Die Bindung heißt Elektronenpaarbindung.

Der räumliche Bau der Moleküle

Moleküle lassen sich mit der Summenformel oder der Strukturformel beschreiben, zum Beispiel das Methan-Molekül:

CH_4 H–C–H mit H oben und unten

Die Summenformel gibt an, aus welchen Atomen das Molekül besteht. Die Strukturformel zeigt zusätzlich die Bindungen im Molekül an. Über den räumlichen Bau des Moleküls geben aber beide Formeln wenig Auskunft. Dieser Bau lässt sich am besten mit **Molekülmodellen** darstellen.

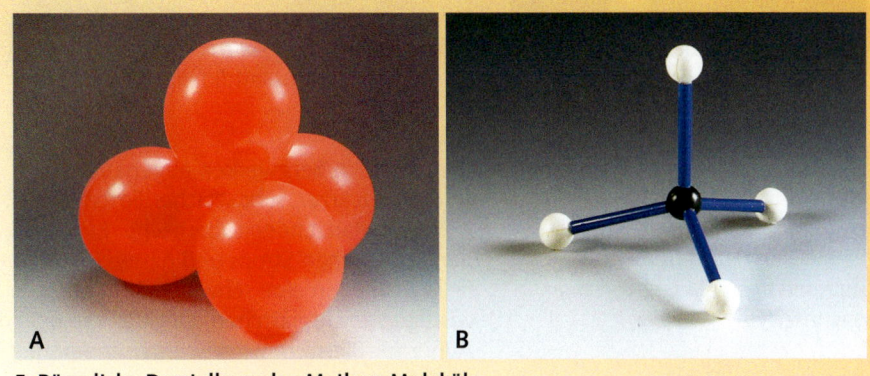

5 Räumliche Darstellung des Methan-Moleküls

Aufenthaltsräume der Elektronen

In den Molekülen halten sich die gemeinsamen Elektronenpaare in bestimmten Bereichen um den Atomkern auf. Diese Aufenthaltsräume der Elektronen lassen sich als Elektronenwolken darstellen. Die Elektronen stoßen sich gegenseitig ab und nehmen so den größtmöglichen Abstand voneinander ein. Beim Methan-Molekül ergibt sich dadurch eine tetraederförmige Anordnung (Bild 5B). Die Elektronenwolken lassen sich mithilfe von Luftballons veranschaulichen (Bild 5A).

Kohlenstoff – sehr variabel

1. a) Untersuche mittels einer Prüfstrecke die elektrische Leitfähigkeit von Grafit und Diamant. Benutze dazu eine Bleistiftmine und ein Schmuckstück oder einen größeren Industriediamanten.
b) Nenne weitere Unterschiede zwischen Grafit und Diamant.

2. Verbrenne einen Industriediamanten in einem Quarzrohr in reinem Sauerstoff. Sauge die Verbrennungsgase mithilfe einer Wasserstrahlpumpe durch eine Waschflasche mit Kalkwasser. Welchen Stoff kannst du nachweisen?

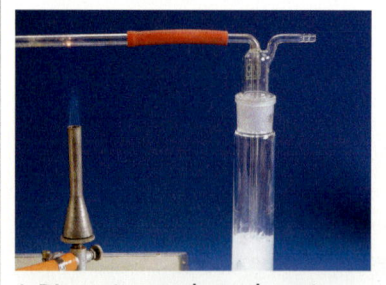

1 Diamanten werden verbrannt.

3. a) Suche in einem Atlas oder im Internet nach Fundorten von Grafit und von Diamanten.
b) Nenne Verwendungsmöglichkeiten von Grafit und Diamant. Benutze dazu ein Lexikon oder das Internet.

2 Rohdiamanten

3 Grafit

Kohlenstoff

Wird Grafit in reinem Sauerstoff verbrannt, entsteht Kohlenstoffdioxid. Grafit muss also aus Kohlenstoff bestehen. Der gleiche Nachweis gelingt überraschenderweise auch bei Diamant. Also besteht auch ein Diamant aus reinem Kohlenstoff. Das Element Kohlenstoff kommt in der Natur in verschiedenen Erscheinungsformen vor. Grafit und Diamant sind zwei **Modifikationen** von Kohlenstoff.
Die Kohlenstoff-Atome sind in beiden Stoffen zu einem ausgedehnten Gitternetzwerk, **Atomgitter** genannt, verknüpft. Obwohl Grafit und Diamant aus Kohlenstoff-Atomen bestehen, unterscheiden sie sich im Aussehen und in ihren Eigenschaften ganz deutlich voneinander. Gemeinsam ist ihnen, dass sie mit Sauerstoff vollständig zu Kohlenstoffdioxid verbrennen.

Grafit

Grafit wird in Bergwerken abgebaut und ist ein schwarzer, sehr weicher Feststoff mit einer glänzenden Oberfläche. Er leitet den elektrischen Strom und hinterlässt beim Schreiben eine schwarze Spur aus winzigen Grafitplättchen auf dem Papier. Außer für Bleistifte wird er unter anderem als Schmiermittel für Lager verwendet. Als guter elektrischer Leiter wird Grafit für Schleifkontakte in Elektromotoren oder für Elektroden in Batterien eingesetzt.

Ruß, ein Bestandteil von Abgasen, besteht aus winzigen Grafitkristallen. Ruß wird in Tonern von Laserdruckern und Kopierern, als Druckerschwärze und als Zusatz in Autoreifen verwendet.

Diamant

Rohdiamanten sind nicht nur farblos. Sie können durch geringe Verunreinigungen gefärbt sein. Im Gegensatz zu Grafit sind Diamanten elektrische Nichtleiter. Kennzeichnend für diesen teuersten Edelstein ist die starke Lichtbrechung und der besonders schöne Glanz. Diese Eigenschaft kommt aber erst durch das Schleifen zum Brillanten voll zur Geltung.

Der Diamant ist der härteste in der Natur vorkommende Stoff. Splitter aus der Herstellung von Schmuckdiamanten und verunreinigte Rohdiamanten finden in Bohrköpfen von Erdölbohrern, Trennscheiben für Beton oder Schneidwerkzeugen für Glas Verwendung.

Künstliche Diamanten

Diamanten für industrielle Zwecke werden heute oft künstlich hergestellt. Dazu wird Grafit in speziellen Hochdruckpressen einer Temperatur von 2000 °C und einem Druck von 150 000 bar ausgesetzt.

4 Brillant

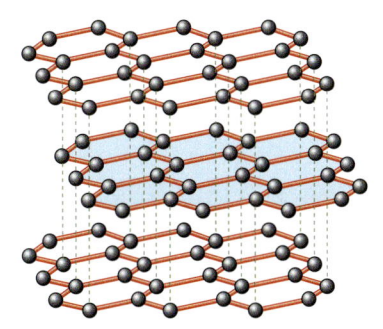

Elemente und ihre Ordnung

5 Grafitgitter

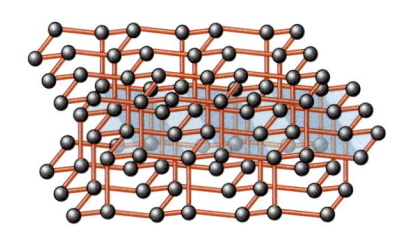

6 Diamantgitter

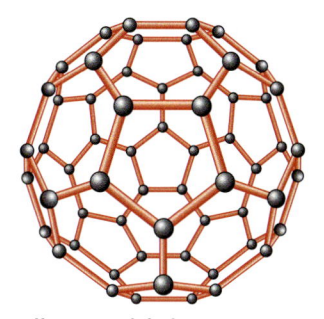

7 Fulleren-Molekül

Grafitstruktur
In Grafit bilden die Kohlenstoff-Atome Schichten. Zwischen den Schichten wirken nur schwache Anziehungskräfte. Die Schichten lassen sich daher leicht gegeneinander verschieben (Bild 5). Deshalb ist Grafit weich und kann auch als Schmiermittel eingesetzt werden.
Jedes Atom in einer Schicht ist mit drei anderen durch eine Elektronenpaarbindung fest verknüpft. Jede Schicht besteht aus Ringen von sechs Kohlenstoff-Atomen, die ähnlich wie Bienenwaben angeordnet sind. Das vierte Außenelektron ist frei beweglich. Deshalb ist Grafit elektrisch leitend.

Diamantstruktur
In Diamanten sind die Kohlenstoff-Atome dicht gepackt. Jedes Kohlenstoff-Atom ist mit vier weiteren Atomen durch eine Elektronenpaarbindung fest verbunden. Dadurch ergibt sich das dreidimensionale Diamantgitter (Bild 6). Diese besonders gleichmäßigen und stabilen Bindungen erklären die große Härte des Diamanten. Da alle vier Außenelektronen der Kohlenstoff-Atome fest gebunden sind, ist der Diamant kein elektrischer Leiter.

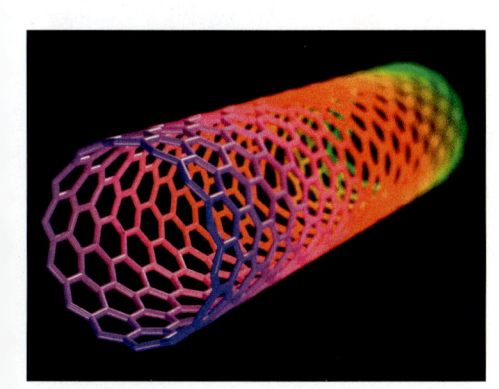

Fullerene
Seit 1985 ist eine weitere Modifikation des Kohlenstoffs bekannt, die **Fullerene.** Die aus Fulleren-Molekülen aufgebauten Stoffe sind bei Zimmertemperatur kristallin, weich und elastisch. Eine besondere Klasse der Fullerene sind die **Nanoröhren.** Je nach Aufbau sind sie elektrische Leiter oder Halbleiter. Sie besitzen die Festigkeit von Diamanten. Mit Kunststoffen vermischt erhöhen sie deren Festigkeit. Außerdem sind sie als Speichermaterial für Wasserstoff geeignet.

Fullerenstruktur
Fulleren-Moleküle bestehen aus 60 bis 100 Kohlenstoff-Atomen. Das bekannteste Fulleren, das Buckminster-Fulleren, besteht aus 60 Atomen. Es erinnert in seiner Form an einen Fußball (Bild 7). Die Atome sind in Form von abwechselnden Fünf- und Sechsecken verbunden. Wie in Grafit ist jedes Kohlenstoff-Atom nur mit drei weiteren Atomen verbunden. Das vierte Außenelektron ist innerhalb des Fulleren frei beweglich. Fullerene besitzen deshalb Halbleitereigenschaften.

■ Grafit, Diamant und Fullerene sind verschiedene Modifikationen des Kohlenstoffs. Die unterschiedlichen Eigenschaften der Modifikationen sind auf die unterschiedliche Anordnung der Kohlenstoff-Atome zurückzuführen.

	Grafit	Diamant	Fulleren
Aussehen	undurchsichtig, grauschwarz glänzend, fühlt sich fettig an	durchsichtig, stark Licht brechend	schwarz, glänzend
elektrische Leitfähigkeit	guter Leiter	Nichtleiter	Halbleiter
Härte	sehr weich (Härte 1)	sehr hart (Härte 10)	weich
Dichte	$2{,}25\,\frac{g}{cm^3}$	$3{,}51\,\frac{g}{cm^3}$	$1{,}65\,\frac{g}{cm^3}$
chemisches Verhalten	widerstandsfähig gegen alle Chemikalien, verbrennt an der Luft bei etwa 3500 °C	widerstandsfähig gegen alle Chemikalien, verbrennt an der Luft bei etwa 3000 °C	reagiert mit verschiedenen Chemikalien

8 Nanoröhren

9 Eigenschaften der Kohlenstoff-Modifikationen

😉 Die Metallbindung

📝 **1. a)** Nenne gemeinsame Eigenschaften der Metalle.
b) Beschreibe den inneren Aufbau von Metallen.

📖 **2.** Vergleiche den Aufbau eines Metallgitters und eines Ionengitters.

📖 **3. a)** Erkläre, warum Metalle verformbar sind, Salze dagegen nicht.
b) Erkläre, warum Metalle im festen Zustand gute elektrische Leiter sind.

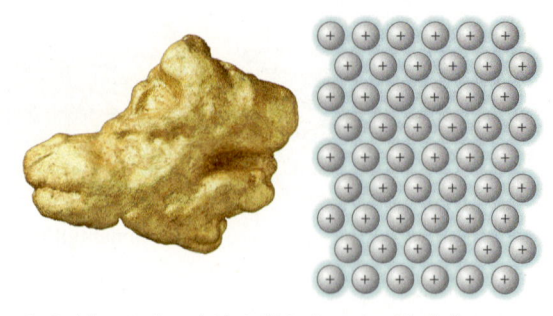

1 Goldnugget und Metallbindung im Modell

Eigenschaften der Metalle
Metalle sind **kristalline Feststoffe.** Sie unterscheiden sich in ihren Eigenschaften aber deutlich von den Salzen. Metalle lassen sich gut verformen und sind gute elektrische Leiter. Diese typischen Eigenschaften lassen sich durch ihren inneren Aufbau erklären.

Der Aufbau der Metalle
Alle Metall-Atome können ihre wenigen Außenelektronen leicht abgeben. Die entstandenen positiv geladenen Metall-Ionen werden auch als **Atomrümpfe** bezeichnet. Sie bilden ein regelmäßiges **Metallgitter.**

Die Metallbindung
Am Beispiel von Aluminium lässt sich beschreiben, wie der innere Aufbau von Metallen aussieht. Aluminium besteht aus dicht gepackten Aluminium-Ionen (Al^{3+}).

Sie sind entstanden, weil die Aluminium-Atome ihre drei Außenelektronen abgegeben haben. Die Aluminium-Ionen haben so die gleiche stabile Außenschale wie Neon-Atome. Die abgegebenen Außenelektronen werden, anders als bei den Salzen, nicht von Partneratomen aufgenommen. Sie bewegen sich frei zwischen den Aluminium-Ionen umher und bilden eine Art Gas aus Elektronen. Ähnlich wie ein zäher Klebstoff halten die freien Elektronen die positiv geladenen Aluminium-Ionen zusammen. Diese Art der Bindung wird **Metallbindung** genannt.

Der Unterschied zu Ionenkristallen
Im Unterschied zu den Ionenkristallen enthalten Metalle freie, bewegliche Elektronen. Sie sind die Ursache für die gute Leitfähigkeit der Metalle. Die Verformbarkeit der Metalle beruht darauf, dass die Schichten der Metall-Ionen aneinander vorbei gleiten können. Da sie auch in der neuen Lage von freien Elektronen umgeben sind, werden sie auch nach der Verformung fest zusammengehalten. Ionenkristalle können dagegen nicht verformt werden. Sie zerbrechen bereits, wenn durch einen Schlag das Ionengitter um eine Schicht verschoben wird. Dann stehen sich gleich geladene Ionen gegenüber. Sie stoßen sich gegenseitig ab, der Kristall bricht auseinander (Bild 2).
Im Vergleich zu den Metallen haben Ionenkristalle oft höhere Schmelz- und Siedetemperaturen. Ursache dafür sind die starken Anziehungskräfte zwischen den unterschiedlich geladenen Ionen.

■ In Metallen sind positiv geladene Metall-Ionen regelmäßig angeordnet. Sie werden von freien Elektronen zusammengehalten. Diese Art der Bindung heißt Metallbindung.

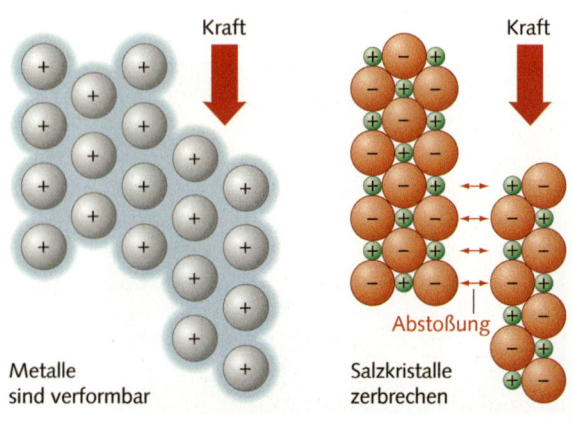

Metalle sind verformbar | Salzkristalle zerbrechen

2 Metallkristalle und Ionenkristalle unterscheiden sich.

Elemente und ihre Ordnung

😉 Reine Metalle und Legierungen

1 Reine Metalle in der Elektrotechnik

Reine Metalle
In der Elektrotechnik werden möglichst reine Metalle als Leitermetalle eingesetzt, zum Beispiel Kupfer oder Aluminium. Der Anteil an Fremdmetallen sollte dabei unter 0,1 % liegen, denn jede Verunreinigung verschlechtert die elektrische Leitfähigkeit.

Legierungen
Für andere technische Anwendungen werden dagegen fast immer Legierungen eingesetzt. Die reinen Metalle sind meistens zu weich und zu leicht verformbar. Die harten und zähen Aluminium-Legierungen für Fahrradrahmen oder Autofelgen enthalten beispielsweise Kupfer, Magnesium und Silicium.
Mit dem Gittermodell vom Aufbau der Metalle lässt sich erklären, warum Legierungen andere Eigenschaften haben als die reinen Metalle. Durch die Atome der Legierungszusätze wird der regelmäßige Aufbau des Metallgitters gestört.

Beim Verformen des Metalls wirken diese Atome wie Bremsen für die Gitterschichten, die Legierung ist also härter. Die Leitfähigkeit ist bei den Legierungen geringer, weil die Fremdatome für die Elektronen wie zusätzliche Stolpersteine wirken.

2 Aluminium-Legierung

😉 Nobelpreis für ein Supermikroskop

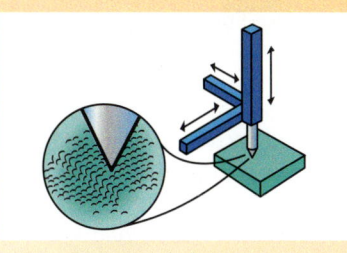

3 Eine Probe wird abgetastet.

Raster-Tunnel-Mikroskop
Die Elektronen aus dem „Elektronengas" eines Metalls umgeben die Metall-Ionen auch auf der Metalloberfäche als dünne Schicht. Die Physiker GERD BINNIG und HANS ROHRER wollten den Elektronenstrom messen, der daraus nach außen abfließen kann. Sie entwickelten eine Versuchsanordnung, die zum **Raster-Tunnel-Mikroskop** führte. Damit war es möglich, in bisher unbekannte atomare Bereiche vorzustoßen.

Messtechnik
Eine Messsonde aus einem Wolframdraht mit extrem feiner Spitze wird bis auf wenige Atomdurchmesser (oder 0,000001 mm) an die zu untersuchende Metalloberfläche herangeführt. An den Draht wird eine positive Spannung angelegt. Es fließen Elektronen von der Metalloberfläche ab. Die Probe wird zeilenweise abgetastet. Die Spitze des Wolframdrahtes wird dabei so gesteuert, dass sie stets den gleichen Abstand zu den Metall-Ionen an der Oberfläche einhält.
Aus den Steuerungssignalen errechnet ein Computer das Profil der Metalloberfläche und verarbeitet es zu einem etwa 100 000 000-fach vergrößerten Bild.
Für die Entwicklung dieses Supermikroskops erhielten BINNIG und ROHRER im Jahre 1986 den Nobelpreis für Physik.

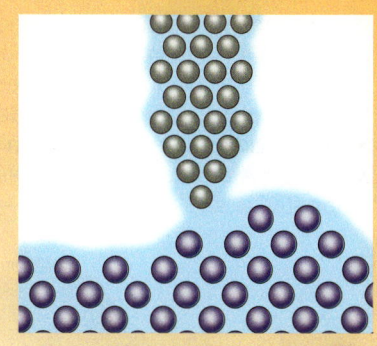

4 Der Wolframdraht als Messsonde

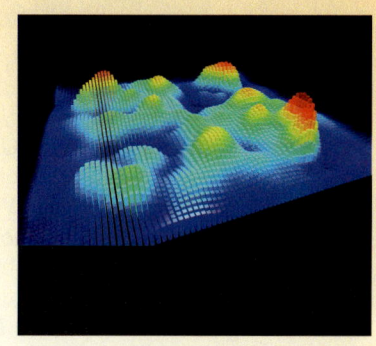

5 RTM – Bild einer Metalloberfläche

Wasser – ein besonderer Stoff?

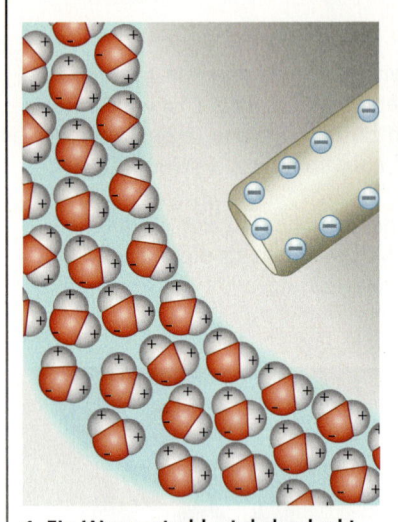

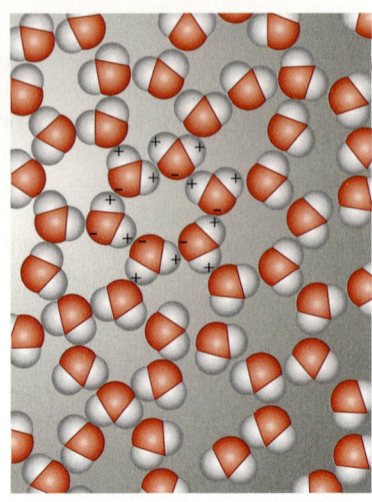

1 Ein Wasserstrahl wird abgelenkt.

2 Wasserstoffbrückenbindungen

🔍 **1. a)** Halte einen durch Reibung elektrisch negativ geladenen Kunststoffstab an einen dünnen Wasserstrahl. Notiere deine Beobachtung.
b) Überlege, wie der Versuch mit einem positiv geladenen Stab ablaufen würde. Fertige dazu eine Skizze wie in Bild 1 an.

🔍 **2. a)** Tropfe mithilfe einer Pipette so viel Wasser wie möglich auf eine 2 Cent-Münze.
b) Wiederhole den Versuch mit Waschbenzin.
c) Beschreibe die Ergebnisse und erkläre die Unterschiede.

Ein dünner Wasserstrahl wird von einem elektrisch geladenen Stab angezogen. Also müssen auch die Wassermoleküle elektrische Ladungen tragen.

Wassermoleküle sind Dipole
In Wassermolekülen sind jeweils zwei Wasserstoff-Atome durch Elektronenpaarbindungen mit einem Sauerstoff-Atom verbunden. Die Bindungselektronen sind aber nicht gleichmäßig zwischen den Bindungspartnern verteilt, sondern das Sauerstoff-Atom zieht die Bindungselektronen stärker an sich heran.

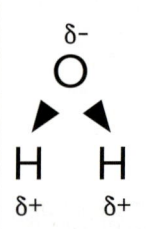

3 Dipolmoleküle

Am Sauerstoff-Atom entsteht ein Überschuss an negativer Ladung. Hier bildet sich ein Minuspol (δ^-). Die beiden Wasserstoff-Atome haben dadurch einen Mangel an negativer Ladung und bilden Pluspole (δ^+). Solche Moleküle mit positiven und negativen Polen werden **Dipolmoleküle** genannt.

Die Wasserstoffbrückenbindung
Auch untereinander ziehen sich die Wassermoleküle mit ihren entgegengesetzt geladenen Polen an. Auf diese Weise schließen sich Wassermoleküle zu Molekülgruppen zusammen. Diese starken Anziehungskräfte zwischen den Molekülen werden als **Wasserstoffbrückenbindungen** bezeichnet (Bild 2). An der Wasseroberfläche wirken diese Bindungen, als hätte das Wasser eine Haut. Diese Eigenschaft wird als **Oberflächenspannung** bezeichnet.

Wie Wasser Salze löst
Auch das Lösen von Salzen wie beispielsweise Kochsalz im Wasser lässt sich mit den Dipoleigenschaften des Wassers erklären. An den Ecken des Salzkristalls beginnend, werden die Ionen nach und nach aus dem Kristall herausgelöst. Die Wassermoleküle umhüllen jedes Ion und bilden eine **Hydrathülle**.
Dieser Vorgang wird als **Hydratation** bezeichnet. Durch die Hydrathülle sind die Ionen voneinander abgeschirmt. Sie können sich nicht mehr gegenseitig anziehen und verteilen sich gleichmäßig in der Lösung.

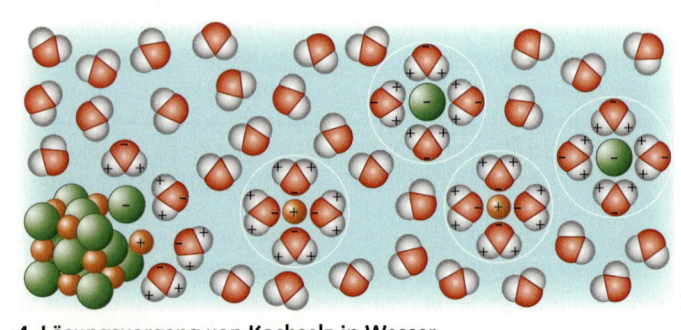

4 Lösungsvorgang von Kochsalz in Wasser

Elemente und ihre Ordnung → S. 240/241

Elemente und ihre Ordnung

Wasserstoffbrücken verursachen Anomalie

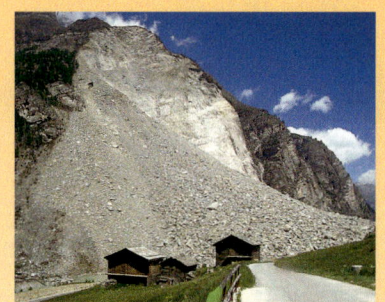

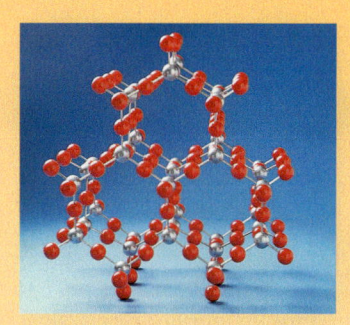

1 Schneekristalle

2 Geröllkegel

3 Eisgitter

Wasser ist eine merkwürdige Flüssigkeit. Eingefrorene Wasserleitungen können bei Frost platzen, Eisberge schwimmen auf dem Wasser und das Wasser am Grunde eines Sees ist auch im Winter nicht kälter als 4 °C. Warum ist das so?

Bildung von Eiskristallen
Diese ungewöhnlichen Eigenschaften des Wassers beruhen darauf, dass die Dipolmoleküle des Wassers untereinander Wasserstoffbrückenbindungen eingehen. Zu festen Wasserstoffbrückenbindungen kommt es, wenn flüssiges Wasser bei 0 °C zu Eis wird. Das Sauerstoff-Atom des Wassermoleküls ist dann tetraedrisch von vier Wasserstoff-Atomen umgeben (Bild 4). Zwei davon gehören zu dem betreffenden Wasser-Molekül, die beiden anderen sind durch Wasserstoffbrücken mit dem Sauerstoff-Atom verbunden. Durch diese feste Verknüpfung der Wasser-Moleküle bildet das Eis eine weitmaschige Gitterstruktur mit sechseckigen Hohlräumen (Bild 3). Die Folge ist eine Volumenzunahme des Eises. Aus 1 l Wasser wird 1,1 l Eis.

Volumenzunahme beim Erstarren
Durch diese Volumenzunahme hat Eis eine geringere Dichte als Wasser und schwimmt auf dem Wasser. Nahezu alle anderen festen Stoffe dagegen gehen in ihrer Schmelze unter. Diese Besonderheit erklärt auch, dass im Winter Wasserrohre platzen, es zu Frostschäden an Straßen kommt und sogar Gestein von einem Berg abgesprengt wird (Bild 2).

Größte Dichte bei 4 °C
Wird Eis geschmolzen, bricht die Gitterstruktur zusammen, sodass die Moleküle dichter gepackt sind. Wasser hat deshalb bei 4 °C seine größte Dichte. Es ist schwerer als die gleiche Menge Wasser von 0 °C und sinkt deshalb. Erst bei Temperaturen über 4 °C verhält es sich wie die meisten anderen Stoffe. Die Dichte nimmt ab, da die Moleküle aufgrund ihrer Bewegung mehr Platz benötigen.

Diese Abweichungen werden als **Anomalie** des Wassers bezeichnet. Sie sind auch der Grund dafür, dass das Wasser in Seen im Winter von oben nach unten, aber nicht bis auf den Grund gefriert.

Der hohe Siedepunkt des Wassers lässt sich ebenfalls durch die Wasserstoffbrücken erklären. Beim Verdampfen müssen die Bindungskräfte zusätzlich überwunden werden.

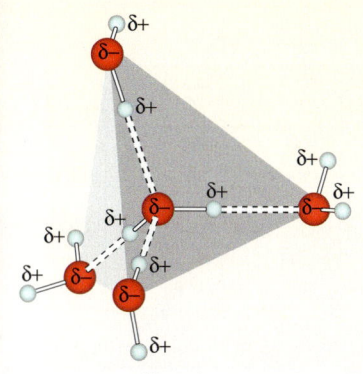

4 Wasserstoffbrücken im Eiskristall

1. Warum ist Wasser als Thermometerflüssigkeit nicht geeignet?

2. Warum hat Eis bei 0 °C eine geringere Dichte als flüssiges Wasser von gleicher Temperatur?

3. Seen und Teiche frieren im Winter von oben nach unten zu. Erkläre dieses Phänomen.

4. Wie entstehen Geröllkegel?

Streifzug: Zwischenmolekulare Kräfte

1 Iod-Molekülkristalle

Aus Ioddampf scheiden sich an kalten Flächen dunkelviolette Iod-Kristalle ab. Diese Kristalle bestehen aus regelmäßig angeordneten Iod-Molekülen (I_2). Es handelt sich um Molekülkristalle.

Die Iod-Moleküle werden im Molekülgitter durch schwache Anziehungskräfte zusammengehalten. Solche schwachen Kräfte wirken zwischen allen Molekülen. Sie werden als **Van-der-Waals-Kräfte** bezeichnet. Sie sind viel schwächer als die elektrostatischen Anziehungskräfte zwischen Ionen oder die Bindungskräfte innerhalb der Moleküle. Die niedrigen Schmelz- und Siedetemperaturen von Molekülverbindungen sind ein Anzeichen dafür.
Je größer die Molekülmasse ist, desto größer sind auch die Van-der-Waals-Kräfte.

Dann sind die Schmelz- und Siedetemperaturen entsprechend höher. Das zeigen die Halogene mit der von Fluor bis Iod zunehmenden Molekülmasse (Bild 2).

Stoff	Molekülmasse (in u)	Schmelztemperatur (°C)	Siedetemperatur (°C)
Wasserstoff	2	– 259	– 253
Fluor	38	– 220	– 188
Chlor	71	– 102	– 34
Brom	160	– 7	58
Iod	254	+ 114	184
Natriumchlorid	–	801	1465

2 Molekülmassen

Streifzug: Moleküle als Dipole

Polare oder unpolare Bindung?
Im Sauerstoff-Molekül (O_2) sind die elektrischen Ladungen symmetrisch verteilt, da die Bindungselektronen von den Atomkernen gleich stark angezogen werden. Es bilden sich keine nach außen wirkenden elektrischen Pole. Bei dieser Bindung handelt es sich deshalb um eine **unpolare Bindung**. Alle Moleküle, die aus zwei gleichen Atomen aufgebaut sind, verhalten sich ebenso.

$$\overline{O}=\overline{O} \quad H–H \quad |\overline{F}–\overline{F}|$$

Bei Molekülen aus verschiedenen Atomen sind die Ladungen oft ungleich verteilt. So werden die Bindungselektronen im Fluorwasserstoff-Molekül (HF) von den neun Protonen des Fluor-Atoms viel stärker angezogen als von dem einen Proton des Wasserstoff-Atoms. Es kommt zu einer Ladungsverschiebung. Auf der Seite des Wasserstoff-Atoms entsteht ein positiver Pol (δ^+), auf der Seite des Fluor-Atoms ein negativer Pol (δ^-). Ein solches Molekül ist ein elektrischer Dipol. Diese Art der Bindung wird als **polare Elektronenpaarbindung** bezeichnet:

$$\overset{\delta^+ \; \delta^-}{H–\overline{\underline{F}}|} \quad H \blacktriangleleft F$$

Elektronegativität
Als Maß für die unterschiedlichen Anziehungskräfte, die auf die Bindungselektronen wirken, wurde die **Elektronegativität (EN)**, eingeführt (Bild 3).
Je größer die EN-Differenz zwischen zwei Atomen ist, desto stärker polar ist die Bindung zwischen ihnen. Bei einer Differenz größer als 1,7 entsteht in der Regel eine Ionenbindung. Ist die Elektronegativität gleich, liegen unpolare Moleküle vor.

	I	II	III	IV	V	VI	VII	VIII
1	2,1 $_1$H							-- $_2$He
2	1,0 $_3$Li	1,5 $_4$Be	2,0 $_5$B	2,5 $_6$C	3,0 $_7$N	3,5 $_8$O	4,0 $_9$F	-- $_{10}$Ne
3	0,9 $_{11}$Na	1,2 $_{12}$Mg	1,5 $_{13}$Al	1,8 $_{14}$Si	2,1 $_{15}$P	2,5 $_{16}$S	3,0 $_{17}$Cl	-- $_{18}$Ar
4	0,8 $_{19}$K	1,0 $_{20}$Ca	1,6 $_{31}$Ga	1,8 $_{32}$Ge	2,0 $_{33}$As	2,4 $_{34}$Se	2,8 $_{35}$Br	-- $_{36}$Kr
5	0,8 $_{37}$Rb	1,0 $_{38}$Sr	1,7 $_{49}$In	1,8 $_{50}$Sn	1,9 $_{51}$Sb	2,1 $_{52}$Te	2,5 $_{53}$I	-- $_{54}$Xe
6	0,7 $_{55}$Cs	0,9 $_{56}$Ba	1,8 $_{81}$Tl	1,8 $_{82}$Pb	1,9 $_{83}$Bi	2,0 $_{84}$Po	2,2 $_{85}$At	-- $_{86}$Rn

3 Elektronegativitätswerte

Bindungen im Überblick

Bindungsart	Ionenbindung	Elektronenpaarbindung	Metallbindung
Beispiel	Natriumchlorid	Brom	Magnesium
Kleinste Teilchen	positiv und negativ geladene Ionen Natriumchlorid: Na^+- und Cl^--Ionen	Moleküle Brom: Br_2	positiv geladene Metall-Ionen und frei bewegliche Elektronen Magnesium: Mg^{2+}
Bindung	Anziehung der entgegengesetzt geladenen Ionen	Anziehung zwischen gemeinsamen Elektronenpaaren (–) und Atomkernen (+)	Anziehung zwischen Metall-Ionen (+) und freien Elektronen (–)
Bindungsstruktur	Ionengitter	Moleküle	Metallgitter
Eigenschaften	– Ionenverbindungen sind oft wasserlöslich. – Salzlösungen und Salzschmelzen leiten den elektrischen Strom. – Feste Salzkristalle sind Nichtleiter. – Ionenverbindungen sind hart und spröde. – Sie besitzen recht hohe Schmelz- und Siedetemperaturen. Natriumchlorid: Schmelztemperatur: 801 °C Siedetemperatur: 1465 °C	– Viele Molekülverbindungen sind schlecht löslich in Wasser. – Bei Raumtemperatur sind es meist Gase oder Flüssigkeiten. – Molekülverbindungen sind Nichtleiter. – Molekülverbindungen besitzen niedrige Schmelz- und Siedetemperaturen. Brom: Schmelztemperatur: –7 °C Siedetemperatur: 59 °C	– Metalle sind unlöslich in Wasser. – Sie sind gut verformbar. – Sie sind sehr gute elektrische Leiter und gute Wärmeleiter. – Metalle sind bei Raumtemperatur fest (Ausnahme Quecksilber). – Fast alle Metalle besitzen hohe Schmelz- und Siedetemperaturen. Magnesium: Schmelztemperatur: 650 °C Siedetemperatur: 1105 °C

Die Wertigkeit

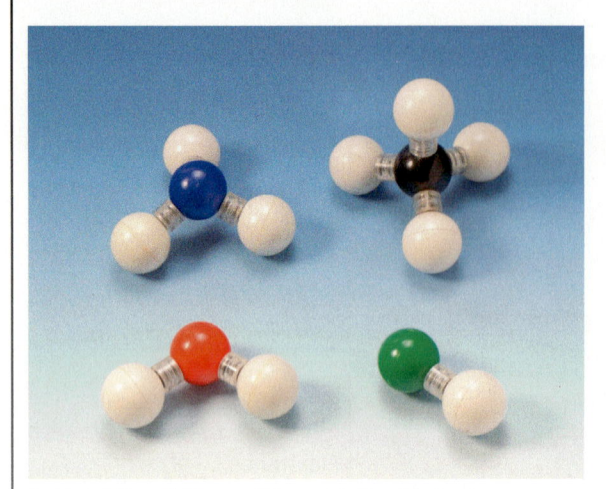

1 Molekülmodelle von Wasserstoffverbindungen

Element	Symbol	Wertigkeit
Wasserstoff	H	I
Chlor	Cl	I
Natrium	Na	I
Sauerstoff	O	II
Magnesium	Mg	II
Kupfer	Cu	II (I)
Eisen	Fe	III (II)
Aluminium	Al	III
Kohlenstoff	C	IV
Schwefel	S	II (IV, VI)

2 Tabelle der Wertigkeit einiger Elemente

1. Nenne die Wertigkeiten der Elemente in den Verbindungen CaO, Li_2O, SiO_2 und CaF_2.

2. Aluminium-Atome sind dreiwertig. Wie lautet die Formel für Aluminiumchlorid?

3. Welche Wertigkeiten haben die Stickstoff-Atome in den Verbindungen NO_2 und N_2O_3?

4. Bestimme die unterschiedlichen Wertigkeiten für Schwefel in den Verbindungen SO_2, SO_3 und H_2S.

Die Wertigkeit

HCl, H_2O, NH_3 und CH_4 sind Formeln für Verbindungen mit dem Element Wasserstoff. Aus den Formeln ergibt sich, dass sich die Atome der verschiedenen Elemente mit unterschiedlich vielen Wasserstoff-Atomen verbinden. Die Bindefähigkeit oder **Wertigkeit** dieser Elemente gegenüber Wasserstoff ist also unterschiedlich.
Die Wertigkeiten der Atome der anderen Elemente lassen sich aus der Wertigkeit des Wasserstoffs ableiten, denn das Wasserstoff-Atom ist immer **einwertig.** Chlor ist ebenfalls einwertig, da sich Wasserstoff immer nur mit **einem** Chlor-Atom verbindet (HCl). Sauerstoff ist **zweiwertig,** denn ein Sauerstoff-Atom verbindet sich immer mit **zwei** Wasserstoff-Atomen zu einem Wasser-Molekül (H_2O). Im Ammoniak (NH_3) ist das Stickstoff-Atom **dreiwertig** und das Kohlenstoff-Atom im Methan (CH_4) ist **vierwertig.**
Sind die Wertigkeiten der Elemente bekannt, so lassen sich auch die Formeln von Verbindungen aufstellen, die keinen Wasserstoff enthalten. In jeder Verbindung müssen die Wertigkeiten der beteiligten Elemente ausgeglichen sein. So ist in einem Schwefeldioxid-Molekül (SO_2) das Schwefel-Atom vierwertig, da es mit zwei Sauerstoff-Atomen verbunden ist, die jeweils zweiwertig sind.

Elemente mit mehreren Wertigkeiten

Einige Elemente wie etwa Kupfer, Eisen oder Stickstoff können in verschiedenen Wertigkeiten auftreten. Je nach Reaktionsbedingungen entsteht bei der Herstellung von Kupferoxid entweder rotes Kupferoxid (Cu_2O) oder schwarzes Kupferoxid (CuO). Beim roten Kupferoxid haben doppelt so viele Kupferatome wie Sauerstoff-Atome miteinander reagiert. Die Kupfer-Atome sind hier einwertig. Im schwarzen Kupferoxid sind die Kupfer-Atome zweiwertig.
Zur Unterscheidung der beiden Stoffe wird die Wertigkeit des Kupfer-Atoms als römische Zahl in den Namen mit aufgenommen:

Kupfer(I)-oxid (lies: Kupfer-eins-oxid),
Kupfer(II)-oxid (lies: Kupfer-zwei-oxid).

3 Rotes und schwarzes Kupferoxid

Elemente und ihre Ordnung

Aufstellen von Formeln mithilfe der Wertigkeit

Methode

Aufstellen von Formeln

Die Formeln von Verbindungen lassen sich mithilfe der Wertigkeit der Atome aufstellen. Dazu wird die Wertigkeit der Atome durch verschieden große Steckbausteine dargestellt. Die Anzahl der Noppen auf den Bausteinen gibt die Wertigkeit an.

Wasserstoff   H
Chlor   Cl
Sauerstoff   O
Stickstoff   N
Kohlenstoff   C

In einer Verbindung muss die Summe der Wertigkeiten ausgeglichen sein. Also müssen die Bausteine beider Bindungspartner insgesamt gleich lang sein. Das lässt sich am Beispiel der Formel von Wasser zeigen. Um die gleiche Länge wie der Baustein eines Sauerstoff-Atoms zu erreichen, werden zwei Wasserstoff-Bausteine benötigt. Also ist die Formel für Wasser H_2O:

H   Formel

O H_2O

Die Formel von Aluminiumoxid lässt sich dann folgendermaßen ermitteln:

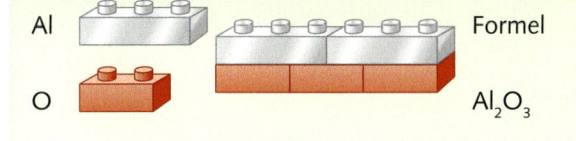

Al   Formel

O Al_2O_3

Unterschiedliche Wertigkeiten

Kupfer ist ein Element, das in unterschiedlichen Wertigkeiten vorkommt. Auch hier hilft das Bausteinmodell weiter.
Für Kupfer(I)-oxid gilt:

Cu   Formel

O Cu_2O

Für Kupfer(II)-oxid gilt:

Cu   Formel

O CuO

🔍 **1.** Erstelle mithilfe des Steckbausteinmodells die Formeln von Aluminiumchlorid, Eisenoxid und Zinkoxid.

📖 **2.** Bestimme die Wertigkeit der Atome in folgenden Verbindungen:
CuS, PbO_2, $FeCl_3$ und $CuCl_2$.

📖 **3.** Erstelle die Formeln folgender Verbindungen: Kupfer(I)-sulfid, Eisen(III)-oxid, Blei(II)-oxid, Stickstoff(III)-oxid und Silber(I)-oxid.

📖 **4.** Ordne den Namen die richtige Formel zu.
Namen: Eisen(II)-chlorid, Calciumoxid, Blei(IV)-oxid.
Formeln: $FeCl_3$, PbO_2, $FeCl_2$, CaO, PbO.

Namen von Molekülverbindungen

In Molekülverbindungen wird oft die Anzahl der beteiligten Atome als griechische Zahl mit in den Namen aufgenommen. Das gilt vor allem dann, wenn die beteiligten Elemente in unterschiedlichen Wertigkeiten auftreten können.
So lautet der Name für das Oxid des Kohlenstoffs mit zwei Sauerstoff-Atomen Kohlenstoff**di**oxid (CO_2), für das Oxid mit einem Sauerstoff-Atom Kohlenstoff**mono**oxid (CO).

📖 **5. a)** Wie heißen die Verbindungen mit folgenden Formeln: SO_2, SO_3, NO_2, N_2O_4, P_2O_5?
b) Welche Wertigkeiten haben die beteiligten Elemente?

Anzahl	Silbe
1	mono
2	di
3	tri
4	tetra
5	penta
6	hexa
7	hepta
8	octo

1 Anzahlen und ihre Silben

Elemente und ihre Ordnung

Auf einen Blick

Elementfamilien
Elemente mit ähnlichen Eigenschaften werden zu **Elementfamilien** zusammengefasst.

Alkalimetalle
- Leichtmetalle
- elektrisch leitfähig
- weich
- äußerst reaktionsfreudig
- kommen in der Natur nur in Verbindungen vor
- charakteristische Flammenfärbung

Lithium, Natrium, Kalium, Rubidium und Caesium sind **Alkalimetalle.**

Erdalkalimetalle
- Leichtmetalle
- elektrisch leitfähig
- härter als Alkalimetalle
- weniger reaktionsfreudig als Alkalimetalle
- kommen in der Natur nur in Verbindungen vor
- charakteristische Flammenfärbung

Beryllium, Magnesium, Calcium, Strontium und Barium sind **Erdalkalimetalle.**

Halogene
- sehr reaktionsfähig
- sehr giftig
- kommen in der Natur nur in Verbindungen vor

Fluor, Chlor, Brom und Iod sind **Halogene.**

Edelgase
- kommen als natürlicher Bestandteil der Luft vor
- sehr reaktionsträge
- gehen unter normalen Bedingungen keine Verbindungen mit anderen Stoffen ein

Helium, Neon, Argon, Krypton, Xenon und Radon sind **Edelgase.**

Kern-Hülle-Modell
Atome enthalten **elektrische Ladungen.** Zur Erklärung entwickelte RUTHERFORD das **Kern-Hülle-Modell.** Der **Atomkern** besteht aus positiv geladenen **Protonen** und elektrisch neutralen **Neutronen.** Die Anzahl von Protonen und Neutronen bestimmt die **Atommasse.** Die Anzahl der Protonen bestimmt, um welches Element es sich handelt. Die **Atomhülle** wird von den negativ geladenen **Elektronen** gebildet. Sie ist nahezu leer. Die Elektronen bewegen sich auf **Elektronenschalen.** Die Anzahl an Elektronen in der äußersten Schale bestimmt das chemische Verhalten eines Elementes.

Periodensystem der Elemente (PSE)

Gruppennummer = Zahl der Außenelektronen

	Gruppen							
	I	II	III	IV	V	VI	VII	VIII
1	$_1$H							$_2$He
2	$_3$Li	$_4$Be	$_5$B	$_6$C	$_7$N	$_8$O	$_9$F	$_{10}$Ne
3	$_{11}$Na	$_{12}$Mg	$_{13}$Al	$_{14}$Si	$_{15}$P	$_{16}$S	$_{17}$Cl	$_{18}$Ar
4	$_{19}$K	$_{20}$Ca	$_{31}$Ga	$_{32}$Ge	$_{33}$As	$_{34}$Se	$_{35}$Br	$_{36}$Kr
5	$_{37}$Rb	$_{38}$Sr	$_{49}$In	$_{50}$Sn	$_{51}$Sb	$_{52}$Te	$_{53}$I	$_{54}$Xe
6	$_{55}$Cs	$_{56}$Ba	$_{81}$Tl	$_{82}$Pb	$_{83}$Bi	$_{84}$Po	$_{85}$At	$_{86}$Rn

Periodennummer = Zahl der Elektronenschalen

Perioden

Ordnungszahl
= Zahl der Protonen
= Zahl der Elektronen

Elemente mit gleicher Anzahl von Außenelektronen

Elemente mit gleicher Anzahl von Elektronenschalen

Schalenmodell der Atomhülle

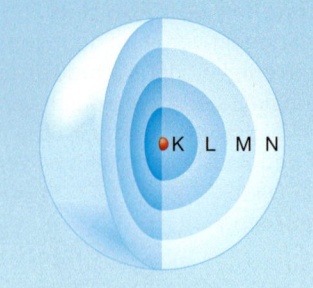

K L M N

Kennzeichnung der Elemente
Massenzahl: Zahl der Protonen und Neutronen

$$_2^4\text{He}$$

Kernladungszahl: Zahl der Protonen
= Zahl der Elektronen

Ionenbindung
Ionenkristall

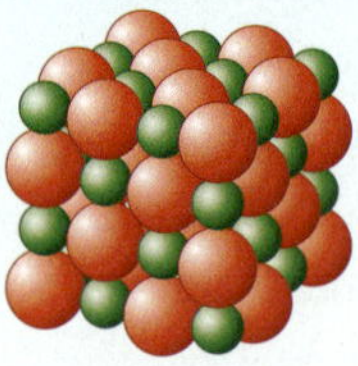

Elektronenpaarbindung
F_2

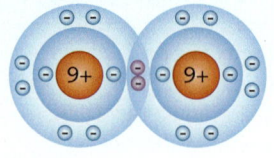

Metallbindung
Metall

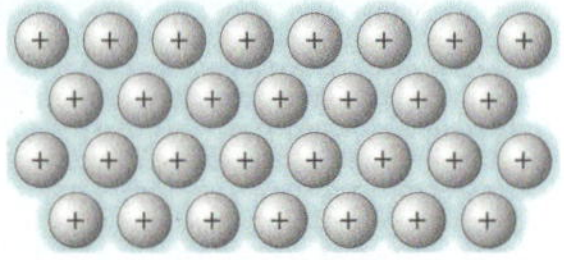

Wasser, ein besonderer Stoff
Wassermoleküle bestehen aus **Dipolmolekülen.** Wassermoleküle können untereinander Wasserstoffbrückenbindungen bilden.

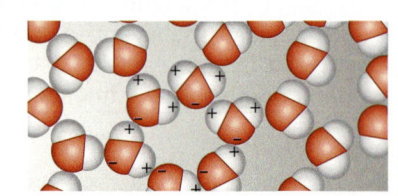

Elemente und ihre Ordnung

1. Führe Untersuchungen durch, mit denen du überprüfen kannst, ob Lithium ein Metall ist.

2. Vergleiche Eigenschaften von Lithium und Natrium miteinander.

3. Plane und führe einen Versuch durch, mit dem du Alkalimetalle in Verbindungen erkennen kannst.

4. a) Nenne gemeinsame Eigenschaften der Erdalkalimetalle.
b) Vergleiche sie mit denen der Alkalimetalle.

5. In welchen Eigenschaften unterscheiden sich die Edelgase von allen anderen Elementen?

6. Welche neuen Erkenntnisse über das Atom gewann RUTHERFORD durch seinen Streuversuch?

7. Wie ist ein Atomkern aufgebaut?

8. Was ist die Ordnungszahl?

9. Beschreibe den Aufbau der Atomhülle.

10. Begründe, warum die Außenschale der Atome für die Ordnung der Elemente so wichtig ist.

11. Was ist das Besondere an der Elektronenhülle der Edelgasatome?

12. Beschreibe den Aufbau des Periodensystems.

13. Beschreibe die Besonderheiten des Elementes Wasserstoff.

14. Zucker bildet regelmäßige Kristalle und ist wasserlöslich. Mit welchen Experimenten lässt sich zeigen, dass Zucker keine Ionenverbindung ist?

15. Wie wird die elektrische Ladung in einer Salzlösung und wie in einem Metalldraht transportiert? Beschreibe den Unterschied.

16. a) Vergleiche die Elektronenhüllen von Kalium-Ionen (K^+), Argon-Atomen (Ar) und Chlor-Ionen (Cl^-). Was fällt dir dabei auf?
b) Warum haben diese Teilchen unterschiedliche Eigenschaften?

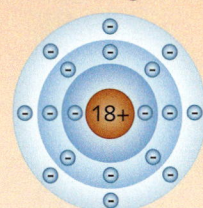

17. Welche Ionen sind in der Abbildung im Schalenmodell dargestellt?

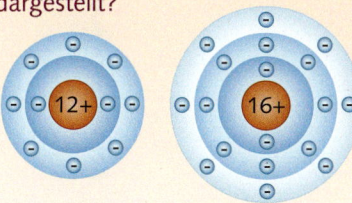

18. Aus welcher Teilchenart (Atom, Molekül, Ion, freie Elektronen) bestehen jeweils die Stoffe Krypton, Eis, Kaliumchlorid, Platin, Brom und Magnesiumoxid?

19. Ermittle die Wertigkeit der Atome in folgenden Verbindungen: CCl_4, Ag_2O, H_2Se, Fe_2O_3.

20. a) Zeichne die Molekülmodelle von Cl_2, H_2S und CF_4 als Schalenmodell.
b) Schreibe auch die Strukturformeln dieser Verbindungen auf.

21. a) Erkläre die Begriffe Oktettregel, Doppelbindung und Dreifachbindung.
b) Schreibe die Strukturformeln von Sauerstoff- und Stickstoff-Molekülen auf.

22. a) Nenne die Modifikationen des Kohlenstoffes.
b) Erkläre mithilfe der Gitterstruktur die Eigenschaften der jeweiligen Modifikation.

23. Warum geht ein Wasserläufer nicht unter?

24. Chlorwasserstoff-Moleküle (HCl) sind Dipolmoleküle. Zeichne die Strukturformel von Chlorwasserstoff und trage die positiven und negativen Ladungen ein.

25. Erkläre den Unterschied zwischen Ionenbindung und Metallbindung.

Zeig, was du kannst

Struktur der Materie

Elemente un

Chemisch

Atombau

Elementarteilchen	Symbol	Masse
Elektron	e⁻	etwa $\frac{1}{2000}$ u
Proton	p	etwa 1 u
Neutron	n	etwa 1 u

1. Beschreibe den Aufbau von Atomen mithilfe der Elektronen, Protonen und Neutronen.

2. Von den Element Wasserstoff gibt es drei verschiedene Atomsorten. Worin unterscheiden sie sich? Benutze dabei den Begriff **Isotope**.

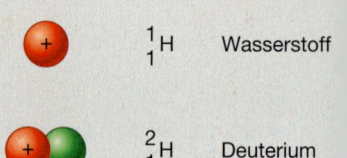

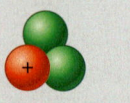

$^{1}_{1}H$ Wasserstoff

$^{2}_{1}H$ Deuterium

$^{3}_{1}H$ Tritium

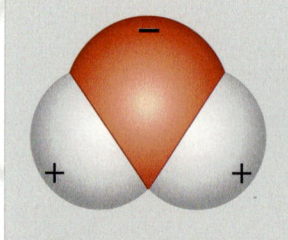

Wassermolekül als Dipol

3. Welche besonderen Eigenschaften hat Wasser aufgrund der **Struktur** seiner Moleküle?

4. Vergleiche das Kern-Hülle-Modell mit dem Schalenmodell. Nenne Gemeinsamkeiten und Unterschiede.

Kern-Hülle-Modell

Schalenmodell

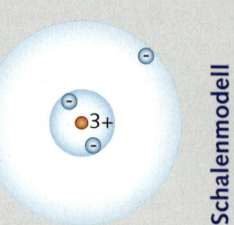

Ionen, Ionengitter

5. a) Wie ordnen sich die Ionen im festen Salzkristall an?
b) Wodurch werden die Ionen im Kristall zusammengehalten?

Basiskonzepte

...hre Ordnung

Energie

...eaktion

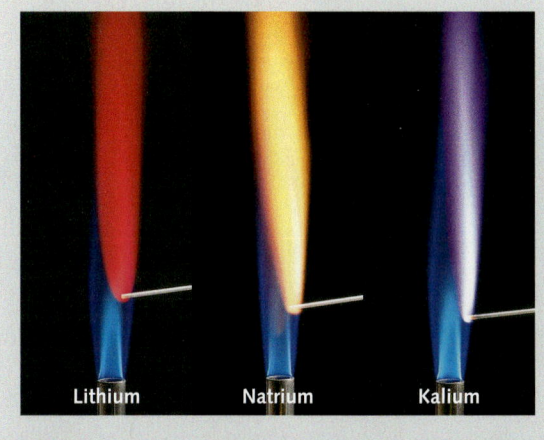

Lithium Natrium Kalium

📖 **6.** Erkläre mithilfe des Schalenmodells die unterschiedlichen **Reaktionsfähigkeiten** von Alkalimetallen und Edelgasen.

Elementfamilien

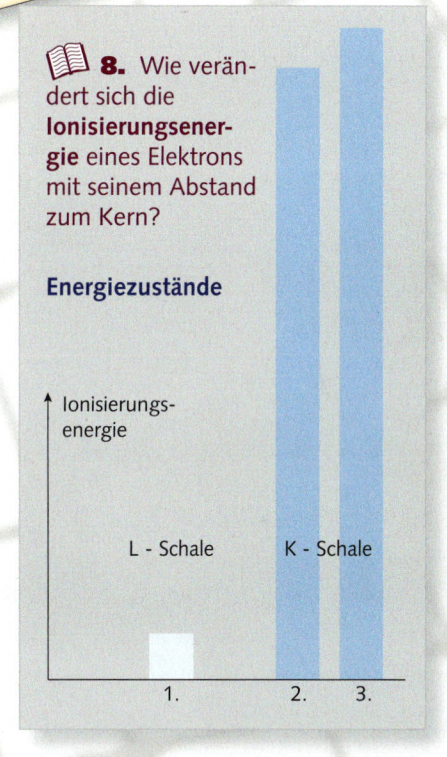

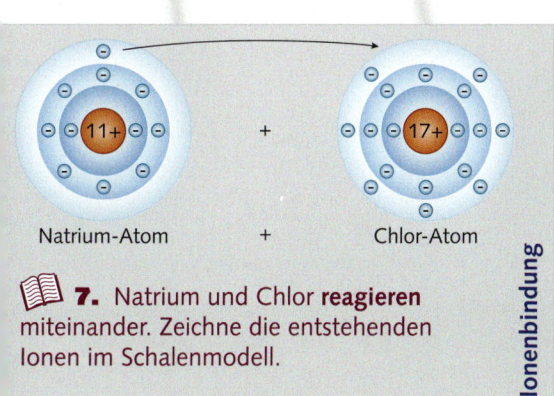

📖 **8.** Wie verändert sich die **Ionisierungsenergie** eines Elektrons mit seinem Abstand zum Kern?

Energiezustände

Ionisierungsenergie

L - Schale   K - Schale

1.   2.   3.

Natrium-Atom + Chlor-Atom

📖 **7.** Natrium und Chlor **reagieren** miteinander. Zeichne die entstehenden Ionen im Schalenmodell.

Ionenbindung

Atomare Masse

12 H-Atome   1 C-Atom

📖 **9.** Wie verändert sich die atomare Masse innerhalb einer Elementfamilie?

Säuren und Basen

Zitronen schmecken sauer, sie enthalten bis zu 5 % Citronensäure. Andere Säuren, die uns im Alltag begegnen, sind zum Beispiel die Essigsäure, die Milchsäure oder die Kohlensäure. Wie unterscheiden sich davon die technischen Säuren, wie die Schwefelsäure oder die Salzsäure?

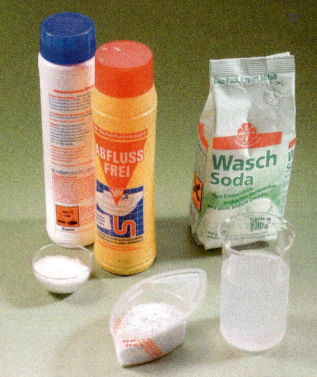

Eine andere Stoffgruppe, die uns ebenfalls im Haushalt begegnet, bilden die Laugen. Oft sind das Bestandteile von Wasch- und Reinigungsmitteln. Wenn sie, wie im Abflussreiniger, in konzentrierter Form vorkommen, sind Laugen gefährliche Stoffe. Warum?

Kochsalz – nicht nur gut für den Geschmack, sondern lebensnotwendig.
An den schönen, würfelförmigen Kristallen ist es leicht zu erkennen.
In Alltag und Technik gibt es noch viele andere Stoffe, die zur Stoffgruppe der Salze gehören. Woran erkennst du das?

Saure und alkalische Lösungen

Achtung: Alle Versuche, bei denen du Lebensmittel probierst, müssen in der Schulküche durchgeführt werden!

1 Lebensmittel und Reinigungsmittel

2 Rotkohl oder Blaukraut?

1. Aus Zitronensäure, Zucker und Natron kannst du Brausepulver herstellen. Beschreibe den Geschmack von Zitronensäure und Natron.

2. Nenne Lebensmittel, die sauer schmecken, und finde heraus, welche Bestandteile jeweils für den sauren Geschmack sorgen.

3. Die Kohlsorte, die in Norddeutschland „Rotkohl" heißt, heißt in Süddeutschland „Blaukraut". Finde eine Erklärung für diese Farbverwirrung.

4. a) Gieße aus einer Rotkohlkonserve etwas Rotkohlsaft durch ein Sieb ab und fülle den Saft in eine Tropfflasche.
b) Fülle drei kleine Bechergläser zur Hälfte mit Leitungswasser. Gib in das erste $\frac{1}{2}$ Spatel Zitronensäure, in das dritte $\frac{1}{2}$ Spatel Natron, das zweite bleibt unverändert. Rühre gut um. Gib dann zu jedem Becherglas etwa 2 ml Rotkohlsaft. Vergleiche die entstandenen Farben und beschreibe sie.

5. Gib 1 Spatel Natron zur gefärbten Zitronensäurelösung aus Versuch 4 und $\frac{1}{2}$ Spatel Zitronensäure zur gefärbten Natronlösung. Beschreibe und erkläre das Versuchsergebnis.

6. Der violette Rotkohlfarbstoff ist ein Anzeiger (Indikator) für saure Lösungen (rot) und alkalische Lösungen wie die Natronlösung (blau).
a) Wie lässt sich das durch weitere Versuche bestätigen?
b) Welchen Vorteil hat ein solcher Farbstoff gegenüber einer Geschmacksprobe?

7. Untersucht im Team verschiedene Lebensmittelproben wie in Versuch 4 b). Gebt bei Getränken etwa 20 ml in ein kleines Becherglas oder Reagenzglas. Gießt bei anderen Proben wie Sauerkraut oder Joghurt etwas Flüssigkeit ab. Gebt zu jeder Probe die gleiche Menge Rotkohlsaft. Vergleicht die Versuchsergebnisse und stellt sie übersichtlich zusammen.

8. a) Untersucht auf die gleiche Weise wie in Versuch 4 b) Putz- und Waschmittel. Arbeitet auch hier in Teams. Gebt etwa 1 ml der Flüssigkeiten in kleine Bechergläser zu 20 ml Wasser. Nehmt von Feststoffen jeweils $\frac{1}{2}$ Spatel. Rührt gut um.
Achtung: Beachtet dabei unbedingt die Sicherheitshinweise auf den Verpackungen!

b) Stellt die Versuchsergebnisse übersichtlich in einer Tabelle zusammen. Nennt dabei auch den jeweiligen Verwendungszweck.

9. Verreibe nacheinander Wasser, Waschpulverlösung und Essig zwischen deinen Fingern. Wie fühlt sich deine Haut danach jeweils an? Welche Eigenschaft der jeweiligen Probe hast du erfüllt?

Säuren und Basen → S. 290/291

Saure und alkalische Lösungen

Zitronen schmecken sauer, denn sie enthalten Zitronensäure. Diese **Säure** gibt auch der Grapefruit und anderen Früchten den erfrischenden Geschmack. Brausepulver enthält neben Zitronensäure und Zucker noch Natron, und das ist keine Säure. Eine Natronlösung schmeckt nicht sauer, sondern eher unangenehm seifig. Natronlösung ist eine **alkalische Lösung,** auch **Base** oder **Lauge** genannt. Alkalische (basische) Lösungen sind „Gegenspieler" der Säuren. So wird Natron als Medikament gegen überschüssige Magensäure eingesetzt.

Säuren und Laugen als Putzmittel

Viel stärkere Säuren und Laugen als bei den Lebensmitteln sind bei Reinigungs- und Waschmitteln zu finden. Es sind Säuren gegen Kalkablagerungen, starke Laugen gegen fettige Verschmutzungen oder verstopfte Abflüsse und vieles andere. Sie sind teilweise stark ätzend, lebensgefährlich giftig und sie zersetzen die Haut. Wie bei allen Chemikalien dürfen davon keine Geschmacksproben genommen werden, deshalb wird ein anderer „Anzeiger" für die Säuren und Laugen benötigt.

3 Vorsicht beim Umgang mit ätzenden Stoffen!

Rotkohl und Blaukraut

Rotkohl wird regional unterschiedlich zubereitet. In Norddeutschland wird beim Kochen Essig hinzugefügt, dann erhält er eine schöne rote Farbe. In Bayern ist das nicht üblich. Hier wird dem Rotkohl manchmal etwas Natron hinzugefügt, damit er eine blaue Farbe bekommt. Er heißt deshalb in Bayern „Blaukraut".

Der Rotkohlfarbstoff ist also ein **Indikator** oder Anzeiger für Säuren und Laugen. Er ist in saurer Lösung rot, in schwach alkalischer Lösung (Natron) blau und in stark alkalischer Lösung (Abflussfrei) gelb. In neutralem Wasser, das weder sauer noch alkalisch ist, behält der Indikator seine Farbe.

Es gibt noch weitere pflanzliche Farbstoffe mit dieser Eigenschaft. Im Chemielabor werden meist chemisch hergestellte Indikatorfarbstoffe verwendet, da die pflanzlichen Farbstoffe meist nicht lange haltbar sind. Ein solcher Indikator ist der **Universalindikator.**

■ Säuren und Laugen kommen in Lebensmitteln und im Haushalt vor. Sie lassen sich durch Indikatoren anzeigen.

Die Bestimmung des pH-Werts

1. a) Fülle in 5 Reagenzgläser 2 cm hochverdünnte Salzsäure, Mineralwasser mit Kohlensäure, Leitungswasser, Natronlösung, verdünnte Natronlauge. Füge jeweils 1 ml Rotkohlsaft hinzu. Vergleiche die Farben.
b) Wiederhole den Versuch, gib aber jeweils 3 Tropfen Universalindikator anstelle von Rotkohlsaft hinzu. Beschreibe die entstandenen Farben und ordne den Lösungen nach der Farbskala des Indikators pH-Werte zu.
c) Ordne auch den entsprechenden Farben des Rotkohlsafts aus Versuch 1 a) pH-Werte zu. Bewerte dessen Eignung zur pH-Wert-Bestimmung.

Der pH-Wert

Das Maß für die Stärke einer Säure oder Lauge ist der **pH-Wert.** Seine Skala reicht von 0 bis 14.

Werte kleiner als 7 zeigen Säuren an. Werte größer als 7 zeigen Laugen an. Lösungen, die genau den pH-Wert 7 haben, sind **neutral,** zum Beispiel reines Wasser.

Der Rotkohlsaft zeigt das durch verschiedene Farben an. Noch besser geeignet ist ein **Universalindikator.** Er zeigt die einzelnen pH-Werte durch bestimmte Farben an.

Mithilfe einer zugeordneten **Farbskala** lassen sich die pH-Werte damit recht genau bestimmen.

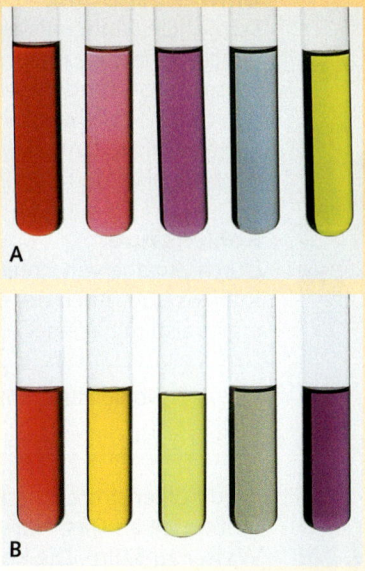

4 A *Farbumschlag beim Rotkohlsaft;*
B *Ein Universalindikator zeigt pH-Werte an.*

Säuren und Basen → S. 290/291

So können Säuren entstehen

1 Schwefel wird verbrannt.

2 Der Winzer bereitet sein Fass vor. A *Spülen;* B *Schwefeln.*

🔍 **1. a) Demonstrationsversuch:** Ein Standzylinder wird etwa 2 cm hoch mit Wasser und einer Indikator-Lösung gefüllt. Unter dem Abzug wird auf einem Verbrennungslöffel etwas Schwefel entzündet. Er wird in den Standzylinder gehalten, der danach mit einem Deckglas verschlossen wird.
Der Verbrennungslöffel wird herausgenommen, wenn der Schwefel verbrannt ist. Das Deckglas wird wieder aufgelegt und festgehalten. Der Standzylinder wird geschüttelt.
b) Beschreibe und erkläre die Veränderungen in Versuch a).

🔍 **2. a)** Fülle ein Becherglas mit Wasser. Gib Universalindikator hinzu und ermittle den pH-Wert.
b) Stelle Sprudel her, indem du mit einem Sprudelbereiter Kohlenstoffdioxid in Wasser mit Universalindikator einleitest. Bestimme den pH-Wert und vergleiche mit dem Ergebnis aus Versuch a).

3 Herstellung von Sprudel

Schweflige Säure
In Bild 2 bereitet der Winzer sein Fass vor, um neuen Wein einlagern zu können. Dazu spritzt er das Weinfass mit Wasser aus. Dann verbrennt er darin Schwefel. Aus dem gelben Nichtmetall Schwefel entsteht das giftige Gas Schwefeldioxid. Es reagiert mit dem Wasser und bildet **schweflige Säure.**

$$\text{Schwefeldioxid} + \text{Wasser} \rightarrow \text{schweflige Säure}$$
$$SO_2 \quad + \quad H_2O \quad \rightarrow \quad H_2SO_3$$

Schwefeldioxid und schweflige Säure töten Mikroorganismen. Das Fass wird keimfrei und der Wein wird für längere Zeit haltbar gemacht.

Umweltbelastung
Schweflige Säure entsteht nicht nur beim Verbrennen von reinem Schwefel. Auch viele Brennstoffe wie Briketts, Heizöl, Dieselkraftstoff oder Holz enthalten Schwefel. Beim Verbrennen dieser Stoffe entsteht ebenfalls Schwefeldioxid, das mit Luftfeuchtigkeit zu schwefliger Säure wird. Sie verursacht hauptsächlich den sauren Regen und schädigt so die Umwelt.

Kohlensäure
Durch Zugabe von Kohlenstoffdioxid zu Wasser entsteht die **Kohlensäure.** Auch das Oxid des Nichtmetalls Kohlenstoff ergibt also mit Wasser eine Säure.

$$\text{Kohlenstoffdioxid} + \text{Wasser} \rightarrow \text{Kohlensäure}$$
$$CO_2 \quad + \quad H_2O \quad \rightarrow \quad H_2CO_3$$

Wird Kohlenstoffdioxid in Wasser geleitet, löst sich darin der größte Teil als Gas. Nur ein geringer Teil reagiert mit dem Wasser zu Säure. Die Kohlensäure ist eine schwache Säure.

■ Nichtmetalloxide reagieren mit Wasser zu Säuren.

ACHTUNG SÄURE: ECHT ÄTZEND!

2 Auffangen eines Gases

🔍 **1.** Packe eine angeschnittene Zitrone in Alufolie und kontrolliere nach einigen Tagen. Was kannst du beobachten?

🔍 **2.** Gib in ein Reagenzglas zu verdünnter Salzsäure ein Stück Magnesiumband. Verschließe das Reagenzglas sofort mit einem Gummistopfen, in dem ein Glasrohr steckt. Fange mit einem zweiten Reagenzglas das entstehende Gas auf, wie es Bild 2 zeigt. Halte die Öffnung dieses Reagenzglases über eine Brennerflamme. Welches Gas kannst du nachweisen?

🔍 **3.** Wiederhole Versuch 2 mit Zink und 10%iger Schwefelsäure.

🔍 **4. a) Demonstrationsversuch:** Ein Stückchen Blattgold wird unter dem Abzug zu konzentrierter Salpetersäure gegeben.
b) Was kannst du beobachten?

✏️ **5.** Warum müssen Sauerkrautdosen von innen mit einer Kunststofffolie beschichtet sein?

✏️ **6.** Warum werden Kochtöpfe aus Eisen emailliert?

■ Viele Metalle reagieren mit Säuren. Dabei entsteht Wasserstoff, der ein Bestandteil der Säuren war.

Säuren reagieren mit Metallen

Saure Speisen wie eingelegte Gurken dürfen nicht in Aluminiumfolie eingewickelt werden. Die Folie würde sich auflösen.

Metalle wie Magnesium reagieren mit Säuren. Hier findet eine chemische Reaktion statt, bei der sich die Metalle zersetzen. Dabei entsteht Wasserstoff.

$$Mg + 2\ HCl \rightarrow MgCl_2 + H_2$$

Der freigesetzte Wasserstoff kann nur aus der Säure stammen, weil Metalle chemische Elemente sind. Sie enthalten keine weiteren Stoffe.

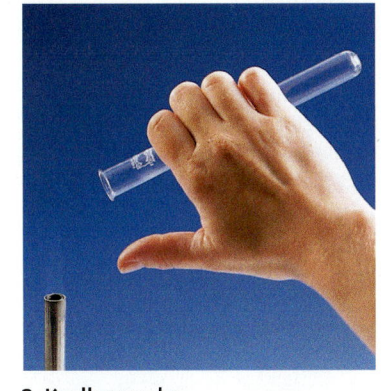

3 Knallgasprobe

Edelmetalle

Nicht alle Metalle werden von Säuren angegriffen. Edelmetalle wie Silber, Gold oder Platin sind gegenüber den meisten Säuren beständig.

1 Salzsäure reagiert mit Magnesium.

Säuren reagieren nicht nur mit Metallen

1. a) Nimm ein Glas aus der Chemiesammlung, das einen deutlichen Kalkschleier hat. Fülle das Glas mit Wasser, dem du etwas 10%ige Salzsäure zusetzt. Beobachte und beschreibe.
b) Welches Gas entsteht bei der Reaktion?
c) Plane einen Versuch, mit dem du das entstehende Gas nachweisen kannst, und führe ihn durch.

2. Demonstrationsversuch: Konzentrierte Schwefelsäure wird auf folgende Stoffe gegeben:
a) ein Stück Baumwollstoff. Nach wenigen Sekunden wird der Stoff ausgewaschen.
b) ein Papiertaschentuch,
c) ein Holzstäbchen.
d) Schildere jeweils deine Beobachtungen.

3. a) Demonstrationsversuch: In ein hohes Becherglas wird zur Hälfte Haushaltszucker gegeben. Der Zucker wird leicht angefeuchtet. Dazu kommt etwas konzentrierte Schwefelsäure.
b) Beschreibe und erkläre deine Beobachtungen.

4. a) Demonstrationsversuch: Auf die eine Seite einer Balkenwaage wird eine Petrischale mit konzentrierter Schwefelsäure gestellt. Dann wird die Waage ins Gleichgewicht gebracht.
b) Was kannst du nach 15 min beobachten? Erkläre.

1 Fliesen werden nach dem Verlegen gereinigt.

5. a) Demonstrationsversuch: Ein Becherglas wird halb mit Wasser gefüllt. Dann wird vorsichtig etwas konzentrierte Schwefelsäure hinzugegeben.
b) Wie verändert sich nach der Durchführung des Versuches die Temperatur des Becherglases?

6. a) Demonstrationsversuch: Einige Tropfen konzentrierte Salpetersäure werden in ein Reagenzglas mit Eiklar gegeben.
b) Schildere deine Beobachtungen.

Salzsäure
Der Fliesenleger reinigt die Wand mit **Salzsäure,** um den Kalkschleier zu entfernen. Die Salzsäure zersetzt den Kalk. Dabei entsteht Kohlenstoffdioxid.
Installateure nutzen Salzsäure als **Lötwasser,** um vor dem Verbinden von Rohren die Lötstellen zu reinigen.

Schwefelsäure
Bei Versuchen mit Säuren muss Schutzkleidung getragen werden, um die Kleidung zu schützen. Besonders gefährlich ist die **Schwefelsäure.** Auch wenn ein Spritzer sofort ausgewaschen wird, ist der Kleidungsstoff nach kurzer Zeit zerstört. Schwefelsäure hat eine stark Wasser anziehende Wirkung. Sie zersetzt organische Stoffe wie Wolle, Papier oder Zucker. Diese Stoffe bestehen aus Kohlenstoff und chemisch gebundenem Wasser. Die Schwefelsäure ist in der Lage, diesen Verbindungen das Wasser zu entziehen. Stoffe mit dieser Eigenschaft heißen **hygroskopisch.**

■ Säuren können durch ihre ätzende Wirkung Stoffe zerstören.

Salpetersäure
Auch andere Säuren sind gefährlich. **Salpetersäure** zersetzt Eiweißstoffe und verätzt dadurch deine Haut.
Der Goldschmied kann Salpetersäure als Scheidewasser benutzen. Sie löst Silber auf, Gold hält ihr stand.

Silber   Gold

2 Schwefelsäure und Zucker

3 Edelmetalle in Salpetersäure

Säuren und Basen

Herstellung von Salzsäure

🔍 **1.** Beobachte eine geöffnete Flasche mit „rauchender" Salzsäure. Fächle dir sehr vorsichtig etwas „Rauch" zu und beschreibe den Geruch.

🔍 **2.** Halte Universalindikatorpapier zunächst trocken, dann mit Wasser angefeuchtet, über konzentrierte Salzsäure. Erkläre deine Beobachtung.

🔍 **3. a) Demonstrationsversuch:** Es wird ein Versuch wie in Bild 2 aufgebaut. Ein großes, hohes Becherglas wird zu Dreiviertel mit Wasser gefüllt. Ein Indikator wird hinzugefügt. Das Glasrohr darf die Wasseroberfläche nicht berühren. Das Reagenzglas enthält 3 ml konzentrierte Schwefelsäure. In das Reagenzglas wird ein Spatellöffel Kochsalz zur Schwefelsäure gegeben, danach wird es sofort mit dem Gummistopfen verschlossen.
b) Beobachte die Reaktion und deute das Ergebnis.

1 „Rauchende" Salzsäure

🔍 **4.** Rieche sehr vorsichtig an dem Gas, das in Versuch 3 entsteht und vergleiche mit dem Geruch aus Versuch 1.

🔍 **5. a) Demonstrationsversuch:** Der Versuch wird wie in Bild 3 aufgebaut. Der trockene Standzylinder enthält Chlorwasserstoffgas. In der Glasschale befindet sich Wasser, das mit Universalindikator angefärbt wurde. Der Standzylinder wird mit einer Glasplatte verschlossen. Diese wird unter Wasser weggezogen.
b) Beschreibe deine Beobachtungen und erkläre sie.

📝 **6.** Suche in einem Fachbuch oder im Internet eine Erklärung dafür, dass es eine 100%ige Salzsäure nicht gibt.

Chlorwasserstoff

Salzsäure wurde zuerst aus Kochsalz und Schwefelsäure hergestellt. Aus diesen beiden Ausgangsstoffen entsteht im Reagenzglas in Bild 2 ein farbloses, stechend riechendes Gas, der **Chlorwasserstoff** (HCl). Der Chlorwasserstoff löst sich sehr gut in Wasser. Diese Lösung heißt Salzsäure. Aus einem Salz, dem Kochsalz, entsteht also eine Säure. Von dieser chemischen Reaktion hat die Salzsäure ihren Namen.

■ Salzsäure bildet sich, wenn Chlorwasserstoff in Wasser gelöst wird. Chlorwasserstoff kann aus Kochsalz und Schwefelsäure hergestellt werden.

Chlorwasserstoff ist auch die Ursache dafür, dass konzentrierte Salzsäure „raucht". In Wirklichkeit handelt es sich um Nebel, der vom aufsteigenden Chlorwasserstoff mit der Luftfeuchtigkeit gebildet wird. Beim Versuch in Bild 3 ist der Standzylinder mit Chlorwasserstoffgas gefüllt. Gelangt Wasser in den Standzylinder, löst sich der gesamte Chlorwasserstoff darin. Dadurch entsteht ein Unterdruck. Jetzt wird durch den äußeren Luftdruck das Wasser in den Standzylinder gedrückt. Chlorwasserstoff löst sich also sehr gut in Wasser.

2 Herstellung von Salzsäure

3 Hier entsteht Salzsäure.

Säuren und Basen → S. 290/291

Säuren, chemisch betrachtet

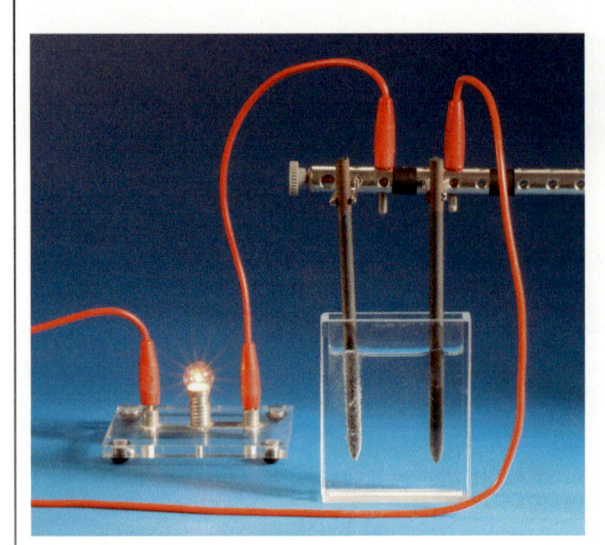

1 Säuren leiten den elektrischen Strom.

✏️ **1.** Vergleiche die elektrische Leitfähigkeit von destilliertem Wasser und einer Salzlösung. Begründe den Unterschied.

🔍 **2. a)** Prüfe die elektrische Leitfähigkeit von verdünnter Salzsäure. Benutze dabei Kohleelektroden und verwende Gleichspannung.
b) Beschreibe und erkläre den Versuchsablauf. Beachte dabei vor allem die Vorgänge, die du an der Kathode (Minuspol) beobachten kannst.

🔍 **3.** Wiederhole den Versuch 2 a) mit verdünnter Schwefelsäure und verdünnter Essigsäure. Vergleiche die Ergebnisse.

✏️ **4.** Suche weitere Indikatoren außer Rotkohlsaft und Universalindikator und gib jeweils die Umschlag-Farben an, die eine Säure anzeigen.

Was ist Salzsäure?

Salzsäure entsteht beim Lösen von Chlorwasserstoff in Wasser. Die Lösung erwärmt sich dabei und reagiert mit Indikatorfarbstoffen. Außerdem wird sie elektrisch leitend.

Die Bildung von Salzsäure ist also kein einfaches Lösen wie das Lösen von Zucker in Wasser. Es ist eine chemische Reaktion des Chlorwasserstoff-Gases mit Wasser. Dabei entstehen Ionen, die auch als Ladungsträger dienen:

$$\text{Chlorwasserstoff} \xrightarrow{\text{Wasser}} \text{Wasserstoff-Ionen} + \text{Chlorid-Ionen}$$

$$\text{HCl} \xrightarrow{\text{Wasser}} \text{H}^+ + \text{Cl}^-$$

Chlorwasserstoff zerfällt im Wasser in H^+-Ionen und Cl^--Ionen. Die H^+-Ionen sind **Protonen.** Es sind die Atomkerne des Wasserstoff-Atoms. Sie lagern sich stets mit Wassermolekülen zu H_3O^+-Ionen zusammen. Diese heißen **Hydronium-Ionen.**

$$H^+ + H_2O \rightarrow H_3O^+$$

Zur Vereinfachung wird in diesem Buch aber weiterhin von H^+-Ionen und nicht von H_3O^+-Ionen gesprochen.

Durch eine chemische Reaktion von Chlorwasserstoff (HCl) mit Wasser entsteht eine saure Lösung, die Salzsäure (HCl). Die Formel **HCl** bedeutet sowohl Chlorwasserstoff-Gas als auch Salzsäure.

Die Stoffgruppe der Säuren

Die Säuren, die uns im Haushalt, im Labor oder in der Industrie begegnen, bilden eine Stoffgruppe mit gemeinsamen Eigenschaften:

• **Säuren wirken ätzend**
Ähnlich wie die Salzsäure wirken viele Säuren, wie die Schwefelsäure oder die Salpetersäure, stark ätzend und sind gesundheitsschädlich.

• **Säuren reagieren mit Kalk**
Tropft zum Beispiel Schwefelsäure auf Kalkstein ($CaCO_3$), entsteht das Salz Calciumsulfat, außerdem Wasser und Kohlenstoffdioxid.

$$H_2SO_4 + CaCO_3 \rightarrow CaSO_4 + CO_2 + H_2O$$

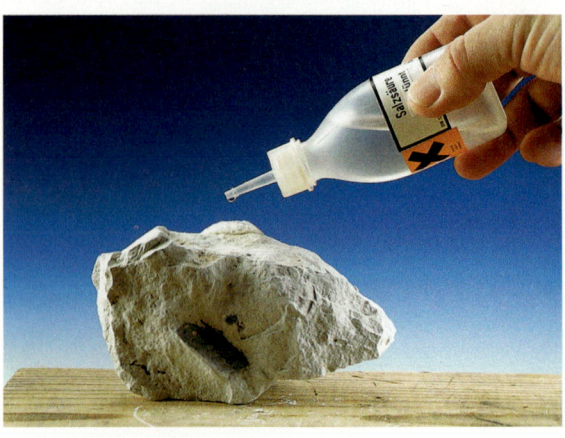

2 Säuren reagieren mit Kalk.

Säuren und Basen

- **Säuren reagieren mit unedlen Metallen**
Tropft Salzsäure auf Zink, entstehen das Salz Zinkchlorid und Wasserstoff.

$$Zn + 2\,HCl \rightarrow ZnCl_2 + H_2$$

- **Säuren geben Protonen ab**
In Wasser zerfallen Säureteilchen in positiv geladene Wasserstoff-Ionen (Protonen) und negativ geladene Säurerest-Ionen. Die Protonen sind für die saure Reaktion verantwortlich.

$$Säureteilchen \xrightarrow{Wasser} H^+ + Säurerest\text{-}Ion$$

$$H_2SO_4 \xrightarrow{Wasser} 2\,H^+ + SO_4^{2-}$$

- **Säuren leiten den elektrischen Strom**
Die Wasserstoff-Ionen und die Säurerest-Ionen dienen in sauren Lösungen als Ladungsträger.

- **Säuren entwickeln Wasserstoff**
Bei der Elektrolyse einer Säure werden die Wasserstoff-Ionen zu Wasserstoff-Atomen entladen. Deshalb entsteht an der Kathode Wasserstoff.

■ Säuren bilden eine Stoffgruppe mit gemeinsamen Eigenschaften. In wässrigen Lösungen geben Säuren Wasserstoff-Ionen ab. Diese sind für die saure Wirkung verantwortlich.

Elektrolyse von Salzsäure

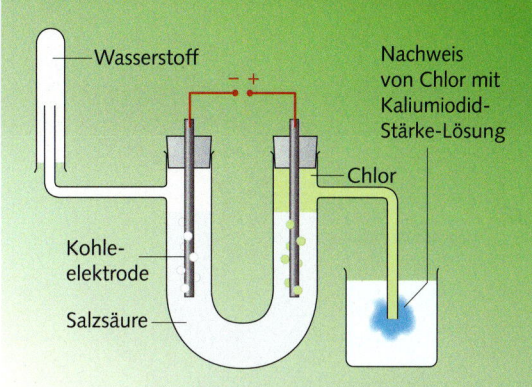

3 Elektrolytische Zerlegung von Salzsäure

Salzsäure enthält H^+-Ionen und Cl^--Ionen. Am Minuspol (Kathode) herrscht Elektronenüberschuss. Hier nehmen die Wasserstoff-Ionen Elektronen auf, es entsteht Wasserstoff:

$$2\,H^+ + 2\,e^- \rightarrow H_2$$

Am Pluspol (Anode) herrscht Elektronenmangel. Hier geben die Chlorid-Ionen Elektronen ab, es entsteht Chlor:

$$2\,Cl^- \rightarrow Cl_2 + 2\,e^-$$

Steckbrief: Schwefelsäure H_2SO_4

Eigenschaften: farblose Flüssigkeit
Dichte: 1,84 $\frac{g}{ml}$
Siedetemperatur: 338 °C

Verwendung: Herstellung von Düngemitteln, Waschmitteln, Farbstoffen; Säure für Blei-akkumulatoren (Batteriesäure)

Chemische Eigenschaften: ätzend, stark Wasser anziehend (hygroskopisch), reagiert mit Wasser unter Wärmeentwicklung, zersetzt Baumwolle, Papier, Zucker und die Haut, löst sogar Metalle wie Kupfer und Silber unter Bildung von Schwefeldioxid auf.

Hinweis: Beim Verdünnen stets die richtige Reihenfolge beachten: Erst das Wasser - dann die Säure, sonst spritzt die Säure explosionsartig heraus.

Steckbrief: Salpetersäure HNO_3

Aussehen: farblose Flüssigkeit
Dichte: 1,52 $\frac{g}{ml}$
Siedetemperatur: 84 °C

Verwendung: Herstellung von Düngemitteln, Farbstoffen, Sprengstoffen, Lösungsmitteln, Oxidationsmitteln

Chemische Eigenschaften: ätzend, lichtempfindlich, zerfällt unter Freisetzung giftiger Gase (Gelbfärbung), 50%ige Salpetersäure löst Silber auf, nicht aber Gold (Scheidewasser), 1 Teil konz. HNO_3 + 3 Teile konz. HCl lösen sogar Gold und Platin („Königswasser") auf.

Hinweis: Mit konzentrierter Salpetersäure darf nur unter dem Abzug gearbeitet werden, da sich leicht nitrose Gase (NO, NO_2) bilden. Das sind starke Atemgifte.

Pinnwand

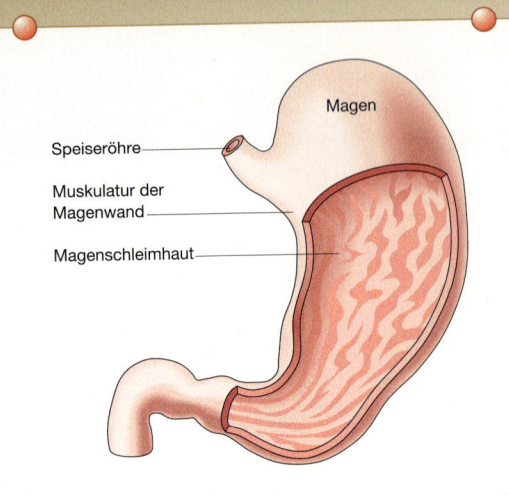

Überall Säuren

Magen
Speiseröhre
Muskulatur der Magenwand
Magenschleimhaut

Magensaft, der von den Drüsen produziert wird, enthält eine etwa 0,3%ige Salzsäure.

1. Wozu dient Salzsäure im Magen?

2. Warum wird der Magen selbst nicht von der Salzsäure angegriffen?

3. Erkläre die Entstehung von Sodbrennen.

In Erfrischungsgetränken sind Säuren enthalten.

4. Suche auf den Etiketten von Colaflaschen oder anderen Erfrischungsgetränken, welche Säuren in der Zutatenliste angegeben sind.

Auf Verpackungen findest du häufig die so genannten „E-Nummern". Dahinter verbergen sich auch Säuren:

E 200: Sorbinsäure	E 210: Benzoesäure
E 236: Ameisensäure	E 260: Essigsäure
E 270: Milchsäure	E 280: Propionsäure
E 300: Ascorbinsäure	E 330: Zitronensäure
E 334: Weinsäure	E 338: Phosphorsäure

Streifzug

Säuren schädigen Bäume und Bauwerke

Hauptursache für die Waldschäden ist der saure Regen. Brennstoffe wie Holz oder Braunkohle enthalten Schwefel. Beim Verbrennen entsteht Schwefeldioxid. Zusammen mit der Luftfeuchte bildet es schweflige Säure und dann Schwefelsäure. Der saure Regen enthält auch Salpetersäure. Sie stammt zum größten Teil aus den Abgasen der Autos. Die Rauchgasreinigungsanlagen in Kraftwerken und die Katalysatoren in Autos wandeln nur einen Teil in unschädliche Abgase um.

Neben den Schäden an Bäumen entstehen durch die Säureeinwirkungen auch Schäden an Bauwerken. Das können Brücken, aber auch Statuen oder Verzierungen an Kathedralen oder Rathäusern sein. Durch den ständigen Säureeintrag werden vor allem Sandstein und Marmor, das ist chemisch Kalkstein, geschädigt. Nur durch kostspielige Renovierungs- und Konservierungsmaßnahmen können solche Kunstgegenstände im Freien erhalten werden. Das kostet Jahr für Jahr viele Millionen Euro.

Säuren und Basen

Ein Problem diskutieren

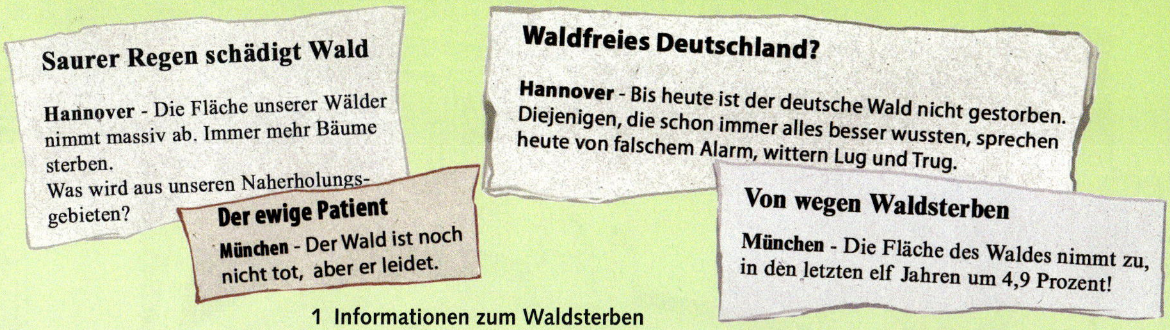

Methode

Saurer Regen schädigt Wald
Hannover – Die Fläche unserer Wälder nimmt massiv ab. Immer mehr Bäume sterben.
Was wird aus unseren Naherholungsgebieten?

Waldfreies Deutschland?
Hannover – Bis heute ist der deutsche Wald nicht gestorben. Diejenigen, die schon immer alles besser wussten, sprechen heute von falschem Alarm, wittern Lug und Trug.

Der ewige Patient
München – Der Wald ist noch nicht tot, aber er leidet.

Von wegen Waldsterben
München – Die Fläche des Waldes nimmt zu, in den letzten elf Jahren um 4,9 Prozent!

1 Informationen zum Waldsterben

Die Skeptiker
Ihr seid der Meinung, dass das Waldsterben weit fortgeschritten und kaum noch zu stoppen ist. Maßnahmen sind dringend erforderlich.

Führt eine Internetrecherche zum Waldsterben durch. Sucht nach dem neuesten „Waldzustandsbericht". Bildet euch eine Meinung über das Ausmaß der Waldschäden und die dagegen getroffenen Maßnahmen.
⬅ Teilt dann die Klasse in zwei Gruppen auf. ➡

Die Optimisten
Ihr seid der Auffassung, dass das Waldsterben zwar existiert, dass aber die eingeleiteten Maßnahmen das Schlimmste verhindern werden.

Skeptiker und Optimisten
Schreibt Argumente heraus, die für eure Auffassung sprechen. Gliedert die Argumente nach Teilthemen. Unterscheidet Wichtiges von Unwichtigem. Notiert euch einige wesentliche Punkte für einen Grundsatzvortrag. Bildet euch eine eigene Meinung. Achtet bei eurem Vortrag darauf, was Fakten sind und was eure persönliche Auffassung ist. Diskutiert in der Klasse.

2 Fichten, Schadstufe 3

4 Diskutieren im Stuhlkreis

3 Gesunde Fichte

Diskussionsregeln
Beteilige dich an der Diskussion.
Höre zu und lass die anderen ausreden.
Schaue deinen Vorredner an und gehe bei deiner Antwort möglichst auch auf seine Argumente ein. Sprich verständlich und höflich.

Mögliche Diskussionspunkte
Was könnt ihr selbst gegen das Waldsterben tun? Diskutiert Maßnahmen in verschiedenen Bereichen: Schule, Haushalt, Verkehr, Industrie, Kraftwerke. Erörtert unterschiedliche Lebensweisen (früher – heute beziehungsweise Naturvolk – Menschen im Industriestaat).
Ist das Waldsterben überhaupt ein Problem oder könnte der Mensch auch mit weniger Bäumen oder sogar ohne Wald leben?
Handelt es sich um ein weltweites Problem, an dem wir in Deutschland nur wenig ändern können? Bewertet die unterschiedlichen Argumente der einzelnen Gruppen. Formuliert ein Ergebnis eurer Diskussion.

Laugen im Haushalt

1 Helfer im Haushalt

1. Suche auf Putz- und Reinigungsmitteln nach Gefahrenhinweisen.

2. a) Bestimme den pH-Wert von Haushaltsreinigern und Waschmitteln. Was stellst du fest?
b) Ordne die Ergebnisse in eine pH-Wert-Skala ein. Welche Stoffe sind Säuren, welche Laugen?

3. Warum „brennen" die Augen, wenn Seife hineingelangt?

4. Miss und vergleiche die pH-Werte von verdünnter Natronlauge und von Abflussreiniger.

5. a) Demonstrationsversuch: Folgende Stoffe werden in je drei Reagenzgläsern zu konzentrierter Natronlauge, Abflussreiniger und Seifenlauge gegeben:
• einige Haare
• ein Woll- und ein Baumwollfaden
• etwas Speiseöl.
b) Beschreibe die Veränderungen der Stoffe in den neun Reagenzgläsern nach etwa 30 min und vergleiche.

6. Welche Sicherheitsmaßnahmen musst du beim Umgang mit Laugen beachten?

7. Warum haben Abflussreiniger einen Sicherheitsverschluss?

Haushaltsreiniger

Manchmal müsstest du tausend Hände im Haushalt haben! Gut, dass es eine Reihe von Hilfsmitteln gibt. Viele Haushaltsreiniger, auch Seifen und Waschmittel, sind **Laugen,** also Stoffe mit einem pH-Wert größer als 7. Es handelt sich teilweise um recht gefährliche Stoffe, die du sehr vorsichtig und nur nach Vorschrift verwenden darfst. Selbst schwache Laugen wie Seifenlauge können Schleimhäute im Mund- und Rachenraum reizen.

Starke Laugen

Die pH-Werte von Haushaltsreinigern sind sehr unterschiedlich. Den eher harmlosen Stoffen wie Waschmittellauge stehen gefährliche Produkte wie Abflussreiniger gegenüber. Die Wirkung starker Laugen wie Natronlauge auf der Haut ähnelt der Wirkung starker Säuren. Beide Stoffgruppen haben stark ätzende Wirkung.

Sicherheit

In jedem Labor sind Sicherheitsmaßnahmen wie Schutzbrille, Schutzkleidung und Schutzhandschuhe vorgeschrieben. Die gleichen Schutzmaßnahmen müssten eigentlich auch beim Umgang mit Laugen im Haushalt angewendet werden.

■ Laugen zersetzen organische Stoffe und können daher als Reinigungsmittel verwendet werden.

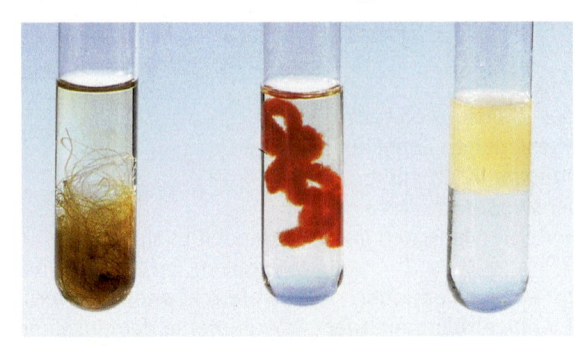

2 Organische Stoffe in Natronlauge

Säuren und Basen

Laugen und Hydroxide

🔍 **1.** Verreibe etwas Magnesia auf deinen Händen. Beschreibe die Oberfläche der Hände und erkläre, warum Turner Magnesia vor ihrer Übung benutzen.

🔍 **2.** Gib zu Magnesia etwas Wasser, verrühre beides und prüfe mit Universalindikator. Welche Reaktion zeigt sich?

📖 **3.** Warum solltest du bereits vom Turnen angegriffene Hände nicht mit Magnesia einreiben?

🔍 **4.** Prüfe frisch angerührten Kalkmörtel mit Universalindikator. Was stellst du fest?

📖 **5.** Die Hände eines Maurers wie in Bild 2 sind oft rissig und aufgeplatzt. Sie werden nicht nur von den meist rauen Steinen angegriffen. Worauf sind die Veränderungen der Hände noch zurückzuführen?

1 Turner schützen ihre Hände mit Magnesia.

Magnesia

Turner reiben ihre Hände vor jeder Übung kräftig mit Magnesia ein. Dieser weiße Stoff ist **Magnesiumoxid.** Er bewirkt nicht nur ein Trocknen, sondern auch ein leichtes Aufquellen der Hände. Dadurch werden sie glatt, bleiben aber dennoch griffig.

Überraschenderweise zeigt Magnesiumoxid mit Wasser eine alkalische Reaktion. Sie ist eine Ursache für die Veränderung der Haut.

Branntkalk und Löschkalk

Eine noch stärkere alkalische Reaktion als das Magnesiumoxid mit Wasser zeigt das Calciumoxid. Es wird durch Brennen von Kalkstein gewonnen und heißt deshalb auch Branntkalk.

Calciumoxid reagiert mit Wasser in einer stark exothermen Reaktion zu einem weißen Pulver mit dem chemischen Namen **Calciumhydroxid.** Das ist Löschkalk. Löschkalk dient zur Herstellung von Kalkmörtel, Kalksandstein und Zement:

Branntkalk + Wasser → Löschkalk

CaO + H_2O → **$Ca(OH)_2$**

Calciumoxid + Wasser → Calciumhydroxid

Während Calciumoxid Sauerstoff enthält, enthält Calciumhydroxid zwei **OH-Gruppen.** Diese **Hydroxidgruppen** sind einwertig. Sie sind für die alkalische Reaktion verantwortlich.

Die wässrige Lösung von Calciumhydroxid ist die Calciumlauge (Kalkwasser).

2 Hier wird gebaut!

■ Viele Metalloxide bilden mit Wasser Hydroxide. Die Lösungen dieser Hydroxide in Wasser sind die Laugen.

255

Seltsame Metalle

🔍 **1. a)** Fülle ein Reagenzglas zu zwei Drittel mit Wasser. Gib etwas Universalindikator hinzu. Nimm mit einer Pinzette ein linsengroßes Stück Lithium und gib es vorsichtig ins Wasser. Beobachte und erkläre die Veränderungen.
b) Wiederhole Versuch a), aber verschließe das Reagenzglas mit einem durchbohrten Stopfen mit Glasröhrchen. Fange so das entstehende Gas mit einem zweiten Reagenzglas auf.
c) Halte die Öffnung des zweiten Reagenzglases über die kleine Brennerflamme. Welches Gas kannst du nachweisen?

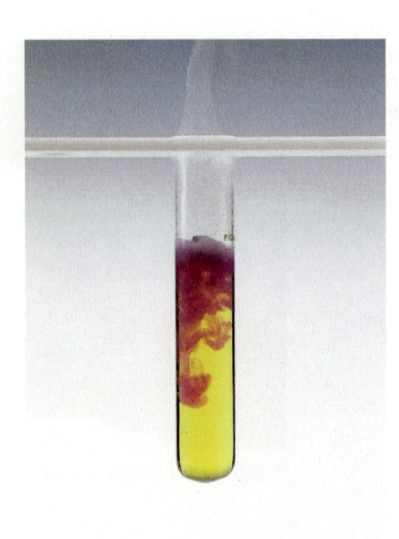

1 Lithium reagiert mit Wasser.

🔍 **2. a)** Führe Versuch 1 a) erst mit Calcium und dann mit Magnesiumspänen durch.
b) Beschreibe und vergleiche die Ergebnisse der drei Versuche.

🔍 **3. a) Demonstrationsversuch:** Eine große Glasschale wird auf einen Tageslichtprojektor gestellt und halb mit Wasser gefüllt. Es wird mit Universalindikator angefärbt. Eine Schutzscheibe schirmt die Klasse ab. Ein erbsengroßes Stück Natrium wird in die Glasschale gegeben.
b) Beobachte und erkläre die Farbänderung.

Lauge und Wasserstoff
Lithium (Li) und Natrium (Na) sind seltsame Metalle. Sie sind sehr weich. Beide Metalle oxidieren an der Luft sehr schnell. Die Reaktionen des Lithiums und vor allem des Natriums in Wasser sind sehr heftig. Die beiden Metalle bewegen sich unter Entwicklung von Wasserstoff über die Wasseroberfläche. Calcium (Ca) reagiert weit weniger heftig. In allen drei Fällen entsteht eine Lauge.

Laugen entstehen
Lithium und Natrium gehören zu den Alkalimetallen. Calcium zählt wie Magnesium zu den Erdalkalimetallen. Diese Metalle reagieren mit Wasser unter Bildung von Wasserstoff zu Hydroxiden. In Wasser gelöst bilden sie Laugen. Laugen werden auch als **alkalische Lösungen** bezeichnet.

| Natrium | + | Wasser | → | Natronlauge | + | Wasserstoff |
| Na | + | H_2O | → | NaOH | + | H |

■ Alkali- und Erdalkalimetalle reagieren mit Wasser und bilden Laugen. Dabei entsteht Wasserstoff.

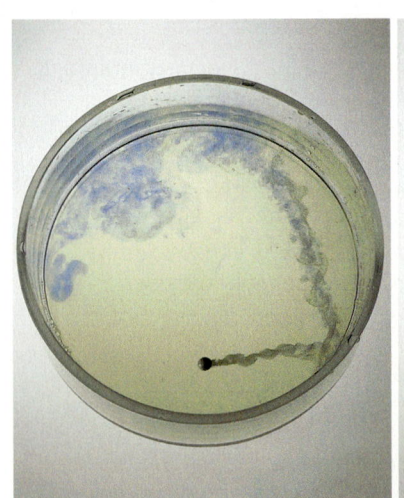

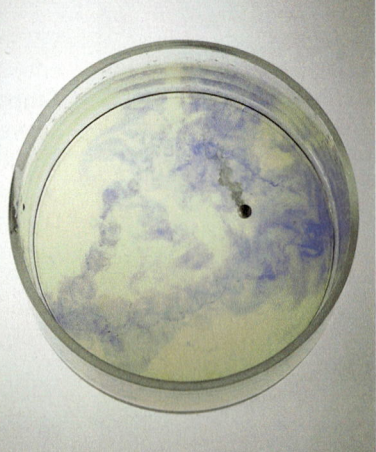

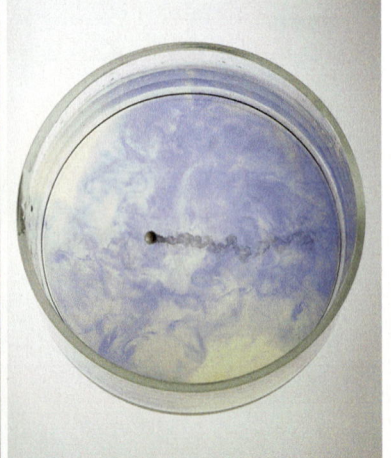

2 Reaktion von Natrium mit Wasser

Säuren und Basen

Laugen, chemisch betrachtet

1. Prüfe jeweils die elektrische Leitfähigkeit von Natronlauge, Kalilauge und von festem Calciumhydroxid.

2. Warum werden Laugen in Batterien verwendet?

3. a) Gib mit einer Pinzette einige Natriumhydroxidplätzchen auf ein Uhrglas und lass sie 30 min offen liegen. Welche Veränderung zeigt sich?
b) Welche Eigenschaft hat demnach Natriumhydroxid?

4. Erkläre mit dem Ergebnis von Versuch 3, warum Natriumhydroxid als Trockenmittel verwendet werden kann.

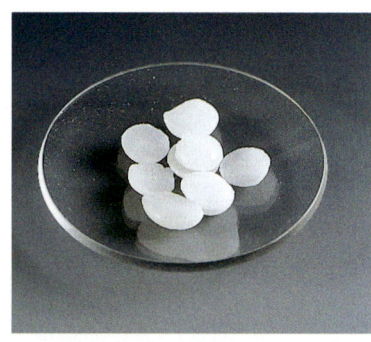

5. Fülle ein Reagenzglas zur Hälfte mit Wasser. Färbe es mit Universalindikator an. Gib ein Natriumhydroxidplätzchen mit einer Pinzette dazu und beobachte. Welcher Stoff ist entstanden?

6. a) Wiederhole Versuch 5 mit Calciumhydroxid.
b) Filtriere die Suspension. Dabei ist ein Nachweismittel entstanden. Was lässt sich damit nachweisen?

7. Welche Stoffe entstehen, wenn du Lithiumlauge und Kalilauge eindampfst?

1 Natriumhydroxidplätzchen

Die Stoffgruppe der Laugen
Zur Stoffgruppe der Laugen gehören unter anderem Natronlauge, Kalilauge und Calciumlauge (Kalkwasser). Laugen sind wässrige Lösungen von Hydroxiden wie Natriumhydroxid, Kaliumhydroxid und Calciumhydroxid.

Laugen zersetzen organische Stoffe
Wird ein Tropfen verdünnter Natronlaugen zwischen den Fingern zerrieben, fühlt sich die Haut schmierig-seifig an, denn Laugen zersetzen die Hautoberfläche. Deshalb ist beim Umgang mit Laugen Vorsicht geboten. Die Sicherheitsmaßnahmen, die beim Arbeiten mit starken Laugen vorgeschrieben sind, müssen eingehalten werden.

Laugen ändern Indikatorfarbstoffe
Universalindikatoren färben sich in Lauge meist blau oder blauviolett. Die farblose Phenolphthalein-Lösung färbt sich in Lauge rot. Phenolphthalein ist für den Nachweis von Laugen besonders gut geeignet.

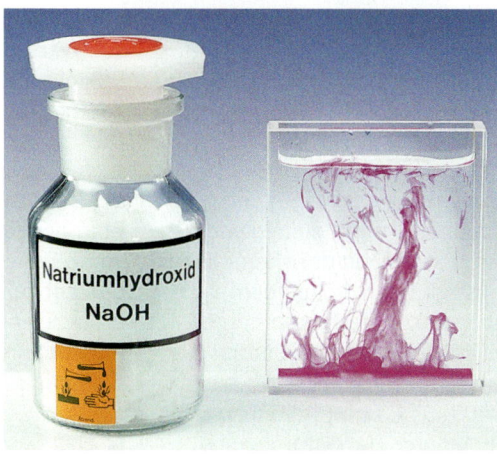

2 Eine Lauge verändert die Farbe von Phenolphthalein-Lösung.

Laugen sind elektrische Leiter
Destilliertes Wasser leitet den elektrischen Strom nicht. Auch festes Hydroxid, zum Beispiel NaOH (Natriumhydroxid, auch Ätznatron genannt), ist ein Nichtleiter. Wird das Natriumhydroxid in Wasser gelöst, leitet die entstandene Lauge den elektrischen Strom.
Festes Natriumhydroxid besteht wie alle Hydroxide aus positiv geladenen Metall-Ionen und negativ geladenen Hydroxid-Ionen. Da die Ionen an feste Plätze gebunden sind, ist das Ätznatron ein Nichtleiter. In Wasser gelöst übernehmen die dann frei beweglichen Ionen als Ladungsträger den Transport der elektrischen Ladung:

$$NaOH \xrightarrow{Wasser} Na^+ + OH^-$$

Die Leitfähigkeit von Laugen ist vergleichbar mit der Leitfähigkeit von Salzlösungen.
Die **Hydroxid-Ionen** (OH^--Ionen) sind für das chemische Verhalten der Laugen verantwortlich. Solche Laugen heißen alkalische Lösungen.

■ Hydroxide enthalten OH^--Ionen. Laugen sind Lösungen von Hydroxiden in Wasser. Laugen fühlen sich seifig an, sie verändern die Farbe von Indikatoren und leiten den elektrischen Strom.

Ammoniak und Ammoniaklösung

🔍 **1.** Rieche wie in Bild 1 vorsichtig an 10%iger Ammoniaklösung. Beschreibe den Geruch. Woher kennst du ihn? Vergleiche ihn mit dem Geruch von Salzsäure.

📝 **5.** Suche Informationen zu den beiden Forschern FRITZ HABER und CARL BOSCH im Zusammenhang mit Ammoniak. Was haben die beiden Wissenschaftler erfunden?

🔍 **2.** Halte einen trockenen, dann einen feuchten Streifen Universalindikator über eine geöffnete Flasche mit Ammoniaklösung. Was stellst du fest?

📝 **6.** Recherchiere die Bedeutung des Begriffs Salmiakgeist.

1 Riechen an Ammoniak

🔍 **3. a) Demonstrationsversuch:** In einen kleinen Erlenmeyerkolben wird konzentrierte Ammoniaklösung gegeben. Der Kolben wird mit einem durchbohrten Stopfen verschlossen, in dem ein Glasrohr steckt. Die Ammoniaklösung wird mit kleiner Flamme vorsichtig erhitzt. Das entstehende Gas wird in einen umgekehrt eingespannten Rundkolben geleitet. Ist der Kolben gefüllt, wird er mit einem durchbohrten Gummistopfen verschlossen, in dem ein Glasröhrchen mit Spitze nach innen steckt. Eine große Glasschale wird zur Hälfte mit Wasser gefüllt, das mit Universalindikator angefärbt ist. Der Rundkolben wird wie in Bild 2 in das Wasser eingetaucht.
b) Beschreibe und erkläre deine Beobachtungen.

🔍 **4.** Befeuchte ein Wattestäbchen mit Salzsäure. Halte es über eine geöffnete Flasche mit Ammoniaklösung. Was siehst du?

Eigenschaften

Öffnest du eine Flasche mit Ammoniaklösung, so fällt dir sofort ein stechender Geruch auf. Ähnlich wie bei der Salzsäure ist auch hier ein Gas in Wasser gelöst. Das Gas heißt **Ammoniak** (NH_3). Ein Streifen Universalindikator zeigt, dass die Lösung alkalisch ist. Ammoniaklösung ist also eine Lauge. Bringst du die Gase Ammoniak und Chlorwasserstoff zusammen, bildet sich weißer Rauch. Es entsteht das Salz Ammoniumchlorid (Salmiak).

$$NH_3 + HCl \rightarrow NH_4Cl$$

So kannst du mit Chlorwasserstoff Ammoniak nachweisen.

Ammoniak ist sehr gut in Wasser löslich. Etwa 700 l Ammoniak lösen sich bei Zimmertemperatur in 1 l Wasser. Dies zeigt der Springbrunnenversuch. Der erste Tropfen Wasser, der in den Rundkolben eindringt, ist in der Lage, das gesamte Gas im Kolben zu lösen. Im Rundkolben entsteht daher ein Unterdruck. Der äußere Luftdruck presst dann das Wasser aus der Glasschale in den Rundkolben.

2 Ammoniak-Springbrunnen

Herstellung

Ammoniak gehört zu den wichtigsten Stoffen in der chemischen Industrie. Er wird nach dem **Haber-Bosch-Verfahren** hergestellt. Dazu wird ein Gemisch aus Wasserstoff und Stickstoff bei etwa 500 °C unter hohem Druck über einen Katalysator geleitet. Dabei reagieren die beiden Gase zu Ammoniak.

■ Das Gas Ammoniak ist sehr gut wasserlöslich. Die Lösung von Ammoniak in Wasser ist eine Lauge.

3 Nachweis von Ammoniak

Säuren und Basen

Haber-Bosch-Verfahren

Anfänge
Ammoniak (NH$_3$) wird zur Herstellung von Düngemitteln, aber auch für Sprengstoffe, Kunststoffe und Farbstoffe benötigt. Es ist eine der wichtigsten Verbindungen in der chemischen Industrie.

Der Chemiker FRITZ HABER (1868–1934) und der Ingenieur CARL BOSCH (1874–1940) entwickelten zu Beginn des 20. Jahrhunderts das nach ihnen benannte Verfahren, Ammoniak aus den beiden Grundstoffen Stickstoff und Wasserstoff industriell herzustellen.
Damit konnte auch ohne Import von Stickstoffsalzen, zum Beispiel Chile-Salpeter, die Produktion von Düngemitteln und Sprengstoff aufrecht erhalten werden.

Bedeutung
Mit dem Haber-Bosch-Verfahren werden jährlich weltweit über 100 Millionen Tonnen Ammoniak hergestellt. Allerdings werden dafür etwa 1,5 % des weltweiten Energiebedarfs benötigt.

Rohstoffe
Die beiden Rohstoffe für die Ammoniakherstellung stehen nahezu unbegrenzt zur Verfügung. Stickstoff ist ein Bestandteil der Luft und der Reaktionspartner Wasserstoff ist als ein chemisch gebundener Bestandteil des Wassers ausreichend vorhanden. Allerdings ist die Ammoniakgewinnung sehr energieaufwändig.

Verfahren
Ein Gemisch aus drei Raumteilen Wasserstoff und einem Raumteil Stickstoff wird über Katalysatorschichten aus Eisenoxid geleitet und zur Reaktion gebracht. Damit aus diesen chemischen Elementen Ammoniak entsteht, sind ein Druck von über 300 bar und eine Temperatur von etwa 500 °C notwendig.
Die Reaktionsgleichung lautet:

$$N_2 + 3\,H_2 \rightarrow 2\,NH_3$$

Das entstehende Gasgemisch enthält etwa 17 Volumenprozent Ammoniak. Dieses Gemisch wird so lange gekühlt, bis sich Ammoniak als Flüssigkeit abscheidet. Das restliche Gasgemisch enthält noch Stickstoff und Wasserstoff. Es wird daher in den Reaktor zurückgeleitet.

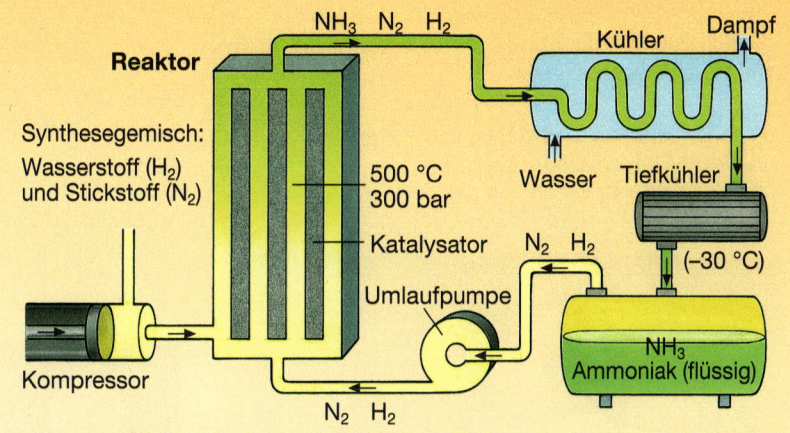

1 Schema zur Ammoniakherstellung

Herstellung von Salpetersäure
Ammoniak ist auch von Bedeutung für die Herstellung von Salpetersäure. Dazu wird Ammoniakgas unter Katalysatoreinwirkung zu Stickstoffmonooxid, NO, verbrannt:

$$4\,NH_3 + 5\,O_2 \rightarrow 4\,NO + 6\,H_2O$$

Mit weiterem Sauerstoff reagiert das farblose Stickstoffmonooxid zu braunem Stickstoffdioxid, NO$_2$. Dieses Gas wird dann mit Sauerstoff in Wasser geleitet. Es entsteht Salpetersäure:

$$4\,NO_2 + O_2 + 2\,H_2O \rightarrow 4\,HNO_3$$

Die großtechnische Herstellung der Salpetersäure geschieht durch das **Ostwald-Verfahren**.

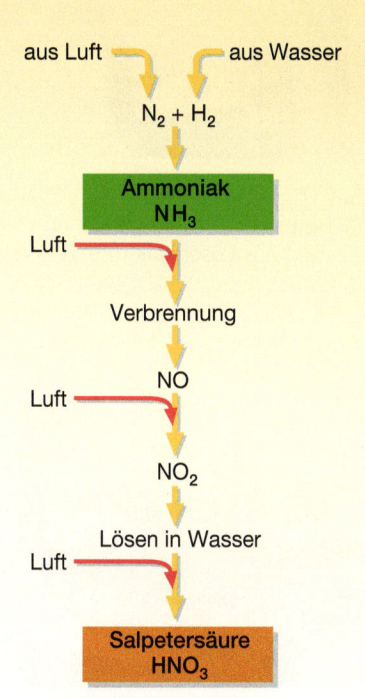

2 Salpetersäureherstellung

Pinnwand

Laugen, Laugen, Laugen

Um den typischen Geschmack des Laugengebäcks zu erreichen, wird zum Backen von Laugenbrezeln Brezellauge verwendet. Beim Backen entsteht daraus auf der Gebäckoberfläche unschädliches Natron.

1. Prüfe die Oberfläche von Brezeln mit feuchtem Universalindikatorpapier.

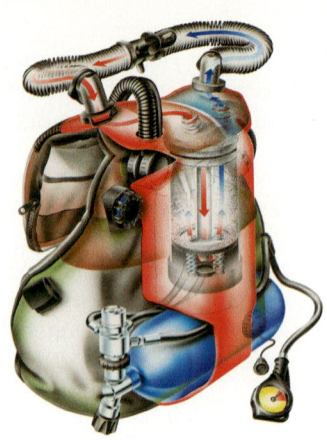

Bei diesem Tauchgerät wird das ausgeatmete Gas nicht in das Wasser zurückgegeben, sondern über eine Patrone mit Kaliumhydroxid in den Kreislauf zurückgeführt. Der Kohlenstoffdioxid-Anteil des ausgeatmeten Gases reagiert mit dem Kaliumhydroxid und wird dadurch gebunden.

Ställe werden mit Kalkmilch weiß gestrichen. Diese Lauge wirkt zugleich desinfizierend. Sie besteht aus Löschkalk und Wasser.

Ammoniaklösung kann in verdünnter Form als Salmiakgeist im Haushalt zur Fleckentfernung oder als Insektenstift dienen. Sie ist auch in handelsüblichen Reinigungs- und Fensterputzmitteln enthalten.

2. Begründe, warum Salmiakgeist nach der Anwendung wieder ausgewaschen werden muss.

3. Was sind Salmiakpastillen?

4. Untersuche die Behälter von Düngemitteln und Reinigungsmitteln auf Hinweise zu Ammoniak oder Salmiakgeist.

5. Finde heraus, was Hirschhornsalz ist.

Ammoniak dient in der Industrie als wichtiger Ausgangsstoff für Salpetersäure, Düngemittel und Sprengstoffe.

Säuren und Basen

Übersicht: Säuren und Laugen

Säuren

Herstellung:

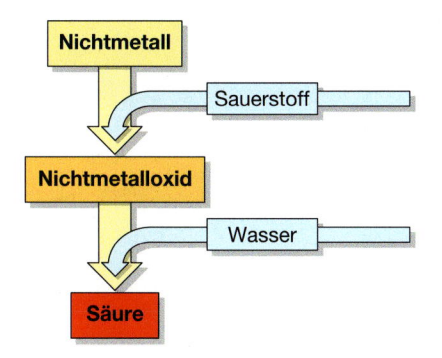

Nichtmetall → (+ Sauerstoff) → Nichtmetalloxid → (+ Wasser) → Säure

Beispiele:

Schwefel + Sauerstoff → Schwefeldioxid

Schwefeldioxid + Wasser → schweflige Säure

Anders ist die Herstellung von Salzsäure:

Wasserstoff + Chlor → Chlorwasserstoff

Chlorwasserstoff + Wasser → Salzsäure

Name	Formel	Säurerest Name	Säurerest Formel	Wissenswertes
Salzsäure	HCl	Chlorid-Ion	Cl^-	Magensäure (0,3%ige Salzsäure)
Schweflige Säure	H_2SO_3	Sulfit-Ion	SO_3^{2-}	Ausschwefeln von Fässern, Anteil am sauren Regen
Schwefelsäure	H_2SO_4	Sulfat-Ion	SO_4^{2-}	in Starterbatterien stark Wasser anziehend
Salpetersäure	HNO_3	Nitrat-Ion	NO_3^-	Düngemittelherstellung löst Silber
Phosphorsäure	H_3PO_4	Phosphat-Ion	PO_4^{3-}	Säuerungsmittel in Cola-Getränken
Kohlensäure	H_2CO_3	Carbonat-Ion	CO_3^{2-}	in Erfrischungsgetränken sehr schwache Säure
Essigsäure	CH_3-COOH	Acetat-Ion	CH_3COO^-	Haushaltsessig ist verdünnte Essigsäure

> Alle Säuren enthalten Wasserstoff.

Laugen und Hydroxide

Herstellung:

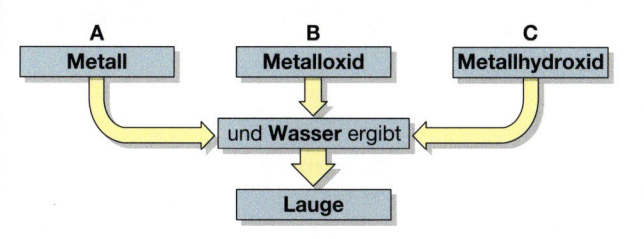

A: Metall / B: Metalloxid / C: Metallhydroxid — und **Wasser** ergibt Lauge

Beispiele:

A: Lithium + Wasser → Lithiumhydroxid + Wasserstoff

B: Magnesiumoxid + Wasser → Magnesiumhydroxid

C: Natriumhydroxid + Wasser → Natronlauge

Name	Formel	wässrige Lösung	Ionen	Wissenswertes
Lithiumhydroxid	LiOH	Lithiumlauge	Li^+, OH^-	in Batterien, Luftreinigung
Natronlauge	NaOH	Natronlauge	Na^+, OH^-	in Abflussreinigern, bekannteste Lauge
Kalilauge	KOH	Kalilauge	K^+, OH^-	Waschmittelrohstoff, Trockenmittel
Calciumhydroxid	$Ca(OH)_2$	Kalkwasser	Ca^{2+}, 2 OH^-	im Kalkmörtel, Nachweis von Kohlenstoffdioxid
Magnesiumhydroxid	$Mg(OH)_2$	Magnesiumlauge	Mg^{2+}, 2 OH^-	in Zahncreme, sehr schwer löslich
Ammoniaklösung	NH_4OH	Ammoniakwasser	NH_4^+, OH^-	in Düngemitteln, Sprengstoff, stechender Geruch

> Alle Hydroxide enthalten die OH-Gruppe. Laugen sind Lösungen von Hydroxiden in Wasser.

Ätzen von Metallen

1 So wird ein Namensschild durch Hochätzung hergestellt.

Säuren lösen viele Metalle auf. Das wird technisch genutzt, um Metallschichten auf chemischem Wege abzutragen. Dieser Vorgang heißt Ätzen von Metallen. Teile, die nicht weggeätzt werden sollen, müssen dabei durch Abdecken geschützt werden. Dieses Verfahren wird zum Beispiel bei der Herstellung von Platinen oder beim Anfertigen von Namensschildern angewendet. Zum Ätzen können neben Säuren in bestimmten Fällen auch Laugen oder spezielle Salzlösungen verwendet werden.

Material zum Ätzen von Schildern

– Kupfer- und Aluminiumblech, etwa 1mm dick
– wasserfester Filzschreiber oder Aufreibebuchstaben, Stahlnagel
– Klebestreifen, schnelltrocknende Lackfarbe
– säurefeste Schale, Tiegelzange
– Spiritus, Aceton, Salzsäure (etwa 20%ig), 20%ige Natriumpersulfatlösung oder Eisenchloridlösung

Hochätzen eines Namenschildes

Schreibe einen Namen mit wasserfestem Filzstift auf ein gereinigtes Kupferblech. Verwende Aufreibebuchstaben, wenn du eine besonders exakte Schrift erreichen möchtest.

Decke alle Stellen, die nicht weggeätzt werden sollen, sorgfältig mit Klebestreifen ab, auch die Kanten und die Rückseite des Blechs.

Lege das Kupferblech danach für mindestens 20 min in eine angewärmte Natriumpersulfatlösung oder in eine Eisenchloridlösung.

Beobachte den Ätzvorgang und nimm das Schild mit der Zange aus der Ätzlösung, wenn es tief genug geätzt ist. Spüle es danach gut mit Wasser ab. Ziehe die Klebestreifen ab und entferne die Filzstiftfarbe mit Spiritus.

Tiefätzen eines Namenschildes

Lackiere ein passend zugeschnittenes Stück Aluminiumblech mit schnelltrocknendem Lack oder mit Spraylack. Das Blech muss danach vollständig mit einer dünnen Lackschicht bedeckt sein. Sie wird dort wieder entfernt, wo etwas eingeätzt werden soll. Schreibe mit einem Stahlnagel deinen Namen so auf das Blech, dass das blanke Aluminium wieder zum Vorschein kommt.

Tauche das vorbereitete Namensschild für etwa 30 min in die Salzsäure. Nimm das Schild danach mit der Zange aus dem Ätzbad, spüle es gut ab und entferne die Lackschicht mit Aceton.

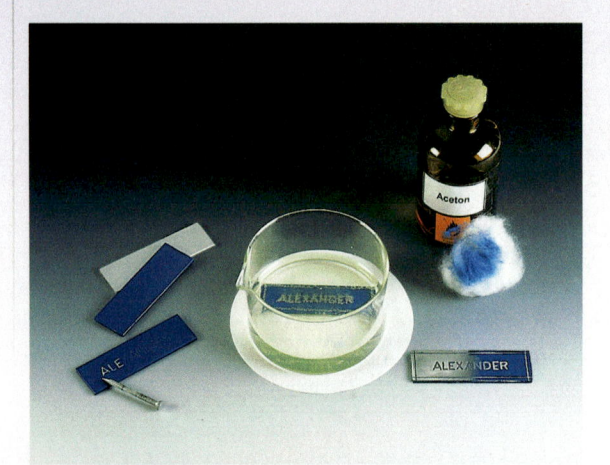

2 Tiefätzen von Aluminium in Salzsäure

Säuren und Basen

Ätzradierung

Bilder, technische Zeichnungen oder Dokumente in guter Qualität zu vervielfältigen ist heute ein Kinderspiel. Farbkopierer, Scanner, Computerdrucker und andere Geräte sind dazu sehr gut geeignet.

Vor 500 Jahren war das ganz anders. Es gab zum Vervielfältigen nur den **Kupferstich.** Das war sehr arbeitsaufwendig. Der Kupferstecher musste mit scharfen Werkzeugen, Sticheln und Schabern die Zeichnung in eine polierte Kupferplatte einritzen. Damit wurden dann Drucke angefertigt.

Im Jahre 1510 kam die Chemie ins Spiel und brachte etwas Arbeitserleichterung. Die **Radierung** oder **Ätzkunst** war erfunden. Dabei wurde die Erkenntnis, dass Säuren Metalle auflösen können, zur Herstellung von Druckplatten genutzt.

Zur Herstellung einer Radierung wird eine polierte Kupfer- oder Zinkplatte zuerst mit säurefestem Lack, dem Ätzgrund, beschichtet. Dann wird die Zeichnung mit einem spitzen Stahlstichel in den Ätzgrund geritzt. An diesen Stellen wird das Metall freigelegt. Anschließend kommt die Platte für 10 min bis 30 min in die Ätzlösung, meist Salpetersäure. Die Säure löst das Metall an den freigelegten Stellen auf. Es entstehen vertiefte Rillen.

Nach dem Ätzen wird die Platte aus der Ätzlösung gehoben und vom Ätzgrund gereinigt. Danach wird sie mit Druckfarbe eingefärbt und anschließend abgewischt, bis nur noch die Rillen Farbe enthalten. Die Farbe wird beim Drucken auf das leicht angefeuchtete Papier übertragen.

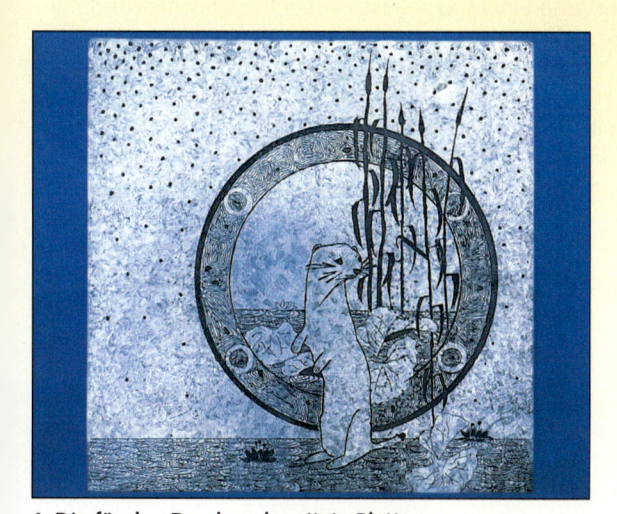

Auftragen von flüssigem Ätzgrund

Freilegen der Linien mit der Radiernadel

Ätzen der Platte im Säurebad

Einfärben der Platte

Abwischen mit einem Tuch

Drucken

1 Die für den Druck vorbereitete Platte.

2 Herstellung einer Radierung

Säure-Base-Begriff

Obwohl Säuren und Laugen seit vielen Jahrhunderten bekannt sind, gab es keine einheitlichen Vorstellungen darüber, was Säuren und Laugen eigentlich sind. Mit zunehmender Bedeutung von sauer oder alkalisch reagierenden Stoffen versuchten Forscher, eine allgemeine Theorie für Säuren und Laugen zu entwickeln.

Dabei wurde der Begriff **Säure** beibehalten; er wurde lediglich immer wieder neu definiert. Für den Gegenspieler der Säure gab es dagegen verschiedene Namen. Manche sprachen von **Laugen,** andere von **Basen.**

Heute spielt neben dem älteren Säure-Base-Begriff von Arrhenius die von Brönsted entwickelte Säure-Base-Theorie eine wichtige Rolle in der Chemie.

1. Ordne die hier genannten Personen auf einer Zeitskala an und füge weitere wichtige Naturwissenschaftler und Naturwissenschaftlerinnen und ihre Entdeckungen hinzu.

2. Vergleiche die Säure-Base-Theorien von Arrhenius und Brönsted miteinander.

1663
Der Engländer Robert Boyle (1627–1692) fand im Zusammenhang mit seinen Forschungen eine erste Definition des Begriffs Säure. Für ihn ist eine „Säure ein Stoff, der mit Kreide aufschäumt, ... gewisse Pflanzenfarbstoffe rötet und durch eine Base neutralisiert wird."

1778
Antoine Laurent de Lavoisier schloss aus seinen Untersuchungen über Gase, dass Sauerstoff der Träger der sauren Eigenschaften der Säuren ist. Säuren entstehen durch die Reaktion von Nichtmetalloxiden mit Wasser. Sie sind also bestimmte Sauerstoff-Verbindungen.

1814
Sir Humphry Davy (1778–1829) gelang es, durch Elektrolyse die Elemente Natrium, Kalium, Lithium, Calcium, Barium, Magnesium und Strontium darzustellen. Er erkannte, dass Wasserstoff die sauren Eigenschaften einer Säure bestimmt, Er beschrieb deshalb Säuren als Wasserstoff-Verbindungen.

1838
Justus von Liebig (1803–1873), ein deutscher Chemiker, gilt als der Begründer der organischen Chemie. Seine Erkenntnisse auf dem Gebiet der Agrarchemie waren wegweisend für die Landwirtschaft. Bei seinen Forschungen fand er heraus, dass Säuren Stoffe sind, die Wasserstoff enthalten. Für ihn sind Säuren Verbindungen aus Wasserstoff und einem Säurerest, wobei der Wasserstoff durch Metall ersetzbar ist.

1887
Der schwedische Chemiker und Physiker Svante Arrhenius (1859–1927) erweiterte den Säure-Base-Begriff von Liebig. Er erkannte, dass Säuren Wasserstoff-Verbindungen sind, die in wässriger Lösung in positiv geladene Wasserstoff-Ionen und in negativ geladene Säurerest-Ionen zerfallen. Basen hingegen bilden negativ geladene Hydroxid-Ionen und positiv geladene Metall-Ionen.

1923
Eine Erweiterung erfuhr die Säure-Base-Theorie von Arrhenius durch den Dänen Johannes Nicolaus Brönsted (1879–1947). Nach Brönsted sind Säuren **Protonendonatoren,** da sie bei Säure-Base-Reaktionen Protonen abgeben. Basen nehmen Protonen auf. Sie sind **Protonenakzeptoren.**

Säuren und Basen

Protonen werden übertragen

1. Wie unterscheidet sich die Säure-Base-Definition von Brönsted von früheren Definitionen?

2. Wird Bromwasserstoff-Gas (HBr) in Wasser geleitet, entsteht eine saure Lösung.
a) Formuliere die Reaktionsgleichung.
b) Kennzeichne die Protonenabgabe und die Protonenaufnahme.

3. Begründe, warum die Reaktion einer sauren Lösung mit einer alkalischen Lösung eine Säure-Base-Reaktion ist.
Hinweis: Überlege, welche Teilchen für eine Säure und welche für eine Base charakteristisch sind.

1 JOHANNES NICOLAUS BRÖNSTED

Säuren und Basen nach BRÖNSTED

Die heute weltweit gültige Säure-Base-Definition wurde von dem dänischen Chemiker JOHANNES NIKOLAUS BRÖNSTED entwickelt. Er bezog den Begriff von Säuren und Laugen nicht länger auf das Verhalten von Stoffen in Wasser, sondern ganz allgemein auf das Reaktionsverhalten von Teilchen.

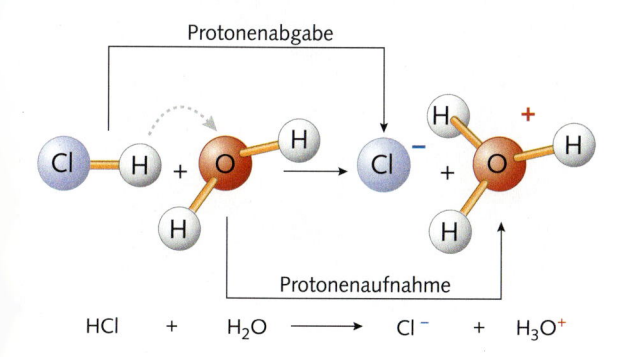

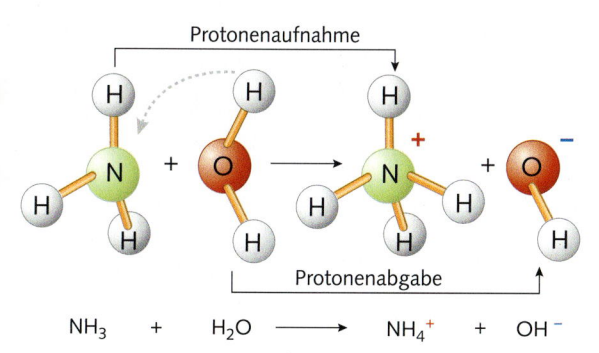

$$HCl + H_2O \longrightarrow Cl^- + H_3O^+$$

$$NH_3 + H_2O \longrightarrow NH_4^+ + OH^-$$

Kennzeichnung der Aggregatzustände:
g: gasförmig
l: flüssig
s: fest
Kennzeichnung für gelöste Stoffe:
aq: gelöst in Wasser

Nach BRÖNSTED
- ist eine Säure ein Teilchen, das ein Proton abgeben kann, also ein **Protonendonator** (lat. donare: schenken).
- ist eine Base ein Teilchen, das ein Proton aufnehmen kann, also ein **Protonenakzeptor** (lat. acceptare: annehmen).
- findet bei einer Säure-Base-Reaktion eine **Protonenübertragung** statt.

Chlorwasserstoff und Wasser

Wird das Gas Chlorwasserstoff in Wasser gelöst, so gibt jedes Chlorwasserstoff-Molekül ein Wasserstoff-Ion, also ein Proton, an ein Wasser-Molekül ab.
Ein Chlorwasserstoff-Molekül ist also der Protonendonator, die Säure.
Das Wasser-Molekül verbindet sich mit dem Proton und ist also der Protonenakzeptor, die Base. Es entsteht ein **Hydronium-Ion** (H_3O^+).

Ammoniak und Wasser

Das Gas Ammoniak löst sich ebenfalls in einer exothermen Reaktion in Wasser. Auch dabei reagieren die Ammoniak-Moleküle mit den Wasser-Molekülen.
Bei dieser Reaktion wird allerdings vom Wasser-Molekül ein Proton auf ein Ammoniak-Molekül übertragen. Es entsteht ein Ammonium-Ion (NH_4^+).
Das Wasser-Molekül ist in diesem Fall also der Protonendonator, die Säure. Das Ammoniak-Molekül ist der Protonenakzeptor, die Base.

Wasser kann also sowohl eine Base als auch eine Säure sein.

■ Säuren sind Protonendonatoren. Basen sind Protonenakzeptoren. Säure-Base-Reaktionen sind Protonenübertragungsreaktionen.

Salzgewinnung – mit und ohne Wasser

1. Schreibe möglichst viele Namen für das am häufigsten verwendete Salz, das Kochsalz, auf. Wie lautet die chemische Bezeichnung für diesen Stoff?

2. Erstelle eine Übersicht der Arten, wie Salz auf oder in der Erde vorkommt, und notiere die dazugehörige Gewinnungsmethode.

3. a) Trage in eine Umrisskarte von Deutschland ein, wo Salz vorkommt und wo es gewonnen wird.
b) Wiederhole Aufgabe a) mit einer Umrisskarte von Europa. Berücksichtige aber nur große Vorkommen oder Gewinnungsanlagen.

4. Informiere dich, wie unterirdische Salzlagerstätten entstanden sind. Stelle den Vorgang auch in einer Zeichnung dar.

5. Welche Ortsnamen weisen auf Salzvorkommen, Salzbergbau, Salzabbau oder Salzhandelsstädte hin?

6. Stelle die Bedeutung von Lüneburg in Niedersachsen für die Salzgewinnung und den Salzhandel auf einem Plakat dar.

7. a) In welchen Formen kannst du Salz kaufen? Berücksichtige auch Mischungen. Stelle eine Liste zusammen.
b) Veranschaulicht eure Ergebnisse gemeinsam und stellt sie mit Proben dieser Handelsformen vor.

8. In welchen Formen wird Salz auf anderen Kontinenten gehandelt, zum Beispiel in Afrika?

1 Meeressaline

2 Bergmännischer Abbau

3 Salzlagerstätte an der Oberfläche

Salzgewinnung

Riesige Salzlagerstätten befinden sich in der Erde, auch in Deutschland. Dieses Salz wird **bergmännisch** abgebaut. Bohrungen, Sprengungen und Transport in der Erde dienen hier zur Salzgewinnung.
Eine andere Gewinnungsart benutzt Wasser, um Salz zu fördern. Dazu wird Wasser in die unterirdische Lagerstätte gepumpt und kommt als Salzlösung zurück an die Oberfläche. Eine solche Salzlösung heißt **Sole**. Das Wasser wird verdampft und Salz bleibt zurück.
Nur mit viel Wärme der Sonne kann Salz in **Salzgärten** aus dem Meer gewonnen werden. In flachen, Meerwasser gefüllten Becken verdunstet das Wasser und Meersalz bleibt zurück.

In einigen Ländern Afrikas, zum Beispiel in Äthiopien oder in Mali, wird Salz noch in Form von **Salzplatten** oder **Salzbrocken** aus der Erde herausgemeißelt. Manchmal werden dabei auch flache Stollen gegraben, in denen Salzplatten abgebaut werden.

Säuren und Basen

Salzlager bilden sich

Vor Millionen von Jahren bildeten sich durch Aufwölbungen der Erdoberfläche abgetrennte Becken, die mit Meerwasser gefüllt waren. Mit der Zeit verdunstete das Meerwasser. Das auskristallisierte Salz wurde durch Sand und Staub bedeckt und so vor Witterungseinflüssen geschützt. Im Laufe von Jahrmillionen bedeckten weitere Gesteinsschichten diese **Salzlagerstätten**. Sie sind manchmal mehrere 100 m mächtig.

Sole konzentriert sich

Um aus Sole Salz zu gewinnen, muss das Wasser verdampft werden. Dazu ist viel Energie notwendig.
Je geringer der Salzgehalt der Sole ist, umso mehr Brennstoff muss eingesetzt werden, um die gleiche Menge Salz zu erhalten. In **Gradierwerken** kann der Salzgehalt der Sole erhöht werden, indem sie über aufgetürmte Bündel von Reisig läuft. Durch den Wind verdunstet dabei viel Wasser. So entsteht eine höher konzentrierte Salzlösung.

5 Gradierwerk

4 Siederei in Lüneburg

6 Handelsformen von Salz

Reich durch Salz

Kochsalz ist heute für wenig Geld und in jeder Menge zu kaufen. Doch das war nicht immer so. Im Altertum und im Mittelalter war Salz knapp und wertvoll. Es wurde zum Würzen, zum Haltbarmachen von Lebensmitteln und für die Lederverarbeitung benötigt.
Siedlungen entstanden an Orten mit Salzvorkommen, wie Hallstadt in Tirol. Aber auch eine schon bestehende Siedlung wie Lüneburg wurde durch die Entdeckung der Salzlagerstätte zu einer reichen Hansestadt.
Salz wurde zu einer wichtigen und teuren Handelsware.

Die Transportwege des „weißen Goldes" bildeten bald ein Netz von Handelsstraßen durch Europa. Auf diesen manchmal noch heute genutzten „Salzstraßen" wurden auch viele andere Waren transportiert.

Nicht nur mit dem Besitz von Salz, sondern auch am Transport und an den Handelswegen wurde viel Geld verdient, indem zum Beispiel Brückenzölle erhoben wurden.

7 Salzhandelsweg in Norddeutschland

Salz in Küche und Haushalt

1. Notiere, in welchen Formen Kochsalz in eurer Küche vorkommt.

2. Wozu wird Salz in der Küche verwendet?

3. Ermittle und notiere den Salzgehalt von mindestens 10 Lebensmitteln.

4. Finde weitere Verwendungen von Salz außerhalb der Küche und schreibe sie auf.

5. Beschreibe ein Herstellungsverfahren für rohen Schinken.

6. Informiere dich über das Herstellungsverfahren für einen Hartkäse, zum Beispiel Gouda, und erläutere es an einem selbst erstellten Schema.

7. Wie wird Sauerkraut hergestellt? Notiere ein Rezept und vergleiche anschließend Weißkohl und Sauerkraut.

8. Warum ist im Geschirrspüler ein Salztank?

9. Welche Verunreinigungen können mit Salz entfernt werden?

10. Salz und Brot sind als Geschenk in vielen Kulturen verbreitet. Welche Wünsche sind damit verbunden?

Vollkornbrot

Zutaten
250 g Weizenvollkornmehl
225 ml lauwarmes Wasser
1 TL Salz
1 EL Obstessig
ein halber Würfel Hefe
25 g Sonnenblumenkerne
25 g Sesamkörner
25 g Leinsamen

Zubereitung
a) Vermische die Hefe mit dem Wasser und gib alle anderen Zutaten hinzu. Knete den Teig gut durch und fülle ihn in eine gefettete Form. Lass den Teig dann eine Stunde im nicht vorgeheizten Backofen bei 200 °C backen. Löse das Brot dann aus der Form, lass es abkühlen und dann: Guten Appetit.
b) Bereite nach diesem Rezept mit einem Fünftel der Mengen erneut einen Teig, aber füge kein Salz hinzu!

1 Frisches Vollkornbrot

Salzstangen

Zutaten
100 g Fett
280 g Mehl
1 gestr. TL Backpulver
7 EL Milch
1 Prise Salz
1 Eigelb (zum Bestreichen)
grobes Salz (zum Bestreuen)

Zubereitung
Rühre das Fett sahnig und gib nach und nach alle Zutaten hinzu. Rolle den Teig aus und schneide ihn in dünne Streifen. Drehe sie zu Spiralen, bestreiche sie dann mit Eigelb und streue je nach Geschmack grobes Salz darauf. Backe sie dann 10 Minuten bis 12 Minuten bei etwa 210 °C.

2 Salzgebäck

Unter einer Salzkruste

Fisch und Fleischgerichte können unter einer dicken Salzkruste gebacken werden. Sie bildet eine feste Schicht, verhindert das Austrocknen und würzt den Fisch oder den Braten. Oftmals ist die Salzkruste so hart, dass sie mit einem Hammer zerschlagen werden muss.

3 Fisch in Salzkruste

Säuren und Basen

4 Salz bei der Käseherstellung

Käse – ohne Salz nicht denkbar
Die Käseherstellung kommt ohne Salz nicht aus. Nachdem ein Rohkäse geformt ist, kommt er in eine Salzlake mit etwa 20% Salzgehalt. Sie entzieht an der äußeren Käseschicht Wasser und bereitet so die Rindenbildung vor. Salzwasser dringt aber auch in den Käserohling ein und trägt somit zur Geschmacksbildung bei.
Je nach Käsesorte können weitere Salzbäder und anschließendes Trocknen den Käse konservieren.

Mit Sauerkraut und Pökelfleisch ging's um die Welt
Als entdeckt wurde, dass mit Salz Lebensmittel haltbar gemacht werden können, zum Beispiel durch Pökeln, war es endlich möglich, auch monatelange Seereisen zu überstehen. Gleichzeitig wurden Verfahren erfunden, Lebensmittel so zu verändern, dass sie in anderer Form aufbewahrt werden konnten. So ist zum Beispiel Weißkohl als Sauerkraut lange haltbar. Schon vor über 200 Jahren hat der Weltumsegler JAMES COOK (1728 – 1779) seine Mannschaft mit Sauerkraut vor Mangelerkrankungen bewahrt.

5 Sauerkrautfass

Rot wird zersetzt
Werden Rotweinflecke sofort mit reichlich Salz bestreut, werden die Farbstoffe vor allem durch Wasserentzug zerstört und der Fleck verschwindet. Salz kann auch zur Entfernung bei Fett und Teer helfen. Salz kann noch mehr: Fensterleder bleiben weich, wenn sie nach Gebrauch in lauwarmem Salzwasser gespült werden.

6 Salz zur Fleckentfernung

Knetmasse mit Salz und Alaun

Zutaten
300 g Salz
60 g Alaun
(aus der Apotheke)
600 g Mehl
3 EL Öl
Lebensmittelfarbe
600 ml heißes Wasser

Zubereitung
Mische Salz, Alaun und Mehl in einer großen Schüssel. Gib in das heiße Wasser das Öl und die Lebensmittelfarbe und rühre um. Gib dieses Gemisch dann in die Schüssel und knete das Ganze kräftig durch. Lass es dann abkühlen und knete es nochmals durch. Wenn die Knetmasse nach dem Spielen luftdicht verschlossen aufbewahrt wird, ist sie lange haltbar. Eingetrocknete Knetmasse kann nach Zugabe von heißem Wasser immer wieder benutzt werden.

7 Farbige Knetmasse

Wer braucht das viele Salz?

1. Welche Anwendungsbereiche gibt es für Salz? Notiere sie und gib zu jedem Bereich mindestens zwei Beispiele.

2. Wie viel Prozent der deutschen Salzproduktion wird als Industriesalz verwendet?

3. a) Stelle die Mengen der Anwendungsbereiche anschaulich dar. Zeichne wie im Bild für jeweils 1% einen Würfel mit der Kantenlänge 1 cm. Plane den benötigten Platz sorgfältig.
b) Berechne jeweils die Mengen in Tonnen (t) und schreibe sie in deine Zeichnungen.

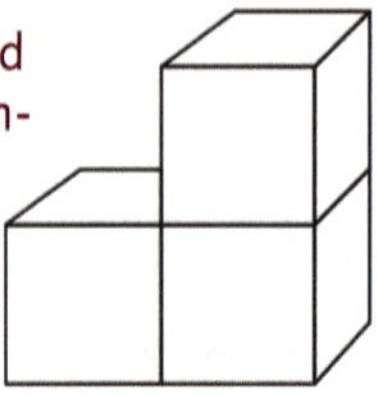

4. Berechne die Speisesalzmenge pro Jahr und Einwohner in Deutschland (82,3 Mio.). Welche tägliche Menge ergibt sich daraus?

5. Nenne die Anforderungen, die an Auftausalz gestellt werden.

Auftausalz
Um Straßen, Gehwege und Start- und Landebahnen auf Flughäfen eisfrei zu halten, werden jährlich große Mengen Streusalz eingesetzt. Streusalz ist fast reines Salz. Um eine gute Haftung auf den bestreuten Flächen zu erreichen, wird es häufig mit Salzsole befeuchtet. Zusammen mit dem Eis auf dem Boden bildet das Streusalz eine flüssige Salzlösung, die noch unter 0 °C flüssig bleibt. Dadurch wird die Eisglätte beseitigt.

1 Streufahrzeug im Einsatz

2 Salz und seine Anwendu...

Gewerbesalz
Wegen seiner besonderen Eigenschaften findet Salz auch in Gewerbebetrieben vielfältige Anwendung. Beispielsweise wird Salz als Hilfsmittel in Färbereien oder zur Konservierung von Häuten und Fellen in Gerbereien verwendet. Außerdem wird Salz für Wasserenthärtungsanlagen in der Industrie, in Labors und im Haushalt genutzt.

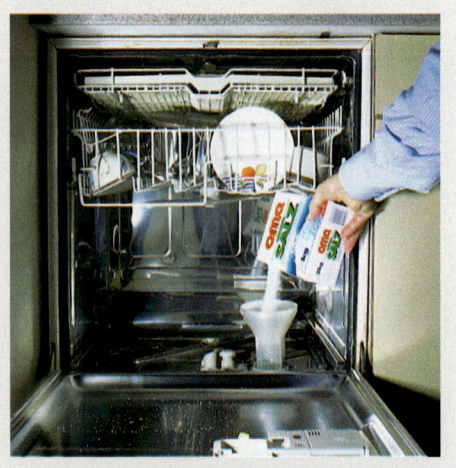

3 Salz zur Wasserenthärtung

Säuren und Basen

6. Welche Gefahren gehen von den großen Salzmengen aus, die auf winterliche Straßen ausgebracht werden?

7. Warum wird Streusalz mit Salzsole befeuchtet?

8. In welchen Produktionsbereichen wird Gewerbesalz verwendet?

9. Was würde geschehen, wenn wir unserem Körper kein Salz mehr zuführen würden?

10. Halte einen Kurzvortrag zur Verwendung von Salz. Benutze dazu die Mind-Map auf dieser Doppelseite.

Salzproduktion in Zahlen
Im Jahr 2004 sind in Deutschland 14 Mio. t Salz produziert worden. Die Weltproduktion liegt bei ca. 215 Mio. t pro Jahr. Hiervon wird ein Drittel in Europa produziert. Von den 14 Mio. t in Deutschland werden 3% als Speisesalz, 5% als Gewerbesalz und 12% als Auftausalz verwendet. Der Rest wird als Industriesalz verarbeitet.

Salz für Ernährung und Gesundheit
Salz hat eine wichtige Bedeutung für den Geschmack unserer Nahrungsmittel. Salz ist außerdem das älteste Konservierungsmittel und ist bei der Herstellung vieler Nahrungsmittel als Hilfsmittel unersetzlich.

Kochsalz ist für die Bindung und den Transport von Wasser im Körper des Menschen zuständig. Dieser Wasserhaushalt ist für unser Leben von großer Bedeutung, denn nur über die Körperflüssigkeiten können Stoffwechselprozesse ablaufen.

4 Salz in Lebensmitteln

Industriesalz
80% der Salzproduktion werden in der chemischen Industrie verarbeitet. Große Mengen Salz werden in ihre Bestandteile zerlegt, um Natrium und Chlor zu erhalten.

Natrium
Das Natrium wird unter anderem zur Herstellung von Soda und Natron verwendet. Soda wird in der Waschmittelindustrie, zur Befüllung von Feuerlöschern oder bei der Glasherstellung eingesetzt. Außerdem findet Natron im Backpulver, aber auch in Medikamenten Verwendung.

5 Feuerlöscher

6 Soda und Natron

Chlor
Das Chlor wird zum größten Teil in der Kunststoffindustrie verwendet. Dort dient es zur Herstellung eines heute sehr verbreiteten Kunststoffes, des PVC – **P**oly**v**inyl**c**hlorid.

Ohne Salz läuft es nicht

1 a) Stelle die Zusammensetzung des menschlichen Blutes grafisch dar.
b) Ermittle die Aufgaben der einzelnen Bestandteile.

2. Welche Bedeutung hat das Kochsalz für den menschlichen Körper?

3. Was ist eine physiologische Kochsalzlösung? Wozu wird sie verwendet?

4. Beschreibe die Auswirkungen einer zu hohen Salzaufnahme für den Menschen.

5. Erkläre, warum Schiffbrüchige verdursten können.

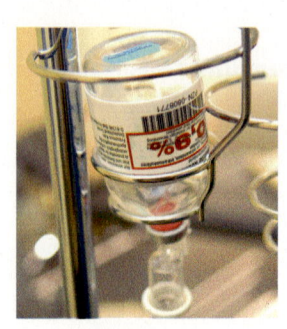

6. Warum trinken manche Sportler isotonische Getränke?

7. Erläutere die Wirkungen des Einatmens feuchter, salzhaltiger Luft zum Beispiel am Meer, an Gradierwerken oder in Salzbergwerken.

8. Stelle die Zusammensetzung des Salzes im Toten Meer grafisch dar.

9. Welche Wirkungen werden vom Baden in stark salzhaltigem Wasser, zum Beispiel im Toten Meer, erwartet?

1 Physiologische Kochsalzlösung

Physiologische Kochsalzlösung
Bei hohen Blutverlusten nach Verletzungen oder Unfällen wird eine 0,9%ige wässrige Kochsalzlösung verabreicht. Sie hat die gleiche Salzkonzentration wie das Blutplasma und kann deshalb den Blutverlust ausgleichen.

Menschliches Blut
Unser Blut setzt sich aus der Blutflüssigkeit und festen Bestandteilen zusammen. Die Flüssigkeit wird Blutplasma genannt. Die festen Bestandteile sind unter anderem die roten und weißen Blutkörperchen und die Blutplättchen. Prozentuale Zusammensetzung: Wasser 49,5%, Fett 0,09%, Zucker 0,1%, **Kochsalz 0,9%,** Eiweiße 4,4%, rote Blutkörperchen 42,8%, weiße Blutkörperchen 0,07% und Blutplättchen 2,14%.

2 Feste Blutbestandteile

Totes Meer
Fast 400 m unter dem Meeresspiegel liegt der Wasserspiegel des Toten Meeres. Sein Wasser hat einem Salzgehalt von 33%. Dieses Salz setzt sich folgendermaßen zusammen: 30% Natriumchlorid, 51% Magnesiumchlorid, 14% Calciumchlorid, 4% Kaliumchlorid, 1% andere Salze. Baden im Toten Meer soll unter anderem bei Hauterkrankungen heilende Wirkungen haben.

3 Baden im Toten Meer

Isotonische Getränke
Getränke mit dem gleichen Gehalt an gelösten Stoffen wie in unserem Blut werden isotonische Getränke genannt. Sie sollen bei körperlichen Anstrengungen ausgeschwitztes Wasser und Mineralien ersetzen.
Eine Apfelschorle aus einem Drittel Saft und zwei Dritteln natriumreichem Mineralwasser erzielt hier die gleiche Wirkung.

Einatmen salzhaltiger Luft
Die Luft am Meer oder in der Nähe von Gradierwerken ist mit Wassertröpfchen angereichert. Sie haben einen hohen Salzgehalt. Die Atemwege werden angefeuchtet und das Atmen fällt Menschen mit Allergien oder Asthma wieder leichter.

4 Meerluft – Linderung bei Asthma

Säuren und Basen

Salz – ein Name für viele Stoffe

1 Natriumchlorid

2 Calciumchlorid

3 Eisenchlorid

🔍 **1. a)** Finde Gemeinsamkeiten und Unterschiede in Farbe, Zustand und Aussehen für folgende Stoffe: Kaliumchlorid, Natriumchlorid, Magnesiumchlorid, Calciumchlorid ⟨!⟩, Ammoniumchlorid ⟨!⟩ und Kupferchlorid ⟨!⟩ ⟨☠⟩. Benutze auch eine Lupe und eine Reibschale mit Pistill. Protokolliere deine Ergebnisse.
b) Sind die Proben elektrisch leitend? Baue eine geeignete Prüfstrecke auf.
c) Finde heraus, ob sich die Proben schmelzen lassen. Benutze dazu Abdampfschalen aus Porzellan.
d) Untersuche die Löslichkeit in Wasser. Gib dazu jeweils eine Spatelspitze des Salzes in ein Reagenzglas, das etwa zu Hälfte mit Wasser gefüllt ist.
e) Untersuche die Salzlösungen auf ihre elektrische Leitfähigkeit.
f) Untersuche ebenso die Löslichkeit der Salzproben in Alkohol.

🔍 **2. a) Demonstrationsversuch:** Kaliumnitrat wird in einer Abdampfschale geschmolzen. Die elektrische Leitfähigkeit der Schmelze wird untersucht.
b) Vergleiche das Ergebnis mit dem aus Versuch 1 b).

📝 **3.** Erstelle eine Liste mit mindestens 10 Salznamen und entwickle ein System zum Benennen der Salze.

📝 **4.** Erstelle ausführliche Steckbriefe von zwei Salzen.

4 Kupferchlorid    5 Kupferiodid    6 Kupfersulfat    7 Kupfercarbonat

Salz – der Name einer Gruppe
Mit dem Wort „Salz" ist in der Umgangssprache das Speisesalz zum Würzen, das Natriumchlorid, gemeint. In der Chemie ist „Salz" der Name einer sehr großen Gruppe von Stoffen, ähnlich wie der Begriff „Metall" ein Name für eine Vielzahl von Stoffen ist.

Eigenschaften der Salze
Salze bestehen fast immer aus Kristallen. Auch nach dem Zerkleinern kannst du mit einer Lupe oder unter dem Mikroskop kleine Kristalle entdecken. Viele Salze lösen sich in Wasser. Einige sind aber fast unlöslich, zum Beispiel Silberchlorid. In anderen Lösungsmitteln sind Salze nicht löslich. Alle Salze haben eine hohe Schmelztemperatur. Natriumchlorid schmilzt erst bei über 800 °C. Die festen Salze leiten Elektrizität nicht. Salzschmelzen und wässrige Lösungen von Salzen sind elektrisch leitend. Hier müssen also Teilchen vorhanden sein, die elektrische Ladungen transportieren.

Salz	Schmelztemperatur
Kaliumchlorid	790 °C
Natriumchlorid	801 °C
Magnesiumchlorid	708 °C
Calciumchlorid	782 °C
Eisenchlorid	674 °C
Kupferchlorid	426 °C
Ammoniumchlorid	335 °C

8 Schmelztemperaturen von Salzen

■ Salze sind kristalline Stoffe. Die meisten Salze sind in Wasser löslich. Nur in wässriger Lösung oder als Schmelzen sind Salze elektrisch leitend. Die meisten Salze haben eine hohe Schmelztemperatur.

Der direkte Weg zum Kochsalz

🔍 **1. a) Demonstrationsversuch:** Der Versuch wird unter dem Abzug durchgeführt. In ein Reagenzglas mit Löchern wird ein erbsengroßes Stück Natrium gegeben (Bild 1). Das Natrium wird in der Flamme bis zum Schmelzen erwärmt. Dann wird es in einen Erlenmeyerkolben gehalten, der mit Chlor gefüllt ist.
b) Beschreibe deine Beobachtungen.

📖 **2. a)** Beschreibe das Reaktionsprodukt aus Versuch 1.
b) Um welchen Stoff handelt es sich? Wie kannst du deine Vermutung überprüfen?
c) Formuliere eine Reaktionsgleichung.

📖 **3.** Warum ist die Reaktion von Natrium und Chlor ein typisches Beispiel für eine chemische Reaktion?

Zwei Elemente bilden Kochsalz

Geschmolzenes Natrium wird in ein gelbgrünes, stechend riechendes Gas gehalten. Unter grellgelbem Leuchten setzt eine chemische Reaktion ein. Am Ende bleiben weiße, feine Kristalle zurück. Das gelbgrüne Gas ist **Chlor** (Cl), ein sehr reaktionsfähiges Element. Chlor ist sehr giftig. 0,1 % Chlor in Atemluft führt innerhalb von 30 min zum Tode. Mit dem ätzenden, feuergefährlichen **Natrium** (Na) reagiert das Chlor zu einem neuen Stoff mit völlig neuen Eigenschaften. Er heißt **Natriumchlorid** (NaCl).

$$\text{Natrium} + \text{Chlor} \rightarrow \text{Natriumchlorid}$$
$$2\,\text{Na} + \text{Cl}_2 \rightarrow 2\,\text{NaCl}$$

Diese ungiftige chemische Verbindung kennst du bereits. Es ist das **Kochsalz**.

■ Kochsalz ist die chemische Verbindung des Metalls Natrium mit dem Nichtmetall Chlor.

1 Natrium    **2** Chlor    **3** Heftige Reaktion    **4** Natriumchlorid

Chlor und seine giftige Verwandtschaft

Pinnwand

Du kennst **Chlor (Cl)** und seinen typischen Geruch aus dem Schwimmbad. Dort wird es in starker Verdünnung zum Abtöten von Bakterien verwendet.
Chlor kann mit allen Metallen reagieren. Die Verbindungen, die dabei entstehen, heißen **Chloride**. Es sind Salze. Ähnliche Eigenschaften haben die Elemente Fluor, Brom und Iod. Sie sind mit dem Chlor chemisch verwandt und bilden mit ihm die Elementfamilie der **Halogene** (Salzbildner).

Fluor (F) ist ein hellgelbes, sehr giftiges Gas. Es ist das reaktionsfähigste aller Elemente. Fluor-Salze heißen **Fluoride**.

Brom (Br) ist eine dunkelbraune, leicht verdampfbare, giftige Flüssigkeit. Bromdampf wird in Halogenlampen verwendet. Brom-Salze heißen **Bromide**.

Iod (I) bildet violettschwarze Kristalle. Als Spurenelement darf es in der Nahrung nicht fehlen. Iodmangel führt zur Schilddrüsenerkrankung. Iod-Salze heißen **Iodide**.

Säuren und Basen

Salzbildung durch Neutralisation

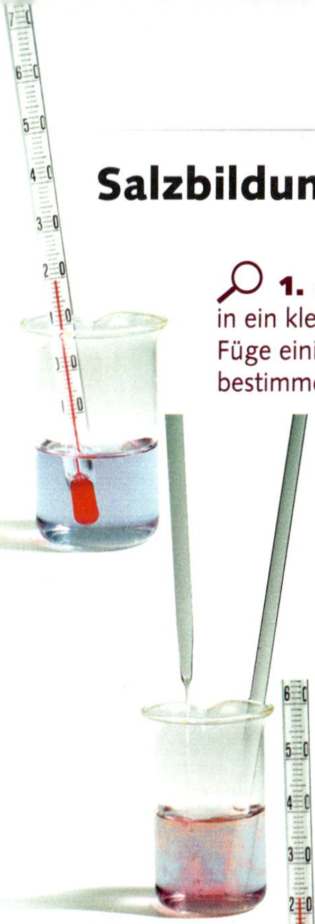

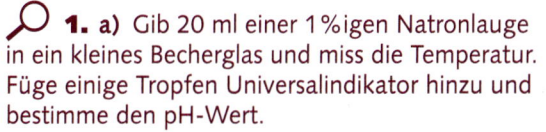

🔍 **1. a)** Gib 20 ml einer 1%igen Natronlauge in ein kleines Becherglas und miss die Temperatur. Füge einige Tropfen Universalindikator hinzu und bestimme den pH-Wert.
b) Gieße etwa 15 ml 1%ige Salzsäure zu der Natronlauge. Rühre mit dem Glasstab um. Gib dann mit einer Pipette tropfenweise und unter ständigem Rühren solange weiter Salzsäure hinzu, bis der Indikator eine neutrale Lösung anzeigt. Bestimme die Temperatur der Lösung und beschreibe deine Beobachtungen.
c) Dampfe die Hälfte der Lösung vorsichtig in einer Abdampfschale ein. Lass die andere Hälfte auf einer Uhrglasschale verdunsten. Betrachte die Rückstände mit einer Lupe und vergleiche sie.

📖 **2.** Warum ist die Lösung in Versuch 1 b) wärmer geworden?

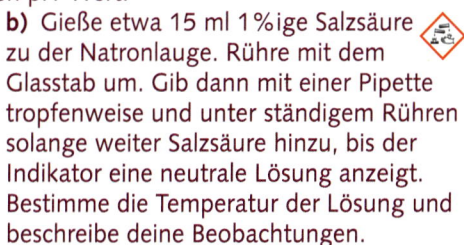

🔍 **3. a)** Wiederhole Versuch 1 mit frisch hergestellter Calciumlauge (Kalkwasser) und 0,5%iger Schwefelsäure.
b) Was kannst du über die Löslichkeit des Salzes aussagen, das bei dieser Reaktion entstanden ist? Vergleiche auch mit Versuch 1.

Salz aus Säure und Lauge

Werden eine Lauge und eine Säure in den passenden Mengen vermischt, entsteht die neutrale Lösung eines Salzes in Wasser. Dieser Vorgang heißt Neutralisation. Wärme wird frei. Ist dieses Salz gut löslich, bleibt die Lösung klar. Erst nach dem Eindampfen oder Verdunsten erkennst du einen Rückstand. Manchmal kannst du nur mit einer Lupe Salzkristalle entdecken. Wenn sich die Lösung passender Mengen aus Lauge und Säure trübt, ist ein schwer lösliches Salz entstanden.

Was geschieht bei der Neutralisation?

Laugen und Säurelösungen sind Ionenverbindungen. Natronlauge enthält Na^+-Ionen und OH^--Ionen. Salzsäurelösung enthält H^+-Ionen und Cl^--Ionen. Werden beide Lösungen im richtigen Mengenverhältnis zusammengegossen, entsteht eine Lösung, die jeweils gleich viele dieser Ionen enthält:

$$Na^+ + OH^- + H^+ + Cl^-$$

Die Lösung ist neutral, sie enthält weder einen Überschuss an OH^--Ionen noch an H^+-Ionen. Sie hat sich erwärmt, also ist eine chemische Reaktion abgelaufen. Reagiert haben die Hydroxid-Ionen und die Wasserstoff-Ionen zu neutralen Wasser-Molekülen:

$$OH^- + H^+ \rightarrow H_2O; \text{ Energie wird frei}$$

Die Gesamtreaktion lautet dann:

$$Na^+ + OH^- + H^+ + Cl^- \rightarrow H_2O + Na^+ + Cl^-;$$
$$\text{Energie wird frei.}$$

Die eigentliche chemische Reaktion bei der Neutralisation findet also zwischen den H^+-Ionen und den OH^--Ionen statt. Dabei entstehen Wasser-Moleküle, Energie wird frei.
Aus der ätzenden Salzsäure und der ätzenden Natronlauge ist eine neutrale Natriumchlorid-Lösung geworden. Beim Eindampfen setzen sich die Na^+- und Cl^--Ionen durch Ionenbindung zu geordneten NaCl-Kristallen zusammen.

■ Bei einer Neutralisation reagieren H^+-Ionen und OH^--Ionen zu Wasser-Molekülen. Dabei wird Energie in Form von Wärme frei.

1 Aus einer Lauge und einer Säure entsteht Salz.

Säuren und Basen → S. 290/291

Anwendungen der Neutralisation

Pinnwand

🔍 **1.** Gib zu 0,3%iger Salzsäure ⚠ etwas Uni-versalindikator. Neutralisiere diese verdünnte Salzsäure mit Natron.

📝 **2.** Erkunde, welche Wirkstoffe in Medikamenten zur Säureneutralisation enthalten sind. Schlage in einem Fachbuch nach, welche Stoffe im Magen entstehen, um die Magensäure zu neutralisieren.

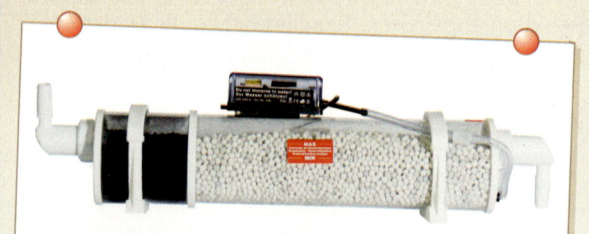

📝 **3.** Warum müssen bei einem Ölbrennwertkessel die kondensierten Abgase neutralisiert werden?

📝 **4.** Wieso ist bei einem Gasbrennwertkessel keine Neutralisation vorgeschrieben?

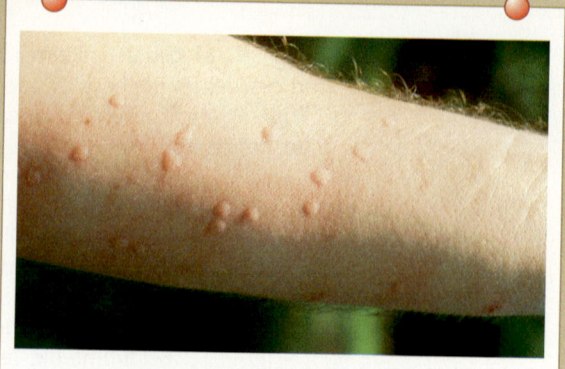

Insekten spritzen bei einem Biss oder Stich häufig Säuren in die Haut. Am bekanntesten ist die Ameisensäure.

📝 **5.** Warum kann zum Behandeln von Hautverätzungen durch Insekten Salmiakgeist (Ammoniaklösung) verwendet werden?

📝 **6.** Worauf ist bei einer Neutralisation wie in obigem Säureunfall zu achten?

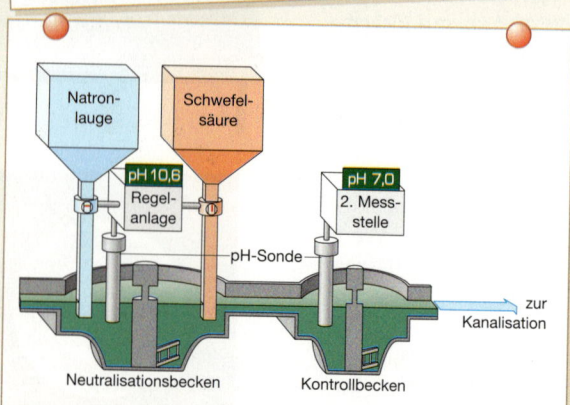

📝 **7.** Die Abwässer von Chemielabors müssen kontrolliert werden, bevor sie in die Kläranlage geleitet werden. Oft müssen Säuren oder Laugen zugesetzt werden. Erkläre, warum.

Säuren und Basen

Vielfältige Möglichkeiten der Salzbildung

Pinnwand

Metall + Nichtmetall → Salz

Eisen + Schwefel → Eisensulfid

1. a) Mische in einer Schale sorgfältig 4 g Schwefelpulver und 7 g Eisenpulver. Forme aus dem Gemisch auf einer feuerfesten Kachel einen Damm. Erhitze ihn an einem Ende mit dem Brenner.
b) Beschreibe den Ablauf der Reaktion und vergleiche die Ausgangsstoffe mit dem Reaktionsprodukt.
c) Handelt es sich um eine endotherme oder um eine exotherme Reaktion?

2. Schreibe die Reaktionsgleichung für die entsprechenden Reaktionen von Kupfer mit Schwefel und von Eisen mit Chlor auf.

Metall + Säure → Salzlösung + Wasserstoff

Magnesium + Salzsäure → Magnesium- + Wasserchloridlösung stoff

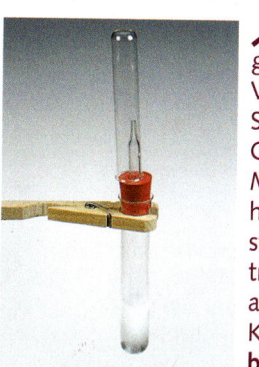

5. a) Fülle ein Reagenzglas zu einem Viertel mit verdünnter Salzsäure. Gib kleine Stückchen Magnesiumband hinzu. Fange das entstandene Gas in einem trockenen Reagenzglas auf und führe damit die Knallgasprobe durch.
b) Prüfe den pH-Wert der Lösung, wenn die Gasentwicklung beendet ist.
c) Dampfe einen Teil der Lösung ein.

6. Schreibe die Reaktionsgleichungen für die entsprechenden Reaktionen von Aluminium mit Salzsäure und von Zink mit Salzsäure auf.

Lauge + Säure → Salzlösung

Kalilauge + Salzsäure → Kaliumchloridlösung

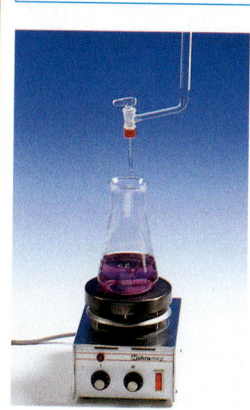

3. a) Gib etwas Universalindikator in 10 ml 1%ige Kalilauge. Verdünne mit etwas destilliertem Wasser. Lass dann aus einer Bürette 1–2%ige Salzsäure hineintropfen. Rühre dabei die Lauge ständig um.
b) Warum ist es wichtig, dass bei dieser Neutralisationsreaktion ständig gerührt wird?

Mit dieser Anordnung kannst du eine Neutralisation sehr einfach durchführen. Damit lässt sich die Konzentration von Lösungen bestimmen.

4. Was haben alle Reaktionen zur Salzbildung gemeinsam?

Metalloxid + Säure → Salzlösung

Kupferoxid + Salzsäure → Kupferchloridlösung

7. Gib Kupferoxidpulver in verdünnte Salzsäure. Beschreibe, was passiert.

8. Die schwarze Oxidschicht auf einem Kupferblech lässt sich mit verdünnter Salzsäure leicht abreiben. Erkläre diesen Vorgang.

9. Warum darf ein oxidiertes Eisen- oder Zinkblech nicht mit verdünnter Salzsäure gereinigt werden?

Die Konzentration von Lösungen

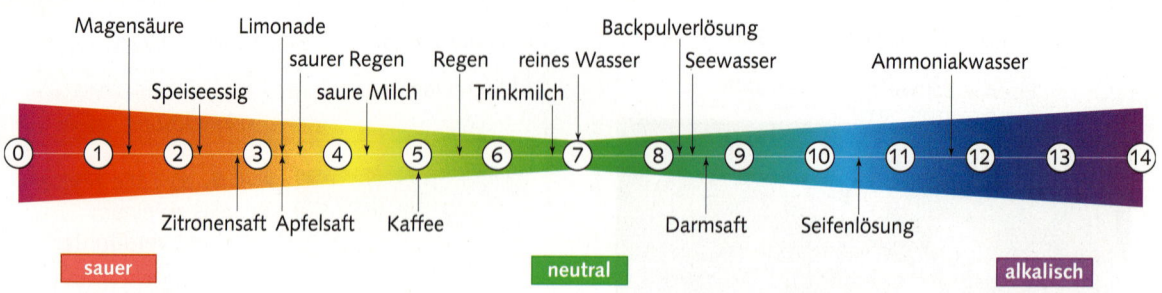

1 Die pH-Wert-Skala

Skala von 0 bis 14:
- sauer: Magensäure (0-1), Speiseessig, Zitronensaft, Limonade, Apfelsaft, saurer Regen, saure Milch, Kaffee
- neutral: Regen, Trinkmilch, reines Wasser (7), Backpulverlösung, Darmsaft
- alkalisch: Seewasser, Seifenlösung, Ammoniakwasser

1.
a) Miss den pH-Wert von Salzsäure einer Konzentration c von 1 $\frac{mol}{l}$.
b) Verdünne 10 ml der Lösung mit Wasser auf ein Volumen von 100 ml. Miss erneut den pH-Wert.
c) Verdünne anschließend die Lösung aus Versuch b) auf das Zehnfache seines Volumens. Stelle wieder den pH-Wert fest.
d) Wie beeinflusst eine Änderung der Konzentration c den pH-Wert der Lösung?

2.
Wiederhole Versuch 1 mit Natronlauge (c_{NaOH} = 1 $\frac{mol}{l}$).

3.
Aus 1 l Salzsäure mit einem pH-Wert von 3 soll eine Salzsäure mit einem pH-Wert von 4 hergestellt werden. Beschreibe deine Vorgehensweise.

4.
In 1 l Wasser werden 20 g NaOH gelöst. Wie groß ist die Stoffmengenkonzentration der Lösung?

5.
Wie viel NaOH wird für eine 0,2-molare NaOH-Lösung benötigt?

Beispiel
Für eine Natronlauge mit einer Konzentration von c_{NaOH} = 1 $\frac{mol}{l}$ werden 40 g festes Natriumhydroxid benötigt.

$M_{NaOH} = M_{Na} + M_O + M_H$
$M_{NaOH} = (23 + 16 + 1) \frac{g}{mol} = 40 \frac{g}{mol}$

Diese Portion wird in einen Messkolben gegeben. Der Kolben wird anschließend mit destilliertem Wasser auf genau 1 l Lösung aufgefüllt.
Die entstandene Lösung enthält dann 1 mol Na$^+$-Ionen und 1 mol OH$^-$-Ionen.

Die Stoffmengenkonzentration
Eine Angabe für Lösungen ist die **Stoffmengenkonzentration c**. Sie bezieht sich auf die Teilchenzahl. Sie gibt an, welche Menge n eines Stoffes in einem bestimmten Volumen V der Lösung enthalten ist.

$$c = \frac{n}{V_{Lösung}} \qquad \text{Einheit: } \frac{mol}{l}$$

Die Konzentration bestimmt den pH-Wert
Neutrale Lösungen enthalten H$^+$- und OH$^-$-Ionen in sehr geringen, aber gleich großen Konzentrationen. Ihre Wirkungen heben sich gegenseitig auf. In einer Salzsäure mit dem pH-Wert 0 beträgt die Konzentration an H$^+$-Ionen 1 $\frac{mol}{l}$. Wird sie auf das Zehnfache des Volumens verdünnt, sinkt die Konzentration auf 0,1 $\frac{mol}{l}$, der pH-Wert steigt auf 1. Bei einer erneuten Verdünnung auf das zehnfache Volumen (c = 0,01 $\frac{mol}{l}$) erhöht sich der pH-Wert auf 2. Eine Änderung der Stoffmengenkonzentration c um den Faktor 10 bedeutet also eine Änderung des pH-Wertes um eine Einheit.
Eine Lauge mit der Konzentration 1 $\frac{mol}{l}$ hat den pH-Wert 14. Wird sie um den Faktor 10, also auf 0,1 $\frac{mol}{l}$ verdünnt, sinkt der pH-Wert auf 13.

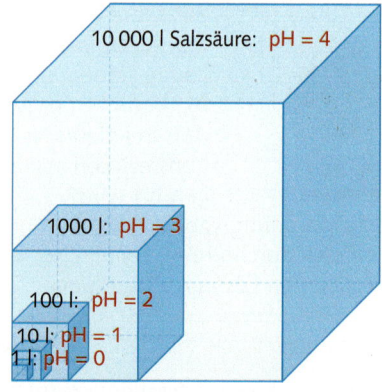

2 Salzsäure wird mit Wasser verdünnt.
- 10 000 l Salzsäure: pH = 4
- 1000 l: pH = 3
- 100 l: pH = 2
- 10 l: pH = 1
- 1 l: pH = 0

Säuren und Basen

Titration

Eine Säure oder Lauge unbekannter Konzentration kann im Labor durch **Titration** oder **Maßanalyse** bestimmt werden. Dabei wird eine Lösung mit genau bekannter Stoffmengenkonzentration, eine Maßlösung, verwendet.

Soll die Konzentration einer Lauge ermittelt werden, wird zur Probelösung eine Säure bekannter Konzentration als Maßlösung aus der Bürette langsam zugetropft. Ist die Probe neutralisiert, wird das Volumen der benötigten Maßlösung abgelesen. Hieraus lässt sich die Konzentration der untersuchten Lauge bestimmen.

■ Die Stoffmengenkonzentration ist $c = \frac{n}{V}$. Sie lässt sich durch Titration ermitteln.
Der pH-Wert ist ein Maß für die Konzentration an Wasserstoff-Ionen in einer Lösung.

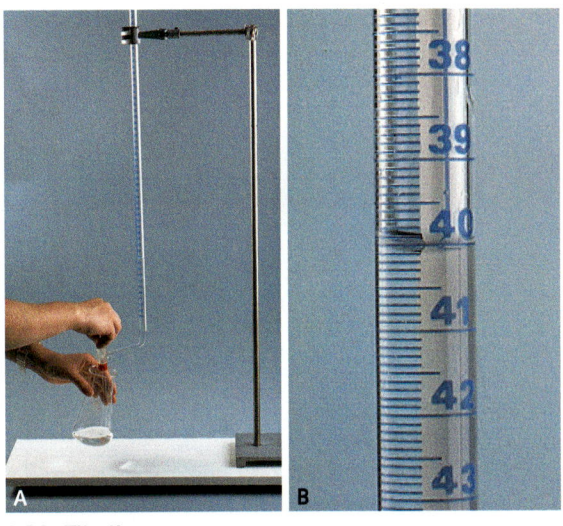

3 Die Titration

Titration einer Natronlauge

Aufgabe
Ermittle mithilfe der Titration die Konzentration einer Natronlauge.

Material
– 100 ml-Weithals-Erlenmeyerkolben, 10 ml-Messpipette, Pipettierhilfe, Bürette, Bürettenklammer, Trichter, Becherglas, Stativ
– Salzsäure $c_{HCl} = 0{,}1 \frac{mol}{l}$, Natronlauge unbekannter Konzentration, Indikator Phenolphthalein

Durchführung
a) Fülle die Bürette mit der Salzsäure-Maßlösung und lass etwas davon in das Becherglas laufen, sodass keine Luftblasen mehr in der Bürette vorhanden sind. Notiere den Flüssigkeitsstand.
b) Fülle mit der Messpipette 10 ml Natronlauge in den Erlenmeyerkolben und gib 10 Tropfen Phenolphthalein dazu.
c) Lass unter ständigem Umschwenken Salzsäure zur Natronlauge tropfen, bis die Farbe des Indikators nach farblos umschlägt.
d) Lies den Flüssigkeitsstand ab und ermittle aus der Differenz das Volumen der verbrauchten Salzsäure.
e) Überprüfe das ermittelte Volumen durch eine zweite Titration.
f) Berechne die Stoffmengenkonzentration der Natronlauge.

Auswertung
Bei der Neutralisation gilt folgende Beziehung (Konz. bedeutet Konzentration):

$$\text{Konz.}_{Säure} \cdot \text{Volumen}_{Säure} = \text{Konz.}_{Lauge} \cdot \text{Volumen}_{Lauge}$$

$$c_{Säure} \cdot V_{Säure} = c_{Lauge} \cdot V_{Lauge}$$

Sind drei der Werte aus der Gleichung bekannt, so lässt sich der vierte, unbekannte Wert berechnen:

Beispielrechnung
Zur Neutralisation von 25 ml Natronlauge werden 30 ml Salzsäure $c_{HCl} = 0{,}1 \frac{mol}{l}$ benötigt. Berechne die Stoffmengenkonzentration der Natronlauge.

geg.: $c_{HCl} = 0{,}1 \frac{mol}{l}$ ges.: c_{NaOH}
$V_{HCl} = 30$ ml
$V_{NaOH} = 25$ ml

Lösung: $c_{NaOH} \cdot V_{NaOH} = c_{HCl} \cdot V_{HCl}$

$c_{NaOH} \cdot 25 \text{ ml} = 0{,}1 \frac{mol}{l} \cdot 30 \text{ ml}$

$c_{NaOH} = 0{,}1 \frac{mol}{l} \cdot \frac{30 \text{ ml}}{25 \text{ ml}}$

$c_{NaOH} = 0{,}12 \frac{mol}{l}$

Antwort: Die Konzentration der Natronlauge beträgt $0{,}12 \frac{mol}{l}$.

Wie Salznamen gebildet werden

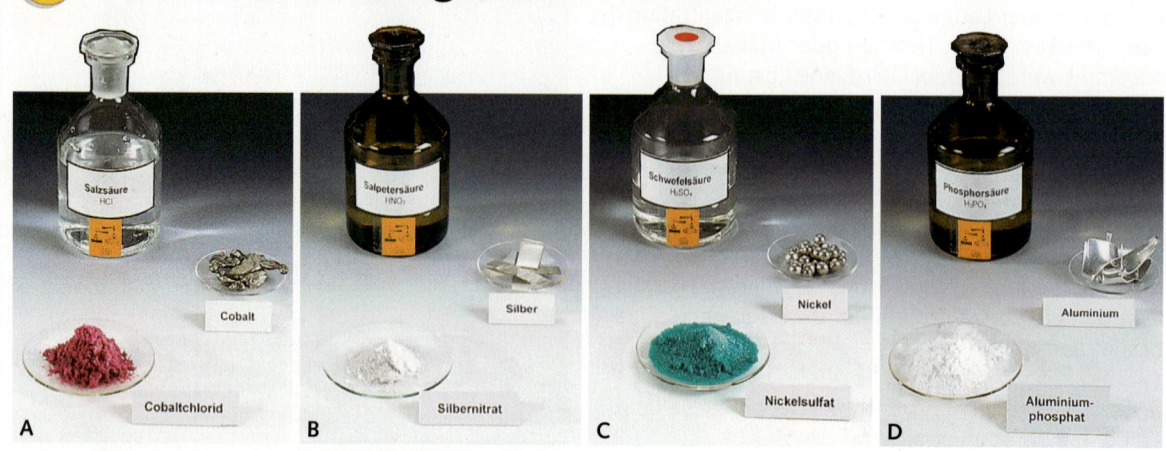

1 Salze aus Metall und Säure: **A** *Cobaltchlorid*, **B** *Silbernitrat*, **C** *Nickelsulfat*, **D** *Aluminiumphosphat*

1. a) Fülle etwa 3 ml verdünnte Schwefelsäure (10%ig) in ein Reagenzglas. Gib eine Spatelspitze Zinkspäne hinzu und gib solange weiteres Zink hinzu, bis die Gasentwicklung aufhört. Warte, bis sich das Metall vollständig aufgelöst hat. Gieße die Lösung in eine Glasschale und bestimme mit Universalindikatorpapier ihren pH-Wert.
b) Lass die Lösung verdunsten oder dampfe sie in einer Abdampfschale mit kleiner Flamme ein.
c) Beschreibe die Reaktion. Vergleiche die Ausgangsstoffe mit den Reaktionsprodukten.

2. Wiederhole Versuche 1 a) mit verdünnter Phosphorsäure (5%ig) und Magnesium, b) mit verdünnter Salpetersäure (5%ig) und Eisenpulver.

3. Schreibe die Reaktionsgleichungen für Versuch 2 auf und benenne die entstandenen Salze.

4. Erkläre an einem Beispiel, wie sich der Name eines Salzes zusammensetzt.

5. Schreibe die Namen der Salze auf, die durch die folgenden Formeln angegeben werden: $MgCO_3$, $ZnSO_4$, KNO_3, $LiCl$, FeS, NaF.

6. Schreibe für die folgenden Beispiele die Reaktionsgleichungen als Wortgleichungen auf. Gib die Namen und die Formeln der Salze an:
a) Kalium (K) reagiert mit Salzsäure.
b) Silber (Ag) reagiert mit Salpetersäure.
c) Aluminium (Al) reagiert mit Phosphorsäure.
d) Calcium (Ca) reagiert mit schwefliger Säure.
e) Natrium (Na) reagiert mit Flusssäure.

Alle Salze haben einen Namen

Welchen Namen bekommt ein Salz, das zum Beispiel bei der Reaktion zwischen Zink und Schwefelsäure entsteht?
Betrachte zunächst die Reaktionsgleichung. Sie beschreibt übersichtlich, was bei diesem Vorgang abläuft:

> Zink + Schwefelsäure → Wasserstoff + Salz
> Zn + H_2SO_4 → H_2 + $ZnSO_4$

Die Säure, hier die Schwefelsäure (H_2SO_4), gibt bei dieser Reaktion den „Säurewasserstoff" (H_2) ab. Das Metall **Zink (Zn)** verbindet sich mit dem „Rest" der Säure (SO_4).
Dieser Säurerest heißt **Sulfat**. Das Salz, das sich aus diesem Metall und diesem Säurerest zusammensetzt, heißt deshalb **Zinksulfat ($ZnSO_4$)**.

Name der Säure	Formel	Säurerest-Ion	Name des Säurerestes
Salzsäure	HCl	Cl^-	Chlorid
Salpetersäure	HNO_3	NO_3^-	Nitrat
Schwefelsäure	H_2SO_4	SO_4^{2-}	Sulfat
Schweflige Säure	H_2SO_3	SO_3^{2-}	Sulfit
Schwefelwasserstoffsäure	H_2S	S^{2-}	Sulfid
Kohlensäure	H_2CO_3	CO_3^{2-}	Carbonat
Phosphorsäure	H_3PO_4	PO_4^{3-}	Phosphat
Flusssäure	HF	F^-	Fluorid

2 Wichtige Säuren und die Namen ihrer Säurereste

■ Der Name des Metalles und der Name des Säurerestes bilden zusammen den Namen des Salzes.

Säuren und Basen

😉 Welches Salz ist das?

🔍 **1. a) Demonstrationsversuch:** In 200 ml destilliertem Wasser wird eine Spatelspitze Bleinitrat ⚠️ gelöst. In einem zweiten Gefäß wird eine Spatelspitze Kaliumiodid in 100 ml destilliertem Wasser gelöst. Dann wird die Kaliumiodidlösung in die Bleinitratlösung gegossen.
b) Beschreibe.

🔍 **2.** Gib jeweils einige Kristalle der Salze Lithiumchlorid ⚠️, Calciumchlorid ⚠️, Kaliumchlorid, Natriumchlorid und Kupferchlorid ⚠️ auf saubere Uhrgläser. Füge einige Tropfen destilliertes Wasser hinzu. Glühe ein Magnesiastäbchen aus, bis es nicht mehr leuchtet. Bringe damit die Salze nacheinander in die rauschende Brennerflamme. Glühe nach jeder Probe das Stäbchen erneut aus. Vergleiche die Flammenfarben und notiere sie.

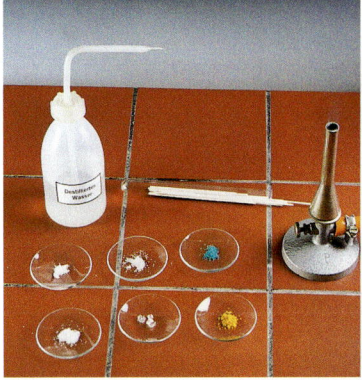

2 Test der Flammenfärbung bei Chloriden

🔍 **3.** Fülle 4 Reagenzgläser zur Hälfte mit destilliertem Wasser. Löse in jeweils einem Glas
a) einen Tropfen verdünnte Salzsäure
b) einen Tropfen verdünnte Schwefelsäure
c) eine Spatelspitze Natriumchlorid
d) eine Spatelspitze Natriumsulfat.
Gib danach zwei Tropfen Silbernitratlösung in jedes Reagenzglas. Mit welchen Säureresten hat das Silbernitrat reagiert?

🔍 **4.** Wiederhole Versuch 3 mit Bariumchloridlösung anstelle der Silbernitratlösung. Vergleiche die Ergebnisse mit denen aus Versuch 3.

1 Bleiiodid fällt aus.

Welches Salz ist das?
Kupfersulfat ist leicht an seiner blauen Farbe und an der Kristallform zu erkennen. Doch fast alle anderen Salze sind kaum voneinander zu unterscheiden. Du weißt, dass ein Salz aus einem Metall und einem Säurerest aufgebaut ist. Um ein unbekanntes Salz bestimmen zu können, musst du also herausfinden, aus welchem Metall und aus welchem Säurerest das Salz besteht.

Nachweis der Metalle
Bringst du einige Körnchen Kochsalz in die Flamme, leuchten sie sofort mit gelber Farbe hell auf. Auch andere Natriumsalze leuchten in einer Flamme gelb. Eine solche gelbe **Flammenfärbung** ist also eine Möglichkeit, das Metall Natrium nachzuweisen.
Eine andere Möglichkeit, Metalle als Bestandteile von Säuren nachzuweisen, ist die Anwendung von **Indikatorfarbstoffen**.

3 Nachweis von Eisen mit Teststäbchen

Nachweis der Säurereste
Wenn farblose, klare Lösungen der leicht löslichen Salze Bleinitrat und Kaliumiodid zusammengegeben werden, bildet sich eine gelbe Farbwolke. Hier ist ein neues, schwer lösliches Salz, das Bleiiodid entstanden. Es fällt als gelber Niederschlag aus der Lösung aus. Mit solchen **Fällungsreaktionen** lassen sich bestimmte Säurereste nachweisen.
So bildet Silbernitratlösung mit allen Chloriden das schwerlösliche, weiße Silberchlorid. Silbernitratlösung ist also das Nachweismittel für Chloride.
Bariumchloridlösung ist ein Nachweismittel für Sulfate. Bei Schwefelsäureresten bildet sich das schwerlösliche Bariumsulfat.

■ Um ein Salz zu bestimmen, müssen der Säurerest und das Metall bestimmt werden. Richtig zusammengesetzt, ergibt sich der Salzname.

Salze in der Erde – Mineralien

1 Marmorabbau in Carrara, Italien

Mineralien

In der Nähe von Carrara in Italien werden schon seit der Römerzeit ganze Berge abgetragen. Heute werden aus dem weißen Gestein große Platten mit Stahlseilen herausgesägt und dann ins Tal gebracht. Es ist **Marmor,** der als edler und teurer Werkstoff seit Jahrtausenden geschätzt wird.

Marmor gehört zur Stoffgruppe der **Mineralien.** Das sind alle kristallinen Stoffe, die im Verlauf der Erdgeschichte in der Erdkruste entstanden sind. Dazu gehören die Erze, die Metalle und die Gesteine.

Marmor ist eine besondere Form von Kalkstein. Es ist ein Salz, das Calciumcarbonat. Das lässt sich mit einem Tropfen Salzsäure nachweisen. Die Salzsäure zersetzt das Calciumcarbonat, dabei wird das Gas Kohlenstoffdioxid frei.

Auch viele andere Mineralien wie der Gips und natürlich das Steinsalz sind Salze. In so schönen Kristallen wie auf den Bildern 2 bis 4 sind diese Mineralien aber nur selten zu finden.

Der Marmor war ein über Jahrtausende beständiger Baustoff, denn er ist in reinem Wasser kaum löslich. Heute jedoch setzt die Schwefelsäure aus dem sauren Regen dem Marmor zu. Die Schwefelsäure verwandelt den Marmor an der Oberfläche in Calciumsulfat, das ist Gips. Weil Gips etwas wasserlöslich ist, zerfällt nach und nach die Marmoroberfläche.

■ Die kristallinen Feststoffe aus der Erdkruste heißen Mineralien. Viele Mineralien sind Salze.

1. a) Gib einige Tropfen verdünnte Salzsäure auf Calciumcarbonat. Was beobachtest du?
b) Gib nun Salzsäure auf Bruchstücke von Marmor, Kalkstein, Mörtel, Kreide und Gips. Welche der Gesteinsproben enthält Calciumcarbonat?

2. Gib ein kleines Stück Marmor in ein Becherglas und übergieße es mit verdünnter Schwefelsäure. Lass das Gefäß eine Zeit lang stehen. Beschreibe die Veränderungen.

3. Marmor wird durch sauren Regen in Gips umgewandelt. Welche Folgen hat das? Beachte dabei die Löslichkeiten der Salze.

Name des Minerals	chemischer Name	in 1 l Wasser von 20 °C lösen sich
Steinsalz	Natriumchlorid	360 g
Gips	Calciumsulfat	2 g
Marmor	Calciumcarbonat	0,01 g

4. Finde heraus, wo in Deutschland Marmor abgebaut wird und wozu Marmor heute verwendet wird.

2 Natriumchlorid

3 Calciumsulfat

4 Calciumcarbonat

Säuren und Basen

😉 Pflanzen brauchen mehr als Licht, Luft, Wärme und Wasser

1. Erkundige dich, wie sich Stickstoffmangel auf das Pflanzenwachstum auswirkt.

2. Was sagt der Name von Mineraldüngern über ihre Bestandteile aus?

3. Schreibe die Bestandteile einiger Mineraldünger auf.

Pflanzen benötigen zum Wachsen Licht und Wärme, Kohlenstoffdioxid aus der Luft sowie Wasser und Mineralsalze aus dem Boden. Da diese für die Ernährung der Pflanzen eine wichtige Rolle spielen, werden sie auch Nährsalze genannt. Wenn sie in Wasser gelöst sind, können sie von den Pflanzen über die Wurzeln aufgenommen werden. Für ein gutes Wachstum und einen hohen Ertrag müssen sie in ausreichenden Mengen vorhanden sein.

Die Feldfrüchte, zum Beispiel Kartoffeln, entziehen aber dem Boden beim Wachsen große Mengen dieser Nährsalze. Dieser Verlust muss von den Landwirten durch Düngung wieder ausgeglichen werden, wenn es auch im nächsten Jahr eine gute Ernte geben soll.

Die wichtigsten Nährsalze sind Verbindungen des Stickstoffs (N), des Phosphors (P), des Kaliums (K), des Calciums (Ca), des Schwefels (S) und des Magnesiums (Mg).

Weitere Nährsalze müssen in geringen Mengen als Spuren im Boden vorhanden sein, damit die Pflanzen gedeihen. Diese wichtigen Spurenelemente sind Bor (B), Mangan (Mn), Kupfer (Cu), Zink (Zn), Molybdän (Mo), Cobalt (Co), Eisen (Fe), Chlor (Cl) und Selen (Se). Sie werden in geringen Mengen zusammen mit den **Mineraldüngern** auf den Feldern ausgebracht.

Es gibt noch andere Möglichkeiten, die dem Boden entnommenen Nährsalze zurückzugeben: Gründünger, der vor allem über die Wurzeln Nährsalze bindet oder natürlicher Dünger wie Kompost, Mist und Gülle. Durch den jährlichen Wechsel der angebauten Früchte wird eine einseitige Entnahme von Nährsalzen verhindert. Im biologischen Anbau werden durch die Wahl bestimmter Fruchtfolgen die natürlichen Kreisläufe wesentlich besser genutzt als in der herkömmlichen Landwirtschaft.

■ Pflanzen benötigen zum Wachsen Licht, Wärme, Kohlenstoffdioxid, Wasser und Nährsalze. Diese werden als Mineraldünger auf den Feldern ausgebracht.

Wasser

Salze in Pflanzen und im Boden – Mineraldünger

1. a) Stelle einen Brei aus Wasser und Mineraldünger her. Glühe ein Magnesiastäbchen aus. Tauche das ausgeglühte Ende in den Mineraldüngerbrei und halte es in die Flamme. Betrachte die Flammenfärbung mit und ohne Cobaltglas.
b) Welche Verfärbungen beobachtest du? Welche Bestandteile sind nachweisbar?

2. Verdünne den Brei aus Versuch 1 mit etwas Wasser, sodass eine Mineraldüngerlösung entsteht. Zeige dann mit Teststreifen, dass Nitrate und Sulfate enthalten sind.

3. Stelle eine Lösung aus Wasser und der Pflanzenasche eines Salatblattes her (Bild 4). Untersuche diese Lösung wie in Versuch 1 und Versuch 2. Welche Stoffe kannst du nachweisen?

4. Welcher Hauptbestandteil entweicht bei der Herstellung von Pflanzenasche?

5. Warum musst du die Flamme in den Versuchen 1 und 3 auch durch ein Cobaltglas betrachten?

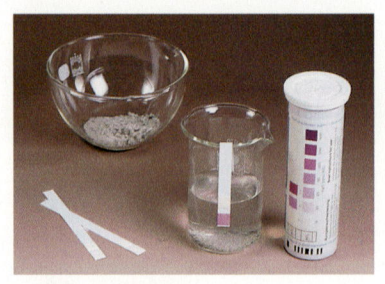

2 Nitratnachweis

Bestandteile von Mineraldüngern

Die Bestandteile der Mineraldünger können mit verschiedenen Methoden nachgewiesen werden. Zwei davon sind die Flammenfärbung und die Verwendung besonderer Teststreifen.

Durch die Flammenfärbung kannst du Natrium (Na) und Kalium (K) als Bestandteile der Mineraldünger nachweisen. Natrium färbt eine Flamme intensiv gelb und Kalium ergibt eine violette Flamme. Da das Natrium alle anderen Farben überdeckt, wird die Flamme durch ein Cobaltglas betrachtet. Cobaltglas lässt das gelbe Licht der Natriumflamme nicht hindurch. Dadurch wird die Flammenfärbung des Kaliums sichtbar (Bild 5).
Mit der Flammenfärbung kannst du Natrium und Kalium sowohl in Mineraldüngern als auch in Pflanzenasche nachweisen.

1. Trocknen

2. Verkohlen

3. Mit Wasser mischen

4 Pflanzenasche-Lösung

Teststreifen

Kleine Indikator-Papierstücke auf den Teststreifen zeigen den nachzuweisenden Stoff durch Verfärben an. Die Teststreifen weisen Nitrate als Verbindungen des Stickstoffs und Sulfate als Verbindungen des Schwefels nach. Je intensiver die Verfärbung der Teststreifen ist, desto mehr ist jeweils vorhanden.

■ Mit Flammenfärbungen und Teststreifen sind Bestandteile der Mineraldünger in Pflanzen nachweisbar.

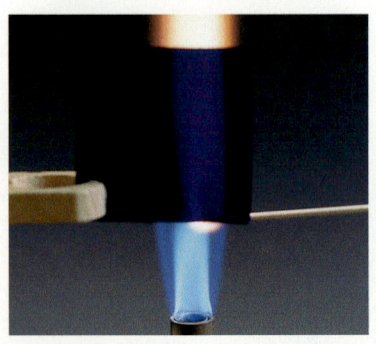

Natrium | Kalium
1 Flammenfärbung

3 Sulfatnachweis

5 Kaliumnachweis

Säuren und Basen

Der Stickstoffkreislauf

1. Welche Rolle spielt Stickstoff im Stoffwechsel der Lebewesen?

2. Informiere dich bei einem Landwirt oder im Internet über den Stickstoffdüngerbedarf eines Getreideackers.

3. Welche Probleme können durch die Düngung von Äckern auftreten?

Aus der Luft in den Boden

Das Element Stickstoff hat einen wichtigen Anteil an allen Lebensprozessen. Weil die Luft zu 78 % aus dem Gas Stickstoff besteht, sollte daran eigentlich kein Mangel bestehen. Doch in der elementaren Form ist der Stickstoff nicht verwertbar, benötigt werden Stickstoffverbindungen. Die Pflanzen brauchen vor allem die Nitrate (NO_3^-), die Salze der Salpetersäure, oder Ammoniumsalze (NH_4^+).

Nitrate entstehen zum Beispiel durch Gewitter, dabei wird Stickstoff oxidiert. Die Stickstoffoxide bilden über Salpetersäure Nitrate, die in den Boden gelangen. Auch bestimmte, Stickstoff bindende Pflanzen stellen aus Luftstickstoff Stickstoffsalze her, die ebenfalls in den Boden wandern.

Der natürliche Stickstoffkreislauf

Die Pflanzen nehmen den Stickstoff in Form gelöster Salze mit den Wurzeln auf. Sie benötigen ihn, um daraus Eiweiß aufzubauen.

Dieses Eiweiß dient Pflanzenfressern als Nahrung. Sie wandeln es in körpereigenes Eiweiß um.

Die Fleischfresser verwerten dieses Eiweiß und bauen daraus ebenfalls eigenes Eiweiß auf. Über die Ausscheidungen von Pflanzenfressern und Fleischfressern und durch die Verwesung, auch durch das Verrotten toter Pflanzen, gelangen die Stickstoffverbindungen wieder in den Boden.

Dort werden sie von Bakterien und Pilzen wieder zu Nitraten und Ammoniumsalzen umgewandelt und stehen für neues Pflanzenwachstum zur Verfügung.

Ein Teil der Stickstoffverbindungen im Boden wird von Bakterien verwertet und gelangt als gasförmiger Stickstoff wieder in die Luft.

Der natürliche Stickstoffkreislauf ist ein **geschlossener Kreislauf**.

Die Rolle des Menschen

Der Mensch greift in den geschlossenen, natürlichen Kreislauf ein. Er nimmt Pflanzen und Tiere als Nahrungsmittel aus dem Kreislauf heraus. Die Abbauprodukte der Nahrungsmittel gelangen nur zum Teil wieder in den Boden zurück. Dadurch wird dem Boden Stickstoff entzogen und es handelt sich um einen offenen Kreislauf. Deshalb müssen Ackerflächen zusätzlich mit Stickstoffdünger versorgt werden.

■ Der natürliche Stickstoffkreislauf verläuft über die Luft und über die Lebewesen in den Boden. Der Mensch greift mit der Landwirtschaft in diesen Kreislauf ein.

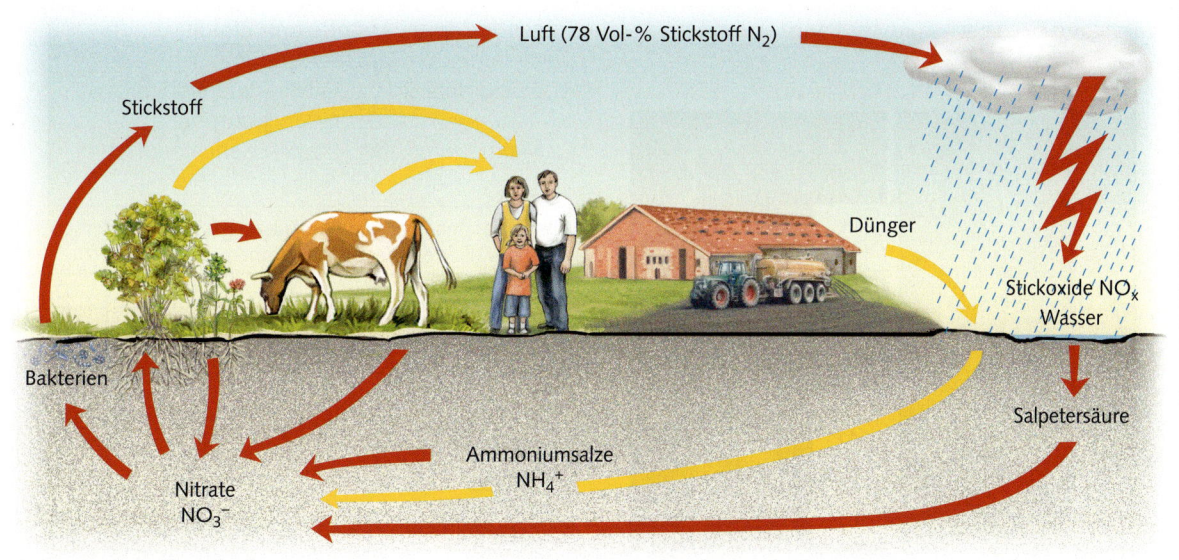

1 Der Stickstoffkreislauf

Nährsalze aus Mineraldüngern

In diesem Projekt untersucht ihr die Bedingungen des Pflanzenwachstums. In mehreren Versuchsreihen, die bis zu vier Wochen dauern können, beobachtet ihr Pflanzen unter verschiedenen Bedingungen.

Zusätzlich sollt ihr in diesem Projekt etwas über die Zusammensetzung von Düngemitteln und ihre Bedeutung für die Ernährung der Menschheit erfahren. Auch alternative Landwirtschaft und besondere Anbaumethoden werden eine Rolle spielen.

In den Gruppen 1 bis 3 werden Versuchsreihen durchgeführt. Überlegt jeweils vorher, welche Ergebnisse ihr erwartet und notiert sie. Vergleicht am Ende der Versuche das tatsächliche Ergebnis mit euren Erwartungen.

Für alle Wachstumsversuche könnt ihr wahlweise Samen von Bohnen, Erbsen, Kresse oder Mais nehmen. Sie müssen auf feuchtem Untergrund vorgekeimt werden. Wenn die Pflanzen 5 cm bis 6 cm groß sind, können sie für die Versuche mit den Nährlösungen verwendet werden.

Mit den folgenden Nährsalzen könnt ihr eine Nährlösung herstellen, in der alle notwendigen Bestandteile enthalten sind. Sie wird Vollnährlösung genannt.

Rezept für eine Vollnährlösung:
Rührt in 1 Liter destilliertes Wasser:
- 1 g   Calciumnitrat,
- 0,25 g   Kaliumdihydrogenphosphat,
- 0,25 g   Magnesiumsulfat und
- 1 ml   Eisenchloridlösung.

Gruppe 1: Licht – Luft – Wärme
Setzt gleiche Pflanzen in Vollnährlösungen, die alle notwendigen Stoffe enthalten. Verwendet möglichst auch gleiche Gefäße wie in Bild 1. Stellt die Versuchspflanzen dann an möglichst unterschiedliche Orte im Schulgebäude, zum Beispiel in eine Abstellkammer oder an einen sonnigen Platz auf der Fensterbank eines Klassenraums. Auch der Sammlungsraum Chemie ist ein geeigneter Versuchsort. Beobachtet das Wachstum über mehrere Wochen und vergesst das Gießen nicht. Zeichnet nach jeweils zwei oder drei Tagen die veränderten Pflanzen. Welchen Einfluss haben Licht, Luft und Wärme auf das Wachstum der Pflanzen?

Gruppe 2: Nährsalzlösungen
Setzt gleiche Pflanzen in 5 Petrischalen auf Watte. Haltet sie dann jeweils mit der Vollnährlösung und den vier in Tabelle 2 angegebenen Nährsalzlösungen feucht.
Stellt die Glasschalen an einen hellen, warmen Ort. Vermeidet dabei direktes Sonnenlicht. Beobachtet das Wachstum der Pflanzen drei Wochen. Fertigt jeden zweiten oder dritten Tag Zeichnungen der veränderten Pflanzen an. In welcher Lösung wachsen die Pflanzen am besten? Stellt eine Reihenfolge der Qualität der Nährsalzlösungen auf.

Folgende Ausgangsstoffe benötigt ihr für die Herstellung der Nährsalzlösungen:
A: Calciumnitrat   B: Kaliumdihydrogen-
                         phosphat
C: Magnesiumsulfat   D: Eisenchloridlösung

Die folgenden Mengen der Ausgangsstoffe werden in 1 l destilliertes Wasser eingerührt:

	A	B	C	D
Nährlösung ohne Stickstoff	–	0,25 g	1 g	1 ml
Nährlösung ohne Phosphor	1 g	–	0,5 g	1 ml
Nährlösung ohne Eisen	1 g	0,25 g	0,25 g	–
Nährlösung für Überdüngung	2 g	0,5 g	2 g	2 ml

1 Unterschiedliche Standorte

2 Verschiedene Nährsalzlösungen

Gruppe 3: Dieselöl – Waschmittel – Streusalz

Setzt gleiche Pflanzen in 4 Reagenzgläser. In jedes Glas kommt die Vollnährlösung. Zusätzlich werden aber in das zweite Glas 4 Tropfen Dieselöl, in das dritte eine Spatelspitze Waschpulver und in das vierte eine gehäufte Spatelspitze Kochsalz gegeben. Stellt eure Versuchspflanzen an einen hellen, warmen Ort und beobachtet mehrere Tage ihre Veränderungen. Fertigt jeden Tag Zeichnungen der Pflanzen an. Welche Schädigungen verursachen die verschiedenen Stoffe?

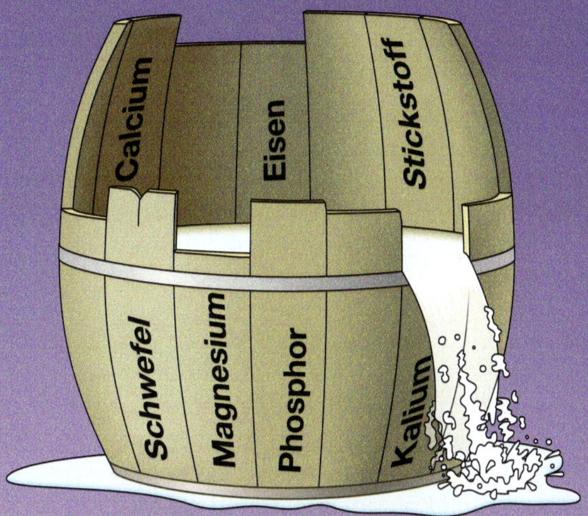

4 Gesetz vom Wachstumsminimum

Gruppe 4: Ökologische Landwirtschaft

Immer mehr Landwirte entschließen sich zu einer ökologischen Bewirtschaftung ihrer Höfe. Der Boden wird dabei so bearbeitet und bestellt, dass seine Qualität erhalten bleibt oder verbessert wird. Auf chemische Spritzmittel wird verzichtet. Die Schädlingsbekämpfung geschieht mit natürlichen Mitteln, indem zum Beispiel natürliche Feinde der Schädlinge eingesetzt werden. Bei der Rinder- und Schweinezucht werden die Tiere artgerecht gehalten und ihr Futter stammt aus eigenem ökologischen Anbau.

Zwischen der herkömmlichen Bewirtschaftung und dem ökologischen Wirtschaften liegt die Methode des „integrierten Pflanzenanbaus" (Bild 3). Hier wird ein Mittelweg zwischen beiden Bewirtschaftungsarten versucht. Besucht Betriebe und stellt deren Wirtschaftsweise dar. Erarbeitet eine Plakatwand, auf der ihr die drei Methoden darstellt und vergleicht.

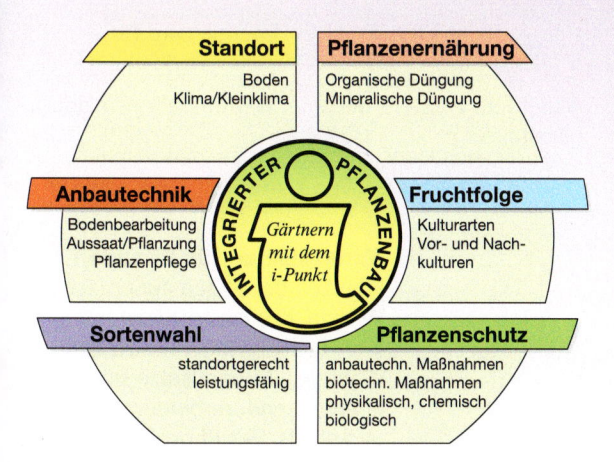

Gruppe 5: Geschichte und Bedeutung der Düngemittel

Bei der „Drei-Felder-Wirtschaft" wurden zum Düngen Mist, Jauche und Pflanzenabfälle verwendet.

Der Chemiker Justus von Liebig (1803–1873) erkannte vor über 150 Jahren, dass Pflanzen für ein gesundes Wachstum bestimmte Nährsalze brauchen. Außerdem entdeckte er das Gesetz vom Wachstumsminimum: Der Stoff, an dem es am stärksten mangelt, begrenzt das Wachstum der Pflanzen (Bild 4). So kann zum Beispiel ein Mangel an Kalium nicht durch einen Überschuss an Stickstoff ausgeglichen werden.

Durch den verstärkten Einsatz von Mineraldünger wurden die Erträge in der Landwirtschaft enorm gesteigert. Sie bilden die Grundlage für eine ausreichende Ernährung vieler Menschen. Aber dennoch gibt es viele Menschen, die hungern müssen. Krankheiten, Seuchen, Kriege und Misswirtschaft führen immer wieder zu Hungersnöten.

Stellt eine Zeitleiste mit der Geschichte der verwendeten Düngemittel, ihren verwendeten Mengen und den Bevölkerungszahlen auf. Überlegt, welchen Zusammenhang es zwischen der Ertragsmenge und der Menge des verwendeten Mineraldüngers gibt.

Welche Nutzpflanzen benötigen welche Menge an Nährsalzen? Wie kann erreicht werden, dass sich alle Menschen ausreichend gut ernähren können?

3 Integrierter Pflanzenanbau

Auf einen Blick: Säuren und Basen

Säuren, Laugen, Indikatoren
Säuren und **Laugen** sind Gruppen von Stoffen mit jeweils ähnlichen Eigenschaften. Sie können durch **Indikatoren** nachgewiesen werden.

pH-Wert
Der **pH-Wert** ist ein Maß dafür, wie stark sauer oder alkalisch eine Lösung ist. Indikatoren zeigen durch ihre Farbe den pH-Wert einer Lösung an.

0 1 2 3 4 5 6 7 8 9 10 11 12 13 14

stark sauer — schwach sauer — neutral — schwach alkalisch — stark alkalisch

Säuren
- saure Lösung
- pH-Wert < 7
- Würz- und Konservierungsstoffe
- reagieren mit Kalk
- starke Säuren sind ätzend
- greifen unedle Metalle an, es entstehen Salz und Wasserstoff
- enthalten H^+-Ionen
- sind elektrisch leitfähig
- entwickeln bei Elektrolyse Wasserstoff

Laugen
- alkalische Lösung
- pH-Wert > 7
- Reinigungsmittel im Haushalt
- zersetzen organische Stoffe und greifen die Haut an
- starke Laugen sind ätzend
- enthalten OH^--Ionen (Hydroxid-Ionen)
- sind elektrisch leitfähig

Nichtmetalloxid + Wasser → Säure
Halogenwasserstoff + Wasser → Säure

Alkalimetall + Wasser → Lauge + Wasserstoff
Erdalkalimetall + Wasser → Lauge + Wasserstoff
Metalloxid + Wasser → Lauge
Metallhydroxid + Wasser → Lauge

Säure nach BRÖNSTEDT
- Protonendonator

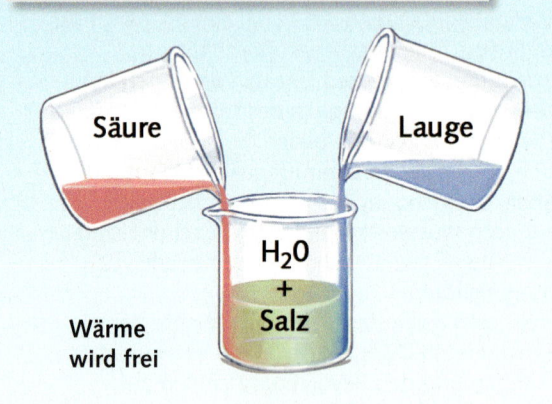

Lauge nach BRÖNSTEDT
- Protonenakzeptor

Neutralisation
Die chemische Reaktion von Säure und Lauge heißt **Neutralisation**. Es verbinden sich die H^+-Ionen der Säure und die OH^--Ionen der Lauge in einer exothermen Reaktion zu Wasser:

$$H^+ + OH^- \rightarrow H_2O;\ \text{Energie wird frei}$$

Außerdem entsteht bei einer Neutralisationsreaktion gelöstes Salz:

$$\text{Säure + Lauge} \rightarrow \text{Salz + Wasser; Energie wird frei}$$

Säure — Lauge — H_2O + Salz — Wärme wird frei

Salze
- Stoffgruppe aus Stoffen mit ähnlichen Eigenschaften
- bei Raumtemperatur feste Körper
- als Salzkristalle fest und spröde mit regelmäßigem Aufbau
- als Festkörper nicht elektrisch leitfähig
- als Salzlösung und Salzschmelze elektrisch leitfähig
- hohe Schmelztemperatur
- bei Neutralisationsreaktion entsteht eine Salzlösung

Mineralsalze für Pflanzen
Pflanzen benötigen außer Licht, Wärme, Kohlenstoffdioxid und Wasser auch Mineralsalze zum Wachsen. **Mineralsalze** sind überwiegend Verbindungen des Stickstoffs, des Phosphors, des Schwefels, des Magnesiums, des Kaliums und des Calciums.

Säuren und Basen

Zeig, was du kannst

1. Nenne Sicherheitsmaßnahmen für die Arbeit mit Säuren und Laugen.

2. Nenne verschiedene Indikatoren zum Nachweis von Säuren und Laugen.

3. Übertrage die folgende Farbskala in dein Heft und ordne die Begriffe starke und schwache Lauge, starke und schwache Säure den markierten Stellen zu.

4. In der Werbung für Duschgels wird oft mit dem Hinweis geworben, dass sie den gleichen pH-Wert wie die Haut haben. Welchen pH-Wert muss das Duschgel etwa haben? Begründe deine Aussage.

5. Warum werden Weinfässer geschwefelt?

6. In der Umgangssprache werden die beiden Begriffe Kohlenstoffdioxid und Kohlensäure häufig gleichgesetzt. Erkläre den Unterschied.

7. Nenne drei Möglichkeiten zur Herstellung einer Lauge.

8. Warum kann Natronlauge als Bestandteil von Abbeizmittel für Ölfarbe verwendet werden?

9. Nenne Beispiele, wo bei Reinigungsarbeiten im Haushalt Säuren und wo Laugen eingesetzt werden.

10. Welche drei Reinigungsstufen hat eine Kläranlage? Erkläre deren Arbeitsweisen.

11. Auf welchen Wegen schädigt der saure Regen die Bäume?

12. Vergleiche und beurteile die pH-Werte von Regenwasser mit denen von Essig, Zitronensaft und Mineralwasser.

	pH-Wert
saurester Regen	
• in Schottland	2,4
• im Schwarzwald	2,8
normaler Regen	4,0-4,5
Essig	3,0
Zitronensaft	2,3
Mineralwasser	5,2

13. Nenne Möglichkeiten der Salzgewinnung.

14. Erkläre, warum Salz früher auch „weißes Gold" genannt wurde.

15. Zähle Einsatzmöglichkeiten für Salz in Küche und Haushalt auf.

16. Welche gemeinsamen Eigenschaften besitzen alle Salze?

17. Nenne die vier Anwendungsbereiche des Salzes in Deutschland.

18. In eine Geschirrspülmaschine muss von Zeit zu Zeit eine größere Menge Salz gegeben werden, damit die Wasserenthärtungsanlage der Maschine funktioniert. Um welche Art Salz handelt es sich dabei?

19. Schreibe die Reaktionen des Metalls Magnesium mit
a) Salzsäure,
b) Schwefelsäure,
c) Salpetersäure
als Wortgleichung auf. Gib jeweils den Namen des Salzes an, das dabei entsteht.

20. Wie lassen sich das Metall Natrium und das Metall Kalium in Salzen nachweisen?

21. Wie lässt sich der Säurerest der Salzsäure, das Chlorid, und der Säurerest der Schwefelsäure, das Sulfat, in Salzen nachweisen?

22. Beschreibe, wie sich der Nitratgehalt im Boden oder in Wasser auf einfache Weise prüfen lässt.

23. Woraus besteht Mineraldünger zum überwiegenden Teil?

24. Nenne andere Bedingungen, von denen ein gesundes Pflanzenwachstum abhängt.

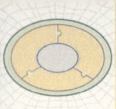

Chemische Reaktion

Säuren und

Struktu

pH-Wert, Indikatoren

📖 **1.** Auf welche Weise lässt sich zeigen, ob eine Lösung sauer oder alkalisch ist?

Protonenakzeptor und -donator

Chlorwasserstoff (HCl)

Wasser mit Indikator

📖 **2.** Welcher Zusammenhang besteht zwischen dem pH-Wert und der Stärke einer Säure?

📖 **3. a)** Formuliere das Lösen von Chlorwasserstoffteilchen in Wasser nach BRÖNSTED in Symbolschreibweise.
b) Benenne Protonenakzeptor und -donator.

Basiskonzepte

Basen

Energie

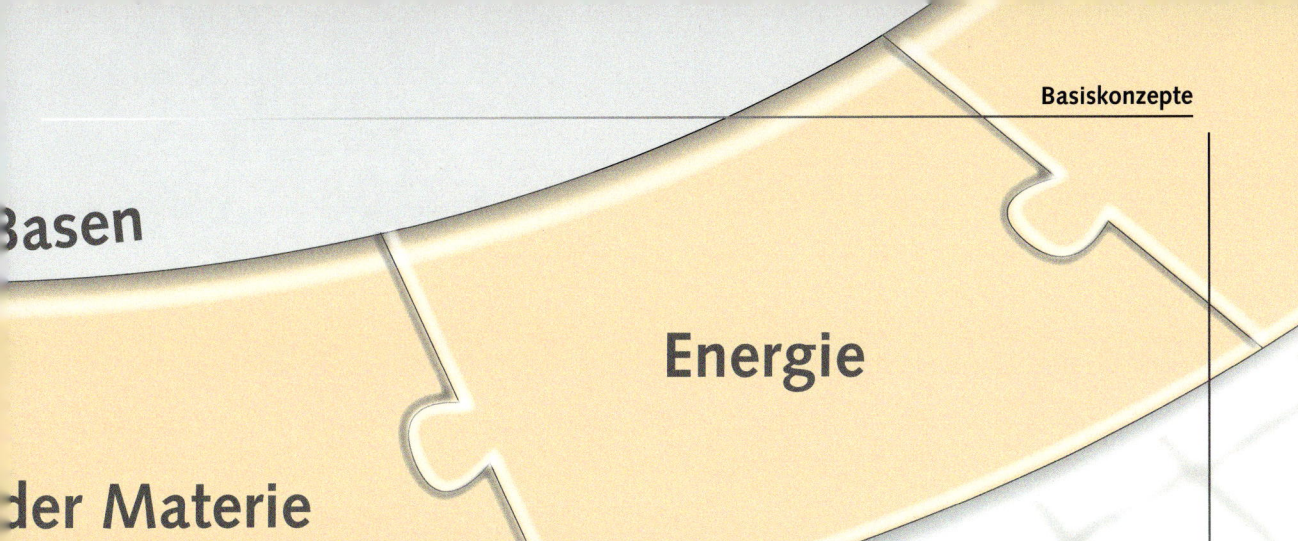

der Materie

Elektronenpaarbindung, Hydratation

📖 **4. a)** Die im Wasser vorhandenen Hydronium-Ionen sind von einer Hydrathülle umgeben. Welche besonderen Anziehungskräfte der Wassermoleküle sind dafür verantwortlich?
b) Welche Bindungskräfte wirken innerhalb der HCl- und innerhalb der H_2O-Moleküle?

📖 **5.** Die Reaktion zwischen Salzsäure und Kalilauge ist eine **chemische Reaktion.**
a) Wie wird diese **Reaktion** genannt?
b) Handelt es sich um eine exotherme oder um eine endotherme **Reaktion?**
c) Formuliere die Reaktionsgleichung in Symbolschreibweise.

Exotherme und endotherme Säure-Base-Reaktionen, Neutralisation

Elektronenübertragung bei chemischen Reaktionen

Aus einer Zinksalzlösung lassen sich Zinkkristalle abscheiden. Welchen Anteil daran hat dabei die Elektrizität?

Wie entsteht der metallische Überzug im Galvanisierbad?

Wenn dieser Schmuck aus reinem Gold bestünde, wäre er sehr kostbar. In Wirklichkeit ist er aber preiswert. Wie ist das möglich?

Warum gibt es so viele verschiedene Arten von Akkus? Worin unterscheiden sie sich?

Elektronenübertragung bei chemischen Reaktionen → S. 312/313

Elektrolyse

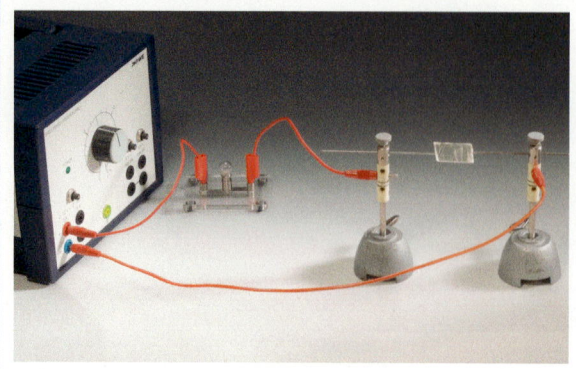

1 Feste Salzkristalle sind nicht elektrisch leitend.

2 Elektrolyse einer Kupferchlorid-Lösung

Elektrische Leitfähigkeit
Alle elektrisch leitenden Stoffe haben bewegliche **Ladungsträger**. Dazu gehören die **Metalle**. Im Metallgitter können sich die freien Elektronen der Metallatome beliebig bewegen. Auch eine **Salzlösung** ist elektrisch leitend. Dafür sind Ionen verantwortlich. Sie können sich im Wasser bewegen. In einer **Salzschmelze** sind ebenfalls bewegliche Ionen vorhanden. Sie ist daher elektrisch leitend.
Zu den elektrisch nicht leitenden Stoffen gehören **destilliertes Wasser** und feste **Salzkristalle**, denn sie enthalten keine beweglichen Ladungsträger.

1. a) Löse in einem Becherglas einen halben Spatel Kupferchlorid in 100 ml destilliertem Wasser. Stelle zwei Kohleelektroden hinein. Baue einen Stromkreis auf und schalte eine Glühlampe (4 V|0,1 A) in Reihe (Bild 2). Stelle am Stromversorgungsgerät eine Gleichspannung von 6 V ein.
b) Lass den Versuch etwa 10 min laufen und beobachte die Vorgänge an den Elektroden. Beende den Versuch und nimm dann die Elektroden aus der Lösung.
c) Vergleiche Farbe und Geruch an der Anode (Pluspol) und an der Kathode (Minuspol).

2. Warum ist die Elektrolyse einer Salzschmelze möglich?

3. a) Gib eine Lösung aus einem Spatel Zinkiodid und 50 ml Wasser in ein U-Rohr. Stecke als Anode und als Kathode jeweils einen Kohlestab hinein. Stelle am Stromversorgungsgerät eine Gleichspannung von 2,5 V ein.
b) Lass den Versuch etwa 10 min laufen. Beobachte und beschreibe die Vorgänge an den Elektroden.
c) Welcher Stoff scheidet sich an der Anode und welcher an der Kathode ab?

4. Warum nimmt im Laufe der Elektrolyse die Leitfähigkeit ab?

5. Begründe, warum es sich bei einer Elektrolyse um eine chemische Reaktion handelt.

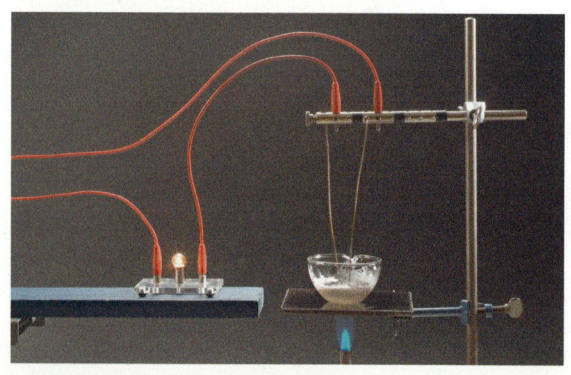

3 Salzschmelzen leiten Elektrizität.

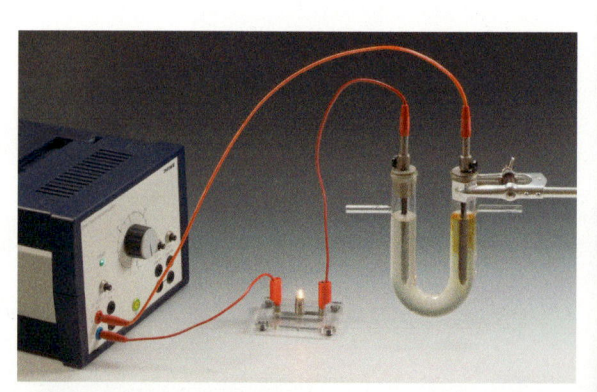

4 Elektrolyse von Zinkiodid

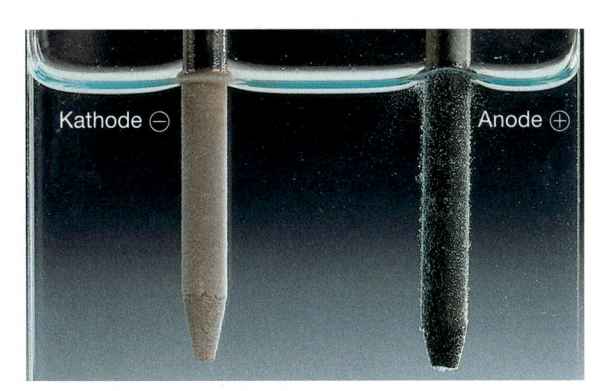

Elektronenübertragung bei chemischen Reaktionen

5 Elektroden bei der Kupferchlorid-Elektrolyse

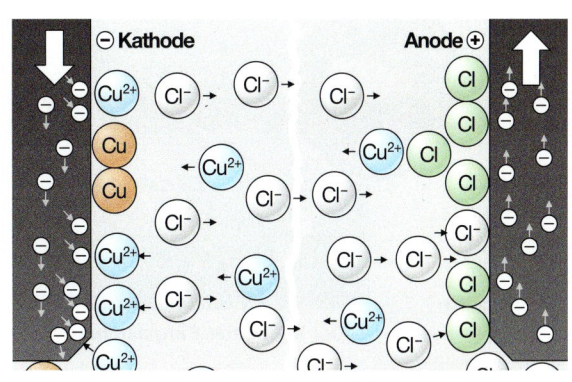

6 Vorgänge an den Elektroden im Teilchenmodell

Was geschieht bei der Elektrolyse?

In der Kupferchloridlösung in Bild 2 befinden sich positiv geladene Kupfer-Ionen (Cu^{2+}) und negativ geladene Chlorid-Ionen (Cl^-). Sie werden von den entgegengesetzt geladenen Elektroden angezogen (Bild 6).
An der Kathode (Minuspol) nehmen die positiv geladenen Kupfer-Ionen jeweils 2 Elektronen auf. Sie werden zu elektrisch neutralen Kupfer-Atomen: $Cu^{2+} + 2\ e^- \rightarrow Cu$. Deshalb überzieht sich die Kathode mit metallischem Kupfer (Bild 5).
Die negativ geladenen Chlorid-Ionen bewegen sich zur Anode (Pluspol) und geben dort ihr überschüssiges Elektron ab. Sie werden zu neutralen Chlor-Atomen: $2\ Cl^- \rightarrow Cl_2 + 2\ e^-$. An der Anode steigt gasförmiges Chlor auf.
Die Zerlegung einer Kupferchlorid-Lösung in ihre Bestandteile Kupfer und Chlor ist eine **Elektrolyse**.

Bei der Elektrolyse einer Zinkiodid-Lösung (Bild 4) entsteht an der Kathode metallisches Zink. Um die Anode bildet sich Iod, was durch eine gelblich-braune Verfärbung der Lösung zu erkennen ist (Bild 7).).

Lösungen und Schmelzen leiten

In Salzlösungen befinden sich frei bewegliche Ionen. Auch in geschmolzenem Salz sind frei bewegliche Ionen vorhanden. Nach Anlegen einer Spannung bewegen sich die positiv geladenen Ionen zum Minuspol und die negativ geladenen Ionen zum Pluspol. Dort nehmen sie Elektronen auf oder geben sie ab und werden so zu neutralen Atomen. Abgabe und Aufnahme von Elektronen ermöglichen einen Elektronenfluss im äußeren Stromkreis und bringen so zum Beispiel eine Lampe zum Leuchten (Bild 3).
Diese Elektrolyse kann nur so lange ablaufen, wie noch Ionen in der Lösung vorhanden sind. Sind alle Ionen entladen, leitet die Flüssigkeit nicht mehr.

■ Bei der Elektrolyse wandern positiv geladene Ionen zur Kathode und nehmen dort Elektronen auf. Negativ geladene Ionen bewegen sich zur Anode und geben dort ihre Elektronen ab. An beiden Polen bilden sich neutrale Atome.

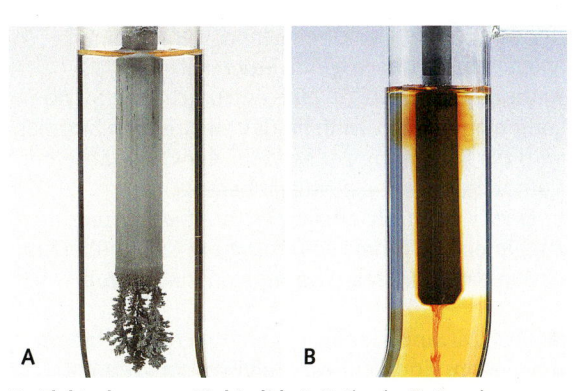

7 Elektrolyse von Zinkiodid. **A** *Kathode;* **B** *Anode*

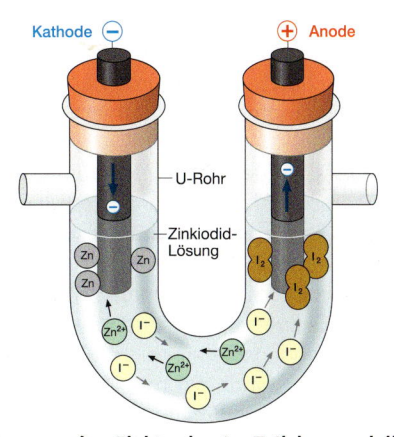

8 Vorgänge an den Elektroden im Teilchenmodell

Elektronenübertragung bei chemischen Reaktionen → S. 312/313

Oberflächen schützen und veredeln

1. Schleife das Ende einer kupferfarbenen Büroklammer schräg an. Betrachte die Fläche mit einer Lupe. Beschreibe ihr Aussehen.

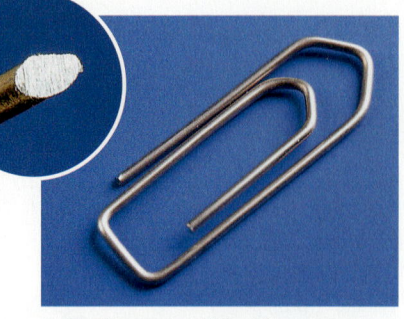

1 Der Kern einer Büroklammer

2. Warum werden kupfer- und silberglänzende Büroklammern von einem Magneten angezogen?

3. Welche Eigenschaften müssen Gegenstände haben, die galvanisch beschichtet werden sollen?

4. Nenne Verfahren, um Gegenstände aus Eisen vor dem Rosten zu schützen.

vorher   nachher

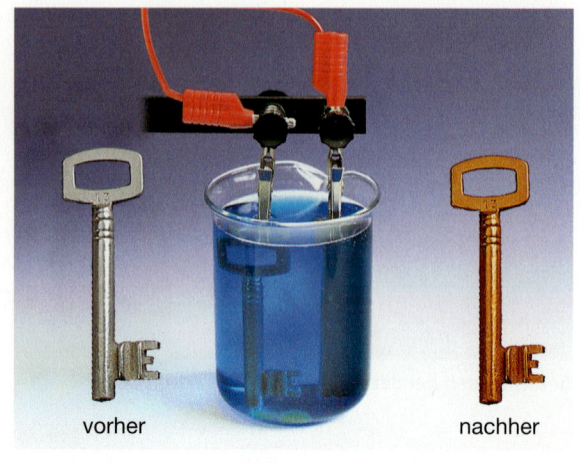

2 Verkupfern eines Schlüssels

5. a) Reinige einen Schlüssel gründlich. Entfette ihn dann mit Spiritus. Verbinde ihn mit dem Minuspol einer Gleichstromquelle (3 V).
b) Stelle in einem 250 ml-Becherglas eine Lösung aus 100 ml Wasser, 1 g Kupfersulfat, 10 g Kaliumnatriumtartrat und 0,5 g Natriumhydroxid her. Tauche dann den Schlüssel als Minuspol und einen Kupferblechstreifen als Pluspol in die Lösung ein.
c) Schalte die Stromquelle ein und beobachte die Vorgänge an den Polen. Beende den Versuch nach etwa 4 min. Wie hat sich der Schlüssel verändert?

6. Welchen metallischen Überzug erhältst du mit einer Nickelsalz-Lösung?

3 Ein goldener Schlüssel?

Schutz durch Galvanisieren

An den abgeschliffenen Enden einer kupferfarbenen Büroklammer kannst du unter der Lupe erkennen, dass sie mit einer dünnen Kupferschicht überzogen ist. Das ungeschützte Eisen würde nach kurzer Zeit rosten und die zusammengeklammerten Dokumente verschmutzen.
Viele Gegenstände des Alltags sind mit dünnen Metallschichten überzogen. So glänzen die Armaturen in der Küche und im Bad, weil sie mit einer dünnen Schicht des Metalls Chrom überzogen sind. Sie sind verchromt. Sicherheitsnadeln, Druckknöpfe, Scheren und Reißverschlüsse sind ebenfalls mit einer solchen schützenden Metallschicht überzogen. Das Verfahren, Gegenstände mit metallischen Schutzschichten zu überziehen, heißt **Galvanisieren**. Es ist eine technische Anwendung der Elektrolyse.

Ein metallischer Überzug durch Elektrolyse

Ob ein Gegenstand verchromt, verkupfert, vernickelt oder verzinkt werden soll, das Herstellungsverfahren bleibt im Prinzip immer gleich. Es entspricht der Elektrolyse. Der Gegenstand, der mit einer Metallschicht überzogen werden soll, wird als Kathode (Minuspol) in eine entsprechende Salzlösung eingetaucht. Mithilfe des elektrischen Stromes wird die Salzlösung zerlegt. Auf der Oberfläche der Kathode entsteht ein Metallüberzug.
In einer Kupfersalz-Lösung entsteht ein Kupferüberzug, in einer Chromsalz-Lösung ein Chromüberzug und in einer Zinksalz-Lösung ein Zinküberzug.

■ Das Galvanisieren ist ein technisches Verfahren, um Gegenstände auf elektrolytischem Weg mit einer Metallschicht zu überziehen.

Elektronenübertragung bei chemischen Reaktion

😉 Versilbern und Vergolden

1 Steckverbindungen sind vergoldet.

🔍 **3. a)** Reinige die Schale einer Muschel, lass sie trocknen und sprühe sie dann mit Leitlack ein. Verbinde sie dann mit dem Minuspol eines Hand-Galvanisier-Gerätes (Bild 2). Tauche den Schwamm, der über den Metallstreifen gespannt ist, in eine Silbersalz-Lösung. Bestreiche mehrmals die Muschelschale und tauche zwischendurch den Schwamm immer wieder in die Lösung.
b) Wie verändert sich die Oberfläche der Muschel?

📖 **1.** Warum ist Modeschmuck häufig vergoldet oder versilbert?

📝 **2.** Zähle Gegenstände auf, die versilbert oder vergoldet sind.

2 Galvanisiertechnik für zu Hause

Leitfähig und glänzend

Steckverbindungen hochwertiger Geräte der Elektronik sind häufig durch Galvanisieren vergoldet. So bleibt ihre Oberfläche unverändert und eine gute elektrische Leitfähigkeit ist gewährleistet. Viele elektrische Verbindungen in Computern sind deshalb vergoldet oder ganz aus Gold.
Sogar nicht leitende Gegenstände lassen sich galvanisieren. Dazu müssen sie allerdings mit einer leitenden Schicht überzogen werden. Diese fast unsichtbare Schicht aus Leitlack enthält Metallpulver und macht die Oberfläche des Gegenstandes elektrisch leitfähig.

Bei einem Hand-Galvanisier-Gerät wird ein Schwamm mit der entsprechenden Salzlösung getränkt. Berührt er nun den Gegenstand, der mit dem Minuspol verbunden ist, entsteht ein geschlossener Stromkreis. Dabei wird der Gegenstand mit einer dünnen Metallschicht überzogen, zum Beispiel versilbert (Bild 2).

■ Dünne Schichten aus den Edelmetallen Gold oder Silber schützen und veredeln viele Gegenstände aus Metall und Kunststoffen.

😉 Vom Schrott zum Edelteil

Teile eines alten Fahrzeuges, zum Beispiel eines Motorrads, sind oft in einem schlechten Zustand. Sie sind verrostet und unansehnlich.
In mindestens fünf Arbeitsschritten können sie in Fachwerkstätten restauriert werden. Nach der gründlichen Reinigung wird der Gegenstand beispielsweise zuerst vernickelt und dann verkupfert. Schließlich wird die Metalloberfläche verchromt. Das abschließende Polieren ist der letzte Arbeitsschritt.

3 Veredelung von Teilen am Motorrad

Streifzug

Chemische Energiequellen

Tipp
Verwende für alle Versuche gereinigte, blanke Metallstreifen!

🔍 **1.** Stelle eine Zinkelektrode und eine Kupferelektrode in destilliertes Wasser. Stecke sie danach in eine Zitrone. Prüfe jeweils, ob eine Spannung messbar ist.

🔍 **2. a)** Stelle zwei Kupferblechstreifen in 2 %ige Natronlauge. Miss die Spannung zwischen den Elektroden.
b) Ersetze einen der Kupferstreifen wie in Bild 2 durch einen Zinkblechstreifen. Miss erneut die Spannung, vergleiche und erkläre deine Beobachtungen (Bild 3).

🔍 **3.** Wiederhole Versuch 2 mit Elektroden aus anderen Metallen. Notiere in einer Tabelle, welche Kombination welche Spannung liefert.

📖 **4.** Warum kann eine galvanische Zelle nicht beliebig lange elektrische Energie zur Verfügung stellen?

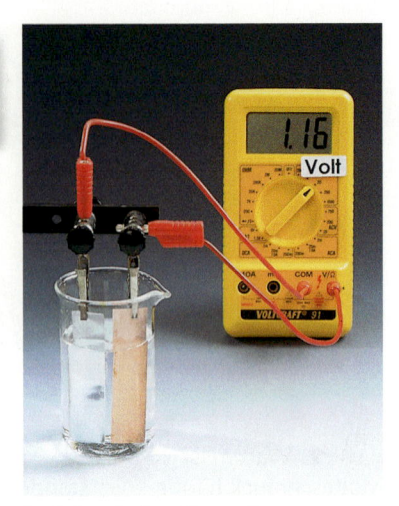

🔍 **5. a)** Untersuche eine Flachbatterie. Achte darauf, dass die Isolierung zwischen den Zellen nicht entfernt wird! Prüfe, wie die einzelnen Zellen miteinander verbunden sind. Fertige einen Schaltplan an und vergleiche ihn mit dem Schaltzeichen für eine 4,5 V-Batterie.
b) Miss die Spannungen der einzelnen Zellen und der ganzen Batterie. Vergleiche die Messwerte.

1 Eine Uhr mit Zitronenbatterie

2 Galvanisches Element

Die Zitronenbatterie
Eine Zitrone, ein Blechstreifen aus Kupfer und einer aus Zink – fertig ist eine einfache Batterie. Sie gibt etwa 1 V Spannung ab. Auch andere Früchte und andere Blechstreifen-Kombinationen ergeben eine Batterie.
Eine elektrisch leitfähige Lösung, ein **Elektrolyt**, und zwei unterschiedliche Metalle bilden eine **galvanische Zelle**. Sie ist nach dem italienischen Forscher LUIGI GALVANI (1737–1798) benannt.
Die Ursache der Spannung sind chemische Reaktionen an den Metallen. Das jeweils unedlere Metall, hier das Zink, löst sich auf. Dabei geben die Zink-Atome Elektronen ab und werden zu Zink-Ionen. Die Elektronen fließen im äußeren Stromkreis zur anderen Elektrode. Diese Reaktion ist nur so lange möglich, bis die unedlere Elektrode, das Zink, verbraucht ist. Nur so lange können Elektronen fließen.

Galvanische Zellen im Alltag
Zink-Kohle-Zellen bestehen aus einem Zinkbecher als Minuspol und einem Ruß-Braunstein-Gemisch als Pluspol. In dessen Mitte steckt ein Kohlestab, der den Kontakt zwischen Pluspol und Stromkreis herstellt. Als Elektrolyt dient eine Salzlösung, mit der das Ruß-Braunstein-Gemisch getränkt ist. Weil sich der Zinkbecher bei der chemisch-elektrischen Reaktion im Laufe der Zeit auflöst, können solche Batterien auslaufen.

Bei **Alkali-Mangan-** oder **Alkaline-Zellen** befindet sich die Zinkelektrode im Inneren eines Stahlbechers. Der Elektrolyt ist Kalilauge. Diese Batterien sind auslaufsicher.

■ In einer galvanischen Zelle wird chemische Energie in elektrische Energie umgewandelt.

Elektronenübertragung bei chemischen Reaktionen

3 Minuspol und Pluspol

4 Flachbatterie aus Zink-Kohle-Zellen

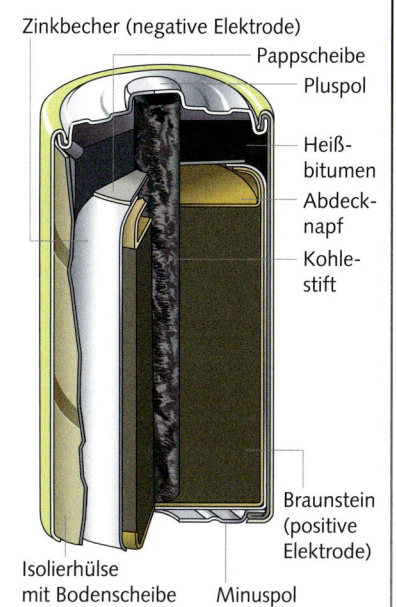

5 Zink-Kohle-Zelle

Zinkbecher (negative Elektrode), Pappscheibe, Pluspol, Heißbitumen, Abdecknapf, Kohlestift, Braunstein (positive Elektrode), Minuspol, Isolierhülse mit Bodenscheibe

6. Stelle mit einer Kohle- und einer Zinkelektrode eine galvanische Zelle zusammen. Verwende als Elektrolyt eine Ammoniumchlorid-Lösung. Miss die Spannung.

7. Warum können Zink-Kohle-Zellen auslaufen?

8. Wie muss eine Alkali-Mangan-Blockbatterie aufgebaut sein, damit sie eine Spannung von 9 V hat?

9. Warum sollten Batterien entfernt werden, wenn ein Gerät längere Zeit nicht benötigt wird?

Bezeichnung	Zink-Kohle (ZnC)	Alkali-Mangan (AlMn)	Silberoxid (AgO)
Spannung	1,5 V	1,5 V	1,55 V
Besondere Merkmale	für wenig anspruchsvolle Anwendungen	wird hoher Stromanforderung und Dauernutzung gerecht	hohe bis mittlere Belastbarkeit
Anwendungen	Taschenlampen, Spielzeuge	tragbare Audiogeräte, Fotoapparate, Spiele	Uhren, Fotoapparate, Taschenrechner

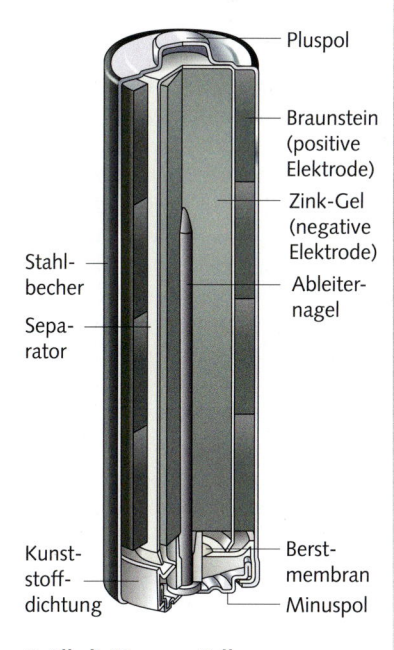

6 Alkali-Mangan-Zelle

Pluspol, Braunstein (positive Elektrode), Zink-Gel (negative Elektrode), Ableiternagel, Stahlbecher, Separator, Kunststoffdichtung, Berstmembran, Minuspol

Der Begriff Batterie
Eine Flachbatterie wie in Bild 4 ist eine Batterie, weil sie aus mehreren hintereinander geschalteten galvanischen Zellen besteht. Im Alltag werden aber auch schon einzelne Zellen als Batterie bezeichnet.

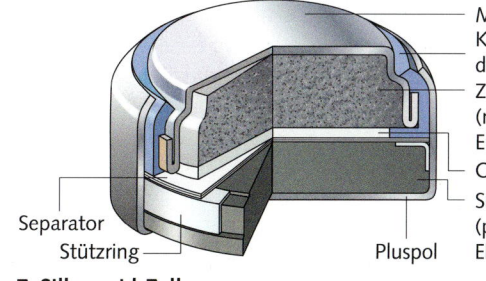

7 Silberoxid-Zelle

Minuspol, Kunststoffdichtring, Zinkpulver (negative Elektrode), Quellblatt, Silberoxid (positive Elektrode), Separator, Stützring, Pluspol

Fällungsreihe

🔍 **1. a)** Tauche einen blanken Eisenstab in eine Kupfersulfat-Lösung (Bild 1). Beschreibe deine Beobachtung.
b) Lass die Versuchsanordnung einige Zeit stehen und beschreibe die Veränderungen.
c) Wiederhole den Versuch a) mit einem Kupferstab in einer Eisensulfat-Lösung.

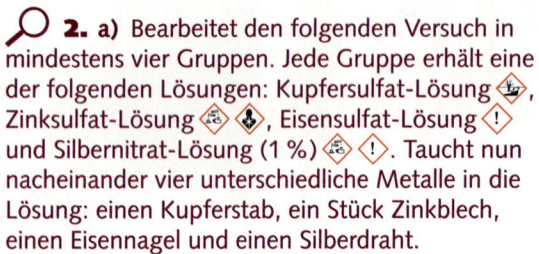

🔍 **2. a)** Bearbeitet den folgenden Versuch in mindestens vier Gruppen. Jede Gruppe erhält eine der folgenden Lösungen: Kupfersulfat-Lösung, Zinksulfat-Lösung, Eisensulfat-Lösung und Silbernitrat-Lösung (1 %). Taucht nun nacheinander vier unterschiedliche Metalle in die Lösung: einen Kupferstab, ein Stück Zinkblech, einen Eisennagel und einen Silberdraht.
b) Fasst eure Beobachtungen in einer Tabelle zusammen. Notiert, in welcher Salzlösung sich auf welchem Metallstab ein Niederschlag gebildet hat.

1 Eisennagel in Kupfersalzlösung

2 Kupferstange in Eisensalzlösung

📖 **3.** Überprüfe aus den Versuchsergebnissen von Versuch 2, welches Metall einer Versuchsanordnung jeweils das edlere ist.

Ein Eisennagel wird verkupfert

Steht ein blanker Eisennagel in einer Kupfersalz-Lösung, scheidet sich elementares Kupfer ab. Der blanke Nagel überzieht sich mit einer Kupferschicht. Wie ist das zu erklären und woher kommt dieses Kupfer? Es sind eigentlich die Kupfer-Ionen (Cu^{2+}), die in der blauen Kupfersalz-Lösung enthalten sind. Für den Übergang zum Kupfer-Atom benötigt jedes Kupfer-Ion zwei Elektronen:

$$Cu^{2+} + 2\,e^- \rightarrow Cu$$

Diese Elektronen werden von den Eisen-Atomen aus dem Eisennagel geliefert. Die Eisen-Atome geben je 2 Elektronen ab und gehen dann als Eisen-Ionen in Lösung. Die Lösung nimmt deshalb nach und nach die gelbgrüne Farbe einer Eisensalzlösung an.

$$Fe \rightarrow Fe^{2+} + 2\,e^-$$

Eisen ist also unedler als Kupfer. Das metallische Eisen hat Kupfer aus der Kupfersalzlösung ausgefällt.

Wird umgekehrt ein Kupferstab in eine Eisensalz-Lösung gestellt, gelingt das Experiment nicht. Die edleren Kupfer-Atome geben keine Elektronen an die Eisen-Ionen in der Lösung ab.

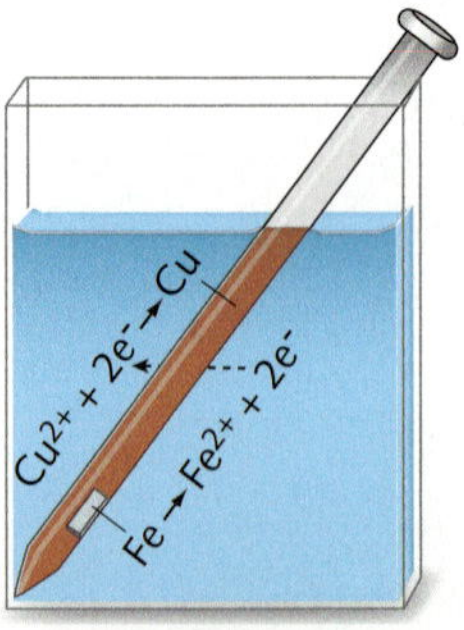

3 Kupfer fällt aus.

Fällungsreihe

Auch andere Metalle können ein Element aus seiner Salzlösung ausfällen. Aus vielen solcher Versuche ergibt sich eine Reihenfolge der Metalle, von unedel nach edel. Das jeweils unedlere Metall ist in der Lage, das edlere Metall aus seiner Salzlösung auszufällen. Diese Reihenfolge heißt **Fällungsreihe** der Metalle.

Werden die beiden beteiligten Metalle getrennt in einen Elektrolyten gestellt, kann zwischen ihnen eine Spannung gemessen werden. Sie bilden ein galvanisches Element. Zwischen Eisen und Kupfer werden 0,79 V gemessen, zwischen Lithium und Silber 3,84 V. Je weiter die beteiligten Metalle in der Reihe auseinanderstehen, desto höher ist die zu messende Spannung. Die Fällungsreihe wird daher auch **Spannungsreihe** der Metalle genannt.

■ Wird ein Metallstück in die Salzlösung eines edleren Metalls eingetaucht, so wird das edlere Metall ausgefällt. Das unedlere Metall geht dabei in Lösung. In der Fällungsreihe sind die Metalle von unedel nach edel sortiert.

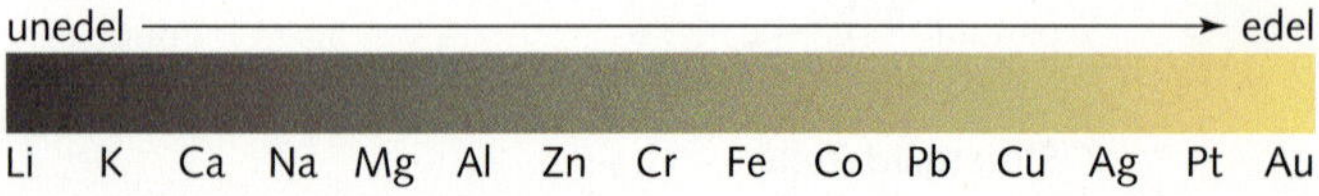

unedel ⟶ edel

Li K Ca Na Mg Al Zn Cr Fe Co Pb Cu Ag Pt Au

4 Fällungsreihe – Spannungsreihe der Metalle

Elektronenübertragung bei chemischen Reaktionen

Wiederaufladbare Stromquellen

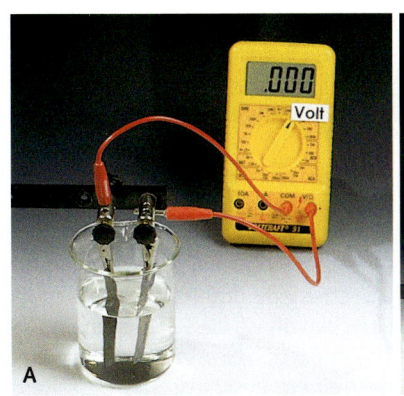

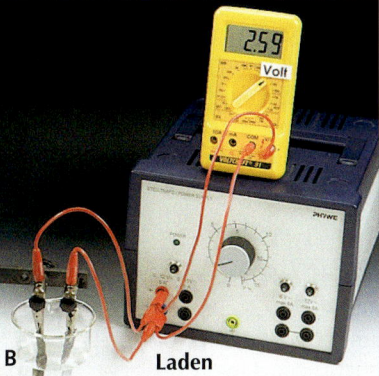

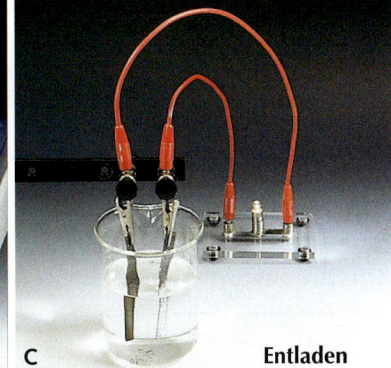

A

B Laden

C Entladen

1 Laden und Entladen einer Bleiakkumulator-Zelle im Modellversuch

1. Demonstrationsversuch: a) Zwei gut gereinigte Bleibleche (Bild 1A) werden als Elektroden in 20%ige Schwefelsäure gestellt. Zwischen den Elektroden wird die Spannung gemessen.
b) Die Elektroden werden etwa 20 min lang an die Pole eines Stromversorgungsgerätes bei 2,5 V Gleichspannung angeschlossen. Danach wird erneut die Spannung gemessen.
c) Eine Glühlampe (1,5 V | 0,1 A) wird an die Elektroden angeschlossen (Bild 1 C). Wenn die Lampe nicht mehr leuchtet, wird erneut die Spannung gemessen.

2 Autobatterie

2. Vergleiche die Ergebnisse der Spannungsmessungen aus Versuch 1 vor und nach dem Laden und notiere die Veränderungen der Bleibleche.

So funktioniert der Bleiakkumulator
Eine wiederaufladbare Stromquelle heißt **Akkumulator**, kurz **Akku**. Dieser besteht aus Bleiplatten, die in Schwefelsäure eintauchen. Beide Elektroden bestehen zunächst aus dem gleichen Material. In diesem Zustand hat der Akkumulator noch keine elektrische Energie gespeichert. Er muss zum Aufladen erst an eine Gleichstromquelle angeschlossen werden. Dabei bildet sich auf dem Pluspol eine braune Schicht aus Bleioxid. Der Minuspol ist metallisches Blei. Die zugeführte elektrische Energie bewirkt also chemische Veränderungen. Dadurch wird elektrische Energie gespeichert.
Beim Entladen laufen die chemischen Vorgänge umgekehrt ab. Dabei wird die chemische Energie wieder in elektrische Energie umgewandelt.

■ In Akkumulatoren wird elektrische Energie in Form chemischer Energie gespeichert. Im Unterschied zu Batterien sind die Vorgänge an den Elektroden umkehrbar.

Der Akku im Auto
Eine Autobatterie ist ein Bleiakkumulator. Als Pluspol wird Bleioxid verwendet. Der Minuspol besteht aus metallischem Blei. Die Autobatterie muss deshalb vor dem ersten Gebrauch nicht aufgeladen werden.
Beim Start dreht ein Elektromotor (Anlasser), der vom Akku versorgt wird, den Motor, bis er anspringt. Während der Motor läuft, lädt die Lichtmaschine den Akku auf. Vorteile des Bleiakkumulators sind die Zuverlässigkeit und die lange Lebensdauer. Ein Nachteil ist das hohe Gewicht.

Neue Kombinationen – starke Systeme
Das Erforschen immer leistungsfähigerer Kombinationen von Metallen und Metallverbindungen führte zum **Nickel-Metallhydrid-Akku** und zum **Lithium-Ionen-Akku.** Beide liefern über eine lange Zeit eine konstant hohe Spannung. Sie werden unter anderem in Mobiltelefonen, in Digitalkameras und in tragbaren Computern eingesetzt.

Die Brennstoffzelle

📖 **1.** Ein Elektromotor kann direkt an eine Solarzelle angeschlossen werden. In welchen Fällen wird ein Umweg nötig, zum Beispiel über die Wasserstofftechnologie wie in Bild 1?

🔍 **2. a)** Betreibe einen Kleinstmotor mit einer Solarzelle.
b) Erweitere den Aufbau mit einem Elektrolyseur mit Gasspeichern und einer Brennstoffzelle.
c) Nutze die Sonnenenergie bei geschlossenem und bei offenem Fenster.
d) Ersetze das Sonnenlicht durch das Licht einer Lampe.
e) Vergleiche die erzeugten Gasmengen.

📖 **3.** Aus welchen Teilen besteht eine PEM-Brennstoffzelle?

Die Brennstoffzelle in einem System mit Energiespeicherung

In den 60er Jahren des letzten Jahrhunderts wurde für die bemannte Raumfahrt ein System gesucht, das sowohl elektrische Energie als auch Wasser liefern kann. Deshalb gelangte die Entwicklung der **Brennstoffzelle** von Sir William Robert Grove (1811–1896) aus dem Jahre 1839 zu neuen Ehren.

Wird ein Motor an eine Solarzelle angeschlossen, kann er arbeiten, solange Sonnenenergie zur Verfügung steht. Soll er jederzeit arbeiten, muss die durch die Solarzelle gewonnene Energie gespeichert werden.

Die Solarzelle (Bild 1A) wandelt die Sonnenenergie in elektrische Energie um. Damit wird im Elektrolyseur (Bild 1B) Wasser durch **Elektrolyse** in Wasserstoff und Sauerstoff zerlegt. Da diese Gase in Gasspeichern aufgefangen werden, steht jetzt ein Teil der eingesetzten Energie in gespeicherter Form zur Verfügung.

Die Gase werden in die Brennstoffzelle geleitet (Bild 1D). Dort reagiert der Wasserstoff mit Sauerstoff zu Wasser. Durch diese **Synthese** wird der größte Teil der elektrischen Energie wieder frei, die bei der Elektrolyse zugeführt wurde. Zusätzlich entsteht Wärme.

Es gibt verschiedene Brennstoffzellentypen. Einer davon ist die **PEM-Brennstoffzelle** (**P**roton-**E**xchange-**M**embran). Sie besteht aus einem geschlossenen Behälter mit zwei Elektroden. Diese sind aus leitfähigem Kohlenstoff gefertigt, in dem feinst verteiltes Platin eingelagert ist. Die beiden Elektroden sind voneinander durch eine **Membran** getrennt.

An der Wasserstoff-Elektrode herrscht Elektronenüberschuss, an der Sauerstoff-Elektrode herrscht Elektronenmangel. Damit besteht eine Spannung, die wie bei einer Batterie genutzt werden kann. Die elektrische Energie kann in einem äußeren Stromkreis zum Betrieb eines Elektrogerätes, zum Beispiel eines Motors, genutzt werden.

■ In einer Brennstoffzelle reagiert Wasserstoff mit Sauerstoff zu Wasser. Dabei entstehen elektrische Energie und Wärme.

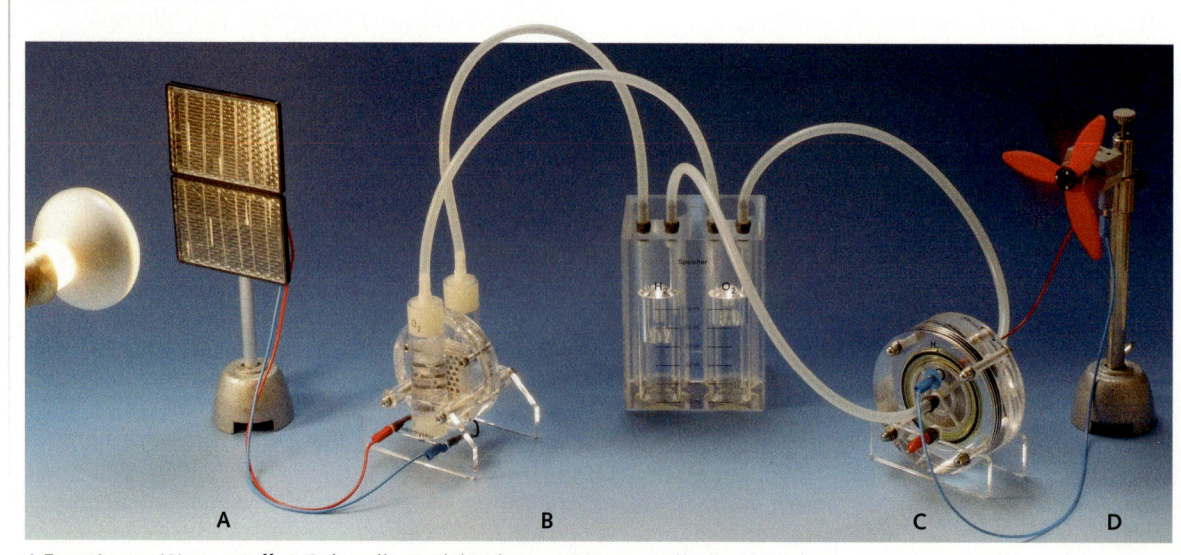

1 Energie aus Wasserstoff. **A** *Solarzelle*, **B** *Elektrolyseur*, **C** *Brennstoffzelle*, **D** *Motor*

Elektronenübertragung bei chemischen Reaktionen → S. 312/313

Elektronenübertragung bei chemischen Reaktionen

Funktionsweise einer Brennstoffzelle

Die Reaktion innerhalb einer Brennstoffzelle
Um eine Brennstoffzelle zu betreiben, sind Wasserstoff (H_2) und Sauerstoff (O_2) notwendig. Die beiden Gase können aus Gasflaschen entnommen oder durch **Elektrolyse** gewonnen werden.

In einem **Elektrolyseur** wird Wasser mithilfe von elektrischer Energie in Wasserstoff und Sauerstoff zerlegt. Dabei entsteht doppelt so viel Wasserstoff wie Sauerstoff. Beide Gase werden in Gasspeichern aufgefangen.

$$2\,H_2O \xrightarrow{\text{elektrische Energie}} 2\,H_2 + O_2$$

Um die Brennstoffzelle zu betreiben, wird der Wasserstoff zu einer Elektrode der Zelle geleitet. An dieser Elektrode spaltet der **Katalysator** die Wasserstoffmoleküle in positiv geladene Wasserstoff-Ionen H^+, die Protonen, sowie in negativ geladene Elektronen e^-.

$$① \quad 2\,H_2 \rightarrow 4\,H^+ + 4\,e^-$$

Der Katalysator
Ein Katalysator ist ein Stoff, der die **Reaktionsgeschwindigkeit** einer chemischen Reaktion erhöht. Wenn ein Katalysator vorhanden ist, wird weniger Aktivierungsenergie benötigt, um die Reaktion in Gang zu setzen. Der Katalysator selbst verändert sich bei diesem Vorgang nicht. Bei der Verbrennung von Wasserstoff und Sauerstoff wird das Edelmetall Platin als Katalysator eingesetzt.

Jetzt herrscht an der Wasserstoff-Elektrode Elektronenüberschuss. Sie ist zum Minuspol der Brennstoffzelle geworden. Die freien Elektronen können durch den äußeren Stromkreis zur anderen Elektrode fließen. An dieser Elektrode werden die Sauerstoffmoleküle unter Einwirkung des Katalysators in Atome gespalten und nehmen aus dem äußeren Stromkreis Elektronen auf. Es entstehen O^{2-}-Ionen. Die Sauerstoff-Elektrode ist dadurch zum Pluspol der Brennstoffzelle geworden.

$$② \quad O_2 + 4\,e^- \rightarrow 2\,O^{2-}$$

Gleichzeitig wandern die Wasserstoff-Ionen, die Protonen, durch die Protonen durchlässige Membran (PEM) und reagieren mit den O^{2-}-Ionen zu Wasser.

$$③ \quad 4\,H^+ + 2\,O^{2-} \rightarrow 2\,H_2O$$

Daraus ergibt sich für die Brennstoffzelle folgende Gesamtreaktion:

$$2\,H_2 + O_2 \rightarrow 2\,H_2O + \text{elektrische Energie} + \text{Wärme}$$

Vergleichst du die Reaktionsgleichung der Elektrolyse und die Gleichung der Gesamtreaktion der Brennstoffzelle, erkennst du, dass die Synthese in der Brennstoffzelle eine Umkehrung der Elektrolyse darstellt.

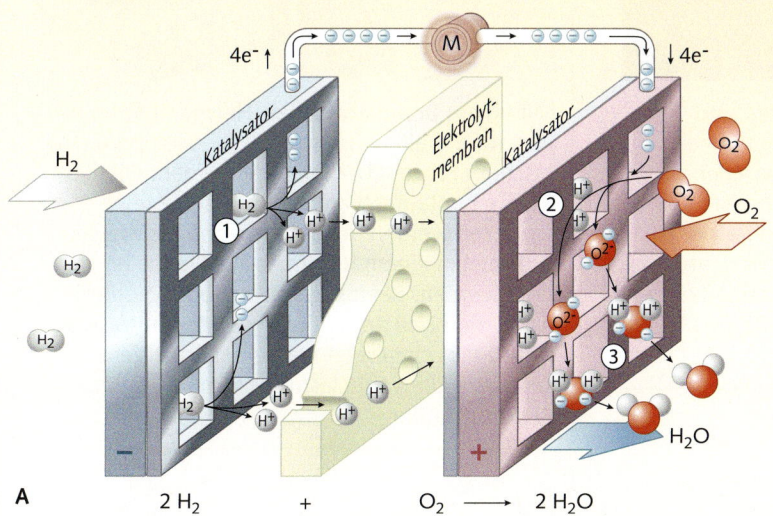

A $2\,H_2 + O_2 \longrightarrow 2\,H_2O$

1 Brennstoffzelle. *A Funktionsweise, B Aufbau*

Streifzug

Anwendung der Wasserstofftechnologie

Wasserstoff statt Benzin

Wird in einem Verbrennungsmotor Benzin durch Wasserstoff ersetzt, entstehen bei der Verbrennung Wasser und Stickstoffoxide, letztere aus dem Stickstoff der Luft. Da Wasser zur Korrosion der Metallteile des Motors führen würde, muss ein solcher Motor aus korrosionsfesten Materialien gebaut sein. Hierfür eignen sich keramische Werkstoffe, die sich allerdings noch in der Testphase befinden.

Motorrad mit Brennstoffzellenantrieb

Der Designer Nick Talbot hat ein Motorrad mit Brennstoffzellenantrieb entworfen. Es erreicht eine Höchstgeschwindigkeit von 80 km/h. Eine Tankfüllung reicht für ca. 4 Stunden Fahrt. Von dem Motorrad gibt es bisher nur Prototypen. Der Marktpreis würde ungefähr bei 6000 € liegen.

Brennstoffzellen ersetzen Batterien

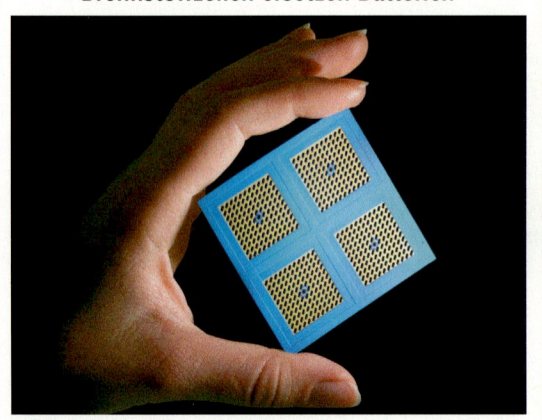

In vielen wissenschaftlichen Instituten und Firmen wird daran gearbeitet, Brennstoffzellen zu entwickeln, die herkömmliche Batterien oder Akkus ersetzen können. So gibt es bereits Handys, Camcorder oder Laptops mit einer Brennstoffzelle. Das Aufladen besteht dann darin, den Wasserstofftank der Brennstoffzelle aufzufüllen. Diese kleinen Brennstoffzellen heißen **Mikro-Brennstoffzellen.**

Energie für Haus und Wohnung

Mit einem **Brennstoffzellen-Heizgerät** kann die Versorgung eines Hauses mit Wärme und elektrischer Energie übernommen werden. Da diese Geräte heute noch an das Erdgasnetz angeschlossen werden, muss der benötigte Wasserstoff erst in einem Reformer aus Erdgas hergestellt werden. Beim Betrieb entstehen Kohlenstoffdioxid und andere Abgase. Wenn Wasserstoff direkt eingesetzt werden kann, ergeben sich geringere Umweltbelastungen und günstigere Wirkungsgrade.

1. Welche Vorteile hat der Antrieb von Fahrzeugen mit Wasserstoff?

2. Informiere dich, welche Probleme beim Einsatz von Wasserstoff auftreten.

3. a) Informiere dich über den Einsatz der Brennstoffzelle in der Autoindustrie.
b) Welcher Brennstoffzellentyp wird dort eingesetzt?

Die Geschichte der Brennstoffzelle

1838

Vor über 170 Jahren fand der Chemiker CHRISTIAN FRIEDRICH SCHÖNBEIN (1799–1868) an der Universität in Basel heraus, dass bei der Reaktion von Wasserstoff und Sauerstoff elektrische Energie frei wird.

1839

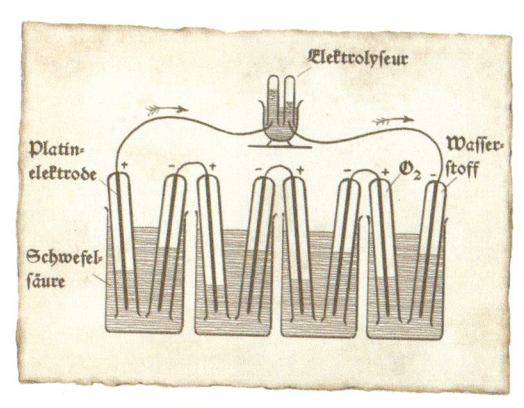

Der walisische Jurist und Physiker SIR WILLIAM R. GROVE (1811–1896) fand in diesem Jahr, dass sich die Elektrolyse von Wasser umkehren lässt. In einer galvanischen Gasbatterie setzte er bei der Oxidation von Wasserstoff und Sauerstoff elektrische Energie frei. Dies war der Vorläufer der heutigen Brennstoffzelle.

Um 1960

Für die bemannte Raumfahrt wurde ein System gesucht, mit dessen Hilfe elektrische Energie und Wasser erzeugt werden könnten. Das führte zur Wiederentdeckung und Weiterentwicklung der Brennstoffzelle.

Bis 2030

Island versucht einen Einstieg in die Wasserstoffwirtschaft. Zuerst sollen in Reykjavik Wasserstoffbusse eingesetzt werden. Die große isländische Fischereiflotte soll mit Brennstoffzellen betrieben werden. Langfristig soll der gesamte öffentliche und private Transport bis 2030 auf Wasserstoff umgestellt werden.

Streifzug

Oxidation ohne Sauerstoff?

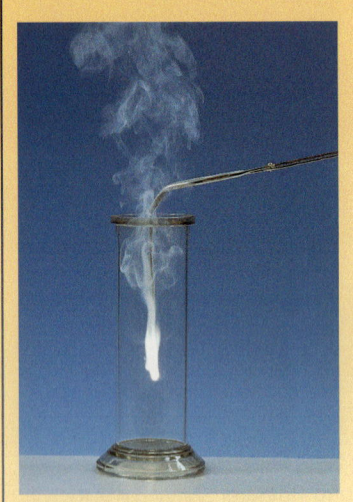

Wird brennendes Magnesium in einen Standzylinder mit Sauerstoff gehalten, verbrennt es mit greller Flamme. Dabei entsteht ein weißes Pulver, Magnesiumoxid.
Wird in einem zweiten Versuch brennendes Magnesium in einen Standzylinder mit Chlor gehalten, brennt es ebenfalls mit greller Flamme weiter. Auch dabei entsteht ein weißes Pulver. Es ist Magnesiumchlorid.

Beide Reaktionen verlaufen sehr ähnlich. Bei der Reaktion von Magnesium mit Sauerstoff handelt es sich um eine Oxidation. Worum handelt es sich dann bei der Reaktion von Magnesium mit Chlor?

1 Reaktion mit Sauerstoff

2 Reaktion mit Chlor

Oxidation – Elektronenabgabe
In der Chemie werden beide Vorgänge als Oxidationen bezeichnet. Ihre Gemeinsamkeiten werden besonders deutlich, wenn die Veränderungen an den kleinsten Teilchen betrachtet werden.

In beiden Reaktionen entstehen aus Magnesium-Atomen Magnesium-Ionen. Die Magnesium-Atome geben jeweils zwei Elektronen ab und werden zu positiv geladenen Magnesium-Ionen.
Eine solche **Abgabe von Elektronen** wird als **Oxidation** bezeichnet.

Reduktion – Elektronenaufnahme
Die Reaktionspartner nehmen die Elektronen auf und werden zu negativ geladenen Ionen. Diese **Aufnahme von Elektronen** heißt **Reduktion**.

Die Elektronenabgabe und die Elektronenaufnahme können nur gemeinsam ablaufen. **Red**uktion und **Ox**idation sind immer miteinander gekoppelt. Die ganze Reaktion heißt deshalb **Redoxreaktion**. Nach dieser erweiterten Definition können Redoxreaktionen also auch ohne Sauerstoff ablaufen. Es kommt nur auf **Austausch von Elektronen** an.

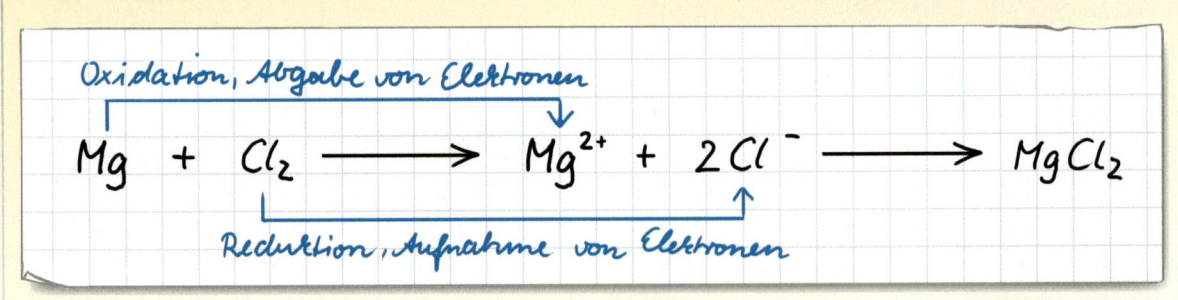

$$\underbrace{Mg + Cl_2 \longrightarrow Mg^{2+}}_{\text{Oxidation, Abgabe von Elektronen}} + \underbrace{2\,Cl^-}_{\text{Reduktion, Aufnahme von Elektronen}} \longrightarrow MgCl_2$$

3 Magnesium und Chlor verbinden sich zu Magnesiumchlorid.

1. Schreibe entsprechend wie in Abbildung 3 die Reaktionsgleichung für
a) Magnesium und Sauerstoff,
b) Natrium und Chlor.

2. a) Welche Ionen sind in einer Kupferchloridlösung?
b) Welche Ionen werden beim Verkupfern eines Gegenstandes reduziert?

3. Welche Ionen werden bei der Elektrolyse einer Kupferchloridlösung reduziert, welche werden oxidiert?

4. Wie heißt der Vorgang, bei dem aus Kupfer-Ionen Kupfer-Atome werden?

Elektronenübertragung bei chemischen Reaktionen → S. 312/313

Galvanisieren – eine Redoxreaktion

📖 **1.** An welchem Pol der Gleichstromquelle muss ein Gegenstand angeschlossen sein, wenn er galvanisiert werden soll?

📖 **2.** Warum bewegen sich die Chlor-Ionen zur Anode?

📖 **3.** Warum sind Chlor-Ionen Donatoren und Nickel-Ionen Akzeptoren?

📖 **4.** Warum werden Nickel-Ionen als Kationen und Chlorid-Ionen als Anionen bezeichnet?

📖 **5.** Welche Teilchen fehlen in der Darstellung der Nickelchloridlösung, ohne die diese Reaktionen nicht ablaufen würden?

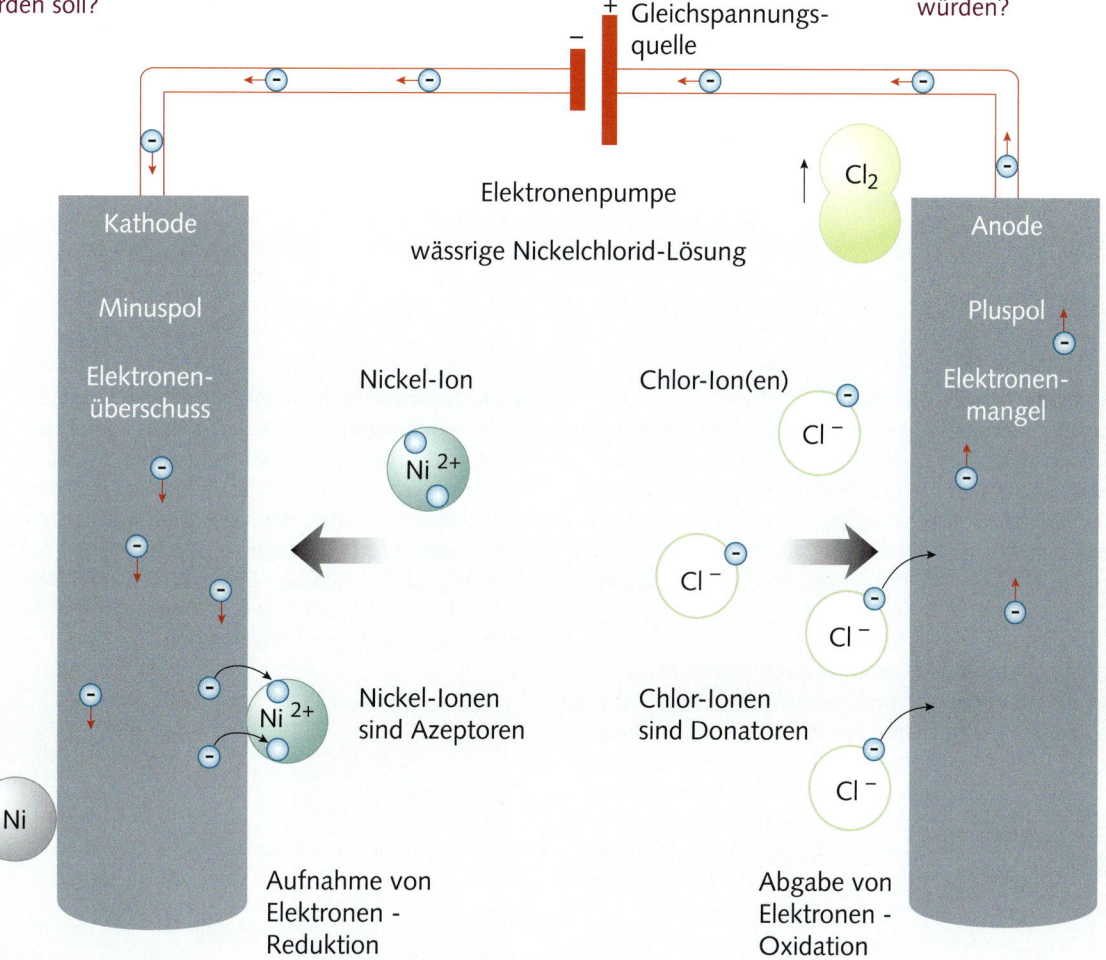

Gleichspannungsquelle

Elektronenpumpe

wässrige Nickelchlorid-Lösung

Cl_2

Kathode — Minuspol — Elektronenüberschuss

Nickel-Ion Ni^{2+}

Chlor-Ion(en) Cl^-

Anode — Pluspol — Elektronenmangel

Ni^{2+} Nickel-Ionen sind Azeptoren

Cl^- Chlor-Ionen sind Donatoren

Ni

Aufnahme von Elektronen - Reduktion

Abgabe von Elektronen - Oxidation

Elektronenabgabe und -aufnahme beim Galvanisieren

Beim Galvanisieren werden von den Ionen einer Salzlösung Elektronen aufgenommen oder abgegeben. Das ist auch das Kennzeichen einer Redoxreaktion.
Jedoch tauschen beim Galvanisieren die Ionen der Salzlösung die Elektronen nicht unmittelbar miteinander aus. Die beiden Teilreaktionen Oxidation und Reduktion laufen räumlich getrennt ab.

An der Anode findet die Oxidation statt. In einer Nickelchloridlösung geben hier die Chlor-Ionen jeweils ein Elektron ab. Sie sind die Elektronendonatoren. Die Chlor-Ionen bilden Moleküle. Chlor steigt als Gas zur Oberfläche auf.

An der Kathode findet die Reduktion statt. Hier nehmen Nickel-Ionen jeweils zwei Elektronen auf. Sie sind die Elektronenakzeptoren. Es bildet sich eine Schicht aus metallischem Nickel.

■ Galvanisieren ist eine Redoxreaktion, bei der die Oxidation und Reduktion räumlich getrennt verlaufen.

Lokalelemente

🔍 **1. a)** Schmirgle zwei Eisennägel blank. Stecke einen Nagel durch ein dünnes Zinkblech und den zweiten durch ein dünnes Kupferblech. Lege die Nägel in eine Petrischale. Löse eine Spatelspitze Kochsalz und etwas gelbes Blutlaugensalz in 50 ml Wasser. Gieße soviel von der Lösung in die Petrischale, bis die Nägel gerade bedeckt sind. Lass die Schale etwa 20 min stehen. Beschreibe und erkläre die Veränderungen.
b) Wiederhole den Versuch mit leicht angeschmirgelten, verkupferten und verzinkten Büroklammern. Hinweis: Gelbes Blutlaugensalz bildet mit Eisen-Ionen einen blauen Niederschlag.

📝 **2.** Nenne verschiedene Möglichkeiten, Eisen vor Rost zu schützen.

📝 **3.** In manchen Altbauten gibt es noch Wasserleitungsrohre aus Eisen. Warum darf daran keine Leitung aus Kupfer angeschlossen werden?

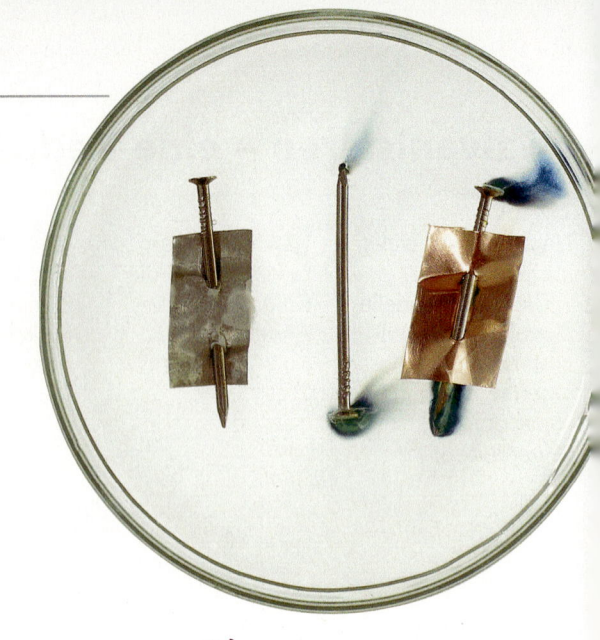

📝 **4.** Informiere dich über die Möglichkeiten, stählerne Schiffsrümpfe vor Korrosion zu schützen.

Metalle schützen Metalle
Bei der Verwendung von Eisen, unserem wichtigsten Gebrauchsmetall, gibt es ein Problem, die **Korrosion.** Eisen rostet. Die Oberflächen müssen deshalb vor feuchter Luft und aggressiven Stoffen geschützt werden. Das ist zum Beispiel durch Beschichten mit korrosionsbeständigeren Metallen wie Kupfer oder Zink möglich.

Gegenstände aus Eisen, die durch solche Metallschichten geschützt sind, sehen aber nur gut aus, so lange sie neu sind. Im praktischen Gebrauch zeigen sich bald deutliche Unterschiede. So rosten verkupferte Büroklammern in feuchter Luft sehr schnell, verzinkte rosten nicht. Also ist das Verzinken ein guter Korrosionsschutz für Eisen, das Verkupfern dagegen nicht, obwohl Kupfer ein edleres Metall ist als Zink.

Das liegt an den elektrochemischen Eigenschaften der Metalle. Wird die Schutzschicht beschädigt und kommt als Elektrolyt noch Wasser oder eine Salzlösung hinzu, bildet sich ein galvanisches Element. Wie bei einer Batterie bildet das unedlere Metall den Minuspol, das edlere den Pluspol. Das unedlere Metall gibt Elektronen ab. Es entstehen Metall-Ionen, das Metall löst sich auf. Es korrodiert. Das edlere Metall wird dadurch geschützt. Es bleibt erhalten. Ein solches galvanisches Element, bei dem sich zwei Metalle berühren, heißt **Lokalelement.**

Lokalelemente können schützen
Beim verzinkten Eisen ist das Zink das unedlere Metall, deshalb löst es sich langsam auf. Das darunter liegende edlere Eisen wird so lange vor Korrosion geschützt, wie noch Zink vorhanden ist. Beim verkupferten Eisen ist das Eisen das unedlere Metall und löst sich auf. Das edlere Kupfer bleibt erhalten. Eisen kann also durch eine Kupferschicht nicht dauerhaft geschützt werden.

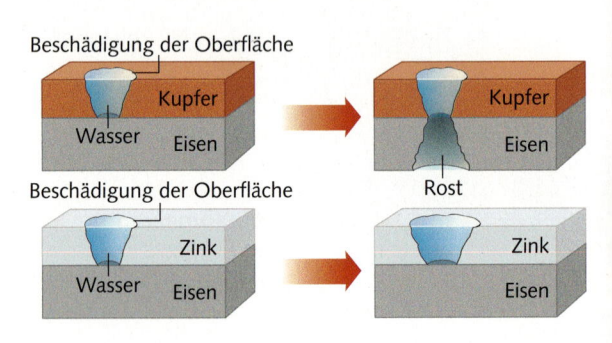

In der Technik werden Lokalelemente als Korrosionsschutz genutzt. So werden am Rumpf stählerner Schiffe Blöcke aus Magnesium oder Zink angebracht. Sie bilden jeweils den Minuspol eines Lokalelements und lösen sich allmählich auf. So lange ist der Rumpf aus Stahl vor Korrosion geschützt.

■ Unterschiedliche Metalle und ein Elektrolyt bilden ein Lokalelement. Dabei wird das edlere Metall auf Kosten des unedleren vor Korrosion geschützt.

Elektronenübertragung bei chemischen Reaktionen

Batterien, Akkus und Umwelt

Gift in großen Mengen
Die Akkus und Batterien, die in einem Jahr in Deutschland verkauft werden, enthalten etwa 700 t Cadmium, 3 t Quecksilber, 5 t Silber, 700 t Nickel, 4000 t Zink und 180 000 t Blei. Damit diese wertvollen Schwermetalle, die zum Teil sehr giftig sind, nicht in die Umwelt gelangen, dürfen verbrauchte Akkus und Batterien nicht mit dem Hausmüll entsorgt werden. Durch moderne Recycling-Verfahren können über 80 % der Inhaltsstoffe wieder verwertet werden.

1. Batterien werden als „bedeutendste Produktgruppe für die Schwermetallbelastung des Hausmülls" bezeichnet. Was ist damit gemeint?

Gesetzliche Vorschriften und Wege
Seit 1998 ist jeder Verbraucher gesetzlich verpflichtet, seine gebrauchten Batterien und Akkus dem Vertreiber (Hersteller und Handel) oder einem öffentlich-rechtlichen Entsorger zurückzugeben. Hersteller, Importeure und Handel sind verpflichtet, gebrauchte Batterien und Akkus zurückzunehmen und zwar unabhängig von Marke und System. Sie landen letztendlich bei einer weiteren Verwertung oder werden fachgerecht entsorgt.

2. Warum wurden Gesetze zur Rückgabe und Rücknahme von Batterien und Akkus erlassen?

3. Beschreibe den Weg einer Batterie vom Kauf bis zur Wiederverwertung.

Verwertungswege der verschiedenen Batterie- und Akkutypen

Batterietypen	Mögliche Verwertungswege (Beispiele)	Probleme
Zink-Kohle, Alkali-Mangan	Zinkhütte mit Schlackeverwertung	Abtrennung des Quecksilbers wird aufgrund zu geringer Quecksilbergehalte nicht vorgenommen.
Nickel-Cadmium	Vakuumdestillation, Verwertung des Stahl-Nickel-Gemischs in der Stahlerzeugung, Wiedereinsatz des Cadmiums für Nickel-Cadmium-Akkus	Die Verwertung ist nach sauberer Trennung unproblematisch. Es sind Anlagen mit geringen Emissionen und geringem Energieverbrauch in Deutschland vorhanden. Der Cadmium-Absatz ist schwierig.
Lithium, Lithium-Ionen	Wiedergewinnung von Cobalt, Nickel und Kupfer	

Gezielte Verwertung
Fast alle Batterien und Akkus werden so weit wie möglich einer Wiederverwertung zugeführt. Die Tabelle zeigt für drei Beispiele nicht nur den Weg, sondern auch die dabei möglichen Probleme auf.

4. Ergänze die Tabelle um weitere Batterien und Akkus, zum Beispiel um Kleinbatterien oder um Knopfzellen.

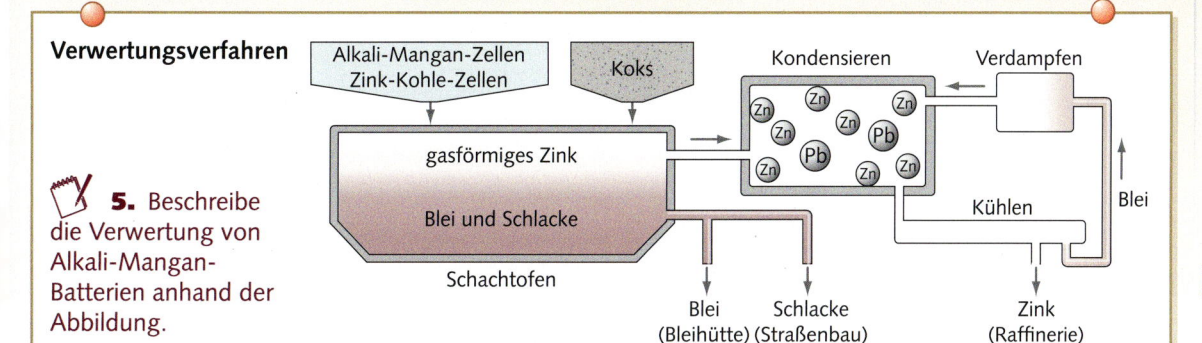

Verwertungsverfahren

5. Beschreibe die Verwertung von Alkali-Mangan-Batterien anhand der Abbildung.

Pinnwand

Chemieberufe

Lacklaborantin/-laborant
Lacklaborantinnen und Lacklaboranten arbeiten in der Entwicklung und Herstellung unterschiedlicher Beschichtungsstoffe und Beschichtungssysteme mit. Sie prüfen außerdem die Qualität von Lacken und Farben im Labor, werten Messdaten aus und dokumentieren die Ergebnisse.

Oberflächenbeschichterin/-beschichter
Elektrolytbad, Metallsalzlösung, Feuerverzinken, Legierungsschicht und Galvanisierbad sind Begriffe aus der Berufswelt der Oberflächenbeschichterin und des Oberflächenbeschichters. Sie stellen mit unterschiedlichen Verfahren und Techniken metallische Überzüge auf Metallen und Kunststoffen her.

Produktionsfachkraft Chemie
Bedienen und Pflegen von Produktionsgeräten und Produktionsanlagen, Herstellen von Präparaten und Produkten und Wartungstechnik – dies sind nur einige Ausbildungsschwerpunkte für die Produktionsfachkraft Chemie. Nach 2-jähriger Ausbildung ist sie in der Regel für den reibungslosen Ablauf der Produktion in Chemiebetrieben verantwortlich.

Pharmakantin/Pharmakant
In pharmazeutischen Herstellungs- und Verpackungsbetrieben arbeiten Pharmakantinnen und Pharmakanten. Sie arbeiten mit Wirkstoffen (Arzneistoffe) und Hilfsstoffen wie Stärke, Talkum, Zucker, Fetten, Öle und Wasser. Bei der Herstellung von Arzneimitteln aller Art ist genaues und verantwortungsbewusstes Arbeiten sehr wichtig.

1. Wähle einen der vorgestellten Beruf aus und stelle ihn ausführlich dar.

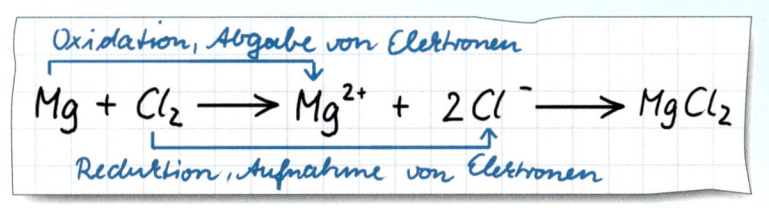

Elektronenübertragung bei chemischen Reaktionen

Auf einen Blick

Elektrolyse
Eine Elektrolyse ist die durch elektrischen Strom bedingte Zerlegung einer Salzlösung oder Salzschmelze. Die geladenen Teilchen wandern zu den Elektroden und werden dort entladen.

Galvanisieren
Beim Galvanisieren wird durch eine Elektrolyse eine dünne Metallschicht auf einen Gegenstand aufgebracht.

Galvanische Zelle
Zwei verschiedene Metalle in einer Elektrolytlösung bilden eine galvanische Zelle. Zwischen den beiden Metallen lässt sich eine elektrische Spannung messen. Eine galvanische Zelle kann als Stromquelle dienen.

Batterien und Akkus
Batterien bestehen aus einer oder mehreren hintereinander geschalteten galvanischen Zellen. Wieder aufladbare Stromquellen werden Akkus genannt.

Brennstoffzelle
In einer Brennstoffzelle reagieren Wasserstoff und Sauerstoff zu Wasser. Dabei entstehen elektrische Energie und Wärme. Brennstoffzellen werden heute für den Antrieb von Fahrzeugen, als Ersatz für Batterien und in Heizungssystemen eingesetzt.

Fällungsreihe
Ein unedleres Metall ist jeweils in der Lage, das edlere Metall aus seiner Salzlösung auszufällen. Das unedlere Metall löst sich auf. Werden die beiden beteiligten Metalle getrennt in einen Elektrolyten gestellt, kann zwischen ihnen eine Spannung gemessen werden. Sie bilden ein galvanisches Element.

Oxidation und Reduktion
Oxidation bedeutet Abgabe von Elektronen, Reduktion bedeutet Aufnahme von Elektronen.

$$\underset{\text{Reduktion, Aufnahme von Elektronen}}{\overset{\text{Oxidation, Abgabe von Elektronen}}{Mg + Cl_2 \longrightarrow Mg^{2+} + 2\,Cl^- \longrightarrow MgCl_2}}$$

Elektronenübertragung bei chemischen Reaktionen

Zeig, was du kannst

1. Welche Eigenschaft muss ein elektrischer Leiter haben?

2. Was entsteht beim Auflösen von Salzen in Wasser?

3. Welche Teilchen sorgen bei einer Elektrolyse für den Transport der Ladung?

4. Beschreibe jeweils, was bei der Elektrolyse einer Salzlösung an den Elektroden geschieht.

5. Wie können Gegenstände aus Kunststoff verchromt werden?

6. Wie kannst du aus Obst und Metallen eine Batterie mit etwa 3 V Spannung bauen?

7. a) Was ist ein Akku?
b) Vergleiche ihn mit einer Batterie.

8. Warum gibt es für Batterien und Akkus gesetzliche Vorschriften zum Entsorgen?

9. Erkläre die Redoxreaktion als Elektronenübertragung.

10. Um welchen Vorgang handelt es sich, wenn aus neutralen Schwefel-Atomen Sulfid-Ionen werden?

11. Um welchen Vorgang handelt es sich, wenn aus Kupfer-Ionen neutrale Kupfer-Atome werden?

12. Was ist Korrosion?

13. Warum ist verkupfertes Eisen schlechter vor dem Rosten geschützt als verzinktes?

14. Warum kann eine Pipeline aus Stahlrohren durch einen Magnesiumblock vor Korrosion geschützt werden?

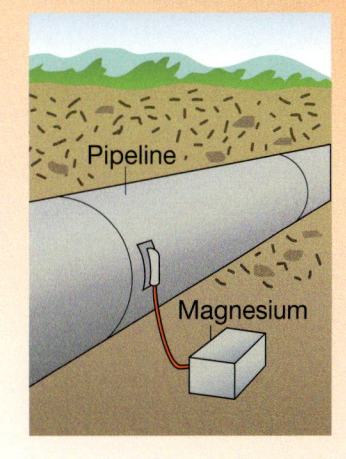

Chemische Reaktion

Elektronenübertragung be

Struktu

1. Die Elektrolyse einer Kupferchloridlösung ist eine **Redoxreaktion.** Beschreibe die Vorgänge der Oxidation und der Reduktion an den elektrischen Polen.

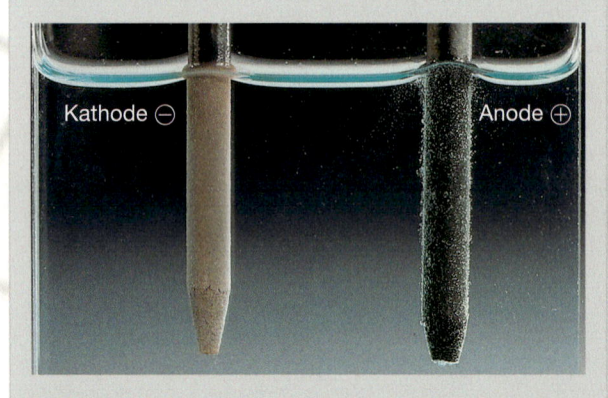

Kathode ⊖   Anode ⊕

Umkehrbare und nicht umkehrbare Redoxreaktionen

2. Magnesium und Chlor reagieren miteinander.
a) Beschreibe die **Reaktion** in Symbolschreibweise.
b) Kennzeichne die Vorgänge der Elektronenübertragung und benenne sie.
c) Welcher Reaktionspartner nimmt Elektronen auf, welcher gibt Elektronen ab?

Elektronenübertragung, Donator-Akzeptor-Prinzip

Basiskonzepte

chemischen Reaktionen

Energie

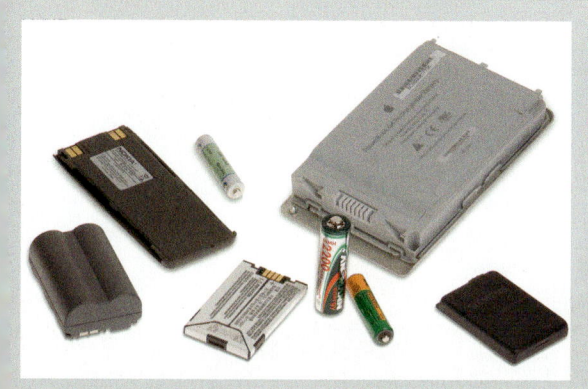

der Materie

📖 **3. a)** In welcher Form ist **Energie** in Akkus und Batterien gespeichert?
b) Wie können damit elektrische Geräte betrieben werden?

Elektrische Energie, Energieumwandlung, Energiespeicherung

📖 **4. a)** Benenne die Teile der abgebildeten Anlage.
b) Beschreibe die Vorgänge der Energieumwandlungen in der Brennstoffzelle.

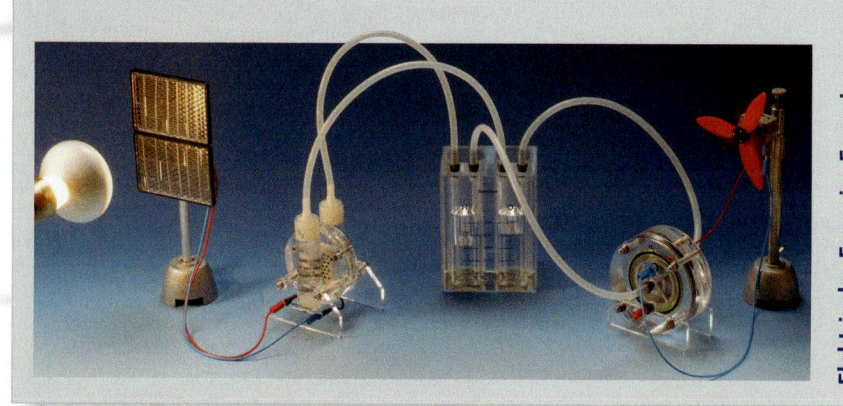

Elektrische Energie, Energieumwandlung, Energiespeicherung

Bevor das Erdöl in der Raffinerie verarbeitet werden kann, muss es erst gefunden und gefördert werden.

Erdöl, frisch gefördert: ein kostbarer Rohstoff für viele Produkte

Moleküle mit dieser Struktur sind Bestandteile des Erdöls.

Stoffe als Energieträger

Die Entstehung von Erdöl, Erdgas und Kohle

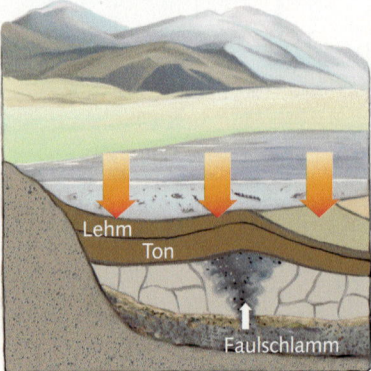

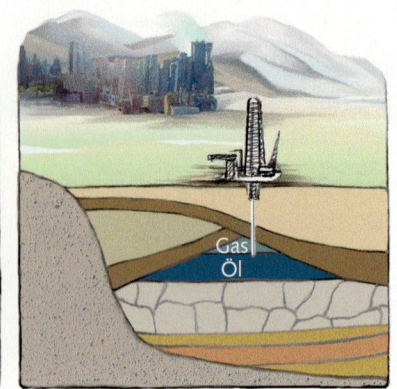

1 So entstand Erdöl.

1. Nenne je vier Länder
a) mit Erdgasvorkommen,
b) mit Erdölvorkommen,
c) mit Braunkohlevorkommen,
d) mit Steinkohlevorkommen.

2. a) Woraus sind Erdöl und Erdgas entstanden?
b) Woraus sind Braunkohle und Steinkohle entstanden?

3. Nenne Gemeinsamkeiten und Unterschiede bei der Entstehung von Erdöl und Kohle.

Erdöl und Erdgas entstehen

Vor etwa 500 Millionen Jahren waren weite Teile der Erde von Meeren bedeckt, in denen unzählige Kleinstlebewesen lebten.
Abgestorben sanken sie auf den Meeresboden. Sie bildeten dort im Laufe der Zeit mächtige Schichten, die von der Luft abgeschlossen waren. Diese wurden von Sand und Schlamm bedeckt, die die Flüsse in die Meere brachten. Bakterien zersetzten die Kleinstlebewesen, es bildete sich Faulschlamm. Darüber lagerten sich in Jahrmillionen immer weitere Erdschichten. Durch Druck und Wärme wurde der Faulschlamm allmählich in Erdöl und Erdgas umgewandelt.

Kohle entsteht

Vor mehr als 300 Millionen Jahren waren große Teile der Erde von tropischen Sumpfwäldern bedeckt, die immer wieder von Wasser überflutet wurden. Bäume und andere Pflanzen starben ab. Flüsse brachten Ton und Sand in die Meere. Dadurch wurden die abgestorbenen Pflanzen von der Luft abgeschlossen. Sie wandelten sich um zu Torf. Dieser Vorgang wiederholte sich und die Schichten wurden immer stärker zusammengepresst.
Der Torf wurde schließlich in Jahrmillionen zu Braunkohle und in weiteren Jahrmillionen zu Steinkohle. Diese Prozesse spielen sich auch heute noch ab.

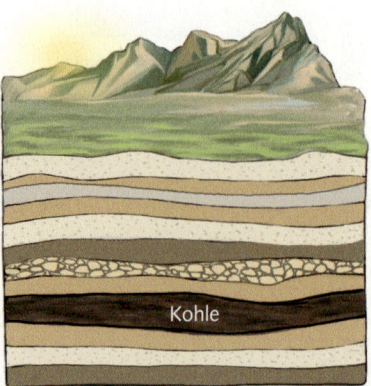

2 So entstand Kohle.

Stoffe als Energieträger

Förderung von Braun- und Steinkohle

1. Nenne zwei Braunkohleabbaugebiete in Deutschland.

2. Recherchiere, wie viele Tonnen Braunkohle jährlich in Deutschland abgebaut werden.

3. Was geschieht mit den ausgekohlten Förderstätten?

4. Beschreibe die abgeschlossene Rekultivierung des ehemaligen Braunkohlereviers in der Niederlausitz.

5. Informiere dich über die Erschließung neuer Gebiete, in denen Braunkohle abgebaut werden soll.

6. a) Nenne zwei Abbaugebiete von Steinkohle in Deutschland.
b) Recherchiere, wie viele Tonnen Steinkohle jährlich in Deutschland abgebaut werden. Wie viele Tonnen werden jährlich importiert?

7. Warum wird immer mehr Steinkohle importiert?

Abbau von Braunkohle

Braunkohle wird im **Tagebau** abgebaut, da sie im Gegensatz zur Steinkohle nur 40 m bis 160 m unter der Erdoberfläche liegt. Die Schichten der Braunkohle, die **Flöze**, sind durchschnittlich 40 m stark.
Zunächst wird die Deckschicht aus Erde, Sand und Kies abgebaggert. Das ist der Abraum. Im Tagebau werden riesige Maschinen eingesetzt. So kommen dort Schaufelradbagger zum Einsatz, die 200 m lang und 100 m hoch sein können. Sie räumen pro Tag bis zu 240 000 t ab. Das ist das Volumen eines Würfels mit einer Kantenlänge von 62 m.
Über Förderbänder wird die Braunkohle zu den nahe gelegenen Kraftwerken transportiert.
Mit dem Abraum werden die ausgeräumten (ausgekohlten) Förderstätten wieder aufgefüllt. So können die ehemaligen Abbaugebiete rekultiviert werden.

1 Braunkohleabbau

Abbau von Steinkohle

In der Regel liegt die Steinkohle in Europa in Flözen von geringer Dicke sehr tief in der Erde. Deshalb kann sie nicht im Tagebau abgebaut werden, sondern wird im **Untertagebau** gewonnen.

Von Schächten, die über 1000 m tief in das Erdreich über Kohle führende Schichten getrieben werden, gehen Förderstrecken zu allen Seiten ab. Hier werden Spezialmaschinen eingesetzt. Die Förderleistung pro Mann und Schicht beträgt im Steinkohlebergbau nur einen Bruchteil der Fördermenge, die beim Abbau von Braunkohle erreicht wird. Für die Sicherheit im Untertagebau muss viel mehr Geld ausgeben werden als im Tagebau.

Der Preis für eine Tonne Steinkohle, die in Europa abgebaut wird, ist viel höher als der Preis für Importsteinkohle, denn diese kann meistens im Tagebau abgebaut werden (Bild 2).

■ Braunkohle wird in Deutschland im Tagebau, Steinkohle im Untertagebau abgebaut. Der Tagebau ist viel kostengünstiger als der Untertageabbau.

2 Steinkohleabbau im Tagebau

Verarbeitung von Braun- und Steinkohle

1. Welchen Anteil haben die Kohlearten an der Gesamterzeugung elektrischer Energie?

2. Welche Umweltbelastungen treten bei der Verstromung von Kohle auf?

3. Nenne weitere Verwendungsmöglichkeiten für Braunkohle.

4. Was ist Koks, wie wird Koks hergestellt und wozu wird er gebraucht?

5. Informiere dich über Braun- und Steinkohle als Rohstoff in der chemischen Industrie.

6. Warum wird heute aus Steinkohle kein Benzin mehr hergestellt, obwohl es möglich wäre?

1 Kohlekraftwerk

Verstromung von Kohle
Der weitaus größte Teil der Braunkohle und große Teile der Steinkohle werden in Kraftwerken verbrannt, um Wasser zu verdampfen. Mithilfe des Dampfes werden Turbinen angetrieben, deren angekoppelte Generatoren Elektrizität erzeugen. Das wird Verstromung der Kohle genannt.
Bei der Verbrennung entstehen aber riesige Mengen Kohlenstoffdioxid.

Verkokung von Kohle
Für die Gewinnung von Roheisen aus Eisenerz wird reiner Kohlenstoff benötigt. Dazu wird Steinkohle unter Luftabschluss auf etwa 1100 °C erhitzt. Die in der Kohle enthaltenen Stoffe werden als Gase ausgetrieben. Auch der Schwefel entweicht gasförmig, sodass das Endprodukt, der **Koks,** schwefelfrei ist. Der Koks wird zur Gewinnung von Roheisen aus Eisenerz benötigt. Er dient als Energielieferant und ist gleichzeitig Reduktionsmittel. Bei der Verkokung von Steinkohle entstehen außer Koks noch Steinkohlenteer und brennbare Gase, die Kokereigase. Sie werden als Energieträger eingesetzt.
Wird Braunkohle unter Luftabschluss erhitzt, kann ein wertvolles Filtermaterial gewonnen werden, das die viel teurere Aktivkohle ersetzen kann. Es wird bei der Wasseraufbereitung benutzt.

Kohle in der chemischen Industrie
Der Steinkohlenteer, der bei der Verkokung entsteht, ist für die chemische Industrie ein wichtiger Rohstoff. Er dient zur Herstellung von Kunststoffen und Farbstoffen.
Eine Reaktion des Kohlenstoffs der Kohle mit Wasserstoff heißt Kohlehydrierung. Auf diese Weise kann Benzin gewonnen werden.

■ Kohle dient hauptsächlich zur Erzeugung von elektrischer Energie. Aus Steinkohle wird der für die Eisen- und Stahlindustrie wichtige Koks hergestellt. Kohle ist außerdem ein wichtiger Rohstoff in der chemischen Industrie.

2 Herstellung von Koks aus Steinkohle

Stoffe als Energieträger

Steinkohlenteer – Abfall und Rohstoff

Pinnwand

Der Steinkohlenteer, der bei der Koksherstellung aus Steinkohle anfällt, wurde lange Zeit als Abfall angesehen. Um die Mitte des 19. Jahrhunderts untersuchten Chemiker diesen Steinkohlenteer und fanden darin Ausgangsstoffe für viele Produkte. Heute sind über 1000 verschiedene Bestandteile im Teer bekannt, etwa 50 davon werden industriell genutzt.

Steinkohlenteer ist eine schwarz-braune, zähe Flüssigkeit. Er ist übelriechend, giftig und kann Krebs erzeugen.

Im Steinkohlenteer wurde **Anilin** gefunden, ein Ausgangsstoff für künstliche Farben. Dadurch wurde die Kleiderwelt bunter. Die billigeren künstlichen Farbstoffe verdrängten die natürlichen Farbstoffe in allen Bereichen. Heute wird Anilin hauptsächlich aus Erdöl hergestellt.

Den Chemikern Felix Hoffmann (1868–1946) und Arthur Eichengrün (1867–1949) gelang 1897 die Herstellung von Acetylsalicylsäure (ASS). Ausgangsstoff war die **Salicylsäure,** die aus dem Steinkohlenteer gewonnen wurde. ASS wurde unter dem Namen „Aspirin" weltbekannt.

Um 1890 wurde aus **Toluol,** einem Bestandteil des Steinkohlenteers, ein neuer Sprengstoff, TNT (Trinitrotoluol), hergestellt. Dieser Sprengstoff kann allein durch Feuer nicht zur Explosion gebracht werden. Er muss mit einer Sprengkapsel gezündet werden. Deshalb wird er auch Sicherheitssprengstoff genannt.

1. Erstelle eine Liste mit weiteren Stoffen, die aus dem Steinkohlenteer gewonnen werden.

2. Neben Felix Hoffmann gibt es im Zusammenhang mit dem Steinkohlenteer noch einen anderen Chemiker mit fast gleichem Nachnamen, nämlich August Hofmann. Was hat er entdeckt?

Lagerstätten von Erdgas und Erdöl

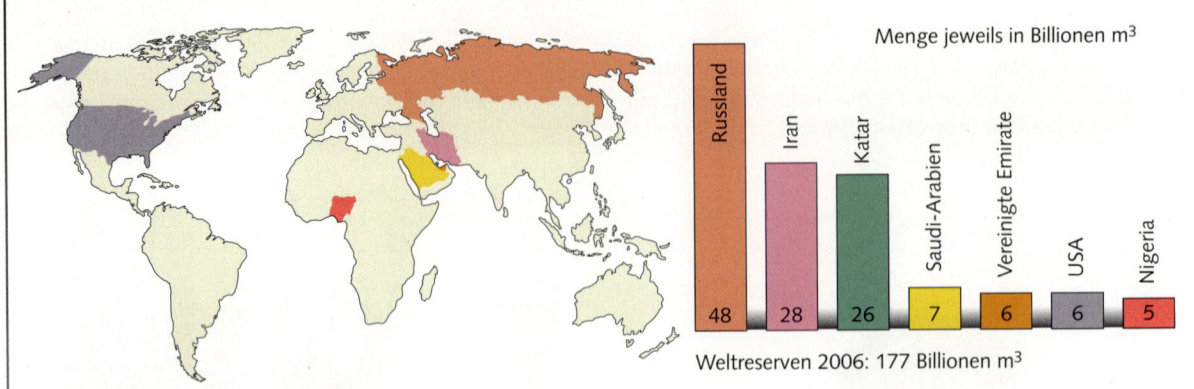

1 Sicher gewinnbare Erdgasmengen

Menge jeweils in Billionen m³

- Russland: 48
- Iran: 28
- Katar: 26
- Saudi-Arabien: 7
- Vereinigte Emirate: 6
- USA: 6
- Nigeria: 5

Weltreserven 2006: 177 Billionen m³

1. Gib den Vorrat an Erdgas in den jeweiligen Lagergebieten in Prozent des Gesamtvorrats an.

2. Nenne mithilfe des Atlasses drei Lagerstätten von Erdgas in Westeuropa.

3. Nenne vier Staaten, die zum Mittleren und Nahen Osten gezählt werden.

4. Gib den Vorrat an Erdöl in den jeweiligen Lagergebieten in Prozent des Gesamtvorrats an.

5. Nicht alle nachgewiesenen Erdölvorräte werden abgebaut. Nenne Gründe dafür.

6. In welchen Ländern Westeuropas wird Erdöl gefördert?

Bekannte Erdgaslagerstätten

Die förderbaren Vorräte in den bekannten Lagerstätten reichen bei gleichbleibendem Verbrauch von Erdgas noch für etwa 160 Jahre. Die größten Vorräte liegen im Mittleren und Nahen Osten und in den GUS-Staaten.
Weitere riesige Mengen von Erdgas befinden sich als Gashydrat vor der nordamerikanischen Ostküste in 2000 m bis 3000 m Tiefe. Dieses Gashydrat ist eine Mischung aus Erdgas und Wasser. Es liegt als dicker schneeartiger Teppich auf dem Meeresboden. Allerdings gibt es bis heute noch keine Möglichkeit, diese Vorräte wirtschaftlich zu fördern.

Nachgewiesene Erdöllagerstätten

Die mit Abstand größten Lagerstätten von Erdöl liegen im Mittleren und Nahen Osten. Doch auch in Europa wird Erdöl gefördert.

Die Vorräte an Erdöl in den nachgewiesenen Erdöllagerstätten reichen bei gleichbleibendem Verbrauch noch für etwa 50 Jahre. Das ist eine relativ kurze Zeit. Durch geringeren Verbrauch kann die Zeitspanne, in der das Erdöl noch vorhanden ist, ausgedehnt werden. Ganz wichtig ist, dass jetzt schon Alternativen zur Energieversorgung für die Zeit nach dem Erdöl erarbeitet werden.

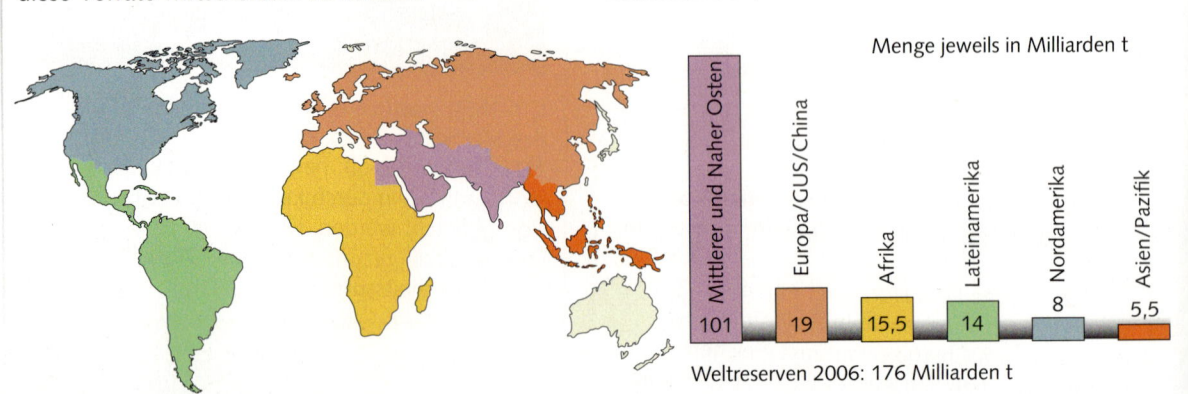

2 Nachgewiesene Erdölreserven

Menge jeweils in Milliarden t

- Mittlerer und Naher Osten: 101
- Europa/GUS/China: 19
- Afrika: 15,5
- Lateinamerika: 14
- Nordamerika: 8
- Asien/Pazifik: 5,5

Weltreserven 2006: 176 Milliarden t

Stoffe als Energieträger

Fördermengen als Wirtschaftsfaktor

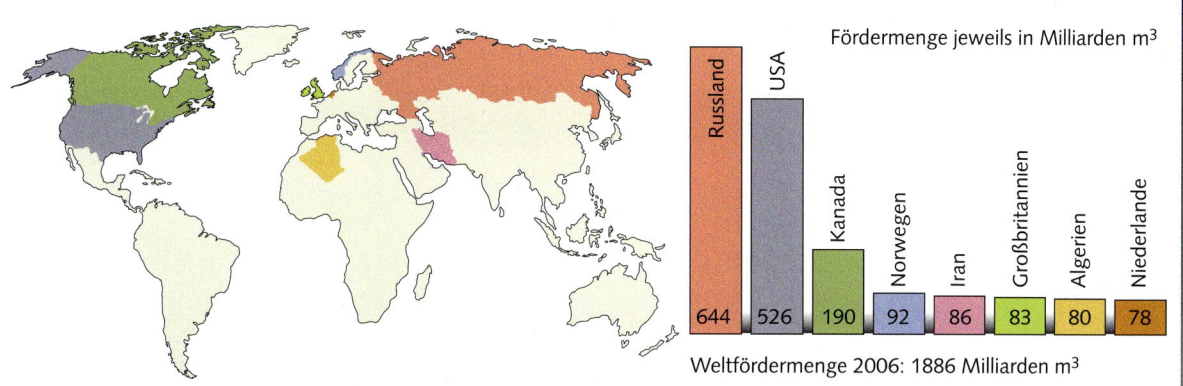

Fördermenge jeweils in Milliarden m³

Russland	USA	Kanada	Norwegen	Iran	Großbritannien	Algerien	Niederlande
644	526	190	92	86	83	80	78

Weltfördermenge 2006: 1886 Milliarden m³

1 Die wichtigsten Erdgasförderländer mit Fördermengen

1. Wie viel Prozent der Gesamtfördermenge von Erdgas liefern die ersten drei Erdgasförderländer (Bild 1)?

2. Nenne Gründe, warum die Erdgasfördermengen von Jahr zu Jahr zunehmen.

3. Wie viel Prozent der Gesamtfördermenge von Erdöl liefern die ersten drei Förderländer (Bild 2)?

4. Welche wirtschaftlichen Interessen verfolgen die Länder, die Erdgas oder Erdöl importieren?

5. Welche wirtschaftlichen Interessen haben die Förderländer mit dem Export von Erdgas und Erdöl?

6. Was ist die OPEC und welche Interessen verfolgt sie?

Erdgas und Erdöl werden importiert

Die Industriestaaten benötigen Erdgas und Erdöl in großen Mengen als Energieträger oder Rohstoff. Doch nicht alle Industriestaaten verfügen über die benötigten Mengen an Erdöl oder Erdgas. Sie müssen diese Stoffe aus den Ländern importieren, die mehr fördern, als im eigenen Land benötigt wird. Die Importländer wollen natürlich möglichst wenig für die Energieträger und Rohstoffe bezahlen. Außerdem erwarten sie, dass Erdgas und Erdöl immer in den von ihnen gewünschten Mengen zur Verfügung gestellt werden.

Erdgas und Erdöl werden exportiert

Die Einnahmen aus dem Export von Erdgas und Erdöl sichern den Förderländern die wirtschaftliche Grundlage. Sie sind daran interessiert, dass sie einen möglichst hohen Preis für ihre Produkte bekommen. Wird aber Erdgas oder Erdöl in zu großen Mengen angeboten, so sinkt durch das Überangebot der Preis. Wird weniger exportiert, so kann ein höherer Preis für kleinere Mengen erreicht werden. Das geht aber nur, wenn die Erdöl exportierenden Länder sich einig sind. Deshalb haben sie sich zu einem Kartell, der OPEC, zusammengeschlossen.

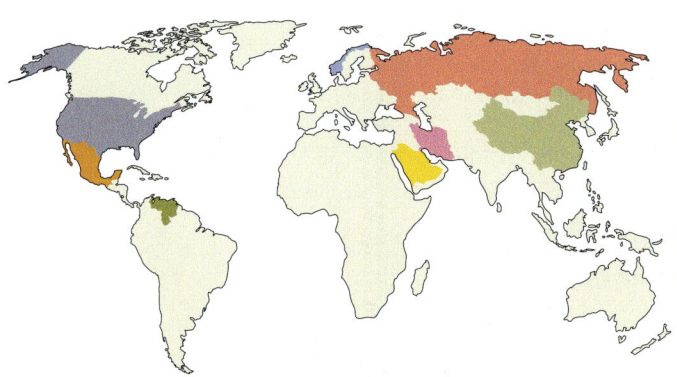

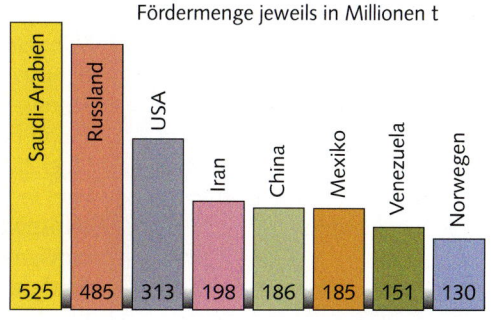

Fördermenge jeweils in Millionen t

Saudi-Arabien	Russland	USA	Iran	China	Mexiko	Venezuela	Norwegen
525	485	313	198	186	185	151	130

Weltfördermenge 2006: 3900 Millionen t

2 Die wichtigsten Erdölförderländer mit Fördermengen

Die Förderung von Erdöl und Erdgas

1. Erkläre den Begriff Offshore bei der Erdölförderung.

2. Mithilfe welcher Verfahren wird Erdöl aus Gesteinsschichten gelöst?

3. Nenne je drei Förderstellen von Erdöl und Erdgas in der Nordsee.

Förderung an Land
Nach erfolgreicher Probebohrung wird das Bohrloch mit Doppelrohren ausgekleidet. Am unteren Ende werden die Rohrwände durchlöchert. Durch den Druck, der in der Lagerstätte herrscht, wird das Erdöl in die Rohre gedrückt und gelangt nach oben.
Lässt der Druck nach, wird das bei der Erdölförderung mitgeförderte Erdgas wieder in die Lagerstätte gepresst. So erhöht sich der Lagerstättendruck und das Erdöl gelangt weiterhin nach oben.
Der Lagerstättendruck kann auch erhöht werden, indem Wasser oder Druckluft durch das Doppelrohr in die Lagerstätten gepresst wird. Das geförderte Erdöl wird gereinigt und durch Pipelines oder Tanker zu den Raffinerien transportiert. Dort wird es weiter verarbeitet.

Bei Erdöllagerstätten mit zu geringem Druck wird das Erdöl häufig hochgepumpt.

Offshore-Förderung
Viele Lagerstätten von Erdöl und Erdgas befinden sich unter dem Meeresboden. Für die Erschließung und Förderung dieser Bodenschätze wurden Bohr- und Förderinseln entwickelt. Diese künstlichen Inseln werden in der Regel zerlegt zu ihren Standorten geschleppt und dort zusammengebaut.
Von den Plattformen der Förderinseln führen Rohre mit Pumpgestängen zum Meeresgrund und weiter in die Erdöllagerstätte. Das geförderte Erdöl wird in Pipelines zum Festland transportiert. Diese Art der Erdölgewinnung heißt **Offshore-Förderung**.

Erdgasförderung
Die Erdgasförderung verläuft ähnlich wie die Erdölförderung. Allerdings braucht das Erdgas nicht gepumpt zu werden, da es durch den Lagerstättendruck von allein an die Oberfläche kommt.

■ Erdöl und Erdgas werden sowohl im Meer als auch an Land gefördert. Erdgas kommt durch den Lagerstättendruck von allein an die Oberfläche, bei Erdöl muss meist gepumpt werden.

Erdgas führende Schicht

Erdöl führende Schicht

Erdöl führende Schicht

Die Transportwege des Erdöls

1. Beschreibe mögliche Wege des Erdöls von Kuwait nach Deutschland.

2. Welchen Vorteil hat der Öltransport durch Pipelines?

3. Welche Gefahren bestehen beim Transport von Erdöl durch Tanker?

4. Informiere dich über das Tankerunglück der Exxon Valdez 1989 vor der Küste Alaskas.

Öl muss transportiert werden
Das geförderte Erdöl muss in der Regel vom Bohrloch über weite Wege transportiert werden, bis es in den Raffinerien zu gebrauchsfertigen Produkten verarbeitet werden kann.

Transport durch Pipelines
Pipelines sind Rohrleitungen, durch die Flüssigkeiten oder Gase über weite Strecken transportiert werden können. Die Rohre werden in der Regel aus dicken Stahlblechen hergestellt. Sie haben einen Durchmesser von bis zu 1,5 m und erhalten von außen eine zusätzliche Kunststoffbeschichtung. Die Rohre werden zusammengeschweißt und meistens unterirdisch verlegt. Pipelines sind sehr sichere Transportwege.

Tanker fahren über die Meere
Muss Erdöl über Meere transportiert werden, werden **Tankschiffe** eingesetzt. Das bisher größte Tankschiff ist 485 m lang, 69 m breit und hat einen Tiefgang von 24 m.
Von den Tankern geht eine große Gefahr für die Umwelt aus. Läuft wegen eines Schiffsunglücks Öl aus, werden riesige Gebiete des Meeres von einem Ölteppich bedeckt und lange Küstenstreifen durch Erdöl verseucht. Viele Tiere, die im Meer oder an der Küste leben, gehen elend zugrunde.
Seit einigen Jahren müssen neue Tankschiffe einen Doppelrumpf haben, damit auch bei einem Unfall das Öl nicht sofort auslaufen kann.

■ Erdöl wird von der Quelle zur Raffinerie mittels Pipelines und Tankern transportiert.

Suche nach weiteren Erdölvorkommen

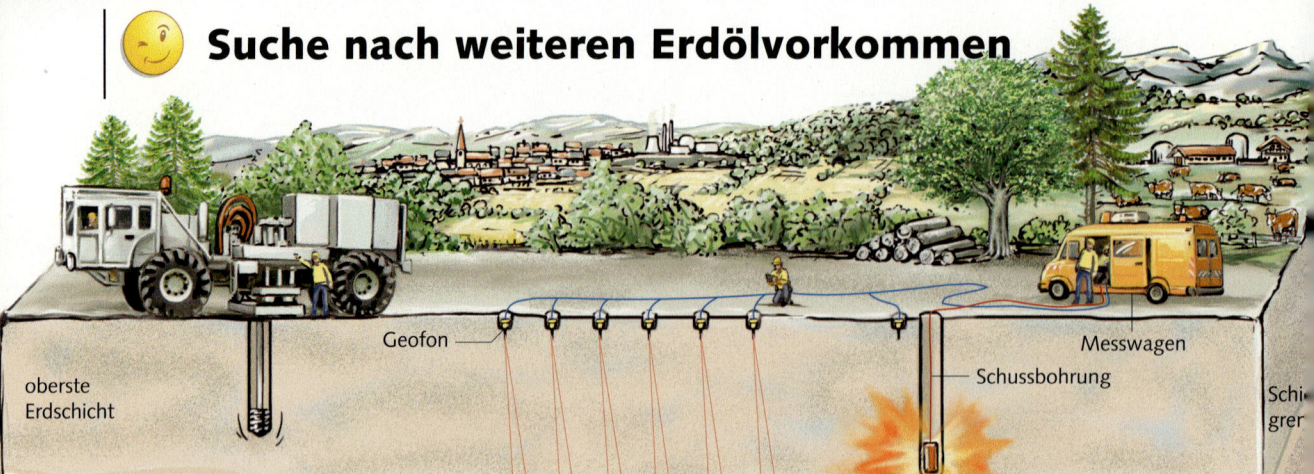

oberste Erdschicht

Geofon

Messwagen

Schussbohrung

1. Beschreibe das Prinzip des seismischen Suchverfahrens bei der Erdölsuche.

2. Warum werden bei der Suche nach Erdöl immer mehrere Verfahren angewandt?

3. Warum werden nach erfolgreicher Bohrung nicht alle Erdölquellen zur Förderung genutzt?

4. Warum werden bei der Erdgassuche ähnliche Verfahren eingesetzt wie bei der Erdölsuche?

Mit Schall zum Erdöl

Die Vorräte der bekannten Lagerstätten von Erdöl und Erdgas reichen nicht mehr lange, wenn keine neuen Lagerstätten gefunden werden.

Durch Schall ist es möglich, den Aufbau der Erdschichten und mögliche Erdöllagerstätten zu erkennen. Sprengungen erzeugen Schallwellen, die sich in den verschiedenen Gesteinsschichten mit unterschiedlichen Geschwindigkeiten ausbreiten. An den Schichtgrenzen wird ein Teil der Schallwellen reflektiert. In die Erde eingelassene Mikrofone, die **Geofone,** nehmen den reflektierten Schall auf. Diese Methode wird als **seismisches Verfahren** bezeichnet. Aus den Messdaten wird ähnlich wie bei der Messung von Erdbeben ein Seismogramm erstellt, das Informationen über die Art der Gesteinsschichten und ihre Mächtigkeit gibt. Daraus kann eine Prognose erstellt werden, ob an einer bestimmten Stelle Erdöl oder Erdgas vorhanden sein könnte.

Sicherheit durch mehrere Verfahren

Da Probebohrungen sehr teuer sind, werden zur Bestätigung der aus dem seismischen Verfahren gewonnenen Vermutungen weitere Untersuchungsverfahren eingesetzt.

Erst wenn die Vermutung durch mehrere Verfahren bestätigt worden ist, erfolgen Probebohrungen. Die meisten Bohrtiefen liegen zwischen 1000 m und 3000 m. Bei erfolgreicher Bohrung werden die Bohrlöcher verrohrt und durch Armaturen verschlossen. Entweder beginnt jetzt die Förderung oder das Vorkommen dient als Reserve.

■ Bei der Suche nach Erdöl- und Erdgasvorkommen wird das seismische Verfahren angewandt.

Eigenschaften von Erdölfraktionen

🔍 **1. a) Demonstrationsversuch:** Vier Porzellanschalen werden jeweils mit 3 ml Benzin, Kerosin (Petroleum), Dieselöl und Motorenöl gefüllt. Ein brennender Holzspan wird jeweils dicht über die Schalen gehalten.
b) Notiere deine Beobachtungen und erkläre sie.

🔍 **2. a) Demonstrationsversuch:** Die Schalen mit Dieselöl und Motorenöl werden auf einer Heizplatte erhitzt.
Von Zeit zu Zeit wird ein brennender Holzspan über die Schalen gehalten.
b) Notiere deine Beobachtungen.
c) Warum wurden Dieselöl und Motorenöl erhitzt?

🔍 **3. a) Demonstrationsversuch:** In je ein Reagenzglas wird Benzin, Kerosin (Petroleum), Dieselöl und Motorenöl gefüllt.
b) Lass in jedes Reagenzglas eine Stahlkugel (d = 3 mm) fallen und miss die Absinkzeit.
c) Erkläre die Unterschiede bei den Messungen.

1 Die Entzündungstemperaturen sind unterschiedlich.

2 Motorenöl als Schmieröl

Die bei der Erdöldestillation gewonnenen Fraktionen haben unterschiedliche Eigenschaften.

Die Entzündungstemperatur
Sollen die verschiedenen Erdölfraktionen bei Raumtemperatur verbrannt werden, gelingt das nur bei Benzin und Kerosin (Petroleum). Diese Stoffe bestehen aus kleineren Molekülen als Diesel- oder Motorenöl. Deshalb besitzen Benzin und Kerosin niedrigere Siedetemperaturen. Sie verdampfen leicht und haben daher niedrige **Entzündungstemperaturen**. Solche Stoffe sind leicht entzündbar und deshalb besonders feuergefährlich.

Dieselöl und Motorenöl lassen sich bei Raumtemperatur nicht entzünden. Erst nachdem sie erhitzt wurden, entstehen entzündbare Dämpfe.

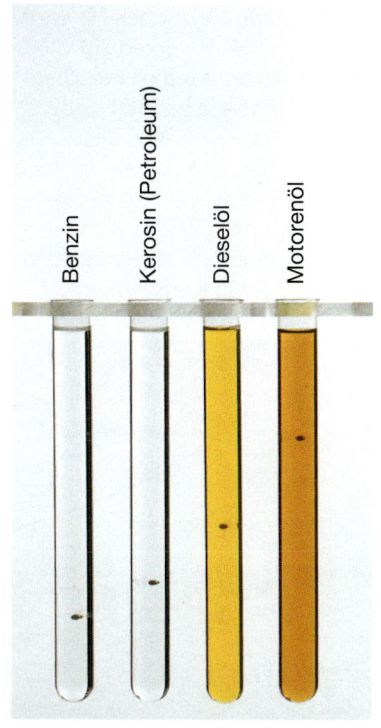

3 Unterschiedliche Viskosität

Die Viskosität
Benzin ist dünnflüssig, Motorenöl hingegen ist zähflüssig. Diese unterschiedliche Zähigkeit wird **Viskosität** genannt. Sie lässt sich gut beobachten, wenn eine Kugel in verschiedenen Fraktionen herabsinkt. Je höher die Viskosität der Fraktion ist, desto langsamer sinkt die Kugel (Bild 3). Die Ursache liegt in der unterschiedlichen Größe der Moleküle in den Fraktionen. Mit zunehmender Molekülgröße nehmen auch die Anziehungskräfte zwischen den Molekülen und damit die Viskosität der Stoffe zu. Solche Stoffe werden nicht als Treibstoff sondern als Schmiermittel verwendet.

■ Die Fraktionen des Erdöls besitzen unterschiedliche Entzündungstemperaturen und Viskositäten.

Ein Gas mit vielen Namen

1. Lies die Schlagzeilen in Bild 1. Sortiere die Gasgemische nach Herkunft und Verwendungszweck.

2. Wo kann Methan entstehen?

3. Informiere dich, welche Gase als Treibhausgase bezeichnet werden und Einfluss auf das Klima haben.

Ausgetrocknete Feuchtgebiete als Treibhausgas-Schleudern
Experten befürchten massive Freisetzung von CO_2 und Methan aus Sumpfgas

Wohnhaus bei Erdgasexplosion zerstört

Biogas – Wenn Energie vom Bauern kommt

SCHLAGWETTEREXPLOSION DURCH GRUBENGAS

AUS FAULGAS ENERGIE GEWINNEN

1 Ein Gas sorgt immer wieder für Schlagzeilen.

Ein Gas ist allgegenwärtig
Faulgas, Grubengas, Sumpfgas, Biogas, Erdgas – die vielen Namen deuten auf die unterschiedliche Herkunft der Gase hin. Es sind alles Gasgemische, die zum größten Teil aus **Methan** bestehen.

Die Entstehung von Methan
Methan ist ein farbloses und geruchloses Gas. Es entsteht unter anderem, wenn organische Stoffe wie Pflanzen- oder Tierreste unter Luftabschluss zersetzt werden. Das geschieht beispielsweise beim Kompostieren, im Klärschlamm oder auf einer Mülldeponie. Auch im Darm des Menschen entsteht bei der Verdauung Methan.

Verwendung von Methan
Methan ist ein wichtiger Brennstoff. Als Hauptbestandteil des Erdgases betreibt es Gasherde und Heizungen. Es wird in Kraftwerken zur Erzeugung elektrischer Energie genutzt. Erdgas kann in Autos das Benzin ersetzen. In der Landwirtschaft anfallendes Biogas dient ebenfalls als Energieträger in Kraftwerken.

Methan als Treibhausgas
Immer mehr gerät Methan als Treibhausgas in den Blickpunkt. Aus sumpfigen Reisfeldern, auftauenden Dauerfrostböden und aus den Mägen der Rinder, Ziegen und anderer Wiederkäuer gelangt immer mehr Methan in die Atmosphäre.
Zusammen mit anderen Gasen wie dem Kohlenstoffdioxid sorgt es für den Treibhauseffekt in der Atmosphäre. Diese Gase verhindern, dass die von der Erdoberfläche abgestrahlte Wärme ungehindert in den Weltraum gelangen kann. Methan hat dabei die größte Wirkung. Nimmt der Anteil der Treibhausgase in der Atmosphäre zu, verstärkt sich der Treibhauseffekt. Ein Klimawandel durch die fortschreitende Erwärmung der Erde ist die Folge.

■ Methan ist Bestandteil vieler Gasgemische, die als Energieträger genutzt werden.
Als hochwirksames Treibhausgas ist es eine Ursache für den Klimawandel.

2 Reisfelder sind Methanquellen.

Methan – der einfachste Kohlenwasserstoff

1. Demonstrationsversuch: Ein umgekehrter Trichter wird wie in Bild 1 mit einem gekühlten U-Rohr und einer mit Kalkwasser gefüllten Gaswaschflasche verbunden. Ein Gasbrenner mit kleiner, blauer Flamme wird unter den Trichter gestellt. Eine Wasserstrahlpumpe saugt die Abgase durch die Apparatur.

2. a) Notiere, was du bei Versuch 1 im U-Rohr und in der Waschflasche erkennen kannst.
b) Versetze einen Tropfen der im U-Rohr gesammelten Flüssigkeit mit weißem Kupfersulfat. Notiere deine Beobachtungen.
c) Fasse zusammen, welche Stoffe du nachgewiesen hast.
d) Überlege, aus welchen Elementen Methan besteht.

3. Baue mit einem Molekülbausatz das Strukturmodell des Moleküls mit der Summenformel CH_4.

4. Nenne den Unterschied zwischen einer Strukturformel und einer Summenformel.

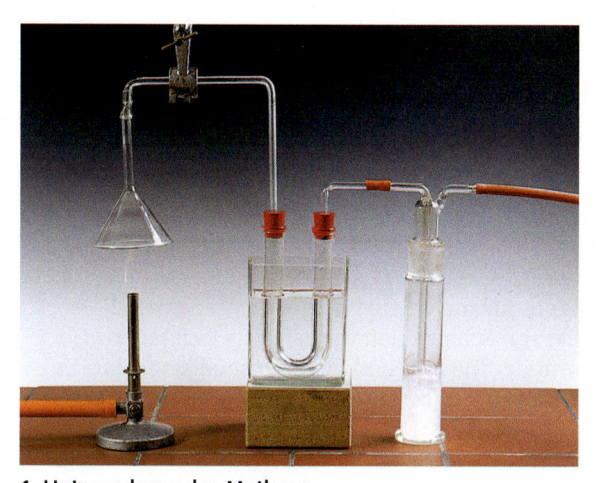

1 Untersuchung des Methans

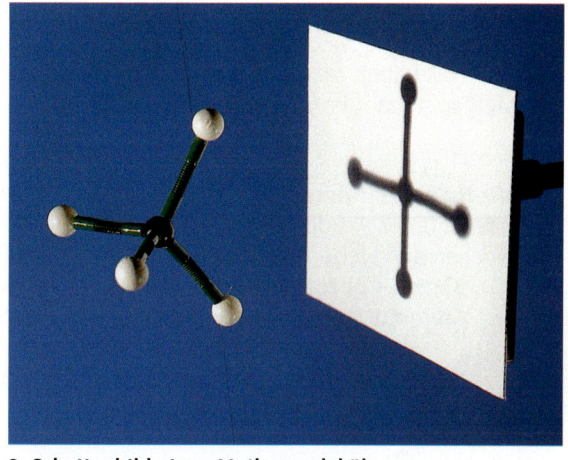

2 Schattenbild eines Methanmoleküls

Woraus besteht Methan?

Bei der Verbrennung von Methan entstehen Wasserdampf (H_2O) und Kohlenstoffdioxid (CO_2). Der zur Verbrennung notwendige Sauerstoff kommt aus der Luft. Wasserstoff und Kohlenstoff kommen aus dem Methan. Methan besteht also aus den Elementen Kohlenstoff und Wasserstoff, es ist ein **Kohlenwasserstoff**. Methan ist wie fast alle Kohlenstoffverbindungen ein **organischer Stoff**.

Summenformel von Methan

Um die Reaktionsgleichung der Methanverbrennung aufzustellen, musst du die Formel des Methanmoleküls kennen. Es besteht aus einem Kohlenstoffatom und vier Wasserstoffatomen. Das lässt sich kurz in der **Summenformel** angeben. Für Methan lautet sie CH_4. Die Summenformel gibt an, aus welchen und aus wie vielen Atomen ein Molekül besteht. Die Reaktionsgleichung für die Methanverbrennung lautet:

$$CH_4 + 2\ O_2 \rightarrow CO_2 + 2\ H_2O$$

Strukturmodell des Methanmoleküls

Im Methanmolekül nimmt das Kohlenstoffatom die zentrale Stelle ein. Um dieses Atom sind die vier Wasserstoffatome im gleichen Abstand voneinander angeordnet. Sie sind durch Elektronenpaarbindungen miteinander verbunden. Die Wasserstoff-Atome bilden die Eckpunkte eines Tetraeders. Durch die symmetrische Form ist das Methanmolekül nach außen hin unpolar. Diese räumliche Anordnung wird durch ein Molekülmodell anschaulich (Bild 2).

Strukturformel von Methan

Eine Vereinfachung des Strukturmodells ergibt sich, wenn du dieses Molekülmodell im Schattenbild betrachtest. Das Schattenbild zeigt ein Kreuz und entspricht der Strukturformel des Methanmoleküls (Bild 3).

```
    H
    |
H – C – H
    |
    H
```

3 Strukturformel des Methans

■ Ein Methanmolekül besteht aus einem Kohlenstoffatom und vier Wasserstoffatomen.

Stoffe als Energieträger → S. 356/357

Die Reihe der Alkane

📖 **1.** Zähle auf, was an der Tankstelle in Bild 1 angeboten wird. Welche Gemeinsamkeiten haben die Stoffe?

📖 **2.** Was haben die Bilder 2 bis 4 gemeinsam?

📖 **3. a)** Wie viele Wasserstoffatome enthält das Alkanmolekül aus 15 Kohlenstoffatomen?
b) Erstelle Summen- und Strukturformeln von Alkanen mit 9 und 16 Kohlenstoffatomen.

📖 **4.** Was haben die Namen der Alkane wie Methan, Ethan, Propan gemeinsam?

Die Vielfalt der Alkane
Im Brennstoff der Petroleumlampe, im Gas zum Kochen und Heizen, in Salben oder in Kerzen – überall spielen bestimmte Kohlenwasserstoffe eine Rolle. Sie werden **Alkane** genannt und sind Bestandteile von Erdgas und Erdöl. Alkane sind brennbar, verhalten sich aber gegenüber vielen Chemikalien sehr reaktionsträge. Selbst mit konzentrierten Säuren und Laugen reagieren sie nicht.

Gasförmige Alkane
Methan, Ethan, Propan und Butan sind **gasförmige Alkane.** Hauptsächlich werden sie verbrannt, um Wärme zum Heizen und Kochen oder zur Erzeugung von Energie anderer Formen zu erhalten. Sie dienen in Campinglampen oder Gaslaternen auch zur Beleuchtung.

2 Gaslaterne **3** Kerze

1 Eine moderne Tankstelle

Flüssige Alkane
Von großer Bedeutung als Energieträger sind auch die **flüssigen Alkane,** wie sie in Benzin vorkommen. Es sind zum Beispiel Pentan, Hexan oder Octan. Viele verdampfen leicht und bilden mit Luft explosive Gasgemische. Sie haben eine niedrige Entzündungstemperatur und sind deshalb sehr feuergefährlich. Sie sind leichter als Wasser und schwimmen auf der Wasseroberfläche. In flüssigen Alkanen lösen sich Fette und Öle sehr gut. Mit Wasser sind Alkane nicht mischbar.

Dickflüssige Alkane werden in großen Mengen als Bestandteile von Schmierölen verwendet. Hochgereinigt werden sie in der Medizin und in der Kosmetikindustrie als Weißöle in Salben eingesetzt.

4 Petroleumlampe

Feste Alkane
Zur Herstellung beispielsweise von Kerzen, Autowachsen oder Linoleum werden **feste Alkane** verwendet. Sie werden auch **Paraffine** genannt.

Molekülstruktur und Aggregatzustand
Die Anzahl der Kohlenstoffatome in den Alkanmolekülen bestimmt den Aggregatzustand des Alkans. Alkane, deren Moleküle bis zu 4 Kohlenstoffatome enthalten, sind dann gasförmig. Alkane, deren Moleküle 5 bis 16 Kohlenstoffatome enthalten, sind bei Raumtemperatur flüssig. Alkane, deren Molekülketten aus 17 und mehr Kohlenstoffatomen bestehen, sind bei Raumtemperatur fest (Bild 5).

Homologe Reihe der Alkane
Kohlenstoffatome können lange Ketten bilden. So wird aus dem Methanmolekül durch Anfügen eines Kohlenstoffatoms und zweier Wasserstoffatome das Ethanmolekül (C_2H_6). Mit einer dritten CH_2-Gruppe ergibt sich das Propanmolekül.

$$\begin{array}{ccc}
\text{H} & \text{H H} & \text{H H H} \\
| & | \;\; | & | \;\; | \;\; | \\
\text{H} - \text{C} - \text{H} & \text{H} - \text{C} - \text{C} - \text{H} & \text{H} - \text{C} - \text{C} - \text{C} - \text{H} \\
| & | \;\; | & | \;\; | \;\; | \\
\text{H} & \text{H H} & \text{H H H} \\
\text{Methan} & \text{Ethan} & \text{Propan}
\end{array}$$

Durch Einfügen weiterer CH$_2$-Gruppen ergibt sich eine Reihe von immer längeren Kohlenwasserstoffmolekülen. Sie wird als **homologe Reihe** bezeichnet.
Aus der Anzahl der Kohlenstoffatome in einem Alkanmolekül kannst du auch die Anzahl der zugehörigen Wasserstoffatome ermitteln.

■ Alkane gehören zu den Kohlenwasserstoffen. Sie sind sehr reaktionsträge. Die Anzahl der Kohlenstoffatome im Molekül bestimmt auch den Aggregatzustand.

Die Summenformel
Enthält ein Alkanmolekül 3 Kohlenstoffatome, so beträgt die Anzahl der Wasserstoffatome 2 · 3 + 2 = 8. Das ist das Propanmolekül. Aus diesem Beispiel lässt sich die allgemeine Summenformel der Alkane erstellen:

$$C_nH_{2n+2}$$

n steht für die Anzahl der C-Atome.

Beispiele: Ethan   n = 2 C_2H_6
            Pentan n = 5 C_5H_{12}

Name/Summenformel	Schmelz-temp.	Siede-temp.	Aggregatzustand bei 20 °C	Verwendung	Strukturformel
Methan CH_4	–182 °C	–162 °C	gasförmig	Heizgas, Brennstoff für Gasmotoren	
Ethan C_2H_6	–183 °C	–89 °C	gasförmig	Gewinnung von Essigsäure und Ethen	
Propan C_3H_8	–188 °C	–42 °C	gasförmig	Heizgas, Treibgas in Sprays, Kältemittel in der Industrie	
Butan C_4H_{10}	–138 °C	–1 °C	gasförmig	Campinggas, Treibgas in Spraydosen	
Pentan C_5H_{12}	–130 °C	36 °C	flüssig	Lösungsmittel, Benzin	
Hexan C_6H_{14}	–95 °C	69 °C	flüssig	Benzin, Lösungsmittel, Extraktionsmittel	
Heptan C_7H_{16}	–90 °C	98 °C	flüssig	Benzin, Lösungsmittel für Lacke und Klebstoffe	
Octan C_8H_{18}	–57 °C	126 °C	flüssig	Bestandteil des Benzins	
Heptadecan $C_{17}H_{36}$	22 °C	302 °C	fest	Verwendung in der Gaschromatografie	

5 Ein Ausschnitt aus der homologen Reihe der Alkane

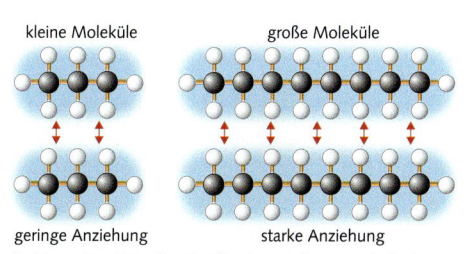

kleine Moleküle — geringe Anziehung
große Moleküle — starke Anziehung

6 Van-der-Waals-Kräfte bei Alkanmolekülen

Van-der-Waals-Kräfte
Mit zunehmender Molekülgröße ändern sich die Siede- und Schmelztemperaturen und auch andere Eigenschaften der Alkane. So ist Benzin, das aus kleinen Alkanmolekülen besteht, dünnflüssig. Schmieröl aus großen Molekülen ist dagegen zähflüssig.
Das alles liegt an Anziehungskräften zwischen den Molekülen, den **van-der-Waals-Kräften.** Je größer die Moleküle sind, desto größer sind auch diese Anziehungskräfte.

Alkene – Kohlenwasserstoffe mit einer Doppelbindung

1. Leite Ethen in eine schwach alkalische, verdünnte Kaliumpermanganat-Lösung ein. Wie verändert sich das Aussehen der Lösung?

2. a) Demonstrationsversuch: Unter dem Abzug wird ein Reagenzglas mit etwas Hexen gefüllt. Dann wird langsam die gleiche Menge Bromwasser dazugegeben. Das Reagenzglas wird mit einem Stopfen verschlossen und geschüttelt.
b) Notiere deine Beobachtungen.

3. Warum haben Alkene in der chemischen Industrie eine große Bedeutung?

Reaktionsfreudige Moleküle
Neben den reaktionsträgen Alkanen gibt es auch Kohlenwasserstoffe, die reaktionsfreudiger sind. Es sind die **Alkene**. Der Unterschied der Alkene zu den Alkanen liegt in einer Doppelbindung zwischen zwei Kohlenstoffatomen. Dadurch sind sie sehr reaktionsfreudig, denn an der Doppelbindungen können sie leicht mit anderen Atomen reagieren. Diese Eigenschaft macht die Alkene interessant für die Chemie. Ihre Namen sind von denen der entsprechenden Alkane abgeleitet: Statt der Endung -an haben sie die Endung -en. Wie die Alkane sind auch die Alkene Bestandteile von Erdgas und Erdöl.
Alkene sind **ungesättigte Kohlenwasserstoffe.** Sie enthalten weniger Wasserstoffatome als die entsprechenden Alkane. Diese sind mit Wasserstoffatomen maximal besetzt, also **gesättigt**.

> ### Gesättigt oder ungesättigt?
> Als **gesättigt** werden Moleküle bezeichnet, die keine weiteren Atome binden können.
> **Ungesättigte** Moleküle können an ihrer Doppelbindung mit weiteren Atomen reagieren, sodass neue Moleküle entstehen.

Verwendung der Alkene
Die Reaktionsfreudigkeit der Alkene wird zum Beispiel bei der Herstellung von Kunststoffen genutzt. Kunststoffe bestehen aus sehr langen Molekülketten, die aus kleinen Molekülbausteinen aufgebaut sind. Ethen dient zur Herstellung des Kunststoffes Polyethen. Aus Propen wird Polypropen hergestellt. Ethen und Propen sind auch Ausgangsstoffe für eine Vielzahl weiterer Produkte der chemischen Industrie.

Eigenschaften der Alkene
Wie bei den Alkanen hängt der Aggregatzustand der Alkene von der Länge der Molekülketten ab. Die Reaktion von Hexen mit Bromwasser zeigt die Reaktionsfreudigkeit der Alkene. Beim Mischen beider Stoffe verschwindet die rotbraune Farbe des Broms sofort. Diese Entfärbungsreaktion wird als Nachweisreaktion für Alkene benutzt (Bild 3). Die in den Alkenen vorhandene C=C-Doppelbindung wird von den Brommolekülen leicht aufgebrochen. Jedes Kohlenstoffatom verbindet sich mit einem Bromatom.

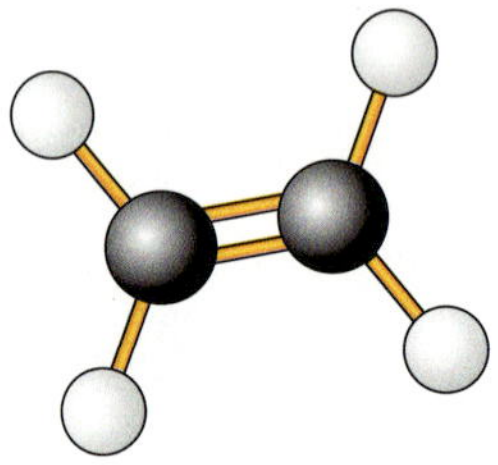

1 Ethenmolekül C_2H_4

In der Natur spielt Ethen beim Reifwerden von Früchten eine Rolle. Grün geerntete Bananen werden mit Ethen gezielt zum Ausreifen gebracht. Die längerkettigen, flüssigen und festen Alkene werden vor allem als Ausgangsstoffe zur Herstellung von Alkoholen, organischen Säuren und Waschmittelrohstoffen eingesetzt.

$$\begin{array}{c}H\\ \diagdown\\ C\\ \diagup\\ H\end{array}=\begin{array}{c}H\\ \diagup\\ C\\ \diagdown\\ H\end{array} + Br-Br \rightarrow \begin{array}{c}H\ \ H\\ |\ \ \ |\\ H-C-C-H\\ |\ \ \ |\\ Br\ Br\end{array}$$

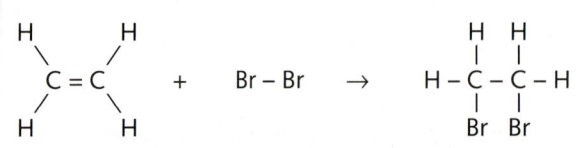

2 An Doppelbindungen lagern sich andere Atome an.

■ Ungesättigte Kohlenwasserstoffe mit einer Doppelbindung heißen Alkene. Sie sind wichtige Grundstoffe der Chemie.

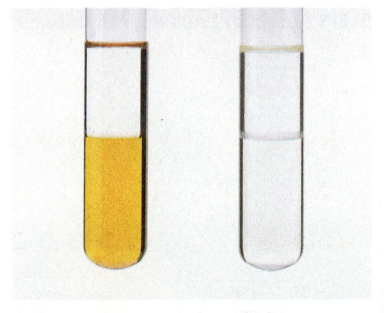

3 Bromwasser wird entfärbt.

Stoffe als Energieträger

Das Cracken – Teilen langer Molekülketten

1. a) Demonstrationsversuch: In ein schwer schmelzbares Reagenzglas wird Glaswolle gegeben (Bild 2). Sie wird mit 4 ml Paraffinöl getränkt. An-schließend wird das Reagenzglas zu drei Vierteln mit Perlkatalysator aufgefüllt. Während des gesamten Versuchs wird der Katalysator mit der blauen Brennerflamme erhitzt. Zwischendurch wird mit kleiner Flamme das Paraffinöl erwärmt. Die entstehenden Dämpfe werden über den heißen Katalysator geleitet. Sie können nach einiger Zeit an der Spitze des Glasrohres entzündet werden.
b) Notiere deine Beobachtungen.
c) Vergleiche Brennbarkeit, Aussehen, Geruch und Zähigkeit von Paraffinöl und der Flüssigkeit im U-Rohr.
d) Welche Stoffe sind entstanden?

2. Warum werden zähflüssige Bestandteile des Erdöls gecrackt?

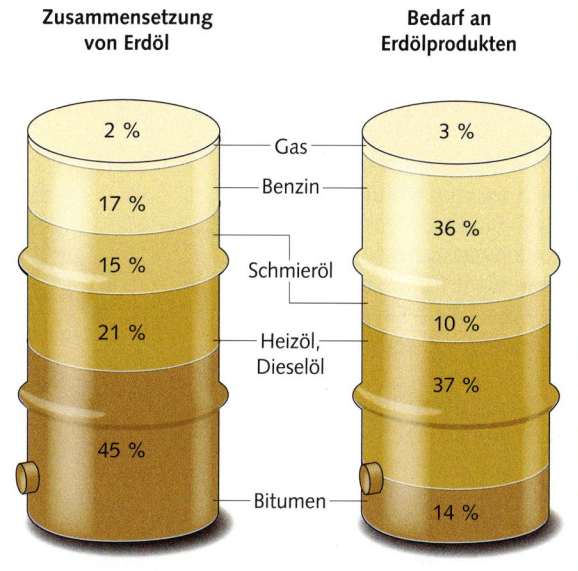

Zusammensetzung von Erdöl
- 2 % Gas
- 17 % Benzin
- 15 % Schmieröl
- 21 % Heizöl, Dieselöl
- 45 %
- Bitumen

Bedarf an Erdölprodukten
- 3 %
- 36 %
- 10 %
- 37 %
- 14 %

1 Erdöl enthält zu wenig Benzin.

Zu wenig Benzin im Erdöl

Erdöl besteht aus vielen unterschiedlichen, gasförmigen bis zähflüssigen Kohlenwasserstoffen. Nur 20 % des heutigen Benzinbedarfs lassen sich direkt aus dem Erdöl gewinnen. Bei der Erdöldestillation fallen nämlich weit mehr zähflüssige Kohlenwasserstoffe an als tatsächlich gebraucht werden (Bild 1). Sie müssen deshalb durch besondere Verfahren in dünnflüssigere Fraktionen umgewandelt werden.

Mehr Benzin durch Cracken

In der Industrie wurde dazu das katalytische **Cracken** (engl.: to crack – zerbrechen) entwickelt. Dabei werden zähflüssige Kohlenwasserstoffe, die aus langkettigen Molekülen bestehen, bis zum Sieden erhitzt. Die Dämpfe werden über einen Katalysator geleitet. An der Oberfläche des Katalysators zerbrechen die Kohlenwasserstoff-Moleküle. Dabei entstehen kurzkettige Moleküle. Sie bilden Kohlenwasserstoffgemische wie Benzin oder Dieselöl. Es entstehen dabei auch ungesättigte Kohlenwasserstoffe (Bild 3).
Durch die Umwandlung von zähflüssigen in dünnflüssigere Erdölfraktionen lässt sich der Bedarf an diesen Bestandteilen decken.

■ Erdölbestandteile aus langkettigen Molekülen werden durch Cracken in Stoffe aus kürzeren Molekülketten aufgespalten.

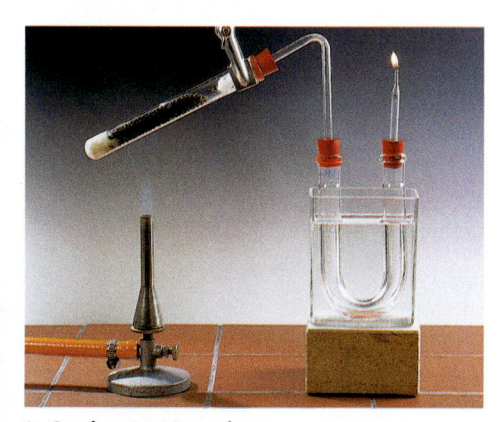

Decan $C_{10}H_{22}$

↓ Cracken

Hexan C_6H_{14} + Buten C_4H_8

2 Cracken im Versuch

3 Beispiel einer Crack-Reaktion

Alkine – sehr reaktiv durch Dreifachbindung

Reaktionsfähige Alkine
Die Vielfalt der Kohlenwasserstoffe wird noch durch die Möglichkeit der Dreifachbindung zwischen zwei Kohlenstoffatomen erweitert. Eine C≡C-Bindung ist noch reaktionsfreudiger als eine C=C-Bindung. Das macht diese Kohlenwasserstoffe besonders interessant für die chemische Industrie. An die Dreifachbindung können leicht andere Atome angefügt werden.
Kohlenwasserstoffe, deren Moleküle eine Dreifachbindung aufweisen, heißen **Alkine.** Ihre allgemeine Summenformel ist C_nH_{2n-2}.

Das einfachste Alkin
Im einfachsten Fall sind zwei Kohlenstoffatome über eine Dreifachbindung miteinander verbunden. So ist jedes Kohlenstoffatom nur noch an ein Wasserstoffatom gebunden. Diese Verbindung heißt **Ethin.**

Ethin ist eine ungesättigte Kohlenwasserstoffverbindung mit der Summenformel C_2H_2. Die Strukturformel ist H–C≡C–H.

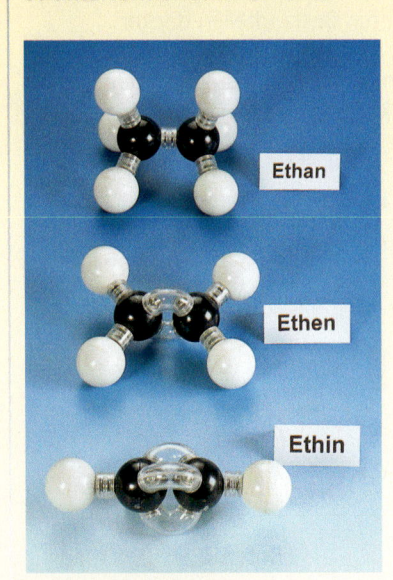

2 Eine alte Carbidlampe

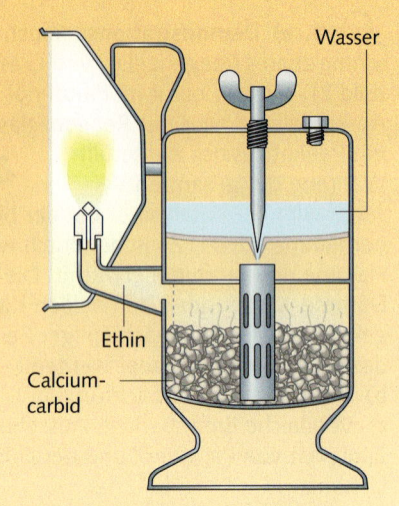

3 Das Innere einer Carbidlampe

Verwendung von Ethin
Bereits vor mehr als 150 Jahren gelang es dem Chemiker Friedrich Wöhler (1800 – 1882), Ethin aus Calciumcarbid und Wasser herzustellen. Es entsteht ein farbloses Gas, das mit rußender Flamme verbrennt. In speziellen Carbidlampen wurde Ethin für Beleuchtungszwecke hergestellt (Bild 2). Durch eine besondere Brennerform verbrannte das Gas nun mit gleißend heller Flamme.
Vor allem in Bergwerken verwendeten die Bergleute Carbidlampen, um mit ihrem hellen Licht die dunklen Stollen ausreichend zu beleuchten. Die ersten Autos und Fahrräder hatten als Scheinwerfer ebenfalls Carbidlampen.

Reines Ethin wird in der Technik auch Acetylen genannt. Ethin-Luftgemische sind sehr explosiv. Mit Sauerstoff verbrennt Ethin mit sehr heißer Flamme. Dabei werden Temperaturen bis zu 3000 °C erreicht. Ethin wird deshalb zum Schweißen und Schneidbrennen von Eisen und Stahl verwendet.

Vorkommen in der Natur
Alkine kommen in der Natur beispielsweise als Gifte zur Selbstverteidigung vor. So findet sich in der Haut der südamerikanischen Baumsteigerfrösche ein stark giftiges Alkin, das von den Regenwald-Bewohnern als Pfeilgift verwendet wird (Bild 4). Einige Bakterien sondern Alkine als Antibiotika ab. Da sie auch gegen Tumorzellen wirken, besteht die Hoffnung, aus ihnen Heilmittel gegen Krebs herstellen zu können.

1. Beschreibe die Funktionsweise einer Carbidlampe.

1 Kugelstabmodelle (Ethan, Ethen, Ethin)

4 Baumsteigerfrosch

Stoffe als Energieträger

Vielfalt durch Verzweigung

1. a) Zeichne drei Isomere des Hexanmoleküls.
b) Wie viele weitere Isomere des Hexans gibt es?

2. Warum gibt es keine Isomere von Propan?

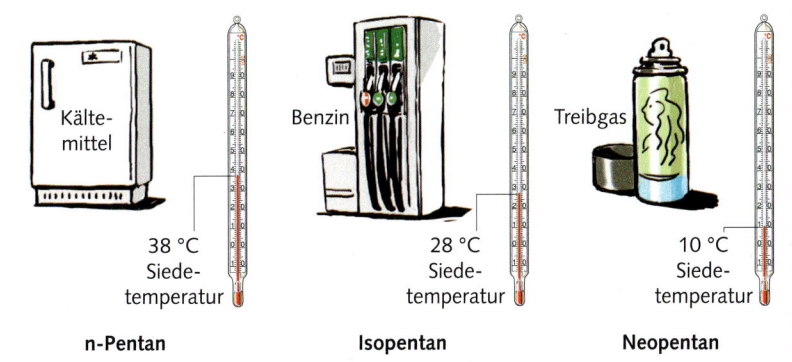

Kältemittel — 38 °C Siedetemperatur — n-Pentan

Benzin — 28 °C Siedetemperatur — Isopentan

Treibgas — 10 °C Siedetemperatur — Neopentan

1 Die Pentan-Varianten werden unterschiedlich verwendet.

Ein Molekül – viele Varianten

Pentan ist kein Reinstoff. Es besteht nicht aus einer einzigen Sorte von Molekülen, sondern aus einem Gemisch von drei unterschiedlich gebauten Pentanmolekülen. Im normalen Pentan oder n-Pentan sind die Kohlenstoffatome in einer Kette angeordnet. Bei den anderen Pentanmolekülen sind die Ketten verzweigt.

Alle drei möglichen Pentan-Moleküle haben die gleiche Summenformel C_5H_{12}, doch sie bilden unterschiedlich benannte Stoffe mit unterschiedlichen Eigenschaften. In Bild 1 siehst du, dass diese verschiedenen Pentane aufgrund ihrer unterschiedlichen Siedetemperaturen auch unterschiedlich verwendet werden.

Isomerie

Stoffe wie die drei Pentane, die die gleiche Summenformel, aber unterschiedliche Strukturformeln haben, werden **Isomere** genannt. Alkane mit einer unverzweigten Kohlenstoffkette heißen **n-Alkane**. Alkane mit verzweigter Kette heißen **Isoalkane**.

Die Zahl der möglichen Isomere einer Kohlenwasserstoffverbindung nimmt mit der Anzahl der Kohlenstoffatome zu. Vom Butan gibt es zwei, vom Heptan neun und vom Decan 75 Isomere.

Verzweigung hilft gegen Klopfen

Am Beispiel des Octans lässt sich die Bedeutung von Verzweigungen zeigen. Octan ist ebenso wie Heptan ein Bestandteil des Benzins. Die unverzweigten Varianten haben die ungünstige Eigenschaft, im Motor zu früh zu verbrennen. Die Folge sind Klopfgeräusche und Schäden am Motor. Die verzweigten Kohlenwasserstoffe verbrennen dagegen verzögert, weil die Verzweigungen erst aufgebrochen werden müssen, bevor die Kohlenwasserstoffverbindungen mit Sauerstoff reagieren können.

■ Kohlenwasserstoffe mit gleicher Summenformel, aber unterschiedlichen Strukturformeln heißen Isomere.

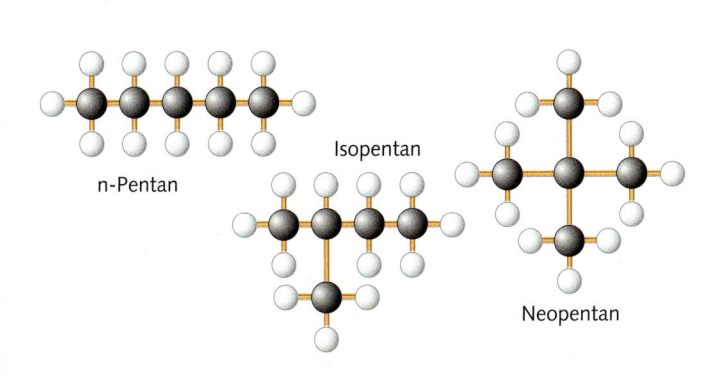

Ringförmige Alkane

Alkane können nicht nur Ketten bilden sondern auch Ringe. Wenn das erste und das letzte Kohlenstoffatom des Hexans miteinander eine Bindung eingehen, entsteht **Cyclohexan**. Es hat 2 Wasserstoffatome weniger, also die Summenformel C_6H_{12}.

n-Pentan — Isopentan — Neopentan

2 Die drei Isomere des Pentans

Den verzweigten Alkanen Namen geben

1. a) Baue mit einem Molekülbaukasten unterschiedlich verzweigte Butan-Moleküle. Wie viele verschiedene Möglichkeiten gibt es?
b) Zeichne sie auf.

2. a) Baue mit einem Molekülbaukasten unterschiedlich verzweigte Alkane mit 6 C-Atomen. Wie viele verschiedene Möglichkeiten gibt es?
b) Zeichne sie auf.

3. Schreibe die Strukturformeln für folgende Alkane
a) 3-Methylheptan,
b) 4-Ethyl-2,4-dimethyloctan.

Vielfalt benennen

Von Butan gibt es neben dem unverzweigten Butan-Molekül, dem n-Butan, noch ein Molekül mit einer weiteren Verzweigungsmöglichkeit. Das heißt Iso-Butan. Bei längeren Molekülketten gibt es weitere Möglichkeiten der Verzweigung. Um die verschiedenen Alkane eindeutig zu benennen, gibt es Regeln. Ein verzweigtes Alkan besteht aus einer Hauptkette und den Seitenketten. Die längste Kette ist die Hauptkette und entscheidet über den **Stammnamen.** Die Seitenketten werden **Alkyl-Gruppen** genannt.

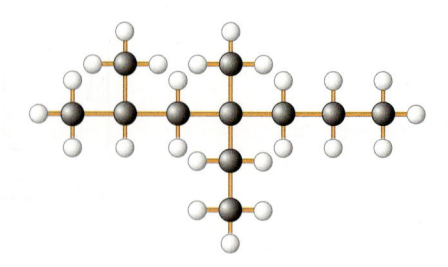

Regeln für die Benennung

1. Zähle die längste Kette durch. Im Beispiel hat die Hauptkette 7 C-Atome. Der Stammname ist –heptan.
2. Nummeriere die C-Atome der Hauptkette so durch, dass an den Verzweigungen möglichst kleine Zahlen stehen. Im Beispiel stehen so an den Verzweigungen die Zahlen 2 und 4.
3. Bestimme die Namen der Seitenketten. Am C-Atom 2 gibt es eine Methylgruppe (-CH$_3$): 2-Methyl. Am C-Atom 4 gibt es eine Methyl- und eine Ethyl-Gruppe: 4-Methyl, 4-Ethyl.
4. Fasse gleiche Gruppen zusammen, indem du ihrem Namen ein Zahlwort voranstellst. Im Beispiel gibt es am 2. und 4. C-Atom je eine, also insgesamt zwei Methylgruppen: 2,4-Dimethyl-.
5. Setze den Namen zusammen. Zähle zuerst die Seitenketten alphabetisch geordnet auf, also Ethyl vor Methyl. Schließe daran den Stammnamen an.

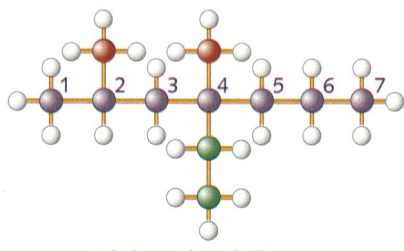

4-Ethyl-2,4-dimethylheptan

Stammname
4 C-Atome: -butan	7 C-Atome: -heptan
5 C-Atome: -pentan	8 C-Atome: -octan
6 C-Atome: -hexan	9 C-Atome: -nonan

Seitenketten
1 C-Atom: Methyl-	3 C-Atome: Propyl-
2 C-Atome: Ethyl-	4 C-Atome: Butyl-

Zahlworte für mehrere gleiche Gruppen
2: Di-   3: Tri-   4: Tetra-   5: Penta-

Octanzahl

Ein Maß für die Klopffestigkeit des Benzins ist die **Octanzahl** (OZ). Sie ist abhängig von der Verzweigung der Alkanmoleküle im Benzin. Besonders wenig klopffest ist das n-Heptan. Ihm wurde die Octanzahl 0 zugeordnet. Sehr klopffest ist das Octan-Isomer 2,2,4-Trimethylpentan. Ihm wurde die Octanzahl 100 zugeordnet. Benzin ist eine Mischung aus vielen unterschiedlichen Alkanen. Darin muss der Anteil klopffester Alkansorten möglichst hoch sein. Normalbenzin hat die Octanzahl 92, Superbenzin hat eine Octanzahl zwischen 95 und 98.

Stoff	Summenformel	Octanzahl
n-Heptan	C_7H_{16}	0
n-Octan	C_8H_{18}	17
3-Methylheptan	C_8H_{18}	35
2,5-Dimethylhexan	C_8H_{18}	56
3-Ethyl-3-methylpentan	C_8H_{18}	89
2,2,4-Trimethylpentan	C_8H_{18}	100
2,3-Dimethylbutan	C_6H_{14}	102

3 Octanzahlen verschiedener Oktan-Isomere

Verbrennung von Alkanen

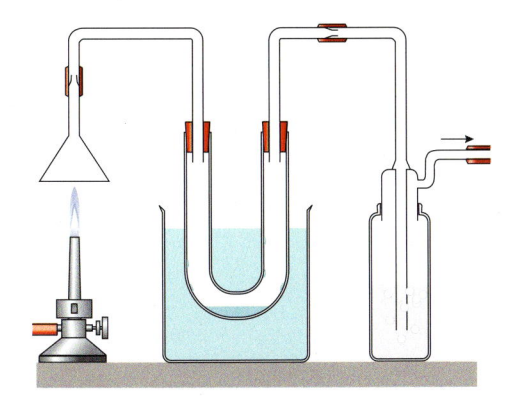

1 Die Abgase werden untersucht.

🔍 **1. a)** Leite mithilfe einer Wasserstrahlpumpe die Verbrennungsgase einer kleingestellten Gasbrennerflamme durch ein gekühltes U-Rohr und anschließend durch eine Waschflasche mit Kalkwasser.
b) Beobachte und beschreibe den Versuch.
c) Prüfe die Flüssigkeit im U-Rohr mit wasserfreiem Kupfersulfat. Worum handelt es sich?
d) Welches Verbrennungsprodukt wird in der Waschflasche nachgewiesen?

📖 **2.** Formuliere die Wort- und die Symbolgleichung für die Verbrennung von Methan, Butan und Hexan.

📖 **3.** Vergleiche Methan mit flüssigen Alkanen wie Heptan in Bezug auf
a) den Anteil des CO_2 an den Verbrennungsprodukten,
b) die freigesetzte Energie.

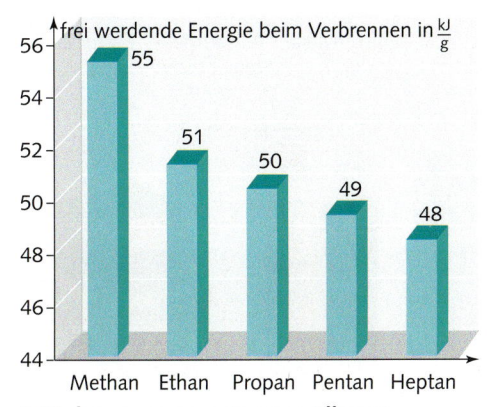

2 Verbrennungsenergien von Alkanen
(Methan 55, Ethan 51, Propan 50, Pentan 49, Heptan 48 kJ/g)

Alkane verbrennen

Alkane sind wichtige Rohstoffe für viele Produkte. Die meisten Alkane werden jedoch verbrannt – ob als Erdgas in der Heizung oder als Gemisch flüssiger Alkane im Benzinmotor.

Bei der Verbrennung reagieren die Alkane mit Sauerstoff zu Kohlenstoffdioxid und Wasser. Für das einfachste Alkan, das Methan, lautet die Wortgleichung:
Methan + Sauerstoff → Kohlenstoffdioxid + Wasser

Die Symbolgleichung lautet:
CH_4 + $2\,O_2$ → CO_2 + $2\,H_2O$

Für Pentan lautet die Symbolgleichung:
C_5H_{12} + $8\,O_2$ → $5\,CO_2$ + $6\,H_2O$

Je länger das Alkanmolekül ist, desto größer wird der Anteil des Treibhausgases Kohlenstoffdioxids an den Verbrennungsprodukten.

> **Geradzahlige Alkane:**
> C_2H_6 + $7\,O$ → $2\,CO_2$ + $3\,H_2O$
> Bei Alkanen mit einer geraden Zahl an Kohlenstoffatomen wie beim Ethan ergibt sich nach der Einrichtung der Symbolgleichung, dass eine ungerade Zahl an Sauerstoffatomen nötig ist. Da Sauerstoff aus O_2-Molekülen besteht, muss die Anzahl der Atome verdoppelt werden:
> $2\,C_2H_6$ + $7\,O_2$ → $4\,CO_2$ + $6\,H_2O$

Benzin oder Dieselöl werden in den Motoren nicht in reinem Sauerstoff, sondern in Luft verbrannt. Auch kann die **Verbrennung unvollständig** sein. Als Verbrennungsprodukte können dabei weitere umweltbelastende Stoffe wie Stickoxide, Kohlenstoffmonooxid und unverbrannter Kohlenstoff (Ruß) entstehen.

Wie viel Energie wird bei der Verbrennung frei?

Die Energiemengen, die bei der Verbrennung von Alkanen freigesetzt werden, lassen sich errechnen. Die Energie, die zur Spaltung der Ausgangsstoffe nötig ist, wird mit der Energie verrechnet, die bei der Bildung der Reaktionsprodukte freigesetzt wird. Den Energieüberschuss in Form von Wärme nutzen wir als Energie im Motor oder der Heizung. Ein kurzes Alkanmolekül setzt während der Verbrennungsreaktion weniger Energie frei als ein langes. Beim Vergleich der Energie in Bezug auf die Masse in g wie in Bild 2 ist allerdings die frei werdende Energie beim Methan am größten. Je leichter das einzelne Molekül ist, umso mehr Moleküle werden benötigt, um die Masse von 1 g zu erreichen. Bezogen auf die Masse ist die Verbrennungsenergie bei Methan am größten.

Zum Verbrennen zu schade

1. Informiere dich darüber, wozu die Bestandteile des Erdöls verwendet werden. Fasse deine Ergebnisse übersichtlich zusammen.

2. Welche Kunststoffprodukte werden aus Erdöl und Erdgas hergestellt?

3. Welche Folgen hätte es für deinen Alltag, wenn keine Kunststoffe mehr hergestellt werden könnten?

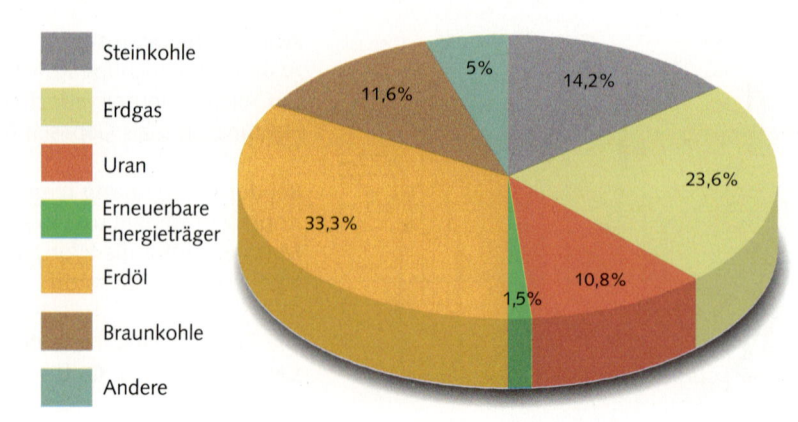

- Steinkohle
- Erdgas
- Uran
- Erneuerbare Energieträger
- Erdöl
- Braunkohle
- Andere

14,2 %
23,6 %
10,8 %
1,5 %
33,3 %
11,6 %
5 %

1 Fossile Brennstoffe sind heute die wichtigsten Energieträger.

Verwendung fossiler Brennstoffe
Kohle, Erdöl und Erdgas sind zum größten Teil Energieträger für Kraftwerke, Industrie, Haushalte und Fahrzeuge.
Nur zum geringen Teil werden sie als Grundstoff für die chemische Industrie wie zur Kunststoffherstellung genutzt.

Was weg ist, ist weg
Die Bildung fossiler Brennstoffe hat viele Millionen Jahre gedauert. Bei dem derzeitigen, hohen Bedarf ist abzusehen, dass sie in absehbarer Zeit zur Neige gehen. Auch Neufunde werden an diesem Problem grundsätzlich nichts ändern.
Da diese Stoffe als wichtige Grundstoffe für zahllose Produkte dienen, ist es eigentlich nicht zu verantworten, sie als Energieträger zu verbrennen.

Um Erdgas, Erdöl und Kohle als wertvolle Rohstoffe zu erhalten, muss ihre Verwendung als Brennstoff deutlich verringert werden.

Heizöl Diesel Benzin Kerosin

93 %
7 %

■ Fossile Brennstoffe sind nicht nur wichtige Energieträger, sondern auch unentbehrliche Rohstoffe.

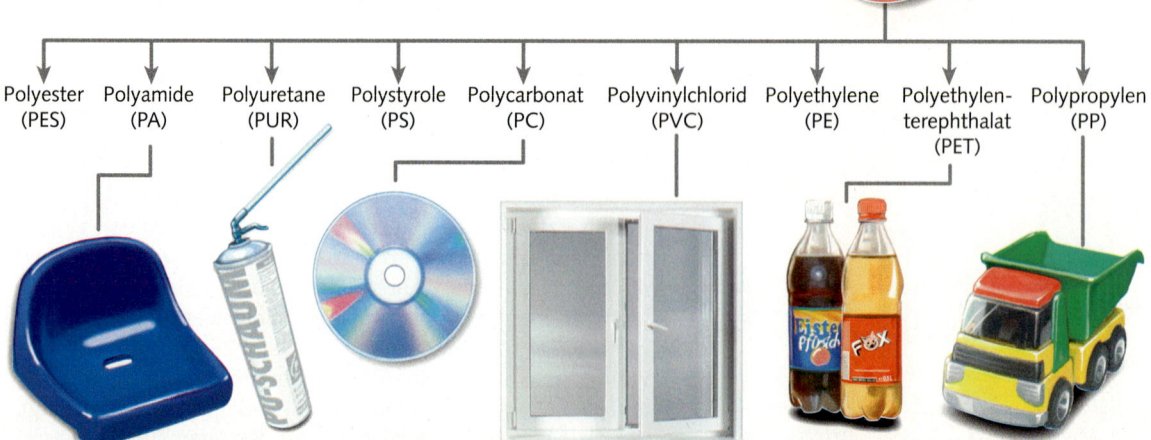

Polyester (PES) | Polyamide (PA) | Polyuretane (PUR) | Polystyrole (PS) | Polycarbonat (PC) | Polyvinylchlorid (PVC) | Polyethylene (PE) | Polyethylenterephthalat (PET) | Polypropylen (PP)

2 Aus Erdölbestandteilen wird eine Vielzahl an Produkten hergestellt.

Stoffe als Energieträger

Brennstoffe, die nachwachsen

1. Führt in der Klasse eine Diskussion über Vor- und Nachteile nachwachsender Brennstoffe. Bildet dazu zwei Gruppen, die die jeweiligen Argumente recherchieren und vertreten.

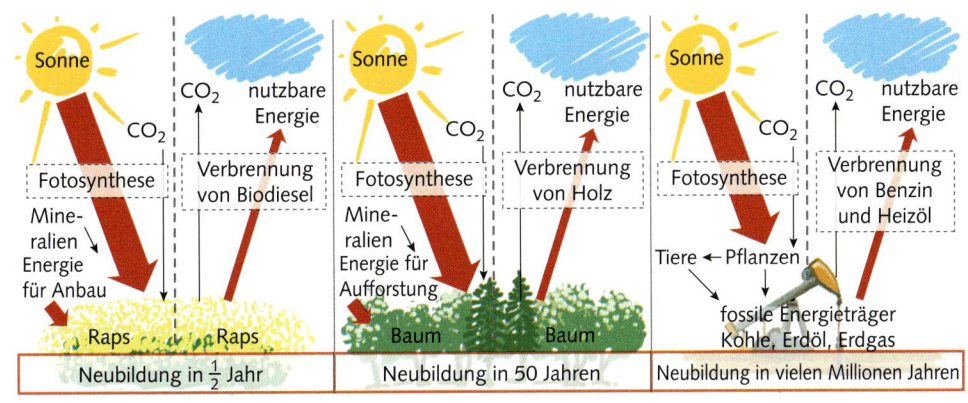

1 Vergleich der Energieträger

- Neubildung in ½ Jahr (Raps)
- Neubildung in 50 Jahren (Baum)
- Neubildung in vielen Millionen Jahren (fossile Energieträger Kohle, Erdöl, Erdgas)

Holz

Seitdem der Mensch das Feuer nutzt, dient ihm Holz als nachwachsender Brennstoff. Heute sind Kaminöfen in der Wohnung wieder sehr beliebt. Moderne Heizungen nutzen Holzpellets als Brennmaterial.

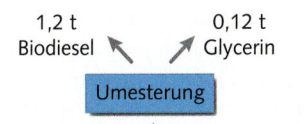

Biodiesel, Bioethanol und Biogas

Aus ölhaltigen Pflanzensamen wie Rapssamen lässt sich Biodiesel gewinnen (Bild 2). Sogar altes Frittierfett kann dazu aufbereitet werden.
Bioethanol wird aus Kartoffeln, Zuckerrüben, Zuckerrohr oder Getreidestroh gewonnen. Es kann dem Benzin beigemengt werden. Aus Mist, Gülle, Müll oder Klärschlamm wird Biogas erzeugt.

Ein Vergleich

Für den Anbau nachwachsender Brennstoffe wie Holz und Raps ist neben der Energie der Sonne auch Energie für das Betreiben der Maschinen nötig. Hier werden meist fossile Energieträger benutzt.
Während Raps innerhalb eines Jahres wieder wächst, dauert die Neubildung von Holz Jahrzehnte.
Für die Entstehung von Erdgas, Erdöl und Kohle lieferte allein die Sonne die Energie. Die Bildung fossiler Brennstoffe dauerte allerdings viele Millionen Jahre.
Beim Vergleich nachwachsender und fossiler Brennstoffe ist also der Zeitfaktor zu beachten (Bild 1).

2 Biodiesel-Gewinnung

- 1 ha Rapsfeld
- 3 t Rapskorn
- Ölmühle → Rapsschrot
- 1,2 t Rapsöl
- Methanol + Katalysator
- Umesterung
- 1,2 t Biodiesel
- 0,12 t Glycerin

Die Kehrseite des Biosprit-Booms

Die Ausweitung der Anbauflächen für Pflanzen, die als nachwachsende Brennstoffe dienen, hat auch Nachteile. Zum einen gehen wertvolle Anbauflächen für Nahrungsmittel verloren. Zum anderen werden Regenwälder gerodet, um neue Anbauflächen zu gewinnen.

Lernen im Team

Luftverschmutzung

Dicke Luft
Die Luft zum Atmen ist nicht so sauber, wie sie sein sollte. Abgase von Heizungen, Fabriken und Kraftwerken und von dem immer noch zunehmenden Autoverkehr verschmutzen die Luft. In diesem Projekt sollt ihr untersuchen, um welche Luftschadstoffe es sich handelt, wo in eurem Wohnort es zu besonderer Belastung kommt, welche gesetzlichen Maßnahmen dagegen ergriffen werden und was ihr selber tun könnt, um die Luft nicht weiter zu verschmutzen.

Gruppe 1: Luftschadstoffe
- Welche Schadstoffe in der Luft gibt es?
- Wo kommen sie her oder wie entstehen sie?
- Welche Wirkungen haben sie?

Kraftwerke
Industrie
Haushalte, Kleinverbraucher
Verkehr

Schwefeldioxid: 12%, 4%, 35%, 49%
Kohlenstoffmonooxid: 2%, 24%, 56%, 18%
Stickstoffoxide: 15%, 14%, 7%, 64%
Staub: 21%, 8%, 14%, 57%

Gruppe 3: Luftverschmutzung vor Ort
- Wo in eurem Stadtteil, eurem Dorf oder in eurer Gemeinde wird die Luft besonders belastet? Beachtet Fabriken, stark befahrene Straßen und Schifffahrtswege. Zeichnet in einen Ortsplan besondere Belastungspunkte ein.
- Erkundigt euch bei eurer Gemeinde über örtliche Probleme und Maßnahmen.

Gruppe 2: Gesetzliche Maßnahmen
- Welche Grenzwerte für die Schadstoffe gibt es?
- Welche Maßnahmen gegen Luftverschmutzung sieht der Gesetzgeber vor?
- Welche Informationen über den Erfolg der Maßnahmen gibt es?

Gruppe 4: Möglichkeiten des Einzelnen
- Was kann jede und jeder Einzelne tun, um den Schadstoffanteil in der Luft zu verringern?
- Wie leicht sind diese Maßnahmen umzusetzen?
- Was können diese Maßnahmen bewirken?

Stoffe als Energieträger

Autoabgas-Katalysator

Giftige Gase werden umgewandelt

Mit dem Abgas-Katalysator können die gesundheitsschädlichen Anteile der Abgase fast vollständig in umweltverträglichere Gase umgewandelt werden.

Ein Katalysator besteht aus einem wabenförmig aufgebauten, hitzebeständigen Keramikkörper. Er ist von einer Vielzahl feiner Kanäle durchzogen. Die Oberfläche dieser Kanäle ist sehr rau und dadurch so groß wie die Fläche von mehr als zwei Fußballfeldern. Sie ist mit den Edelmetallen Platin und Rhodium hauchdünn beschichtet. Diese Metalle ermöglichen bei hohen Temperaturen die Umwandlung der giftigen Abgase. Dabei werden die Metalle selbst nicht verändert.

Die Abgase enthalten Stickstoffoxide, Kohlenstoffmonooxid und Kohlenwasserstoffe. Vom Katalysator werden sie weitgehend zu Stickstoff, Kohlenstoffdioxid und Wasser umgewandelt. Damit eine möglichst vollständige Verbrennung erreicht wird, wird der Sauerstoff-Anteil im Auspuffgas reguliert.

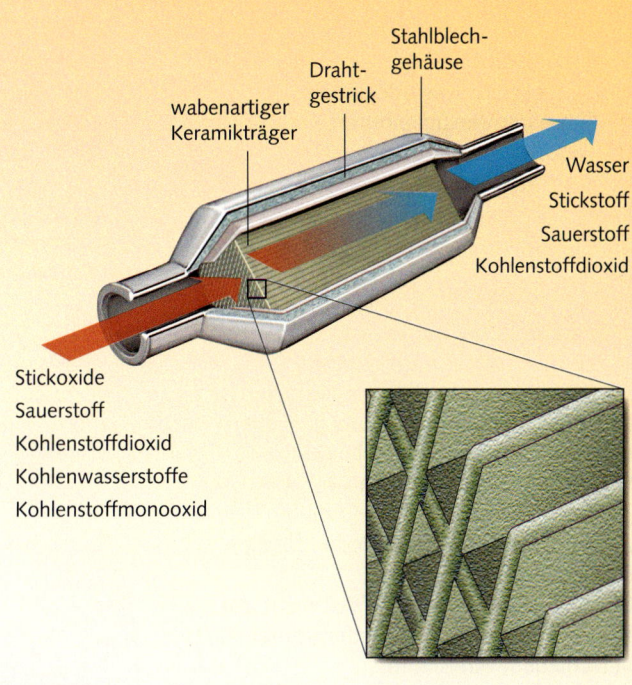

1 Vorgänge im Abgas-Katalysator

Feinstaubfilter

Filter mit Selbstreinigung

Die gesundheitsschädlichen Abgase vom Dieselmotor durchströmen den Rußfilter. Dabei bleiben die Feinstaubpartikel im Filter hängen.

Nach einigen hundert Kilometern ist der Filter voll. Dies wird von Messfühlern am Partikelfilter registriert und zum Motor gemeldet. Hier wird durch Nacheinspritzung von Treibstoff die Abgastemperatur erhöht. Die heißen Abgase verbrennen die Rußpartikel im Filter zu Kohlenstoffdioxid. Der Filter ist nun wieder frei und kann seine Wirkung erneut entfalten.

1. Warum muss der Rußpartikelfilter nicht regelmäßig ausgetauscht werden?

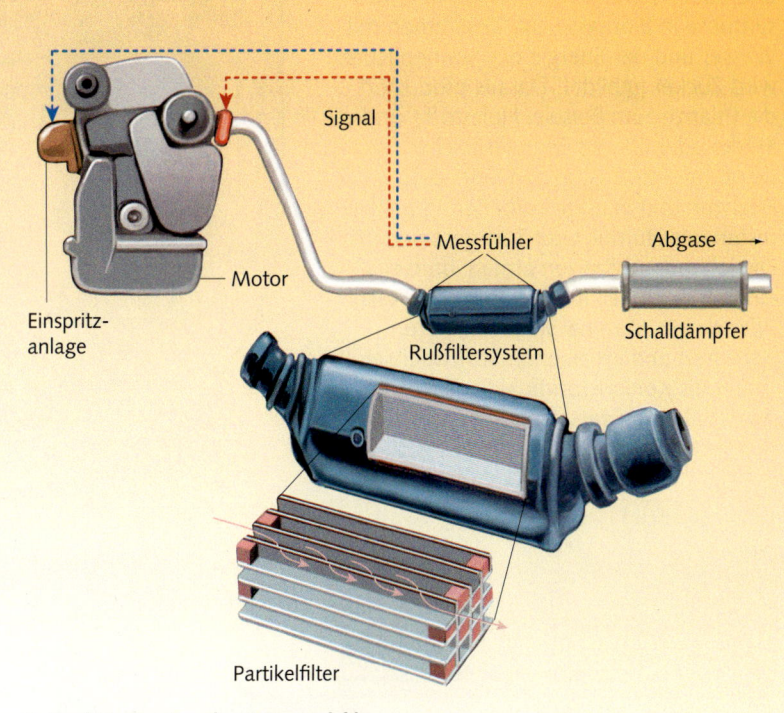

2 Funktionsweise des Feinstaubfilters

Stoffe als Energieträger → S. 356/357

Der Kreislauf des Kohlenstoffs

1. a) Plane Versuche zum Nachweis von Kohlenstoff in organischen Stoffen wie Holz, Zucker, Stärke oder Pflanzenöl.
b) Führe die Versuche durch.
c) Vergleiche die Ergebnisse.
d) Welche Stoffe sind organisch? Woran kannst du das erkennen?

2. a) Wiege auf einer Feinwaage eine noch ungeöffnete Halbliter-Mineralwasserflasche. Öffne die Flasche und gib drei große Siedesteine hinein. Warte eine Weile, bis möglichst viel Kohlenstoffdioxid ausgetrieben worden ist. Wiege anschließend die Flasche erneut.
b) Berechne die Menge des gelösten Kohlenstoffdioxids.
c) Berechne, wie viel Kohlenstoffdioxid bei gleicher Konzentration in der Nordsee mit einem Wasservolumen von 54 000 km³ gelöst sein könnte.

Der natürliche Kreislauf

Kohlenstoff kommt auf der Erde fast immer in Verbindungen vor, vor allem in Kohlenstoffdioxid (CO_2) und in kohlenstoffhaltigen Gesteinen wie Kalkstein. Wichtig sind auch der in allen Lebewesen gebundene Kohlenstoff und die großen Mengen an Kohlenstoff in den fossilen Brennstoffen.
Ein Teil dieses Kohlenstoffs ist nicht auf Dauer fest gebunden, sondern durchläuft verschiedene Kreisläufe.

Kohlenstoff-Kreislauf an Land

Der meiste Kohlenstoff wird im Kohlenstoffkreislauf an Land umgesetzt (Bild 2A). Pflanzen nehmen Kohlenstoffdioxid auf und bauen den Kohlenstoff bei der Fotosynthese in Biomasse ein. Zusammen mit Wasser und der Energie des Sonnenlichtes wird Zucker gebildet. Daraus produziert die Pflanze zum Beispiel Holzstoffe und Stärke oder Öle als Energiespeicher.
Der Kohlenstoff ist in den lebenden Pflanzen und in abgestorbenen Pflanzenresten wie Humus oder Torf gespeichert. Die lebenden Pflanzen atmen ihrerseits einen kleinen Teil Kohlenstoffdioxid aus. Pflanzliches Material wird von Tieren gefressen und im eigenen Stoffwechsel später als Kohlenstoffdioxid ausgeatmet. Auch Bakterien zersetzen Biomasse, wobei wieder Kohlenstoffdioxid freigesetzt wird.

1 Kohlenstoff wird in Gesteinen gebunden.

2 Jährliche Kohlenstoffumsätze

A: Atmosphäre — Fotosynthese 110 Mrd. t Kohlenstoff; pflanzliche Atmung 55 Mrd. t Kohlenstoff; Zersetzung 55 Mrd. t Kohlenstoff; tierische Atmung; Erdreich, Humus, Torf

B: Ausgasen von CO_2 und Zersetzung Biomasse 90 Mrd. t Kohlenstoff

Stoffe als Energieträger

Kohlenstoff-Kreislauf in und über den Meeren

Auch zwischen dem Wasser der Meere und der Atmosphäre wird Kohlenstoff ausgetauscht (Bild 2 B). Kohlenstoffdioxid wird im Wasser gelöst, dabei entsteht auch etwas Kohlensäure. Algen brauchen Kohlenstoffdioxid für die Fotosynthese. Tiere im Meer geben beim Atmen Kohlenstoffdioxid ins Wasser ab. Korallen nehmen gelöste Carbonate auf und bauen aus Calciumcarbonaten Riffe auf. Auch dabei wird etwas Kohlenstoffdioxid freigesetzt. Ein Teil des Kohlenstoffs sinkt eingebaut in den Panzern und Schalen abgestorbener Meeresbewohner auf den Grund und bildet dort Kalksedimente.

Der Einfluss des Menschen

Für viele Millionen Jahre war eine sehr große Menge Kohlenstoff in Form von Kohle, Erdöl und Erdgas fest gebunden. Heute wird durch die Verbrennung dieser fossilen Energieträger und zusätzlich durch die Verbrennung großer Holzmengen viel Kohlenstoffdioxid freigesetzt. Da es nicht im gleichen Maße wieder durch Pflanzen verwertet werden kann, steigt der Kohlenstoffdioxid-Gehalt in der Atmosphäre ständig an (Bild 2C).

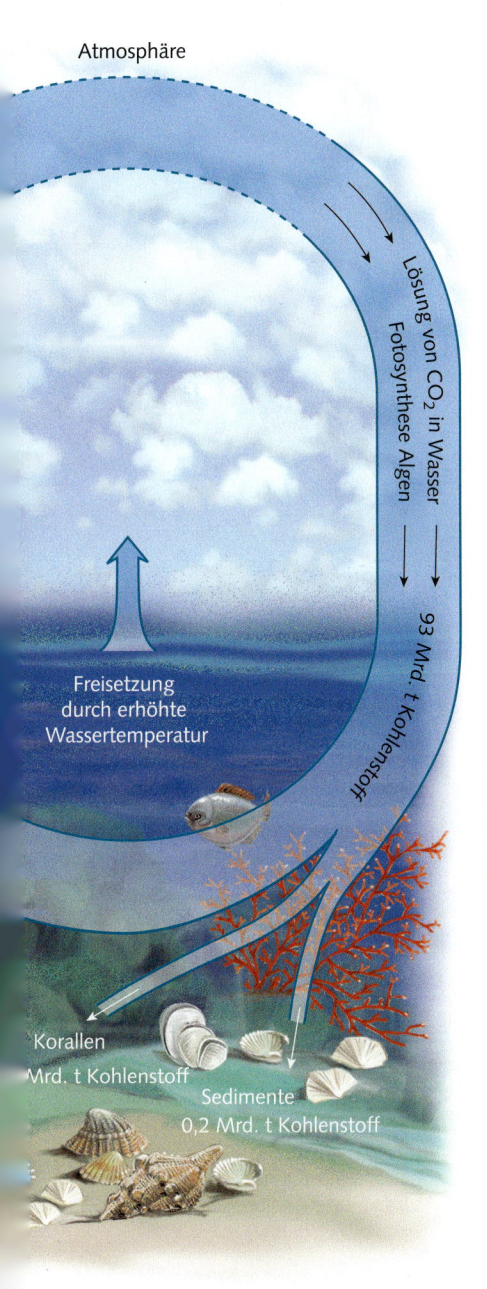

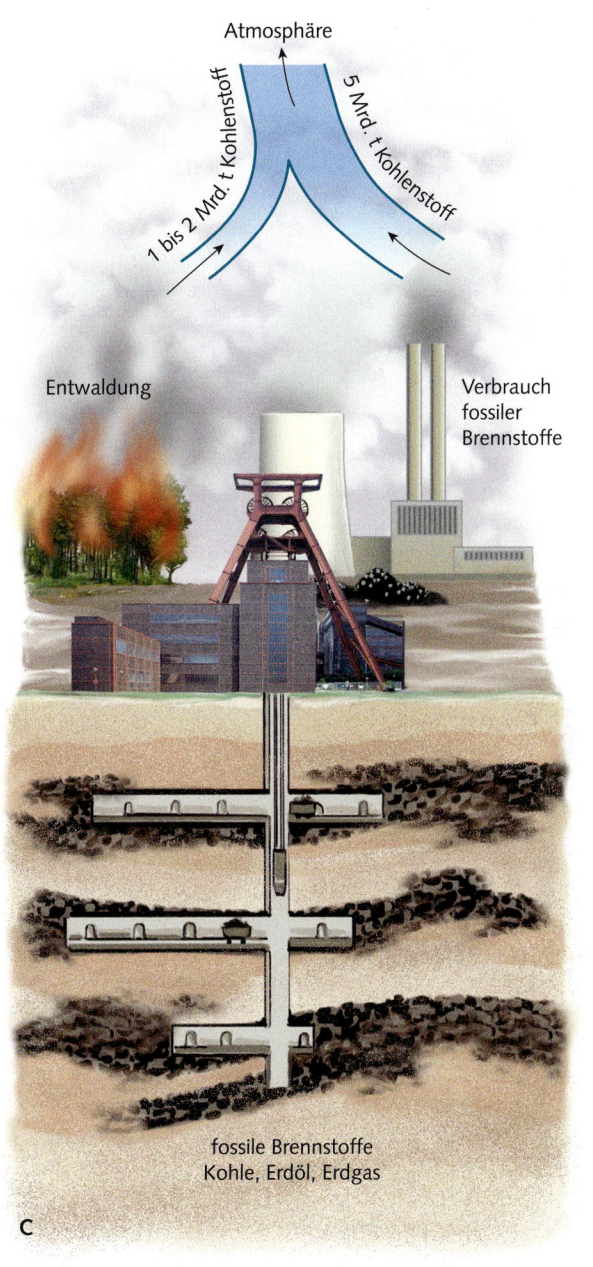

Atmosphäre

Lösung von CO_2 in Wasser
Fotosynthese Algen

93 Mrd. t Kohlenstoff

Freisetzung durch erhöhte Wassertemperatur

Korallen
Mrd. t Kohlenstoff
Sedimente 0,2 Mrd. t Kohlenstoff

Atmosphäre

1 bis 2 Mrd. t Kohlenstoff
5 Mrd. t Kohlenstoff

Entwaldung

Verbrauch fossiler Brennstoffe

fossile Brennstoffe
Kohle, Erdöl, Erdgas

C

Stoffe als Energieträger → S. 356/357

Eine neue Heizungsanlage

Die Heizungsanlage ist veraltet. Der Schornsteinfeger hat schon darauf hingewiesen, dass die Anlage nicht mehr wirtschaftlich arbeitet und dass die gesetzlich vorgeschriebenen Abgaswerte und der geforderte Wirkungsgrad nicht mehr eingehalten werden können. Eine neue Heizungsanlage muss her! Doch da tauchen eine Menge Fragen auf:

- Welche Anlage soll gewählt werden?
- Wie aufwändig ist der Ein- und vielleicht auch der Umbau der Heizungsanlage?
- Welche Voraussetzungen müssen für den Einbau der neuen Anlage gegeben sein?
- Wie hoch werden die durchschnittlichen Betriebskosten pro Jahr für eine 100 m²-Wohnung sein?
- Wie groß ist die Umweltbelastung durch die Anlage?
- Wie arbeitsintensiv ist das Betreiben der Anlage?
- Sollen regenerative Energieträger oder fossile Energieträger eingesetzt werden?
- Wie hoch sind die Anschaffungskosten?

Um verschiedene Anlagen miteinander vergleichen zu können, muss von gleichen Voraussetzungen ausgegangen werden.
- Es sollen 100 m² Wohnfläche beheizt werden.
- Die veraltete Ölheizung soll durch einen anderen Heizungstyp ersetzt werden.
- Kann die neue Anlage die gesamte Heizung übernehmen oder wird sie von einer zweiten Heizung unterstützt?
- Wie werden neue Anlagen finanziell gefördert?

Ihr sollt in Gruppen vier verschiedene Heizungstypen näher untersuchen und ihre Stärken und Schwächen herausfinden.

1 Manche mögen's heiß!

Gruppe 1: Holzpellets
Informiert euch neben den allgemeinen Fragen zu Heizungsanlagen auch über spezielle Fragen zur Holzpelletsheizung:
– Woraus werden Holzpellets hergestellt?
– Wie werden sie hergestellt?
– Werden sie auch noch in zehn Jahren lieferbar sein?
– Wie werden die Pellets angeliefert, wie gelagert?
– Wie haben sich die Preise für Holzpellets in den letzen Jahren entwickelt?
– Welche Energieart wird zum Steuern und Regeln der Heizungsanlage benötigt?

Gruppe 2: Erdwärme
Informiert euch neben den allgemeinen Fragen zu Heizungsanlagen auch über spezielle Fragen zum Heizen mit Erdwärme:
– Kann die Erdwärme überall sinnvoll genutzt werden?
– Wie funktioniert die Erdwärmepumpe?
– Wie gelangt die Erdwärme zur Heizungsanlage?
– Ist eine weitere Heizquelle notwendig? Wenn ja, wie werden beide Heizungssysteme miteinander verbunden?
– Kann die Wärmepumpe auch bei sehr tiefen Außentemperaturen noch genügend Wärme liefern?
– Welche Energieart ist zum Betrieb der Pumpe notwendig?

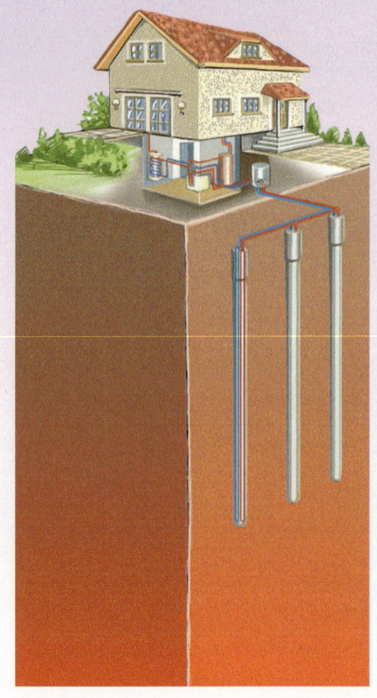

2 Holzpellets

3 Wärme aus der Erde

Stoffe als Energieträger

Gruppe 3: Sonnenkollektoren
Informiert euch neben den allgemeinen Fragen zu Heizungsanlagen auch über spezielle Fragen zum Heizen mit Sonnenenergie.
– Wie funktionieren Sonnenkollektoren?
– Bleibt bei diesigem Wetter oder bei Regen die Heizung kalt?
– Welche baulichen Voraussetzungen müssen gegeben sein, um mit Sonnenenergie heizen zu können?
– Welche Anforderungen werden an die Dachkonstruktion gestellt?
– Wie viel m² Kollektorfläche werden zum Beheizen von 100 m² Wohnfläche benötigt?
– Wie gelangt die durch die Kollektoren gewonnene Wärme zum Heizkörper?
– Welche Energiearten werden zum Betreiben einer Kollektorheizung eingesetzt?
– Kann ein Haus allein mit Sonnenkollektoren beheizt werden?

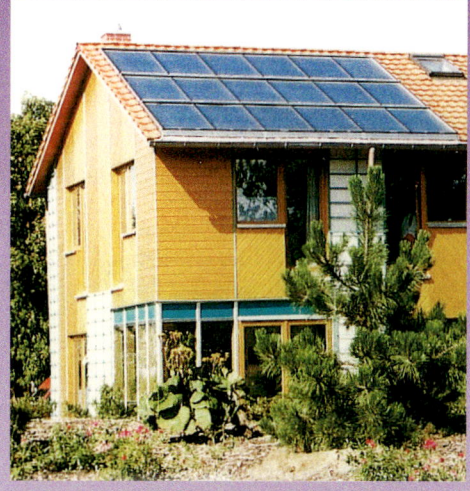

4 Heizen mit der Energie der Sonne

Gruppe 4: Das Blockheizkraftwerk
Informiert euch neben den allgemeinen Fragen zu Heizungsanlagen auch über spezielle Fragen zum Heizen mit einem Blockheizkraftwerk (BHKW):
– Wodurch unterscheidet sich ein Blockheizkraftwerk von einer normalen Heizungsanlage?
– Wie ist der Wirkungsgrad dieser Anlage im Vergleich zu anderen Heizungsanlagen?
– Mit welchem Energieträger wird in der Regel ein BHKW betrieben?
– Welcher finanzielle Anreiz besteht bezüglich der erzeugten elektrischen Energie?
– Dient ein BHKW in erster Linie zur Erzeugung von elektrischer Energie oder in erster Linie zum Erzeugen von Wärme?
– Wo kann ein BHKW sinnvoll eingesetzt werden?
– Wie lange muss ein Blockheizkraftwerk arbeiten, um wirtschaftlich zu sein?

5 Blockheizkraftwerk

Bewerten der Heizungsanlagen im Überblick
Zum Schluss überträgt jede Schülerin und jeder Schüler nach Vorstellung der verschiedenen Heizungssysteme die folgende Tabelle in das Heft und bewertet die Systeme nach dem angegebenen Bewertungssystem. Ermittelt dann die Gesamtpunktzahl für jede Heizungsanlage.
Alle ausgefüllten Tabellen werden gesammelt und von zwei Schülerinnen und Schülern ausgewertet.

sehr gut (4 Punkte)
gut (3 Punkte)
befriedigend (2 Punkte)
ausreichend (1 Punkt)
schlecht (0 Punkte)

	Anschaffungskosten	Betriebskosten	Umweltbelastung	Nachhaltigkeit des Energieträgers	Einbau der Anlage	Punkte
Pellets						
Erdwärme						
Kollektoren						
BHKW						

Alkoholische Gärung

1. Bei welchen Gelegenheiten wird in unserer Gesellschaft Alkohol getrunken?

2. Nenne Risiken des Genusses alkoholischer Getränke. Zähle Beispiele für unerwünschte Wirkungen des Alkohols auf.

3. Ab welchem Alter dürfen in Deutschland alkoholische Getränke in Geschäften oder Lokalen gekauft werden?

4. Gib zu verschiedenen alkoholhaltigen Getränken jeweils den Alkoholgehalt in Prozent an.

5. Welche Früchte sind für die Herstellung alkoholischer Getränke geeignet?

6. Wie können aus Getreide oder Kartoffeln alkoholhaltige Getränke hergestellt werden?

Alkoholische Getränke
Die Herstellung alkoholischer Getränke ist seit vielen tausend Jahren bekannt. In Ägypten, im Zweistromland und im alten Griechenland wurde Wein aus dem Saft von Trauben und anderen Früchten hergestellt. Eine über 8000 Jahre alte Keilschrift beschreibt bereits die Herstellung von Bier. Die Germanen kannten Met, ein aus Honig hergestelltes alkoholisches Getränk. Die Römer brachten auf ihren Feldzügen den Weinstock und damit auch den Wein nach Deutschland.

Alkoholgenuss ist altbekannt
Im Mittelalter wurde sehr viel mehr Wein und Bier getrunken als heute, obwohl die Qualität damals gegenüber der von heute wohl sehr zu wünschen übrig ließ. Um das Jahr 1400 war die Stadt Köln für ihren blühenden Weinhandel bekannt. Die Aufnahme in die Kölner Weinbruderschaft war eine Auszeichnung. Schon damals wurde Wein besteuert und Weinpanscherei war strafbar.

Alkoholgenuss ist vielseitig
Es gibt eine Vielzahl alkoholischer Getränke. Am bekanntesten sind Wein und Bier. Wein enthält meist zwischen 8 % und 12 % Alkohol, Bier um 5 %. Schnäpse, Liköre und ähnliche Getränke weisen höhere Alkoholgehalte auf. Auch die meist süßen Mixgetränke, die bei Jugendlichen beliebt sind, enthalten erhebliche Mengen an Alkohol.

Alkoholgenuss ist gefährlich
Der Genuss alkoholischer Getränke birgt jedoch erhebliche Risiken. Sie beginnen bei verzögerten oder falschen Reaktionen beispielweise im Straßenverkehr und enden bei der Krankheit Alkoholismus. Die Gefahren des Alkohols werden in unserer Gesellschaft verharmlost. Vor allem junge Menschen, deren Körper noch empfindlicher auf Alkohol reagiert als der von Erwachsenen, sind häufig stark gefährdet. Es häufen sich die Fälle, in denen Jugendliche nach Wetttrinken ins Krankenhaus eingeliefert werden müssen.

1 Alkoholgenuss und Alkoholmissbrauch

Stoffe als Energieträger

🔍 **7. a)** Löse in einem Reagenzglas einen Löffel Traubenzucker in etwa 20 ml destilliertem Wasser. Erwärme die Lösung vorsichtig auf maximal 35 °C. Was beobachtest du?
b) Gib zu der Traubenzuckerlösung etwas Hefe und mische gründlich. Erwärme die Lösung wiederum auf höchstens 35 °C. Schildere die Beobachtungen, die du nach einigen Minuten machen kannst.
c) Vermute, welches Gas in Versuch b) entstanden sein könnte.

🔍 **8.** Verschließe das Reagenzglas aus Versuch 7 mit einem durchbohrten Stopfen, in dem ein abgewinkeltes Glasrohr steckt. Halte das andere Ende des Glasrohres in ein zweites Reagenzglas mit Kalkwasser. Welche Veränderung zeigt das Kalkwasser? Welchen Stoff hast du damit nachgewiesen?

🔍 **9.** Fülle 50 ml selbst hergestellten Fruchtsaft, zum Beispiel Apfel- oder Traubensaft in einen 250 ml-Erlenmeyerkolben. Verschließe den Kolben mit einem Gäraufsatz, in den du etwas Kalkwasser gibst. Lass den Versuch drei bis vier Tage im Warmen stehen. Kontrolliere zwischenzeitlich ein bis zwei Mal. Prüfe abschließend den Geruch. Vermute, welche beiden Stoffe entstanden sind.

📝 **10.** Welche beiden Stoffe müssen für eine alkoholische Gärung unbedingt vorhanden sein? Notiere die gesamte Wortgleichung zur alkoholischen Gärung.

So entsteht der Alkohol
Der Alkohol in Getränken entsteht durch **Gärung** zuckerhaltiger Flüssigkeiten. Hierzu sind Hefepilze notwendig, die den energiereichen Zucker für ihre Ernährung nutzen und ihn dabei zu Alkohol und Kohlenstoffdioxid abbauen.

Es geht auch ohne Hefezusatz
Unbehandelte Fruchtsäfte gären ohne Hefezugabe, da auf den Früchten bereits Hefepilze vorhanden sind. Der natürlich enthaltene Zucker wird von ihnen vergoren. Am Geruch erkennst du, dass Alkohol entstanden ist.

Gefahr im Gärkeller
In Gärkellern entsteht das Kohlenstoffdioxid in großen Mengen. Es ist schwerer als Luft und lagert sich daher am Boden ab. Hat ein solcher Keller keine Absauganlage, ist das Betreten während der Gärung wegen Erstickungsgefahr lebensgefährlich. Da Kohlenstoffdioxid farb- und geruchlos ist, nimmt der Winzer in solchen Fällen eine brennende Kerze mit in den Keller. Er hält sie in die Nähe des Bodens. Erlischt die Kerze, muss er den Keller sofort verlassen.

2 Im Bottich gärt es.

Nicht trinken!
Laborgefäße können unbekannte, gesundheitsgefährdende Verunreinigungen enthalten. Bei den Versuchen mit Alkohol können Schimmelpilze und giftiges Methanol entstehen!

$$\text{Zucker} \xrightarrow{\text{Hefe}} \text{Alkohol} + \text{Kohlenstoffdioxid}$$

$$C_6H_{12}O_6 \xrightarrow{\text{Hefe}} 2\ C_2H_5OH + 2\ CO_2$$

■ Zuckerhaltige Lösungen können durch Hefepilze vergoren werden. Dabei entstehen Kohlenstoffdioxid und Alkohol.

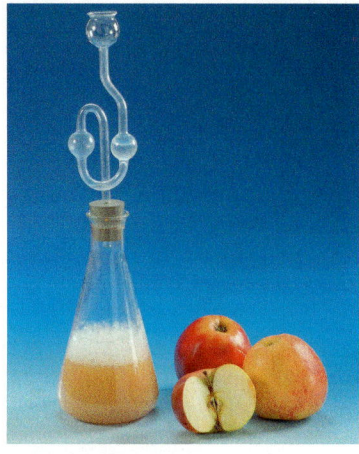

3 Fruchtsäfte gären.

Stoffe als Energieträger → S. 356/357

Alkohol destillieren

📝 **1.** Was ist Brennspiritus?

🔍 **2. a)** Verdünne Brennspiritus mit Wasser in Zehnerschritten nacheinander auf Konzentrationen von 80 % bis 30 %. Entzünde jeweils eine kleine Probe in einer Abdampfschale.
b) Beschreibe deine Beobachtung.

🔍 **3.** Fülle einen 250 ml-Erlenmeyerkolben mit 50 ml 20 %igem Brennspiritus. Verschließe den Kolben mit einem durchbohrten Stopfen, durch den ein etwa 50 cm langes Glasrohr gesteckt ist (Bild 2). Befestige das Glasrohr an einem Stativ. Erhitze das Gemisch bis zum Sieden und versuche, den Dampf am oberen Ende des Glasrohres zu entzünden. Was stellst du fest?

🔍 **4.** Wiederhole Versuch 3 mit 100 ml vergorenem Fruchtsaft. Was ist in dem vergorenen Fruchtsaft enthalten?

🔍 **5.** Baue eine Destillationsapparatur wie in Bild 1 auf. Fülle den Rundkolben zu einem Viertel mit Rotwein. Füge einige Siedesteinchen hinzu. Erhitze den Wein vorsichtig auf etwa 80 °C, möglichst aber nicht höher. Fange das Destillat in einem Becherglas auf. Beschreibe Farbe und Geruch.

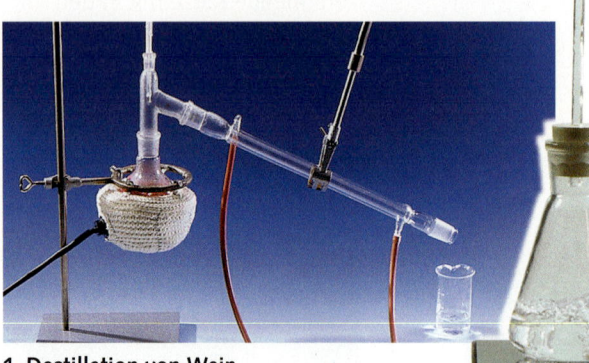

1 Destillation von Wein

🔍 **6.** Wiederhole Versuch 5 mit vergorenem Fruchtsaft. Notiere Unterschiede und Gemeinsamkeiten zu Versuch 5.

🔍 **7.** Miss den Alkoholgehalt der Destillate aus Versuch 5 und 6 mit einem Alkoholometer. Notiere die Werte. Vergleiche sie mit den Angaben auf käuflichen Getränken.

Nachweis des Alkohols

Vielleicht hast du schon gesehen, wie eine Speise flambiert oder eine Feuerzangenbowle (Bild 3) entzündet wurde. Alkohol ist brennbar. Alkoholische Getränke enthalten neben Alkohol zwar in erster Linie Wasser, doch ab einem Anteil von etwa 50 % Alkohol brennt ein solches Gemisch.

Bei der Gärung sind so hohe Alkoholgehalte jedoch nicht zu erzielen. Dabei entsteht höchstens ein Alkoholgehalt von etwa 18 %. Oberhalb dieser Konzentration sterben die Hefepilze ab.

3 Alkohol brennt.

Um den Alkohol dennoch durch Entzünden nachzuweisen, wird seine gegenüber dem Wasser niedrigere Siedetemperatur genutzt. Sie liegt bei 78 °C. Beim Erhitzen in einem Kolben mit aufgesetztem Glasrohr (Bild 2) steigt ein Gemisch aus Alkohol- und Wasserdampf auf. Es kondensiert am Glasrohr. Wenn das Glasrohr eine Temperatur von über 78 °C erreicht hat, kondensiert das Wasser noch immer, während der Alkohol gasförmig bleibt. Der Alkoholdampf lässt sich dann am oberen Ende des Glasrohres entzünden.

Hochprozentiges

Wird für technische Zwecke oder für Getränke ein höherer Alkoholgehalt gewünscht, muss **destilliert** werden. Dabei wird die vergorene Flüssigkeit in einer Destillationsapparatur auf etwa 80 °C erhitzt. Es verdampft vorwiegend Alkohol, der in einem Kühler aufgefangen wird. Dieser Vorgang wird Brennen genannt. Es lässt sich aber nicht vermeiden, dass doch immer etwas Wasser mit verdampft. Mit diesem Verfahren ist deshalb ein Alkoholgehalt von maximal 96 % erreichbar.

■ Alkohol kann durch Verbrennen nachgewiesen werden.

2 Nachweis von Alkohol

Stoffe als Energieträger

Alkohol ist schädlich und macht süchtig

Lernen im Team

Alkoholische Getränke sind aus dem Alltag vieler Jugendlicher und Erwachsener kaum noch wegzudenken. In diesem Projekt sollt ihr untersuchen, welche Bedeutung Alkohol in der Gesellschaft hat, wie Alkohol auf den Menschen wirkt und welche Schäden durch Alkohol entstehen.

Gruppe 1: Zu viele trinken zu viel
In Deutschland wird sehr viel Alkohol getrunken. Dies gilt nicht nur für Erwachsene, sondern in zunehmendem Maße auch für Jugendliche.
- Welche Mengen an verschiedenen alkoholischen Getränken werden in Deutschland getrunken?
- Differenziert diese Zahlen nach Altersgruppen.
- Findet heraus, in welchem Alter Jugendliche im Durchschnitt beginnen, Alkohol zu trinken.
- Erklärt den Begriff „Einstiegsdroge" im Zusammenhang mit Alkohol.
- Beschreibt das Verhalten von Jugendlichen auf Partys in Bezug auf Alkohol.

Gruppe 2: Wirkungen von Alkohol
Schon wenig Alkohol bewirkt ein verändertes Verhalten. Bereits ab 0,3 ‰ kann ein Autofahrer bestraft werden.
- Stellt die Wirkungen von Alkohol bei verschiedenen Promillegraden zusammen.
- Ab wann darf ein Kraftfahrzeug nicht mehr gesteuert werden?
- Wie viele Führerscheine werden pro Jahr wegen Überschreitens der Promillegrenze eingezogen?
- Gibt es für das Fahren eines Fahrrades eine Promillegrenze?
- Wie ist die Wirkung von Alkohol im Körper zu erklären?
- Wie entsteht das Rauschgefühl?

Gruppe 3: Körperliche und seelische Schäden
Bei regelmäßigem Alkoholkonsum werden viele Organe geschädigt. Aber auch die Psyche ist häufig stark angegriffen.
- Stellt körperliche und seelische Schäden durch Alkohol zusammen.
- Findet heraus, durch welche Wirkungen des Alkohols die Schäden hervorgerufen werden.
- Berichtet über die Krankheit Alkoholismus und ihre Folgen.
- Untersucht die Möglichkeiten und die Erfolgswahrscheinlichkeit eines Entzugs.
- Informiert euch über Aufgaben von Selbsthilfegruppen wie die „Anonymen Alkoholiker".

Beeinflussung von Bewegungskontrolle, Konzentrationsfähigkeit und Reaktionszeit

Herzschwäche, Kreislaufstörungen

Fettleber, Leberverhärtung, Leberschrumpfung

Nierenschrumpfung

Entzündungen der Schleimhäute von Magen und Darm

1 Unser Körper mag keinen Alkohol.

dpa. 2004 waren 12 % aller tödlichen Verkehrsunfälle in Deutschland auf Folgen von Alkoholmissbrauch zurückzuführen. Das betraf rund jeden achten Unfalltoten. Von 659 646 an Unfällen beteiligten Personen war bei 22 849 die Verkehrstüchtigkeit durch Alkohol beeinträchtigt.

Gruppe 4: Gesellschaftliche Schäden
Alkohol ist die Ursache für viele Unfälle im Straßenverkehr mit Personenschaden. Dies gilt auch für Unfälle am Arbeitsplatz oder in der Freizeit.
- Stellt fest, wie hoch die Anzahl der Unfälle in einzelnen Bereichen ist.
- Stellt Zahlen über die finanziellen Auswirkungen zusammen.
- Findet heraus, wie viele Menschen durch Alkohol zeitweise oder dauernd arbeitsunfähig werden.
- Wie wirkt sich Alkoholismus in der Familie aus? Beschreibt Folgen für den Ehepartner und für die Kinder. Bedenkt auch mögliche Auswirkungen auf die schulischen Leistungen.

Ethanol

🔍 **1.** Erstelle einen Steckbrief zu Ethanol.

🔍 **2.** Mische in drei Reagenzgläsern jeweils gleiche Mengen:
a) Ethanol und Wasser,
b) Ethanol und Hexan,
c) Hexan und Wasser.
Was stellst du fest?

🔍 **3.** Gib einen Tropfen Speiseöl in 3 ml Ethanol. Schüttle und beschreibe das Ergebnis.

🔍 **4.** Bestimme die Masse von 5 ml Ethanol und berechne daraus die Dichte (in $\frac{g}{cm^3}$) von Ethanol. Hinweis: 1 ml entspricht 1 cm³.

📖 **5.** Stelle die Eigenschaften von Ethanol und Wasser tabellarisch gegenüber.

1 Ethanol befindet sich in vielen Produkten.

Trinkalkohol ist Ethanol

Wenn im Alltag von Alkohol gesprochen wird, ist der trinkbare Alkohol gemeint, der bei der alkoholischen Gärung entsteht. Er heißt **Ethanol.** Aber nur ein geringer Teil des Ethanols wird zur Herstellung alkoholischer Getränke genutzt. Da Ethanol Öl und Fett löst, wird es in großen Mengen als Reinigungsmittelzusatz, Lösungsmittel und Treibstoffzusatz verwendet. Außerdem ist Ethanol eine Grundchemikalie in der chemischen Industrie.

Eigenschaften

Ethanol ist eine klare Flüssigkeit mit einer geringeren Dichte als Wasser und einem typischen Geruch. Ab einem Anteil von etwa 50 % ist ein Ethanol-Wasser-Gemisch brennbar.

Das Ethanolmolekül

Der Name Ethanol lässt sich aus dem Molekülbau erklären. Das Ethanolmolekül (Bild 2) lässt sich aus dem Ethanmolekül ableiten. Ein Wasserstoffatom ist durch eine OH-Gruppe ersetzt. Diese Gruppe wird **Hydroxyl-Gruppe** genannt. Sie ist für die besonderen Eigenschaften des Ethanols verantwortlich. Die chemische Formel von Ethanol ist C_2H_5OH.
Das Wasserstoffatom an der Hydroxyl-Gruppe bildet wie beim H_2O-Molekül eine **polare Elektronenpaarbindung.** Daraus ergibt sich die Ähnlichkeit von Ethanol- und Wassermolekülen. Ethanolmoleküle bilden ebenso wie Wassermoleküle **Wasserstoffbrückenbindungen** aus. Das erklärt die – wie beim Wasser – vergleichsweise hohe Siedetemperatur von Ethanol und auch die gute Mischbarkeit mit Wasser.
Der restliche Kohlenwasserstoffanteil des Ethanolmoleküls ist wie das Ethanmolekül unpolar. Das erklärt die Mischbarkeit des Ethanols mit Alkanen.

■ Ethanol ist eine klare, brennbare Flüssigkeit, die mit Wasser und Benzin mischbar ist.

C_2H_6
H_2O
C_2H_5OH

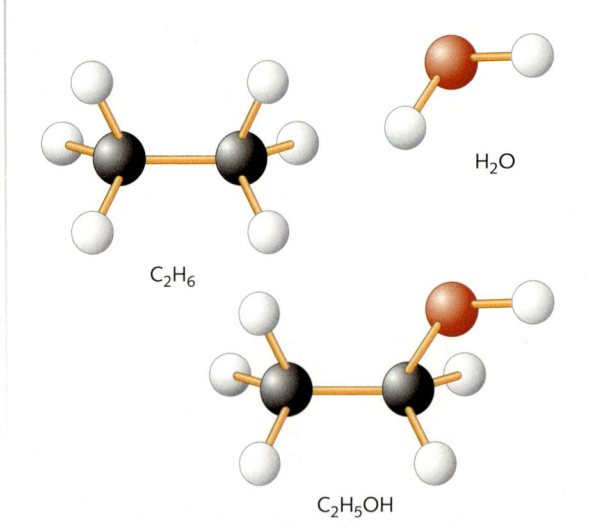

2 Vergleich: Ethanmolekül – Ethanolmolekül

Verwandte des Ethanols

🔍 **1.** Vergleiche Propanol und Propantriol bezüglich der Mischbarkeit mit Wasser, der Zähigkeit und des Siedepunktes.

📖 **2.** Erläutere die Zusammensetzung der Namen Propantriol und Hexandiol.

✏️ **3.** Welche Summenformeln haben Pentanol und Hexanol?

📖 **4.** Wie viel wertig ist der Alkohol Sorbit?

✏️ **5.** Zeichne zwei verschiedene Strukturformeln von Propanol.

1 Frostschutzmittel enthält Glykol.

Weitere Alkohole

Neben Ethanol gibt es noch weitere Alkohole. Ihre Moleküle enthalten mindestens eine OH-Gruppe. Der einfachste Alkohol ist das **Methanol,** eine klare, leicht brennbare Flüssigkeit, die sehr giftig ist. Die Einnahme schon von geringen Mengen ist tödlich. Die Formel des Methanols (CH_3OH) ähnelt der des Methans (CH_4). Das **Propanol** (C_3H_7OH) enthält ebenfalls eine OH-Gruppe. Es hat seinen Namen vom Propan (C_3H_8). Das Molekül mit 4 Kohlenstoffatomen und einer OH-Gruppe heißt **Butanol**. Die Alkohole bilden die homologe Reihe der **Alkanole.** Die für die Eigenschaften der Alkanole verantwortliche OH-Gruppe heißt **funktionelle Gruppe der Alkanole.** Fast alle Alkanole sind gesundheitsschädlich oder giftig.

Mehrwertige Alkohole

Glykol (Ethandiol) und **Glycerin** (Propantriol) sind Alkanole, die mehrere OH-Gruppen enthalten. Sie mischen sich in jedem Verhältnis mit Wasser und werden als mehrwertige Alkohole bezeichnet. Das Glykol mit zwei OH-Gruppen ist ein zweiwertiger Alkohol, das Glycerin mit drei OH-Gruppen ist ein dreiwertiger Alkohol. Glykol wird als Frostschutzmittel und in Bremsflüssigkeiten verwendet. Glycerin ist Bestandteil vieler Kosmetika und eine Grundchemikalie der chemischen Industrie.

Warum heißt Glykol Ethandiol?

Der Name Ethandiol besteht aus drei Teilen, aus Ethan, di und ol. Ethan ist der Name für das Alkan mit zwei Kohlenstoffatomen, „di" ist die lateinische Vorsilbe für „zwei", „ol" ist das Namensende für ein Alkanol. Es kennzeichnet die OH-Gruppe.

■ Alkanole enthalten mindestens eine OH-Gruppe. Mehrwertige Alkanole enthalten mehr als eine OH-Gruppe.

Ein- und mehrwertige Alkohole

Name	Summenformel	Strukturformel	Schmelztemp.	Siedetemp.	Verwendung
Methanol	CH_3OH	H–C–OH	–97 °C	65 °C	Kunststoffindustrie, Benzinzusatz
Ethanol	C_2H_5OH	H–C–C–OH	–114 °C	78 °C	alkoholische Getränke, Brennspiritus, Lösungs- und Reinigungsmittel
Propanol	C_3H_7OH	H–C–C–C–OH	–126 °C	97 °C	Enteisungsmittel, Lösungs- und Extraktionsmittel
Butanol	C_4H_9OH	H–C–C–C–C–OH	–89 °C	117 °C	Lösungs- und Extraktionsmittel in der Lack- und Kunststoffindustrie, Weichmacher
Ethandiol (Glykol)	$C_2H_4(OH)_2$	H–C–C–H, OH OH	–12 °C	197 °C	Frostschutzmittel, Kunststoffherstellung, Bremsflüssigkeit
Propantriol (Glycerin)	$C_3H_5(OH)_3$	H–C–C–C–H, OH OH OH	18 °C	290 °C	Kosmetika, Sprengstoffe, Weichmacher, Kühlmittel, Kunststoffe
Hexanhexol (Sorbit)	$C_6H_8(OH)_6$	H–C–C–C–C–C–C–H, OH OH OH OH OH OH	112 °C	295 °C	Zuckerersatz in Lebensmitteln für Diabetiker

Stoffe als Energieträger

Braunkohle und Steinkohle

abgestorbene Pflanzen
↓
Torf
↓
Braunkohle
↓
Steinkohle

Erdöl und Erdgas

zersetzte Kleinstlebewesen
↓
Erdgas und Erdöl

Energieträger
Werden Kohle, Erdöl und Erdgas als Energieträger genutzt, sind diese nach der Verbrennung verloren.
Die Verwendung **nachwachsender Brennstoffe** kann die **fossilen Brennstoffe** schonen.

Umweltprobleme
Bei der Verbrennung von Kohle und Erdölprodukten wie Benzin und Diesel werden gesundheitsschädliche **Schadstoffe** freigesetzt. In Autos werden aus diesem Grund **Abgas-Katalysatoren** und **Feinstaubfilter** eingebaut.

	Alkane	Alkene	Alkine
Merkmal	Kohlenwasserstoffe mit Einfachbindung	Kohlenwasserstoffe mit Doppelbindung	Kohlenwasserstoffe mit Dreifachbindung
allgemeine Formel	C_nH_{2n+2}	C_nH_{2n}	C_nH_{2n-2}
Molekül-Modell	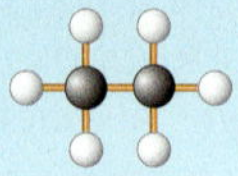 Beispiel: Ethan C_2H_6	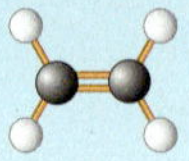 Beispiel: Ethen C_2H_4	 Beispiel: Ethin C_2H_2
Eigenschaften	reaktionsträge	reaktionsfreudig	sehr reaktionsfreudig
Verwendung	Brennstoffe und Treibstoffe Grundstoffe der chemischen Industrie	Grundstoffe der chemischen Industrie (Kunststoffe, Alkohole, organische Säuren)	Ethin als Schweißgas, Grundstoffe der chemischen Industrie

Alkoholische Gärung
Durch Gärung entstehen aus zuckerhaltigen Lösungen unter Mitwirkung von Hefepilzen **Alkohol** und Kohlenstoffdioxid. Dadurch kann eine alkoholische Lösung mit maximal 18% Alkohol erreicht werden.

Destillation
Alkoholische Lösungen mit einem Alkoholgehalt von mehr als 18% werden durch **Destillation** gewonnen. Dabei wird ein Großteil des Wassers aus der alkoholischen Lösung entfernt: Dadurch wird der Alkoholgehalt erhöht.

Ethanol

Steckbrief

Name: Ethanol
Aussehen: farblos
Aggregatzustand: flüssig
Geruch: aromatisch
Eigenschaften: löslich in Wasser und Benzin, brennbar sind Lösungen ab 50% Ethanolgehalt
Verwendung: in alkoholischen Getränken, als Lösemittel in Haushaltsreinigern, Medikamenten, Kosmetika, als Treibstoff und Treibstoffzusatz, wichtige Industriechemikalie
Summenformel: C_2H_5OH

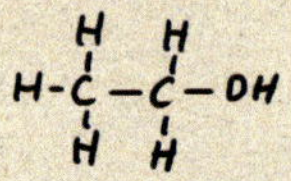

zuckerhaltige Lösung —Hefe→ Alkohol + Kohlenstoffdioxid

$C_6H_{12}O_6$ —Hefe→ $2\ C_2H_5OH + 2\ CO_2$

Alkanole
Alkohole bilden die homologe Reihe der **Alkanole**. Diese sind durch eine OH-Gruppe, die **Hydroxyl-Gruppe**, gekennzeichnet.

Methanol (CH_3OH) ist das einfachste Alkanol.
Glycol ($C_2H_4(OH)_2$) und **Glycerin** ($C_3H_5(OH)_3$) sind Alkanole, die mehrere OH-Gruppen in ihrer Molekülstruktur haben.

Stoffe als Energieträger

Zeig, was du kannst

1. Woraus sind
a) Erdöl und Erdgas
b) Braun- und Steinkohle
entstanden?

2. Gib die Zwischenschritte bei der Umwandlung der abgestorbenen Pflanzen bis zur Steinkohle an.

3. Nenne je drei Verwendungen von Braun- und Steinkohle.

4. Welches sind die drei Gebiete oder Staaten mit den größten
a) Erdgaslagerstätten,
b) Erdöllagerstätten?

5. Nenne die drei führenden Förderstaaten für
a) Erdgas,
b) Erdöl.

6. Begründe, warum Erdöl im Gegensatz zu Erdgas meist aus dem Boden gepumpt werden muss.

7. Nenne zwei Transportmittel des Erdöls zur Raffinerie.

8. Warum wird Erdgas entschwefelt?

9. Wie wird Erdöl zu Rohöl?

10. Welche Eigenschaft der Rohölbestandteile werden bei der Destillation ausgenutzt?

11. Wie heißen die bei der Destillation getrennten Bestandteile?

12. Wie wird der Rückstand, der bei der Destillation anfällt, weiter verarbeitet?

13. a) Wodurch unterscheiden sich die verschiedenen Fraktionen des Rohöls?
b) Wozu werden sie verwendet?

14. Beschreibe, wie Methan und Kohlenstoffdioxid das Klima auf der Erde beeinflussen.

15. Warum haben Alkane unterschiedliche Aggregatzustände?

16. Warum werden Alkane gecrackt, die aus langkettigen Molekülen bestehen?

17. Erkläre die größere Reaktionsfreudigkeit der Alkene und Alkine gegenüber den Alkanen.

18. Beschreibe die Unterschiede zwischen Propan, Propen und Propin.

19. Zeichne die Isomere von Hexan.

20. Wo kommen in der Natur Alkine vor?

21. Begründe, warum Kohle, Erdöl und Erdgas als Energieträger eigentlich zu wertvoll sind.

22. Stelle Argumente für und gegen nachwachsende Brennstoffe gegenüber.

23. Was bewirken Abgas-Katalysator und Feinstaubfilter?

24. Beschreibe den Kohlenstoffkreislauf über dem Land.

25. Was unterscheidet Brennspiritus von reinem Alkohol?

26. Untersuche die Zutatenlisten von Weißbrot, Orangensaft, Malzbier, Milchschnitten, Pralinen, Kirschtorte und Eiscreme auf eventuellen Alkoholgehalt.

27. Was sind Alkanole? Was ist ihr gemeinsames Kennzeichen?

28. Welche Summenformel hat Ethanol, welche Butanol?

29. Natronlauge (NaOH) und Ethanol sind Stoffe, die in der Formel eine OH-Gruppe enthalten. Vergleiche die chemischen Verbindungen Natronlauge und Ethanol.

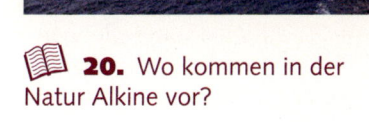

30. Warum ist Ethanol sowohl mit Wasser als auch mit Alkanen mischbar?

Struktur der Materie

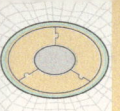

Stoffe al...

Chemisch...

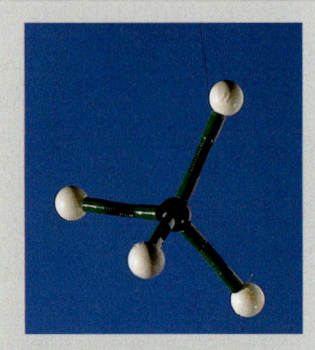

Kohlenwasserstoffmoleküle, unpolare Elektronenpaarbindung

1. a) Welche Bindungen wirken zwischen den Kohlenstoff- und den Wasserstoffatomen im Methanmolekül?
b) Begründe, warum das Molekül insgesamt unpolar ist.

Strukturformeln, funktionelle Gruppe

2. Ethan und Ethanol haben unterschiedliche Eigenschaften.
a) Zeichne die Strukturformel für beide Moleküle.
b) Benenne die funktionelle Gruppe im Alkohol.
c) Erkläre die unterschiedlichen Löslichkeiten von Ethan und Ethanol in Wasser und in Alkanen.

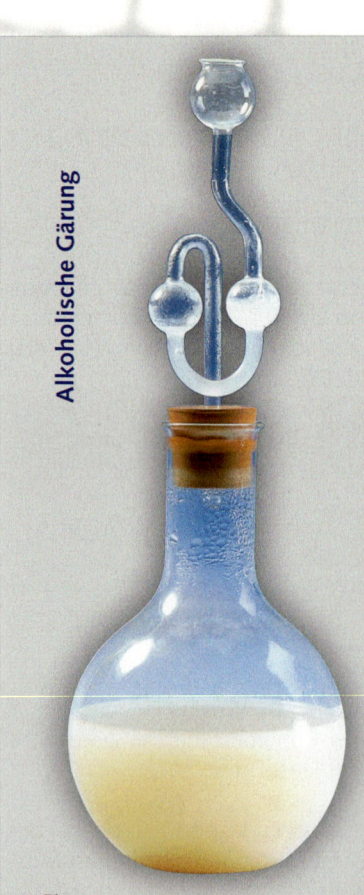

Alkoholische Gärung

3. a) Formuliere die Reaktionsgleichung zur alkoholischen Gärung in Symbolschreibweise.
b) Erkläre, warum es sich dabei um eine **chemische Reaktion** handelt.

Basiskonzepte

Energieträger

Energie

Reaktion

4. a) Erläutere, warum bei **chemischen Reaktionen** manchmal Katalysatoren eingesetzt werden.
b) Wie wird das beim Autoabgaskatalysator ausgenutzt?

Katalysator

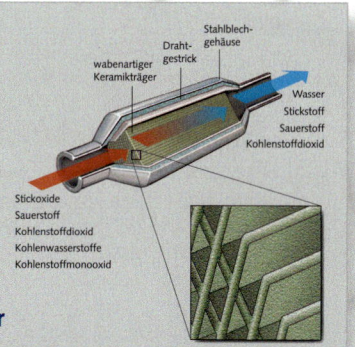

5. Vergleiche verschiedene regenerative und fossile Energieträger in Bezug darauf, wie viel Energie zur Erzeugung, Förderung und Transport nötig ist und wie viel bei der Verbrennung frei wird.

6. Kohlenstoffdioxid ist ein wichtiges Treibhausgas. Zähle Kohlenstoffdioxidquellen auf und nenne Möglichkeiten, den Ausstoß zu verringern.

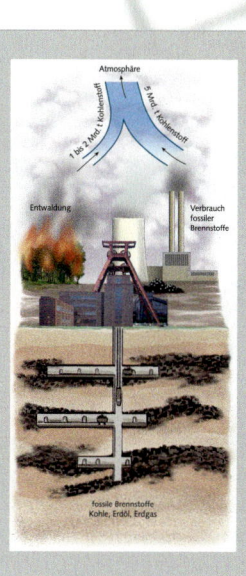

Treibhauseffekt, Energiebilanzen

357

Produkte der Chemie

Es gibt eine große Anzahl von Waschmitteln, zum Beispiel Voll- oder Flüssigwaschmittel, Waschmittel für Wolle oder Feines. Welches Waschmittel ist das richtige?

Kunststoffe haben viele Vorteile. Sie werden in jeder erdenklichen Form angeboten, sind leicht und doch stabil und können gut gereinigt werden.

Kunststoffe haben aber auch Nachteile. Sie verrotten nicht. Sie sind aber Wertstoffe, die recycelt werden können. So werden beispielsweise aus gesammelten PET-Flaschen in einem aufwändigen Verfahren Fleece-Pullover hergestellt.

Vom Wein zum Essig

🔍 **1.** Lass eine Probe Wein zwei Wochen im Warmen stehen. Prüfe dann den Geruch. Was hat sich verändert?

📝 **2.** Beschreibe die Eigenschaften von Essigessenz und nenne Verwendungszwecke.

🔍 **3.** Mische 1 ml Essigessenz mit je 1 ml, 10 ml und 100 ml Wasser. Untersuche die pH-Werte. Was stellst du fest?

🔍 **4. a) Demonstrationsversuch:** In einer Porzellanschale werden 3 ml konzentrierte Essigsäure auf ihre Brennbarkeit untersucht.
b) Nenne das Ergebnis.

1 Verschiedene Essige

🔍 **5.** Gib auf ein Stück Kalkstein einige Tropfen Essigessenz und beschreibe die Reaktion.

🔍 **6. a)** Gib jeweils eine Probe der Metalle Aluminium, Magnesium, Kupfer und Eisen in 10 %ige Essigsäure. Beschreibe die Reaktionen.
b) Welche Vorsichtsmaßnahmen zum Umgang mit Essigessenz sind aus Versuch a) abzuleiten?

🔍 **7.** Lege einige Gurkenscheiben in Essig ein. Lass sie abgedeckt eine Woche stehen. Lege zum Vergleich Gurkenscheiben in Wasser. Welche Wirkung hat der Essig?

📝 **8.** Nenne Speisen und Nahrungsmittel, die Essig enthalten.

📖 **9. a)** Warum kann Essig als Konservierungsmittel eingesetzt werden?
b) Nenne weitere Verwendungen von Essig.

📝 **10.** Zeichne die Strukturformeln von Buttersäure und Palmitinsäure. Nenne jeweils Eigenschaften und Vorkommen der Stoffe.

Essigsäure
Bleibt Wein längere Zeit offen an der Luft stehen, entsteht aus dem darin enthaltenen Ethanol Essig. Essig enthält **Essigsäure.** Die Umwandlung wird durch Essigbakterien bewirkt, die überall in der Luft vorhanden sind.

$$\text{Ethanol} + \text{Sauerstoff} \xrightarrow{\text{Essigsäurebakterien}} \text{Essigsäure} + \text{Wasser}$$

$$C_2H_5OH + O_2 \xrightarrow{\text{Essigsäurebakterien}} CH_3COOH + H_2O$$

Essig wird zum Würzen und Konservieren verwendet. Er ist in vielen Reinigungsmitteln enthalten. Essigsäure ist eine **organische Säure,** die sich in jedem Verhältnis mit Wasser mischt. Sie ist ätzend und wird zum Entkalken von Haushaltsgeräten verwendet. Essigsäure zersetzt viele Metalle. Dabei entstehen **Acetate,** die Salze der Essigsäure.

Aus Kupfer und Essigsäure bildet sich das giftige Kupferacetat, der Grünspan. Essigsaure Speisen dürfen deshalb nicht in Kupfergefäßen aufbewahrt werden.

Chemische Industrie
Die chemische Industrie stellt jährlich weltweit 2 Mio. bis 3 Mio. t Essigsäure her. Diese wird in der Kunststoffproduktion, in Färbereien, in der pharmazeutischen Industrie und zur Herstellung von Reinigungsmitteln eingesetzt.

Die Konzentration bestimmt den Namen
Essigsäure: organische Säure
Essig: Gemisch aus Wasser und Essigsäure mit einem Säureanteil von etwa 5 %
Essigessenz: Gemisch aus Wasser und Essigsäure, mit einem Säureanteil von 25 %
Eisessig: 95 %ige Essigsäure, eine stark ätzende Chemikalie

Produkte der Chemie → S. 400/401

Produkte der Chemie

Name	Formel	Schmelz-temp.	Siede-temp.	Verwendung
Methansäure (Ameisensäure)	H-COOH	8 °C	101 °C	Unterstützung der Milchsäuregärung in Siloanlagen, Lösungsmittel für Kunststoffe, Färberei, Lebensmittelzusatz E236
Ethansäure (Essigsäure)	CH_3-COOH	17 °C	118 °C	Lebensmittelzusatz E260, Konservierungsstoff, Gewürz, Grundchemikalie in der chemischen Industrie
Propansäure (Propionsäure)	CH_3-CH_2-COOH	−21 °C	141 °C	Lebensmittelzusatz E280, Herstellung von Aromastoffen und Schädlingsbekämpfungsmitteln
Butansäure (Buttersäure)	CH_3-$(CH_2)_2$-COOH	−6 °C	164 °C	Herstellung von Aromastoffen, Kunststoffen, Medikamenten, Schädlingsbekämpfungsmitteln
Hexadecansäure (Palmitinsäure)	CH_3-$(CH_2)_{14}$-COOH	63 °C	222 °C	Herstellung von Seife, Zusatzstoff in Schmiermitteln, Herstellung von Wasch-, Reinigungs- und Imprägniermitteln

2 Verschiedene Alkansäuren

Essigsäure und ihre Verwandten

Die Essigsäure gehört wie die Ameisensäure und die Buttersäure zu den **Alkansäuren.** Diese Säuren gehören zu der großen Gruppe der Carbonsäuren. Sie alle sind durch die COOH-Gruppe gekennzeichnet. Diese funktionelle Gruppe heißt **Carboxyl-Gruppe** (Bild 3). Die Namen der Alkansäuren leiten sich von den entsprechenden Alkanen ab.

3 Die Carboxyl-Gruppe, vereinfacht : COOH

So wird die Essigsäure mit ihren zwei Kohlenstoffatomen auch Ethansäure genannt. Die Buttersäure mit vier Kohlenstoffatomen heißt Butansäure. Langkettige Alkansäuren sind Bestandteile der Fette. Sie werden deshalb oft als **Fettsäuren** bezeichnet. Die Hexadecansäure mit 16 Kohlenstoffatomen kommt im Palmöl vor und heißt Palmitinsäure.

■ Essigsäure entsteht mithilfe von Bakterien aus Ethanol. Essigsäure wirkt ätzend, sie zersetzt Kalk und viele Metalle. Alkansäuren sind organische Säuren. Sie enthalten eine COOH-Gruppe. Ihre Namen leiten sich von den entsprechenden Alkanen ab. Langkettige Alkansäuren heißen Fettsäuren.

Saures aus der Küche

Rezept 1: Apfelessig
Mische 1 l Apfelwein mit 1 l Wasser. Gib 10 Tropfen Essig und 40 g Sauerteig vom Bäcker dazu. Rühre gut um, decke mit einem Tuch ab und lass das Gemisch an einem warmen Ort 3 bis 4 Wochen stehen. Filtriere es dann. Das Filtrat ist der fertige Apfelessig.

Rezept 2: Rosmarin-Essig
Wasche zwei Rosmarinzweige und lass sie abtropfen. Gib sie in eine saubere Flasche und gieße 0,5 l Rotweinessig und 100 ml Essigessenz darüber. Lass das Gemisch mindestens 14 Tage ziehen. Danach ist der Würzessig zu verwenden.

4 Zutaten für den Rosmarin-Essig

Carbonsäuren sind lebensnotwendig

Ameisensäure

Vorkommen: Giftsekrete der Ameisen, Quallen und in einigen Pflanzen
Name der Salze: Formiate
Eigenschaften: klare, farblose, stechend riechende Flüssigkeit; in Wasser und Ethanol in jedem Verhältnis mischbar; brennbar, bildet mit Luft explosive Gemische; kann schwere Verätzungen verursachen
Verwendung: Lebensmittelzusatzstoff (E236), Konservierung von Fruchtsäften, Hilfsmittel bei der Textil- und Lederherstellung
Herstellung: aus Natriumhydroxid und Kohlenstoffmonooxid

1. a) Beschreibe die Reaktionen auf der Haut, wenn sie mit Ameisensäure in Berührung gekommen ist.
b) Wie können diese Reaktionen verhindert oder abgeschwächt werden?

Milchsäure

Vorkommen: in Jogurt, Früchten, Sauerkraut; wichtiges Stoffwechselprodukt bei Tier und Mensch
Name der Salze: Lactate
Eigenschaften: klare, farblose, sirupartige Flüssigkeit; fast geruchlos; schmeckt sauer, in Wasser und Ethanol gut löslich
Verwendung: in der Lebensmittelindustrie zur milchsauren Vergärung; Konservierungsstoff, Säuerungsmittel; in Gerbereien zum Behandeln von Fellen und als Hilfsmittel in der Druck- und Färbetechnik
Besonderheiten: wird in der Medizin als verdauungsförderndes Mittel eingesetzt
Herstellung: großtechnisch durch Milchsäuregärung mit verschiedenen Bakterien aus Milch, Molke und zuckerhaltigen Abfällen

4. Was unterscheidet die Milchsäure von der Propionsäure?

Citronensäure

Vorkommen: in Zitrusfrüchten, Beeren, Tabak, Pilzen und Nadelhölzern; spielt eine Rolle beim menschlichen Stoffwechsel
Name der Salze: Citrate
Eigenschaften: weißes, kristallines, sauer schmeckendes Pulver; gut löslich in Wasser und Ethanol
Verwendung: Lebensmittelzusatzstoff (E 330); in Backpulver, in Brauselimonade, in kosmetischen Produkten; beim Färben und Entfärben von Textilien, beim Reinigen und Entkalken
Besonderheiten: Citronensäure enthält drei COOH-Gruppen, es ist eine Tricarbonsäure
Herstellung: aus Citrusfrüchten, mithilfe von Bakterien aus zuckerhaltigen Abfällen aller Art

2. Nenne mindestens zehn Früchte, die Citronensäure enthalten.

3. Citronensäure wurde mit einer E-Nummer belegt. Zu welcher Gruppe von Stoffen gehört sie damit?

Oxalsäure

Vorkommen: Rhabarber, Sauerampfer und Sauerklee, geringe Mengen im Harn
Namen der Salze: Oxalate
Eigenschaften: farb- und geruchlose Kristalle; in Wasser und Ethanol gut löslich
Verwendung: Hilfsmittel in der Färberei; Neutralisationsmittel beim Waschen; Bleichmittel für Textilien und Holz; zur Rostentfernung; Herstellung von Tinte
Besonderheiten: Oxalsäure ist eine Dicarbonsäure, da sie zwei COOH-Gruppen enthält. Befindet sich im Harn aufgrund einer Stoffwechselstörung zuviel Calciumoxalat, bilden sich Blasen- und Nierensteine.
Herstellung: aus Zucker und Salpetersäure oder aus Ameisensäure und Natriumhydroxid

5. Was unterscheidet Oxalsäure von Essigsäure?

6. Wie hieß die Oxalsäure früher und wer hat sie erstmals im Labor hergestellt?

Produkte der Chemie

Chemische Konservierungsmethoden

Lernen im Team

Viele Lebensmittel verderben nach kurzer Zeit und werden ungenießbar. In diesem Projekt sollt ihr Möglichkeiten der Konservierung von Lebensmitteln in der Vergangenheit und heute erkunden, beschreiben und darstellen. Stellt in jeder Gruppe auch die Vor- und Nachteile der Konservierungsmethoden zusammen.

Gruppe 1: Haltbarmachen im Haushalt
Noch heute werden in vielen Haushalten Marmeladen gekocht und Gelees hergestellt. Es werden auch Gurken eingelegt und Pilze getrocknet. Eure Gruppe soll eine Übersicht erstellen, in der möglichst alle Methoden der Konservierung im Haushalt dargestellt sind. Einige davon könnt ihr in der Schulküche selber ausprobieren. Sammelt Rezepte zum Konservieren von Lebensmitteln. Beurteilt deren Qualität im Vergleich zu den jeweiligen frischen Lebensmitteln. Stellt die selbst zubereiteten Lebensmittel in der Klasse vor.

Gruppe 2: Haltbarmachen in Handwerksbetrieben
Der Bäcker setzt genauso wie der Fleischer Verfahren und Stoffe zur Haltbarmachung von Lebensmitteln ein. Auch bei der Verarbeitung von Fisch werden Produkte haltbar gemacht. In einer Molkerei wird Milch mithilfe verschiedener Verfahren haltbarer gemacht. Ihr sollt feststellen, mit welchen Verfahren und Stoffen in diesen Handwerksbetrieben gearbeitet wird. Findet heraus, wie diese Verfahren und Stoffe wirken. Erkundet auch, was sich hinter den E-Nummern verbirgt.

Gruppe 3: Haltbarmachen in der Nahrungsmittelindustrie
Bei der Herstellung von Fischkonserven werden viele verschiedene Konservierungsstoffe eingesetzt. Großbäckereien und Konservenfabriken benutzen ebenfalls Zusatzstoffe zur Haltbarmachung. Welche Konservierungsmittel werden bei der industriellen Lebensmittelproduktion und -verarbeitung eingesetzt? In welchen Produkten sind sie enthalten? Wie und wann werden sie bei der Produktion oder der Verarbeitung zugegeben? In welchen Mengen werden sie dabei eingesetzt?

Gruppe 4: Geschichte des Konservierens
Die mittelalterlichen Seefahrer wären auf ihren langen Reisen verhungert, hätten sie nicht auch gepökeltes Fleisch an Bord gehabt. Auch lange Winter und Dürreperioden konnten Menschen nur überstehen, weil sie haltbar gemachte Lebensmittel als Vorräte hatten. Stellt die Geschichte des Haltbarmachens von Lebensmitteln dar. Erkundet dazu, welche Methoden und Hilfsmittel es für die Haltbarmachung früher gab. Welche Methoden und Stoffe wurden im Laufe der Zeit zusätzlich entwickelt? Was hat sich nicht bewährt? Welche Methoden sind bis heute erhalten geblieben?

Ester

🔍 **1. a) Demonstrationsversuch:** In einem Rundkolben mit Rückflusskühler werden 20 ml konzentrierte Essigsäure ⚠, 20 ml Ethanol 🔥 und 5 ml konzentrierte Schwefelsäure 🧪 15 min erhitzt.
b) Prüfe den Geruch vorher und nachher.

🔍 **2. a) Demonstrationsversuch:** In einem Reagenzglas werden unter dem Abzug zu 2 ml Butansäure (Buttersäure) gleiche Mengen Ethanol und konzentrierte Schwefelsäure 🧪 gegeben und im Wasserbad auf etwa 60 °C erwärmt.
b) Prüfe den Geruch vorher und nachher.

🔍 **3. a) Demonstrationsversuch:** Zu 2 ml Pentanol 🔥⚠ und der gleichen Menge Essigsäure ⚠ werden 0,5 ml konzentrierte Schwefelsäure 🧪 gegeben und vermischt. Die Lösung wird im Wasserbad auf etwa 60 °C erwärmt.
b) Beschreibe deine Beobachtungen.

🔍 **4.** Mische Ethansäure-Ethyl-Ester, jeweils mit Fett, Wachs, Öl, Benzin 🔥🧪⚠ und Wasser. Was stellst du fest?

📖 **5.** Beschreibe die Reaktion von Methansäure und Ethanol zu Methansäure-Ethyl-Ester mithilfe von Strukturformeln.

📖 **6. a)** Wie heißt der Ester aus Butansäure und Methanol?
b) Aus welcher Carbonsäure und aus welchem Alkohol entsteht Propansäure-Butyl-Ester?

Meistens riecht es gut

Der angenehme Geruch vieler Früchte und Aromastoffe wird von Estern hervorgerufen. Ester werden auch als Lösungsmittel für Klebstoffe und Lackfarben eingesetzt.

Ester entstehen aus der Reaktion einer Carbonsäure mit einem Alkohol. Dabei bildet sich auch Wasser. Zugegebene Schwefelsäure wirkt als Katalysator. Sie beschleunigt die Reaktion und verändert sich dabei nicht. Außerdem bindet sie das entstehende Wasser.

1 Schmackhafte Ester

Aus Ethanol und der übel riechenden Butansäure entsteht so Butansäure-Ethyl-Ester, der nach Ananas riecht. Nach Birnen riecht der Ester aus Ethansäure und Pentanol, der Ethansäure-Pentyl-Ester.
Die Ester sind dünnflüssige, leicht flüchtige Flüssigkeiten, wenn sie aus kurzkettigen Carbonsäure- und Alkoholmolekülen entstanden sind.

Mit zunehmender Molekülgröße werden die Ester zähflüssiger. Sie bilden Wachse und Fette.
Aus der großen Anzahl von Carbonsäuren und Alkoholen ergeben sich viele Kombinationsmöglichkeiten. Es gibt eine sehr große Anzahl von Estern.

Esterspaltung

Durch eine Reaktion mit Wasser lassen sich Ester wieder in Carbonsäure und Alkohole zerlegen. Dieser Vorgang heißt **Hydrolyse.** Er ist die Umkehrung der Kondensationsreaktion.

Ethansäure + Ethanol → Ethansäure-Ethyl-Ester + Wasser

Carbonsäure + Alkohol → Ester + Wasser

2 Ester-Synthese ist eine Kondensationsreaktion.

■ Ester entstehen aus einer Carbonsäure und einem Alkohol. Viele Duft- und Aromastoffe, Wachse, Fette und Öle sind Ester.

💿 Produkte der Chemie → S. 400/401

Produkte der Chemie

Weitere Ester

1. Erstelle eine Kurzbiografie von ALFRED NOBEL.

Ein ungewöhnlicher Ester ist Glycerintrinitrat, besser bekannt als **Nitroglycerin**. Dieser Ester entsteht aus Propantriol (Glycerin) und einer anorganischen Säure, der Salpetersäure (HNO_3). Nitroglycerin ist eine hochexplosive Flüssigkeit, die schon auf geringen Druck oder leichte Erschütterungen reagiert. Deshalb wird ein saugfähiges Material mit Nitroglycerin getränkt, um dieses gegen ungewollte Explosionen unempfindlich zu machen. Diesen Sprengstoff hat ALFRED NOBEL (1833–1896) erfunden. Er nannte ihn **Dynamit**.

Fette und Öle sind aus dem Alkanol Glycerin und langkettigen Carbonsäuren aufgebaut. **Fette** sind chemisch betrachtet also Ester. Sie enthalten neben dem Glycerin drei solcher Carbonsäuren, die hier Fettsäuren genannt werden. Fettsäuren sind für die menschliche Ernährung von besonderer Bedeutung.

Olivenöl, Rapsöl, Kürbisöl, Sonnenblumenöl, Butter, Kokosfett, Schweineschmalz

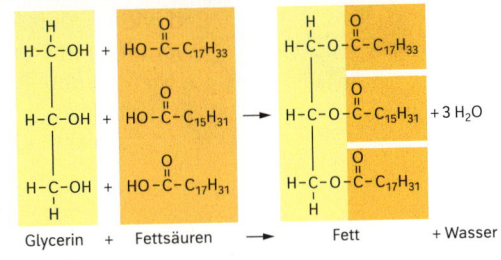

$$\text{Glycerin} + \text{Fettsäuren} \longrightarrow \text{Fett} + \text{Wasser}$$

2. Ungesättigte Fettsäuren gelten als besonders gesund. Welche der Fette und Öle im Bild enthalten besonders viele dieser ungesättigten Fettsäuren? Wie heißen sie?

Name	Geruch	Strukturformel
Methansäure-Ethyl-Ester	Rum	$H-\overset{\overset{O}{\|\|}}{C}-O-C_2H_5$
Ethansäure-Butyl-Ester	Banane	$CH_3-\overset{\overset{O}{\|\|}}{C}-O-C_4H_9$
Ethansäure-Pentyl-Ester	Birne	$CH_3-\overset{\overset{O}{\|\|}}{C}-O-C_5H_{11}$
Benzoesäure-Ethyl-Ester	Pfefferminze	$\langle O \rangle-\overset{\overset{O}{\|\|}}{C}-O-C_2H_5$

Bienenwachs besteht zum größten Teil aus einem Alkohol und Carbonsäuren. Er gehört also in die Gruppe der Ester. Es handelt sich allerdings um ein Gemisch vieler verschiedener Stoffe.

Pinnwand

Lernen im Team

Duft- und Aromastoffe

Düfte beeinflussen unser Leben. Sie sind Reize, denen wir ständig ausgesetzt sind. Sie können anregend oder beruhigend, abstoßend, aber auch verführerisch sein.
Jeder weiß, wie vielfältig Duftstoffe uns im alltäglichen Leben begleiten. Von morgens bis abends, in jeder Situation und an jedem Ort spielen Duft- und Aromastoffe eine wichtige Rolle.

Schon in der Antike waren zahlreiche Wirkungen verschiedener Duft- und Aromastoffe bekannt. Religiöse Feiern und Andachten waren vom Rauch schwelender Kräuter und anderer Duftstoffe begleitet.

In diesem Projekt sollt ihr die Gewinnung natürlicher Duft- und Aromastoffe kennen lernen. Ebenso sollt ihr herausfinden, wie und wozu sie verwendet werden und wie ein Duft komponiert wird. Weiterhin werdet ihr euch mit dem Geruchssinn bei Mensch und Tier befassen. Eine Gruppe soll die Rolle der Düfte in der Geschichte erkunden.

Gruppe 1: Gewinnung aus Naturstoffen
Bei allen Duft- und Aromastoffen wird zwischen künstlichen und natürlichen Stoffen unterschieden.

Findet heraus, wie natürliche Duft- und Aromastoffe gewonnen werden. Hierbei geht es nicht nur um pflanzliche, sondern auch um tierische Rohstoffe.

Aus fast allen Pflanzenteilen – von der Wurzel bis zum Blütenblatt – werden mit unterschiedlichen Verfahren Duft- und Aromastoffe gewonnen. Findet heraus, aus welchen Pflanzen und Pflanzenteilen welche Duftstoffe gewonnen werden.

Erkundet die verschiedenen Gewinnungsverfahren. Die Wasserdampfdestillation ist eines der am häufigsten verwendeten Verfahren. Ihr könnt sie mit geringem Aufwand durchführen. Die Gewinnung von Duftstoffen aus Tierorganen könnt ihr nur theoretisch erkunden. Auch hier gibt es je nach Rohmaterial unterschiedliche Herstellungsverfahren. Stellt die Ausgangsstoffe, die Gewinnungsverfahren und die erhaltenen Produkte übersichtlich dar.

1 Wasserdampfdestillation

Produkte der Chemie

Gruppe 2: Verwendung
Viele Produkte und Gegenstände, mit denen ihr im Alltag zu tun habt, enthalten Duft- und Aromastoffe. Manche sind darin schon natürlich vorhanden, andere werden künstlich zugesetzt.

Auch beim Einkauf spielen Düfte eine wichtige Rolle, denkt nur an den Appetit machenden Duft in einem Obst- und Gemüseladen oder an den anregenden Duft in einer Parfümerie oder Drogerie. Findet Produkte, in denen Duftstoffe vorhanden sind oder denen sie zugesetzt werden. Welche Duft- und Aromastoffe sind es? Welche erwünschten oder nicht erwünschten Wirkungen haben sie? Bildet bei der Darstellung Produktgruppen, in denen ihr mehrere Produkte zusammenfassen könnt.

Erkundet, an welchen Orten und in welchen Situationen Düfte eine wichtige, wenn nicht sogar die entscheidende Rolle spielen. Unterscheidet auch hier, ob die Duftstoffe natürlich vorhanden oder künstlich zugesetzt worden sind. Stellt zusätzlich die Wirkung der Düfte dar und findet heraus, was mit ihrem Einsatz erreicht werden soll. Zur Veranschaulichung eurer Ergebnisse ist es sinnvoll, auch Beispiele von Duft- und Aromastoffen zu präsentieren.

2 Duft- und Aromastoffe bei Lebensmitteln

Gruppe 3: Herstellung eines Parfüms
Das Komponieren eines Parfüms ist eine Kunst. Den Parfümeuren stehen dafür viele einzelne Duftstoffe zur Verfügung (Bild 3). Dabei werden einzelne Duftfamilien unterschieden. Innerhalb der einzelnen Familien wird noch nach Duftnoten unterteilt. Findet heraus, wie ein Duft komponiert wird und welches die grundsätzlichen Bestandteile eines Parfüms sind. Welche Duftfamilien unterscheiden die Parfümeure und aus welchen Düften bestehen diese Familien?

Außerdem sollt ihr herausfinden, welche Duftnoten eines Parfüms unterschieden werden. Wodurch werden diese einzelnen Duftnoten hervorgerufen? Das Ergebnis einer solchen Duftkomposition muss nicht immer ein neues Parfüm sein. Es können zum Beispiel auch Duftzusätze zu Waschmitteln und Kosmetika sein.
Zur Ergänzung der Darstellung eurer Ergebnisse ist es sinnvoll, zu einzelnen Duftfamilien auch genaue Rezepte anzugeben oder selber einzelne Parfüms herzustellen. Anleitungen dazu findet ihr in vielen Büchern für selbst hergestellte Kosmetika.

3 „Duftorgel"

Lernen im Team

Gruppe 4: Der Geruchssinnn
Lebewesen unterscheiden Duftstoffe über ihren Geruchssinn. Findet heraus und stellt dar, wie er funktioniert und welche Rolle er spielt. Dient er nur zur Orientierung oder hat er noch andere Aufgaben? Stellt den Weg der Reizung der Sinneszellen bis zur Wahrnehmung eines Geruches dar.

Haben eigentlich alle Lebewesen einen Geruchssinn und warum gibt es überhaupt Düfte in der Natur? Beschreibt die Geruchsorgane verschiedener Lebewesen und vergleicht deren Leistungsfähigkeit. Wie verhält es sich mit der Leistungsfähigkeit unseres Geruchssinns?

Wie viele Düfte könnt ihr selbst unterscheiden? Untersucht, ob es beim Menschen eine Wahrnehmungsschwelle für verschiedene Gerüche gibt. Welche Reaktionen lösen bestimmte Gerüche aus? Findet dazu mehrere Beispiele.

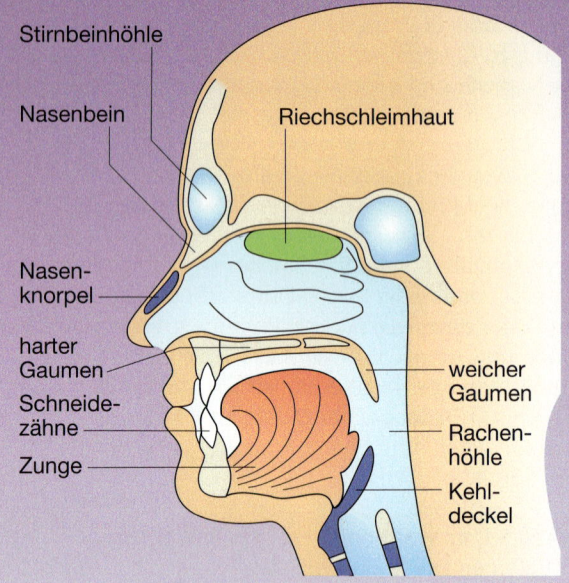

4 Geruchssinn des Menschen

Gruppe 5: Düfte in der Geschichte
Eine frühe Verwendung von Duftstoffen dürfte wohl die bei der Verehrung von Göttern gewesen sein. Sicher wurde durch den Duft von Räucherkerzen, Weihrauch und Myrrhe auch die Verbindung zu ihnen gesucht.

Findet heraus, welche Rolle Düfte in der Geschichte der Religionen spielen und stellt es übersichtlich dar. Erkundet Verwendungen aber nicht nur hier, sondern auch im Bereich der Medizin und der Kosmetik, denn hier wurden ebenfalls Duftstoffe in vielfältiger Form eingesetzt.

Gewürze enthalten Duft- und Aromastoffe für die Zubereitung der Nahrung. Ihre Verwendung ist schon sehr lange bekannt. Über Handelsstraßen kamen Gewürze aus vielen Ländern nach Europa. Später wurden aus den Kolonien Gewürze importiert. Welche Gewürze wurden hier ab wann verwendet? Auf welchen Wegen kamen sie zu uns? Welche Speisen wurden damit zubereitet?

Stellt eine Sammlung von Gewürzen zusammen. Ergänzt eure Aufstellung durch Informationen über das Herkunftsland, den Verwendungszweck und die Wirkung.

5 Religiöse Bedeutung von Duftstoffen

Produkte der Chemie

Waschcreme & Co.

Pinnwand

Waschcreme für empfindliche Haut

- **Zutaten der Fettphase:**
  - 22 g   Emulsan II
  - 5 g   Cetylalkohol
  - 70 ml   Sojaöl
- **Weitere Zutaten:**
  - 45 ml destilliertes Wasser
  - 45 ml Glycintensid H T
  - 3 g   Odex
  - 35 Tropfen Meristim-Extrakt
  - je nach gewünschtem Duft bis zu 10 Tropfen eines Parfümöls.
- **Herstellung:**
  Erhitze das Wasser und die Bestandteile der Fettphase und gibt dazu das 80 °C heiße Glycintensid H T. Rühre um, bis die Mischung auf 30 °C abgekühlt ist. Setze dann den Meristem-Extrakt und das Parfümöl zu. Dieses Gemisch ist etwa einen Monat haltbar. Möchtest du die Waschcreme nur zur Gesichtsreinigung benutzen, kannst du den Deowirkstoff Odex weglassen.

Gesichtswasser für fettige Haut

- **Zutaten:**
  - 80 ml   Wasser
  - 0,5 g Allantoin
  - 2 ml   Zi Cao
  - 3 g   D-Panthenol 75
  - 12 ml   kosmetisches Haarwasser D 95 %
  - 30 Tropfen Meristim-Extrakt
- **Herstellung:**
  Erhitze das Wasser bis zum Sieden und lass es dann abkühlen, bevor du das Allantoinpulver darin löst. Gib dann die angegebenen Zusätze der Reihe nach in der richtigen Menge hinzu. Rühre nach jedem Zusatz um.
  In einem geschlossenen Gefäß aufbewahrt, hält sich das Gesichtswasser zwei Monate.

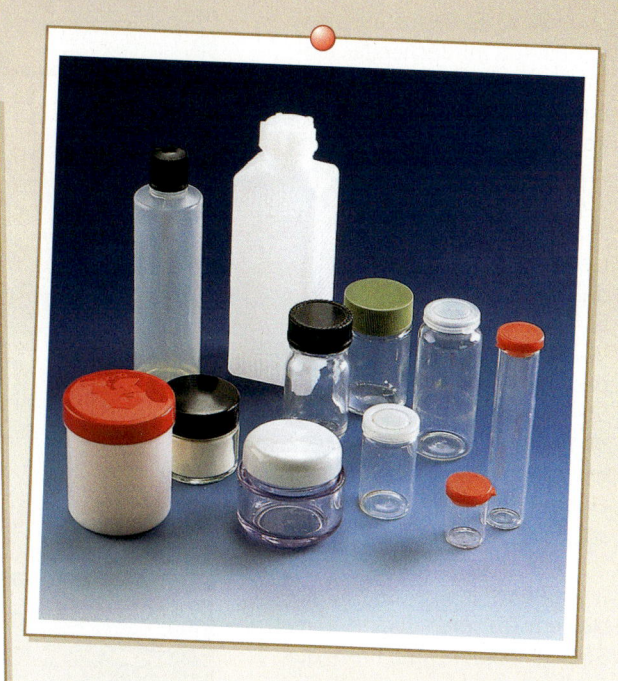

Reinigungsmilch

- **Zutaten der Fettphase:**
  - 22 g   Emulsan II
  - 80 ml   Sonnenblumen- oder Sojaöl
  - 5 g   Sanfteen
- **Weitere Zutaten**
  - für 80 ml Reinigungsmilch:
  - 20 g   der Fettphase und
  - 60 ml   destilliertes Wasser
  - 4 Tropfen Parfüm- oder Salbenöl
  - 8 Tropfen Paraben K
- **Herstellung:**
  Erhitze die Fettphase auf 70 °C und gieße sie dann auf das etwa 80 °C erhitzte Wasser. Rühre sorgfältig um bis die Mischung auf etwa 30 °C abgekühlt ist. Gib dann Parfümöl und Paraben hinzu.
  Die Reinigungsmilch ist in einem geeigneten Gefäß etwa einen Monat haltbar.

1. Suche und notiere gemeinsame Bestandteile von Wasch- und Pflegemitteln.

2. Beschreibe die Wirkungsweise von mindestens fünf Bestandteilen der selbst hergestellten Kosmetika

Seife und ihre Herstellung

🔍 **1.** Miss den pH-Wert von Seifenlösungen und anderen Wasch- und Reinigungslösungen. Stelle die Ergebnisse in einer Tabelle zusammen und versuche, den Unterschied zu erklären.

🔍 **2. a)** Fülle ein Reagenzglas zur Hälfte mit destilliertem Wasser, ein zweites mit kalkhaltigem Wasser. Gib in jedes Glas 5 Tropfen Seifenlösung. Schüttle kräftig und vergleiche.
b) Gib zum kalkhaltigen Wasser weiter Seifenlösung, bis so viel Schaum entsteht wie beim destillierten Wasser. Mit welchem Wasser lässt sich besser waschen?
c) Wiederhole Versuch a) mit Spülmittellösung und vergleiche.

🔍 **3. a)** Erwärme in einem hohen 400 ml-Becherglas ein Gemisch aus 10 g Fett und 5 ml destilliertem Wasser, bis das Fett geschmolzen ist. Gieße unter ständigem Umrühren vorsichtig 20 ml 20%ige Natronlauge hinzu. Koche dieses Gemisch etwa 20 min lang (Bild 1A).
b) Ersetze das verdampfte Wasser nach und nach durch destilliertes Wasser. **Vorsicht, Spritzgefahr!**
c) Gieße die zähflüssige Masse in ein 250 ml-Becherglas, das zur Hälfte mit gesättigter Kochsalzlösung gefüllt ist (Bild 1B). Schöpfe die oben schwimmende Masse nach einiger Zeit ab. Gib sie zum Trocknen in eine leere Streichholzschachtel. Prüfe den Erfolg des Versuches durch Aufschäumen mit destilliertem Wasser in einem Reagenzglas (Bild 1C).
d) Was hast du hergestellt?

📖 **4.** Wozu wird Kochsalzlösung bei der Seifenherstellung benötigt?

Ausgangsstoffe für Seife

Seife wird aus tierischen Fetten und pflanzlichen Ölen hergestellt. Außerdem werden Natronlauge (NaOH) oder Kalilauge (KOH), Wasser und Kochsalz benötigt.

Für die Herstellung hochwertiger Seifen werden vor allem Kokosfett und Palmöl verwendet. Die daraus hergestellten Feinseifen schäumen besonders gut. Eine Seifenlösung ist alkalisch. Zusammen mit hartem, also kalkhaltigem Wasser bildet sich unlösliche Kalkseife.

2 Rohstoffe zur Seifenherstellung

1 Seifenherstellung im Labor

Seifenherstellung

Zur Seifenherstellung wird Fett oder Öl mit Natronlauge längere Zeit gekocht, bis sich eine Seifenlösung bildet. Dann wird Kochsalzlösung hinzugegeben, in der sich die Seife nicht auflösen kann. Es entsteht feste Kernseife. Wird Kalilauge anstelle der Natronlauge für die Verseifung verwendet, entsteht Schmierseife.

Fett ist aus Fettsäuren und Glycerin aufgebaut. Bei der **Verseifungsreaktion** wird das Fett in seine Bestandteile zerlegt. Seifen sind Natrium- oder Kaliumsalze der Fettsäuren. Als Nebenprodukt fällt Glycerin an.

Verseifung
Fett + Lauge → Seife + Glycerin

■ Durch Verseifung entstehen aus tierischen Fetten oder pflanzlichen Ölen und einer Lauge Seife und Glycerin. Mit Natronlauge entsteht feste Seife, mit Kalilauge entsteht Schmierseife.

Produkte der Chemie

Industrielle Seifenherstellung

Streifzug

1 Siedende Seife

Seife wird in einem kontinuierlichen Prozess aus pflanzlichen und tierischen Fetten und Ölen sowie starken Laugen hergestellt. In großen Kesseln werden die Fette und Öle auf etwa 130 °C erhitzt. In Druckkesseln, den Verseifungskesseln, werden sie dann mit einer Lauge vermischt. Unter hohem Druck, der durch den zugeführten heißen Wasserdampf entsteht, bilden sich Seife und Glycerin. Nach der Abtrennung von Glycerin und Laugenresten werden der Seife Konservierungsstoffe zugegeben.

2 Seifenspäne mit Zusätzen

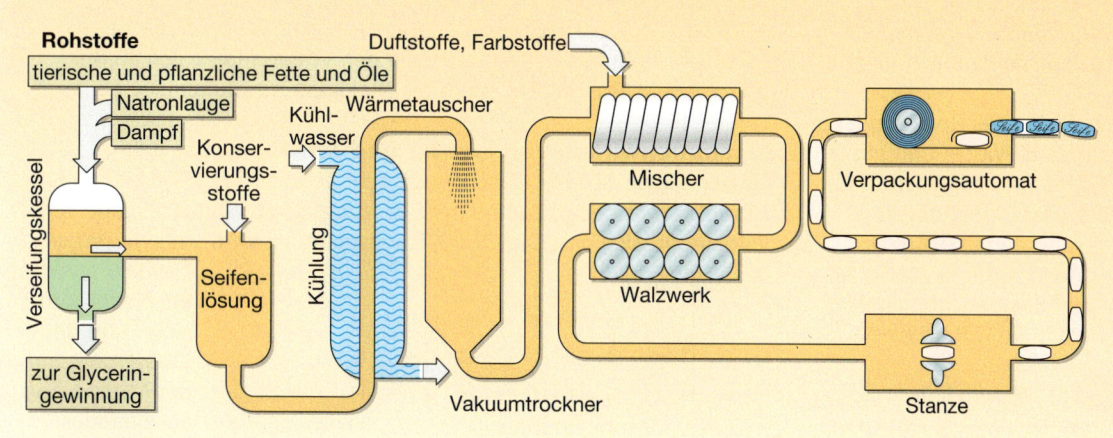

3 Herstellung von Seife

Die heiße Masse wird gekühlt. Anschließend wird sie in einem Vakuumtrockner bis zu einem genau festgelegten Wassergehalt getrocknet. Im Mischer kommen Duft- und Farbstoffe sowie Hautpflegemittel hinzu. Die fertige Seife verlässt das Walzwerk in einem Strang. Daraus werden in der Stanze die einzelnen Seifenstücke geformt. In Verpackungsautomaten werden sie handelsfertig abgepackt. Je nach Art der verwendeten Rohstoffe können alle Seifenarten industriell hergestellt werden.

4 Seifenstrang

5 Fertige Seifenstücke

Wie reinigen Tenside?

🔍 **1. a)** Lege erst eine Büroklammer auf ein Stück Löschpapier, dann das Papier mit Büroklammer vorsichtig auf die Wasseroberfläche. Warte, bis das nasse Papier nach unten sinkt.
b) Füge einige Tropfen Seifen- oder Spülmittellösung hinzu. Beschreibe deine Beobachtungen.
c) Wiederhole den Versuch mit einer Nähnadel.

🔍 **2. a)** Gib so lange tropfenweise Wasser auf eine leicht eingefettete Glasscheibe, bis ein möglichst hoher Berg entsteht.
b) Wiederhole Versuch a), nimm aber statt Wasser eine stark verdünnte Spülmittellösung.
c) Erkläre deine Beobachtungen.

🔍 **3.** Fülle zwei Reagenzgläser zur Hälfte mit Wasser und gib jeweils 1 ml Speiseöl hinzu. Gib in eines der Gläser 15 Tropfen Seifenlösung. Verschließe die Gläser und schüttle sie. Stelle sie dann ab und beobachte eine Zeit lang. Erkläre die Unterschiede.

📖 **4. a)** Warum lagern sich in einer Tensidlösung die von einer Faser abgelösten Öltröpfchen nicht wieder auf der Faser ab?
b) Warum lagern sich die abgelösten Schmutzteilchen nicht wieder zu größeren Schmutzteilchen zusammen?

📖 **5.** Welche Eigenschaften des Wassers nutzt ein Wasserläufer aus, der sich auf der Wasserfläche bewegt (Bild 4)?

📝 **6.** Welche Art von Verschmutzung lässt sich mit Seife gut, welche weniger gut entfernen?

📝 **7.** Warum ist die Waschwirkung in warmem Wasser besser als in kaltem?

1 Ein „Wasserberg"

2 Seifenlösung emulgiert Öl.

Wasser hat eine Haut
Du kannst eine Nadel auf einer Wasseroberfläche zum Schwimmen bringen, obwohl Stahl schwerer ist als das Wasser. Auf einer Münze kannst du einen „Wasserberg" erzeugen (Bild 1). Wasser verhält sich in solchen Fällen so, als hätte es eine Haut. Diese Eigenschaft des Wassers wird **Oberflächenspannung** genannt. Sie beruht auf den starken Anziehungskräften zwischen den Wassermolekülen an der Oberfläche. Diese Kräfte halten die Moleküle zusammen.

Zusammenwirken von Wasser und Tensiden
Wasser alleine ist zum Waschen schlecht geeignet. Es kann fettigen Schmutz nicht benetzen und perlt wirkungslos ab. Durch Zugabe von Seife ändert sich das. Die Oberflächenspannung wird stark verringert. Deshalb geht die Nadel sofort unter und der Wasserberg auf der Münze läuft auseinander. Das Wasser eignet sich jetzt besser zum Waschen.

Der Grund für die Veränderung liegt im Bau der **Seifen-**

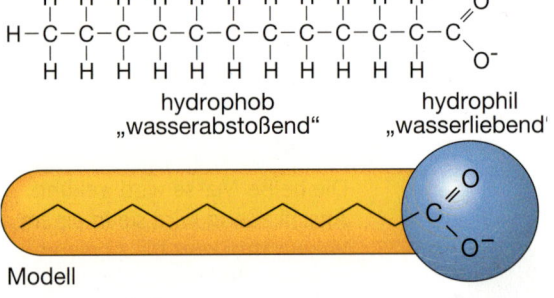

3 Bau eines Seifenanions

anionen. Sie bestehen aus einer langen Kohlenwasserstoffkette mit einer meist elektrisch negativ geladenen Gruppe am Ende (Bild 3). Die Kohlenwasserstoffkette stößt Wassermoleküle ab, sie ist wasserfeindlich (hydrophob), aber dafür fettfreundlich. Das negativ geladene Ende zieht Wassermoleküle an, es ist wasserfreundlich (hydrophil). Ein Seifenmolekül hat also zwei gegensätzliche Eigenschaften.

Allgemein werden alle Stoffe, die wie die Seife die Wasseroberfläche entspannen, **Tenside** genannt. Synthetische Tenside bilden mit hartem Wasser keine Kalkseife. Ihre Lösung ist im Gegensatz zur Seifenlösung neutral.

Produkte der Chemie

Wirkung der Tenside

Die Verringerung der Oberflächenspannung und die Waschwirkung lassen sich mit den besonderen Eigenschaften der Tensidmoleküle erklären. In einer Tensidlösung ragen die wasserfeindlichen Enden der Tensidlösung aus der Oberfläche der Lösung (Bild 5). Die Anziehungskräfte zwischen den Molekülen in dieser Lösung sind aber viel geringer als die Anziehungskräfte zwischen den Wassermolekülen. Deshalb hat die Tensidlösung eine geringere Oberflächenspannung.

Die Waschwirkung beruht außerdem darauf, dass die wasserfeindlichen Enden der Tensidmoleküle in die meist fettigen Schmutzteilchen eindringen und sie von den Fasern ablösen. Öliger Schmutz wird dann fein verteilt in der Schwebe gehalten, er wird **emulgiert** (Bild 6). Fester Schmutz wird in kleinere Schmutzteilchen zerteilt, er wird **dispergiert**.

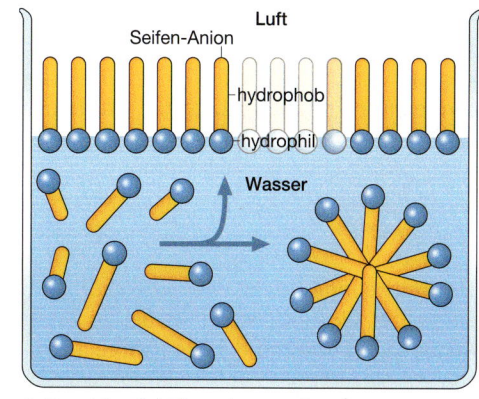

5 Tensidmoleküle ordnen sich im Wasser an.

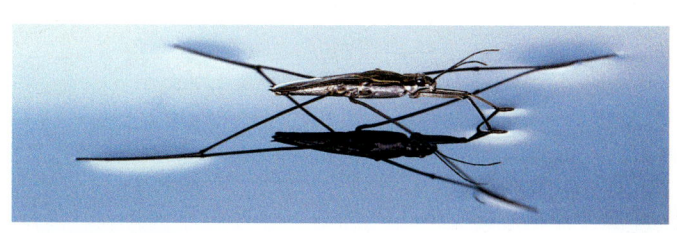

4 Ein Wasserläufer

■ Tenside verringern die Oberflächenspannung der Wassers. Tensidmoleküle haben ein wasserfreundliches und ein wasserfeindliches Ende. Dadurch können sie Schmutz ablösen und emulgieren. Darauf beruht die Reinigungswirkung der Seife.

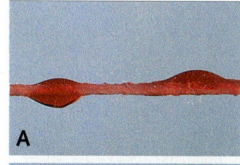

Anlagern: In einer ölverschmutzten Faser dringen die Tensidmoleküle mit den wasserfeindlichen Enden in das Öl ein. (A)

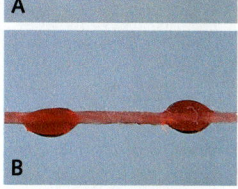

Zusammenschieben: Die wasserfreundlichen Enden der Tensidmoleküle ragen in das Wasser. Das Öl wird benetzt und zusammengeschoben. (B)

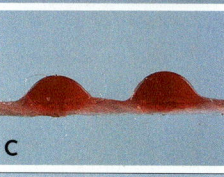

Tropfenbildung: Es bilden sich Öltröpfchen. Auch die Faser ist mit Tensidmolekülen bedeckt.

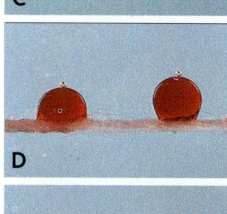

Ablösen: Öltröpfchen und Faser sind jetzt negativ geladen und stoßen sich voneinander ab. Die Öltröpfchen beginnen sich abzulösen. (D)

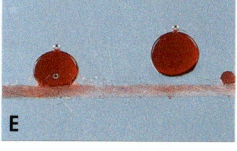

Emulgieren: Die Faser ist sauber. Das Öl ist in kleine Tröpfchen zerteilt, die sich gegenseitig abstoßen. (E)

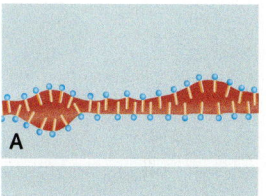

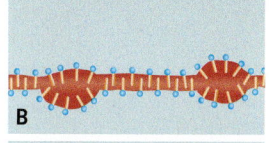

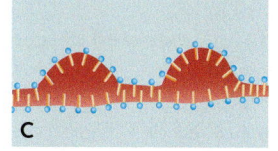

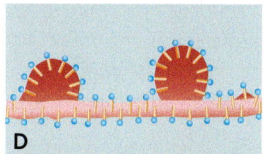

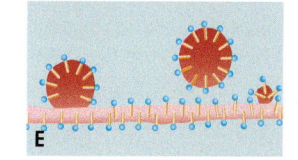

6 Waschvorgang bei einer ölverschmutzten Faser

Tenside aus nachwachsenden Rohstoffen

Ursprünglich wurden Tenside aus Erdöl hergestellt. Da die Erdölvorräte begrenzt sind, wurden Techniken entwickelt, Tenside aus nachwachsenden Rohstoffen herzustellen. Das hydrophile Ende der Tenside kann bei der Herstellung aus nachwachsenden Rohstoffen aus Zucker, das hydrophobe Ende aus Palmkernöl oder Kokosfett hergestellt werden. Allerdings müssen zur Herstellung dieser Tenside zusätzlich giftige Stoffe wie Phenole und Benzole eingesetzt werden.

Umweltfreundlicher ist die Produktion von Tensiden mithilfe spezieller Hefepilze. Diese Hefepilze werden in einer Nährlösung aus Wasser, Pflanzenöl, Zucker und Salzen eingelagert. Den größten Teil des Öls spalten die Hefepilze in Fettsäuren und Glycerin auf. Die Fettsäuren nehmen die Hefepilze während ihres Wachstums auf und wandeln sie später in Tenside um. Sie werden dann in einem jetzt noch sehr aufwändigen Verfahren von den Beimischungen getrennt.

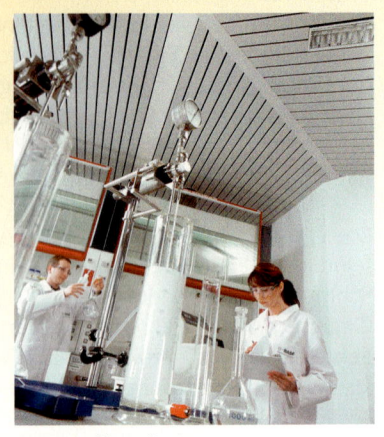

1 Tensidforschung

Herstellung von Seifenblasen

2 Riesenseifenblase

Material
– Löffel, kleiner Eimer, Draht (1 mm bis 3 mm dick), Mullbinde, Trinkhalm
– flüssige Schmierseife, Puderzucker, Tapetenkleister,
– warmes destilliertes Wasser

Duchführung
Vermische 1 l warmes Wasser mit $\frac{1}{2}$ l flüssiger Schmierseife. Gib dann 50 g Puderzucker und 10 g Tapetenkleister dazu. Rühre die Mischung sehr gut durch und lass sie dann etwa 6 h ruhen.

Biege aus dem Draht einen Ring mit einem Durchmesser von etwa 15 cm und umwickele ihn mit einer Mullbinde. Du erhältst Riesenseifenblasen, wenn der Ring nach dem Eintauchen in die Lösung mit Schwung aus der Lösung wieder herausgezogen wird.

Wenn du die Lösung ohne Puderzucker und Tapetenkleister herstellst, erhältst du mithilfe eines Trinkhalmes kleinere Seifenblasen. Dazu muss die Lösung nur abkühlen.

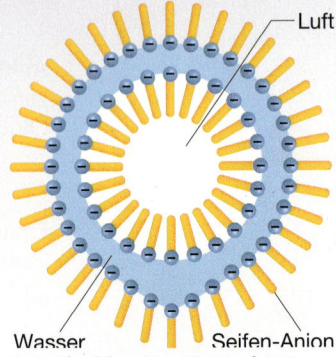

Seifenblasen sind Micellen
Wird Luft in eine Seifenlösung gepustet, bildet sich ein stabiler Schaum. Ursache hierfür ist der besondere Aufbau der Tensidmoleküle. Wenn ein Tensid in Wasser gelöst wird, umgibt sich das Wasser liebende Ende mit vielen Wassermolekülen. Das lange, hydrophobe Ende stößt die Wassermoleküle ab. Er kann sich nur mit gleichen Molekülen zusammenlagern.

Die Tensidmoleküle ordnen sich daher kugelförmig an. Dieses Gebilde heißt **Micelle**. Füllt sich die Micelle mit Luft und lagert sich eine weitere Schicht Seifenanionen an, kann sich eine Seifenblase bilden.

3 Seifenblase im Querschnitt

Produkte der Chemie

Entwicklung der Seifenherstellung

Ein Liter Öl und die fünfeinhalbfache Portion Pottasche – so lautet eine Inschrift auf einer Tonschiefertafel. Dieses älteste Rezept zur Herstellung von Seife ist fast 5000 Jahre alt und wurde in sumerischer Keilschrift verfasst. Die Sumerer setzten damit erstmals eine Chemikalie zur Reinigung von Textilien ein. Auch für medizinische Zwecke, zum Beispiel zur Behandlung von Hauterkrankungen, verwendeten sie Seife.

Im alten Ägypten wurde Soda, das in ausgetrockneten Salzseen oder als Bodenkruste gefunden wurde, zusammen mit tierischen Fetten oder pflanzlichen Ölen gekocht. Auch die Ägypter benutzten ihre Seife zur Reinigung von Textilien und im medizinischen Bereich.
Die Römer lernten die Seife bei den Galliern und Germanen kennen, wie ein römischer Geschichtsschreiber im 1. Jahrhundert n. Chr. berichtet. Hier wurde die Seife zunächst als Schönheitsmittel verwendet, zum Beispiel als Haarfestiger. Mit Farbstoffen versetzte Seife wurde als Haarfärbemittel eingesetzt. Erst über hundert Jahre später wurde von einem römischen Arzt vom Einsatz der Seife als Waschmittel für Körper und Textilien berichtet.

Die Seifenherstellung aus Natron- oder Kalilauge und tierischen oder pflanzlichen Ölen und Fetten wurde von den Arabern nach Europa gebracht. In Südfrankreich wurden den Seifen erstmals Duftstoffe zugesetzt, die aus verschiedenen Pflanzen gewonnen wurden. Die so entstandene Toilettenseife war sehr teuer und fand als Luxusartikel in Fürsten- und Königshäusern Verbreitung. Für den größten Teil der Bevölkerung war Seife unbezahlbar. Erst im 18. Jahrhundert wurden verschiedene preiswerte Verfahren zur Seifenherstellung entwickelt. Es begann die industrielle Produktion der Seife. Sie wurde ein preiswertes Massenprodukt.

Heute gibt es ein großes Angebot verschiedener Seifen. Es gibt Seifen mit speziellen, medizinischen Wirkstoffen, Seife zum Vorreinigen von Flecken auf der Kleidung und Seifen zur Bodenreinigung vom Holzfußboden bis zur Fliesenpflege. Weil Seife aber leicht alkalisch ist, wird sie von Menschen mit empfindlicher Haut nicht vertragen. So werden heute oft Waschcremes verwendet, die anstelle von Seife synthetische Tenside und Hautpflegemittel enthalten. Diese Tenside werden aus Erdöl gewonnen.

1 Seifensieden im Mittelalter

2 Werkstatt eines Seifensieders im Mittelalter

Bestandteile der Vollwaschmittel

1. Nenne außer dem Vollwaschmittel drei weitere Waschmitteltypen.

2. a) Nenne die verschiedenen Arten von Verschmutzungen.
b) Gib an, welcher Bestandteil des Waschmittels für die Beseitigung der Verschmutzung jeweils eingesetzt wird.

Verschmutzte Kleidung

Die Verschmutzung von Kleidungsstücken besteht aus unterschiedlichen Stoffen, die sich an den Textilfasern festgesetzt haben. Sie sollen durch das Waschen entfernt werden.
Die Verschmutzungen lassen sich in fünf Gruppen einordnen:
– feste, nicht wasserlösliche Schmutzteilchen,
– fett- oder ölhaltiger Schmutz,
– eiweißhaltiger Schmutz,
– kohlenhydrathaltiger Schmutz,
– farbstoffhaltiger Schmutz.

1 Die Hose muss in die Wäsche.

Für jede Schmutzart etwas

Meistens ist die Kleidung nicht nur mit einer Schmutzart verunreinigt, sondern mit verschiedenen. Deshalb setzen sich die Waschmittel aus unterschiedlichen Komponenten zusammen. Diese sind jeweils auf eine bestimmte Schmutzart abgestimmt und können so zusammen das Kleidungsstück reinigen. Pro Jahr werden allein in Deutschland über 700 000 t Waschmittel eingesetzt.

Hauptbestandteile der Vollwaschmittel

Tenside: Sie verringern die Oberflächenspannung des Wassers, lösen fett- und ölhaltige Stoffe ab und halten Schmutzteilchen in der Schwebe. Ihr Anteil liegt zwischen 20 % und 40 % des Waschmittels.

Enthärtungsmittel: Sie bestehen aus Natriumaluminiumsilicaten und verhindern Kalkablagerungen auf dem Gewebe und in der Waschmaschine. Der Anteil liegt zwischen 20 % und 30 %.

Bleichmittel: Sie zerstören Farbstoffe durch Oxidation mit Sauerstoff. Hauptbestandteil ist Natriumpercarbonat, das bei Temperaturen über 60 °C Wasserstoffsuperoxid entwickelt. Da aber auch bei niedrigeren Temperaturen gewaschen wird, wird zusätzlich noch TAED (**T**etra**a**c**e**tyl**e**thylen**d**iamin) zugegeben. Dadurch entsteht schon bei 30 °C Wasserstoffsuperoxid. Der Anteil beträgt zwischen 15 % und 25 %.

Enzyme: Sie beschleunigen den Abbau von eiweiß- und kohlenhydrathaltigen Stoffen. Ihr Anteil liegt zwischen 0,3 % und 1 %.

Optische Aufheller: Wäsche vergilbt leicht. Die optischen Aufheller wandeln das für das menschliche Auge unsichtbare ultraviolette Licht in blaues Licht um. Zusammen mit dem Gelbstich der Wäsche entsteht dadurch ein strahlendes Weiß. Der Anteil liegt unter 1 %.

Stellmittel: Die Stellmittel verhindern ein Verklumpen des Waschpulvers. Für den Waschvorgang spielen sie keine Rolle. Der Anteil liegt zwischen 0 % und 20 %. In flüssigen Waschmitteln wird auf sie verzichtet.

Duftstoffe: Sie sollen den Geruch der anderen Bestandteile überdecken und die Wäsche angenehm sauber duften lassen.

2 Nun ist sie wieder sauber!

Neben den Vollwaschmitteln gibt es Spezialwaschmittel. Außerdem werden Baukastensysteme angeboten, mit deren Hilfe das Waschmittel auf die speziellen Erfordernisse abgestimmt werden kann.

■ Vollwaschmittel bestehen aus verschiedenen Bestandteilen. Deren Aufgabe besteht darin, Verschmutzungen zu entfernen, Vergilben zu vertuschen und der Wäsche einen frischen Geruch zu verleihen.

Produkte der Chemie

Wirkungen der Waschmittelbestandteile

Praktikum

1. Natriumperborat bleicht

Materialien
4 Reagenzgläser, Reagenzglasständer, Brenner, Spatel, Reagenzglashalter, Baumwolllappen, Thermometer, Wasser, Natriumperborat, Vollwaschmittel, schwarzer Johannisbeersaft

Durchführung
a) Verdünne 2 ml Saft mit der gleichen Menge Wasser in einem Reagenzglas. Gib eine Spatelspitze Natriumperborat dazu und erwärme auf über 50 °C. Beschreibe deine Beobachtung. Welche Wirkung hat das Bleichmittel Natriumperborat?
b) Wiederhole a) ohne Erhitzen und lass das Reagenzglas bis zum nächsten Morgen stehen. Welchen Einfluss hat die Temperatur auf die Bleichwirkung?
c) Betropfe den Baumwolllappen mit Saft. Lass den Fleck trocknen. Stopfe den Lappen locker in ein Reagenzglas. Fülle mit Wasser auf, bis er bedeckt ist. Gib eine Spatelspitze Natriumperborat dazu. Erhitze auf etwa 50 °C.
d) Wiederhole Versuch c) mit einem Vollwaschmittel und vergleiche die Ergebnisse.

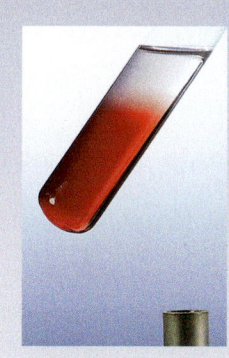

1 Bleichen

2. Seife bremst Schaum

Materialien
2 Bechergläser (600 ml, hohe Form), 3 Glasstäbe, 100 ml-Becherglas, Wasser, Badezusatz, Feinseife

Durchführung
Bereite in dem 100 ml-Becherglas eine Lösung aus etwa 50 ml Wasser und mehreren kleinen Stückchen Feinseife.
Stelle dann in beiden 600 ml-Bechergläsern eine aufgeschäumte Lösung aus etwa 400 ml Wasser und 2 bis 3 Tropfen Badezusatz bereit. Der Schaum sollte durch kräftiges Rühren feinporig und steif sein.
Gib nun zu einer dieser Lösungen unter Umrühren tropfenweise Seifenlösung. Was beobachtest du?

3. Waschmittellösung verhindert Pflanzenwachstum

Materialien
2 Petrischalen, 2 Tropfpipetten, 150 ml-Becherglas, Glasstab
Wasser, Kressesamen, Watte, Vollwaschmittel, Flüssigdünger

Durchführung
a) Bedecke den Boden beider Petrischalen mit Watte und feuchte sie mit Wasser an. Streue in jede Schale etwa 20 Kressesamen und bedecke diese wieder mit einer dünnen Schicht Watte. Halte die Watte feucht und warte, bis die Pflanzen etwa 1,5 cm groß geworden sind.
b) Gib dann zu einer Schale täglich 10 Tropfen einer Lösung des Vollwaschmittels und zu der anderen die gleiche Menge verdünnten Flüssigdünger. Halte die Watte weiterhin feucht und vergleiche das Pflanzenwachstum nach 5 Tagen. Welche Wirkung haben die zugesetzten Lösungen?
c) Was lässt sich aus diesem Ergebnis über die Wirkung von Waschmitteln auf Pflanzen ableiten?

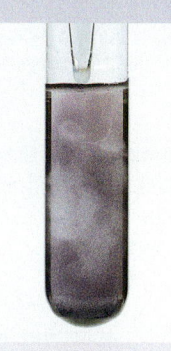

4. Pepsin klärt auf, Amylase entfärbt

Materialien
250 ml-Becherglas, Reagenzglas, Reagenzglasständer, Glasstab, Spatel, Wasser, Quark, Amylase-Lösung, Pepsin, Iod-Kaliumiodidlösung, Stärkepulver

2 Entfärben

Durchführung
a) Verrühre im Becherglas etwa 100 ml Wasser und zwei Spatelspitzen Quark, bis eine milchige Flüssigkeit entsteht. Gib dann 2 Tropfen Pepsin in diese Flüssigkeit. Welche Wirkung hat das Enzym Pepsin?
b) Verdünne im Reagenzglas 5 Tropfen Iod-Kaliumiodidlösung mit 5 ml Wasser und gib eine halbe Spatelspitze Stärkepulver hinzu. Schüttle, bis eine blauviolette Lösung entsteht. Gib dann 3 Tropfen Amylase-Lösung hinein. Welche Wirkung zeigt das Enzym Amylase?

Lernen im Team

Waschmittel – Waschen ohne Seife

Vom Feinwaschmittel oder Vollwaschmittel bis zum Baukastensystem sind viele unterschiedliche Waschmittel im Handel. Flüssige Waschmittel, Waschpulver oder Waschmittel in Form kleiner Perlen sind übliche Handelsformen.

Ob hartes oder weiches Wasser, ob 30 °C-, 60 °C- oder 95 °C-Wäsche, ob weiße Wäsche, Buntwäsche oder ob Natur- oder Kunstfasern, für jede Wäsche gibt es ein geeignetes Waschmittel.

Welche Bestandteile sind in Waschmitteln enthalten und welche Wirkungen haben sie? Welche Bedingungen führen zu guten Waschergebnissen? Wie kann der Waschvorgang erklärt werden? Belasten auch moderne Waschmittel die Umwelt?

In diesem Projekt könnt ihr Antworten auf solche und ähnliche Fragen finden. Mit Experimenten, aber auch durch Zeichnungen und Erkundungen sollt ihr das Thema Waschmittel bearbeiten.

1 Wäsche waschen

Gruppe 1: Wirkungsweise von Waschmitteln

Mit Ruß und Öl als typische Verschmutzungen, mit oder ohne Waschpulver, mit warmem oder kaltem Wasser, mit bewegtem oder still stehendem Wasser und mit unterschiedlichen Stoffproben lassen sich viele Experimente durchführen, die die Wirkungsweise von Waschmitteln zeigen.

Untersucht den Einfluss von Waschmitteln auf die Fähigkeit des Wassers, in das Gewebe einzudringen. Gebt dazu Wassertropfen auf trockene Textilproben und messt die Zeit, bis sie in das Gewebe eingedrungen sind.

Wiederholt dann die Versuche mit Wasser, in dem Waschpulver gelöst wurde und vergleicht die Ergebnisse.
Untersucht auch, wie sich Verschmutzungen am besten von Textilien lösen. Taucht dazu mit Öl und Ruß verschmutzte Textilproben in unterschiedliche Flüssigkeiten: kaltes oder warmes Wasser mit oder ohne Waschpulver. Hier könnt ihr die Versuche um die Bedingung „bewegtes Wasser oder still stehendes Wasser" ergänzen.
Stellt die Ergebnisse eurer Untersuchungen in Tabellen und Beschreibungen dar.

2 Wasser benetzt nicht.

3 Wasser benetzt.

Produkte der Chemie → S. 400/401

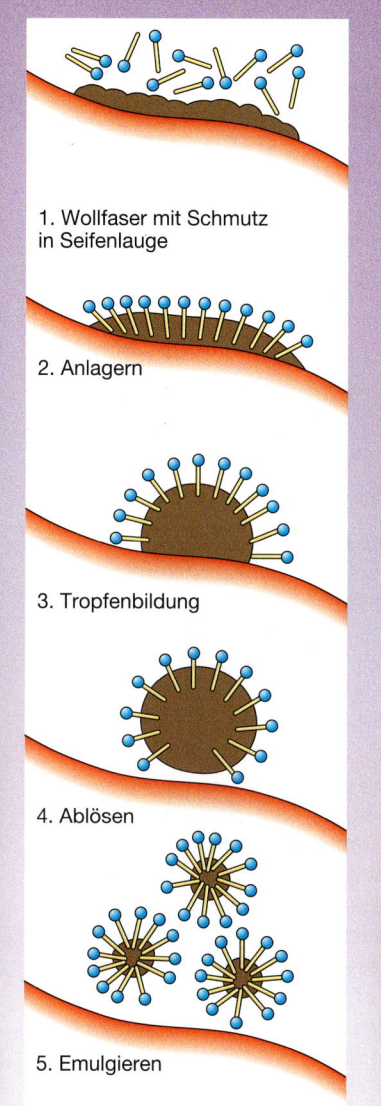

Produkte der Chemie

1. Wollfaser mit Schmutz in Seifenlauge
2. Anlagern
3. Tropfenbildung
4. Ablösen
5. Emulgieren

4 Ablösungsvorgang

Gruppe 2: Modell des Waschvorganges

Der wichtigste Bestandteil eines Waschmittels hat zwei Hauptwirkungen. Er verringert die Oberflächenspannung des Wassers und verteilt den Schmutz.
Beschreibt in einzelnen Schritten mithilfe von Bild 4, wie Verschmutzungen von den Fasern der Stoffe abgelöst werden. Fertigt eine vergrößerte, beschriftete Zeichnung eines waschaktiven Teilchens an. Zeichnet auch die Anordnung der Teilchen an einer Wasser-Luft-Grenzfläche und an einer Öl-Luft-Grenzfläche.

Untersucht die Fähigkeit eines Waschmittels, eine Emulsion aus Wasser und Öl oder Ruß zu bilden, ohne dass sich die Verschmutzungen absetzen.

5 Schmutz löst sich ab.

Gruppe 3: Waschmittelbestandteile

Informiert euch über die Zusammensetzung von Waschmitteln. Die Hersteller von Waschmitteln stellen euch Informationsmaterial zur Verfügung. Woraus bestehen Waschmittel? Welche Aufgaben haben die einzelnen Bestandteile? Wie wirken sie?
Erstellt Kreisdiagramme mit der Zusammensetzung verschiedener Waschmittel. Welche Bestandteile sind in fast allen Waschmitteln enthalten? Beziehet auch flüssige Waschmittel und Konzentrate in den Vergleich ein.

Untersucht die Wirkung einzelner Bestandteile der Waschmittel, indem ihr sie auf Flecken aus Eiweiß, Ruß und Fett einwirken lasst. Erstellt eine Übersicht.

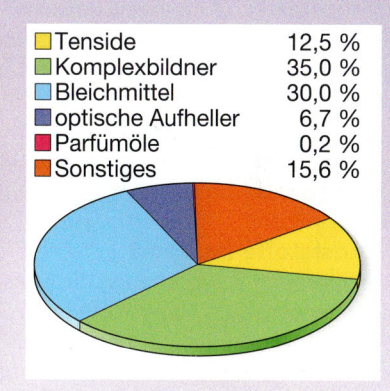

Tenside	12,5 %
Komplexbildner	35,0 %
Bleichmittel	30,0 %
optische Aufheller	6,7 %
Parfümöle	0,2 %
Sonstiges	15,6 %

6 Zusammensetzung

Gruppe 4: Nicht nur Vorteile

Der hohe Verbrauch von Waschmitteln aller Art hat leider auch erhebliche Nachteile.
Erkundigt euch beim Umweltbundesamt in Berlin, bei Natur- und Umweltschutzverbänden und bei den Herstellern der Waschmittel nach negativen Folgen.

Was bedeutet der Begriff „biologisch abbaubar"? Welche gesetzlichen Regelungen gibt es dazu in der Europäischen Union?

Berechnet jeweils den Waschmittelverbrauch einer Familie pro Jahr und danach den Pro-Kopf-Verbrauch. Wie viele Tonnen Waschmittel werden demnach jährlich in Deutschland verbraucht?

Erkundigt euch in einer Großwäscherei nach dem Einsatz und Verbrauch von Waschmitteln.
Erkundet in einer Kläranlage, ob es Probleme mit Waschmittelresten gibt. Stellt eure Ergebnisse auf Plakaten in Grafiken, Tabellen und Texten dar.

Kunststoffe – Werkstoffe nach Maß

📝 **1.** Nenne Bereiche aus deiner Umwelt, in denen Kunststoffe eingesetzt werden.

📖 **2.** Nenne je drei Vorteile für Naturstoffe und für Kunststoffe.

Kunststoffe – Ersatz für Naturstoffe
Kunststoffe haben unsere Alltagswelt erobert. Es gibt so viele Gegenstände und Geräte aus Kunststoff, dass es unmöglich ist, sie alle aufzuzählen. Ein großer Vorteil der Kunststoffe sind ihre vielseitige Verwendbarkeit und ihr geringes Gewicht.

Kunststoffe wurden zunächst als Ersatz für Naturstoffe entwickelt. Doch sehr schnell war klar, dass sie für viele Verwendungszwecke besser geeignet waren als entsprechende Naturstoffe. Heute werden ganz gezielt neue Kunststoffe mit ganz bestimmten Eigenschaften entwickelt und hergestellt. Kunststoffe sind besonders gut zur Verpackung und Aufbewahrung von Lebensmitteln, Getränken, Reinigungsmitteln und vielem anderen geeignet. Für jeden Gegenstand gibt es die gewünschte Kunststoffverpackung. In vielen Bereichen haben sie die Verpackungen aus Pappe, Glas oder Metall verdrängt. Kunststoffe können weich, hart oder biegsam sein. Sie sind widerstandsfähig gegenüber Säuren, Laugen und vielen Lösungsmitteln. Viele Kunststoffe haben allerdings einen großen Nachteil: Sie sind leicht brennbar.

Kunststoffe im Sport
In Sport und Freizeit haben die Kunststoffe die bisher verwendeten Naturstoffe fast vollständig verdrängt. So sind Skier nicht mehr aus Holz, sondern aus verschiedenen Kunststoffen aufgebaut. Auch viele andere Sportgeräte, zum Beispiel Kanus und Kajaks, bestehen heute vollständig aus Kunststoffen.

1 Kunststoffe – Naturstoffe

Kunststoffe in der Bekleidung
Bei der Bekleidung ersetzen die Kunststoffe vielfach die bisher verwendeten Naturfasern. Kunststofffasern werden zu Hosen, Jacken, Pullovern und vor allem zu wetterfester Sportbekleidung verarbeitet. Kleidung aus diesen Materialien ist leicht, wind- und regendicht und sehr pflegeleicht.

Nachteile von Kunststoffen
Trotz vieler Vorteile haben Kunststoffe die Naturstoffe wie Wolle, Baumwolle oder Leinen nicht verdrängen können. Kleidung aus Baumwolle ist angenehm auf der Haut. Ein Pullover aus Wolle wärmt auch dann noch, wenn er nass geworden ist. Kleidung aus Naturfasern kann Feuchtigkeit und Wärme gut regulieren. Das liegt am Aufbau der verschiedenen Fasern. Kunststofffasern sind glatt, Wollfasern dagegen rau.

■ Kunststoffe sind Werkstoffe unserer Zeit, die sich durch ihre besondere Vielseitigkeit auszeichnen.

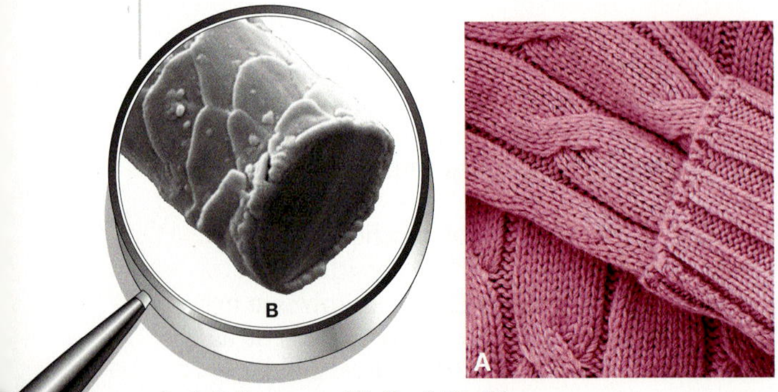

2 **A** *Pullover aus Wolle;* **B** *Wollfaser*

3 **A** *Hose aus Kunststoff;* **B** *Viskosefaser*

Kunststoffeigenschaften

🔍 **1. a)** Schneide aus einer Plastikflasche und einem Jogurtbecher mehrere gleich lange Streifen heraus. Zerbrich eine nicht mehr benötigte Steckdosen-Abdeckplatte in kleine Stücke.
b) Gib Proben der drei verschiedenen Kunststoffe und einen Eisennagel in ein Becherglas mit Wasser. Vergleiche und notiere deine Beobachtungen.
c) Halte nacheinander jeweils eine Probe der drei Kunststoffe unter dem Abzug in die blaue Brennerflamme. Nimm sie dann aus der Flamme und vergleiche sie. Notiere deine Beobachtungen.

🔍 **2. a)** Prüfe die Härte der drei Kunststoffproben aus Versuch 1, in dem du alle drei gegenseitig ritzt.
b) Wiederhole die Ritzprobe mit einem Eisennagel und trage deine Beobachtungen in eine Tabelle ein.
c) Welche Reihenfolge in der Härte stellst du fest?

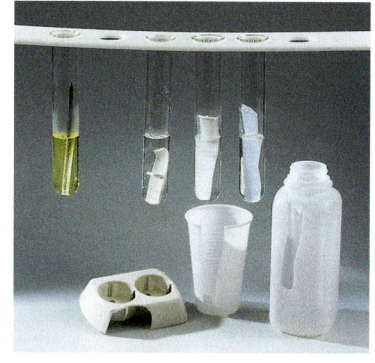

1 Kunststoffe im Vergleich

Gegenstand	Plastikflasche	Jogurtbecher	Abdeckplatte
Plastikflasche			
Jogurtbecher			
Abdeckplatte			
Eisennagel			

Kunststoffe im Vergleich zu anderen Stoffen

Kunststoffe zeigen viele günstige Eigenschaften. Beim Umgang mit ihnen musst du aber beachten, dass nicht jeder Kunststoff für jeden Zweck gleich gut geeignet ist.

Viele Kunststoffe besitzen eine geringere Dichte als Wasser. Sie schwimmen auf der Wasseroberfläche. Manche sind weich und leicht verformbar, andere hingegen hart und spröde. Von Säuren, Laugen, Reinigungsmitteln und Lösungsmitteln, wie Reinigungsbenzin oder Alkohol, werden viele Kunststoffe nicht angegriffen. Deshalb werden aus solchen Kunststoffen Flaschen und Kanister zur Aufbewahrung dieser Stoffe hergestellt. Auch viele Getränke werden in Kunststoffflaschen abgefüllt. Kunststoffe sind korrosionsbeständig.
Überall dort, wo Gewicht eingespart werden soll, zum Beispiel im Auto- und Flugzeugbau, finden Kunststoffe zahlreiche Verwendungsmöglichkeiten.

Kunststoffe und Wärme

Ein Nachteil vieler Kunststoffe ist ihre Brennbarkeit. Nach dem Entzünden schmelzen sie und verbrennen mit gelber und zum Teil rußender Flamme. Manche Kunststoffe lassen sich nicht entzünden. Sie sind nicht brennbar, zersetzen sich aber bei starker Erwärmung.

🔍 **3. a)** Fülle drei Reagenzgläser zur Hälfte mit verdünnter Salzsäure ⚠️, drei weitere mit Benzin ⚠️. Gib in jedes Reagenzglas eine der drei Kunststoffproben aus Versuch 1 (Bild 1).
b) Wiederhole den Versuch mit einem Kupferblech und einem Eisennagel. Trage deine Beobachtungen in eine Tabelle ein.

Gegenstand	Salzsäure	Benzin
Plastikflasche		
Jogurtbecher		
Abdeckplatte		
Kupferblech		
Eisennagel		

📖 **4.** Nenne die Vorteile und die Nachteile einer Verpackung aus Kunststoff gegenüber einer Verpackung aus Metall oder Glas.

📖 **5.** Welche Nachteile haben Kunststoffe?

■ Kunststoffe besitzen sehr unterschiedliche Eigenschaften. Sie haben oft eine geringere Dichte als Wasser. Viele sind beständig gegenüber Säuren, Laugen und Lösungsmitteln. Auf Wärme reagieren sie sehr unterschiedlich.

Kunststoffe – weich, hart oder elastisch

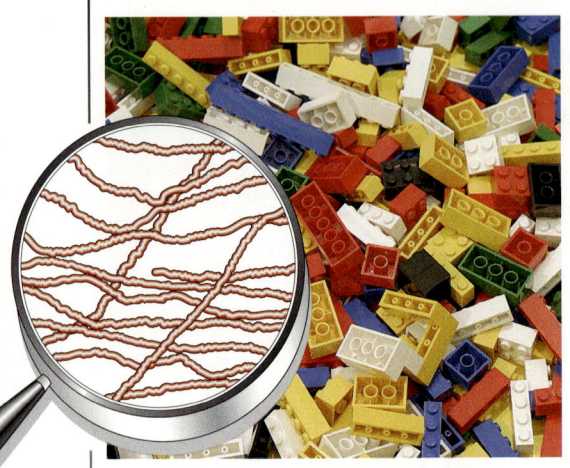

📖 **1.** Warum sind Thermoplaste nicht als Lampenfassungen geeignet?

📖 **2.** Warum lassen sich Gegenstände aus Duroplasten nicht umschmelzen?

Makromoleküle bestimmen die Eigenschaften

Die Ursache für die vielseitigen Eigenschaften der Kunststoffe liegt in ihrem inneren Aufbau. Er unterscheidet sich deutlich vom inneren Aufbau anderer Werkstoffe, etwa dem der Metalle. Metalle sind aus einzelnen Metallatomen aufgebaut, die geordnet nebeneinander liegen. Kunststoffe hingegen bestehen aus unzähligen, miteinander verbundenen Molekülen. Diese bilden lange Ketten, die **Makromoleküle.** Ein Makromolekül kann aus mehr als 100 000 einzelnen Molekülbausteinen aufgebaut sein.

Kunststoffe, die weich werden

Kunststoffe, die beim Erwärmen weich werden und sich in jede gewünschte Form bringen lassen, heißen **Thermoplaste.** Bei den Thermoplasten bilden die Makromoleküle lange Ketten, die nicht miteinander verknüpft sind (Bild 1). Beim Erwärmen wird der Zusammenhalt zwischen den Makromolekülketten gelockert. Die Makromoleküle können aneinander vorbeigleiten. Der Kunststoff wird weich und formbar.

Zu den thermoplastischen Kunststoffen gehören Polyethen (PE) und Polystyrol (PS). Polyethen wird zum Beispiel zur Herstellung von Plastiktüten oder Chemikalienbehältern verwendet, Polystyrol für Trinkbecher und Lebensmittelverpackungen.

Kunststoffe, die hart bleiben

Kunststoffe, die auch beim Erwärmen nicht schmelzen, heißen **Duroplaste** (Bild 2). Sie sind hart und brechen beim Biegen. In ihnen sind die Makromoleküle so miteinander verknüpft, dass ein engmaschiges Netz entsteht. Bei höheren Temperaturen wird dieses Netz zerstört und der Kunststoff zersetzt sich. Zu den Duroplasten gehören die Epoxidharze, die im Bootsbau eingesetzt werden.

Kunststoffe, die elastisch bleiben

Kunststoffe, die sich leicht zusammenpressen lassen und dann wieder ihre alte Form einnehmen, heißen **Elastomere** (Bild 3). Hier bilden die Makromoleküle ein weitmaschiges Netz. Bei Druck werden die Molekülketten zusammengeschoben, bei Zug auseinandergezogen. Ist der Zug zu stark oder die Temperatur zu hoch, wird das Netz zerstört. Der Kunststoff zersetzt sich.
Zu den Elastomeren gehört Elasturan®, aus dem Inlineskater-Rollen hergestellt werden.

■ Kunststoffe sind aus Makromolekülen aufgebaut. Der Aufbau der Moleküle bestimmt ihre Eigenschaften. Es gibt Thermoplaste, Duroplaste und Elastomere.

1 Thermoplaste und ihre Makromoleküle

2 Duroplaste und ihre Makromoleküle

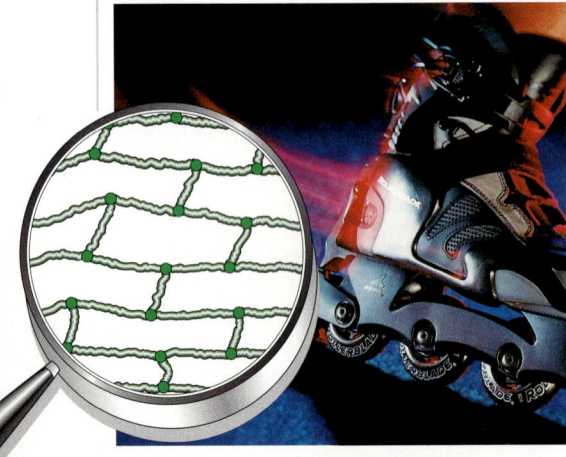

3 Elastomere und ihre Makromoleküle

Produkte der Chemie

😉 Die Polymerisation

1 Monomere verbinden sich zu Riesenmolekülen.

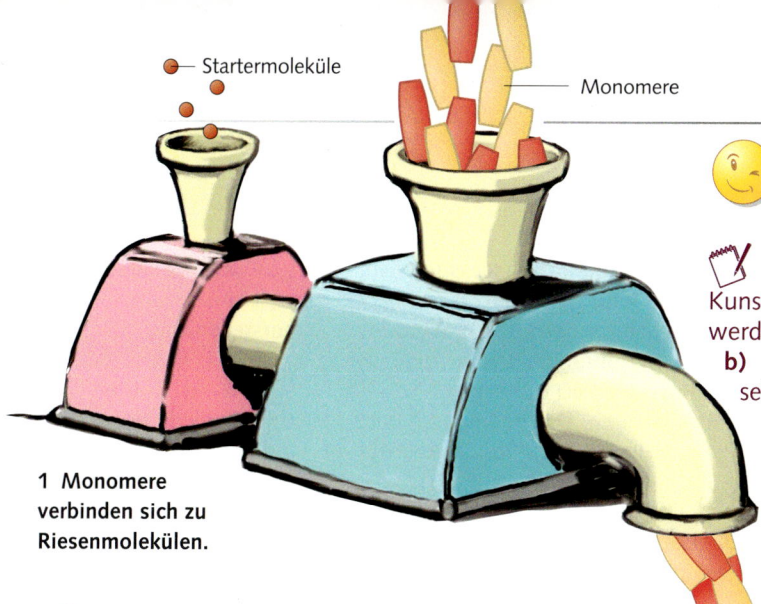

🔍 **1.** Gib die Komponenten A und B eines Zweikomponentenklebers nach Gebrauchsanweisung in einen Kronkorken. Vermische beide Komponenten gut miteinander. Beschreibe die Veränderungen des Kunststoffgemisches.

🔍 **2. Demonstrationsversuch: a)** In ein Becherglas werden 20 ml Styrol und 2 ml Cumolhydroperoxid gegeben. Das Gemisch wird unter dem Abzug etwa 5 min in einem heißen Sandbad erwärmt.
Vorsicht: Sobald das Gemisch zähflüssig wird, wird es aus dem Sandbad herausgenommen. Bei zu heftiger Reaktion das Gemisch kurz aus dem Sandbad nehmen.
b) Ein Glasstab wird in die fest werdende Masse getaucht und langsam wieder herausgezogen.
c) Ein Teil des festen Produktes wird in einen Porzellantiegel gegeben und erwärmt. Beginnt der Feststoff zu schmelzen, wird ein Glasstab in die Schmelze getaucht und langsam herausgezogen.
d) Beschreibe deine Beobachtungen.

📝 **3. a)** Recherchiere, wie in der Industrie Kunststoffe durch Polymerisation hergestellt werden.
b) Wo werden diese Kunststoffe eingesetzt?

📖 **4. a)** Was sind Monomere?
b) Beschreibe mit Bild 1, was mit den Bausteinen bei der Polymerisation passiert.

Herstellung von Kunststoffen

Manche Kunststoffe lassen sich auf sehr einfache Weise herstellen, zum Beispiel das Polystyrol. Hierfür wird ein flüssiger Ausgangsstoff, das Styrol, mit einer Startchemikalie vermischt. Nach der Reaktionszeit liegt ein fester, harter Kunststoff vor, das Polystyrol.

Um diese Vorgänge zu verstehen, muss wieder der innere Aufbau der Stoffe betrachtet werden. Flüssiges Styrol besteht aus vielen einzelnen Styrolmolekülen. Sie heißen **Monomere**. Durch die Startchemikalie wird eine Kettenreaktion ausgelöst. Dabei werden die Monomere zu langkettigen Riesenmolekülen verbunden. Diese werden als **Polymere** bezeichnet. Die chemische Reaktion heißt **Polymerisation**.

Ein weiterer Kunststoff, mit dem wir täglich zu tun haben, ist das Polyethen (PE). Es entsteht ebenfalls durch Polymerisation. Da die Monomere sehr einfach gebaut sind, lässt sich die Polymerisation gut im Strukturmodell darstellen (Bild 2).

■ Bei der Polymerisation entstehen aus den Monomeren Riesenmoleküle, die Polymere.

Ethen-Monomere

$$\begin{array}{ccc} H \quad H & H \quad H & H \quad H \\ \diagdown C = C \diagup & \diagdown C = C \diagup & \diagdown C = C \diagup \\ H \quad H & H \quad H & H \quad H \end{array}$$

Doppelbindung klappt auf

$$\cdot \overset{H}{\underset{H}{C}} - \overset{H}{\underset{H}{C}} \cdot \ + \ \cdot \overset{H}{\underset{H}{C}} - \overset{H}{\underset{H}{C}} \cdot \ + \ \cdot \overset{H}{\underset{H}{C}} - \overset{H}{\underset{H}{C}} \cdot$$

Polymerisation →

$$\ldots \cdot \overset{H}{\underset{H}{C}} - \overset{H}{\underset{H}{C}} - \overset{H}{\underset{H}{C}} - \overset{H}{\underset{H}{C}} - \overset{H}{\underset{H}{C}} - \overset{H}{\underset{H}{C}} \cdot \ldots$$

Polyethen

2 Polymerisation von Ethen im Strukturmodell

Die Polyaddition

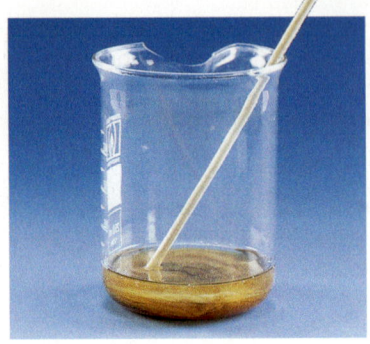

1. a) Demonstrationsversuch: Ein 1 l-Becherglas wird mit einem Plastikbeutel ausgekleidet. Unter dem Abzug werden 33 g des Desmophen®/Aktivator-Gemisches und 50 g Desmodur® hinzugegeben. Dieses Gemisch wird so lange mit einem Holzstab umgerührt, bis die Reaktion einsetzt.
b) Beschreibe deine Beobachtungen.
c) Wie kommt es zum Aufschäumen während der Reaktion?

2. Wie lassen sich weiche Schaumstoffe herstellen?

3. a) Recherchiere, wie in der Industrie Kunststoffe durch Polyaddition hergestellt werden.
b) Wo werden diese Kunststoffe eingesetzt?

1 Mischen der Komponenten

Monomer A + Monomer B
Bei einem weiteren Herstellungsverfahren von Kunststoffen werden, im Gegensatz zur Polymerisation, zwei unterschiedliche Monomere miteinander vermischt. Während der Reaktion verbinden sich die Monomere im Wechsel so miteinander, dass dabei langkettige Makromoleküle entstehen. Diese Reaktion heißt **Polyaddition**.
Ein Beispiel dafür ist der Kunststoff **Polyurethan**, kurz **PU** genannt.

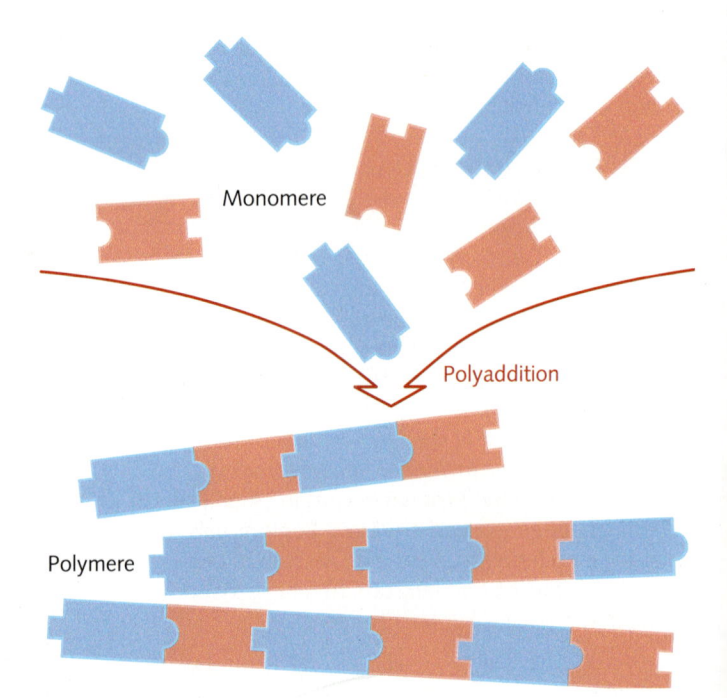

Polyurethan-Schaumstoffe
Schaumstoffe aus Polyurethan entstehen, wenn neben geradkettigen auch verzweigte Monomere verwendet werden. Der schaumartige Aufbau entsteht, weil bei der Reaktion als Treibmittel Kohlenstoffdioxid freigesetzt wird. Ähnlich wie bei einem Hefeteig entsteht Kohlenstoffdioxid und es kommt zum Aufschäumen des Kunststoffes.

Einsatz von PU-Schaumstoff
Je nach Wahl der Monomere und je nach Vernetzungsgrad können diese Schaumstoffe sehr unterschiedliche Eigenschaften haben. So lassen sich auf diese Weise weiche, elastische und harte Schaumstoffe herstellen.
Weicher PU-Schaumstoff wird für Polstermöbel benötig. Elastischer PU-Schaum für Schuhsohlen von Sportschuhen. Aus Hartschaum werden Fahrradhelme gefertigt, aber auch als Isolierschaum in Kühlschränken ist er zu finden. Moderne Lacke enthalten Polyurethane als Bindemittel.

2 Die Polyaddition

Herstellung von Epoxidharzen
Neben den Polyurethanen werden auch **Epoxidharze** durch Polyaddition hergestellt. Dabei werden als Monomere reaktionsfähige langkettige Makromoleküle mit kurzkettigen Molekülen gemischt. Durch die Wahl der Ausgangsstoffe lassen sich auch hier Kunststoffe mit ganz unterschiedlichen Eigenschaften herstellen. Epoxidharze sind in Lacken ebenso zu finden wie in Glasfaser verstärkten Kunststoffen. Sie werden auch als Gießharze und als Zweikomponentenkleber verwendet.

■ Die Polyaddition ist die Verknüpfung zweier unterschiedlicher Monomere zu Makromolekülen.

Produkte der Chemie

Die Polykondensation

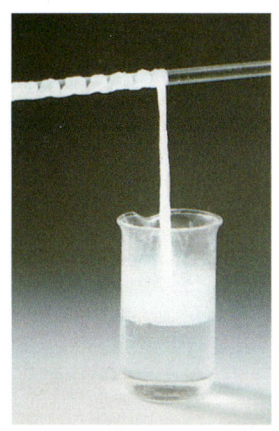

1. Demonstrationsversuch:
Achtung! Schutzhandschuhe tragen!
a) Unter dem Abzug werden 3 ml Hexandisäuredichlorid in 100 ml Heptan gelöst.
b) Eine zweite Lösung ergibt sich aus 6 g 1,6-Diaminohexan, 30 ml Wasser und 0,5 g Natriumcarbonat.
c) Die zweite Lösung wird nun vorsichtig über die erste Lösung geschichtet, sodass sich an der Grenzfläche eine dünne Nylonschicht bildet.
d) Mithilfe einer stumpfen Pinzette lässt sich die Schicht zu einem sehr langen Faden ziehen, der sich auf einem Glasstab aufwickeln lässt.

2. a) Recherchiere, wie in der Industrie Kunststoffe durch Polykondensation hergestellt werden.
b) Wo werden diese Kunststoffe eingesetzt?

3. Vergleiche die unterschiedlichen Reaktionen zur Kunststoffherstellung. Stelle Gemeinsamkeiten und Unterschiede gegenüber.

1 Ein Nylonfaden entsteht.

Der Kunststoff für CDs oder DVDs darf sich bei Erwärmung nicht verformen. Er muss außerdem für das Licht der Laserdiode besonders gut durchlässig sein.
CDs und DVDs bestehen aus dem Kunststoff **Polycarbonat.** Bei der Herstellung von Polycarbonat werden zwei Ausgangsstoffe vermischt, die aus unterschiedlichen Monomeren bestehen. Im Unterschied zur Polyaddition verbinden sich die Monomere zu langkettigen Makromolekülen so miteinander, dass dabei kleine Moleküle, oft Wasser, abgespalten werden (Bild 2). Diese Reaktion heißt **Polykondensation.**

Vom Granulat zur CD

Das Polycarbonat wird als Granulat angeliefert und in einer Spritzgießmaschine geschmolzen. Der jetzt flüssige Kunststoff wird unter hohem Druck in eine Form gepresst, die alle notwendigen Informationen in Form vieler kleiner Erhebungen enthält. Nach dem Abkühlen wird die durchsichtige CD entnommen. Auf ihr sind jetzt die Lieder als kleine Vertiefungen zu finden. Auf die Seite der CD, die keine Informationen enthält, wird eine hauchdünne Aluminiumschicht aufgedampft. Sie wird später bedruckt. Die CD wird zum Schluss noch mit einem Schutzlack überzogen.

Kunststofffasern

Eine weitere wichtige Gruppe der durch Polykondensation hergestellten Kunststoffe sind die **Polyester.** Polyester sind Ausgangsstoffe für Fasern, Folien, Flaschen und Verpackungen. Aus Polyestern lassen sich durch das Einarbeiten von Glasfasermatten sogar Boote herstellen. Auch das **Nylon** entsteht durch Polykondensation. Zur Herstellung von Nylonfasern wird das Nylon durch sehr feine Düsen gepresst. Die zunächst noch flüssigen Fäden erstarren schnell. Sie werden auf Rollen aufgespult und dabei stark gestreckt. Auf diese Weise entstehen die extrem dünnen Nylonfäden. Daraus werden beispielsweise Strümpfe und Strumpfhosen hergestellt.

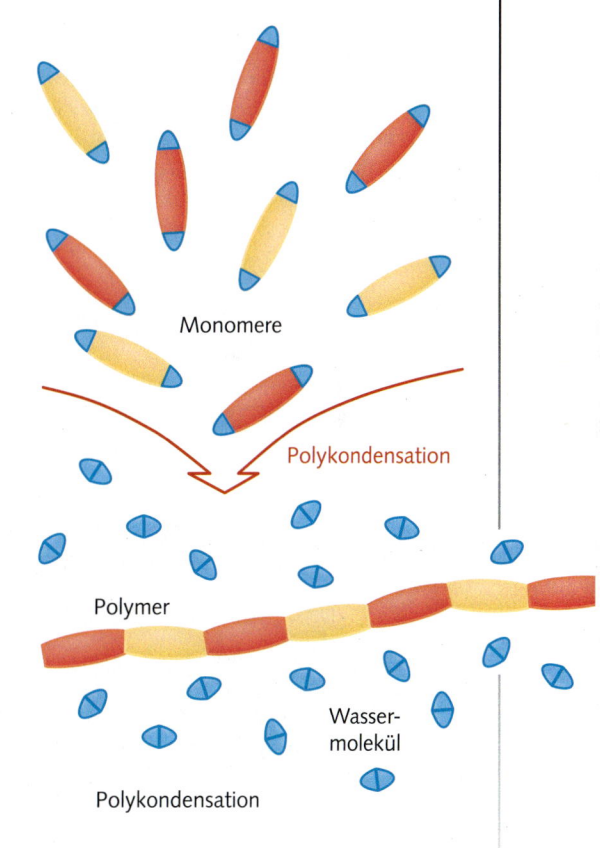

2 Die Polykondensation

■ Bei der Polykondensation verknüpfen sich zwei unterschiedliche Monomere unter Abgabe eines kleinen Moleküls zu einem Makromolekül.

Produkte der Chemie → S. 400/401

Kunststoffe

In diesem Projekt sollt ihr die Geschichte der Kunststoffe kennenlernen. Des Weiteren werden die Verarbeitung verschiedener Kunststoffe und ihr Recycling untersucht.

Für die Bearbeitung könnt ihr euch an den Verband der Kunststoff verarbeitenden Industrie, an die Hersteller von Kunststoffen oder an Verwertungsunternehmen wie das Duale System Deutschland wenden. Viele dieser Firmen sind auch im Internet vertreten.

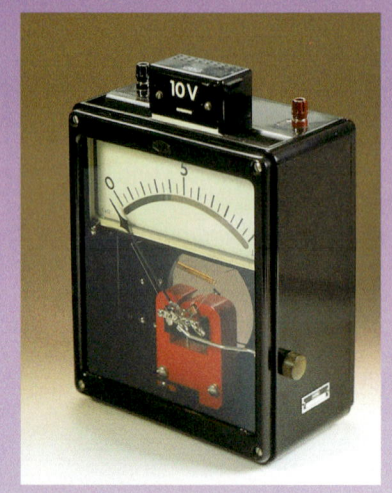

1 Bakelit

2 Styropor

Gruppe 1: Geschichte der Kunststoffe

Vor etwa 150 Jahren begann die Entwicklung der organischen Chemie. Erst etwa 50 Jahre später wurden die ersten Kunststoffe hergestellt. Zwar waren bereits makromolekulare Naturstoffe bekannt, es gelang aber zunächst noch nicht, sie künstlich nachzubauen.

– Findet heraus, welche Naturstoffe einen makromolekularen Aufbau haben.
– Stellt fest, wann die ersten vollsynthetischen Kunststoffe erfunden und wie sie bis heute weiterentwickelt wurden. Welche Kunststoffe wurden daraus hergestellt?
– Welche Forscher haben diese ersten Kunststoffe erfunden? Stellt eure Ergebnisse in einer Tabelle zusammen.
– Welche der ersten Kunststoffe finden heute noch Verwendung und wo werden sie eingesetzt?
– Informiert euch über die Geschichte der Herstellung von Nylon und Perlon.
– In den letzten 50 Jahren sind viele neue Kunststoffe auf den Markt gekommen. Stellt fest, seit wann Styropor, Polyethen und Polyethentherephthalat (PET) auf dem Markt zu finden sind.
– Welche drei Kunststoffe werden heute weltweit am meisten hergestellt?

3 Verpackungsfolie

4 High-Tech-Kunststoff

Produkte der Chemie

Gruppe 2: Kunststoffverarbeitung

Die verschiedenen Kunststoffgruppen verlangen auch eine unterschiedliche Verarbeitung. So kann ein Duroplast nicht mit dem gleichen Verfahren verarbeitet werden wie einen Thermoplast. Aufgabe dieser Gruppe ist es zu untersuchen, welche Möglichkeiten der Kunststoffverarbeitung es gibt.

- Stellt an Hand von Beispielen die verschiedenen Verarbeitungsverfahren dar.
- Erklärt, warum es für die drei Kunststoffgruppen unterschiedliche Verfahren gibt. Ordnet die Verfahren den drei Kunststoffgruppen zu.
- Stellt fest und erklärt, warum die für Thermoplaste geeigneten Verfahren nicht für die anderen Kunststoffgruppen geeignet sind.

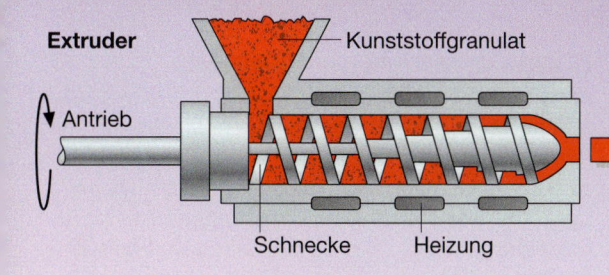

- Welche Verarbeitungsverfahren können bei allen drei Kunststoffgruppen angewendet werden?
- Beschreibt jeweils an einem ausgewählten Beispiel ein dazu passendes Verarbeitungsverfahren.
- Wo wird das Verfahren der Vulkanisation angewendet?

5 Vulkanisation von Pkw-Reifen

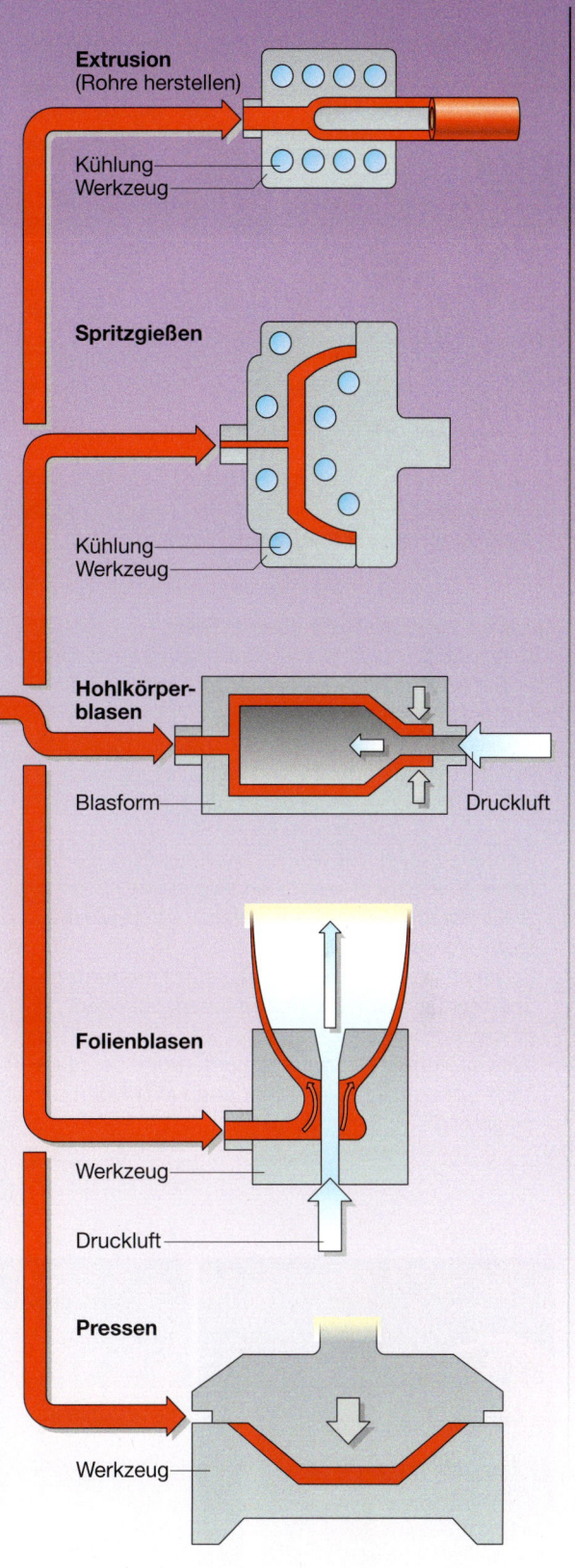

6 Verarbeitungsverfahren für Thermoplaste

7 Kanuherstellung aus Verbundwerkstoffen

8 Kunstfasern

Gruppe 3: High–Tech–Kunststoffe

Kunststoffe sind aus dem Leistungssport nicht mehr wegzudenken. Ohne spezielle Kunststoffe wäre manche sportliche Höchstleistung nicht möglich. Die Vielfalt an Kunststoffen wird immer größer. Vor allem Verbundwerkstoffe sind nicht nur im Sport, sondern auch in vielen anderen Bereichen gefragt.

– Informiert euch, für welche Sportausrüstungen heute Kunststoffe verwendet werden.
– Stellt fest, in welchen Sportarten Verbundwerkstoffe Verwendung finden.
– Beschreibt den inneren Aufbau eines modernen Sportgerätes, zum Beispiel an einem Ski oder einem Surfbrett.
– Welche Kunststoffe werden der Gruppe der High-Tech-Kunststoffe zugeordnet und wo werden sie eingesetzt?

Gruppe 4: Mikrofaser–Kunststoffe

Kunstfasern werden bei der Textilherstellung häufig zusammen mit Naturfasern verwendet. Textilien aus rein synthetischen Fasern sind oft nicht angenehm zu tragen, wenig luftdurchlässig und nicht so saugfähig wie Naturfasern. Trotzdem gibt es heute Bekleidung, die ganz aus besonderen Kunstfasern besteht.

– Findet heraus, welche Kunstfasern bei der Herstellung von Textilien eingesetzt werden.
– Stellt fest, welche Fasern bei der Herstellung wasserdichter Kleidung eingesetzt werden und welche besonderen Merkmale sie aufweisen.
– Informiert euch über Gore-Tex®, Sympatex® und ähnliche Kunstfasern. Wo werden sie verwendet?
– Informiert euch, welche Kunstfasern für Funktionswäsche benutzt werden.
– Beschreibt mithilfe der Bilder 9A bis 9C, welche Eigenschaften eines Mikrofasergewebes jeweils getestet werden.

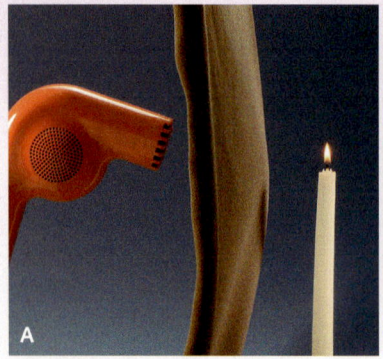

A   B   C

9 Mikrofaser-Gewebe im Test

Produkte der Chemie

10 Kunststoffabfall

11 Kunststoffe wiederverwertet

Gruppe 5: Kunststoffrecycling
Was geschieht mit den vielen Produkten aus Kunststoff, wenn sie nicht mehr gebraucht werden? Werden sie gesammelt und wiederverwertet oder landen sie auf dem Müll? Wie groß ist die Menge an Kunststoffabfall in Deutschland pro Jahr?

– Stellt fest, welchen Weg der Kunststoffabfall bei euch zu Hause und in eurer Gemeinde nimmt.
– Wie sammelt und verwertet zum Beispiel die Autoindustrie ihre Kunststoffabfälle?
– Erkundigt euch, welche Möglichkeiten der Wiederverwertung von Kunststoffabfall es gibt.
– Welche Kunststoffe bereiten bei der Entsorgung Probleme?
– Vergleicht die unterschiedlichen Verfahren der Kunststoffwiederverwertung miteinander.
– Welche Art der Wiederverwertung scheint vom ökologischen oder ökonomischen Standpunkt aus am sinnvollsten zu sein?
– Überlegt euch Versuche, mit denen ihr den Energiegehalt beim Verbrennen von Kunststoffen zeigen könnt.
– Informiert euch über ein Entsorgungssystem für Kunststoffabfälle.
– Informiert euch über das Duale System Deutschland.
– Der Gelbe Sack wird überall kostenlos abgeholt. Stellt fest, wer diese kostenlose Abholung bezahlt.
– Welche Industriezweige verwerten ihren Kunststoffabfall selbst?
– Was wird aus wiederverwertbarem Kunststoff hergestellt?
– Informiert euch darüber, was mit den PET–Flaschen gemacht wird, die in großen Mengen nach China exportiert werden.

Versuch: Deckt eine Heizplatte mit Alufolie ab. Stellt eine Ausstechform aus Metall auf die Heizplatte. Füllt die Form mit gereinigten Kunststoffschnipseln.
Stellt die Heizplatte an und bringt die Kunststoffmischung zum Schmelzen. Ist alles geschmolzen, könnt ihr die Folie zusammen mit der Form vorsichtig von der Platte nehmen. Stellt fest, wie sich das Gemisch verändert hat. Vergleicht mit dem Ausgangsstoff.
Wiederholt das Experiment mit Kunststoffschnipseln aus nur einer Kunststoffsorte.

Erdgas ca. 32 $\frac{MJ}{kg}$

Steinkohle ca. 30 $\frac{MJ}{kg}$

Papier/Holz ca. 15 $\frac{MJ}{kg}$

Holzpellets ca. 18 $\frac{MJ}{kg}$

Heizöl ca. 42 $\frac{MJ}{kg}$

Polyethylen Polypropylen Polystyrol ca. 30 $\frac{MJ}{kg}$

12 Heizwerte im Vergleich

Kunststoffabfälle und ihre Verwertung

Zusammensetzung des Haushaltsabfalls

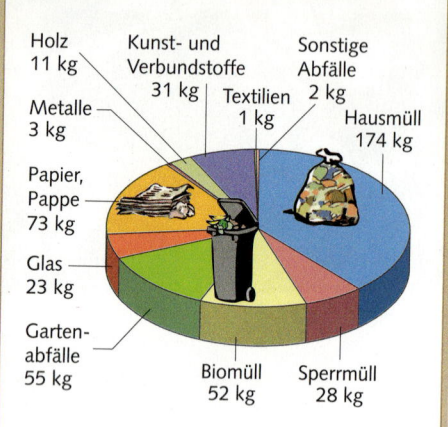

- Holz 11 kg
- Kunst- und Verbundstoffe 31 kg
- Sonstige Abfälle 2 kg
- Textilien 1 kg
- Metalle 3 kg
- Hausmüll 174 kg
- Papier, Pappe 73 kg
- Glas 23 kg
- Gartenabfälle 55 kg
- Biomüll 52 kg
- Sperrmüll 28 kg

Im Jahr 2008 fielen in Deutschland 37 182 000 t Haushaltsabfälle an. Das bedeutet, dass jeder Einwohner 453 kg Abfälle verursacht hat. Davon sind ungefähr 31 kg Kunst- und Verbundstoffabfälle.

Sammeln und Sortieren

Bis in die 80er Jahre des letzten Jahrhunderts gelangten die Kunststoffabfälle mit dem normalen Hausmüll auf Abfalldeponien oder in Müllverbrennungsanlagen. Seit 1990 wurde die getrennte Sammlung eingeführt. Das **Duale System Deutschland** übernahm die Aufgabe, den Kunststoffmüll einzusammeln, zu sortieren und zu verwerten. Durch die Einführung der Rücknahme von Kunststoff-Getränkeflaschen wurde das System weiter verbessert. Mithilfe von Laser-Sortier-Techniken ist es heute möglich, Kunststoffe fast sortenrein zu sortieren.

1. Warum dürfen Kunststoffabfälle nicht mehr auf Deponien gelagert werden?

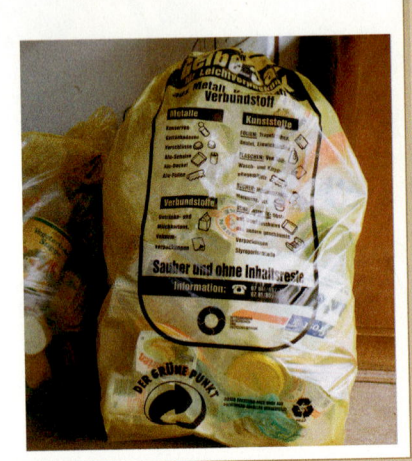

Verwertung von Kunststoffen

1. Werkstoffliches Recycling
Saubere, sowohl sortenreine als auch gemischte Kunststoffe werden mittels mechanischer Aufbereitung zu direkt wieder verarbeitungsfähigen Stoffen. Dabei bleibt die chemische Struktur der Kunststoffe erhalten.

2. Rohstoffliches Recycling
Durch Wärme werden die Polymerketten bei vermischten und verschmutzten Kunststoffen aufgespalten. Sie werden in ihre Ausgangsstoffe wie Öle und Gase zerlegt. Aus diesen Stoffen können neue Kunststoffe hergestellt werden.

3. Energetische Verwertung
Kunststoffe, deren werkstoffliche oder rohstoffliche Verwertung aus technischen, ökonomischen oder ökologischen Gründen nicht möglich oder nicht sinnvoll ist, dürfen verbrannt werden. In Kraftwerken, Zementdrehöfen oder Müllverbrennungsanlagen dienen sie als Ersatz- oder Sekundärbrennstoffe.

PP | 07 | 06 | 04 PE-LD

Nummer	Bezeichnung	chemischer Name
01	PET	Polyethenterephthalat
02	PE-HD	Polyethen hoher Dichte
03	PVC	Polyvinylchlorid
04	PE-LD	Polyethen niedriger Dichte
05	PP	Polypropen
06	PS	Polystyrol
07	O	Sonstige („Others")
	SAN	Styrol-Acrylnitril
	PU	Polyurethan

2. Sammelt eine Woche lang den bei euch zu Hause anfallenden Kunststoffabfall und bringt ihn gereinigt mit in die Schule. Untersucht, welche Kunststoffsorten sich darunter befinden. Benutzt dazu die nebenstehende Tabelle.

3. Beschreibt, wie in eurer Gemeinde das Sammeln von Kunststoffen und anderen Abfällen gehandhabt wird.

4. Erkundigt euch, wie die Industrie den Kunststoffabfall verwertet.

Müllverbrennung – Beseitigung von Abfällen

1. Verbrenne unter dem Abzug einen Streifen Polystyrol. Halte über die Flamme feuchtes Universalindikatorpapier. Notiere deine Beobachtungen.

2. a) Verbrenne unter dem Abzug eine Probe aus Polyvinylchlorid. Halte feuchtes Universalindikatorpapier über die Flamme. Notiere deine Beobachtungen.
b) Vergleiche deine Beobachtungen aus den Versuchen 1 und 2 miteinander und erkläre sie.

3. Wie viel Holz oder Polyethen musst du verbrennen, um 5 l Wasser von 20 °C zum Sieden zu bringen?

Mengen, um 1 l Wasser von 20 °C auf 100 °C zu erwärmen	
Heizöl	12 g
Holz	31 g
Papier	30 g
Polyethen (PE)	12 g
PVC	28 g

Abgasreinigung
Für Müllverbrennungsanlagen gelten strenge Abgasvorschriften. Bei der Müllverbrennung entstehen neben dem Kohlenstoffdioxid auch noch zahlreiche giftige Abgase. Bei der Verbrennung von PVC entsteht zum Beispiel schädlicher Chlorwasserstoff. Er bildet mit dem Wasserdampf der Luft Salzsäure. Es entstehen aber auch noch andere hoch giftige Schadstoffe, zum Beispiel Dioxine.

Deshalb haben die Müllverbrennungsanlagen eine sehr aufwändige **Abgasreinigungsanlage.** Sie entfernt aus dem Rauchgas Staub, Stickoxide und fast alle anderen giftigen Abgase. Am Ende bleibt nur die Schlacke zurück. Je nach eingebrachtem Abfall kann die anfallende Schlacke noch aufbereitet werden, um sie beispielsweise als Straßenbaumaterial zu verwerten. Nicht verwertbare Schlacke enthält umweltschädliche Schwermetalle. Sie muss deshalb auf einer Sondermülldeponie gelagert werden. Die Schlacke hat nur noch 10% des ursprünglichen Müllvolumens.

1 Müllverbrennungsanlage

Kunststoffe werden verbrannt
Die Verbrennung von Müll in Verbrennungsanlagen stellt eine Möglichkeit dar, den anfallenden Müll zu entsorgen. Dabei wird die enthaltene Energie genutzt. Besonders energiereiche, extra aussortierte Bestandteile von Hausmüll wie Kunststoffe werden mitverbrannt. Es entsteht viel Wärme, die zur Erzeugung von elektrischer Energie und als Fernwärme genutzt wird. In Deutschland gibt es zurzeit 73 Müllverbrennungsanlagen, in denen 17,9 Mio. t Hausmüll verbrannt werden können. Weitere Anlagen sind im Bau oder in der Planung.

■ Müllverbrennungsanlagen dienen der Beseitigung von Müll. Dabei werden elektrische Energie und Fernwärme gewonnen.

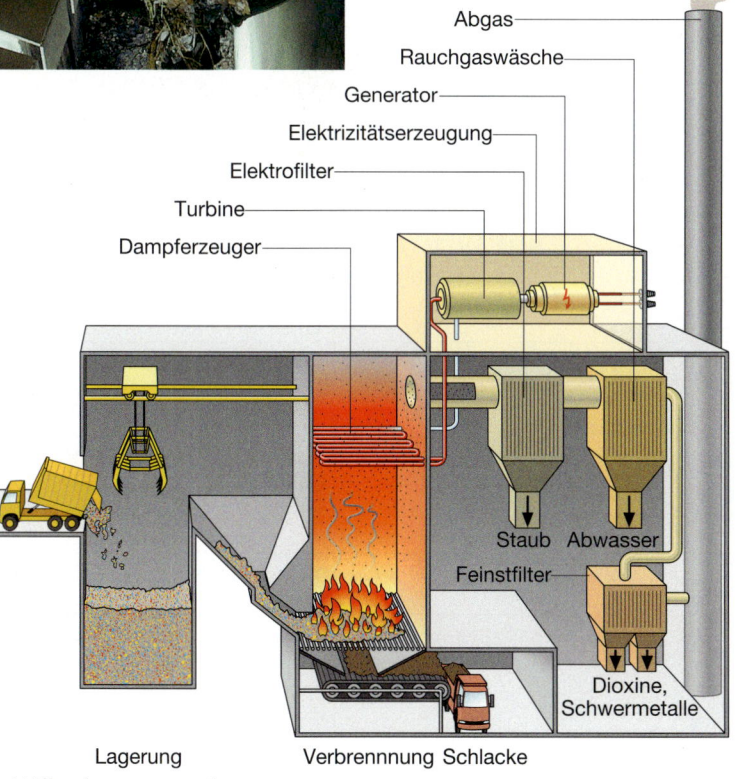

Bestimmung von Kunststoffen

Material
- verschiedene Kunststoffproben
- Waage, Messzylinder, Prüfgläser (Glühröhrchen), Heizplatte, Stahlbleche (10 cm x 10 cm), Gasbrenner, Reagenzgläser mit Stopfen, Wattestäbchen, nicht brennbare Unterlage, Schere, Tiegelzange, Temperaturfühler oder Thermochromstifte
- Universalindikator-Papier, Aceton, Heptan

Durchführung

1. a) Prüfe das Bruchverhalten deiner verschiedenen Kunststoffproben durch mehrmaliges Abknicken. Teile die Proben in biegsam (b), elastisch wie Gummi (g) oder hart (h) ein.
b) Überlege dir Versuche, mit denen du die Dichte deiner Kunststoffproben bestimmen kannst und führe sie durch.

2. Lass abgewogene Kunststoffstreifen in Reagenzgläsern mit Aceton und Heptan für mehrere Stunden verschlossen stehen. Trockne dann die Proben, wiege sie und beurteile die Löslichkeit. Teile die Proben in unlöslich (u), löslich (l) oder in quellbar (q) ein.

3. a) Erhitze unter dem Abzug etwa 0,5 cm lange, schmale Probenstückchen in einem Glühröhrchen. Gib jeweils ein angefeuchtetes Wattestäbchen in die Öffnung des Glases, sodass es an der Glaswand haftet. Beobachte das Verhalten der Kunststoffe.
b) Überprüfe mithilfe der Wattestäbchen aus den Glühröhrchen, ob die Dämpfe einiger Kunststoffe mit Wasser sauer oder alkalisch reagiert haben.

4. Halte unter dem Abzug über einer nicht brennbaren Unterlage kleine Kunststoffproben mit der Tiegelzange in die Brennerflamme. Beobachte das Brennverhalten des Kunststoffes auch außerhalb der Flamme.

5. Decke die Heizplatte mit dem Stahlblech ab und lege einige Kunststoffproben darauf. Erwärme das Stahlblech langsam. Bestimme die Temperaturbereiche, bei denen die einzelnen Proben schmelzen.

Auswertung
Stelle deine Ergebnisse und Beobachtungen nach dem Muster der unten stehenden Tabelle zusammen. Bestimme anhand dieser Tabelle deine Kunststoffproben.

Kunststoff	Bruchverhalten	Dichte in $\frac{g}{cm^3}$	Löslichkeit in Aceton	Löslichkeit in Heptan	Verhalten beim Erhitzen im Glühröhrchen/ Reaktion der Dämpfe	Verhalten in der Flamme	Schmelzbereich in °C
Polyethen	b	0,92 – 0,96	u/q	u/q	wird klar, schmilzt, zersetzt sich neutral	gelbe Flamme, tropft brennend ab	105 – 120
Polypropen	h	0,91	u	u/q			
Polystyrol	h	1,05	l	q/l	schmilzt, verdampft neutral	brennt stark rußend	80 – 100
PVC (hart)	h	1,4	u/q	u	schmilzt, verkohlt sauer	schwer entflammbar, gelbe Flamme mit grünem Saum, rußend	75 – 110
PVC (weich)	g	1,2 – 1,3	q	u			
Polymethylmethacrylat (Acrylglas)	h	1,2	l	u	schmilzt, verdampft neutral	brennt knisternd, tropft ab, leuchtende Flamme, rußend	85 – 105
Polyamid	b/h	1,1	u	u	schmilzt, verkohlt alkalisch	bläuliche Flamme, tropft fadenziehend ab	185 – 255
Polycarbonat	h	1,2 – 1,4	q	u	schmilzt, verkohlt sauer	leuchtende Flamme, rußend, brennt nicht weiter, verkohlt	220 – 230
Polytetrafluorethen	b	2,1	u	u	wird klar, schmilzt nicht sauer	brennt und verkohlt nicht, grüner Flammensaum	320 – 330

1 Bestimmungstabelle für einige Kunststoffe

Legende b – biegsam u – unlöslich
g – elastisch wie Gummi l – löslich
h – hart q – quellbar

Produkte der Chemie

Nanoteilchen

1. Recherchiere im Internet, was Nanoteilchen sind und wie sie hergestellt werden.

2. Wenn ein Nanoteilchen mit einem Durchmesser von 1 nm auf die Größe einer Haselnuss (1 cm) vergrößert würde, wie groß wäre dann die Haselnuss, wenn sie im gleichen Maßstab vergrößert würde?

Was sind Nanoteilchen?

Der Namensteil Nano weist auf die Größe der Teilchen hin. „Nano" kommt aus dem Griechischen und bedeutet „Zwerg". Als Längeneinheit ist 1nm (1 Nanometer) der Millionste Teil eines Millimeters.

Die Größe von Nanoteilchen liegt zwischen 1nm und 100 nm. Dabei haben sich bis zu mehrere tausend Atome oder Moleküle zu einem Teilchen verbunden.
In dieser Größenordnung zeigen viele Stoffe besondere Eigenschaften. Beispielsweise können die elektrische Leitfähigkeit verbessert oder die Härte und das chemisches Reaktionsverhalten verändert werden.

Nutzen und Gefahren durch Nanoteilchen

Der Einsatz von Nanoteilchen und damit verbundene Veränderung der Stoffeigenschaften werden als Zukunftstechnologie angesehen und erforscht.
Die Zugabe von Nanoteilchen zu Autolacken bewirkt eine kräftigere Farbe des Autolacks, einen härteren Lack und erschwert das Festsetzen von Schmutz auf dem Lack.
In der Medizin können in Medikamenten Nanoteilchen eingesetzt werden, die wegen ihrer geringen Größe zum Ort der Erkrankung vordringen können. Hier können sie dann gezielt ihre Heilwirkung entfalten.
Einigen Ketchupsorten werden Nanoteilchen beigegeben, damit der Ketchup gleichmäßiger aus der Flasche fließt und das unkontrollierte Herausschießen der Soße vermieden wird.

Allerdings ist die Wirkung der nicht gezielt zur Heilung aufgenommenen Nanoteilchen auf den menschlichen Körper umstritten. Es liegen noch keine gesicherten Erkenntnisse über die Langzeitwirkung der Nanoteilchen im menschlichen Körper vor. So können Nanoteilchen, die sich in Sonnenschutzmitteln befinden und die für die äußere Anwendung gedacht sind, wegen ihrer geringen Größe in den Körper eindringen.

Nanoteilchen im Einsatz

Pinnwand

Lotuseffekt
Nanoteilchen verhindern, dass Wasser- oder Schmutzteilchen direkten Kontakt mit einer Oberfläche bekommen. Sie können sich nicht festsetzen und werden wie die Regentropfen auf einem Lotusblatt abgeschwemmt. Das ist der Lotuseffekt.

Kunststoffe als Leiter?
Werden Kunststoffen Nanoteilchen aus Silber beigegeben, so leiten sie den elektrischen Strom. Sie können Leiter aus Metall ersetzen.

Zinkoxid
In Sonnenschutzmitteln werden Nanoteilchen aus Zinkoxid eingebaut. Sie sind durchsichtig, reflektieren aber die UV-Strahlung. Dadurch kann auch bei starker Sonnenstrahlung ein Sonnenbrand vermieden werden.

Produkte der Chemie → S. 400/401

Lernen im Team

Warum klebt Klebstoff?

Wie selbstverständlich verwendet ihr Klebstoffe zum Beispiel, um einen zerbrochenen Gegenstand zusammenzukleben. Aber nicht immer gelingt es, für den jeweiligen Zweck den passenden Klebstoff zu finden. Die Zahl der Stoffe und Anwendungen ist sehr groß geworden.
Bereits vor 6000 Jahren wurden Erdpech und Baumharz zum Kleben verwendet. Später wurde Leim benutzt, der aus Tierhäuten und Tierknochen hergestellt wurde. Heute werden die meisten Klebstoffe aus Erdölprodukten hergestellt.

Um zwei Gegenstände miteinander verkleben zu können, muss der Klebstoff bestimmte Eigenschaften aufweisen. Er muss das zu klebende Material sehr gut benetzen. Damit er in die kleinsten Unebenheiten der Oberfläche eindringen kann, wird er meist in flüssiger Form aufgetragen. Beim anschließenden Klebevorgang härtet er auf der Klebefläche aus. Es bildet sich dabei ein Klebstofffilm aus vielen Makromolekülen. Der Klebeeffekt beruht darauf, dass zwischen den langkettigen Klebstoffmolekülen und den Molekülen des zu verklebenden Stoffes Bindekräfte entstehen, die die Moleküle fest zusammenhalten. Diese Kräfte werden als **Adhäsionskräfte** bezeichnet. Auch zwischen den einzelnen Klebstoffmolekülen sind Bindekräfte vorhanden. Sie sind ebenfalls für die Festigkeit der Klebeverbindung wichtig. Sie werden als **Kohäsionskräfte** bezeichnet.

1 Verklebung von Holz

Damit die Adhäsion optimal wirken kann, ist es sinnvoll, die Oberfläche des Materials durch Anrauen zu vergrößern. Sie sollte frei von Fett, Staub und Feuchtigkeit sein, damit die Klebeflächen gut benetzt werden können.

In diesem Projekt sollt ihr feststellen, wie groß die Vielfalt an Klebstoffen ist und welche Einsatzgebiete es gibt. Welche Festigkeit besitzen die verschiedenen Klebstoffverbindungen?
Woraus lassen sich Klebstoffe herstellen?
Welche Naturstoffe sind als Klebstoffe geeignet?
Weiterhin sind die Gefahren beim Umgang mit Klebstoffen zu untersuchen und es soll geprüft werden, ob es umweltfreundliche Klebstoffe gibt. Außerdem soll der Einsatz von Klebstoffen in der Natur und der Medizin untersucht werden.

Für die Bearbeitung eurer Fragen könnt ihr euch an die verschiedenen Hersteller von Klebstoffen wenden oder im Internet beispielsweise unter folgenden Adressen suchen:

www.klebstoffe.com
www.vci.de
www.test.de
www.uhu.de
www.pattex.de

2 Klebstoffe für Haushalt und Hobby

3 Kleben in der Industrie

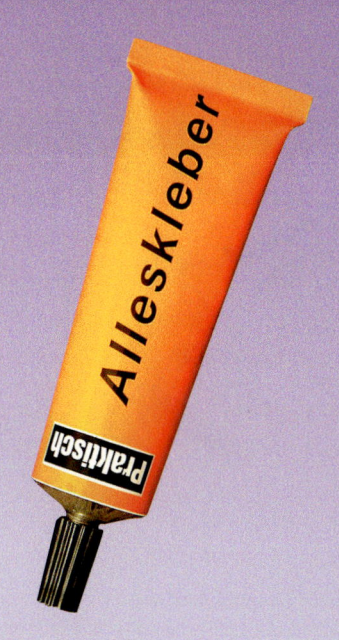

Produkte der Chemie

Gruppe 2: Klebeverbindungen

Je nach zu verklebendem Material werden an den Klebstoff sehr unterschiedliche Ansprüche gestellt. Für eine dauerhafte und haltbare Klebeverbindung ist die Auswahl des geeigneten Klebers sehr wichtig. Es kann aber auch sein, dass der Kleber nach einiger Zeit wieder von der Klebefläche entfernt werden soll, wie bei Wundpflastern und Klebestreifen.

– Untersucht in eurer Gruppe, welche Voraussetzungen gegeben sein müssen, damit es zu einer dauerhaften und festen Klebeverbindung kommen kann.

– Beachtet dabei, dass es nicht nur auf den Klebstoff, sondern auch auf die Oberfläche des zu verarbeitenden Materials ankommt. Schaut euch dazu auch Bild 6 an.
– Welche Hinweise zur Verarbeitung sind auf den Verpackungen zu finden?
– Wie muss eine Klebeverbindung für einen Wiederaufnahmekleber beschaffen sein, wie er bei Pflastern und Notizzetteln verwendet wird?
– Welche Bedeutung haben Adhäsion und Kohäsion für eine Klebeverbindung?
– Überlegt euch einfache Versuche zur Adhäsion und Kohäsion, die ihr euren Mitschülerinnen und Mitschülern zeigen könnt.

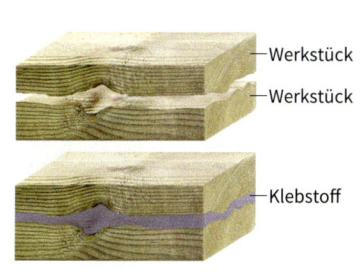

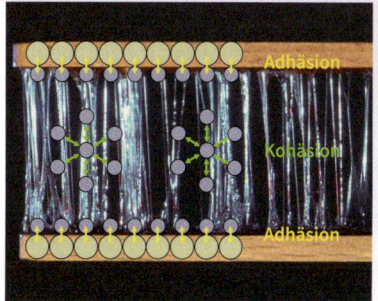

4 Alleskleber

5 Eine dauerhafte Verbindung

Gruppe 1: Klebstoffvielfalt

Heute lassen sich die unterschiedlichsten Materialien miteinander verkleben. Für fast jeden Zweck und jedes Material gibt es den richtigen Klebstoff. Deshalb ist es nicht immer einfach, den am besten geeigneten Klebstoff zu finden.

In dieser Gruppe sollt ihr die Vielfalt der heutigen Klebstoffe aufzeigen und übersichtlich ordnen.

– Stellt zunächst fest, welche Klebstoffarten es gibt. Informiert euch dazu in den Werbebroschüren der Hersteller über die Vielfalt der Klebstoffe.
– Unterscheidet zwischen Klebstoffen, die aus Erdölprodukten und solchen, die aus Naturstoffen hergestellt wurden.
– Stellt fest, welche Klebstoffarten in Baumärkten zu finden sind.
– Nennt Beispiele für die verschiedenen Klebstoffarten.

6 Beim Kleben treten Adhäsions- und Kohäsionskräfte auf.

7 Kartoffelkleber

8 Tapetenkleister

Gruppe 3: Klebstoffe, selbst gemacht

Klebstoffe lassen sich aus den verschiedensten Materialien selbst herstellen. Das können einfache Naturstoffe sein wie Stärke und Eiweiß. Ihr könnt aber auch Stoffe aus dem Bereich der Kunststoffchemie verwenden.
In dieser Gruppe sollt ihr aus Naturstoffen und Kunststoffen Klebstoffe herstellen und ihre Klebewirkung untersuchen.

– Stellt zunächst aus verschiedenen dazu geeigneten Naturstoffen jeweils einen Klebstoff her.
– Informiert euch darüber, wie die jeweiligen Ausgangsstoffe chemisch aufgebaut sind.
– Kleben alle Naturkleber Papier und andere Stoffe gleich gut? Erstellt eine Reihenfolge der Klebefestigkeit der Naturkleber.
– Versucht eine Erklärung für das Klebeverhalten zu finden.
– Untersucht, ob gekaufter Tapetenkleister auch aus Naturstoffen hergestellt worden ist.
– Welche Klebstoffe lassen sich auch aus Kunststoffen herstellen?
– Versucht ebenfalls, verschiedene Kunststoffkleber eventuell mithilfe von Lösungsmitteln herzustellen. Achtet dabei auf den sicheren Umgang mit den Lösungsmitteln.
– Wie sind diese Kunststoffe chemisch aufgebaut?
– Wie gut kleben diese Klebstoffe? Vergleicht mit den Naturklebern.
– Erstellt eine Reihenfolge der Klebefestigkeit der Kunststoffkleber.
– Vergleicht eure Kunststoffklebstoffe mit einem gekauften Klebstoff.

Gruppe 4: Klebstoffe und Umwelt

Damit die Klebeeigenschaften eines Klebstoffes gut zur Wirkung kommen, sind fast alle Klebstoffe in einem Lösungsmittel aufgelöst. Das Lösungsmittel muss aber entweichen können, damit die Klebstoffe fest werden. Daraus entstehen Probleme für die Umwelt und für die Gesundheit der Menschen. Ihr sollt untersuchen, welche Wirkung Klebstoffe und die verschiedenen Lösungsmittel in unserer Umwelt haben.
Untersucht ebenfalls, ob es auch umweltfreundliche Klebstoffe und Lösungsmittel gibt.

– Stellt fest, welche Lösungsmittel sich in den verschiedenen Klebstoffen befinden. Unterscheidet dabei zwischen umweltverträglichen und umweltschädlichen Lösungsmitteln.
– Erkundigt euch, was bei der Verarbeitung der verschiedenen Klebstoffe beachtet werden muss. Lest dazu auch die Informationen auf den Verpackungen der Klebstoffe.
– Erstellt eine Liste von umweltfreundlichen Klebstoffen.
– Welche Auswirkungen haben die verschiedenen Lösungsmittel in der Umwelt?

9 Warnhinweis auf einer Klebstoffverpackung

Produkte der Chemie

10 Klebstoffe in der Tierwelt: Wespennest

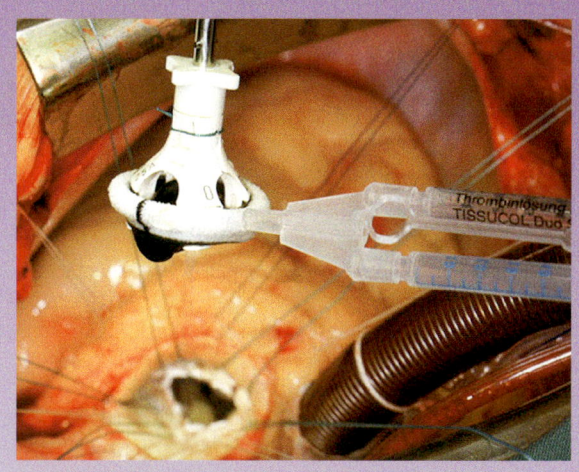

12 Klebstoffe in der Medizin: Herzklappe

Gruppe 5: Klebstoffe in der Natur
Auch in der Tier- und Pflanzenwelt findet sich eine Vielzahl von Klebstoffen. So gibt es auch hier für den erforderlichen Zweck den geeigneten Klebstoff. In dieser Gruppe sollt ihr herausfinden, welche Tiere und Pflanzen Klebstoffe einsetzen.

– Stellt fest, wofür Tiere und Pflanzen den jeweiligen Klebstoff verwenden.
– Aus welchen Ausgangsstoffen sind diese Klebstoffe hergestellt worden?
– Überlegt, ob diese Klebstoffe auch für die Verwendung im Haushalt geeignet wären.
– Lassen sich ähnliche Klebstoffarten auch bei Menschen finden?

Gruppe 6: Klebstoffe in der Medizin
Schon auf den ersten Blick scheint klar zu sein, dass auch in der Medizin Klebstoffe Verwendung finden. Schließlich kennt ihr das Wundpflaster, das zum Schutz über eine Wunde geklebt wird. Aber auch für andere Zwecke werden in der Medizin Klebstoffe eingesetzt.

– Erkundet, in welchen Bereichen der Medizin dies der Fall ist.
– Findet heraus, welche Klebstoffe das sind.
– Welche Probleme ergeben sich bei der Verarbeitung von Klebstoffen in der Medizin?
– Informiert euch darüber, welche körpereigenen Klebstoffe es gibt und wobei sie Verwendung finden.

11 Klebstoffe in der Pflanzenwelt: Sonnentau

13 Wundverklebung mit einem Klebstoff: Pflaster

Produkte der Chemie

Carbonsäuren
Durch Essigsäurebakterien entsteht aus Ethanol **Essigsäure**. Essigsäure (CH_3-COOH) ist eine organische Säure. Sie gehört zu den Carbon- oder **Alkansäuren**. Sie sind alle durch die COOH-Gruppe, die **Carboxyl-Gruppe**, gekennzeichnet.

Langkettige Alkansäuren heißen **Fettsäuren**.

Ester
Bei der Reaktion einer Carbonsäure mit einem Alkohol entsteht ein **Ester**. Es gibt viele verschiedene Ester. Duft- und Aromastoffe, aber auch Wachse, Fette und Öle sind Ester.

Verseifung
Seife wird aus tierischen Fetten oder pflanzlichen Ölen und Natronlauge oder Kalilauge hergestellt. Dieser Vorgang heißt **Verseifung**. Neben der Seife entsteht dabei Glycerin.

Seifenlösungen bilden in kalkhaltigem Wasser unlösliche Kalkseife. Dadurch geht die Waschwirkung verloren.

Tenside
Alle Stoffe, die die Wasseroberfläche entspannen und Fett emulgieren, heißen Tenside.

negativ geladen

hydrophob (wasserabstoßend) hydrophil (wasserliebend)

Tensidmoleküle haben ein wasserfreundliches (hydrophiles) und ein wasserfeindliches (hydrophobes) Ende.

Verseifung
Fett + Lauge ⟶ Seife + Glycerin

Bestandteile der Waschmittel

Tenside entfernen festen und öl- oder fetthaltigen Schmutz.

Enthärtungsmittel verhindern Kalkablagerungen an Fasern und Waschmaschine.

Bleichmittel beseitigen Farbflecke.

Enzyme wirken auf eiweiß- oder kohlenhydrathaltige Flecke.

Optische Aufheller lassen die Wäsche weißer erscheinen.

Stellmittel verhindern ein Verklumpen des Waschpulvers.

Duftstoffe geben der Wäsche einen frischen Geruch.

Kunststoffe und ihre Eigenschaften
Für fast jeden Verwendungszweck gibt es heute den geeigneten Kunststoff. Holz, Naturfasern oder Metall wurden in vielen Bereichen durch die Kunststoffe verdrängt.

Teile aus Kunststoff sind leicht und können in jeder beliebigen Form hergestellt werden.

Die meisten Kunststoffe sind gegenüber Lösungsmitteln, Säuren und Laugen beständig.

Kunststoffarten
Thermoplaste werden beim Erhitzen weich, schmelzen und sind deshalb leicht formbar.
Duroplaste sind hart, schlagfest und nicht schmelzbar. Sie werden durch Erhitzen zerstört.
Elastomere sind weich und elastisch. Sie zersetzen sich beim Erwärmen.

Kunststoffherstellung
Kunststoffe bestehen aus Makromolekülen. Darin sind die einzelnen Molekülbausteine, die **Monomere**, zu langen Ketten verknüpft. Diese Ketten aus Monomeren heißen **Polymere**.

Kunststoffe lassen sich unter anderem durch Polykondensation herstellen.

Kunststoff-Recycling
Gebrauchte Kunststoffe und Kunststoffabfälle können gesammelt und wiederverwertet werden.

Produkte der Chemie

Zeig, was du kannst

1. Wie entsteht Essigsäure? Welche Eigenschaften hat sie?

2. a) Zu welcher Säure-Gruppe gehört Essigsäure?
b) Was ist das Kennzeichen dieser Gruppe?

3. Was sind Fettsäuren?

4. Was entsteht unter geeigneten Bedingungen aus einer Carbonsäure und einem Alkohol?

5. Wozu werden Ester verwendet?

6. Stelle möglichst viele unterschiedliche Naturfasern in einem Kurzvortrag vor.

7. Wie lässt sich Seife im Labor herstellen?

8. Wie lässt sich mithilfe von Seife kalkarmes, weiches Wasser von stark kalkhaltigem, hartem Wasser unterscheiden?

9. In welchem Bereich liegt der pH-Wert einer Kernseifenlösung?

10. Beschreibe das Verhalten eines Tensidmoleküls gegenüber Wasser und Fett.

11. Warum befinden sich in flüssigen Waschmitteln keine Stellmittel?

12. Gib jeweils an, wie der beschriebene Schritt bei der Schmutzentfernung durch Tenside genannt wird:
a) Die Schmutzteilchen werden von der Faser abgestoßen.
b) Die Tensidmoleküle dringen in den Schmutz ein.
c) Der Schmutz schwebt in Form kleiner Teilchen in der Tensidlösung.
d) Der Schmutz beginnt sich abzulösen.

13. Warum werden heute überwiegend synthetische Tenside in Waschmitteln eingesetzt?

14. Zwei weiße Stoffstücke werden gewaschen. Bei einem der beiden Stücke wird ein Waschmittel mit optischem Aufheller eingesetzt. Nach dem Trocknen werden beide Stoffstücke mit ultraviolettem Licht bestrahlt. Woran erkennst du das Wäschestück, das mit einem optischen Aufheller gewaschen worden ist?

15. a) Bestreue eine Wasseroberfläche mit Pfefferpulver. Tauche in das Wasser kurz ein Stück Seife ein. Was passiert?
b) Erkläre diesen Vorgang.
c) Zeichne, wie sich die Tensidmoleküle an der Wasseroberfläche anordnen.

16. Stelle zeichnerisch dar, wie fettiger Schmutz auf einer Faser durch Tensidmoleküle entfernt wird.

17. Nenne Vor- und Nachteile von Kunststoffen.

18. Was geschieht bei der
a) Polymerisation,
b) Polyaddition,
c) Polykondensation?

19. Nenne die drei Kunststoffarten, ihre Eigenschaften und Anwendungsbeispiele.

20. Warum darf das im folgenden Bild gezeigte Geschirr nicht aus einem Thermoplast sein?

21. Um welche Kunststoffart handelt es sich bei dem Molekülmodell?

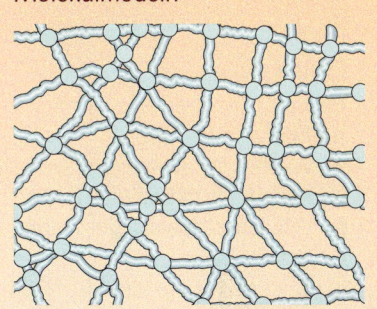

22. Warum werden Gegenstände aus Kunststoff mit einer Ziffer oder mit Buchstaben gekennzeichnet?

23. Nenne Möglichkeiten Kunststoffe zu verwerten.

24. Informiere dich, warum in der Industrie zwischen dem werkstofflichen und dem rohstofflichen Recycling von Kunststoffen unterschieden wird.

25. Warum bereitet das Verbrennen von PVC Probleme?

26. Warum müssen in einer Müllverbrennungsanlage die Abgase gereinigt werden?

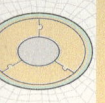

Produkte der Chemischen Reaktion

Funktionelle Gruppen

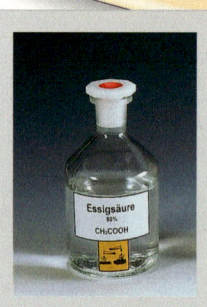

Ethan	C_2H_6
Ethanol	C_2H_5OH
Ethansäure	CH_3COOH
Ethandiol	$C_2H_4(OH)_2$

1. Kohlenwasserstoffe mit funktioneller Gruppe sind reaktionsfreudiger als Kohlenwasserstoffe ohne funktionelle Gruppe.
a) Welche der Kohlenwasserstoffe aus der Tabelle haben eine funktionelle Gruppe?
b) Wie lautet jeweils der Name der funktionellen Gruppe?
c) Zeichne für die vier Stoffe die Strukturformeln.

2. Beschreibe die Esterbildung und die Esterspaltung als Wortgleichung.

Esterbildung

3. a) Wie heißt die **Reaktion,** bei der ein solcher Nylonfaden entsteht?
b) Zeichne die Entstehung des Makromoleküls aus den Monomeren mit einem einfachen Modell.
c) Nenne weitere **Reaktionen** zur Herstellung von Makromolekülen.

Synthese von Makromolekülen aus Monomeren

Basiskonzepte

Chemie

Struktur der Materie

4. a) Beschreibe die Größe und den Aufbau von Nanoteilchen.
b) Vergleiche den Aufbau von Nanoteilchen mit dem Aufbau von Makromolekülen.
c) Für welchen Einsatz eignen sich die Nanoteilchen aufgrund ihrer **Struktur**?

Nanoteilchen

5. a) Welche Eigenschaften haben Tenside aufgrund ihrer besonderen **Struktur**?
b) Beschreibe den Waschvorgang mit Tensid haltigem Wasser am Beispiel eines mit Öl verschmutzten Wäschestücks.

Tenside

Lösungen zu „Zeig, was du kannst"

Seite 87 Stoffe und Stoffeigenschaften

1. a) Farbe, Geruch, Geschmack.
b) Härte: Nagel zum Ritzen; Löslichkeit: Wasser, Alkohol, Benzin, Becherglas; Wärmeleitfähigkeit: Bunsenbrenner; elektrische Leitfähigkeit: Prüfstrecke; Schmelztemperatur: Thermometer, Bunsenbrenner, Becherglas; Siedetemperatur: Thermometer, Bunsenbrenner, Becherglas; Magnetisierbarkeit: Magnet, Büroklammer aus Eisen; Brennbarkeit: Bunsenbrenner, Tiegelzange; Schwimmfähigkeit: Wanne, Wasser.
2. –
3. Ein Stoffgemisch besteht aus mindestens zwei Stoffen. Ein Reinstoff ist einheitlich aufgebaut. Beispiele Stoffgemisch: Brausepulver, Mineralwasser, Granit; Beispiele Reinstoff: destilliertes Wasser, Zucker, Silicium.
4. In einer Suspension ist der Feststoff klar zu erkennen. Beispiele: Orangensaft, Kaffee, Blut
5. Spülwasser, Mayonäse, Creme, Milch
6. a) dekantieren;
b) sedimentieren
7. Das Wasser in der Pfütze ist eine Aufschlämmung. Nach einer bestimmten Zeit sedimentieren die festen Teilchen. Es bildet sich ein Sediment. Das Wasser, das darüber steht, wird klar. Beim Hineintreten wird das Sediment aufgewühlt. Es entsteht eine Suspension. Das Wasser in der Pfütze ist trüb. Der Vorgang beginnt neu. Die festen Teilchen der Suspension sedimentieren. Das Wasser über der Suspension wird wieder klar.
8. Zunächst werden mit einem Magneten aus dem Gemisch die Eisenteile herausgeholt. Dann wird das Sand-Wassergemisch stehen gelassen, so dass der Sand sedimentiert. Schließlich den Überstand noch durch einen Filter gießen. Im Becherglas bleibt dann nur das Wasser übrig.
9. Feste Bestandteile erst sedimentieren lassen, dann den Überstand dekantieren oder filtrieren.
10. Eine Lösung ist klar und durchsichtig.
11. Der gelöste Stoff ist so fein zerteilt, dass er durch die Filterporen passt und so nicht zurückgehalten wird.
12. Eine Lösung mit Bodensatz heißt gesättigte Lösung.
13. Wird zu einer gesättigten Lösung weiteres Lösungsmittel hinzugegeben, löst sich der Bodensatz wieder auf.
14. Aufwändige Verpackungen vermeiden, Pfandflaschen und Pfandgläser kaufen, lose statt abgepackter Ware kaufen
15. Medikamente, Ölfarben, Batterien
Anmerkung: Medikamente gelten nicht überall als Sondermüll.
16. a) Durch Eindampfen, Verdunsten oder Destillieren wird aus einer Salzlösung das Salz zurückgewonnen;
b) –
17. Der geringste Rückstand bleibt beim Eindampfen von destilliertem Wasser.
18.

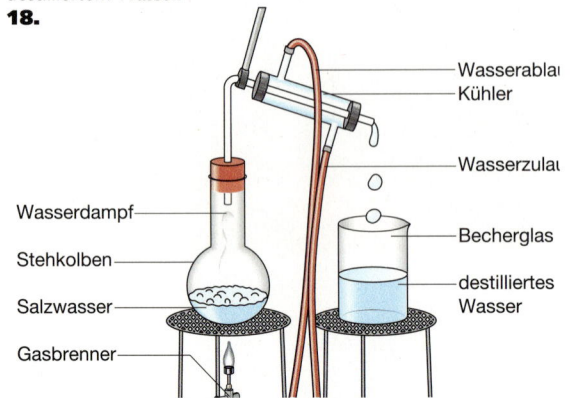

(Skizze einer Destillationsapparatur mit Beschriftungen: Wasserdampf, Stehkolben, Salzwasser, Gasbrenner, Wasserablauf, Kühler, Wasserzulauf, Becherglas, destilliertes Wasser)

19. Tee zubereiten und Kaffee zubereiten.
20. *Beispiel:*

Kunststoffe	Metalle	Holz/Glas
Stifte	Kleiderbügel	Holztisch
Spielfiguren	Büroklammer	Glasscheibe

21. Sand, Soda und Kalkstein werden vermischt und bei mindestens 1100 °C geschmolzen. Die Schmelze wird in Formen gegossen.
22. *Beispiel:*

Kunststoff	Eigenschaften	Verwendung
PET	als Faser: reißfest, knitterfrei als Folie: wasserundurchlässig	Fleecejacken, Flaschen
PE	zäh, dehnbar, leichter als Wasser	Folie, Rohre …
PUR	gut aufschäumbar, leicht, strapazierfähig und gut isolierend	Montageschaum, Be-schichtungen
Plexiglas	durchsichtig wie Glas, elastisch und schlagfest	Ersatz für Glas

23. Holz hat ein angenehmes, warmes Aussehen und lässt sich gut zu Möbelstücken verarbeiten.
24. Geschmacksverstärker, Farbstoffe, Konservierungsstoffe.
25. Wasser: Melone, Gurke; Eiweiß: Fisch, Ei; Fett: Käse, Butter; Traubenzucker: Rosinen, getrocknete Pflaumen; Vitamin C: Orange, Grapefruit; Stärke: Kartoffel, Getreide
26. Kühlen, luftdicht Verschließen, Einkochen, sauer Einlegen, Einfrieren, Räuchern. Bei allen Methoden wird die Entstehung von Pilzen und die Ausbreitung von Bakterien verhindert.

Seite 135 Energieumsätze bei Stoffveränderungen

1. Es werden brennbares Material und Sauerstoff benötigt. Das brennbare Material muss bis zum Erreichen der Entzündungstemperatur erhitzt werden.
2. Die Kerze geht langsam aus, sobald sie den Sauerstoff in der Luft unter dem Becherglas verbraucht hat.
3. Das Brennmaterial ist zu feucht oder nicht fein genug zerteilt. Es kommt zu wenig Sauerstoff an das Brennmaterial. Die Entzündungstemperatur wird nicht erreicht.
4. Das Lagerfeuer muss richtig geschichtet sein. Unter den locker gestapelten Holzscheiten müssen sich kleinere Holzscheite befinden, die sich leichter entzünden. Damit das Feuer gut anbrennt, muss ausreichend Sauerstoff an die Flammen kommen.
5. Kamin, Auto, Industrie, Grillen
6. Die Ausgangsstoffe verwandeln sich bei der Verbrennung. Dies ist von Stoff zu Stoff verschieden.
7. Der Mensch nutzt die bei der Verbrennung erzeugte Energie in Form von Wärme, Antrieb von Motoren zur Fortbewegung.
8. Bei der Verbrennung entstehen giftige Gase, die Haut, Augen und Atemwege schädigen.

9. Kurze Wege mit dem Rad oder zu Fuß erledigen. Heizen einschränken, wenn möglich.
10. Löschen mit einer Löschdecke, mit Schaum, CO_2 und Sand.
11. Wasser, Schaum
12. Wer meldet den Brand? Wo ist der Brand? Was brennt? Wie ist die jetzige Situation?
13. Damit im Ernstfall alle wissen, wie sie sich verhalten sollen.
14. Bei der Verbrennung entstehen neue Stoffe.
15. Die Gruppe heißt Oxide.
16. Technik: Schweißen mit reinem Sauerstoff, Medizin: Rettungseinsatz; Freizeit: Tauchen.
17. Mit der Glimmspanprobe wird Sauerstoff nachgewiesen.
18. Schwefel wird durch Entschwefelung von Erdöl gewonnen. Schwefel wird aus Lagerstätten gewonnen.
19. Die bei der Verbrennung im Motor entstehenden Stickstoffoxide werden durch den Katalysator in Sauerstoff und Stickstoff zerlegt.
20. Modifikationen: Verschiedene Erscheinungsformen eines Stoffes.
21. Die Edelmetalle stehen an einem Ende der Reihe, die unedlen Metalle am anderen.
22. unedel
23. Bei einer chemischen Reaktion werden die Atome nicht zerstört, sie werden umgeordnet.
24. Fe: Eisen, Pb: Blei, Ag: Silber, Ne: Neon
25. PbO: Bleioxid, Ag_2S: Silbersulfid, H_2O: Wasserstoffoxid (Wasser), ZnS: Zinksulfid.
26. Verbindungen sind Reinstoffe. Sie lassen sich nicht – wie Gemische – durch Trennmethoden wie Filtrieren, Destillieren trennen.
27. Elemente: Gold, Silber, Blei; Verbindungen: Kupferacetat, Olivenöl, Wasser.
28. Magnesium besteht aus Atomverbänden. Wasserstoff und H_2S sind Moleküle.
Modell des Atomverbandes für Mg:

Modell H_2:
Modell H_2S:
29. Reibungswärme beim Anreiben, Licht mithilfe eines Brennglases oder eines Hohlspiegels, Wärme einer Flamme.
30. Endotherme Reaktionen: Kochen und Backen; exotherme Reaktionen: Wärmeerzeugung im Kamin oder der Öl- oder Gasheizung.

Seite 165 Metalle und Metallgewinnung

1. Kohlenstoff und Zink sind geeignet, da sie den Sauerstoff stärker binden als Eisen.
2. a) $PbO_2 + C \rightarrow Pb + CO_2$
b) Reduktion: PbO_2 zu Pb; Oxidation: C zu CO_2; Reduktionsmittel: Kohlenstoff (Holzkohle); Oxidationsmittel: Bleioxid.
3. Kupfer ist vielseitig verwendbar aufgrund seiner guten elektrischen Leitfähigkeit, seiner guten Wärmeleitfähigkeit sowie seiner Witterungsbeständigkeit und seiner guten Verformbarkeit.
4. Kohlenstoff bindet den Sauerstoff stärker als Kupfer. Nur so gelingt es, Kupfer aus Kupfererz zu gewinnen.
5. Messing: Legierung aus Kupfer und Zink; Bronze: Legierung aus Kupfer und Zinn; Neusilber: Legierung aus Kupfer, Zink und Nickel.
6. Der Hochofen wird abwechselnd mit einem Gemisch aus Koks und Möller gefüllt. Möller ist ein Gemisch aus Eisenerz und Zuschlägen wie Kalkstein.
7. Koks ist fast reiner Kohlenstoff. Er wird in der Kokerei aus Steinkohle hergestellt. Im Hochofen sorgt er durch seine Verbrennung für die nötigen hohen Temperaturen und reduziert das Eisenoxid im Eisenerz zu metallischem Eisen.
8. a) Kohlenstoff + Sauerstoff → Kohlenstoffmonooxid
b) Kohlenstoffmonooxid + Eisenoxid → Eisen + Kohlenstoffdioxid
9. a) Zum Beschicken des Hochofens wird zunächst die obere Glocke angehoben. Koks beziehungsweise Möller fallen auf die untere Glocke. Erst wenn die obere Glocke wieder geschlossen ist, wird die untere geöffnet. So bleibt der Hochofen weitgehend gasdicht und nur geringe Mengen giftiger Gase gelangen in die Umwelt.
b) Gichtgase enthalten einen hohen Anteil Kohlenstoffmonooxid. Dieses Gas ist giftig.
10. Als Schlacke wird der Anteil des Hochofeninhaltes bezeichnet, der kein Eisen enthält. Es handelt sich um das abgetrennte Begleitgestein des Eisenerzes. Schlacke wird zum Beispiel beim Straßenbau als Material für den Unterbau verwendet.
11. Das Roheisen ist schwerer als die Schlacke. Dadurch wird die Trennung dieser beiden Materialien möglich.
12. a) Sie erhitzen Luft, die über Gebläse in den unteren Teil des Hochofens gelangt und die chemischen Reaktionen beschleunigt.
b) Sie werden durch Verbrennung des in den Gichtgasen enthaltenen Kohlenstoffmonooxids aufgeheizt. Bei einer Temperatur von etwa 1000 °C wird die zu erwärmende Luft hindurch geblasen.
13. Gichtgase aus dem Hochofen enthalten viele Verunreinigungen. Daher werden sie vor dem Verbrennen im Winderhitzer gereinigt.
14. Ein Hochofen, der erkaltet, wird unbrauchbar. Die enthaltene Masse wäre nicht mehr zu schmelzen.
15. Das Roheisen aus dem Hochofen enthält zu viel Kohlenstoff. Der Gehalt muss reduziert und auf einen bestimmten Wert eingestellt werden. Außerdem sind im Roheisen Verunreinigungen wie Phosphor, Schwefel oder Silicium enthalten, die entfernt werden müssen.
16. Der Kohlenstoffgehalt bestimmt wesentliche Eigenschaften des Stahls, vor allem seine Härte und Elastizität.
17. Chrom, Nickel, Vanadium, Wolfram, Molybdän u. a.
18. Der Begriff Rosten wird nur bei Eisen verwendet, bezeichnet die Korrosion des Eisens, bei der Wasser eine wesentliche Rolle spielt.
19. Rost bildet auf dem Eisen eine raue, lockere Schicht, die ein weiteres Eindringen von Sauerstoff und Feuchtigkeit begünstigt. Andere Metalle bilden stattdessen eine glatte, dichte Oxidschicht, die das Metall vor weiterer Korrosion schützt.
20. Beim Fahrzeugbau spielt niedriges Gewicht eine bedeutsame Rolle. So lassen sich die Motorleistung und damit der Energiebedarf drosseln. Aluminium ist eines der leichtesten Metalle, das dennoch eine gute Festigkeit aufweist.
21. Aluminium wird durch Schmelzflusselektrolyse gewonnen. Dieser Prozess benötigt sehr viel elektrische Energie. Ihr hoher Preis macht die Herstellung von Aluminium teuer.

Seite 197 Luft und Wasser

1. Die Oberflächenspannung des Wassers verhindert das Einsinken der Insekten.
2. Löschpapier enthält kleine Hohlräume. In diesen steigt das Wasser aufgrund der Adhäsion auf.
3. Eis schwimmt auf Wasser, weil es bei gleichem Volumen leichter als Wasser ist.
4. 10 Millionen mal 12,19 m entspricht 121900 km. Das ist eine Strecke, die etwa 3 mal um die Erde reicht.

5. Der Abwasch (Geschirrspüler), das Wischen und Reinigen des Fußbodens, das Wäsche waschen (Waschmaschine), die Körperreinigung (Duschen) und der Abtransport der Fäkalien würden nicht mehr funktionieren.
6. Ableiten von Säure aus Industriebetrieben; Wasch- und Putzmittel aus Haushalten; Überdüngung in der Landwirtschaft, Verunreinigen auf einem Campingplatz, Ölunfall auf der Nordsee.
7. –
8. Mechanische Reinigung, biologische Reinigung und chemische Reinigung
9. Oben links: Einlauf mit Sandfang, Rechen und Fettabscheider. Großes, rundes Becken: mechanische Reinigungsstufe, Vorklärbecken. Mittleres Becken: Belebtbecken. Rechtes Becken: Nachklärbecken mit biologischer Reinigung. Rotbraune Faultürme: Schlamm aus verschiedenen Reinigungsstufen gelangt hinein. Betriebsgebäude: Links von Faultürmen.
10. Luft besteht aus Stickstoff, Sauerstoff, Kohlenstoffdioxid und anderen Gasen.
11. Stickstoff: Konservieren von Lebensmittel, Befüllung von Flugzeugreifen; Xenon: Blitzlichtlampen, Licht in Autoscheinwerfern
12. Wasser ist eine chemische Verbindung aus den Elementen Wasserstoff und Sauerstoff.
13. Sauerstoff wird mit der Glimmspanprobe nachgewiesen. Ein glimmender Holzspan wird in einen mit Sauerstoff gefüllten Standzylinder gehalten. Das Aufflammen des Holzspanes zeigt, dass im Standzylinder Sauerstoff ist.
14. Farbloses und geruchloses Gas, das leichteste Gas, brennbar
15. Wasserstoff-Nachweis mit Knallgasprobe: Das Reagenzglas mit dem Wasserstoff wird mit der Öffnung nach unten an eine Flamme gehalten. Der Wasserstoff verbrennt mit blassblauer Flamme.
16. Mit weißem Kupfersulfat: Die Blaufärbung zeigt Wasser an.
17. Elektrolyse: Zerlegung der chemischen Verbindung Wasser mithilfe elektrischer Energie in seine beiden Elemente Wasserstoff und Sauerstoff; Synthese: Bildung der chemischen Verbindung Wasser aus seinen Elementen Wasserstoff und Sauerstoff.
18. In einer Brennstoffzelle werden die gespeicherten Gase Sauerstoff und Wasserstoff zusammengeführt und erzeugen elektrische Energie. Damit kann beispielsweise ein Motor angetrieben werden.
19. Da Wasserstoff sehr leicht brennbar ist, ist die Befüllung der Ballons mit diesem Gas zu gefährlich.
20. Vorteile: Als Abgas entsteht Wasserdampf, keine Lärmbelästigung zur Erzeugung elektrischer Energie, lange Lebensdauer der Brennstoffzelle; Nachteile: hoher Preis, große Masse der Brennstoffzelle, Wasserstoff als Treibstoff steht nicht überall zur Verfügung.

Seite 239   Elemente und ihre Ordnung

1. Wird ein Stück abgeschnitten, zeigt es für kurze Zeit den typischen Metallglanz. Wird ein Stück Lithium in eine elektrische Prüfstrecke eingebaut, kann die elektrische Leitfähigkeit nachwiesen werden.
2. Beide Metalle überziehen sich schnell mit einer Kruste, darunter glänzen sie metallisch. Sie reagieren heftig mit Wasser: Natrium reagiert noch sehr viel heftiger als Lithium.
3. Mit einem Magnesiastäbchen werden einige Körnchen von einer Alkalimetallverbindung aufgenommen und in die blaue Brennerflamme gehalten. Anhand der Flammenfärbung kann bestimmt werden, um welches Alkalimetall es sich handelt.
4. a) Erdalkalimetalle: metallische Eigenschaften wie elektrische Leitfähigkeit und metallischen Glanz; reagieren mit Wasser

b) Im Vergleich zu Alkalimetallen sind sie weniger reaktionsfreudig
5. Die Edelgase reagieren kaum oder gar nicht mit anderen Stoffen.
6. Der Versuch zeigte, dass Atome einen sehr kleinen, positiv geladenen Kern besitzen, der fast die ganze Masse ausmacht. In der Atomhülle sind die negativen Elektronen.
7. Aus positiven Protonen und neutralen Neutronen
8. Sie ist die Kernladungszahl, gibt die Zahl der Protonen sowie Elektronen an, zeigt die Stellung in der Reihenfolge der Elemente.
9. Die Atomhülle ist in Schalen unterteilt, in denen die Elektronen um den Atomkern kreisen.
10. Die Anzahl der Elektronen in der äußersten Schale bestimmt die chemischen Eigenschaften eines Elementes.
11. Bei den Edelgasen ist die äußerste Schale komplett gefüllt.
12. Hauptgruppen: Senkrechte Spalten des Periodensystems. Alle Elemente mit der gleichen Anzahl an Außenelektronen stehen untereinander. Elemente einer Gruppe haben ähnliche Eigenschaften.
Perioden: Waagerechte Zeilen. Alle Elemente mit der gleichen Anzahl an Elektronenschalen sind nebeneinander geordnet.
13. Wasserstoff steht in der ersten Hauptgruppe, weil es nur 1 Elektron in der Außenschale hat. Der Kern besteht nur aus einem Proton, ein Neutron hat er nicht. Es ist das leichteste Element.
14. Elektrische Leitfähigkeit der Lösung prüfen. Zuckerlösung leitet den elektrischen Strom nicht.
15. In einer Salzlösung transportieren die positiv und negativ geladenen Ionen die elektrische Ladung. Im Metalldraht transportieren die frei beweglichen Elektronen die elektrische Ladung.
16. a) Kalium-Ionen, Argon-Atome und Chlor-Ionen haben eine vollständige Edelgasschale.
b) Die Argon-Atome sind elektrisch neutral. Die Ionen dagegen sind positiv oder negativ geladen.
17. Es sind ein Magnesium-Ion und ein Schwefel-Ion dargestellt.
18. Krypton: Atome, Eis: Moleküle, Kaliumchlorid: Ionen, Platin: Ionen und freie Elektronen, Brom: Moleküle, Magnesiumoxid: Ionen
19. CCl_4: Kohlenstoff 4-wertig, Chlor 1-wertig; Ag_2O: Silber 1-wertig, Sauerstoff 2-wertig; H_2Se: Wasserstoff 1-wertig, Selen 2-wertig; Fe_2O_3: Eisen 3-wertig, Sauerstoff 2-wertig
20. a)

Cl_2, H_2S, CF_4

b)
$|\overline{\underline{Cl}} - \overline{\underline{Cl}}|$

$|\overline{\underline{S}} - H$
$\quad\;\;|$
$\quad\;\;H$

$\quad\;\;|\overline{\underline{F}}|$
$|\overline{\underline{F}} - C - \overline{\underline{F}}|$
$\quad\;\;|\overline{\underline{F}}|$

21. a) – Oktettregel: Durch Bildung gemeinsamer Elektronenpaare erreichen Atome acht Elektronen in der Außenschale.
– Doppelbindung: Bindung zwischen Atomen durch 2 Elektronenpaarbindungen;

– Dreifachbindung: Bindung zwischen Atomen durch 3 Elektronenpaarbindungen
b) Sauerstoff: O = O; Stickstoff: N ≡ N
22. a) Grafit, Diamant, Fullerene
b) – Im Grafitgitter bilden die C-Atome Schichten. Grafit ist weich, da sich die Schichten leicht gegeneinander verschieben lassen.
Grafit ist elektrisch leitend, da das vierte Außenelektron frei beweglich ist.
– Im Diamantgitter sind die C-Atome dicht gepackt. Deshalb ist Diamant sehr hart. Diamant ist ein Nichtleiter, da alle 4 Außenelektronen durch eine Elektronenpaarbindung fest gebunden sind.
– Im Fulleren-Molekül sind 60 bis 100 C-Atome gebunden. Da das 4. Außenelektron innerhalb des Fullerens frei beweglich ist, besitzen Fullerene Halbleitereigenschaften.
23. Zwischen Wassermolekülen bilden sich Wasserstoffbrückenbindungen. Wasser verhält sich so, als hätte es eine Haut.
24. H̄ – C̄l
25. – Ionenbindung: Bindung zwischen positiv und negativ geladenen Ionen
– Metallbindung: Die positiv geladenen Metallionen werden von den freien Elektronen zusammengehalten.

Seite 289 Säuren und Basen

1. Schutzkleidung, -brille, -handschuhe, vorsichtiges Arbeiten.
2. Rotkohlsaft, Universalindikator.
3.

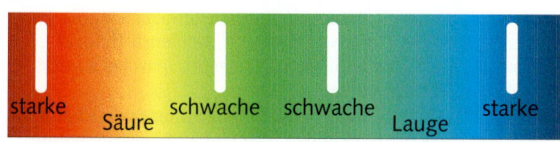

| starke Säure | schwache | schwache | Lauge | starke |

4. Das Duschgel muss einen pH-Wert um 5,5 haben. Dies ist der pH-Wert der Hautoberfläche.
5. In feuchten Fässern wird beim Ausschwefeln Schwefel verbrannt. Es entstehen Schwefeldioxid und schweflige Säure. So werden die Fässer desinfiziert, da Mikroorganismen abgetötet werden.
6. Kohlenstoffdioxid ist ein Gas, das beim Verbrennen von Kohle, Gas, Heizöl, Benzin usw. entsteht. In Wasser löst es sich zum Teil auf. Ein kleiner Teil des Kohlenstoffdioxids reagiert mit dem Wasser zu Kohlensäure. Sprudel ist also eine stark verdünnte Kohlensäure. Die Gasbläschen im Mineralwasser sind aber keine Kohlensäure, sondern Kohlenstoffdioxid.
7. Metalloxid + Wasser; Metall + Wasser; Metallhydroxid + Wasser.
8. Ölfarben werden aus organischen Stoffen hergestellt. Laugen greifen diese organischen Stoffe an. Die Ölfarbe lässt sich mit einem Spachtel abschieben.
9. Laugen: Geschirr spülen, als Abflussreiniger; Säuren: Kaffeemaschine entkalken, in Essig- oder Zitronenreinigern.
10. Mechanische Reinigung, biologische Reinigung und chemische Reinigung
11. Saurer Regen direkt von außen über Stamm, Äste und Blätter, saures Grundwasser über die Wurzeln
12. Der bisher sauerste gemessene Regen in Schottland war etwa so sauer wie Zitronensaft. Der in Deutschland gemessene sauerste Regen war etwas saurer als Essig. Der normale Regen in Deutschland ist saurer als Mineralwasser.
13. Bergmännischer Abbau, Salzgärten, oberirdische Salzminen
14. Im Altertum und Mittelalter war Salz knapp und teuer. Da es aber für viele Verwendungen gebraucht wurde, war es sehr wertvoll.
15. Salz in Lebensmitteln (Brot, Käse, Wurst), Salz zum Konservieren, zum Backen, zur Fleckenentfernung, Salz in Knetmasse
16. Salze sind bei Raumtemperatur fest. Salzkristalle sind hart und spröde. Feste Salze sind elektrische Nichtleiter. Salzlösungen und Salzschmelzen sind elektrisch leitend.
17. Auftausalz, Gewerbesalz, Industriesalz, Salz in Ernährung
18. Um reines Kochsalz.
19. a) Magnesium + Salzsäure → Magnesiumchlorid + Wasserstoff
b) Magnesium + Schwefelsäure → Magnesiumsulfat + Wasserstoff
c) Magnesium + Salpetersäure → Magnesiumnitrat + Wasserstoff
20. Nachweis der Metalle Natrium und Kalium in ihren Salzen über Flammenfärbung. Natrium färbt die Flamme gelb, Kalium violett.
21. Nachweis einiger Säurereste mit Fällungsreaktionen: Wird zur Salzsäure eine Silbernitratlösung gegeben, entsteht ein schwerlöslicher, milchig-weißer Niederschlag, Silberchlorid. Es ist der Nachweis für den Säurerest Chlorid. Wird zu Schwefelsäure Bariumchloridlösung gegeben, entsteht ein weißer Niederschlag, schwerlösliches Bariumsulfat. Das ist der Nachweis für den Säurerest Sulfat.
22. Mit Teststreifen, auf denen kleine Indikator-Papierstücke aufgeklebt sind. Der Indikator zeigt das Nitrat durch Verfärben an. Je intensiver die Verfärbung wird, desto mehr Nitrat ist vorhanden.
23. Mineraldünger enthält Verbindungen des Stickstoffs (N), des Phosphors (P), des Kaliums (K), des Calciums (Ca), des Schwefels (S) und des Magnesiums (Mg).
24. Licht, Wärme, Wasser, Luft, Boden mit Nährstoffen

Seite 311 Elektronenübertragung bei chemischen Reaktionen

1. Der Stoff muss frei bewegliche Ladungsträger, Ionen oder Elektronen, enthalten.
2. Beim Auflösen von Salzen in Wasser entsteht eine Salzlösung, die positiv und negativ geladene Ionen enthält.
3. Bei einer Elektrolyse sorgen die Ionen der Salzlösung für den Transport der Ladung.
4. Die positiven Ionen werden von der Kathode angezogen und nehmen dort Elektronen auf. Die negativen Ionen werden von der Anode angezogen und geben dort ihre überzähligen Elektronen ab.
5. Gegenstände aus Kunststoff können erst dann mit einer Chromschicht überzogen werden, wenn ihre Oberfläche vorher elektrisch leitfähig gemacht wurde. Dies geschieht durch Einsprühen mit einem Leitlack.
6. Um etwa 3 V zu erhalten, müssen mindestens drei Zitronen mit jeweils Kupfer- und Zinkblech in Reihe geschaltet werden.
7. a) Ein Akku ist eine wiederaufladbare Stromquelle.
b) Die Batterie ist nicht wiederaufladbar.
8. Batterien und Akkus enthalten giftige Stoffe, die ordnungsgemäß entsorgt und/oder wiederverwertet werden müssen.
9. Die Name setzt sich zusammen aus Reduktion und Oxidation. Die Reduktion ist die Aufnahme von Elektronen, die Oxidation ist die Abgabe von Elektronen.
10. Es handelt sich um eine Oxidation, da Schwefel Elektronen abgibt.
11. Kupfer-Ionen nehmen Elektronen auf. Es handelt sich also um eine Reduktion.
12. Korrosion ist die Zersetzung von Metallen unter Umwelteinflüssen wie zum Beispiel Luft, Wasser und aggressiven Stoffen.

13. Da eine dünne Kupferschicht leicht beschädigt werden kann, bildet sich dann unter Umwelteinflüssen ein Lokalelement, bei dem sich das Eisen als unedleres Metall zuerst auflöst. Es korrodiert.
14. Stahl und Magnesium bilden im Erdreich ein Lokalelement, bei dem sich das Magnesium als unedleres Metall zuerst auflöst

Seite 355 Stoffe als Energieträger

1. a) Erdgas und Erdöl sind aus Kleinstlebewesen entstanden.
b) Braunkohle und Steinkohle sind aus abgestorbenen Pflanzen entstanden.
2. Torf, Braunkohle
3. – Braunkohle: Energiegewinnung (Verstromung der Kohle); Filtermaterial;
– Steinkohle: Energiegewinnung (Verstromung der Kohle); Koks für die Stahlgewinnung; Ausgangsstoff in der chemischen Industrie
4. a) Russland, Iran, Katar
b) Naher und Mittlerer Osten; Europa/GUS/China; Afrika
5. a) Russland, USA, Kanada
b) Saudi-Arabien, Russland, USA
6. Das Erdgas kommt durch den Lagerstättendruck von allein nach oben. Der Lagerstättendruck bei Erdöl ist viel geringer, da Erdöl flüssig ist.
7. Pipeline, Tanker
8. Im Erdgas ist der giftige und umweltschädigende Schwefelwasserstoff enthalten. Dieser Stoff greift Leitungen an. Bei der Verbrennung entsteht Schwefeldioxid, ein Verursacher des sauren Regens.
9. Erdöl wird von Salzwasser und Verunreinigungen befreit und heißt dann Rohöl.
10. Die Bestandteile haben unterschiedliche Siedebereiche.
11. Fraktionen
12. Der Rückstand wird bei niedrigen Temperaturen und bei niedrigem Druck in weitere Bestandteile zerlegt.
13. a) Sie unterscheiden sich durch unterschiedliche Entzündungstemperaturen und unterschiedliche Viskositäten.
b) Sie werden als Treibstoff oder Schmiermittel eingesetzt.
14. Beide Gase behindern die Rückstrahlung der von der Erde abgestrahlten Wärme in den Weltraum. Sie tragen so zum Treibhauseffekt bei. Wird der Anteil an Methan und Kohlenstoffdioxid höher, steigt auch die Durchschnittstemperatur auf der Erde.
15. Die Kettenlänge bestimmt den Aggregatzustand. Die kurzen Alkan-Moleküle sind daher gasförmig, die etwas längeren flüssig und die langen Moleküle fest.
16. Im Erdöl ist der Anteil an kurzen Alkan-Molekülen geringer, als er zur Produktion von Kerosin, Benzin und Diesel gebraucht wird. Deshalb werden lange Alkan-Moleküle durch Cracken in kürzere zerteilt.
17. Alken- und Alkin-Moleküle haben Doppel- und Dreifachbindungen. Die Doppel- und Dreifachbindungen lassen sich leicht aufbrechen. An diesen Stellen sind die Moleküle reaktionsfähig.
18. Propan hat Einfachbindungen, Propen eine Doppelbindung. Propin hat eine Dreifachbindung.

19.

20. In der Natur kommen Alkine zum Beispiel als Tiergifte vor wie in der Haut des Baumsteigerfrosches.
21. Kohle, Erdöl und Erdgas sind wichtige Grundstoffe für Produkte der chemischen Industrie.
22. Nachwachsende Brennstoffe setzen kein zusätzliches Kohlenstoffdioxid frei, sondern nur so viel, wie die Bildung der Rohstoffe vorher gebunden hat. In diesem Punkt sind sie „klimaneutral".
Auf der anderen Seite muss bei der Produktion nachwachsender Rohstoffe einiges an Energie zugefügt werden. Der Anbau erfolgt oft in ökologisch kritischen Monokulturen. In Südamerika führt der Anbau nachwachsender Brennstoffe zum Teil zum Raubbau am Regenwald.
23. Der Abgas-Katalysator wandelt Kohlenwasserstoffe, Kohlenstoffmonooxid, Stickoxide und weitere Schadstoffe in eher ungefährliche Stoffe wie Stickstoff, Kohlenstoffdioxid und Wasser um. Der Feinstaubfilter hält feine Rußpartikel zurück. Der Filter reinigt sich selbst.
24. Kohlenstoffdioxid wird bei der Fotosynthese von Pflanzen eingebaut. Die Pflanzen werden teilweise von Tiere gefressen. Aus der Biomasse von Pflanzen und Tieren wird das CO_2 später bei der Zersetzung wieder freigesetzt.
25. Brennspiritus ist etwa 94 %iger Alkohol, der durch Zugabe von Vergällungsmitteln (übel riechende, bitter schmeckende Stoffe) für den menschlichen Genuss unbrauchbar gemacht wird. Er ist von der Branntweinsteuer befreit und damit recht preiswert.
26. Folgende Lebensmittel können Alkohol enthalten: Malzbier, Pralinen, Kirschtorte und Eiscreme
27. Alkanole sind Alkohole, die sich von den Alkanen ableiten.
28. Ethanol: C_2H_5OH; Butanol: C_4H_9OH.
29. – Ethanol: C_2H_5OH; brennbar, nicht elektrisch leitend, aromatische Flüssigkeit;
– Natronlauge: NaOH, alkalische Lösung, elektrisch leitend, ätzend, zersetzt organische Stoffe
30. Ethanol ist mit Wasser mischbar, weil es eine OH-Gruppe enthält. Es ist mit Alkanen mischbar, weil es einen alkanähnlichen Rest – C_2H_5 enthält.

Seite 399 Produkte der Chemie

1. Essigsäure entsteht mithilfe von Essigsäurebakterien aus alkoholischen Lösungen, meist Wein oder Branntwein. Als Säure zersetzt sie Kalk und Metalle. Essigsäure ist eine klare Flüssigkeit mit charakteristischem Geruch.
2. a) Essigsäure gehört zu den Carbonsäuren.
b) Das gemeinsame Kennzeichen dieser Säuren ist die Carboxyl-Gruppe –COOH.
3. Fettsäuren sind langkettige Carbonsäuren.
4. Aus einer Carbonsäure und einem Alkohol bilden sich unter geeigneten Bedingungen ein Ester und Wasser.

Lösungen

5. Ester werden als Duft- und Aromastoffe zum Beispiel in Lebensmitteln verwendet. Fette, Öle und Wachse sind ebenfalls Ester und werden beispielsweise in Lebensmitteln oder Kerzen verwendet.
6. –
7. Im Becherglas wird Fett und Natronlauge längere Zeit gekocht. Der entstandene Seifenleim wird in Kochsalzlösung gegossen. Die feste Seife wird ausgewaschen und anschließend getrocknet.
8. In weichem Wasser schäumt die Seife sofort, in hartem Wasser schäumt sie nicht. Es bildet sich ein Niederschlag.
9. Der pH-Wert einer Kernseifenlösung ist größer 7, da Seifenlösung alkalisch ist.
10. Ein Tensidmolekül ist ein Seifenanion mit zwei Enden. Das eine Ende ist eine Kohlenwasserstoffkette, die wasserfeindlich (hydrophob) ist, aber dafür fettfreundlich. Das andere Ende ist eine elektrisch negativ geladene Gruppe, die wasserfreundlich (hydrophil) ist, dafür aber fettfeindlich.
11. Flüssige Waschmittel können nicht verklumpen und benötigen deshalb keine Stellmittel.
12. a) Ablösen
b) Anlagern
c) Emulgieren
d) Tropfenbildung
13. Synthetische Tenside bilden keine Kalkseife und sind nicht alkalisch.
14. Das Wäschestück mit optischem Aufheller leuchtet unter dem UV-Licht bläulich.
15. a) Das Pfefferpulver wird kreisförmig zur Seite geschoben.
b) Die Tensidmoleküle breiten sich auf der Wasserfläche aus. Sie schieben den Pfeffer beiseite.
c)

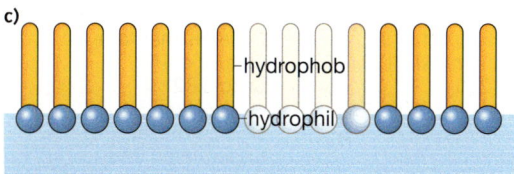

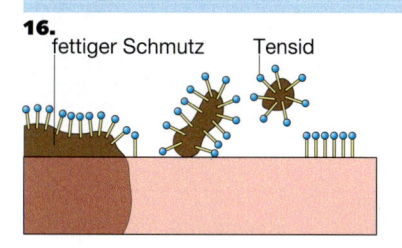

(Abbildung: Tensidmoleküle auf Wasseroberfläche – hydrophob, hydrophil)

16.

(Abbildung: fettiger Schmutz, Tensid)

17 – Vorteile: Kunststoffe sind leicht, können in jeder beliebigen Form hergestellt werden, viele Kunststoffe sind gegenüber Lösungsmitteln, Säuren und Laugen beständig.
– Nachteile: Viele Kunststoffe sind leicht brennbar oder zersetzen sich bei starker Erwärmung.
18. a) Bei der Polymerisation entstehen aus Monomeren mithilfe einer Starterchemikalie langkettige Moleküle, die Polymere.
b) Bei der Polyaddition verknüpfen sich im Wechsel zwei unterschiedliche Monomere zu Polymeren.
c) Die der Polykondensation verknüpfen sich zwei unterschiedliche Monomere unter Abgabe von kleineren Molekülen zu einem Polymer.
19. – Thermoplaste: Sie werden beim Erwärmen weich und lassen sich in jede gewünschte Form bringen. Die Makromoleküle bilden lange Ketten, die oft miteinander verknäult sind. Beim Erwärmen wird der Zusammenhalt zwischen den Makromolekülketten gelockert. Die Makromoleküle können übereinander gleiten. Der Kunststoff wird weich und schmilzt.
Beispiele: Polyethen (PE) zur Herstellung von Plastiktüten oder Getränkeflaschen.
– Duroplaste: Sie sind hart und brechen beim Biegen. Die Makromoleküle bilden ein engmaschiges Netzwerk. Diese Struktur bleibt beim Erwärmen erhalten. Erst bei sehr hohen Temperaturen wird dieses Netz zerstört und der Kunststoff zersetzt sich.
Beispiele: Epoxidharze, die im Boots- und Flugzeugbau eingesetzt werden.
– Elastomere: Sie lassen sich leicht verformen und nehmen dann wieder ihre alte Form ein. Die Makromoleküle bilden ein weitmaschiges Netz. Bei Druck werden die Molekülketten zusammengeschoben, bei Zug gedehnt.
Beispiele: Polyurethanschaumstoff, aus dem Sitzpolster bestehen, Rollen von Inline-Skatern.
20. Campinggeschirr aus Thermoplast würde sich bei heißen Speisen verformen.
21. Duroplast
22. Damit können die Kunststoffe sortenrein recycelt werden.
23. Kunststoffe können durch werkstoffliches und rohstoffliches Recycling wiederverwertet werden. Bei der energetischen Verwertung dienen sie als Ersatz- oder Sekundärbrennstoffe.
24. – Beim werkstofflichen Recycling werden sortenreine oder gemischte Kunststoffe zu neuen Produkten verarbeitet: Parkbänke, Plastikstühle.
– Beim rohstofflichen Recycling werden die sortenreinen Kunststoffe wieder in ihre Ausgangsstoffe oder ähnliche Produkte zerlegt – Zurückgewinnung von Erdöl und damit Schonung von Ressourcen.
25. Bei der Verbrennung von PVC entsteht schädlicher Chlorwasserstoff. Er bildet mit dem Wasserdampf der Luft Salzsäure.
26. Bei der Müllverbrennung entstehen Abgase wie Staub, Kohlenstoffdioxid, Stickoxide, Chlorwasserstoff, Dioxine. Deshalb haben Müllverbrennungsanlagen eine sehr aufwendige Abgasreinigung.

Stichwortverzeichnis

A

abbinden 133
Abfallentsorgung 11
Abgas-Katalysator 343, 354, 357
Abgasreinigung 391
abkühlen 102
Absatzbecken 178
Abstoßung 211
Abwasser 176 ff., 276
Acetat 360
Adhäsion 171, 196,
Adhäsionskräfte 394 f.
Aggregatzustand 30, 36, 38 f., 86, 88, 265, 322
–, Änderung 89
Akku 301, 309, 310, 313
Akkumulator 301
Aktivierungsenergie 130 f., 134, 167
Alaun-Kristall 58
Alchimist 121, 223
Alkali-Mangan-Batterie 309
Alkali-Mangan-Zelle 298 f.
Alkalimetall 202 f., 241, 238, 256
Alkaline-Zelle 298
alkalische Lösung 244
Alkan 322 f., 338 f., 354
–, dickflüssiges 322
–, festes 322
–, flüssiges 322
–, gasförmiges 322
Alkanol 353, 354, 365
Alkansäure 361, 398
Alken 334, 354
Alkin 336, 354
Alkohol 32, 348 ff., 354, 356, 364
–, Missbrauch 348
–, Nachweis 350
alkoholische Gärung 348 f., 354, 356
Alkyl-Gruppe 338
Altsteinzeit 140
Aluminium 20, 47, 154, 157 ff., 164, 210, 236
–, Verbrauch 158
Aluminiumphosphat 280
Ameisensäure 361 f.
Ammoniak 258 ff., 265
Ammoniaklösung 261, 276
Ammoniumchlorid 273
Ammoniumsalz 285
Amylase 377
Analyse 120, 192, 199
Anilin 319
Anode 295
Anomalie des Wasser 171, 182 f., 196, 198, 233
Anziehung 211
Aralsee 180
Argon 186 f., 208
Aromastoff 73, 364 ff.
Atmung 132

Atomanzahl 213
Atom 122 f., 212, 222
Atomgitter 228
Atomhülle 238
Atomkern 214 f., 238,
Atommasse 210, 212, 238
Atommasseneinheit 212
Atommodell 122 f., 127, 134, 211, 222
Atomrumpf 230
Atomverband 123
Atomzahlenverhältnis 125
ätzen 262
Ätznatron 257
Ätzradierung 263
auflösen 35
Auftausalz 270
Ausgangsstoff 97, 111, 124
Außenelektronen 216
Außenschale 216

B

Balsaholz 66
Barium 204
Base 245, 264
Batterie 299, 309 f., 313
Baumsteigerfrosch 336
Belebungsbecken 179
Belüftung 94
Benzin 119, 182, 329, 333, 335, 340
Benzoesäure-Ethyl-Ester 365
Bergbau 94
Berryllium 204
BHKW siehe Blockheizkraftwerk
Bienenwachs 365
Bindung 235
–, polare 234
–, unpolare 234
Bindungsstruktur 235
Biodiesel 341
–, Gewinnung 341
Blattgrünlösung 52
Blei 121, 125, 223
Bleiakkumulator-Zelle 301
bleichen 377
Bleichmittel 376, 379, 398
Blockheizkraftwerk 347
Blut 272
Botulinum-Toxin 68
Brand 100 f.
Brandklassen 101
Brandschutz 107
Brandursachen 100
Branntkalk 133, 255
Brauchwasser 174
Braunkohle 189, 316 ff., 354
brennbarer Stoff 93
Brennbarkeit 22
Brennmaterial 101, 134
–, Entzug 102

Brennspiritus 48 f.
Brennstoff 97, 99
–, fossiler 95, 99, 340 f., 354
–, nachwachsender 354
–, regenerativer 99
Brennstoffzelle 193 ff., 302 ff., 311, 313
Brennstoffzellenantrieb 304
Brezellauge 260
Brillant 228
Brom 206, 234, 274
Bromid 274
Bromwasser 334
Bronze 141, 147
Bronzezeit 140 f.
Butan 333
Butanol 353
Butansäure 361
Buten 335
Buttersäure 361

C

Caesium 203
Calcium 205
Calciumcarbonat 59, 282
Calciumchlorid 273
Calciumhydroxid 133, 255, 257, 261
Calciumlauge 255, 257
Calciumnitrat 286
Calciumoxid 133
Calciumsulfat 59, 250, 282
Carbidlampe 336
Carbonsäure 364, 362, 398
Carboxyl-Gruppe 361, 398
Chemieberuf 310
Chemikalie 10
chemische Energie 298, 301
chemische Energiequelle 298
chemische Formel 125, 134
chemische Reaktion 71, 74, 86, 89, 109, 126 f., 130, 134, 137, 161, 213, 303
Chlor 182, 206, 217, 234, 236, 271, 274, 306
Chlorid 274, 281
–, Ion 224
Chlorwasserstoff 227, 249 f., 258, 265
–, Teilchen 290
Chrom 151
chromatografieren 57
Chromatogramm 56
Chrom-Nickel-Stahl 151
Chrom-Vanadium-Stahl 151
Citrat 362
Citronensäure 362

CO siehe Kohlenstoff-monooxid
CO_2 siehe Kohlenstoff-dioxid
Cobaltchlorid 280
Corbonsäuren 365
cracken 335
Crack-Reaktion 335
Cyclohexan 337

D

Damaszener Stahl 152
Dampfmaschine 95
Decan 335
dekantieren 51, 57, 86
Destillat 54
Destillation 54, 354
–, fraktionierte 327
Destillationsturm 327
destillieren 54, 57, 86, 350
destilliertes Wasser 54, 294
Deuterium 215, 240
Diamant 114, 228
Dichte 40 f., 159, 182, 203 f., 229, 233, 251, 352
Diesel 340
Differenzmethode 40
Diffusion 44
Dipol 232
–, Molekül 232, 238
Diskussionsregeln 253
dispergieren 373
Doppelbindung 226
Dreifachbindung 226, 336
Druck 41, 45
Duftstoff 364, 366 ff., 376
Düngemittel 176 f., 259 f.
Duroplaste 382, 398

E

Edelgas 186, 198, 208 f., 238, 241
Edelgasatom 123
Edelgaskonfiguration 217, 224
Edelgasschale 217
Edelmetall 118, 134, 162, 247 f., 297
eindampfen 53, 57, 86
einlegen 85
einsalzen 85
Eisen 32, 125, 141, 144, 148, 150 f., 154, 159, 161, 164, 236, 277
–, Atommasse 212
–, Nachweis 281
Eisenchlorid 273
Eisenchloridlösung 286
Eisenerz 148, 164
Eisenkalk 129
Eisenoxid 121, 144, 148
Eisenschrott 158

Anhang

Eisensulfit 277
Eisenzeit 140 f.
Eiskristalle 233
Eiweiß 76, 80, 285
Elastomere 382, 398
elektrische Energie 189, 298, 301, 302, 318
elektrische Heizplatte 13
elektrische Ladungen 211, 238
elektrische Leitfähigkeit 21, 225, 229, 294
elektrischer Strom 251, 393
Elektroden 295
Elektrolyse 192, 195, 251, 294 ff., 302 f., 311
Elektrolyseur 194, 196, 302 f.
Elektrolyt 298, 308
Elektron 227, 238, 240
Elektronegativität 234
Elektronenabgabe 306 f.
Elektronenaufnahme 306 f.
Elektronenhülle 219
Elektronenoktett 226
Elektronenpaarbindung 226, 235, 238
–, polare 234, 352
Elektronenschalen 216, 238
Elektronenübertragung 306 f., 312
Elektroschweißen 209
Element 120, 136, 210
Elementarteilchen 215, 240
Elementfamilie 238, 241
Elementsymbole 125, 134
Eloxal-Verfahren 157, 164
Emaille 64
Emission 116
Emulgator 26
emulgieren 372 f., 379
Emulsion 26 f., 86
endotherme Reaktion 131, 133 f., 161, 167, 277
Energie 89, 95, 132, 137, 161, 313, 339
–, chemische 298, 301
–, elektrische 189, 298, 301, 302, 318
Energiegehalt 195
Energiequelle, chemische 298
Energiestufe 219
Energieträger 330, 341, 354
–, fossiler 357
–, regenerativer 357
Energieumwandlung 71, 313
entfärben 377
Enthärtungsmittel 376, 398
Entschwefelungsanlage 236
Entsorgung, Chemikalien 11
Entzündungstemperatur 93, 101, 134, 329
E-Nummern 76 f., 252

Enzyme 376, 398
Epoxidharze 384
Erdalkalimetall 204, 238, 256
Erdgas 12 f., 32, 316 ff., 354, 389
–, Entschwefelung 236
–, Förderung 322
–, Menge 320
Erdöl 99, 316 ff., 335, 354
–, Bestandteile 340
–, Feld 325
–, Raffinerie 236
–, Reserve 320
Erdwärme 346 f.
erhitzen 85
Ernährung 75
Ernährungspyramide 75
erstarren 31, 36
Erstarrungstemperatur 31
Essigsäure 261, 333, 360 f.
Ester 364 f., 398
–, Bildung 364, 400
–, Spaltung 364, 400
–, Synthese 364
Ethan 333, 336, 356, 400
Ethandiol 353, 400
Ethanol 352 f., 354, 356, 364, 400
Ethansäure 361, 364, 400
Ethansäure-Butyl-Ester 365
Ethansäure-Ethyl-Ester 364
Ethansäure-Pentyl-Ester 365
Ethen 336
Ethin 336
exotherme Reaktion 131, 133 f., 161, 167, 277
Experimentieren, sicheres 10
extrahieren 52, 57
Extraktion 52
Extraktionsmittel 52, 333
Extruder 387

F

Fachsprache 47
Fällungsreaktion 281
Fällungsreihe 300, 311
Farbe 19
Farbstoff 72, 376
Faulturm 178
Feinstaub 190
Feinstaubfilter 343, 354
Fernwärme 391
fest 18, 30, 36
Feststoff, kristalliner 230
Fettsäure, ungesättigte 365
Fett 76, 80 f., 364 f.
Fettabscheider 178
Fettsäuren 361, 398
Feuer 102 ff.
Feueralarm 104
Feuerlöscher 101,
Feuerwehr 102, 107, 205
Filter 86
Filterpapier 51
Filtrat 51, 86

filtrieren 50 f., 57, 86
Flammenfärbung 203 f., 207, 281, 284
Fließmittel 56
Flöze 317
Fluor 206, 217, 227, 234, 274
Fluorid 206, 274
flüssig 18, 30, 36
Flusssäure 280
Formel, chemische 125, 134
Formiat 362
fossiler Brennstoff 95, 99, 340 f., 354
fossiler Energieträger 357
Fotosynthese 132, 184, 341
Fraktionen 327 ff.
fraktionierte Destillation 327
Frostaufbruche 183
Fruchtgummis 82
Führerschein, Gasbrenner 12
Fulleren 229
funktionelle Gruppe 353, 400

G

galvanische Zelle 298, 311
galvanisieren 156, 164, 296 f., 307, 311
Galvanisiertechnik 297
Gärprozesse 117
Gärung, alkoholische 348 f., 354, 356
Gas 41, 45, 95, 99
Gasbrenner 12 f.
gasförmig 18, 30, 36
Gasgemisch 86
Gefahrensymbol 10
gefrieren 85
Gefrierpunkt 31
Gefriertrocknung 39
Gegenstromkühler 55
geladene Teilchen 211
gelbe Säcke 61
gelöster Stoff 42
Gemenge 86
Gemisch 49, 28
–, heterogenes 28
–, homogenes 28
Geofon 324
Geruch 19
Geruchssinn 368
gesättigt 334
gesättigte Lösung 43
Geschmack 19
Gesetz der Erhaltung der Masse 124, 134, 137
Gesichtswasser 369
Getränk 76 f.
–, isotonisches 272
Gewässer, Verschmutzung 176 f., 191
Gewässergüte 177, 196
Gewerbesalz 270
GHS siehe Gefahrensymbol
Gichtgas 149

Gips 59, 282
Glas 14, 64
–, Herstellung 64
–, Recycling 61
Glasur 64
Glimmspanprobe 110, 192
Glockenboden 327
Glühlampe 109
Glycerin 182, 341, 353, 365, 370, 398
Glycol 353 f.
Gold 32, 68 f., 121, 162 f., 223, 248, 251, 297
–, Atommasse 212
Grafit 114, 182, 228
Granit 46
Grundelemente 223
Gruppe 210
–, funktionelle 353, 400
Gruppenarbeit 15

H

H^+-Ionen 275
Haber-Bosch-Verfahren 258 f.
Halogene 206 f., 217, 238, 274
Halogenlampen 207
Handcreme 27
Härte 20, 203 f., 207, 229
Hauptgruppe 218
Haushaltsreiniger 254
Hefepilz 349
Hefezusatz 349
heizen 95
Heizöl 340, 389, 391
Heizplatte, elektrische 13
Heizungsanlagen 346 f.
Heizwert 389
Helium 186, 208 f., 215, 217
Heptadecan 333
Heptan 333
Herzklappe 397
heterogenes Gemisch 28
Hexadecansäure 361
Hexan 333, 335
Hexanhexol 353
Hochofen 148 f., 164
Hofmannscher Wasserzersetzungsapparat 192
Holz 66, 95, 99, 182, 341, 389, 391
Holzkohle 98, 142
Holzpellet 346, 389
homogenes Gemisch 28
homologe Reihe 333
Hülle 214
Hydratation 232
Hydrathülle 232, 291 294
Hydrolyse 364
Hydronium-Ion 250, 291
hydrophil 372, 398
hydrophob 372, 398
Hydroxid 255, 257, 261
Hydroxid-Ion 257, 275
Hydroxid-Gruppe 255
Hydroxyl-Gruppe 352, 354
hygroskopisch 248, 251

I, J

Indikator 245
Indikatorfarbstoff 250, 257, 281
Industriesalz 271
Internetrecherche 160
Interview 106
Iod 38, 120, 206, 210, 234, 274,
Iodid 274
Iod-Kaliumiodid-Lösung 86
Ion 224, 240
Ionenbindung 225, 235, 238
Ionengitter 225
Ionenkristalle 230
Ionisierungsenergie 219, 241
Isoalkan 337
Isomer 337
isotonisches Getränk 272
Isotop 215, 240

K

Kalilauge 257, 261, 277
Kalium 203
–, Nachweis 284
Kaliumchlorid 273
Kaliumchloridlösung 277
Kaliumhydrogenphosphat 286
Kaliumhydroxid 257, 260
Kaliumiodid-Lösung 76
Kaliumpermanganat 42
Kalk 250
–, technischer Kreislauf 133
Kalkstein 250
Kalkwasser 255, 257
Kapillare 171
Karamell 73 f.
Kartuschenbrenner 13
Katalysator 193, 252, 303, 335, 343, 357
Kathode 295
Kern-Hülle-Modell 214, 216, 222, 238, 240
Kernladungszahl 238
Kerosin 329, 340
Kevlar™ 68 f.
Kläranlage 176 ff., 196
kleben 394 ff.
Klebstoff 333, 394 ff.
kleine Teilchen 86
kleinste Teilchen 34 ff., 59, 235
Klimawandel 330
Knallgasprobe 192 f.
Kochsalz 32, 59, 249, 272, 274
Kochsalzkristall 225
Kochsalzlösung, physiologische 272
Kohäsionskräfte 394 f.
Kohle 95, 99, 316
Kohlekraftwerk 318
Kohlensäure 246, 261, 280
Kohlenstoff 114, 125, 151, 228, 236

–, Atommasse 212
–, Kreislauf 344 f.
–, Modifikation 114
Kohlenstoffdioxid 39, 102, 132 ff., 148, 182, 186 ff., 198, 246, 250, 283, 349
–, Quellen 357
Kohlenstoffmonooxid 115 ff., 134, 148, 187, 342 f.
Kohlenwasserstoff 331, 337, 343, 400
–, Molekül 356
–, ungesättigter 334
–, Verbindung 336
Koks 148, 318
Komet 39
Komplexbildner 379
Kondensationsreaktion 364
Kondensationstemperatur 32
kondensieren 32, 36,
konservieren 85
Konservierung 86, 363
Konverter 150
Körper 18
Korrosion 155, 164, 308
–, Schutz 165
Kraftwerk 341
Kräutersalz 24
Kreislauf, geschlossener 285
–, Kohlenstoff 344 f.
–, Stickstoff 285
–, Wasser 172 f.
Kristall 58 f., 88, 225
Kristallgitterstruktur 59
kristalliner Stoff 230, 273
Krypton 186, 208
Kugelstabmodell 336
Kugelteilchenmodell 222
kühlen 85
Kunststoff 65, 73, 380 ff., 386 ff., 392, 398
–, Faser 385
–, Recycling 389, 398
Kupfer 125, 140 f., 145, 164, 167, 236
–, Gewinnung 146
–, Legierung 147
Kupfercarbonat 273
Kupferchlorid 273
Kupferchloridlösung 277
Kupfererz 164
Kupferiodid 161, 273
Kupferoxid 142, 144, 277
–, Atommasse 212
Kupfersulfat 43, 76, 86, 131, 137, 273
Kupferzeit 140 f., 146
Kurzvortrag 128

L

Laborzentrifuge 51
Lachgas 113
lackieren 155, 164
Lactat 362
Ladung, elektrische 211, 238
Ladungsträger 294

Ladungstrennung 211
Landwirtschaft 177, 183, 285
–, ökologische 287
Lauge 245, 254 ff., 258, 261, 264, 275, 288, 370, 381
Lebensmittel 76, 80 ff., 180, 244, 367
– haltbar machen 84 f.
– herstellen 82 f.
Lebensraum, Wasser 184
Legierung 66, 147, 151, 164, 231
Leichtmetall 157, 159
Leiter 393
Leitfähigkeit, elektrische 21, 225, 229, 294
Lewis-Formel 227
Licht 283
Liebigkühler 55
Lithium 202, 215, 217, 219
Lithiumatom 219
Lithiumhydroxid 261
Lithium-Ionen-Akku 301
Lokalelement 308
Löschdecke 103
löschen 102
Löschfahrzeug 103
Löschkalk 133, 255, 260
Löschmethode 102 f.
Löslichkeit 20, 43, 45, 184, 356
Lösung 86, 88
–, alkalische 244
–, gesättigte 43
–, saure 244
Lösungsmittel 42, 333, 381, 396
Lösungsvorgang 88, 232
Lotuseffekt 393
Lötwasser 248
Luft 46, 93 f., 99, 113, 182, 186 f., 196
–, Belastung 190
–, Schadstoff 190
Luftmörtel 133

M

Magensaft 252
Magensäure 278
Magnesium 109, 126, 159, 204, 236, 306
–, Atommasse 212
Magnesiumchlorid 273, 306
Magnesiumchloridlösung 277
Magnesiumhydroxid 261
Magnesiumoxid 126, 255
Magnesiumsulfat 286
Magnetisierbarkeit 22
magnetscheiden 51, 57, 86
Majonäse 27
Makromolekül 382 ff., 400 f.
Malachit 142, 146
Marmor 59, 282
Maßanalyse 279

Masse 40, 111, 124, 215
–, molare 213
Massenzahl 215, 238
Meerwasser 182
Membran 302
Messing 147
Messwert 48
Metall 66, 69, 108 f., 141 ff., 155, 166, 231, 262
–, edles 134
–, Nachweis 281
–, Oxidationsreihe 118
–, Redoxreihe 144
–, Spannungsreihe 300
–, unedles 118, 134
Metallabfall 158
Metallbindung 235, 238
Metallgitter 230
Metallzeitalter 141
Methan 32, 187 f., 227, 330 f., 333
Methanol 353 f.
Methansäure 361
Methansäure-Ethyl-Ester 365
Micelle 374
Mikro-Brennstoffzelle 304
Mikrofaser 388
Milch 46
Milchsäure 362
Mindmap 105
Mineraldünger 283 f., 286
Mineralien 282
Mineralsalze 288
Mineralwasser 24
Minuspol 299
Modell 37
Modellversuch 301
Modifikation 114
Mol 213
molare Masse 213
Molekül 123, 226
Molekülformel 125
Molekülmasse 234
Molekülstruktur 322
Molekülverbindungen 237
Molvolumen 213
Molybdän 151
Monomer 383 ff., 398
Motor 99, 194, 302, 341
Müll 60 f., 86
Müllsortieranlage 51
Mülltrennung 60 f.
Müllverbrennung 391

N

Nachklärbecken 179
nachwachsender Brennstoff 354
nachwachsender Rohstoff 374
Nachweis, Alkohol 350
–, Eisen 281
–, Kalium 284
–, Metalle 281
–, Nitrat 284
–, Sauerstoff 110, 192 f., 199
–, Sulfat 284

–, Wasser 76, 80, 193, 199
–, Wasserstoff 192, 199
Nährsalze 283
n-Alkan 337
Nanoröhre 229
Nanoteilchen 393, 401
Natrium 202, 217, 236, 256, 271, 274
Natriumchlorid 59, 235, 273 f., 282
Natriumdampflampe 205
Natriumhydroxid 257
Natrium-Ion 224
Natriumperborat 377
Natron 271, 276
Natronlauge 254, 257, 261
Nebel 86
Nebengruppe 218
Neon 186, 208, 217
Neusilber 147
Neutralisation 275 f.
Neutron 215, 238, 240
nichtrostender Stahl 152
Nickel 147, 151 f.
Nickel-Metallhybrid-Akku 301
Nickelsulfat 280
Nitrat 191, 285
–, Nachweis 284
Nitroglycerin 365
NO_x siehe Stickstoffoxide
Nudeln 83
Nylonfaden 385

O

Oberflächenspannung 171, 196, 373
Octan 333
Octanzahl 338
Offshore-Förderung 322
OH-Gruppe 255, 261, 353
OH^--Ion 257
ökologische Landwirtschaft 287
Oktettregel 226
Öl 95, 232, 364
Ölbrennwertkessel 276
optischer Aufheller 376, 379, 398
Ordnung 63 f., 86
Ordnungszahl 215
organische Säure 360
organischer Stoff 254, 331
Ostwald-Verfahren 259
Ötzi 140
Oxalat 362
Oxalsäure 362
Oxidation 109, 134, 142 f., 164, 166, 209, 306 f., 311 f., 376
–, langsame 154
Oxidationsmittel 143, 164
Oxidationsreihe, Metalle 118, 134
Oxid 115 ff., 134, 142
oxidieren 143
Oxidschicht 154
Ozon 187 f., 190

P, Q

Palmitinsäure 361
Papier 182, 389, 391
–, Chromatographie 56
–, Recycling 61
Paraffin 332
Parfümöl 379
Partnerarbeit 15
parts per million 185
pasteurisieren 85
Pellet 347
PEM-Brennstoffzelle 302
Pentan 333, 337
Pepsin 377
Periode 210
Periodensystem 210, 218, 220 f., 238
PET siehe Polyethenterephthalat
Petroleum 329
Pflanzenschutzmittel 176
Pflaster 397
Phelophthalein-Lösung 257
Phlogiston-Theorie 128 f.
Phosphat 191
Phosphor 210
Phosphorsäure 261, 280
pH-Wert 245, 254, 278, 288, 290
physikalischer Vorgang 109
physiologische Kochsalzlösung 272
Pipeline 232
Platin 162
Plexiglas 65
Pluspol 299
polare Bindung 234
polare Elektronenpaarbindung 234, 352
Polyaddition 384
Polyamid 340, 392
Polycarbonat 340, 385, 392
Polyester 340, 385
Polyethen 65, 340, 386, 389 ff.
Polyethenterephthalat 65, 340, 386, 390
Polyethylen siehe Polyethen
Polykondensation 385
Polymer 383 ff., 398
Polymerisation 383
Polymethylmethacrylat 392
Polypropen 340, 389 f., 392
Polypropylen siehe Polypropen
Polystyrol 340, 389 f. 392
Polytetrafluorethen 392
Polyurethan 65, 340, 384, 390
Polyvinylchlorid 340, 390 ff.
ppm siehe parts per million
Präsentation 79
Projekt 78 f.
Propan 333
Propangas 12 f.
Propanol 353

Propansäure 361
Propantriol 353, 365
Propionsäure 361
Proton 215, 238, 240, 251, 265
Protonenakzeptor 264 f., 288, 290
Protonendonator 264 f., 288, 290
Protonenübertragungsreaktion 265
Protonenzahl 215
PSE siehe Periodensystem
Putzmittel 245
PVC siehe Polyvinylchlorid
Quarzsand 25
Quecksilber 32, 163

R

Radium 204
Radon 208
Raffinerie 232, 236
Raster-Tunnel-Mikroskop 231
Rauch 86
räuchern 85
Raumfahrt 305
Raureif 39
Reaktion 136, 400
–, chemische 71, 74, 86, 89, 109, 126 f., 130, 134, 137, 161, 213, 303
–, endotherme 131, 133 f., 161, 167, 277
–, exotherme 131, 133 f., 161, 167, 277
Reaktionsgeschwindigkeit 303
Reaktionsgleichung 126, 134, 144
Reaktionsprodukt 124
Rechen 178
Recycling 158, 309, 389
Redoxreaktion 143, 164, 166, 306 f., 312
Redoxreihe, Metalle 144
Reduktion 143 f., 166, 306 f., 311 f.
Reduktionsmittel 143, 164
Reduktionszone 149
reduzieren 143
regenerativer Energieträger 357
Reihe, homologe 333
Reinigung, biologische 179
–, mechanische 178
Reinigungsmilch 369
Reinigungsmittel 244
Reinstoff 24 f., 46, 86, 121
Resublimation 38
Rohdiamant 114
Roheisen 149 f.
Rohöl 236
Rohrbruch 183
Rohstoff 158
–, nachwachsender 374
Rosinenkuchenmodell 211, 222
Rost 154 ff.
Rostschutz 154 ff.

Rubidium 203
Rückstand 51, 86, 328
Ruß 228
Rußpartikelfilter 343

S

Salicylsäure 319
Salmiakgeist 260, 276
Salpetersäure 248, 251, 259 ff., 280, 285, 365
Salz 266 ff., 275, 288
Salzbildung 277
Salzgewinnung 266 f.
Salzhandelsweg 267
Salzkristall 240, 294
Salzlösung 53, 294
Salzproduktion 271
Salzsäure 247 ff., 252, 261, 276 ff.
Salzschmelze 294
Sandfang 178
Sättigung 45
Sauerstoff 32, 68, 93, 101, 110 f., 118 f., 125 f., 132, 134, 143, 184, 186 f., 192, 195 f., 198 f., 236, 302 f.
–, Atommasse 212
–, Bestimmung 185, 187
–, Nachweis 110, 192 f., 199
Sauerstoff-Aufblas-verfahren 150, 164
Sauerstoffentzug 102
Sauerstoffgehalt 185, 187
Säure 245 ff., 261, 264, 275, 280, 288, 290, 381
–, organische 360
–, schweflige 246
Säure-Base-Reaktion 264 f.
Säurerest 280
Säurerest-Ion 251
saure Lösung 244
saurer Regen 253, 278
Schadstoff 354
Schalenmodell 216, 219, 222, 238, 240
Schall 324
Schaum 46, 86
Scheidewasser 251
Schlacke 149
schleudern 51, 57
schmelzen 31, 36
Schmelzflusselektrolyse 157, 164
Schmelztemperatur 21, 30 f., 89, 203 f., 207, 234 f., 273, 361
Schnellarbeitsstahl 151 f.
Schornsteinfeger 107
Schutzgasschweißen 209
Schutzkleidung 107
Schwefel 15, 32, 112, 121 f., 161, 210, 236, 246, 252, 277
–, Atommasse 212
Schwefeldioxid 112, 116 f., 134, 190, 246, 252, 342
Schwefelsäure 248 f., 251, 261, 280

Schwefelwasserstoffsäure 280
schweflige Säure 246, 261, 280
schweißen 69, 209
Schwermetall 159, 191
Schwimmfähigkeit 22
Sediment 51
sedimentieren 51, 57, 86
Seife 370, 377
–, Herstellung 371, 375
Seifenanion 372, 374
Seifenblase 46, 374
seismisches Verfahren 324
sicheres Experimentieren 10
Sieb 51, 86
sieben 51, 86
Siedesteinchen 14, 32, 47
Siedetemperatur 21, 30 f., 48 f., 89, 208, 234 f., 337, 251, 361
Silber 120, 125, 162, 182, 248, 297
Silberiodid 120
Silbernitrat 280
Silberoxid 120
Silberoxid-Zelle 299
Silicium 210
Silicium-Kristall 25
Sinnesorgan 19 f.
Smog 190
SO$_2$ siehe Schwefeldioxid
Soda 271
Solarzelle 194, 302
Sonnenkollektor 189, 347
Sonnenschutzmittel 393
Sonnentau 397
Sorbit 353
Spannstahl 152
Spannungsreihe, Metalle 300
Speicher 194
Spektroskop 219
Spiritus 14, 32, 37, 182
Stahl 150 f., 162, 164
–, Herstellung 150
–, Legierung 151 f., 164, 167
–, nichtrostender 152
Stärke 76, 80 f.
Staub 46, 342
Steckbrief 19 ff., 86, 112, 187, 196
Steinkohle 189, 316 ff., 354, 389
Steinkohlenteer 319
Steinsalz 282
Steinzeit 140
Stellmittel 376
Stickstoff 113, 125, 186 f., 198, 259
–, Kreislauf 285
Stickstoffoxide 113, 116, 134, 187 f., 342 f.
Stoff 18 ff., 63 f., 68, 96 f.
–, brennbarer 93
–, gelöster 42
–, kristalliner 273
–, organischer 331
Stoffeigenschaft 19 ff., 57, 86

Stoffgemisch 24 ff., 46, 50, 86, 121
Stoffgruppe 250
Stoffmenge 213
Stoffmengenkonzentration 278
Stofftrennung 50
Stoffumwandlung 70 f., 86
Streuversuch 214
Strom, elektrischer 251, 393
Strontium 204
Strukturformel 226 f., 331, 336, 372
Styropor 386
Sublimation 38
Sulfat 280
–, Nachweis 284
Summenformel 226, 331, 333, 336, 354
Suspension 26, 47, 50, 86
Symbolschreibweise 127, 215, 356
Synthese 120, 195, 199, 302 f., 364

T

Tagebau 317
Tankschiff 232
Tauchgerät 260
Team 78
Teamarbeit 29
technischer Kreislauf, Kalk 133
Teer 235
Teilchen, geladenes 211
–, kleines 86
–, kleinstes 34 ff., 59, 235
Teilchenmodell 35 ff., 44, 50, 86, 88, 136, 295
Temperatur 41, 43, 154
Tensid 372 ff., 379, 398, 401
Tensidmolekül 373
Teststäbchen 281
Teststreifen 86, 284
Thermitreaktion 153
Thermitschweißen 153
Thermolyse 120
Thermoplast 382, 387, 398
Titan 159
Titration 279
Traubenzucker 76, 80 f., 132
Treibhauseffekt 116
–, natürlicher 188
–, zusätzlicher 188
Treibhausgas 188, 330
trennen 50
Trennverfahren 50 ff., 57, 86
Trinkwasser 174, 181
Tritium 215, 240
Trockeneis 115
trocknen 85
Tuluol 319

U

Überlaufmethode 40
Umwelt 194, 246

Umweltkatastrophe 180
Umweltproblem 116, 354
unedles Metall 118, 134
ungesättigte Fettsäure 365
ungesättigter Kohlenwasserstoff 334
Universalindikator 245
Universalindikatorpapier 260
unpolare Bindung 234
Unterdruck 328
Untertagebau 317
Uran, Atommasse 212
UV-Strahlung 393

V

Vakuumdestillation 328
Vakuumöl 328
Vanadium 151
van-der-Waals-Kräfte 234
Verbindung 120, 123, 136
verbrennen 96 f.
Verbrennung 92 ff., 111, 129, 134, 339
Verbrennungsprodukt 97, 99, 111
Verbrennungsvorgang 117
Verbrennungswärme 109
verdampfen 32, 36
verdunsten 86
vergolden 297
Verhalten, Fachraum 11
Verkokung 318
verkupfern 296
verschließen, luftdicht 85
Verseifung 370, 398
versilbern 297
Verstromung 318
Versuchsprotokoll 33
Verwendung 86
Verzweigung 337
Viskosefaser 380
Viskosität 329
Vitamin C 76, 80 f.
Vollwaschmittel 376
Volumen 40
Vorgang, physikalischer 109
Vorklärbecken 178
Vulkanisation 387

W, X

Wachse 364
Walzstraße 183
Wärme 45, 71, 86, 89, 95, 99, 109, 134, 195, 283, 302 f.
Wärmekissen 132
Wärmeleitfähigkeit 20
Wärmequelle 13
Wärmeschutzkleidung 69
Waschcreme 369
Waschmittel 376 ff.
–, Bestandteile 377
Waschvorgang 401
Wasser 30, 32, 42, 76, 80, 102, 170 ff., 192, 195 f., 232, 238, 260, 265,

283, 302 f.
–, Anomalie 171, 182 f., 196, 198
–, Belastung 190
–, destilliertes 54, 294
–, Kreislauf 172 f.
–, Nachweis 193
Wasserdampf 95
Wasserenthärtung 270
Wasserläufer 373
Wasserqualität 175
Wasserschutzgebiet 181
Wasserstoff 119, 182, 187, 192, 195 f., 199, 215 f., 234, 236, 240, 251, 256, 261, 277, 302 f.
–, Atommasse 212
–, Nachweis 192, 199
Wasserstoffbrücke 232 f.
Wasserstoff-Ion 275
Wasserstoffoxid 196
Wasserstoffsuperoxid 376
Wasserstofftechnologie 304
Wasserwerk 181
Wasserzersetzungsapparat, Hofmannscher 192
Weidenholz 66
Weinkeller 94
Werkstoff 64, 86, 380 ff.
Wertigkeit 236 f.
Wespennest 397
Wiederverwertung 86, 309
Winderhitzer 148
Wolfram 32, 151
Wolframdraht 109, 231
Wollfaser 380
Wortgleichung 109, 126 f.
Xenon 208
Xenonlicht 186, 208

Z

Zeigerorganismen 175
Zeit-Temperatur-Diagramm 48
Zellatmung 132
Zelle, galvanische 298
zentrifugieren 51, 57, 86
Zeppelin 208
Zink 21, 122, 144, 154, 280
Zinkiodid 295
Zink-Kohle-Zelle 298 f.
Zinkoxid 144, 393
Zinksulfat 280
Zinksulfit 122
Zinn 32
Zitronenbatterie 298
Zucker 25, 34 f., 74, 85
–, lösen 34 f.
Zusatzstoffe 76

Namensverzeichnis

Aristoteles 223
Arrhenius, Swante 264
Berzelius, Jöns Jakob 125
Binnig, Gerd 231
Bohr, Niels 216
Bosch, Carl 259
Boyle, Robert 223, 264
Brönstedt, Johannes Nicolaus 264 f.
Cook, James 269
Dalton, John 122, 211
Davy, Sir Humphry 264
Demokrit 222

Eichengrün, Arthur 319
Galvani, Luigi 298
Grove, Sir William Robert 302, 305
Haber, Fritz 259
Hoffmann, August 319
Hoffmann, Felix 319
Lavoisier, Antoine Laurent de 124, 129, 264
Lavoisier, Marie 129
Lewis, Gilbert Newton 227
Liebig, Justus Freiherr von 55, 264, 287

Linde, Carl von 187
Mendelejew, Dimitri 210, 221
Meyer, Lothar 210, 221
Nobel, Alfred 365
Rohrer, Hans 231
Rutherford, Ernest 214
Schönbein, Christian Friedrich 305
Stahl, Georg Ernst 129
Thomson, Sir Joseph John 211
Winkler, Clemens 221
Wöhler, Friedrich 336

Übersicht

Methoden

Sicheres Experimentieren	10 f.
Gruppen- und Partnerarbeit beim Experimentieren	15
Steckbriefe erstellen	23
Teamarbeit präsentieren	29
Einen Versuch protokollieren	33
Modelle helfen weiter	37
Die Fachsprache hilft bei der Verständigung	47
Messwerte darstellen und interpretieren	48
Lernen im Team	78 f.
Arbeiten mit Texten	98
So viele Ideen - wohin damit?	105
Interview - Experten wissen mehr	106
Chemische Reaktionen darstellen	127
Das Sachbuch hilft dir weiter	128
Internetrecherche - gewusst wie	160
PSE-Training	220
Aufstellen von Formeln mithilfe der Wertigkeit	237
Ein Problem diskutieren	253

Lernen im Team

Was so alles auf dem Teller ist!	80 f.
Brandschutz	107
Nährsalze aus Mineraldüngern	286 f.
Luftverschmutzung	342
Einen neue Heizungsanlage	346 f.
Alkohol ist schädlich und macht süchtig	351
Chemische Konservierungsmethoden	363
Duft- und Aromastoffe	366 ff.
Waschmittel – Waschen ohne Seife	378 f.
Kunststoffe	386 ff.
Warum klebt Klebstoff?	394 ff.

Stoffliste

Stoff	Gefahrstoffsymbole	GHS-Piktogramme Signalwort
Aceton	F, Xi	🔥 ❗ Gefahr
Ammoniak-Lösung $w \geq 25\,\%$	C	腐蚀 ❗ 环境 Gefahr
Ammoniak-Lösung $10\,\% \leq w < 25\,\%$	C	腐蚀 环境 Gefahr
Ammoniumchlorid	Xn	❗ Achtung
Bariumnitrat	Xn	氧化 ❗ Gefahr
Benzin (Waschbenzin)	F, Xn	🔥 ❗ 健康 环境 Gefahr
Bleinitrat	T, N	氧化 ❗ 健康 环境 Gefahr
Brennspiritus	F	🔥 Gefahr
Brom (flüssig)	T+, C, N	腐蚀 ❗ 环境 Gefahr
Bromwasser (ges.)	T, Xi	腐蚀 健康 环境 Gefahr
Calcium	F	🔥 Gefahr
Calciumcarbonat		1)
Calciumchlorid	Xi	❗ Achtung
Calciumhydroxid	Xi	腐蚀 Gefahr
Calciumoxid	C	腐蚀 Gefahr
Calciumsulfat		*
Chlor-Gas	T, N	气瓶 氧化 健康 环境 Gefahr
Chlorwasserstoff-Gas	T, C	气瓶 腐蚀 ❗ Gefahr
Citronensäure	Xi	❗ Achtung
Cumolhydroperoxid	T, F, N	🔥 环境 健康 Gefahr
1,6-Diaminohexan (Hexamethylen)	C	❗ 环境 Gefahr
Dieselkraftstoff/Dieselöl	Xn	🔥 健康 环境 Gefahr

Stoff	Gefahrstoffsymbole	GHS-Piktogramme Signalwort
Eisen(III)-chlorid	Xn	腐蚀 ❗ Gefahr
Eisen(II)-oxid (schwarz)		❗ Achtung
Eisen(II)-sulfat	Xn	❗ Achtung
Essigsäure $w \geq 25\,\%$	C	🔥 腐蚀 Gefahr
Essigsäure $10\,\% \leq w < 25\,\%$	Xn	🔥 腐蚀 Gefahr
Essigsäure $w < 10\,\%$	Xn	🔥 腐蚀 Gefahr
Ethanol	F	🔥 Gefahr
FEHLING-Lösung I	Xn	环境 ❗ Gefahr
FEHLING-Lösung II	C	腐蚀 Gefahr
Heptan	Xn, F, N	🔥 健康 ❗ 环境 Gefahr
Hexan	Xn, F, N	🔥 健康 ❗ 环境 Gefahr
Hexandisäuredichlorid	C	❗ 腐蚀 Achtung
Hexen	F	🔥 Gefahr
Iod-Lösung (in Kaliumiodid-Lösung)		*
Kalilauge $w \geq 2\,\%$	C	腐蚀 Achtung
Kalilauge $0,5\,\% \leq w < 2\,\%$	Xi	腐蚀 Achtung
Kaliumaluminiumsulfat (Alaun)		❗ Achtung
Kaliumchlorid		1)
Kaliumiodid		1)
Kaliumnatriumtartrat		1)
Kaliumnitrat	O	氧化 Achtung
Kaliumpermanganat	Xn, O, N	氧化 ❗ 环境 Gefahr

Anhang

Stoff	Gefahrstoffsymbole	GHS-Piktogramme Signalwort
Kaliumsulfat		1)
Kupfer(I)-chlorid	Xn, N	❗ 🌿 Achtung
Kupfer(II)-chlorid	Xn, N	❗ 🌿 Achtung
Kupferoxid	Xn, N	❗ 🌿 Achtung
Kupfersulfat	Xn, N	❗ 🌿 Achtung
Kupfer(II)-sulfat-lösung (Kupfervitriol) $w < 25\%$		🌿 Achtung
Lithium	C, F	🔥 ⚗️ ❗ Gefahr
Lithiumchlorid	Xn	❗ Achtung
Magnesium (Band, Pulver)	F	🔥 Gefahr
Magnesiumchlorid		❗
Magnesiumoxid		1)
Natrium	F, C	🔥 ⚗️ Gefahr
Natriumcarbonat	Xi	❗ Achtung
Natriumchlorid		1)
Natriumhydrogen-carbonat (Natron)		1)
Natriumhydroxid	C	⚗️ 🌿 Gefahr
Natriumsulfat		1)
Natronlauge $w \geq 2\%$	C	❗ Gefahr
Natronlauge $0{,}5\% \leq w\ 2\%<$	Xi	❗ Achtung
Paraffin		1)
Pentan	Xn, F+, N	🔥 ❗ ☠️ 🌿 Achtung

Stoff	Gefahrstoffsymbole	GHS-Piktogramme Signalwort
Pentanol	Xn	🔥 ❗ Achtung
Petroleum	Xn	🔥 ☠️ Gefahr
Phosphorsäure $w \geq 25\%$	C	⚗️ Gefahr
Phosphorsäure $10\% \leq w < 25\%$	Xi	*
Polyvinylacetat		1)
Salpetersäure $w \geq 70\%$	C, O	🔥 ⚗️ Gefahr
Salpetersäure $5\% \leq w < 70\%$	C	❗ ⚗️ Gefahr
Salpetersäure $1\% \leq w < 5\%$	Xi	❗ ⚗️ Achtung
Salzsäure $w \geq 25\%$	C	⚗️ ❗ Gefahr
Salzsäure $10\% \leq w < 25\%$	Xi	❗ Gefahr
Sauerstoff	O	❗ ⚡ Gefahr
Schwefel $w < 25\%$		❗ Achtung
Schwefeldioxid	T	⚡ ⚗️ ☠️ Gefahr
Schwefelsäure $w \geq 15\%$	C	⚗️ Gefahr
Schwefelsäure $5\% \leq w < 15\%$	Xi	⚗️ Gefahr
Silbernitrat-Lösung ($w = 1\%$)		⚗️ ❗ Achtung
Universalindikator		1)
Wasserstoff-Gas	F+	🔥 ❗ Gefahr
Zinkoxid	N	🌿 Achtung
Zinkpulver	N	🔥 🌿 Gefahr
Zinksulfat	Xn, N	⚗️ ❗ 🌿 Gefahr

* Herstellerangaben beachten
1) keine Gefahrstoffdeklaration

Bildquellenverzeichnis

|A1PIX - Your Photo Today, Ottobrunn: NTH 362; RES 16; SGM 346. |Airbus, Hamburg: 157. |akg-images GmbH, Berlin: 121; Lessing, Erich 129. |Alabiso, Gustavo, Karlsruhe: 90. |alamy images, Abingdon/Oxfordshire: Fearn, Paul 265; Kevin Walsh 94; McGinnis, Ryan 252; Reinhard Dirscherl 110, 209; Sue Cunningham Photographic 163. |alimdi.net, Deisenhofen: Christian Handl 305. |allesalltag, Hamburg: 358. |Aral AG, Bochum: 329. |Arnold, Peter, München: Kent Wood 205. |Astrofoto, Sörth: Detlev van Ravenswaay 68; Keller/Schmidbauer 39. |BASF Bilddienst, Ludwigshafen: 382, 393, 393, 401; Pressedienst 393, 401. |BASF Corporate History, Ludwigshafen: 260, 386, 389. |BASF SE, Ludwigshafen: Pressefoto BASF 374. |Bayer Material Science AG, Leverkusen: 386. |Bayer Vital GmbH, Leverkusen: obs 319. |Bildagentur Waldhäusl, Waidhofen/Ybbs: Chromorange 99. |bildagentur-online GmbH, Burgkunstadt: Mitch Diamond/TIPS 319. |Bildarchiv Werner Bachmeier, Ebersberg: 293. |Bistumsarchiv Hildesheim, Fotosammlung, Hildesheim: Kaplan © Clemens Willke (1874-1961) an Bischöfliches Generalvikariat Hildesheim 10. Mai 1905 325. |Blickwinkel, Witten: McPHOTO 386. |Bröckl, Bruno, Eppstein: 98. |Cafea/Deutsche Extrakt Kaffee/Markcreation/Lederbogen, Hamburg: Jan Lederbogen 39. |Caro Fotoagentur, Berlin: Oberhaeuser 310; Riedmiller 140. |Christ, Jürgen, Köln: 310, 348. |CHROMORANGE, Berlin: 46. |Daimler Chrysler AG, Böblingen: 304. |ddp images GmbH, Hamburg: Norbert Millauer 310. |Deutsches Erdölmuseum Wietze, Wietze: aus: Ehrenwerth/Abel: Klein-Texas in der Heide. - Ströher, 1998 325. |Deutsches Museum, München: 264, 375, 375. |Dienstleistungszentrum ländlicher Raum Rheinpfalz (DLR), Neustadt-Mußbach: 246, 246. |Drägerwerk AG & Co. KGaA, Lübeck: 260. |ecopix Fotoagentur, Berlin: 153. |eisele photos, Walchensee: 348. |enercity AG, Hannover: 95, 186. |Evonik Industries AG, Konzernarchiv, Hanau/Marl: 162, 162, 162, 162. |ExxonMobil Central Europe Holding GmbH, Hamburg: 355. |Fabian, Michael, Hannover: 202, 203, 203, 203, 203, 203, 204, 204, 204, 204, 217, 217, 248, 274, 374, 374. |Feuerwehr Braunschweig, Braunschweig: 103. |Focus Photo- u. Presseagentur GmbH, Hamburg: eos/Oliver Meckes/Nicole Ottawa 272. |fotolia.com, New York: bierchen 70; ferretcloud 380; Gieri 100, 102, 132; Heinz Waldukat 332; LosHawlos 153; PixMedia 363; Smileus 200; sunabesyou 367. |Fraunhofer Institut für Keramische Technologien und Systeme, Dresden: 304. |Future Mindset 2050 GmbH, Gehrden: 288. |Getty Images, München: 297; Bloomberg 388; David Pollack 389; Huw Jones Titel (Seifenblasen); Oliver Rossi 397; Ressmeyer, Roger 110. |Getty Images - Lonely Planet Images, München: Martin Wyness/Still Pictures 317. |Grames, Eberhard, Berlin: 362. |Guido Schiefer Fotografie, Köln: 344. |H-TEC EDUCATION GmbH, Lübeck: 194, 199. |Habermehl, Alex, Frankfurt: 95. |Helga Lade Fotoagenturen GmbH, Frankfurt/M.: Alfred Schauhuber 147; BAV 118; Bramaz 228; Keres 183; Postl 197; Rainer Binder 39; U. Mychalzik 269. |HELLA GmbH & Co. KGaA, Lippstadt: 208, 208. |Henkel AG & Co. KGaA, Düsseldorf: 379. |Heumann, Björn - www.rettungsdienst.net, Wehrheim: 103. |HUOBER BREZEL GmbH & Co., Erdmannhausen: Kaltlauge während der Brezelherstellung bei der HOUBER BREZEL GmbH & Co 260. |IBM Deutschland, Ehningen: 162, 297. |Imago, Berlin: blickwinkel 27, 318; Liedle 186, 208; Newscast 69; PAN-IMAGES/Nordmann 157, 387; Westend61 326. |Interfoto, München: imagebroker/Michael Weber 255. |iStockphoto.com, Calgary: Guni, Guenter 112; loraks 155; madsci 162; mipan 301; PaulMaguire 95; VVCephei 271. |Jörg Sarbach Fotografie, Bremen: 195. |juniors@wildlife Bildagentur GmbH, Hamburg: 398; G. Delpho 39. |K+S Aktiengesellschaft, Kassel: 270. |Keystone Pressedienst, Hamburg: 177, 191; Christian Hager 314; Volkmar Schulz 359. |Kleinendonk, Udo, Kleve: 348. |Kneffel, Michael, Essen: 382. |Kurt Fuchs - Presse Foto Design, Erlangen: 139. |laif, Köln: Dirk Kruell 69; Hahn 151; Hans-Bernhard Huber 99; Henseler 346. |LMU München, München: Dr. Markus Lackinger 212. |Lüdecke, Matthias, Berlin: 341. |Lumileds Germany GmbH, Aachen: 208. |Mary Evans Picture Library, London: 267. |Masterfile Deutschland GmbH, Mittenwald: Titel (Feuerholz), 9, 418. |Mathias, Erhard, Reutlingen: 25, 184. |mauritius images GmbH, Mittenwald: André Pöhlmann 65; Artur Cupak 152, 233; Busse Yankushev 114, 231, 332; Eckart Pott 253; Haag + Kropp 66; Haag+Kropp 365; imagebroker 190; imagebroker.de/J. W. Alker 267; imagebroker.net 189; imageBROKER/Stephan Goerlich 342; imagebroker/Werner Bachmeier 152; Jan Halaska 317; Jiri Hubatka 269; Kohlhaupt 397; Kuchlbauer 189; Kuchlbauer, Josef 70; Ley, Martin 158; Photo Researchers 119, 276; Rainer Waldkirch 159; Rosenfeld 255; U. Kerth 363, 399; Uwe Umstätter 272; Vidler 330; Walker, Harry 99; Wolfgang Weinhäupl 197. |Medenbach, Dr. Olaf, Witten: 59, 59, 282, 282, 282. |mediacolor's Fotoproduktion, Zürich: Abecasis 264. |Medizinische Hochschule Hannover, Hannover: Susanne Czichos 397. |Meinel, Mathias, Hannover: 233. |Messer Group GmbH, Bad Soden: 113, 186. |metropress presseagentur GmbH & Co., Frankfurt: 380. |Michaela Begsteiger Foto- und Bildagentur, Gleisdorf: 362. |Mommertz GmbH, Günzburg: 276. |NLWKN - Betriebsstelle Hannover-Hildesheim, Hannover: 177, 177. |OKAPIA KG - Michael Grzimek & Co., Frankfurt/M.: Bäsemann, Dr. Hinrich 272; Berthold Singler 390; Dr. Gilbert S. Grant 253; Dr. Martin Woike 266; Dr.Gary Gaugler 68; H. Farkaschovsky 113; Horst Zanus 282; Kent/PR ScienceSC 113; NAS/Eisenbeiss, H. 373; Nigel Cattlin/Holt Studios 266; Paolo Koch 391; Peter Bowater/NAS 165; Peter Hammerschmidt 69; Rainer Fetter 158; Rainer Förster/Natur im Bild 85; Wolfgang Roloff 147, 167; Zillmann, Ulrich 197. |Ostkreuz Bildagentur, Berlin: Heinrich Voelkel 189. |Outdoor-Archiv, Hamburg: Leo Himsl 358, 366, 374, 378, 386, 388, 394, 396. |PantherMedia GmbH (panthermedia.net), München: Pusepp, Irina 27. |photothek.net GbR, Radevormwald: Thomas Koehler 310. |Picture-Alliance GmbH, Frankfurt/M.: 163, 180, 208; akg-images 147; ASA/Actionplus 168, 172; Bildagentur Huber 145; Bildagentur Huber/Gräfenhain 95; CHROMORANGE / Titus E. Czerski 326; dpa 119, 183, 305, 382; dpa/Arne Dedert 99; dpa/Bernd Weißbrod 96; dpa/Christian Elsner 102; dpa/Continental AG 176; dpa/DaimlerChrysler 195; dpa/dpaweb/Kai Forsterling 103; dpa/dpaweb/Maurizio Gambarini 113; dpa/dpaweb/UPPA Andy Barnes 195, 304; dpa/dpweb/DB Bundesbank 68; dpa/epa/Michael Reynolds 159; dpa/Frank May 145; dpa/Frederik Funck 268; dpa/Jens Wolf 85; dpa/Joachim Krüger 102; dpa/Kerim Okten 107; dpa/Lehtikuva/Marja Airio 95; dpa/lsw/Rolf Haid 140; dpa/Mahnke, Jürgen 276; dpa/Marcus Führer 107; dpa/Patrick Pleul 145; dpa/Südsalz Gmbh 266; dpa/TASS/Moshkov Nikolai 94; dpa/TASS/Viktor Velikzhanin 152, 167; dpa/Wolfgang Weihs 102; epa/Keystone/Eddy Risch 76; Helga Lade 110; Keystone / Rütschi, Martin 64; Keystone/Martin Rütschi 64; Keystone/Rütschi, Martin 64; Oliver Berg 319; Patrick Colin/SPOTPHOT/MAXPPP 85; Sodapix AG 395; Stefan Sauer/ZB 314; TASS/dpa 114; Uwe Anspach/dpa 363; ZB/Matthias Bein 107; ZB/Michael Hanschke 42, 270; ZB/Ralf Hirschberger 51; ZB/Soeren Stache 51. |plainpicture, Hamburg: clupp images 309. |Project Photos GmbH & Co. KG, Walchensee: Reinhard Eisele 365. |RAG Deutsche Steinkohle AG, Herne: Dietmar Klingenburg 318. |Reinbacher, Dr. med. Lothar, Kempten: 205. |Reis GmbH & Co. KG Maschinenfabrik, Obernburg: 394. |REUTERS, Berlin: Paulo Whitaker 341. |Salzgitter AG, Salzgitter: 148, 148, 150, 151. |Scholz, Markus, Bargteheide: 183. |Schwarzbach, Hartmut /argus, Hamburg: 195. |Science Photo Library, München: Chillmaid, Martyn F. 378, 401, 401; Emilio Segre Visual Archives/American Instititute of physics/SPL 264; IBM Research 231; Philiippe Psaila/SPL 69; Sinclair Stammers/SPL 68; SPL 221, 264; SPL/Natural History Museum, London 230; SPL/Terry, Sheila 264. |seasons.agency, München: Ulrike Holsten 350; Wolfgang Kowall 358. |Seilnacht, Thomas - www.seilnacht.com, Bern: 59, 242, 248, 248, 252, 254, 274, 286. |SENERTEC Kraft-Wärme-Energiesysteme GmbH, Schweinfurt: 347. |Shutterstock.com, New York: arosoft 378; Ercken, Dirk 336; FotoBug11 314; Michaela Stejskalova 336; Tsvetkov, Nikolai 66. |Siltronic AG, München: 25. |Simper, Manfred, Wennigsen: 20, 45, 46, 97, 155, 155, 155, 204, 210, 210, 210, 217, 228, 228, 235, 311, 360. |SOLVIS GmbH, Braunschweig: 347. |SPEICK Naturkosmetik, Leinfelden-Echterdingen: 371, 371, 371, 371. |Spies Hecker GmbH, Köln: 156. |Stadtbad Braunschweig Sport und Freizeit GmbH, Braunschweig: Wolfgang Maeser 206. |Stark, Friedrich, Dortmund: 138, 156, 332. |Stay Gold, Stuttgart: 348. |Stills-Online Bildagentur, Schwerin: 293, 309, 313. |stock.adobe.com, Dublin: emoni 397; ExQuisine 26; Gudellaphoto 183; Mark 180; PhotoSG 367. |stockagentur Gerhard Leber, Berlin: 342. |StockFood, München: 362. |Südwestdeutsche Salzwerke AG, Heilbronn: 267. |Superbild - Your Photo Today, Ottobrunn: 228. |Symrise AG, Holzminden: 367. |Tegen, Hans, Hambühren: 10, 10, 13, 13, 13, 14, 16, 16, 16, 16, 18, 18, 19, 19, 19, 20, 20, 21, 21, 21, 22, 22, 22, 23, 24, 24, 24, 24, 24, 24, 25, 26, 27, 28, 30, 30, 31, 31, 31, 31, 31, 32, 32, 32, 32, 34, 34, 34, 34, 35, 35, 35, 36, 36, 36, 37, 37, 38, 38, 40, 40, 42, 42, 43, 43, 43, 43, 44, 44, 44, 44, 45, 45, 46, 46, 47, 49, 49, 49, 50, 50, 50, 52, 52, 52, 53, 53, 54, 54, 55, 55, 56, 56, 56, 56, 57, 57, 57, 57, 57, 57, 57, 57, 58, 58, 58, 59, 59, 64, 66, 71, 71, 71, 71, 72, 72, 72, 73, 73, 73, 74, 74, 74, 74, 74, 75, 75, 77, 77, 80, 80, 80, 81, 81, 81, 81, 82, 82, 82, 82, 83, 83, 83, 83, 84, 84, 84, 84, 85, 86, 87, 88, 88, 89, 89, 89, 89, 91, 91, 92, 92, 92, 92, 93, 93, 93, 93, 97, 97, 97, 101, 102, 103, 108, 108, 108, 108, 109, 109, 109, 109, 110, 110, 110, 111, 111, 111, 112, 112, 113, 114, 114, 115, 115, 115, 115, 118, 120, 120, 120, 120, 120, 120, 120, 124, 127, 127, 127, 127, 130, 130, 131, 131, 132, 132, 135, 135, 137, 137, 141, 142, 142, 142, 142, 142, 144, 144, 144, 145, 147, 153, 154, 154, 154, 154, 154, 154, 155, 156, 161, 161, 164, 164, 169, 169, 169, 170, 170, 170, 171, 171, 182, 182, 186, 187, 187, 187, 187, 192, 192, 192, 196, 197, 199, 199, 202, 202, 202, 202, 203, 203, 203, 204, 204, 204, 205, 206, 206, 206, 206, 206, 210, 210, 211, 211, 213, 213, 213, 213, 217, 217, 217, 217, 219, 219, 224, 224, 224, 225, 226, 227, 227, 228, 231, 233, 234, 235, 235, 236, 236, 240, 241, 241, 241, 243, 243, 243, 244, 244, 244, 245, 245, 246, 246, 247, 247, 248, 249, 249, 249, 250, 250, 251, 251, 252, 254, 256, 256, 256, 256, 257, 257, 258, 258, 258, 260, 260, 262, 262, 262, 262, 263, 268, 268, 269, 269, 270, 271, 271, 273, 273, 273, 273, 273, 273, 273, 274, 274, 274, 274, 274, 274, 275, 275, 275, 275, 275, 276, 277, 277, 277, 277, 277, 279, 279, 280, 280, 280, 280, 280, 280, 280, 280, 281, 281, 281, 281, 284, 284, 284, 284, 284, 289, 289, 290, 290, 290, 290, 290, 290, 291, 292, 294, 294, 294, 294, 295, 295, 295, 296, 296, 296, 296, 296, 296, 296, 297, 297, 298, 298, 299, 299, 300, 300, 300, 301, 302, 303, 306, 306, 308, 308, 312, 312, 313, 314, 319, 328, 329, 329, 331, 331, 332, 334, 335, 336, 349, 349, 350, 350, 352, 352, 353, 356, 356, 360, 361, 363, 364, 365, 366, 369, 370, 370, 370, 372, 372, 373, 373, 373, 373, 373, 377, 377, 380, 380, 381, 381, 384, 384, 385, 386, 388, 388, 388, 394, 394, 396, 396, 396, 398, 399, 400, 400, 400. |thyssenkrupp Steel Europe AG, Duisburg: 150, 165. |Tierbildarchiv Angermayer, Holzkirchen: Pfletschinger 197, 239; Reinhard 184. |Timm, Michael, München: 272. |Tönnies, Uwe, Laatzen: 70. |TopicMedia Service, Mehring-Öd: 180; Bauer 368; Bühler 70; Fritz Muthny 189; J. Lindenburger 110. |Trevira GmbH, Bobingen: 380, 380, 382, 382, 382, 388. |ullstein bild, Berlin: Oxford Science Archive 264. |Ulrich Zillmann / FotoMedienService, Düsseldorf: 293. |Urba images, Berlin: 177. |Vaillant GmbH, Remscheid: 304, 304. |vario images, Bonn: 119, 229; Sepp Spiegl 195. |Visum Foto GmbH, München: Daniel Pilar 148; Frank Aussieker 342; Jo Röttger 163; Marc Steinmetz 200, 234; Markus Heimbach 176. |Wacker Chemie AG, München: 25. |Weinladen LA BOTTIGLIA AG, Elgg: 94. |Werner Otto Bildarchiv, Oberhausen: 152. |Westerkamp, Deff, Hamburg: 139. |wikimedia.commons: gemeinfrei 305. |WMF Group GmbH, Geislingen/Steige: 72, 78, 80, 82. |© Europäische Union, Berlin: © European Union, 2019 75.

Wir arbeiten sehr sorgfältig daran, für alle verwendeten Abbildungen die Rechteinhaberinnen und Rechteinhaber zu ermitteln. Sollte uns dies im Einzelfall nicht vollständig gelungen sein, werden berechtigte Ansprüche selbstverständlich im Rahmen der üblichen Vereinbarungen abgegolten.

Gefahrstoffsymbole – neu und alt

Einfache Bildsymbole geben Hinweise auf Gefahren, die von Chemikalien ausgehen. Gab es bislang national verschiedene Symbole, wird seit 2010 weltweit das global harmonisierte System (GHS) eingeführt.

Die neun Gefahrenklassen werden nochmals unterteilt in bis zu fünf Gefahrenkategorien. So entfällt das bisherige Symbol des Kreuzes mit der Kennzeichnung für gesundheitsschädliche oder reizende Stoffe. Je nach Gefahrenpotenzial ist das Symbol für Ätzwirkung, Gesundheitsgefahr oder das Ausrufezeichen einzusetzen und auf dem Etikett die Kategorie anzugeben.

Neu sind die Bildsymbole mit Gasflasche, Ausrufezeichen und die Gesundheitsgefahr – ein Mensch mit Stern.

Das Ausrufezeichen wird weiter aufgeschlüsselt. Hierbei spielt die Stärke der Gefährdung eine größere Rolle als die Art der Gefahr. Ebenso muss die Gesundheitsgefahr durch weitere Angaben genauer beschrieben werden. So kann eine Substanz toxisch, krebserregend oder Allergie auslösend sein.

Das Ausrufezeichen entfällt, wenn schon stärkere gesundheitliche Gefahren wie Giftigkeit angeführt wurden.

Auf Etiketten gibt es zusätzliche Signalwörter, die den Grad der Gefährdung anzeigen.

Gefahr für schwerwiegende Gefahrenkategorien
Achtung für weniger schwerwiegende Gefahrenkategorien

neues Symbol	Bezeichnung	Erläuterungstext	altes Symbol	Gefahrenbezeichnung
	explosiv	Stoffe, die explodieren können.		explosionsgefährlich
	entzündbar, Kategorie 1	Stoffe, die sich an der Luft von allein entzünden können.		hochentzündlich
	entzündbar, Kategorie 2	Stoffe, die schon durch kurzzeitige Einwirkung einer Zündquelle entzündet werden können.		leichtentzündlich
	entzündbar, Kategorie 3	Stoffe, die sich beim Erwärmen selbst entzünden können.	–	–
	oxidierend, Kategorie 1, 2, 3	Stoffe, die einen Brand oder eine Explosion verursachen oder verstärken.		brandfördernd
	komprimierte Gase	Komprimierte Gase stehen unter Druck. Vor direkter Sonneneinstrahlung schützen.	–	–
	ätzend, Kategorie 1	Stoffe, die das Hautgewebe an der betroffenen Stelle innerhalb weniger Minuten vollständig zerstören können oder bei Kontakt mit den Augen Schäden verursachen.		ätzend
	ätzend, Kategorie 2	Stoffe, die auf der Haut nach mehrstündiger Einwirkung deutliche Entzündungen hervorrufen können.		reizend
	akute Toxizität, Kategorie 1	Stoffe, die beim Verschlucken oder Einatmen oder bei Aufnahme durch die Haut schwere Gesundheitsschäden oder gar den Tod bewirken können.		sehr giftig
	akute Toxizität, Kategorie 2	Stoffe, die beim Verschlucken oder Einatmen oder bei Aufnahme durch die Haut schwere Gesundheitsschäden bewirken können.		sehr giftig oder giftig
	akute Toxizität, Kategorie 3	Stoffe, die beim Verschlucken oder Einatmen oder bei Aufnahme durch die Haut beschränkte Gesundheitsschäden hervorrufen können.		giftig oder gesundheitsschädlich
	akute Toxizität, Kategorie 4	Stoffe, die beim Verschlucken oder Einatmen oder bei Aufnahme durch die Haut chronische Gesundheitsschäden hervorrufen können.		gesundheitsschädlich
	Gesundheitsgefahr, Kategorie 1A, 1B, 2	Stoffe, die beim Verschlucken oder Einatmen oder bei Aufnahme durch die Haut krebsauslösend sind.	–	–
	Gesundheitsgefahr gezielte Organtoxizität, Kategorie 1, 2	Stoffe, die beim Verschlucken oder Einatmen oder bei Aufnahme durch die Haut krebsauslösend sind.	–	–
	gezielte Organtoxizität, Kategorie 3	Stoffe, die bei Aufnahme Unwohlsein oder leichte Beschwerden bewirken können.	–	–
	Gesundheitsgefahr atemwegssensibilisierend, Kategorie 1	Stoffe, die beim Einatmen allergische Reaktionen bewirken können.	–	–
	hautsensibilisierend, Kategorie 1	Stoffe, die auf der Haut allergische Reaktionen bewirken können.	–	–
	umweltgefährlich, Kategorie 1, 2, 3	Stoffe, die selbst oder in Form ihrer Umwandlungsprodukte geeignet sind, sofort oder später Gefahren für die Umwelt herbeizuführen.		umweltgefährlich

Tabellen zur Chemie

Name	Symbol	OZ	Atommasse in u	Dichte¹⁾ in g/cm³ (Gase: g/l)	Schmelztemperatur in °C	Siedetemperatur in °C
Actinium	Ac	89	(227)	10,1	1050	–
Aluminium	Al	13	26,9815	2,70	660	≃ 2300
Americium	Am	95	(243)	11,7	827	2610
Antimon (Stibium)	Sb	51	121,75	6,68	630	1640
Argon	Ar	18	39,948	1,784	–189	–186
Arsen	As	33	74,9216	5,73	817p	633s
Barium	Ba	56	137,34	3,7	717	1640
Beryllium	Be	4	9,0122	1,86	1278	2970
Bismut (Bismutum)	Bi	83	208,980	9,80	271	1560
Blei (Plumbum)	Pb	82	207,2	11,4	327	1750
Bor	B	5	10,81	2,34	≃ 2000	≃ 2500
Brom	Br	35	79,904	3,14	–7	58
Cadmium	Cd	48	112,40	8,64	321	767
Caesium	Cs	55	132,905	1,90	29	690
Calcium	Ca	20	40,08	1,55	845	1440
Cer	Ce	58	140,12	6,8	800	3600
Chlor	Cl	17	35,453	3,214	–102	–34
Chrom	Cr	24	51,996	7,19	≃ 1900	≃ 2500
Cobalt	Co	27	58,9332	8,83	1490	3100
Dysprosium	Dy	66	162,50	8,54	1407	≃ 2600
Eisen (Ferrum)	Fe	26	55,847	7,86	1537	2730
Erbium	Er	68	167,26	9,05	1497	2900
Europium	Eu	63	151,96	5,26	826	1439
Fluor	F	9	18,9984	1,70	–220	–188
Gadolinium	Gd	64	157,25	7,90	1312	. 3000
Gallium	Ga	31	69,72	6,0	30	2340
Germanium	Ge	32	72,59	5,36	960	≃ 2700
Gold (Aurum)	Au	79	196,967	19,3	1063	2700
Hafnium	Hf	72	178,49	13,3	2220	> 3000
Helium	He	2	4,0026	0,178	–272p	–269
Holmium	Ho	67	164,930	8,80	1461	≃ 2600
Indium	In	49	114,82	7,31	156	2000
Iod	I	53	126,9044	4,94	114	184
Iridium	Ir	77	192,2	22,6	2454	> 4500
Kalium	K	19	39,102	0,86	64	760
Kohlenstoff (Carboneum)	C	6	12,0115	²⁾	> 3500s	≃ 4000
Krypton	Kr	36	83,80	3,708	–157	–153
Kupfer (Cuprum)	Cu	29	63,546	8,93	1083	2350
Lanthan	La	57	138,91	6,1	920	4515
Lithium	Li	3	6,941	0,53	180	1335
Lutetium	Lu	71	174,97	9,84	1652	3327
Magnesium	Mg	12	24,305	1,74	650	1105
Mangan	Mn	25	54,9380	7,3	1220	2150
Molybdän	Mo	42	95,94	10,2	2620	≃ 5000
Natrium	Na	11	22,9898	0,97	98	883
Neodym	Nd	60	144,24	7,0	1024	3300
Neon	Ne	10	20,179	0,90	–249	–246
Neptunium	Np	93	(237)	19,5	–	–
Nickel	Ni	28	58,70	8,90	1453	≃ 2800
Niob	Nb	41	92,906	8,5	2468	≃ 3700
Osmium	Os	76	190,2	22,5	≃ 2600	≃ 5500
Palladium	Pd	46	106,4	12,0	1555	3380
Phosphor	P	15	30,9738	³⁾	44⁴⁾	285⁴⁾
Platin	Pt	78	195,09	21,45	1770	3300
Plutonium	Pu	94	(244)	19,7	640	3200
Polonium	Po	84	(209)	9,32	254	962
Praseodym	Pr	59	140,907	6,7	935	≃ 3300
Quecksilber (Hydrargyrum)	Hg	80	200,59	13,55	–39	357
Radium	Ra	88	226,05	≃ 6	≃ 700	1140
Radon	Rn	86	(222)	9,96	–71	–62
Rhenium	Re	75	186,2	20,9	3170	≃ 5900
Rhodium	Rh	45	102,905	12,4	1966	4500
Rubidium	Rb	37	85,47	1,53	39	690
Rhutenium	Ru	44	101,07	12,4	2400	≃ 4500
Samarium	Sm	62	150,35	7,5	1072	≃ 1900
Sauerstoff (Oxygenium)	O	8	15,9994	1,429	–219	–183
Scandium	Sc	21	44,956	3,0	1540	2730
Schwefel (Sulfur)	S	16	32,06	2,0	119	444
Selen	Se	34	78,96	4,8	220	688
Silber (Argentum)	Ag	47	107,870	10,5	960	2150
Silicium	Si	14	28,086	2,4	1410	2630
Stickstoff (Nitrogenium)	N	7	14,0067	1,251	–210	–196
Strontium	Sr	38	87,62	2,6	757	1365
Tantal	Ta	73	180,948	16,7	2990	> 5000
Technetium*	Tc	43	(97)	11,5	2140	–
Tellur	Te	52	127,60	6,2	450	990
Terbium	Tb	65	158,924	8,3	1350	≃ 2800
Thallium	Tl	81	204,37	11,85	303	1457
Thorium	Th	90	232,038	11,7	≃ 1800	≃ 3600
Thulium	Tm	69	168,934	9,33	1545	1727
Titan	Ti	22	47,90	4,51	≃ 1700	3260
Uran	U	92	238,029	19,1	1133	≃ 3600
Vanadium	V	23	50,9414	6,1	≃ 1800	> 3000
Wasserstoff (Hydrogenium)	H	1	1,00797	0,0899	–259	–253
Wolfram	W	74	183,85	19,30	3410	5400
Xenon	Xe	54	131,30	5,89	–112	–108
Ytterbium	Yb	70	173,04	6,5	8,25	1427
Yttrium	Y	39	88,905	4,5	1490	2927
Zink	Zn	30	65,38	7,2	420	910
Zinn (Stannum)	Sn	50	118,69	7,3	232	≃ 2400
Zirkonium	Zr	40	91,22	6,5	1860	≃ 3600

* künstlich gewonnenes Element, OZ Ordnungszahl, (243) Eine eingeklammerte Zahl gibt die Nukleonenzahl des langlebigsten Isotops des Elements an. – Werte sind nicht bekannt, ≃ Wert sehr ungenau, p unter Druck, s sublimiert, 1) Bei gasförmigen Elementen wird die Dichte kursiv gedruckt angegeben. Sie gilt für 0 °C und 1013 hPa. 2) Graphit: 2,25, Diamant: 3,51, 3) weißer P: 1,83, roter P: 2,2, 4) weißer P